TABELA DE INTEGRAIS

1. $\int u\,dv = uv - \int v\,du$

2. $\int u^n\,du = \frac{1}{n+1}u^{n+1} + C,\ n \neq -1$

3. $\int \frac{du}{u} = \ln|u| + C$

4. $\int e^u\,du = e^u + C$

5. $\int a^u\,du = \frac{1}{\ln a}a^u + C$

6. $\int \operatorname{sen} u\,du = -\cos u + C$

7. $\int \cos u\,du = \operatorname{sen} u + C$

8. $\int \sec^2 u\,du = \operatorname{tg} u + C$

9. $\int \operatorname{cosec}^2 u\,du = -\operatorname{cotg} u + C$

10. $\int \sec u \operatorname{tg} u\,du = \sec u + C$

11. $\int \operatorname{cosec} u \operatorname{cotg} u\,du = -\operatorname{cosec} u + C$

12. $\int \operatorname{tg} u\,du = -\ln|\cos u| + C$

13. $\int \operatorname{cotg} u\,du = \ln|\operatorname{sen} u| + C$

14. $\int \sec u\,du = \ln|\sec u + \operatorname{tg} u| + C$

15. $\int \operatorname{cosec} u\,du = \ln|\operatorname{cosec} u - \operatorname{cotg} u| + C$

16. $\int \frac{du}{\sqrt{a^2 - u^2}} = \operatorname{sen}^{-1}\frac{u}{a} + C$

17. $\int \frac{du}{a^2 + u^2} = \frac{1}{a}\operatorname{tg}^{-1}\frac{u}{a} + C$

18. $\int \frac{du}{u\sqrt{u^2 - a^2}} = \frac{1}{a}\sec^{-1}\frac{u}{a} + C$

19. $\int \frac{du}{a^2 - u^2} = \frac{1}{2a}\ln\left|\frac{u+a}{u-a}\right| + C$

20. $\int \frac{du}{u^2 - a^2} = \frac{1}{2a}\ln\left|\frac{u-a}{u+a}\right| + C$

21. $\int \operatorname{sen}^2 u\,du = \frac{1}{2}u - \frac{1}{4}\operatorname{sen} 2u + C$

22. $\int \cos^2 u\,du = \frac{1}{2}u + \frac{1}{4}\operatorname{sen} 2u + C$

23. $\int \operatorname{tg}^2 u\,du = \operatorname{tg} u - u + C$

24. $\int \operatorname{cotg}^2 u\,du = -\operatorname{cotg} u - u + C$

25. $\int \operatorname{sen}^3 u\,du = -\frac{1}{3}(2 + \operatorname{sen}^2 u)\cos u + C$

26. $\int \cos^3 u\,du = \frac{1}{3}(2 + \cos^2 u)\operatorname{sen} u + C$

27. $\int \operatorname{tg}^3 u\,du = \frac{1}{2}\operatorname{tg}^2 u + \ln|\cos u| + C$

28. $\int \operatorname{cotg}^2 u\,du = -\frac{1}{2}\operatorname{cotg}^2 u - \ln|\operatorname{sen} u| + C$

29. $\int \sec^3 u\,du = \frac{1}{2}\sec u \operatorname{tg} u + \frac{1}{2}\ln|\sec u + \operatorname{tg} u| + C$

30. $\int \operatorname{cosec}^3 u\,du = -\frac{1}{2}\operatorname{cosec} u \operatorname{cotg} u + \frac{1}{2}\ln|\operatorname{cosec} u - \operatorname{cotg} u| + C$

31. $\int \operatorname{sen}^n u\,du = -\frac{1}{n}\operatorname{sen}^{n-1} u \cos u + \frac{n-1}{n}\int \operatorname{sen}^{n-2} u\,du$

32. $\int \cos^n u\,du = \frac{1}{n}\cos^{n-1} u \operatorname{sen} u + \frac{n-1}{n}\int \cos^{n-2} u\,du$

33. $\int \operatorname{tg}^n u\,du = \frac{1}{n-1}\operatorname{tg}^{n-1} u - \int \operatorname{tg}^{n-2} u\,du$

34. $\int \operatorname{cotg}^n u\,du = \frac{-1}{n-1}\operatorname{cotg}^{n-1} u - \int \operatorname{cotg}^{n-2} u\,du$

35. $\int \sec^n u\,du = \frac{1}{n-1}\operatorname{tg} u \sec^{n-2} u + \frac{n-2}{n-1}\int \sec^{n-2} u\,du$

36. $\int \operatorname{cosec}^n u\,du = \frac{-1}{n-1}\operatorname{cotg} u \operatorname{cosec}^{n-2} u + \frac{n-2}{n-1}\int \operatorname{cosec}^{n-2} u\,du$

37. $\int \operatorname{sen} au \operatorname{sen} bu\,du = \frac{\operatorname{sen}(a-b)u}{2(a-b)} - \frac{\operatorname{sen}(a+b)u}{2(a+b)} + C$

38. $\int \cos au \cos bu\,du = \frac{\operatorname{sen}(a-b)u}{2(a-b)} + \frac{\operatorname{sen}(a+b)u}{2(a+b)} + C$

39. $\int \operatorname{sen} au \cos bu\,du = -\frac{\cos(a-b)u}{2(a-b)} - \frac{\cos(a+b)u}{2(a+b)} + C$

40. $\int u \operatorname{sen} u\,du = \operatorname{sen} u - u\cos u + C$

41. $\int u \cos u\,du = \cos u + u \operatorname{sen} u + C$

42. $\int u^n \operatorname{sen} u\,du = -u^n \cos u + n\int u^{n-1}\cos u\,du$

43. $\int u^n \cos u\,du = u^n \operatorname{sen} u - n\int u^{n-1}\operatorname{sen} u\,du$

44. $\int \operatorname{sen}^n u \cos^m u\,du = -\frac{\operatorname{sen}^{n-1} u \cos^{m+1} u}{n+m} + \frac{n-1}{n+m}\int \operatorname{sen}^{n-2} u \cos^m u\,du = \frac{\operatorname{sen}^{n+1} u \cos^{m-1} u}{n+m} + \frac{m-1}{n+m}\int \operatorname{sen}^n u \cos^{m-2} u\,du$

45. $\int \operatorname{sen}^{-1} u\,du = u\operatorname{sen}^{-1} u + \sqrt{1-u^2} + C$

46. $\int \cos^{-1} u\,du = u\cos^{-1} u + \sqrt{1-u^2} + C$

TABELA DE INTEGRAIS

47. $\int \operatorname{tg}^{-1} u\, du = u \operatorname{tg}^{-1} u - \frac{1}{2} \ln(1 + u^2) + C$

48. $\int u \operatorname{sen}^{-1} u\, du = \frac{2u^2 - 1}{4} \operatorname{sen}^{-1} u + \frac{u\sqrt{1 - u^2}}{4} + C$

49. $\int u \cos^{-1} u\, du = \frac{2u^2 - 1}{4} \cos^{-1} u - \frac{u\sqrt{1 - u^2}}{4} + C$

50. $\int u \operatorname{tg}^{-1} u\, du = \frac{u^2 + 1}{2} \operatorname{tg}^{-1} u - \frac{u}{2} + C$

51. $\int u e^{au} du = \frac{1}{a^2}(au - 1)e^{au} + C$

52. $\int u^n e^{au} du = \frac{1}{a} u^n e^{au} - \frac{n}{a} \int u^{n-1} e^{au} du$

53. $\int e^{au} \operatorname{sen} bu\, du = \frac{e^{au}}{a^2 + b^2}(a \operatorname{sen} bu - b \cos bu) + C$

54. $\int e^{au} \cos bu\, du = \frac{e^{au}}{a^2 + b^2}(a \cos bu + b \operatorname{sen} bu) + C$

55. $\int \ln u\, du = u \ln u - u + C$

56. $\int \frac{1}{u \ln u} du = \ln |\ln u| + C$

57. $\int u^n \ln u\, du = \frac{u^{n+1}}{(n + 1)^2}[(n + 1)\ln u - 1] + C$

58. $\int u^m \ln^n u\, du = \frac{u^{m+1} \ln^n u}{m + 1} - \frac{n}{m + 1} \int u^m \ln^{n-1} u\, du,\ m \neq -1$

59. $\int \ln(u^2 + a^2) du = u \ln(u^2 + a^2) - 2u + 2a \operatorname{tg}^{-1} \frac{u}{a} + C$

60. $\int \ln |u^2 - a^2| du = u \ln|u^2 - a^2| - 2u + a \ln \left| \frac{u + a}{u - a} \right| + C$

61. $\int \operatorname{senh} u\, du = \cosh u + C$

62. $\int \cosh u\, du = \operatorname{senh} u + C$

63. $\int \operatorname{tgh} u\, du = \ln \cosh u + C$

64. $\int \operatorname{cotg} u\, du = \ln|\operatorname{senh} u| + C$

65. $\int \operatorname{sech}^2 u\, du = \operatorname{tgh} u + C$

66. $\int \operatorname{cosech}^2 u\, du = -\operatorname{cotgh} u + C$

67. $\int \operatorname{sech} u \operatorname{tgh} u\, du = -\operatorname{sech} u + C$

68. $\int \operatorname{cosech} u \operatorname{cotgh} u\, du = -\operatorname{cosech} u + C$

69. $\int \sqrt{a^2 + u^2}\, du = \frac{u}{2}\sqrt{a^2 + u^2} + \frac{a^2}{2} \ln|u + \sqrt{a^2 + u^2}| + C$

70. $\int u^2 \sqrt{a^2 + u^2}\, du = \frac{u}{8}(a^2 + 2u^2)\sqrt{a^2 + u^2} - \frac{a^4}{8} \ln|u + \sqrt{a^2 + u^2}| + C$

71. $\int \frac{\sqrt{a^2 + u^2}}{u} du = \sqrt{a^2 + u^2} - a \ln \left| \frac{a + \sqrt{a^2 + u^2}}{u} \right| + C$

72. $\int \frac{\sqrt{a^2 + u^2}}{u^2} du = -\frac{\sqrt{a^2 + u^2}}{u} + \ln|u + \sqrt{a^2 + u^2}| + C$

73. $\int \frac{du}{\sqrt{a^2 + u^2}} = \ln|u + \sqrt{a^2 + u^2}| + C$

74. $\int \frac{u^2\, du}{\sqrt{a^2 + u^2}} = \frac{u}{2}\sqrt{a^2 + u^2} - \frac{a^2}{2} \ln|u + \sqrt{a^2 + u^2}| + C$

75. $\int \frac{du}{u\sqrt{a^2 + u^2}} = -\frac{1}{a} \ln \left| \frac{\sqrt{a^2 + u^2} + a}{u} \right| + C$

76. $\int \frac{du}{u^2\sqrt{a^2 + u^2}} = -\frac{\sqrt{a^2 + u^2}}{a^2 u} + C$

77. $\int \sqrt{u^2 - a^2}\, du = \frac{u}{2}\sqrt{u^2 - a^2} - \frac{a^2}{2} \ln|u + \sqrt{u^2 - a^2}| + C$

78. $\int u^2 \sqrt{u^2 - a^2}\, du = \frac{u}{8}(2u^2 - a^2)\sqrt{u^2 - a^2} - \frac{a^4}{8} \ln|u + \sqrt{u^2 - a^2}| + C$

79. $\int \frac{\sqrt{u^2 - a^2}}{u} du = \sqrt{u^2 - a^2} - a \cos^{-1} \frac{a}{u} + C$

80. $\int \frac{\sqrt{u^2 - a^2}}{u^2} du = -\frac{\sqrt{u^2 - a^2}}{u} + \ln|u + \sqrt{u^2 - a^2}| + C$

81. $\frac{du}{\sqrt{u^2 - a^2}} = \ln|u + \sqrt{u^2 - a^2}| + C$

82. $\int \frac{u^2\, du}{\sqrt{u^2 - a^2}} = \frac{u}{2}\sqrt{u^2 - a^2} + \frac{a^2}{2} \ln|u + \sqrt{u^2 - a^2}| + C$

83. $\int \frac{du}{u^2\sqrt{u^2 - a^2}} = \frac{\sqrt{u^2 - a^2}}{a^2 u} + C$

84. $\int \frac{du}{(u^2 - a^2)^{3/2}} = -\frac{u}{a^2\sqrt{u^2 - a^2}} + C$

85. $\int \sqrt{a^2 - u^2}\, du = \frac{u}{2}\sqrt{a^2 - u^2} + \frac{a^2}{2} \operatorname{sen}^{-1} \frac{u}{a} + C$

86. $\int u^2 \sqrt{a^2 - u^2}\, du = \frac{u}{8}(2u^2 - a^2)\sqrt{a^2 - u^2} + \frac{a^4}{8} \operatorname{sen}^{-1} \frac{u}{a} + C$

TABELA DAS TRANSFORMADAS DE LAPLACE

$f(t)$	$\mathscr{L}\{f(t)\} = F(s)$
1. 1	$\dfrac{1}{s}$
2. t	$\dfrac{1}{s^2}$
3. t^n	$\dfrac{n!}{s^{n+1}}$, n um inteiro positivo
4. $t^{-1/2}$	$\sqrt{\dfrac{\pi}{s}}$
5. $t^{1/2}$	$\dfrac{\sqrt{\pi}}{2s^{3/2}}$
6. t^{α}	$\dfrac{\Gamma(\alpha+1)}{s^{\alpha+1}}$, $\alpha > -1$
7. $\operatorname{sen} kt$	$\dfrac{k}{s^2+k^2}$
8. $\cos kt$	$\dfrac{s}{s^2+k^2}$
9. $\operatorname{sen}^2 kt$	$\dfrac{2k^2}{s(s^2+4k^2)}$
10. $\cos^2 kt$	$\dfrac{s^2+2k^2}{s(s^2+4k^2)}$
11. e^{at}	$\dfrac{1}{s-a}$
12. $\operatorname{senh} kt$	$\dfrac{k}{s^2-k^2}$
13. $\cosh kt$	$\dfrac{s}{s^2-k^2}$
14. $\operatorname{senh}^2 kt$	$\dfrac{2k^2}{s(s^2-4k^2)}$
15. $\cosh^2 kt$	$\dfrac{s^2-2k^2}{s(s^2-4k^2)}$
16. te^{at}	$\dfrac{1}{(s-a)^2}$
17. $t^n e^{at}$	$\dfrac{n!}{(s-a)^{n+1}}$, n um inteiro positivo
18. $e^{at} \operatorname{sen} kt$	$\dfrac{k}{(s-a)^2+k^2}$
19. $e^{at} \cos kt$	$\dfrac{s-a}{(s-a)^2+k^2}$
20. $e^{at} \operatorname{senh} kt$	$\dfrac{k}{(s-a)^2-k^2}$
21. $e^{at} \cosh kt$	$\dfrac{s-a}{(s-a)^2-k^2}$
22. $t \operatorname{sen} kt$	$\dfrac{2ks}{(s^2+k^2)^2}$
23. $t \cos kt$	$\dfrac{s^2-k^2}{(s^2+k^2)^2}$
24. $\operatorname{sen} kt + kt \cos kt$	$\dfrac{2ks^2}{(s^2+k^2)^2}$
25. $\operatorname{sen} kt - kt \cos kt$	$\dfrac{2k^3}{(s^2+k^2)^2}$
26. $t \operatorname{senh} kt$	$\dfrac{2ks}{(s^2-k^2)^2}$
27. $t \cosh kt$	$\dfrac{s^2+k^2}{(s^2-k^2)^2}$
28. $\dfrac{e^{at}-e^{bt}}{a-b}$	$\dfrac{1}{(s-a)(s-b)}$
29. $\dfrac{ae^{at}-be^{bt}}{a-b}$	$\dfrac{s}{(s-a)(s-b)}$
30. $1-\cos kt$	$\dfrac{k^2}{s(s^2+k^2)}$
31. $kt - \operatorname{sen} kt$	$\dfrac{k^3}{s^2(s^2+k^2)}$
32. $\dfrac{a \operatorname{sen} bt - b \operatorname{sen} at}{ab(a^2-b^2)}$	$\dfrac{1}{(s^2+a^2)(s^2+b^2)}$
33. $\dfrac{\cos bt - \cos at}{a^2-b^2}$	$\dfrac{s}{(s^2+a^2)(s^2+b^2)}$
34. $\operatorname{sen} kt \operatorname{senh} kt$	$\dfrac{2k^2 s}{s^4+4k^4}$
35. $\operatorname{sen} kt \cosh kt$	$\dfrac{k(s^2+2k^2)}{s^4+4k^4}$
36. $\cos kt \operatorname{senh} kt$	$\dfrac{k(s^2-2k^2)}{s^4+4k^4}$
37. $\cos kt \cosh kt$	$\dfrac{s^3}{s^4+4k^4}$
38. $J_0(kt)$	$\dfrac{1}{\sqrt{s^2+k^2}}$

TABELA DAS TRANSFORMADAS DE LAPLACE

	$f(t)$	$\mathscr{L}\{f(t)\} = F(s)$
39.	$\dfrac{e^{at} - e^{at}}{t}$	$\ln \dfrac{s-a}{s-b}$
40.	$\dfrac{2(1 - \cos kt)}{t}$	$\ln \dfrac{s^2 + k^2}{s^2}$
41.	$\dfrac{2(1 - \cosh kt)}{t}$	$\ln \dfrac{s^2 - k^2}{s^2}$
42.	$\dfrac{\operatorname{sen} at}{t}$	$\operatorname{arctg}\left(\dfrac{a}{s}\right)$
43.	$\dfrac{\operatorname{sen} at \cos bt}{t}$	$\dfrac{1}{2}\operatorname{arctg}\dfrac{a+b}{s} + \dfrac{1}{2}\operatorname{arctg}\dfrac{a-b}{s}$
44.	$\dfrac{1}{\sqrt{\pi t}}\, e^{-a^2/4t}$	$\dfrac{e^{-a\sqrt{s}}}{\sqrt{s}}$
45.	$\dfrac{a}{2\sqrt{\pi t^3}}\, e^{-a^2/4t}$	$e^{-a\sqrt{s}}$
46.	$\operatorname{erfc}\left(\dfrac{a}{2\sqrt{t}}\right)$	$\dfrac{e^{-a\sqrt{s}}}{s}$
47.	$2\sqrt{\dfrac{t}{\pi}}\, e^{-a^2/4t} - a \operatorname{erfc}\left(\dfrac{a}{2\sqrt{t}}\right)$	$\dfrac{e^{-a\sqrt{s}}}{s\sqrt{s}}$
48.	$e^{ab} e^{b^2 t} \operatorname{erfc}\left(b\sqrt{t} + \dfrac{a}{2\sqrt{t}}\right)$	$\dfrac{e^{-a\sqrt{s}}}{\sqrt{s}(\sqrt{s} + b)}$
49.	$-e^{ab} e^{b^2 t} \operatorname{erfc}\left(b\sqrt{t} + \dfrac{a}{2\sqrt{t}}\right) + \operatorname{erfc}\left(\dfrac{a}{2\sqrt{t}}\right)$	$\dfrac{be^{-a\sqrt{s}}}{s(\sqrt{s} + b)}$
50.	$\delta(t)$	1
51.	$\delta(t - t_0)$	e^{-st_0}
52.	$e^{at} f(t)$	$F(s - a)$
53.	$f(t-a)\,\mathscr{U}(t-a)$	$e^{-as} F(s)$
54.	$\mathscr{U}(t-a)$	$\dfrac{e^{-as}}{s}$
55.	$f^{(n)}(t)$	$s^n F(s) - s^{(n-1)} f(0) - \cdots - f^{(n-1)}(0)$
56.	$t^n f(t)$	$(-1)^n \dfrac{d^n}{ds^n} F(s)$
57.	$\int_0^t f(\tau) g(t-\tau)\, d\tau$	$F(s)G(s)$

EQUAÇÕES DIFERENCIAIS

Volume 2

EQUAÇÕES DIFERENCIAIS

Volume 2

Dennis G. Zill
Michael R. Cullen

Loyola Marymount University

Tradução
Alfredo Alves de Farias
Ex-professor Adjunto da Universidade Federal de Minas Gerais

Revisão Técnica
Antonio Pertence Jr.
Professor Titular de Matemática da Faculdade de Sabará (MG)
Pós-graduado em Educação Matemática pela UNI-BH
Membro Efetivo da Sociedade Brasileira de Matemática (SBM)

Pearson

Produtora editorial: Eugênia Pessotti
Editoração e fotolitos em alta resolução: J.A.G

Dados de Catalogação na Publicação

Zill, Dennis G.
Equações Diferenciais, volume 2 / Dennis G. Zill, Michael R. Cullen; tradução: Alfredo Alves de Farias;
revisão técnica: Antonio Pertence Júnior
São Paulo: Pearson Makron Books, 2001.

Título original: Differential Equations with Boundary-Value Problems – 3rd edition.

ISBN: 978-85-346-1141-1

Printed in Brazil by Reproset RPPA 225567

Direitos exclusivos cedidos à
Pearson Education do Brasil Ltda.,
uma empresa do grupo Pearson Education
Avenida Santa Marina, 1193
CEP 05036-001 - São Paulo - SP - Brasil
Fone: 19 3743-2155
pearsonuniversidades@pearson.com

Distribuição
Grupo A Educação
www.grupoa.com.br
Fone: 0800 703 3444

MISTO
Papel | Apoiando o manejo florestal responsável
FSC® C103535

AGRADECIMENTOS

Revisar um texto requer um trabalho em equipe que envolve muitas pessoas. Somos especialmente gratos a Barbosa Lovenvirth, responsável pelo desenvolvimento editorial, Patty Adams, editor de produção, Carol Reitz, copy editor, Warren e Carol Weright, por sua ajuda na preparação do manuscrito e pela produção do excelente manual de soluções, John Ellison do Grove City College, Grove City, PA, por sua valiosa contribuição para o Capítulo 9, e aos seguintes revisores, por seus conselhos, comentários, críticas e elogios:

Linda J. S. Allen, *Texas Tech University*
Stephen Breen, *California State University*
Dean R. Brown, *Youngstown State University*
Kalin N. Godev, *Penn State University*
Thomas G. Kudzma, *University of Massachusetts at Lowell*
Gilbert N. Lewis, *Michigan Technological University*
Clarence A. McGuff, *Austin Community College*

Queremos também reconhecer e estender nossa sincera consideração aos seguintes indivíduos, por terem reservado tempo de seu trabalho para construir com os ensaios encontrados nesta edição:

Michael Olinick, Departament of Mathematics and Computer Science, *Middlebury College*, ***Dinâmica Populacional***.

John H. Hubbard and Beverly West, Department of Mathematics, *Cornell University*, ***Caos.***

Gilbert N. Lewis, Department of Mathematical and Computer Sciences, *Michigan Technological University*, ***O Colapso da Ponte Tacoma Narrows.***

C. J. Knickerbocker, Department of Mathematics, *St. Lawrence University*, ***Modelos para o Impulso Nerval.***

Ruth Favro, Department of Mathematics and Computer Science, *Lawrence Technological university*, ***Onde Está o Dó Médio?***

D.G.Z.
M.R.C.

Sumário

Volume I

PREFÁCIO

Esta terceira edição tenta alcançar um equilíbrio entre os conceitos e a apresentação do material que interessaram aos leitores das edições anteriores e as mudanças significativas feitas para reforçar e modernizar alguns aspectos do texto. Achamos que esse equilíbrio foi alcançado, tornando o texto interessante para um público mais amplo. Muitas mudanças e acréscimos são resultados de sugestões e comentários de leitores e revisores. Além disso, essas mudanças foram feitas visando ao público fundamental o estudante que utilizará o livro. Por essa razão, as soluções de cada exemplo foram cuidadosamente lidas, a fim de torná-las mais claras. Onde achamos que poderia ser útil, acrescentamos, também, mais explicações ou destacamos pontos cruciais para a seqüência da solução.

Como antes, este texto pretende satisfazer as necessidades de um instrutor que almeja mais do que simplesmente uma introdução ao assunto. Além do material básico de equações diferenciais ordinárias, o livro apresenta um capítulo sobre equações lineares e ordinárias e alguns capítulos sobre funções ortogonais e problemas de valores de contorno. É recomendado para cursos de um ou dois semestres.

NOVOS ASPECTOS

Alguns aspectos novos, que esperamos que os estudantes achem interessantes e instigantes, foram acrescentados ao texto. Ensaios, escritos por matemáticos proeminentes em sua especialidade, foram incluídos no final dos Capítulos 3, 4 e 5 do volume 1, e 9 e 12 do volume 2. Cada ensaio reflete os pensamentos, criatividade e opiniões de seu autor e tem por finalidade ilustrar o material exposto no capítulo precedente. Esperamos que a inclusão desses ensaios desperte o interesse dos estudantes, encorajando-os a ler matemática e ajudando-os a se conscientizarem de que equações diferenciais não são simplesmente uma mera coleção seca de métodos, fatos e fórmulas, mas um assunto vibrante com os quais as pessoas podem trabalhar.

MUDANÇAS NESTA EDIÇÃO

Volume 1

- A Seção 1.2 trata agora somente do conceito de uma equação diferencial como um modelo matemático.
- O material sobre a equação diferencial de uma família de curvas foi suprimido. Uma breve discussão desse conceito aparece agora na Seção 3.1 (Trajetórias Ortogonais).
- O método dos coeficientes indeterminados, um dos tópicos mais controvertidos em um curso de equações diferenciais. Nas três últimas edições, esse tópico foi abordado usando-se um operador diferencial como uma ajuda para determinar a forma correta de uma solução em particular. Na preparação desta edição, muitos revisores apontaram que a abordagem por anuladores era muito sofisticada para seus alunos e solicitaram uma abordagem baseada em regras mais simples. Outros revisores, porém, estavam satisfeitos e não desejavam mudança alguma. Para atender a cada uma dessas preferências, ambas as abordagens foram apresentadas nesta edição. O instrutor pode agora escolher entre coeficientes indeterminados com base no princípio da superposição para equações diferenciais lineares não-homogêneas (Seção 4.4) ou com base no conceito de anuladores diferenciais (Seção 4.6). Além disso, nesta edição, a noção de um operador diferencial, agora apresentada em uma seção separada (Seção 4.5). Portanto, observamos que o importante e útil conceito de operador diferencial deverá ser apresentado de alguma maneira.
- A revisão de série de potências na Seção 6.2 foi bastante ampliada. Uma discussão sobre a aritmética de séries de potências (adição, multiplicação e divisão de séries) foi também adicionada.
- Uma breve discussão sobre determinação dos coeficientes em uma decomposição de frações parciais e uma nota histórica sobre Oliver Heaviside foram acrescentadas na Seção 7.2.
- A discussão sobre as propriedades operacionais da transformada de Laplace foi agora dividida em duas seções: Seção 7.3, Teoremas de Translação e Derivadas de Transformadas; e Seção 7.4, Transformadas de Derivadas, Integrais e Funções Periódicas. Essa separação permite maior clareza e um tratamento mais amplo dos tópicos.

Volume 2

- Eliminação Gaussiana, além de eliminação de Gauss-Jordan, é agora discutida na Seção 8.4. A notação para indicar operação nas linhas de uma matriz aumentada foi aprimorada.
- O Capítulo 9, "Métodos Numéricos para Equações Diferenciais Ordinárias", sofreu uma ampliação significativa e foi parcialmente reescrito. O método de Adams-Bashforth/Adams-Moulton foi adicionado à Seção 9.5. Seção 9.6 , Erros e Estabilidade, e Seção 9.8, Problemas de Valores de Contorno de Segunda Ordem, são novidades desta edição.
- Os programas BASIC, anteriormente no Capítulo 9, foram suprimidos.
- Capítulo 10, "Sistemas Autônomos no Plano e Estabilidade", é novidade desta edição. Esses tópicos foram adicionados em resposta a reações favoráveis de leitores e revisores da edição anterior.

- O material dos Capítulos 10, 11, 12 foi ampliado e reorganizado como Capítulos 11, 12, 13 e 14 nesta edição.
- Capítulo 15, "Métodos Numéricos para Equações Diferenciais Parciais", é novidade.
- Novos problemas, aplicações, ilustrações, observações e notas históricas foram acrescentadas ao longo do texto.

Dennis G. Zill
Michael R. Cullen
Los Angeles

Capítulo 8

SISTEMAS DE EQUAÇÕES DIFERENCIAIS LINEARES

Conceitos Importantes

Eliminação sistemática
Forma normal
Sistema homogêneo
Sistema não-homogêneo
Matriz
Inverso multiplicativo
Matriz não-singular
Matriz singular
Matriz aumentada
Operações elementares com linhas
Eliminação gaussiana
Eliminação de Gauss-Jordan
Forma reduzida escalonada por linha
Autovalor
Autovetor
Equação característica
Vetor solução
Princípio da superposição
Dependência linear
Independência linear
Wronskiano
Conjunto fundamental
Solução geral

Em aplicações consideradas em capítulos anteriores, podíamos descrever um sistema físico por uma única equação diferencial. Assim é que, no Capítulo 5, vimos que o modelo matemático para o movimento de uma massa apensa a uma mola ou para a resposta de um circuito elétrico em série era uma equação diferencial relativamente simples da forma $ay'' + by' + cy = f(t)$. Entretanto, se tivermos duas (ou mais) molas ou se formarmos um circuito paralelo, conforme figura a seguir, necessitaremos de duas (ou mais) equações

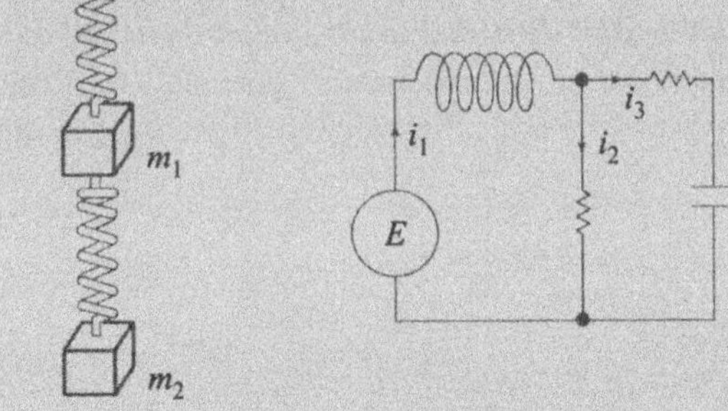

Continua

Matriz fundamental
Coeficientes indeterminados
Variação dos parâmetros
Matriz exponencial

acopladas ou simultâneas para descrever o movimento das massas ou as respostas da rede.

Neste capítulo, confinaremos nossa atenção à teoria e resolução de sistemas de equações diferenciais lineares simultâneas ou, simplesmente, sistemas lineares, em que todos os coeficientes são constantes.

8.1 MÉTODO DOS OPERADORES

As equações diferenciais ordinárias simultâneas envolvem duas ou mais equações que contêm derivadas de duas ou mais funções incógnitas de uma única variável independente. Se x, y e z são funções da variável t, então

$$4\frac{d^2x}{dt^2} = -5x + y \qquad\qquad x' - 3x + y' + z' = 5$$
$$2\frac{d^2y}{dt^2} = 3x - y \qquad \text{e} \qquad x' - y' + 2z' = t^2$$
$$x + y' - 6z' = t - 1$$

são dois exemplos de sistemas de equações diferenciais simultâneas.

Soluções de um Sistema

Uma **solução** de um sistema de equações diferenciais é um conjunto de funções diferenciáveis $x = f(t)$, $y = g(t)$, $z = h(t)$ etc. que satisfaz cada equação do sistema em algum intervalo I.

Eliminação Sistemática

A primeira técnica de resolução de sistemas que vamos estudar se baseia no princípio fundamental da **eliminação algébrica sistemática** de variáveis. Veremos que o análogo da multiplicação de uma equação algébrica por uma constante consiste em operar sobre uma equação diferencial com uma combinação de derivadas. Recorde que uma equação diferencial linear

$$a_n y^{(n)} + a_{n-1} y^{(n-1)} + \cdots + a_1 y' + a_0 y = g(t),$$

onde os a_i, $i = 0, 1, \ldots, n$, são constantes, pode ser escrita em termos de operadores diferenciais como

$$(a_n D^n + a_{n-1} D^{n-1} + \cdots + a_1 D + a_0)y = g(t).$$

EXEMPLO 1

Escreva o sistema de equações diferenciais

$$x'' + 2x' + y'' = x + 3y + \operatorname{sen} t$$
$$x' + y' = -4x + 2y + e^{-t}$$

em notação de operadores.

Solução Escreva o sistema como

$$\begin{aligned} x'' + 2x' + y'' &= x + 3y + \operatorname{sen} t \\ x' + 4x + y' - 2y &= e^{-t} \end{aligned} \quad \text{de forma que} \quad \begin{aligned} (D^2 + 2D - 1)x + (D^2 - 3)y &= \operatorname{sen} t \\ (D + 4)x + (D - 2)y &= e^{-t}. \end{aligned}$$ ■

Método de Resolução

Considere o sistema simples de equações lineares de primeira ordem

$$\begin{aligned} Dy &= 2x \\ Dx &= 3y \end{aligned} \tag{1}$$

ou, de forma equivalente,

$$\begin{aligned} 2x - Dy &= 0 \\ Dx - 3y &= 0. \end{aligned} \tag{2}$$

Aplicando D à primeira equação em (2), multiplicando a segunda por 2 e subtraindo, eliminamos x do sistema. Decorre que

$$-D^2y + 6y = 0 \text{ ou } D^2y - 6y = 0.$$

Como as raízes da equação auxiliar são $m_1 = \sqrt{6}$ e $m_2 = -\sqrt{6}$, obtemos

$$y(t) = c_1e^{\sqrt{6}t} + c_2e^{-\sqrt{6}t}. \tag{3}$$

Multiplicando a primeira equação por -3, aplicando o operador D à segunda e somando, obtemos a equação diferencial em x, $D^2x - 6x = 0$. Decorre imediatamente que

$$x(t) = c_3e^{\sqrt{6}t} + c_4e^{-\sqrt{6}t}. \tag{4}$$

Mas (3) e (4) não verificam o sistema (1) para qualquer escolha de c_1, c_2, c_3 e c_4. Levando $x(t)$ e $y(t)$ na primeira equação do sistema original (1), vem, após simplificação,

$$(\sqrt{6}c_1 - 2c_3)e^{\sqrt{6}t} + (-\sqrt{6}c_2 - 2c_4)e^{-\sqrt{6}t} = 0.$$

Como a última expressão deve anular-se para qualquer valor de t, vem

$$\sqrt{6}c_1 - 2c_3 = 0 \quad \text{e} \quad -\sqrt{6}c_2 - 2c_4 = 0$$

ou

$$c_3 = \frac{\sqrt{6}}{2}c_1, \qquad c_4 = -\frac{\sqrt{6}}{2}c_2. \tag{5}$$

Concluímos assim que

$$x(t) = \frac{\sqrt{6}}{2}c_1 e^{\sqrt{6}t} - \frac{\sqrt{6}}{2}c_2 e^{-\sqrt{6}t}$$
$$y(t) = c_1 e^{\sqrt{6}t} + c_2 e^{-\sqrt{6}t}.$$

deve ser uma solução do sistema.

Recomendamos ao leitor levar (3) e (4) na segunda equação de (1) e verificar que ainda valem as mesmas relações (5) entre as constantes.

EXEMPLO 2

Resolva

$$\begin{aligned} Dx + (D+2)y &= 0 \\ (D-3)x - \quad 2y &= 0. \end{aligned} \tag{6}$$

Solução Aplicando à primeira equação o operador $D - 3$, à segunda o operador D e subtraindo, eliminamos x do sistema. Decorre que a equação diferencial em y é

$$[(D-3)(D+2) + 2D]y = 0 \quad \text{ou} \quad (D^2 + D - 6)y = 0.$$

Como a equação característica dessa última equação diferencial é $m^2 + m - 6 = (m-2)(m+3) = 0$, obtemos a solução

$$y(t) = c_1 e^{2t} + c_2 e^{-3t}. \tag{7}$$

Eliminando y de maneira análoga, obtemos $(D^2 + D - 6)x = 0$, donde

$$x(t) = c_3 e^{2t} + c_4 e^{-3t}. \tag{8}$$

Como vimos na discussão precedente, uma solução de (6) não contém quatro constantes independentes, pois o próprio sistema impõe um vínculo sobre o número efetivo, que pode ser escolhido arbitrariamente. Levando (7) e (8) na primeira equação de (6), vem

$$(4c_1 + 2c_3)e^{2t} + (-c_2 - 3c_4)e^{-3t} = 0$$

e assim

$$4c_1 + 2c_3 = 0 \quad \text{e} \quad -c_2 - 3c_4 = 0.$$

Portanto,

$$c_3 = -2c_1 \quad \text{e} \quad c_4 = -\tfrac{1}{3}c_2.$$

Conseqüentemente,

$$x(t) = -2c_1e^{2t} - \tfrac{1}{3}c_2e^{-3t}$$
$$y(t) = c_1e^{2t} + c_2e^{-3t}$$

é uma solução do sistema. ■

Como poderíamos igualmente ter resolvido em relação a c_3 e c_4 em termos de c_1 e c_2, a solução no Exemplo 2 pode ser escrita sob a forma

$$x(t) = c_3e^{2t} + c_4e^{-3t}$$
$$y(t) = -\tfrac{1}{2}c_3e^{2t} - 3c_4e^{-3t}.$$

Devemos manter-nos atentos ao resolver sistemas. Se tivéssemos resolvido primeiro em relação a x, poderíamos achar y, juntamente com a relação entre as constantes, simplesmente utilizando a última equação de (6):

$$y = \frac{1}{2}(Dx - 3x) = \frac{1}{2}[2c_3e^{2t} - 3c_4e^{-3t} - 3c_3e^{2t} - 3c_4e^{-3t}]$$

ou

$$y = -\frac{1}{2}c_3e^{2t} - 3c_4e^{-3t}.$$

EXEMPLO 3

Resolva

$$x' - 4x + y'' = t^2$$
$$x' + x + y' = 0. \tag{9}$$

Solução Escrevamos primeiro o sistema em notação de operadores:

$$(D - 4)x + D^2y = t^2$$
$$(D + 1)x + Dy = 0. \tag{10}$$

Eliminando x, obtemos

$$[D + 1)D^2 - (D - 4)D]y = (D + 1)t^2 - (D - 4)0$$

ou

$$(D^3 + 4D)y = t^2 + 2t.$$

Como as raízes da equação auxiliar $m(m^2 + 4) = 0$ são $m_1 = 0$, $m_2 = 2i$ e $m_3 = -2i$, a função complementar é

$$y_c = c_1 + c_2\cos 2t + c_3\operatorname{sen} 2t.$$

Para determinar a solução particular y_p, aplicamos o método dos coeficientes indeterminados, supondo $y_p = At^3 + Bt^2 + Ct$. Portanto,

$$y_p' = 3At^2 + 2Bt + C, \quad y_p'' = 6At + 2B, \quad y_p''' = 6A,$$
$$y_p''' + 4y_p' = 12At^2 + 8Bt + 6A + 4C = t^2 + 2t.$$

A última equação implica

$$12A = 1, \ 8B = 2, \ 6A + 4C = 0,$$

e, daí, $A = 1/12$, $B = 1/4$, $C = -1/8$. Assim,

$$y = y_c + y_p = c_1 + c_2 \cos 2t + c_3 \operatorname{sen} 2t + \frac{1}{12}t^3 + \frac{1}{4}t^2 - \frac{1}{8}t. \quad \textbf{(11)}$$

Eliminando y do sistema (10), somos levados a

$$[(D-4) - D(D+1)]x = t^2 \quad \text{ou} \quad (D^2 + 4)x = -t^2.$$

É óbvio que

$$x_c = c_4 \cos 2t + c_5 \operatorname{sen} 2t$$

e que podemos aplicar o método dos coeficientes indeterminados para obter uma solução particular da forma $x_p = At^2 + Bt + C$. Nesse caso, as diferenciações usuais e a álgebra dão

$$x_p = -\frac{1}{4}t^2 + \frac{1}{8}$$

e assim

$$x = x_c + x_p = c_4 \cos 2t + c_5 \operatorname{sen} 2t - \frac{1}{4}t^2 + \frac{1}{8}. \quad \textbf{(12)}$$

Mas c_4 e c_5 podem expressar-se em termos de c_2 e c_3 levando-se (11) e (12) em qualquer uma das equações (9). Utilizando a segunda equação, obtemos, após combinar termos,

$$(c_5 - 2c_4 - 2c_2) \operatorname{sen} 2t + (2c_5 + c_4 + 2c_3) \cos 2t = 0$$

de modo que $$c_5 - 2c_4 - 2c_2 = 0 \quad \text{e} \quad 2c_5 + c_4 + 2c_3 = 0.$$

Resolvendo em relação a c_4 e c_5 em termos de c_2 e c_3 vem

$$c_4 = -\frac{1}{5}(4c_2 + 2c_3) \quad \text{e} \quad c_5 = \frac{1}{5}(2c_2 - 4c_3).$$

Finalmente, vê-se que

$$x(t) = -\frac{1}{5}(4c_2 + 2c_3)\cos 2t + \frac{1}{5}(2c_2 - 4c_3)\operatorname{sen} 2t - \frac{1}{4}t^2 + \frac{1}{8}$$

$$y(t) = c_1 + c_2 \cos 2t + c_3 \operatorname{sen} 2t + \frac{1}{12}t^3 + \frac{1}{4}t^2 - \frac{1}{8}t$$

é uma solução de (9). ■

Utilização de Determinantes

Simbolicamente, denotando por L_1, L_2, L_3 e L_4 operadores diferenciais lineares com coeficientes constantes, podemos escrever um sistema de equações diferenciais lineares em duas variáveis como

$$L_1x + L_2y = g_1(t)$$
$$L_3x + L_4y = g_2(t). \qquad \textbf{(13)}$$

Eliminando variáveis, como no caso de equações algébricas, somos levados a

$$(L_1L_4 - L_2L_3)x = f_1(t) \quad \text{e} \quad (L_1L_4 - L_2L_3)y = f_2(t) \qquad \textbf{(14)}$$

onde

$$f_1(t) = L_4g_1(t) - L_2g_2(t) \quad \text{e} \quad f_2(t) = L_1g_2(t) - L_3g_1(t).$$

Formalmente, os resultados em (14) podem ser escritos em forma de determinantes, tais como os utilizados na regra de Cramer:

$$\begin{vmatrix} L_1 & L_2 \\ L_3 & L_4 \end{vmatrix} x = \begin{vmatrix} g_1 & L_2 \\ g_2 & L_4 \end{vmatrix} \quad \text{e} \quad \begin{vmatrix} L_1 & L_2 \\ L_3 & L_4 \end{vmatrix} y = \begin{vmatrix} L_1 & g_1 \\ L_3 & g_2 \end{vmatrix}. \qquad \textbf{(15)}$$

O determinante à esquerda em cada equação (15) pode ser desenvolvido no sentido algébrico usual, com o resultado passando a operar sobre as funções $x(t)$ e $y(t)$. Devemos, entretanto, ter certo cuidado ao desenvolver os determinantes à direita de (15). Esses determinantes devem ser desenvolvidos no sentido de operadores diferenciais internos atuando efetivamente sobre as funções $g_1(t)$ e $g_2(t)$.

Se
$$\begin{vmatrix} L_1 & L_2 \\ L_3 & L_4 \end{vmatrix} \neq 0$$

em (15) é um operador diferencial de ordem n, então:

- O sistema (13) pode ser decomposto em duas equações diferenciais de ordem n em x e y.
- A equação característica e, daí, a função complementar de cada uma dessas equações diferenciais são as mesmas.
- Como x e y contêm ambas n constantes, aparece um total de $2n$ constantes.
- O número total de constantes *independentes* na solução do sistema é n.

Se
$$\begin{vmatrix} L_1 & L_2 \\ L_3 & L_4 \end{vmatrix} = 0$$

em (13), então o sistema pode ter uma solução contendo um número arbitrário de constantes independentes ou não ter nenhuma solução. Observações semelhantes valem para sistemas maiores do que o indicado em (13).

EXEMPLO 4

Resolva
$$x' = 3x - y - 1$$
$$y' = x + y + 4e^t. \qquad \textbf{(16)}$$

Solução Escrevamos o sistema em termos de operadores diferenciais:

$$(D-3)x + \qquad y = -1$$
$$-x + (D-1)\,y = 4e^t$$

e apliquemos então os determinantes:

$$\begin{vmatrix} D-3 & 1 \\ -1 & D-1 \end{vmatrix} x = \begin{vmatrix} -1 & 1 \\ 4e^t & D-1 \end{vmatrix}$$
$$\begin{vmatrix} D-3 & 1 \\ -1 & D-1 \end{vmatrix} y = \begin{vmatrix} D-3 & -1 \\ -1 & 4e^t \end{vmatrix}.$$

Após desenvolver, vemos que

$$(D-2)^2 x = 1 - 4e^t$$
$$(D-2)^2 y = -1 - 8e^t.$$

Pelos métodos usuais, decorre que

$$x = x_c + x_p = c_1e^{2t} + c_2te^{2t} + \frac{1}{4} - 4e^t \qquad \textbf{(17)}$$

$$y = y_c + y_p = c_3e^{2t} + c_4te^{2t} - \frac{1}{4} - 8e^t. \qquad \textbf{(18)}$$

Levando (17) e (18) na segunda equação de (16), vem

$$(c_3 - c_1 + c_4)e^{2t} + (c_4 - c_2)te^{2t} = 0,$$

o que então implica

$$c_4 = c_2 \quad \text{e} \quad c_3 = c_1 - c_4 = c_1 - c_2.$$

Assim,

$$x(t) = c_1e^{2t} + c_2te^{2t} + \frac{1}{4} - 4e^t$$
$$y(t) = (c_1 - c_2)e^{2t} + c_2te^{2t} - \frac{1}{4} - 8e^t$$

é uma solução de (16). ■

EXEMPLO 5

Dado o sistema

$$Dx + \qquad Dz = t^2$$
$$2x + D^2y \qquad = e^t$$
$$-2Dx - 2y + (D+1)z = 0,$$

ache a equação diferencial para a variável y.

Solução Com o auxílio de determinantes, podemos escrever

$$\begin{vmatrix} D & 0 & D \\ 2 & D^2 & 0 \\ -2D & -2 & D+1 \end{vmatrix} y = \begin{vmatrix} D & t^2 & D \\ 2 & e^t & 0 \\ -2D & 0 & D+1 \end{vmatrix}.$$

Por outro lado, desenvolvendo cada determinante pelos co-fatores da primeira linha, obtemos

$$\left(D\begin{vmatrix} D^2 & 0 \\ -2 & D+1 \end{vmatrix} + D\begin{vmatrix} 2 & D^2 \\ -2D & -2 \end{vmatrix} \right) y = D\begin{vmatrix} e^t & 0 \\ 0 & D+1 \end{vmatrix} - \begin{vmatrix} 2 & 0 \\ -2D & D+1 \end{vmatrix} t^2 + D\begin{vmatrix} 2 & e^t \\ -2D & 0 \end{vmatrix}$$

ou

$$D(3D^3 + D^2 - 4)y = 4e^t - 2t^2 - 4t.$$

Novamente, lembramos que o símbolo D à esquerda deve ser tratado como uma grandeza algébrica, o que não é o caso com o membro direito. ■

8.1 EXERCÍCIOS

As respostas dos exercícios selecionados estão na página 389.

Nos Problemas 1-22, resolva, se possível, o sistema de equações diferenciais por eliminação sistemática ou por determinantes.

1. $\dfrac{dx}{dt} = 2x - y$, $\dfrac{dy}{dt} = x$

2. $\dfrac{dx}{dt} = 4x + 7y$, $\dfrac{dy}{dt} = x - 2y$

3. $\dfrac{dx}{dt} = -y + t$, $\dfrac{dy}{dt} = x - t$

4. $\dfrac{dx}{dt} = -4y = 1$, $x + \dfrac{dy}{dt} = 2$

5. $(D^2 + 5)x - 2y = 0$, $-2x + (D^2 + 2)y = 0$

6. $(D+1)x + (D-1)y = 2$, $3x + (D+2)y = -1$

7. $\dfrac{d^2x}{dt^2} = 4y + e^t$, $\dfrac{d^2y}{dt^2} = 4x + e^t$

8. $\dfrac{d^2x}{dt^2} + \dfrac{dy}{dt} = -5x$, $\dfrac{dx}{dt} + \dfrac{dy}{dt} = -x + 4y$

9. $Dx + D^2y = e^{3t}$, $(D+1)x + (D-1)y = 4e^{3t}$

10. $D^2x - Dy = t$, $(D+3)x + (D+3)y = 2$

11. $(D^2 - 1)x - y = 0$, $(D - 1)x + Dy = 0$

12. $(2D^2 - D - 1)x + (2D+1)y = 1$, $(D-1)x + Dy = -1$

13. $2\frac{dx}{dt} - 5x + \frac{dy}{dt} = e^t$

$\frac{dx}{dt} - x + \frac{dy}{dt} = 5e^t$

14. $\frac{dx}{dt} + \frac{dy}{dt} = e^t$

$-\frac{d^2x}{dt^2} + \frac{dx}{dt} + x + y = 0$

15. $(D-1)x + (D^2+1)y = 1$

$(D^2-1)x + (D+1)y = 2$

16. $D^2x - 2(D^2+D)y = \operatorname{sen} t$

$x + Dy = 0$

17. $Dx = y$

$Dy = z$

$Dz = x$

18. $Dx + z = e^t$

$(D-1)x + Dy + Dz = 0$

$x + 2y + Dz = e^t$

19. $\frac{dx}{dt} - 6y = 0$

$x - \frac{dy}{dt} + z = 0$

$x + y - \frac{dz}{dt} = 0$

20. $\frac{dx}{dt} = -x + z$

$\frac{dy}{dt} = -y + z$

$\frac{dz}{dt} = -x + y$

21. $2Dx + (D-1)y = t$

$Dx + Dy = t^2$

22. $Dx - 2Dy = t^2$

$(D+1)x - 2(D+1)y = 1$

Nos Problemas 23 e 24, resolva o sistema sujeito às condições iniciais indicadas.

23. $\frac{dx}{dt} = -5x - y$

$\frac{dy}{dt} = 4x - y$

$x(1) = 0, y(1) = 1$

24. $\frac{dx}{dt} = y - 1$

$\frac{dy}{dt} = -3x + 2y$

$x(0) = 0, y(0) = 0$

25. Determine, se possível, um sistema de equações diferenciais tendo

$$x(t) = c_1 + c_2e^{2t}$$

$$y(t) = -c_1 + c_2e^{2t}$$

como solução.

8.2 MÉTODO DA TRANSFORMADA DE LAPLACE

Desde que sejam especificadas condições iniciais, a transformada de Laplace reduz um sistema de equações diferenciais lineares com coeficientes constantes a um conjunto de equações algébricas simultâneas nas funções transformadas.

EXEMPLO 1

Resolva
$$\begin{aligned} 2x' + y' - y &= t \\ x' + y' \quad &= t^2 \end{aligned} \tag{1}$$
sujeito às condições $x(0) = 1$, $y(0) = 0$.

Solução Se $X(s) = \mathscr{L}\{x(t)\}$ e $Y(s) = \mathscr{L}\{y(t)\}$, então, após transformar cada equação, obtemos

$$2[sX(s) - x(0)] + sY(s) - y(0) - Y(s) = \frac{1}{s^2}$$

$$sX(s) - x(0) + sY(s) - y(0) \qquad = \frac{2}{s^3}$$

ou

$$\begin{aligned} 2sX(s) + (s-1)Y(s) &= 2 + \frac{1}{s^2} \\ sX(s) + \qquad sY(s) &= 1 + \frac{2}{s^3}. \end{aligned} \tag{2}$$

Multiplicando por 2 a segunda equação de (2) e subtraindo, temos

$$(-s-1)Y(s) = \frac{1}{s^2} - \frac{4}{s^3}$$

$$Y(s) = \frac{4-s}{s^3(s+1)}. \tag{3}$$

Mas, por frações parciais,

$$\frac{4-s}{s^3(s+1)} = \frac{A}{s} + \frac{B}{s^2} + \frac{C}{s^3} + \frac{D}{s+1}$$

de modo que

$$4 - s = As^2(s+1) + Bs(s+1) + C(s+1) + Ds^3.$$

Fazendo $s = 0$ e $s = -1$ na última equação, obtemos $C = 4$ e $D = -5$, respectivamente; e igualando os coeficientes de s^3 e s^2 em ambos os membros da igualdade, vem

$$A + D = 0 \quad \text{e} \quad A + B = 0.$$

Decorre que $A = 5$ e $B = -5$. Portanto, (3) se escreve

$$Y(s) = \frac{5}{s} - \frac{5}{s^2} + \frac{4}{s^3} - \frac{5}{s+1}$$

e assim

$$\begin{aligned} y(t) &= 5\mathscr{L}^{-1}\left\{\frac{1}{s}\right\} - 5\mathscr{L}^{-1}\left\{\frac{1}{s^2}\right\} + 2\mathscr{L}^{-1}\left\{\frac{2!}{s^3}\right\} - 5\mathscr{L}^{-1}\left\{\frac{1}{s+1}\right\} \\ &= 5 - 5t + 2t^2 - 5e^{-t}. \end{aligned}$$

Pela segunda equação de (2),

$$X(s) = -Y(s) + \frac{1}{s} + \frac{1}{s^4},$$

de onde decorre que

$$x(t) = -\mathscr{L}^{-1}\{Y(s)\} + \mathscr{L}^{-1}\left\{\frac{1}{s}\right\} + \frac{2}{3!}\mathscr{L}^{-1}\left\{\frac{3!}{s^4}\right\}$$

$$= -4 + 5t - 2t^2 + \frac{1}{3}t^3 + 5e^{-t}.$$

Concluímos, assim, que a solução do sistema(1) é

$$x(t) = -4 + 5t - 2t^2 + \frac{1}{3}t^3 + 5e^{-t}$$

$$y(t) = 5 - 5t + 2t^2 - 5e^{-t}. \qquad \textbf{(4)}$$

■

Aplicações

Passemos agora a algumas aplicações elementares que envolvem sistemas de equações diferenciais. As soluções dos problemas que vamos considerar podem ser obtidas, seja pelo método da seção precedente seja pela aplicação da transformada de Laplace.

Molas Acopladas

Duas massas m_1 e m_2 estão apensas a duas molas A e B de massa desprezível, com constantes k_1 e k_2, respectivamente. Por seu turno, as duas molas estão unidas conforme mostra a Figura 8.1. Denotemos por $x_1(t)$ e $x_2(t)$ os deslocamentos verticais das massas em relação às suas posições de equilíbrio.

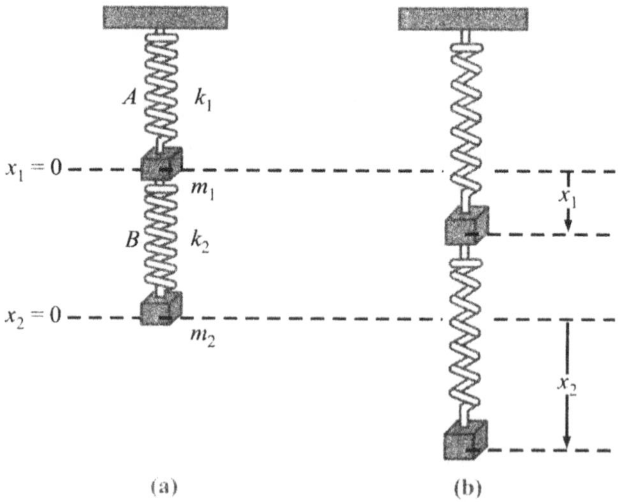

Figura 8.1

Quando o sistema está em movimento, a mola B está sujeita tanto a um alongamento como a uma compressão; logo, seu alongamento total é $x_2 - x_1$. Decorre, portanto, da lei de Hooke, que as molas A e B exercem forças

$$-k_1x_1 \quad \text{e} \quad k_2(x_2 - x_1),$$

respectivamente, sobre m_1. Se nenhuma força externa atua sobre o sistema e se não existe qualquer força de amortecimento, então a força resultante sobre m_1 é

$$-k_1x_1 + k_2(x_2 - x_1).$$

Pela segunda lei de Newton, podemos escrever

$$m_1 \frac{d^2x_1}{dt^2} = -k_1x_1 + k_2(x_2 - x_1).$$

Analogamente, a força externa resultante sobre a massa m_2 é devida somente ao alongamento total de B; isto é,

$$-k_2(x_2 - x_1).$$

Decorre, assim, que

$$m_2 \frac{d^2x_2}{dt^2} = -k_2(x_2 - x_1).$$

Em outras palavras, o movimento do sistema acoplado é representado pelo sistema de equações diferenciais de segunda ordem simultâneas

$$\begin{aligned} m_1x_1'' &= -k_1x_1 + k_2(x_2 - x_1) \\ m_2x_2'' &= -k_2(x_2 - x_1). \end{aligned} \tag{5}$$

No próximo exemplo, resolveremos (5) sob as hipóteses de que

$$k_1 = 6, \quad k_2 = 4, \quad m_1 = 1, \quad m_2 = 1$$

e de que as massas partem de suas posições de equilíbrio com velocidades unitárias opostas.

EXEMPLO 2

Resolva

$$\begin{aligned} x_1'' + 10x_1 \quad - 4x_2 &= 0 \\ -4x_1 + x_2'' + 4x_2 &= 0 \end{aligned} \tag{6}$$

sujeito às condições $x_1(0) = 0, x_1'(0) = 1, x_2(0) = 0, x_2'(0) = -1$.

Solução A transformada de Laplace de cada equação é

$$\begin{aligned} s^2X_1(s) - sx_1(0) - x_1'(0) + 10X_1(s) - 4X_2(s) &= 0 \\ -4X_1(s) + s^2X_2(s) - sx_2(0) - x_2'(0) + 4X_2(s) &= 0, \end{aligned}$$

onde $X_1(s) = \mathscr{L}\{x_1(t)\}$ e $X_2(s) = \mathscr{L}\{x_2(t)\}$. O sistema precedente é o mesmo que

$$\begin{aligned}(s^2+10)X_1(s) - \qquad 4X_2(s) &= 1\\ -4X_1(s) + (s^2+4)X_2(s) &= -1.\end{aligned} \tag{7}$$

Eliminando X_2, vem

$$X_1(s) = \frac{s^2}{(s^2+2)(s^2+12)}.$$

Com o auxílio das frações parciais, podemos escrever

$$\frac{s^2}{(s^2+2)(s^2+12)} = \frac{As+B}{s^2+2} + \frac{Cs+D}{s^2+12}$$

e $$s^2 = (As+B)(s^2+12) + (Cs+D)(s^2+2).$$

Comparando os coeficientes de s em cada membro da última igualdade, obtemos

$$\begin{aligned} A + C &= 0\\ B + D &= 1\\ 12A + 2C &= 0\\ 12B + 2D &= 0\end{aligned}$$

de forma que $A = 0,\quad C = 0,\quad B = -\dfrac{1}{5},\quad D = \dfrac{6}{5}.$

Logo,

$$X_1(s) = -\frac{1/5}{s^2+2} + \frac{6/5}{s^2+12}$$

e, assim,

$$\begin{aligned}x_1(t) &= -\frac{1}{5\sqrt{2}}\mathscr{L}^{-1}\left\{\frac{\sqrt{2}}{s^2+2}\right\} + \frac{6}{5\sqrt{12}}\mathscr{L}^{-1}\left\{\frac{\sqrt{12}}{s^2+12}\right\}\\ &= -\frac{\sqrt{2}}{10}\operatorname{sen}\sqrt{2}t + \frac{\sqrt{3}}{5}\operatorname{sen}2\sqrt{3}t.\end{aligned}$$

Da primeira equação de (7), decorre que

$$X_2(s) = -\frac{s^2+6}{(s^2+2)(s^2+12)}.$$

Aplicando, como anteriormente, as frações parciais, obtemos

$$X_2(s) = -\frac{2/5}{s^2+2} - \frac{3/5}{s^2+12}$$

e

$$x_2(t) = -\frac{2}{5\sqrt{2}}\mathscr{L}^{-1}\left\{\frac{\sqrt{2}}{s^2+2}\right\} - \frac{3}{5\sqrt{12}}\mathscr{L}^{-1}\left\{\frac{\sqrt{12}}{s^2+12}\right\}$$
$$= -\frac{\sqrt{2}}{5}\operatorname{sen}\sqrt{2}t - \frac{\sqrt{3}}{10}\operatorname{sen} 2\sqrt{3}t.$$

Finalmente, a solução do sistema (6) dado é

$$x_1(t) = -\frac{\sqrt{2}}{10}\operatorname{sen}\sqrt{2}t + \frac{\sqrt{3}}{5}\operatorname{sen} 2\sqrt{3}t$$
$$x_2(t) = -\frac{\sqrt{2}}{5}\operatorname{sen}\sqrt{2}t - \frac{\sqrt{3}}{10}\operatorname{sen} 2\sqrt{3}t. \qquad \textbf{(8)}$$

■

Redes

Uma rede elétrica com mais de uma malha também dá origem a equações diferenciais simultâneas. Conforme ilustra a Figura 8.2, a corrente $i_1(t)$ se bifurca nas direções indicadas no ponto B_1, chamado *ponto de ramificação* da rede. Pela primeira lei de Kirchhoff, podemos escrever

$$i_1(t) = i_2(t) + i_3(t). \qquad \textbf{(9)}$$

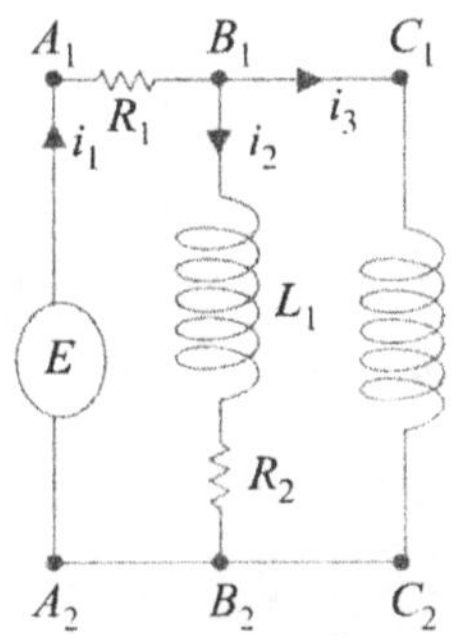

Figura 8.2

Além disso, podemos também aplicar a **segunda lei de Kirchhoff** a cada malha. Para a malha $A_1B_1B_2A_2A_1$, somando as quedas de voltagem através de cada parte da malha, obtemos

$$E(t) = i_1R_1 + L_1\frac{di_2}{dt} + i_2R_2. \qquad \textbf{(10)}$$

Analogamente, para a malha $A_1B_1C_1C_2B_2A_2A_1$, temos

$$E(t) = i_1R_1 + L_2\frac{di_3}{dt}. \qquad \textbf{(11)}$$

Utilizando (9) para eliminar i_1 em (10) e (11), obtemos duas equações de primeira ordem para as correntes $i_2(t)$ e $i_3(t)$:

$$\begin{aligned} L_1 \frac{di_2}{dt} + (R_1 + R_2)i_2 + R_1 i_3 &= E(t) \\ L_2 \frac{di_3}{dt} + \qquad R_1 i_2 + R_1 i_3 &= E(t). \end{aligned} \tag{12}$$

Dadas as condições iniciais naturais $i_2(0) = 0$, $i_3(0) = 0$, o sistema (12) está em condições de ser resolvido pela transformada de Laplace.

Deixamos como exercício (ver Problema 18) mostrar que o sistema de equações diferenciais que descrevem as correntes $i_1(t)$ e $i_2(t)$ na rede que contém um resistor, um indutor e um capacitor (Figura 8.3) é

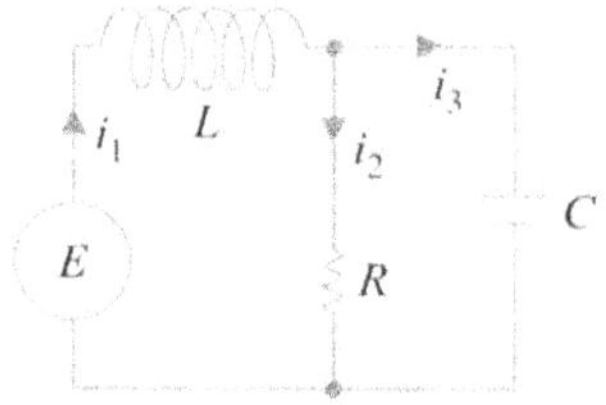

Figura 8.3

$$\begin{aligned} L\frac{di_1}{dt} + Ri_2 \qquad &= E(t) \\ RC\frac{di_2}{dt} + \ i_2 - i_1 &= 0. \end{aligned} \tag{13}$$

EXEMPLO 3

Resolva o sistema (13) sob as condições $E = 60$ volts, $L = 1$ henry, $R = 50$ ohms, $C = 10^{-4}$ farad, e i_1 e i_2 sendo inicialmente zero.

Solução Devemos resolver

$$\begin{aligned} \frac{di_1}{dt} + 50i_2 \qquad &= 60 \\ 50(10^{-4})\frac{di_2}{dt} + \ i_2 - i_1 &= 0 \end{aligned}$$

sujeito às condições $i_1(0) = 0$, $i_2(0) = 0$.

Aplicando a transformada de Laplace a cada equação do sistema e simplificando, vem

$$\begin{aligned} sI_1(s) + \qquad 50I_2(s) &= \frac{60}{s} \\ -200I_1(s) + (s + 200)I_2(s) &= 0, \end{aligned}$$

onde $I_1(s) = \mathscr{L}\{i_1(t)\}$ e $I_2(s) = \mathscr{L}\{i_2(t)\}$. Resolvendo o sistema em relação a I_1 e I_2 vem

$$I_1(s) = \frac{60s + 12{,}000}{s(s+100)^2}$$
$$I_2(s) = \frac{12{,}000}{s(s+100)^2}.$$

Pelas frações parciais, podemos escrever

$$I_1(s) = \frac{6/5}{s} - \frac{6/5}{s+100} - \frac{60}{(s+100)^2}$$
$$I_2(s) = \frac{6/5}{s} - \frac{6/5}{s+100} - \frac{120}{(s+100)^2},$$

de onde decorre que

$$i_1(t) = \frac{6}{5} - \frac{6}{5}e^{-100t} - 60te^{-100t}$$
$$i_2(t) = \frac{6}{5} - \frac{6}{5}e^{-100t} - 120te^{-100t}.$$

■

Note que tanto $i_1(t)$ como $i_2(t)$ no Exemplo 3 tendem para o valor $E/R = 6/5$ quando $t \to \infty$. Além disso, como a corrente através do capacitor é $i_3(t) = i_1(t) - i_2(t) = 60te^{-100t}$, observamos que $i_3(t) \to 0$ quando $t \to \infty$.

8.2 EXERCÍCIOS

As respostas dos exercícios selecionados estão nas páginas 389-390.

Nos Problemas 1-12, aplique a transformada de Laplace para resolver o sistema dado de equações diferenciais.

1. $\frac{dx}{dt} = -x + y$
$\frac{dy}{dt} = 2x$
$x(0) = 0, y(0) = 1$

2. $\frac{dx}{dt} = 2y + e^t$
$\frac{dy}{dt} = 8x - t$
$x(0) = 1, y(0) = 1$

3. $\frac{dx}{dt} = x - 2y$
$\frac{dy}{dt} = 5x - y$
$x(0) = -1, y(0) = 2$

4. $\frac{dx}{dt} + 3x + \frac{dy}{dt} = 1$
$\frac{dx}{dt} - x + \frac{dy}{dt} - y = e^t$
$x(0) = 0, y(0) = 0$

5. $2\frac{dx}{dt} + \frac{dy}{dt} - 2x = 1$
$\frac{dx}{dt} + \frac{dy}{dt} - 3x - 3y = 2$
$x(0) = 0, y(0) = 0$

6. $\frac{dx}{dt} + x - \frac{dy}{dt} + y = 0$
$\frac{dx}{dt} + \frac{dy}{dt} + 2y = 0$
$x(0) = 0, y(0) = 1$

7. $$\frac{d^2x}{dt^2} + x - y = 0$$
$$\frac{d^2y}{dt^2} + y - x = 0$$
$x(0) = 0, x'(0) = -2,$
$y(0) = 0, y'(0) = 1$

8. $$\frac{d^2x}{dt^2} + \frac{dx}{dt} + \frac{dy}{dt} = 0$$
$$\frac{d^2y}{dt^2} + \frac{dy}{dt} - 4\frac{dx}{dt} = 0$$
$x(0) = 1, x'(0) = 0,$
$y(0) = -1, y'(0) = 5$

9. $$\frac{d^2x}{dt^2} + \frac{d^2y}{dt^2} = t^2$$
$$\frac{d^2x}{dt^2} + \frac{d^2y}{dt^2} = 4t$$
$x(0) = 8, x'(0) = 0,$
$y(0) = 0, y'(0) = 0$

10. $$\frac{dx}{dt} - 4x + \frac{d^3y}{dt^3} = 6 \operatorname{sen} t$$
$$\frac{dx}{dt} + 2x - 2\frac{d^3y}{dt^3} = 0$$
$x(0) = 0, y(0) = 0,$
$y'(0) = 0, y''(0) = 0$

11. $$\frac{d^2x}{dt^2} + 3\frac{dy}{dt} + 3y = 0$$
$$\frac{d^2x}{dt^2} + 3y = te^{-t}$$
$x(0) = 0, x'(0) = 2, y(0) = 0$

12. $$\frac{dx}{dt} = 4x - 2y + 2\mathcal{U}(t-1)$$
$$\frac{dy}{dt} = 3x - y + \mathcal{U}(t-1)$$
$x(0) = 0, y(0) = \frac{1}{2}$

13. Resolva o sistema (5) quando

$$k_1 = 3, \quad k_2 = 2, \quad m_1 = 1, \quad m_2 = 1$$

$$\text{e} \quad x_1(0) = 0, \quad x_1'(0) = 1$$
$$x_2(0) = 1, \quad x_2'(0) = 0.$$

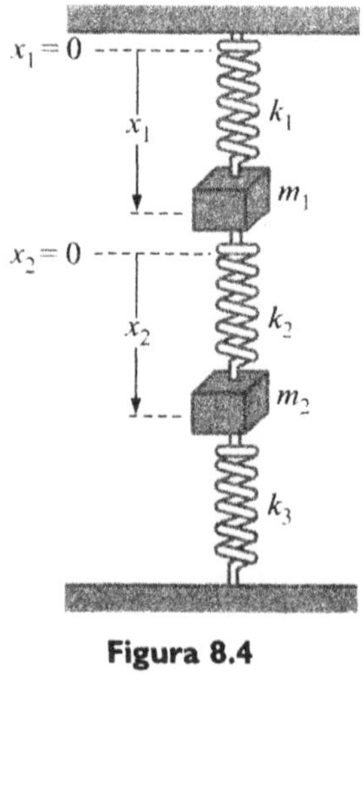

Figura 8.4

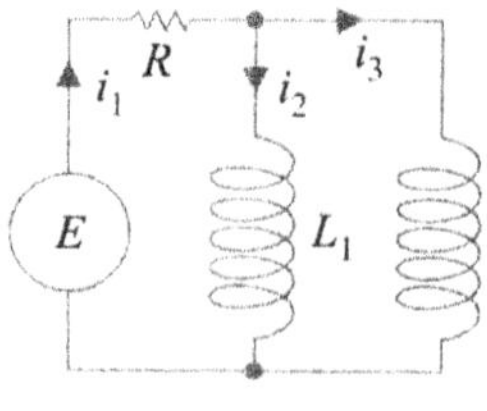

Figura 8.5

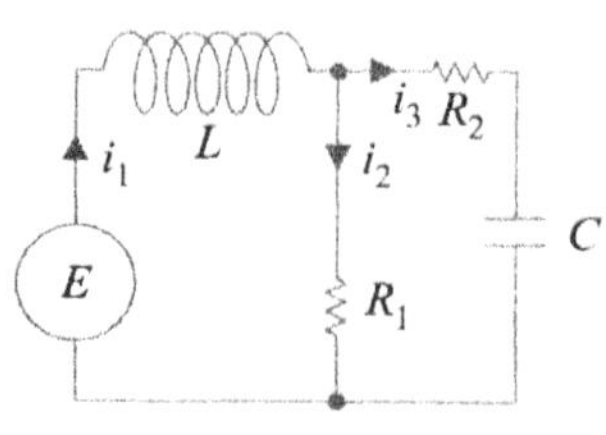

Figura 8.6

14. Deduza o sistema de equações diferenciais que descrevem o movimento vertical retilíneo das molas acopladas da Figura 8.4. Utilize a transformada de Laplace para resolver o sistema quando $k_1 = 1$, $k_2 = 1$, $k_3 = 1$, $m_1 = 1$, $m_2 = 1$ e $x_1(0) = 0$, $x_1'(0) = -1$, $x_2(0) = 0$, $x_2'(0) = 1$.

15. **(a)** Mostre que o sistema de equações diferenciais para as correntes $i_2(t)$ e $i_3(t)$ na rede elétrica da Figura 8.5 é

$$L_1 \frac{di_2}{dt} + Ri_2 + Ri_3 = E(t)$$

$$L_2 \frac{di_3}{dt} + Ri_2 + Ri_3 = E(t).$$

(b) Resolva o sistema da parte (a) se $R = 5$ ohms, $L_1 = 0{,}01$ henry, $L_2 = 0{,}0125$ henry, $E = 100$ volts, $i_2(0) = 0$ e $i_3(0) = 0$.

(c) Determine a corrente $i_1(t)$.

16. **(a)** Mostre que o sistema de equações diferenciais para as correntes $i_2(t)$ e $i_3(t)$ na rede da Figura 8.6 é

$$L\frac{di_2}{dt} + L\frac{di_3}{dt} + R_1 i_2 = E(t)$$

$$-R_1 \frac{di_2}{dt} + R_2 \frac{di_3}{dt} + \frac{1}{C} i_3 = 0.$$

(b) Resolva o sistema da parte (a) se $R_1 = 10$ ohms, $R_2 = 5$ ohms, $L = 1$ henry, $C = 0{,}2$ farad,

$$E(t) = \begin{cases} 120, & 0 \le t < 2 \\ 0, & t \ge 2, \end{cases}$$

$i_2(0) = 0$ e $i_3(0) = 0$.

(c) Determine a corrente $i_1(t)$.

17. Resolva o sistema dado em (12) quando $R_1 = 6$ ohms, $R_2 = 5$ ohms, $L_1 = 1$ henry, $L_2 = 1$ henry, $E(t) = 50$ sen t volts.

18. Estabeleça o sistema de equações (13).

19. Resolva (13) quando $E = 60$ volts, $L = ½$ henry, $R = 50$ ohms, $C = 10^{-4}$ farad, $i_1(0) = 0$, $i_2(0) = 0$.

20. Resolva (13) quando $E = 60$ volts, $L = 2$ henrys, $R = 50$ ohms, $C = 10^{-4}$ farad, $i_1(0) = 0$, $i_2(0) = 0$.

21. **(a)** Mostre que o sistema de equações diferenciais para a carga $q(t)$ no capacitor e a corrente $i_3(t)$ na rede elétrica da Figura 8.7 é

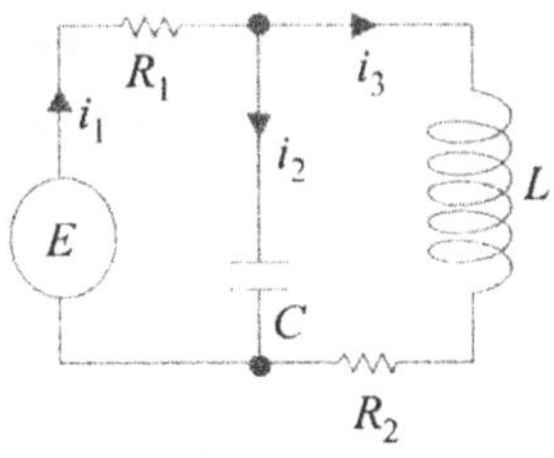

Figura 8.7

$$R_1\frac{dq}{dt}+\frac{1}{C}q+R_1 i_3=E(t)$$
$$L\frac{di_3}{dt}+R_2 i_3-\frac{1}{C}q=0.$$

(b) Ache a carga no capacitor quando $L = 1$ henry, $R_1 = 1$ ohm, $R_2 = 1$ ohm, $C = 1$ farad,

$$E(t)=\begin{cases}0, & 0<t<1\\ 50e^{-t}, & t\geq 1,\end{cases}$$

$i_3(0) = 0$ e $q(0) = 0$.

22. Um pêndulo duplo oscila em um plano vertical sob a ação da gravidade (ver Figura 8.8). Para pequenos deslocamentos $\theta_1(t)$ e $\theta_2(t)$, pode-se mostrar que as equações diferenciais do movimento são

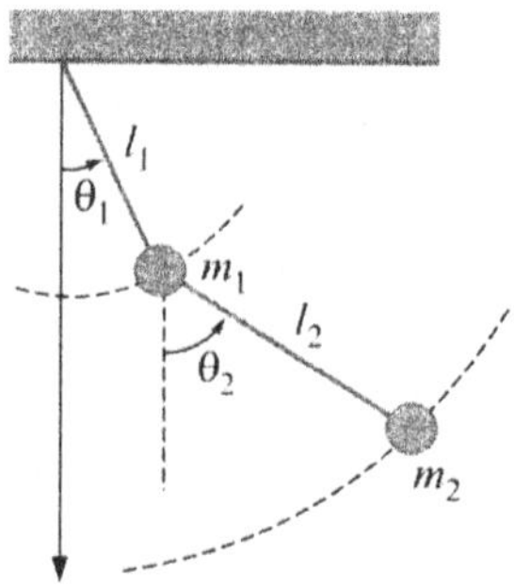

Figura 8.8

$$(m_1+m_2)l_1^2\ {}''_1+m_2 l_1 l_2\ {}''_2+(m_1+m_2)l_1 g_1=0$$
$$m_2 l_2^2\ {}''_2+m_2 l_1 l_2\ {}''_1+m_2 l_2 g_2=0.$$

Aplique a transformada de Laplace para resolver o sistema, quando $m_1 = 3$, $m_2 = 1$, $l_1 = l_2 = 16$, $\theta_1(0) = 1$, $\theta_2(0) = -1$, $\theta'_1(0) = 0$, e $\theta'_2(0) = 0$.

8.3 SISTEMAS DE EQUAÇÕES LINEARES DE PRIMEIRA ORDEM

Nas duas seções precedentes, trabalhamos com sistemas lineares da forma

$$\begin{aligned}P_{11}(D)x_1+P_{12}(D)x_2+\cdots+P_{1n}(D)x_n&=b_1(t)\\ P_{21}(D)x_1+P_{22}(D)x_2+\cdots+P_{2n}(D)x_n&=b_2(t)\\ \vdots\qquad\qquad\vdots\qquad\qquad&\ \ \vdots\\ P_{n1}(D)x_1+P_{n2}(D)x_2+\cdots+P_{nn}(D)x_n&=b_n(t)\end{aligned}\qquad(1)$$

onde os P_{ij} eram polinômios no operador diferencial D. Entretanto, o estudo de sistema de equações diferenciais de *primeira ordem*

$$\begin{aligned}
\frac{dx_1}{dt} &= g_1(t, x_1, x_2, \ldots, x_n) \\
\frac{dx_2}{dt} &= g_2(t, x_1, x_2, \ldots, x_n) \\
&\vdots \\
\frac{dx_n}{dt} &= g_n(t, x_1, x_2, \ldots, x_n)
\end{aligned} \tag{2}$$

tem importância especial na matemática avançada, pois toda equação diferencial de ordem n

$$y^{(n)} = F(t, y, y', \ldots, y^{(n-1)}),$$

assim como a maioria dos sistemas de equações diferenciais, podem ser reduzidas à forma (2). O sistema (2), de n equações de primeira ordem, é chamado **sistema de ordem *n*.**

Forma Normal Linear

É claro que um sistema como (2) não precisa ser linear nem ter coeficientes constantes. Conseqüentemente, o sistema pode não ser prontamente resolúvel – se efetivamente o for. Nas seções restantes deste capítulo, estaremos interessados apenas em um caso particular, porém importante, de (2), a saber, os sistemas que apresentam a forma **normal,** ou **canônica**

$$\begin{aligned}
\frac{dx_1}{dt} &= a_{11}(t)x_1 + a_{12}(t)x_2 + \cdots + a_{1n}(t)x_n + f_1(t) \\
\frac{dx_2}{dt} &= a_{21}(t)x_1 + a_{22}(t)x_2 + \cdots + a_{2n}(t)x_n + f_2(t) \\
&\vdots \qquad\qquad \vdots \qquad\qquad \vdots \\
\frac{dx_n}{dt} &= a_{n1}(t)x_1 + a_{n2}(t)x_2 + \cdots + a_{nn}(t)x_n + f_n(t),
\end{aligned} \tag{3}$$

onde os coeficientes a_{ij} e as f_i são funções contínuas em um intervalo comum I. Quando $f_i(t) = 0$, $i = 1, 2, \ldots, n$, o sistema (3) se diz **homogêneo**; em caso contrário, é **não-homogêneo**.

Mostraremos a seguir que toda equação diferencial linear de ordem n pode ser reduzida a um sistema linear com a forma normal (3).

De uma Equação para um Sistema

Suponhamos uma equação diferencial linear de ordem n dada inicialmente como

$$\frac{d^n y}{dt^n} = -\frac{a_0}{a_n} y - \frac{a_1}{a_n} y' - \cdots - \frac{a_{n-1}}{a_n} y^{(n-1)} + f(t). \tag{4}$$

Introduzindo as variáveis

$$y = x_1, \quad y' = x_2, \quad y'' = x_3, \ldots, \quad y^{(n-1)} = x_n, \tag{5}$$

decorre que $y' = x_1' = x_2$, $y'' = x_2' = x_3, \ldots, y^{(n-1)} = x_{n-1}' = x_n$, e $y^{(n)} = x_n'$. Logo, de (4) e (5), verificamos que uma equação diferencial linear de ordem n pode ser expressa como um sistema de ordem n:

$$
\begin{aligned}
x_1' &= x_2 \\
x_2' &= x_3 \\
x_3' &= x_4 \\
&\vdots \\
x_{n-1}' &= x_n \\
x_n' &= -\frac{a_0}{a_n}x_1 - \frac{a_1}{a_n}x_2 - \cdots - \frac{a_{n-1}}{a_n}x_n + f(t).
\end{aligned} \tag{6}
$$

Observando (6), vemos que tem a mesma forma que (3).

EXEMPLO 1

Reduza a equação de terceira ordem

$$2y''' - 6y'' + 4y' + y = \operatorname{sen} t$$

à forma normal (3).

Solução Escrevemos a equação diferencial como

$$y''' = -\frac{1}{2}y - 2y' + 3y'' + \frac{1}{2}\operatorname{sen} t$$

e fazemos então $y = x_1, y' = x_2, y'' = x_3$. Como

$$
\begin{aligned}
x_1' &= y' = x_2 \\
x_2' &= y'' = x_3 \\
x_3' &= y''',
\end{aligned}
$$

temos

$$
\begin{aligned}
x_1' &= x_2 \\
x_2' &= x_3 \\
x_3' &= -\frac{1}{2}x_1 - 2x_2 + 3x_3 + \frac{1}{2}\operatorname{sen} t.
\end{aligned}
$$

■

Redução de Sistemas à Forma Normal

Mediante ao processo análogo que acabamos de esboçar, podemos reduzir *a maioria* dos sistemas da forma linear (1) à forma normal linear (3). Para tanto, é necessário primeiro resolver o sistema em relação à mais alta derivada de cada variável dependente. Como veremos, isto nem sempre é possível.

EXEMPLO 2

Reduza

$$(D^2 - D + 5)x + \quad 2D^2 y = e^t$$
$$-2x + (D^2 + 2)y = 3t^2$$

à forma normal (3).

Solução Escreva o sistema como

$$D^2 x + 2D^2 y = e^t - 5x + Dx$$
$$D^2 y = 3t^2 + 2x - 2y$$

e elimine então D^2y, multiplicando a segunda equação por 2 e subtraindo. Temos

$$D^2 x = e^t - 6t^2 - 9x + 4y + Dx.$$

Como a segunda equação do sistema já expressa a derivada de maior ordem de y em termos das funções restantes, estamos em condições de introduzir novas variáveis. Fazendo

$$Dx = u \quad \text{e} \quad Dy = v,$$

as expressões de D^2x e D^2y se tornam, respectivamente,

$$Du = e^t - 6t^2 - 9x + 4y + u$$
$$Dv = 3t^2 + 2x - 2y.$$

Assim, o sistema original pode ser escrito na forma normal

$$Dx = u$$
$$Dy = v$$
$$Du = -9x + 4y + u + e^t - 6t^2$$
$$Dv = \quad 2x - 2y + 3t^2.$$

■

Sistemas Degenerados

Os sistemas de equações diferenciais da forma (1) que não podem ser reduzidos a um sistema linear em forma normal, são chamados **degenerados**. Por exemplo, é imediato mostrar que é impossível resolver o sistema

$$\begin{aligned}(D+1)x + (D+1)y &= 0\\ 2Dx + (2D+1)y &= 0\end{aligned} \tag{7}$$

em relação à mais alta derivada de cada variável; o sistema é, pois, degenerado.*

Pode-se estranhar por que haveríamos de converter uma única equação diferencial em um sistema de equações, ou um sistema de equações diferenciais em um sistema ainda maior. Conquanto não possamos aqui justificar completamente sua importância, basta dizer que esses processos são mais do que um exercício teórico. Há ocasiões em que é efetivamente mais conveniente trabalhar

* Isto *não* significa que o sistema não tenha solução (veja o Problema 21).

com um sistema do que com uma única equação. Na análise numérica de equações diferenciais, quase todos os algoritmos computacionais são estabelecidos para equações de primeira ordem. Como esses algoritmos podem ser generalizados diretamente para sistemas, para calcular numericamente uma equação, digamos, de segunda ordem, podemos reduzi-la a um sistema de duas equações de primeira ordem (ver Capítulo 9).

Um sistema linear como (3) surge também, de modo natural, em algumas aplicações físicas. O exemplo que segue ilustra um sistema homogêneo em duas variáveis dependentes.

EXEMPLO 3

O tanque *A* contém 50 litros de água em que foram dissolvidos 25 gramas de sal. Um segundo tanque, *B*, contém 50 litros de água pura. Bombeia-se o líquido para dentro e para fora dos tanques às taxas indicadas na Figura 8.9. Deduza as equações diferenciais que descrevem o número de gramas $x_1(t)$ e $x_2(t)$ de sal em um instante arbitrário, nos tanques *A* e *B*, respectivamente.

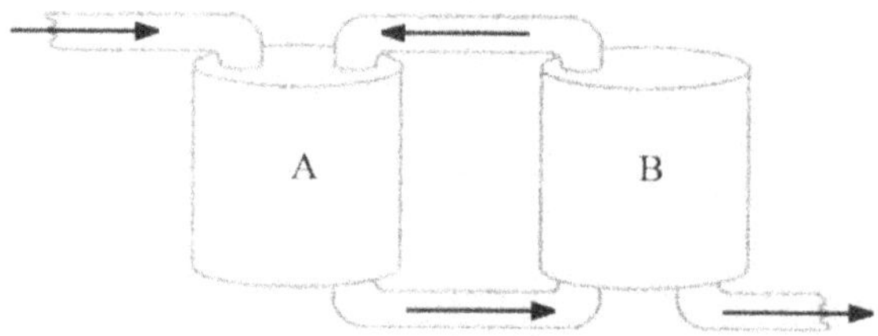

Figura 8.9

Solução Por uma análise análoga à que fizemos na Seção 3.2, vemos que a taxa líquida de variação de $x_1(t)$ em g/min é

$$\frac{dx_1}{dt} = \overbrace{(3\ \ell/\text{min})\cdot(0\ \text{g}/\ell) + (1\ \ell/\text{min})\cdot\left(\frac{x_2}{50}\ \text{g}/\ell\right)}^{\text{entrada}} - \overbrace{(4\ell/\text{min})\cdot\left(\frac{x_1}{50}\ \text{g}/\ell\right)}^{\text{saída}}$$

$$= -\frac{2}{25}x_1 + \frac{1}{50}x_2.$$

Por outro lado, a taxa líquida de variação de $x_2(t)$ é

$$\frac{dx_2}{dt} = 4\cdot\frac{x_1}{50} - 3\cdot\frac{x_2}{50} - 1\cdot\frac{x_2}{50}$$

$$= \frac{2}{25}x_1 - \frac{2}{25}x_2.$$

Obtemos assim o sistema de primeira ordem

$$\begin{aligned}\frac{dx_1}{dt} &= -\frac{2}{25}x_1 + \frac{1}{50}x_2 \\ \frac{dx_2}{dt} &= \frac{2}{25}x_1 - \frac{2}{25}x_2.\end{aligned} \tag{8}$$

Note que o sistema acima é acompanhado das condições iniciais $x_1(0) = 25$, $x_2(0) = 0$. ■

Deixamos como exercício a resolução de (8) pela transformada de Laplace. Veja o Problema 17.

8.3 EXERCÍCIOS

As respostas dos exercícios selecionados estão na página 390.

Nos Problemas 1-8, escreva a equação diferencial dada como um sistema na forma normal (3).

1. $y'' - 3y' + 4y = \operatorname{sen} 3t$

2. $2\dfrac{d^2y}{dt^2} + 4\dfrac{dy}{dt} - 5y = 0$

3. $y''' - 3y'' + 6y' - 10y = t^2 + 1$

4. $4y''' + y = e^t$

5. $\dfrac{d^4y}{dt^4} - 2\dfrac{d^2y}{dt^2} + 4\dfrac{dy}{dt} + y = t$

6. $2\dfrac{d^4y}{dt^4} + \dfrac{d^3y}{dt^3} - 8y = 10$

7. $(t+1)y'' = ty$

8. $t^2y'' + ty' + (t^2 - 4)y = 0$

Nos Problemas 9-16, escreva, se possível, o sistema dado na forma normal (3).

9. $\begin{aligned} x' + 4x - y' &= 7t \\ x' + \phantom{4x -{}} y' - 2y &= 3t \end{aligned}$

10. $\begin{aligned} x'' + y' &= 1 \\ x'' + y' &= -1 \end{aligned}$

11. $\begin{aligned} (D-1)x - Dy &= t^2 \\ x + Dy &= 5t - 2 \end{aligned}$

12. $\begin{aligned} x'' - 2y'' &= \operatorname{sen} t \\ x'' + y'' &= \cos t \end{aligned}$

13. $\begin{aligned} (2D+1)x - 2Dy &= 4 \\ Dx - Dy &= e^t \end{aligned}$

14. $\begin{aligned} m_1x_1'' &= -k_1x_1 + k_2(x_2 - x_1) \\ m_2x_2'' &= -k_2(x_2 - x_1) \end{aligned}$

15. $\begin{aligned} \frac{d^3x}{dt^3} &= 4x - 3\frac{d^2x}{dt^2} + \frac{dy}{dt} \\ \frac{d^2y}{dt^2} &= 10t^2 - 4\frac{dx}{dt} + 3\frac{dy}{dt} \end{aligned}$

16. $\begin{aligned} D^2x + Dy &= 4t \\ -D^2x + (D+1)y &= 6t^2 + 10 \end{aligned}$

17. Aplique a transformada de Laplace para resolver o sistema (8) sujeito às condições $x_1(0) = 25$ e $x_2(0) = 0$.

18. Considere dois tanques *A* e *B* com o líquido sendo bombeado para dentro e para fora às mesmas taxas dadas no Exemplo 3. Qual é o sistema de equações diferenciais se, em lugar de água pura, bombearmos para dentro do tanque *A* uma solução de salmoura contendo 2 lb de sal por galão de água?

19. Utilizando a informação dada na Figura 8.10, deduza o sistema de equações diferenciais que descreve os números de libras de sal x_1, x_2 e x_3 em um instante arbitrário, nos tanques *A*, *B* e *C*, respectivamente.

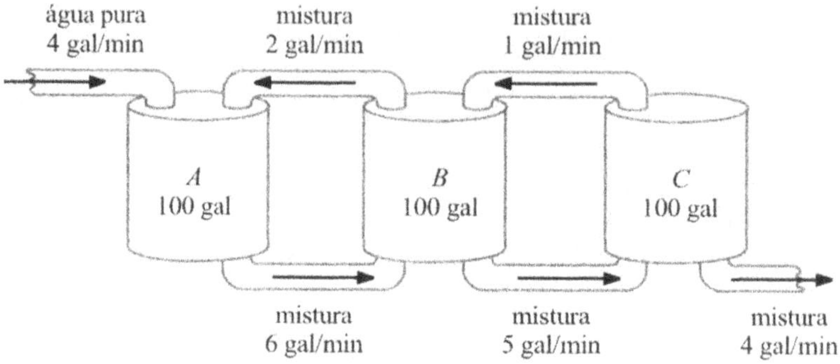

Figura 8.10

20. Considere o sistema de primeira ordem

$$(a_1 D - b_1)x + (a_2 D - b_2)y = 0$$
$$(a_3 D - b_3)x + (a_4 D - b_4)y = 0,$$

onde os a_i são constantes diferentes de zero. Determine uma condição sobre os a_i para que o sistema seja degenerado.

21. Verifique que o sistema degenerado (7) admite a solução $x(t) = c_1 e^{-t}$, $y(t) = -2c_1 e^{-t}$.

8.4 INTRODUÇÃO AO ESTUDO DE MATRIZES

8.4.1 Definições Básicas e Teoria

Antes de examinar um processo sistemático para resolver sistemas lineares de primeira ordem em forma normal, necessitamos de um conceito novo e útil – o conceito de **matriz**.

DEFINIÇÃO 8.1 Matriz

Uma **matriz A** é qualquer conjunto retangular de números ou funções:

$$\mathbf{A} = \begin{pmatrix} a_{11} & a_{12} & \cdots & a_{1n} \\ a_{21} & a_{22} & \cdots & a_{2n} \\ \vdots & & & \vdots \\ a_{m1} & a_{m2} & \cdots & a_{mn} \end{pmatrix}. \qquad (1)$$

Se uma matriz tem m linhas e n colunas, dizemos que seu **tamanho** é m por n (que se escreve $m \times n$). Uma matriz $n \times n$ é chamada matriz **quadrada** de ordem n.

O elemento da i^{ma} linha e j^{ma} coluna de uma matriz $m \times n$ é representado por a_{ij}. Uma matriz $\mathbf{A}$ $m \times n$ é então escrita abreviadamente como $\mathbf{A} = (a_{ij})_{m \times n}$ ou simplesmente como $\mathbf{A} = (a_{ij})$. Uma matriz 1×1 é uma constante ou uma função.

DEFINIÇÃO 8.2 Igualdade de Matrizes

Duas matrizes $m \times n$, $\mathbf{A}$ e $\mathbf{B}$, são **iguais**, se $a_{ij} = b_{ij}$ para todo i e j.

DEFINIÇÃO 8.3 Matriz Coluna

Uma **matriz coluna X** é uma matriz com n linhas e uma coluna:

$$\mathbf{X} = \begin{pmatrix} b_{11} \\ b_{21} \\ \vdots \\ b_{n1} \end{pmatrix} = (b_{i1})_{n \times 1}.$$

Uma matriz coluna é chamada também um **vetor coluna** ou, simplesmente, um **vetor**.

DEFINIÇÃO 8.4 Múltiplos de Matrizes

Define-se um **múltiplo** de uma matriz $\mathbf{A}$ como

$$k\mathbf{A} = \begin{pmatrix} k_{21} & k_{12} & \cdots & ka_{1n} \\ k_{21} & k_{22} & \cdots & ka_{2n} \\ \vdots & & & \vdots \\ ka_{m1} & ka_{m2} & \cdots & ka_{mn} \end{pmatrix} = (ka_{ij})_{m \times n},$$

onde k é uma constante ou uma função.

EXEMPLO 1

(a) $$5\begin{pmatrix} 2 & -3 \\ 4 & -1 \\ \frac{1}{5} & 6 \end{pmatrix} = \begin{pmatrix} 10 & -15 \\ 20 & -5 \\ 1 & 30 \end{pmatrix}$$

(b) $$e^t\begin{pmatrix} 1 \\ -2 \\ 4 \end{pmatrix} = \begin{pmatrix} e^t \\ -2e^t \\ 4e^t \end{pmatrix}$$ ■

Notemos, de passagem, que, para qualquer matriz $\mathbf{A}$, o produto $k\mathbf{A}$ é o mesmo que $\mathbf{A}k$. Por exemplo,

$$e^{-3t}\begin{pmatrix}2\\5\end{pmatrix}=\begin{pmatrix}2e^{-3t}\\5e^{-3t}\end{pmatrix}=\begin{pmatrix}2\\5\end{pmatrix}e^{-3t}.$$

DEFINIÇÃO 8.5 Adição de Matrizes

Define-se a **soma** de duas matrizes $m \times n$ **A** e **B**, como a matriz

$$\mathbf{A}+\mathbf{B}=(a_{ij}+b_{ij})_{m\times n}$$

Em outras palavras, para somar duas matrizes de mesmo tamanho, somamos os elementos correspondentes.

EXEMPLO 2

A soma de

$$\mathbf{A}=\begin{pmatrix}2&-1&3\\0&4&6\\-6&10&-5\end{pmatrix} \quad \text{e} \quad \mathbf{B}=\begin{pmatrix}4&7&-8\\9&3&5\\1&-1&2\end{pmatrix}$$

é

$$\mathbf{A}+\mathbf{B}=\begin{pmatrix}2+4&-1+7&3+(-8)\\0+9&4+3&6+5\\-6+1&10+(-1)&-5+2\end{pmatrix}$$

$$=\begin{pmatrix}6&6&-5\\9&7&11\\-5&9&-3\end{pmatrix}.$$

■

EXEMPLO 3

A matriz
$$\begin{pmatrix}3t^2-2e^t\\t^2+7t\\5t\end{pmatrix}$$
pode ser escrita como a soma de três vetores coluna

$$\begin{pmatrix}3t^2-2e^t\\t^2+7t\\5t\end{pmatrix}=\begin{pmatrix}3t^2\\t^2\\0\end{pmatrix}+\begin{pmatrix}0\\7t\\5t\end{pmatrix}+\begin{pmatrix}-2e^t\\0\\0\end{pmatrix}=\begin{pmatrix}3\\1\\0\end{pmatrix}t^2+\begin{pmatrix}0\\7\\5\end{pmatrix}t+\begin{pmatrix}-2\\0\\0\end{pmatrix}e^t.$$

■

A **diferença** de duas matrizes $m \times n$ é definida da maneira usual: **A** – **B** = **A** +(–**B**), onde –**B** = (–1)**B**.

DEFINIÇÃO 8.6 Multiplicação de Matrizes

Seja **A** uma matriz com m linhas e n colunas e **B** uma matriz com n linhas e p colunas. Definimos o **produto AB** como a matriz $m \times p$

$$\mathbf{AB} = \begin{pmatrix} a_{11} & a_{12} & \cdots & a_{1n} \\ a_{21} & a_{22} & \cdots & a_{2n} \\ \vdots & & & \vdots \\ a_{m1} & a_{m2} & \cdots & a_{mn} \end{pmatrix} \begin{pmatrix} b_{11} & b_{12} & \cdots & b_{1p} \\ b_{21} & b_{22} & \cdots & b_{2p} \\ \vdots & & & \vdots \\ b_{n1} & b_{n2} & \cdots & b_{np} \end{pmatrix}$$

$$= \begin{pmatrix} a_{11}b_{11} + a_{12}b_{12} + \cdots + a_{1n}b_n & \cdots & a_{11}b_{1p} + a_{12}b_{2p} + \cdots + a_{1n}b_{np} \\ a_{21}b_{11} + a_{22}b_{21} + \cdots + a_{2n}b_{n1} & \cdots & a_{21}b_{1p} + a_{22}b_{2p} + \cdots + a_{2n}b_{np} \\ \vdots & & \vdots \\ a_{m1}b_{11} + a_{m2}b_{21} + \cdots + a_{mn}b_{n1} & \cdots & a_{m1}b_{1p} + a_{m2}b_{2p} + \cdots + a_{mn}b_{np} \end{pmatrix}$$

$$= \left(\sum_{k=1}^{n} a_{ik}b_{kj} \right)_{m \times p}$$

Observe cuidadosamente, na Definição 8.6, que o produto $\mathbf{AB} = \mathbf{C}$ é definido somente quando o número de colunas da matriz **A** é igual ao número de linhas de **B**. O tamanho do produto pode ser determinado a partir de

$$\mathbf{A}_{m \times \underset{\uparrow}{n}} \mathbf{B}_{\underset{\uparrow}{n} \times p} = \mathbf{C}_{m \times p}.$$

Também, podemos reconhecer que os elementos, digamos, na i^{ma} linha da matriz final **AB** são formados utilizando-se a definição em termos de componente do produto interno da i^{ma} linha de **A** por cada uma das colunas de **B**.

EXEMPLO 4

(a) Para $\mathbf{A} = \begin{pmatrix} 4 & 7 \\ 3 & 5 \end{pmatrix}$ e $\mathbf{B} = \begin{pmatrix} 9 & -2 \\ 6 & 8 \end{pmatrix}$,

$$\mathbf{AB} = \begin{pmatrix} 4 \cdot 9 + 7 \cdot 6 & 4 \cdot (-2) + 7 \cdot 8 \\ 3 \cdot 9 + 5 \cdot 6 & 3 \cdot (-2) + 5 \cdot 8 \end{pmatrix} = \begin{pmatrix} 78 & 48 \\ 57 & 34 \end{pmatrix}.$$

(b) Para $\mathbf{A} = \begin{pmatrix} 5 & 8 \\ 1 & 0 \\ 2 & 7 \end{pmatrix}$ e $\mathbf{B} = \begin{pmatrix} -4 & -3 \\ 2 & 0 \end{pmatrix}$,

$$\mathbf{AB} = \begin{pmatrix} 5 \cdot (-4) + 8 \cdot 2 & 5 \cdot (-3) + 8 \cdot 0 \\ 1 \cdot (-4) + 0 \cdot 2 & 1 \cdot (-3) + 0 \cdot 0 \\ 2 \cdot (-4) + 7 \cdot 2 & 2 \cdot (-3) + 7 \cdot 0 \end{pmatrix} = \begin{pmatrix} -4 & -15 \\ -4 & -3 \\ 6 & -6 \end{pmatrix}.$$

■

Em geral, a multiplicação de matrizes não é comutativa; ou seja, **AB** ≠ **BA**. Note que, na parte (a) do Exemplo 4,

$$\mathbf{BA} = \begin{pmatrix} 30 & 53 \\ 48 & 82 \end{pmatrix},$$

enquanto que, na parte (b), o produto **BA** *não é definido*, pois a Definição 8.6 exige que a primeira matriz (neste caso, **B**) tenha tantas colunas quantas são as linhas da segunda matriz.

Teremos interesse especial no produto de uma matriz quadrada por um vetor coluna.

EXEMPLO 5

(a) $$\begin{pmatrix} 2 & -1 & 3 \\ 0 & 4 & 5 \\ 1 & -7 & 9 \end{pmatrix}\begin{pmatrix} -3 \\ 6 \\ 4 \end{pmatrix} = \begin{pmatrix} 2\cdot(-3)+(-1)\cdot 6+3\cdot 4 \\ 0\cdot(-3)+\quad 4\cdot 6+5\cdot 4 \\ 1\cdot(-3)+(-7)\cdot 6+9\cdot 4 \end{pmatrix} = \begin{pmatrix} 0 \\ 44 \\ -9 \end{pmatrix}$$

(b) $$\begin{pmatrix} -4 & 2 \\ 3 & 8 \end{pmatrix}\begin{pmatrix} x \\ y \end{pmatrix} = \begin{pmatrix} -4x+2y \\ 3x+8y \end{pmatrix}$$ ■

Identidade Multiplicativa

Para um inteiro positivo n dado, a matriz $n \times n$

$$\mathbf{I} = \begin{pmatrix} 1 & 0 & 0 & \cdots & 0 \\ 0 & 1 & 0 & \cdots & 0 \\ \vdots & & & & \vdots \\ 0 & 0 & 0 & \cdots & 1 \end{pmatrix}$$

é chamada **matriz identidade multiplicativa**. Decorre da Definição 8.6 que, para qualquer matriz **A** $n \times n$,

$$\mathbf{AI} = \mathbf{IA} = \mathbf{A}$$

Observa-se também facilmente que, se **X** é uma matriz coluna $n \times 1$, então **IX** = **X**.

Matriz Zero

Uma matriz cujos elementos são todos zero é chamada **matriz zero**, e se denota por **0**. Por exemplo,

$$\mathbf{0} = \begin{pmatrix} 0 \\ 0 \end{pmatrix}, \quad \mathbf{0} = \begin{pmatrix} 0 & 0 \\ 0 & 0 \end{pmatrix}, \quad \mathbf{0} = \begin{pmatrix} 0 & 0 \\ 0 & 0 \\ 0 & 0 \end{pmatrix},$$

e assim por diante. Se $\mathbf{A}$ e $\mathbf{0}$ são matrizes $m \times n$, então

$$\mathbf{A} + \mathbf{0} = \mathbf{0} + \mathbf{A} = \mathbf{A}.$$

Lei Associativa

Embora não o demonstremos, a multiplicação de matrizes é **associativa.** Se $\mathbf{A}$ é uma matriz $m \times p$, $\mathbf{B}$ é uma matriz $p \times r$ e $\mathbf{C}$ uma matriz $r \times n$, então

$$\mathbf{A}(\mathbf{BC}) = (\mathbf{AB})\mathbf{C}$$

é uma matriz $m \times n$.

Lei Distributiva

Se $\mathbf{B}$ e $\mathbf{C}$ são matrizes $r \times n$ e $\mathbf{A}$ é uma matriz $m \times r$, então a **lei distributiva** é

$$\mathbf{A}(\mathbf{B} + \mathbf{C}) = \mathbf{AB} + \mathbf{AC}.$$

Além disso, se o produto $(\mathbf{B} + \mathbf{C})\mathbf{A}$ é definido,

$$(\mathbf{B} + \mathbf{C})\mathbf{A} = \mathbf{BA} + \mathbf{CA}.$$

Determinante de uma Matriz

Associado a toda matriz *quadrada* $\mathbf{A}$ de constantes, existe um número chamado **determinante da matriz**, que se denota por det $\mathbf{A}$ ou $|\mathbf{A}|$.

EXEMPLO 6

Para $$\mathbf{A} = \begin{pmatrix} 3 & 6 & 2 \\ 2 & 5 & 1 \\ -1 & 2 & 4 \end{pmatrix}$$

desenvolvemos det $\mathbf{A}$ por co-fatores. Tomando a primeira linha, obtemos

$$\det \mathbf{A} = \begin{vmatrix} 3 & 6 & 2 \\ 2 & 5 & 1 \\ -1 & 2 & 4 \end{vmatrix} = 3\begin{vmatrix} 5 & 1 \\ 2 & 4 \end{vmatrix} - 6\begin{vmatrix} 2 & 1 \\ -1 & 4 \end{vmatrix} + 2\begin{vmatrix} 2 & 5 \\ -1 & 2 \end{vmatrix}$$

$$= 3(20-2) - 6(8+1) + 2(4+5) = 18.$$ ■

Veja o Apêndice III para uma breve revisão das propriedades dos determinantes.

DEFINIÇÃO 8.7 Transposta de uma Matriz

A **transposta** da matriz $m \times n$ (1) é a matriz $n \times m$ $\mathbf{A}^T$ dada por

$$\mathbf{A}^T = \begin{pmatrix} a_{11} & a_{21} & \cdots & a_{m1} \\ a_{12} & a_{22} & \cdots & a_{m2} \\ \vdots & & & \vdots \\ a_{1n} & a_{2n} & \cdots & a_{mn} \end{pmatrix}.$$

Em outras palavras, as linhas de uma matriz **A** se tornam as colunas de sua transposta $\mathbf{A}^T$.

EXEMPLO 7

(**a**) A transposta da matriz **A** do Exemplo 6 é

$$\mathbf{A}^T = \begin{pmatrix} 3 & 2 & -1 \\ 6 & 5 & 2 \\ 2 & 1 & 4 \end{pmatrix}.$$

(**b**) Se $\mathbf{X} = \begin{pmatrix} 5 \\ 0 \\ 3 \end{pmatrix}$, então $\mathbf{X}^T = (5 \quad 0 \quad 3)$. ■

DEFINIÇÃO 8.8 Inversa Multiplicativa de uma Matriz

Seja **A** uma matriz $n \times n$. Se existe uma matriz **B** $n \times n$ tal que

$$\mathbf{AB} = \mathbf{BA} = \mathbf{I},$$

onde **I** é a identidade multiplicativa, então dizemos que **B** é a **inversa multiplicativa de A** e é denotada por $\mathbf{B} = \mathbf{A}^{-1}$.

DEFINIÇÃO 8.9 Matrizes Não-Singulares/Singulares

Seja **A** uma matriz $n \times n$. Se det $\mathbf{A} \neq 0$, então **A** é **não-singular**. Se det $\mathbf{A} = 0$, dizemos que **A** é **singular.**

Segue uma condição necessária e suficiente para que uma matriz quadrada tenha uma inversa multiplicativa.

TEOREMA 8.1 A Não-Singularidade Implica que *A* tem uma Inversa

Uma matriz **A** $n \times n$ tem inversa multiplicativa $\mathbf{A}^{-1}$ se e somente se **A** é não-singular.

O teorema seguinte dá uma forma de achar a inversa multiplicativa de uma matriz não-singular.

TEOREMA 8.2 Fórmula para a Inversa de uma Matriz

Seja **A** uma matriz não-singular $n \times n$ e $C_{ij} = (-1)^{i+j}M_{ij}$, onde M_{ij} é o determinante da matriz $(n-1) \times (n-1)$ obtida pela supressão da i^{ma} linha e da j^{ma} coluna de **A**. Então

$$\mathbf{A}^{-1} = \frac{1}{\det \mathbf{A}}(C_{ij})^T. \qquad (2)$$

Cada C_{ij} no Teorema 8.2 é simplesmente o **co-fator** (menor com sinal) do elemento a_{ij} correspondente de **A**. Note que utilizamos a transposta na fórmula (2).

Para referência futura, observemos no caso de uma matriz não-singular 2×2

$$\mathbf{A} = \begin{pmatrix} a_{11} & a_{12} \\ a_{21} & a_{22} \end{pmatrix}$$

que $C_{11} = a_{22}$, $C_{12} = -a_{21}$, $C_{21} = -a_{12}$ e $C_{22} = a_{11}$. Assim

$$\mathbf{A}^{-1} = \frac{1}{\det \mathbf{A}}\begin{pmatrix} a_{22} & -a_{21} \\ -a_{12} & a_{11} \end{pmatrix}^T = \frac{1}{\det \mathbf{A}}\begin{pmatrix} a_{22} & -a_{12} \\ -a_{21} & a_{11} \end{pmatrix}. \qquad (3)$$

Para uma matriz não-singular 3×3

$$\mathbf{A} = \begin{pmatrix} a_{11} & a_{12} & a_{13} \\ a_{21} & a_{22} & a_{23} \\ a_{31} & a_{32} & a_{33} \end{pmatrix},$$

$$C_{11} = \begin{vmatrix} a_{22} & a_{23} \\ a_{32} & a_{33} \end{vmatrix}, \quad C_{12} = -\begin{vmatrix} a_{21} & a_{23} \\ a_{31} & a_{33} \end{vmatrix}, \quad C_{13} = \begin{vmatrix} a_{21} & a_{22} \\ a_{31} & a_{32} \end{vmatrix},$$

e assim por diante. Efetuando a transposição, obtemos

$$\mathbf{A}^{-1} = \frac{1}{\det \mathbf{A}}\begin{pmatrix} C_{11} & C_{21} & C_{31} \\ C_{12} & C_{22} & C_{32} \\ C_{13} & C_{23} & C_{33} \end{pmatrix}. \qquad (4)$$

EXEMPLO 8

Ache a inversa multiplicativa de $\mathbf{A} = \begin{pmatrix} 1 & 4 \\ 2 & 10 \end{pmatrix}$.

Solução Como $\det \mathbf{A} = 10 - 8 = 2 \neq 0$, **A** é não-singular. Do Teorema (8.1), decorre que $\mathbf{A}^{-1}$ existe. De (3), temos

$$\mathbf{A}^{-1} = \frac{1}{2}\begin{pmatrix} 10 & -4 \\ -2 & 1 \end{pmatrix} = \begin{pmatrix} 5 & -2 \\ -1 & \frac{1}{2} \end{pmatrix}.$$

Verificação:

$$\mathbf{AA}^{-1} = \begin{pmatrix} 1 & 4 \\ 2 & 10 \end{pmatrix}\begin{pmatrix} 5 & -2 \\ -1 & \frac{1}{2} \end{pmatrix} = \begin{pmatrix} 5-4 & -2+2 \\ 10-10 & -4+5 \end{pmatrix} = \begin{pmatrix} 1 & 0 \\ 0 & 1 \end{pmatrix}.$$

$$\mathbf{A}^{-1}\mathbf{A} = \begin{pmatrix} 5 & -2 \\ -1 & \frac{1}{2} \end{pmatrix}\begin{pmatrix} 1 & 4 \\ 2 & 10 \end{pmatrix} = \begin{pmatrix} 5-4 & 20-20 \\ -1+1 & -4+5 \end{pmatrix} = \begin{pmatrix} 1 & 0 \\ 0 & 1 \end{pmatrix}.$$ ■

EXEMPLO 9

A matriz $\mathbf{A} = \begin{pmatrix} 2 & 2 \\ 3 & 3 \end{pmatrix}$ é singular, porque det $\mathbf{A}$ = 2(3) – 2(3) = 0. Concluímos que $\mathbf{A}^{-1}$ não existe. ■

EXEMPLO 10

Ache a inversa multiplicativa de

$$\mathbf{A} = \begin{pmatrix} 2 & 2 & 0 \\ -2 & 1 & 1 \\ 3 & 0 & 1 \end{pmatrix}.$$

Solução Como det $\mathbf{A}$ = 12 ≠ 0, a matriz dada é não-singular. Os co-fatores correspondentes aos elementos de cada linha de $\mathbf{A}$ são

$$C_{11} = \begin{vmatrix} 1 & 1 \\ 0 & 1 \end{vmatrix} = 1 \qquad C_{12} = -\begin{vmatrix} -2 & 1 \\ 3 & 1 \end{vmatrix} = 5 \qquad C_{13} = \begin{vmatrix} -2 & 1 \\ 3 & 0 \end{vmatrix} = -3$$

$$C_{21} = -\begin{vmatrix} 2 & 0 \\ 0 & 1 \end{vmatrix} = -2 \quad C_{22} = \begin{vmatrix} 2 & 0 \\ 3 & 1 \end{vmatrix} = 2 \qquad C_{23} = -\begin{vmatrix} 2 & 2 \\ 3 & 0 \end{vmatrix} = 6$$

$$C_{31} = \begin{vmatrix} 2 & 0 \\ 1 & 1 \end{vmatrix} = 2 \qquad C_{32} = -\begin{vmatrix} 2 & 0 \\ -2 & 1 \end{vmatrix} = -2 \quad C_{33} = \begin{vmatrix} 2 & 2 \\ -2 & 1 \end{vmatrix} = 6$$

De (4), decorre que

$$\mathbf{A}^{-1} = \frac{1}{12}\begin{pmatrix} 1 & -2 & 2 \\ 5 & 2 & -2 \\ -3 & 6 & 6 \end{pmatrix} = \begin{pmatrix} \frac{1}{12} & -\frac{1}{6} & \frac{1}{6} \\ \frac{5}{12} & \frac{1}{6} & -\frac{1}{6} \\ -\frac{1}{4} & \frac{1}{2} & \frac{1}{2} \end{pmatrix}.$$

O leitor deve verificar que $\mathbf{A}^{-1}\mathbf{A} = \mathbf{AA}^{-1} = \mathbf{I}$. ■

A fórmula (2) apresenta dificuldades óbvias para matrizes não-singulares de ordem superior a 3×3. Por exemplo, para aplicar (2) a uma matriz 4×4, teríamos de calcular *dezesseis* determinantes

3×3*. Para o caso de matrizes maiores, há maneiras mais eficientes de calcular $\mathbf{A}^{-1}$. O leitor interessado pode recorrer a qualquer texto de álgebra linear.

Como nosso objetivo é aplicar o conceito de matriz a sistemas de equações diferenciais lineares em forma normal, necessitamos das definições a seguir.

DEFINIÇÃO 8.10 Derivada de uma Matriz de Funções

Se $\mathbf{A}(t) = (a_{ij}(t))_{m \times n}$ é uma matriz cujos elementos são funções diferenciáveis em um intervalo comum, então

$$\frac{d\mathbf{A}}{dt} = \left(\frac{d}{dt}a_{ij}\right)_{m \times n}.$$

DEFINIÇÃO 8.11 Integral de uma Matriz de Funções

Se $\mathbf{A}(t) = (a_{ij}(t))_{m \times n}$ é uma matriz cujos elementos são funções contínuas em um intervalo comum que contém t e t_0, então

$$\int_{t_0}^{t} \mathbf{A}(s)\,ds = \left(\int_{t_0}^{t} a_{ij}(s)\,ds\right)_{m \times n}$$

Para diferenciar (integrar) uma matriz de funções, basta diferenciar (integrar) cada elemento. A derivada de uma matriz também se denota por $\mathbf{A}'(t)$.

EXEMPLO 11

Se $\mathbf{X}(t) = \begin{pmatrix} \operatorname{sen} 2t \\ e^{3t} \\ 8t - 1 \end{pmatrix}$, então $\mathbf{X}'(t) = \begin{pmatrix} \dfrac{d}{dt}\operatorname{sen} 2t \\ \dfrac{d}{dt}e^{3t} \\ \dfrac{d}{dt}(8t-1) \end{pmatrix} = \begin{pmatrix} 2\cos 2t \\ 3e^{3t} \\ 8 \end{pmatrix}$

e

$$\int_0^t \mathbf{X}(s)\,ds = \begin{pmatrix} \int_0^t \operatorname{sen} 2s\,ds \\ \int_0^t e^{3s}\,ds \\ \int_0^t (8s-1)\,ds \end{pmatrix} = \begin{pmatrix} -\frac{1}{2}\cos 2t + \frac{1}{2} \\ \frac{1}{3}e^{3t} - \frac{1}{3} \\ 4t^2 - t \end{pmatrix}$$

■

* Estritamente falando, um determinante é um número mas, às vezes, por abuso de linguagem, referimo-nos a um determinante $n \times n$.

8.4.2 Métodos de Eliminação de Gauss e de Gauss-Jordan

Como preparação para a Seção 8.6, precisamos saber mais a respeito da resolução de sistemas algébricos de n equações lineares em n incógnitas

$$\begin{aligned} a_{11}x_1 + a_{12}x_2 + \cdots + a_{1n}x_n &= b_1 \\ a_{21}x_1 + a_{22}x_2 + \cdots + a_{2n}x_n &= b_2 \\ \vdots \qquad\qquad &\quad \vdots \\ a_{n1}x_1 + a_{n2}x_2 + \cdots + a_{nn}x_n &= b_n. \end{aligned} \tag{5}$$

Se **A** denota a matriz de coeficientes em (5), sabemos que a regra de Cramer (veja Apêndice III) pode ser aplicada para resolver o sistema, desde que det $\mathbf{A} \neq 0$. Mas a regra exige grande esforço se **A** é superior a 3×3. O processo que vamos estudar tem a vantagem marcante de constituir não somente um meio eficiente de lidarmos com grandes sistemas, mas também um meio de resolver sistemas do tipo (5) consistentes, em que det $\mathbf{A} = 0$ e, ainda, um meio de resolver m equações lineares em n incógnitas.

DEFINIÇÃO 8.12 Matriz Aumentada

A **matriz aumentada** do sistema (5) é a matriz $n \times (n + 1)$

$$\left(\begin{array}{cccc|c} a_{11} & a_{12} & \cdots & a_{1n} & b_1 \\ a_{21} & a_{22} & \cdots & a_{2n} & b_2 \\ \vdots & & & & \vdots \\ a_{n1} & a_{n2} & \cdots & a_{nn} & b_n \end{array}\right).$$

Se **B** é a matriz coluna dos b_i, $i = 1, 2, \ldots, n$, a matriz aumentada de (5) se denota por $(\mathbf{A}|\,\mathbf{B})$.

Operações Elementares com Linhas

Recordemos, da álgebra, que é possível transformar um sistema algébrico de equações em um sistema equivalente (isto é, que tenha a mesma solução) multiplicando uma equação por uma constante não-nula, permutando as posições de duas equações quaisquer do sistema e adicionando a uma equação um múltiplo constante (não-zero) de outra equação. Essas operações sobre as equações de um sistema são, por seu turno, equivalentes a **operações elementares com linhas** em uma matriz aumentada:

(i) Multiplicar uma linha por uma constante não-nula.

(ii) Permutar duas linhas quaisquer.

(iii) Adicionar a uma linha um múltiplo constante (não-zero) de outra linha.

Métodos de Eliminação

Para resolver um sistema como (5) com auxílio de uma matriz aumentada, utilizamos a **eliminação gaussiana** ou o **método de eliminação de Gauss-Jordan**.* No primeiro método, efetuamos uma sucessão de operações elementares com linhas até chegar a uma matriz aumentada em **forma escalonada por linha**:

(i) O primeiro elemento não-zero em uma linha não-nula é 1.

(ii) Em linhas não-nulas consecutivas, o primeiro elemento 1 na linha inferior aparece à direita do primeiro 1 na linha superior.

(iii) As linhas que consistem exclusivamente de 0's aparecem na base da matriz.

No método de Gauss-Jordan, as operações com linhas prosseguem até obtermos uma matriz aumentada **reduzida escalonada por linha**. Uma matriz reduzida escalonada por linha apresenta as três propriedades relacionadas acima, além de

(iv) Uma coluna que contém 1 como primeiro elemento tem 0's em todos os outros lugares.

EXEMPLO 12

(a) As matrizes aumentadas

$$\left(\begin{array}{ccc|c} 1 & 5 & 0 & 2 \\ 0 & 1 & 0 & -1 \\ 0 & 0 & 0 & 0 \end{array}\right) \quad \text{e} \quad \left(\begin{array}{ccccc|c} 0 & 0 & 1 & -6 & 2 & 2 \\ 0 & 0 & 0 & 0 & 1 & 4 \end{array}\right)$$

estão em forma escalonada por linha. Mostre que os três critérios são satisfeitos.

---

* **Karl Friedrich Gauss** (1777-1855). Gauss foi o primeiro de uma geração de matemáticos precisos e exigentes – os "rigoristas". Ainda menino, Gauss foi um prodígio em matemática. Como adulto, costumava dizer que já podia contar antes de poder falar. Entretanto, como estudante universitário, Gauss viu-se dividido entre duas paixões: filologia e matemática. Mas foi inspirado por algumas conquistas matemáticas originais quando ainda não tinha vinte anos e encorajado pelo matemático Wolfgang Bolyai, de modo que a escolha não foi difícil. Aos vinte anos, Gauss seguiu a carreira de matemático. Aos vinte e dois anos, completou um livro sobre a teoria dos números, *Disquisitiones Arithmeticae*. Publicado em 1801, esse texto foi saudado como uma obra-prima, permanecendo ainda hoje como um clássico no assunto. A tese de doutoramento de Gauss de 1799 também constitui um documento memorável. Utilizando a teoria das funções de uma variável complexa, Gauss foi o primeiro a demonstrar o chamado teorema fundamental da álgebra: Toda equação polinomial tem ao menos uma raiz.

Embora Gauss tenha sido sem dúvida reconhecido e respeitado como um matemático destacado, o pleno alcance do seu gênio só foi compreendido com a publicação do seu diário científico em 1898, quarenta e quatro anos após sua morte. Para desgosto de alguns matemáticos do século XIX, o diário revelou que Gauss já havia previsto, às vezes com décadas de antecedência, muitas de suas descobertas – ou melhor, redescobertas. Gauss era indiferente à fama; suas pesquisas matemáticas eram, não raro, feitas como uma criança brincando em uma praia – apenas por prazer e satisfação própria, e não pela instrução que pudesse proporcionar através de sua publicação.

Em qualquer relação dos "Maiores Matemáticos Que Existiram", Karl Friedrich Gauss estará sempre no topo. Pelo profundo impacto que causou em tantos ramos da matemática, Gauss é chamado às vezes de o "príncipe dos matemáticos".

Wilhelm Jordan (1842-1899). Engenheiro alemão, Jordan utilizou este método para resolver sistemas lineares em seu livro de 1888, *Handbook of Geodesy* (Manual de Geodésia).

(b) As matrizes aumentadas

$$\left(\begin{array}{ccc|c} 1 & 0 & 0 & 7 \\ 0 & 1 & 0 & -1 \\ 0 & 0 & 0 & 0 \end{array}\right), \quad \text{e} \quad \left(\begin{array}{ccccc|c} 0 & 0 & 1 & -6 & 0 & -6 \\ 0 & 0 & 0 & 0 & 1 & 4 \end{array}\right)$$

estão em forma reduzida escalonada por linha. Os elementos restantes nas colunas que contêm um 1 inicial são todos 0's. ■

Podemos notar que, na eliminação gaussiana, paramos o cálculo assim que obtemos *uma* matriz aumentada em forma escalonada por linha. Em outras palavras, utilizando seqüências diferentes de operações com linhas, podemos chegar a diferentes formas escalonadas por linha. Esse método exige então o uso da retro-substituição. Na eliminação de Gauss-Jordan, paramos quando obtemos *a* matriz aumentada em forma reduzida escalonada por linha. Qualquer seqüência de operações com linhas conduzirá a mesma matriz aumentada em forma reduzida escalonada por linha. Esse método não exige a retro-substituição; a solução do sistema é visível por simples observação da matriz final. Em termos das equações do sistema original, nosso objetivo em ambos os métodos é simplesmente tornar o coeficiente de x_1 na primeira equação* igual a 1 e utilizar então múltiplos dessa equação para eliminar x_1 em outras equações. Repete-se esse processo com as outras variáveis.

Para referência às operações com linha em uma matriz aumentada, utilizamos a notação abaixo:

Símbolo	Significado
R_{ij}	Permutar as linhas i e j
cR_i	Multiplicar a i^{ma} linha por uma constante não-nula
$cR_i + R_j$	Multiplicar a i^{ma} linha por c e adicioná-la à j^{ma} linha

EXEMPLO 13

Resolva

$$\begin{aligned} 2x_1 + 6x_2 + x_3 &= 7 \\ x_1 + 2x_2 - x_3 &= -1 \\ 5x_1 + 7x_2 - 4x_3 &= 9 \end{aligned}$$

utilizando **(a)** eliminação gaussiana e **(b)** eliminação de Gauss-Jordan.

* Podemos sempre permutar equações, de modo que a primeira equação contenha a variável x_1.

Solução (a) Efetuando operações com linhas na matriz aumentada do sistema, obtemos

$$\left(\begin{array}{ccc|c} 2 & 6 & 1 & 7 \\ 1 & 2 & -1 & -1 \\ 5 & 7 & -4 & 9 \end{array}\right) \xrightarrow{R_{12}} \left(\begin{array}{ccc|c} 1 & 2 & -1 & -1 \\ 2 & 6 & 1 & 7 \\ 5 & 7 & -4 & 9 \end{array}\right)$$

$$\xrightarrow[-5R_1+R_3]{-2R_1+R_2} \left(\begin{array}{ccc|c} 1 & 2 & -1 & -1 \\ 0 & 2 & 3 & 9 \\ 0 & -3 & 1 & 14 \end{array}\right) \xrightarrow{\frac{1}{2}R_2} \left(\begin{array}{ccc|c} 1 & 2 & -1 & -1 \\ 0 & 1 & \frac{3}{2} & \frac{9}{2} \\ 0 & -3 & 1 & 14 \end{array}\right)$$

$$\xrightarrow{3R_2+R_3} \left(\begin{array}{ccc|c} 1 & 2 & -1 & -1 \\ 0 & 1 & \frac{3}{2} & \frac{9}{2} \\ 0 & 0 & \frac{11}{2} & \frac{55}{2} \end{array}\right) \xrightarrow{\frac{2}{11}R_3} \left(\begin{array}{ccc|c} 1 & 2 & -1 & -1 \\ 0 & 1 & \frac{3}{2} & \frac{9}{2} \\ 0 & 0 & 1 & 5 \end{array}\right).$$

A última matriz está em forma escalonada por linha e representa o sistema

$$\begin{aligned} x_1 + 2x_2 - \ \ x_3 &= -1 \\ x_2 + \frac{3}{2}x_3 &= \frac{9}{2} \\ x_3 &= 5. \end{aligned}$$

Fazendo $x_3 = 5$ na segunda equação, obtemos $x_2 = -3$. Levando esses dois valores de volta na primeira equação obtemos finalmente $x_1 = 10$.

(b) Começamos com a última matriz acima. Como os primeiros elementos nas segunda e terceira linhas são 1's, devemos fazer os elementos restantes das segunda e terceira colunas iguais a 0:

$$\left(\begin{array}{ccc|c} 1 & 2 & -1 & -1 \\ 0 & 1 & \frac{3}{2} & \frac{9}{2} \\ 0 & 0 & 1 & 5 \end{array}\right) \xrightarrow{-2R_2+R_1} \left(\begin{array}{ccc|c} 1 & 0 & -4 & -10 \\ 0 & 1 & \frac{3}{2} & \frac{9}{2} \\ 0 & 0 & 1 & 5 \end{array}\right) \xrightarrow[-\frac{3}{2}R_3+R_2]{4R_3+R_1} \left(\begin{array}{ccc|c} 1 & 0 & 0 & 10 \\ 0 & 1 & 0 & -3 \\ 0 & 0 & 1 & 5 \end{array}\right).$$

A última matriz está agora em forma reduzida escalonada por linha. Em vista do que a matriz significa em termos de equações, é evidente que a solução do sistema é $x_1 = 10$, $x_2 = -3$, $x_3 = 5$.n

EXEMPLO 14

Aplique a eliminação de Gauss-Jordan para resolver

$$\begin{aligned} x + \ 3y - 2z &= -7 \\ 4x + \ \ y + \ 3z &= 5 \\ 2x - 5y + \ 7z &= 19. \end{aligned}$$

Solução

$$\left(\begin{array}{ccc|c} 1 & 3 & -2 & -7 \\ 4 & 1 & 3 & 5 \\ 2 & -5 & 7 & 19 \end{array}\right) \xrightarrow[-2R_1+R_3]{-4R_1+R_2} \left(\begin{array}{ccc|c} 1 & 3 & -2 & -7 \\ 0 & -11 & 11 & 33 \\ 0 & -11 & 11 & 33 \end{array}\right)$$

$$\xrightarrow[-\frac{1}{11}R_3]{-\frac{1}{11}R_2} \left(\begin{array}{ccc|c} 1 & 3 & -2 & -7 \\ 0 & 1 & -1 & -3 \\ 0 & 1 & -1 & -3 \end{array}\right) \xrightarrow[-R_2+R_3]{-3R_2+R_1} \left(\begin{array}{ccc|c} 1 & 0 & 1 & 2 \\ 0 & 1 & -1 & -3 \\ 0 & 0 & 0 & 0 \end{array}\right).$$

Neste caso, a última matriz em forma reduzida escalonada por linhas implica que o sistema original de três equações em três incógnitas equivale realmente a duas equações em três incógnitas. Como apenas z é comum a ambas as equações (as linhas não-zero), podemos fixar seus valores arbitrariamente. Fazendo $z = t$, onde t representa um número real arbitrário, vemos que o sistema admite um número infinito de soluções: $x = 2 - t$, $y = -3 + t$, $z = t$. Geometricamente, essas equações são as equações paramétricas da reta de intersecção dos planos $x + 0y + z = 2$ e $0x + y - z = -3$. ■

8.4.3 O Problema dos Autovalores

Autovalores e Autovetores

Pode-se utilizar a eliminação de Gauss-Jordan para achar os **autovetores** de uma matriz quadrada.

DEFINIÇÃO 8.13 Autovalores e Autovetores

Seja **A** uma matriz $n \times n$. Diz-se que um número λ é um **autovalor** de **A** se existe um vetor solução *não-zero* **K** do sistema linear

$$\mathbf{AK} = \lambda\mathbf{K}. \qquad (6)$$

O vetor solução **K** é chamado **autovetor** correspondente ao autovalor λ.

Os autovalores e os autovetores são também chamados **valores característicos** e **vetores característicos**, respectivamente.

EXEMPLO 15

Verifique que $\mathbf{K} = \begin{pmatrix} 1 \\ -1 \\ 1 \end{pmatrix}$ é um autovetor da matriz $\mathbf{A} = \begin{pmatrix} 0 & -1 & -3 \\ 2 & 3 & 3 \\ -2 & 1 & 1 \end{pmatrix}$.

Solução Efetuando a multiplicação **AK**, vemos que

autovalor

$$\mathbf{AK} = \begin{pmatrix} 0 & -1 & -3 \\ 2 & 3 & 3 \\ -2 & 1 & 1 \end{pmatrix}\begin{pmatrix} 1 \\ -1 \\ 1 \end{pmatrix} = \begin{pmatrix} -2 \\ 2 \\ -2 \end{pmatrix} = (-2)\begin{pmatrix} 1 \\ -1 \\ 1 \end{pmatrix} = (-2)\mathbf{K}.$$

Da linha precedente e da Definição 8.13, decorre que $\lambda = -2$ é um autovalor de **A**. ■

Aplicando propriedades da álgebra das matrizes, podemos escrever (6) na forma alternativa

$$(\mathbf{A} - \lambda\,\mathbf{I})\mathbf{K} = \mathbf{0}, \tag{7}$$

onde **I** é a identidade multiplicativa. Fazendo

$$\mathbf{K} = \begin{pmatrix} k_1 \\ k_2 \\ \vdots \\ k_n \end{pmatrix},$$

então (7) é o mesmo que

$$\begin{aligned} (a_{11} - \lambda)k_1 + \quad & a_{12}k_2 + \cdots + \quad a_{1n}k_n = 0 \\ a_{21}k_1 + & (a_{22} - \lambda)k_2 + \cdots + \quad a_{2n}k_n = 0 \\ & \vdots \\ a_{n1}k_1 + \quad & a_{n2}k_2 + \cdots + (a_{nn} - \lambda)k_n = 0. \end{aligned} \tag{8}$$

Embora uma solução óbvia de (8) seja $k_1 = k_2 = \ldots = k_n = 0$, estamos procurando apenas soluções não-triviais. Mas sabemos que um sistema homogêneo de n equações lineares em n incógnitas (isto é, $b_i = 0$, $i = 1, 2, \ldots, n$ em (5)) tem solução não-trivial se e somente se o determinante da matriz dos coeficientes é igual a zero. Assim, para achar uma solução não-zero **K** para (7), devemos ter

$$\det(\mathbf{A} - \lambda\mathbf{I}) = 0. \tag{9}$$

Observando (8), vemos que o desenvolvimento de $\det(\mathbf{A} - \lambda\,\mathbf{I})$ por co-fatores resulta em um polinômio de grau n em λ. A equação (9) é chamada **equação característica** de **A**. Assim, *os autovalores de* **A** *são as raízes da equação característica.* Para achar um autovetor correspondente a um autovalor λ basta resolver o sistema de equações $(\mathbf{A} - \lambda\,\mathbf{I})\mathbf{K} = \mathbf{0}$ aplicando a eliminação de Gauss-Jordan à matriz aumentada $(\mathbf{A} - \lambda\,\mathbf{I} \mid \mathbf{0})$.

EXEMPLO 16

Ache os autovalores e os autovetores de

$$\mathbf{A} = \begin{pmatrix} 1 & 2 & 1 \\ 6 & -1 & 0 \\ -1 & -2 & -1 \end{pmatrix}.$$

Solução Para desenvolver o determinante na equação característica

$$\det(\mathbf{A}-\lambda\mathbf{I}) = \begin{vmatrix} 1-\lambda & 2 & 1 \\ 6 & -1-\lambda & 0 \\ -1 & -2 & -1-\lambda \end{vmatrix} = 0$$

utilizamos os co-fatores da segunda linha. Vem:

$$-\lambda^3 - \lambda^2 + 12\lambda = 0 \quad \text{ou} \quad \lambda(\lambda+4)(\lambda-3) = 0.$$

Logo, os autovalores são $\lambda_1 = 0$, $\lambda_2 = -4$, $\lambda_3 = 3$. Para achar os autovetores, devemos reduzir $(\mathbf{A}-\lambda\mathbf{I}\,|\,\mathbf{0})$ três vezes, correspondentes aos três autovalores distintos.

Para $\lambda_1 = 0$, temos

$$(\mathbf{A}-0\mathbf{I}\,|\,\mathbf{0}) = \left(\begin{array}{rrr|r} 1 & 2 & 1 & 0 \\ 6 & -1 & 0 & 0 \\ -1 & -2 & -1 & 0 \end{array}\right) \xrightarrow[R_1+R_3]{-6R_1+R_2} \left(\begin{array}{rrr|r} 1 & 2 & 1 & 0 \\ 0 & -13 & -6 & 0 \\ 0 & 0 & 0 & 0 \end{array}\right)$$

$$\xrightarrow{-\frac{1}{13}R_2} \left(\begin{array}{rrr|r} 1 & 2 & 1 & 0 \\ 0 & 1 & \frac{6}{13} & 0 \\ 0 & 0 & 0 & 0 \end{array}\right) \xrightarrow{-2R_2+R_1} \left(\begin{array}{rrr|r} 1 & 0 & \frac{1}{13} & 0 \\ 0 & 1 & \frac{6}{13} & 0 \\ 0 & 0 & 0 & 0 \end{array}\right).$$

Vemos assim que $k_1 = (-1/13)k_2$ e $k_2 = (-6/13)k_3$. Escolhendo $k_3 = -13$, obtemos o autovetor*

$$\mathbf{K}_1 = \begin{pmatrix} 1 \\ 6 \\ -13 \end{pmatrix}.$$

Para $\lambda_2 = -4$,

$$(\mathbf{A}+4\mathbf{I}\,|\,\mathbf{0}) = \left(\begin{array}{rrr|r} 5 & 2 & 1 & 0 \\ 6 & 3 & 0 & 0 \\ -1 & -2 & 3 & 0 \end{array}\right) \xrightarrow[R_{31}]{-R_3} \left(\begin{array}{rrr|r} 1 & 2 & -3 & 0 \\ 6 & 3 & 0 & 0 \\ 5 & 2 & 1 & 0 \end{array}\right)$$

$$\xrightarrow[-5R_1+R_3]{-6R_1+R_2} \left(\begin{array}{rrr|r} 1 & 2 & -3 & 0 \\ 0 & -9 & 18 & 0 \\ 0 & -8 & 16 & 0 \end{array}\right) \xrightarrow[-\frac{1}{8}R_3]{-\frac{1}{9}R_2} \left(\begin{array}{rrr|r} 1 & 2 & -3 & 0 \\ 0 & 1 & -2 & 0 \\ 0 & 1 & -2 & 0 \end{array}\right)$$

$$\xrightarrow[-R_2+R_3]{-2R_2+R_1} \left(\begin{array}{rrr|r} 1 & 0 & 1 & 0 \\ 0 & 1 & -2 & 0 \\ 0 & 0 & 0 & 0 \end{array}\right)$$

* Naturalmente, k_3 pode ser escolhido como um número arbitrário diferente de zero. Em outras palavras, um múltiplo constante, não-zero, de um autovetor é ainda um autovetor.

implica $k_1 = -k_3$ e $k_2 = 2k_3$. Escolhendo $k_3 = 1$, obtemos o segundo autovetor

$$\mathbf{K}_2 = \begin{pmatrix} -1 \\ 2 \\ 1 \end{pmatrix}.$$

Finalmente, para $\lambda_3 = 3$, a eliminação de Gauss-Jordan dá

$$(\mathbf{A} - 3\mathbf{I} \mid \mathbf{0}) = \left(\begin{array}{ccc|c} -2 & 2 & 1 & 0 \\ 6 & -4 & 0 & 0 \\ -1 & -2 & -4 & 0 \end{array}\right) \xrightarrow{\text{operações com linhas}} \left(\begin{array}{ccc|c} 1 & 0 & 1 & 0 \\ 0 & 1 & \frac{3}{2} & 0 \\ 0 & 0 & 0 & 0 \end{array}\right)$$

e assim $k_1 = -k_3$ e $k_2 = (-3/2)k_3$. A escolha $k_3 = -2$ conduz ao terceiro autovetor:

$$\mathbf{K}_3 = \begin{pmatrix} 2 \\ 3 \\ -2 \end{pmatrix}.$$

■

Quando uma matriz **A** $n \times n$ possui n autovalores distintos $\lambda_1, \lambda_2, ..., \lambda_n$, pode-se provar que existe um conjunto de n autovetores linearmente independentes* $\mathbf{K}_1, \mathbf{K}_2, ..., \mathbf{K}_n$. Entretanto, quando a equação característica tem raízes repetidas, nem sempre é possível achar n autovetores linearmente independentes para **A**.

EXEMPLO 17

Ache os autovalores e autovetores de

$$\mathbf{A} = \begin{pmatrix} 3 & 4 \\ -1 & 7 \end{pmatrix}.$$

Solução Pela equação característica

$$\det(\mathbf{A} - \lambda\mathbf{I}) = \begin{vmatrix} 3-\lambda & 4 \\ -1 & 7-\lambda \end{vmatrix} = (\lambda - 5)^2 = 0,$$

vemos que $\lambda_1 = \lambda_2 = 5$ é um autovalor de multiplicidade dois. No caso de uma matriz 2×2, não é preciso utilizar a eliminação de Gauss-Jordan. Para achar o(s) autovetor(es) correspondente(s) a $\lambda_1 = 5$, recorremos ao sistema $(\mathbf{A} - 5\mathbf{I} \mid \mathbf{0})$ em sua forma equivalente

$$\begin{aligned} -2k_1 + 4k_2 &= 0 \\ -k_1 + 2k_2 &= 0. \end{aligned}$$

Por esse sistema, é claro que $k_1 = 2k_2$. Assim, escolhendo $k_2 = 1$, temos o único autovetor

$$\mathbf{K}_1 = \begin{pmatrix} 2 \\ 1 \end{pmatrix}.$$

■

* Define-se a independência linear de vetores coluna exatamente da mesma maneira como no caso de funções.

EXEMPLO 18

Ache os autovalores e os autovetores de

$$\mathbf{A} = \begin{pmatrix} 9 & 1 & 1 \\ 1 & 9 & 1 \\ 1 & 1 & 9 \end{pmatrix}.$$

Solução A equação característica

$$\det(\mathbf{A} - \lambda\mathbf{I}) = \begin{vmatrix} 9-\lambda & 1 & 1 \\ 1 & 9-\lambda & 1 \\ 1 & 1 & 9-\lambda \end{vmatrix} = -(\lambda-11)(\lambda-8)^2 = 0$$

mostra que $\lambda_1 = 11$ e que $\lambda_2 = \lambda_3 = 8$ é um autovalor de multiplicidade dois.

Para $\lambda_1 = 11$, a eliminação de Gauss-Jordan dá

$$(\mathbf{A} - 11\mathbf{I}\,|\,\mathbf{0}) = \left(\begin{array}{rrr|r} -2 & 1 & 1 & 0 \\ 1 & -2 & 1 & 0 \\ 1 & 1 & -2 & 0 \end{array}\right) \xrightarrow{\text{operações com linhas}} \left(\begin{array}{rrr|r} 1 & 0 & -1 & 0 \\ 0 & 1 & -1 & 0 \\ 0 & 0 & 0 & 0 \end{array}\right).$$

Logo, $k_1 = k_3$ e $k_2 = k_3$. Se $k_3 = 1$, então

$$\mathbf{K}_1 = \begin{pmatrix} 1 \\ 1 \\ 1 \end{pmatrix}.$$

Para $\lambda_2 = 8$, temos

$$(\mathbf{A} - 8\mathbf{I}\,|\,\mathbf{0}) = \left(\begin{array}{rrr|r} 1 & 1 & 1 & 0 \\ 1 & 1 & 1 & 0 \\ 1 & 1 & 1 & 0 \end{array}\right) \xrightarrow{\text{operações com linhas}} \left(\begin{array}{rrr|r} 1 & 1 & 1 & 0 \\ 0 & 0 & 0 & 0 \\ 0 & 0 & 0 & 0 \end{array}\right).$$

Na equação $k_1 + k_2 + k_3 = 0$, temos liberdade de escolher arbitrariamente duas das variáveis. Escolhendo, por um lado, $k_2 = 1$, $k_3 = 0$ e, por outro lado, $k_2 = 0$ e $k_3 = 1$, obtemos dois autovetores linearmente independentes

$$\mathbf{K}_2 = \begin{pmatrix} -1 \\ 1 \\ 0 \end{pmatrix} \quad \text{e} \quad \mathbf{K}_3 = \begin{pmatrix} -1 \\ 0 \\ 1 \end{pmatrix}$$

correspondentes a um único autovalor. ■

8.4 EXERCÍCIOS

As respostas dos exercícios selecionados estão nas páginas 390 a 391.

[8.4.1] **1.** Se $\mathbf{A} = \begin{pmatrix} 4 & 5 \\ -6 & 9 \end{pmatrix}$ e $\mathbf{B} = \begin{pmatrix} -2 & 6 \\ 8 & -10 \end{pmatrix}$,

ache **(a) A + B, (b) B – A, (c) 2A + 3B**.

2. Se $\mathbf{A} = \begin{pmatrix} -2 & 0 \\ 4 & 1 \\ 7 & 3 \end{pmatrix}$ e $\mathbf{B} = \begin{pmatrix} 3 & -1 \\ 0 & 2 \\ -4 & -2 \end{pmatrix}$,

ache **(a) A – B, (b) B – A, (c)** 2(**A + B**).

3. Se $\mathbf{A} = \begin{pmatrix} 2 & -3 \\ -5 & 4 \end{pmatrix}$ e $\mathbf{B} = \begin{pmatrix} -1 & 6 \\ 3 & 2 \end{pmatrix}$,

ache **(a)** $\mathbf{AB}$, **(b)** $\mathbf{BA}$, **(c)** $\mathbf{A}^2 = \mathbf{AA}$, **(d)** $\mathbf{B}^2 = \mathbf{BB}$.

4. Se $\mathbf{A} = \begin{pmatrix} 1 & 4 \\ 5 & 10 \\ 8 & 12 \end{pmatrix}$ e $\mathbf{B} = \begin{pmatrix} -4 & 6 & -3 \\ 1 & -3 & 2 \end{pmatrix}$,

ache **(a) AB, (b) BA**.

5. Se $\mathbf{A} = \begin{pmatrix} 1 & -2 \\ -2 & 4 \end{pmatrix}$, $\mathbf{B} = \begin{pmatrix} 6 & 3 \\ 2 & 1 \end{pmatrix}$, e $\mathbf{C} = \begin{pmatrix} 0 & 2 \\ 3 & 4 \end{pmatrix}$,

ache **(a) BC, (b) A(BC), (c) C(BA), (d) A(B + C)**.

6. Se $\mathbf{A} = \begin{pmatrix} 5 & -6 & 7 \end{pmatrix}$, $\mathbf{B} = \begin{pmatrix} 3 \\ 4 \\ -1 \end{pmatrix}$, e $\mathbf{C} = \begin{pmatrix} 1 & 2 & 4 \\ 0 & 1 & -1 \\ 3 & 2 & 1 \end{pmatrix}$,

ache **(a) AB, (b) BA, (c) (BA)C, (d) (AB)C**.

7. Se $\mathbf{A} = \begin{pmatrix} 4 \\ 8 \\ -10 \end{pmatrix}$ e $\mathbf{B} = \begin{pmatrix} 2 & 4 & 5 \end{pmatrix}$,

ache **(a)** $\mathbf{A}^T\mathbf{A}$, **(b)** $\mathbf{B}^T\mathbf{B}$, **(c)** $\mathbf{A} + \mathbf{B}^T$.

8. Se $\mathbf{A} = \begin{pmatrix} 1 & 2 \\ 2 & 4 \end{pmatrix}$ e $\mathbf{B} = \begin{pmatrix} -2 & 3 \\ 5 & 7 \end{pmatrix}$,

ache **(a)** $\mathbf{A} + \mathbf{B}^T$, **(b)** $2\mathbf{A}^T - \mathbf{B}^T$, **(c)** $\mathbf{A}^T(\mathbf{A} - \mathbf{B})$.

9. Se $\mathbf{A} = \begin{pmatrix} 3 & 4 \\ 8 & 1 \end{pmatrix}$ e $\mathbf{B} = \begin{pmatrix} 5 & 10 \\ -2 & -5 \end{pmatrix}$,

ache **(a)** $(\mathbf{AB})^T$, **(b)** $\mathbf{B}^T\mathbf{A}^T$.

10. Se $\mathbf{A} = \begin{pmatrix} 5 & 9 \\ -4 & 6 \end{pmatrix}$ e $\mathbf{B} = \begin{pmatrix} -3 & 11 \\ -7 & 2 \end{pmatrix}$,

ache **(a)** $\mathbf{A}^T + \mathbf{B}^T$, **(b)** $(\mathbf{A} + \mathbf{B})^T$.

Nos Problemas 11-14, escreva a soma indicada como uma única matriz coluna.

11. $4\begin{pmatrix} -1 \\ 2 \end{pmatrix} - 2\begin{pmatrix} 2 \\ 8 \end{pmatrix} + 3\begin{pmatrix} -2 \\ 3 \end{pmatrix}$

12. $3t\begin{pmatrix} 2 \\ t \\ -1 \end{pmatrix} + (t-1)\begin{pmatrix} -1 \\ -t \\ 3 \end{pmatrix} - 2\begin{pmatrix} 3t \\ 4 \\ -5t \end{pmatrix}$

13. $\begin{pmatrix} 2 & -3 \\ 1 & 4 \end{pmatrix}\begin{pmatrix} -2 \\ 5 \end{pmatrix} - \begin{pmatrix} -1 & 6 \\ -2 & 3 \end{pmatrix}\begin{pmatrix} -7 \\ 2 \end{pmatrix}$

14. $\begin{pmatrix} 1 & -3 & 4 \\ 2 & 5 & -1 \\ 0 & -4 & -2 \end{pmatrix}\begin{pmatrix} t \\ 2t-1 \\ -t \end{pmatrix} + \begin{pmatrix} -t \\ 1 \\ 4 \end{pmatrix} - \begin{pmatrix} 2 \\ 8 \\ -6 \end{pmatrix}$

Nos Problemas 15-22, determine se a matriz dada é singular ou não-singular. Se for não-singular, ache A^{-1}.

15. $\mathbf{A} = \begin{pmatrix} -3 & 6 \\ -2 & 4 \end{pmatrix}$

16. $\mathbf{A} = \begin{pmatrix} 2 & 5 \\ 1 & 4 \end{pmatrix}$

17. $\mathbf{A} = \begin{pmatrix} 4 & 8 \\ -3 & -5 \end{pmatrix}$

18. $\mathbf{A} = \begin{pmatrix} 7 & 10 \\ 2 & 2 \end{pmatrix}$

19. $\mathbf{A} = \begin{pmatrix} 2 & 1 & 0 \\ -1 & 2 & 1 \\ 1 & 2 & 1 \end{pmatrix}$

20. $\mathbf{A} = \begin{pmatrix} 3 & 2 & 1 \\ 4 & 1 & 0 \\ -2 & 5 & -1 \end{pmatrix}$

21. $\mathbf{A} = \begin{pmatrix} 2 & 1 & 1 \\ 1 & -2 & -3 \\ 3 & 2 & 4 \end{pmatrix}$

22. $\mathbf{A} = \begin{pmatrix} 4 & 1 & -1 \\ 6 & 2 & -3 \\ -2 & -1 & 2 \end{pmatrix}$

Nos Problemas 23 e 24, mostre que a matriz dada é não-singular para todo valor real de t. Ache $\mathrm{A}^{-1}(\mathrm{t})$.

23. $\mathbf{A}(t) = \begin{pmatrix} 2e^{-t} & e^{4t} \\ 4e^{-t} & 3e^{4t} \end{pmatrix}$

24. $\mathbf{A}(t) = \begin{pmatrix} 2e^t \operatorname{sen} t & -2e^t \cos t \\ e^t \cos t & e^t \operatorname{sen} t \end{pmatrix}$

Nos Problemas 25-28, determine $d\,\mathbf{X}/dt$.

25. $\mathbf{X} = \begin{pmatrix} 5e^{-t} \\ 2e^{-t} \\ -7e^{-t} \end{pmatrix}$

26. $\mathbf{X} = \begin{pmatrix} \frac{1}{2} \operatorname{sen} 2t - 4\cos 2t \\ -3\operatorname{sen} 2t + 5\cos 2t \end{pmatrix}$

27. $\mathbf{X} = 2\begin{pmatrix} 1 \\ -1 \end{pmatrix} e^{2t} + 4\begin{pmatrix} 2 \\ 1 \end{pmatrix} e^{-3t}$

28. $\mathbf{X} = \begin{pmatrix} 5te^{2t} \\ t \operatorname{sen} 3t \end{pmatrix}$

29. Seja $\mathbf{A}(t) = \begin{pmatrix} e^{4t} & \cos \pi t \\ 2t & 3t^2 - 1 \end{pmatrix}$.

Ache **(a)** $\dfrac{d\mathbf{A}}{dt}$, **(b)** $\displaystyle\int_0^2 \mathbf{A}(t)\, dt$, **(c)** $\displaystyle\int_0^t \mathbf{A}(s)\, ds$.

30. Seja $\mathbf{A}(t) = \begin{pmatrix} \dfrac{1}{t^2+1} & 3t \\ t^2 & t \end{pmatrix}$ e $\mathbf{B}(t) = \begin{pmatrix} 6t & 2 \\ 1/t & 4t \end{pmatrix}$.

Ache **(a)** $\dfrac{d\mathbf{A}}{dt}$, **(b)** $\dfrac{d\mathbf{B}}{dt}$, **(c)** $\displaystyle\int_0^1 \mathbf{A}(t)\, dt$, **(d)** $\displaystyle\int_1^2 \mathbf{B}(t)\, dt$, **(e)** $\mathbf{A}(t)\mathbf{B}(t)$, **(f)** $\dfrac{d}{dt}\mathbf{A}(t)\mathbf{B}(t)$, **(g)** $\displaystyle\int_1^t \mathbf{A}(s)\mathbf{B}(s)\, ds$.

[8.4.2] Nos Problemas 31-38, resolva o sistema de equações pela eliminação gaussiana ou pela eliminação de Gauss-Jordan.

31.
$$\begin{aligned} x + y - 2z &= 14 \\ 2x - y + z &= 0 \\ 6x + 3y + 4z &= 1 \end{aligned}$$

32.
$$\begin{aligned} 5x - 2y + 4z &= 10 \\ x + y + z &= 9 \\ 4x - 3y + 3z &= 1 \end{aligned}$$

33.
$$\begin{aligned} y + z &= -5 \\ 5x + 4y - 16z &= -10 \\ x - y - 5z &= 7 \end{aligned}$$

34.
$$\begin{aligned} 3x + y + z &= 4 \\ 4x + 2y - z &= 7 \\ x + y - 3z &= 6 \end{aligned}$$

35.
$$\begin{aligned} 2x + y + z &= 4 \\ 10x - 2y + 2z &= -1 \\ 6x - 2y + 4z &= 8 \end{aligned}$$

36.
$$\begin{aligned} x + 2z &= 8 \\ x + 2y - 2z &= 4 \\ 2x + 5y - 6z &= 6 \end{aligned}$$

37.
$$\begin{aligned} x_1 + x_2 - x_3 - x_4 &= -1 \\ x_1 + x_2 + x_3 + x_4 &= 3 \\ x_1 - x_2 + x_3 - x_4 &= 3 \\ 4x_1 + x_2 - 2x_3 + x_4 &= 0 \end{aligned}$$

38.
$$\begin{aligned} 2x_1 + x_2 + x_3 &= 0 \\ x_1 + 3x_2 + x_3 &= 0 \\ 7x_1 + x_2 + 3x_3 &= 0 \end{aligned}$$

Nos Problemas 39 e 40, utilize a eliminação de Gauss-Jordan para demonstrar que o sistema de equações dado não tem solução.

39.
$$\begin{aligned} x + 2y + 4z &= 2 \\ 2x + 4y + 3z &= 1 \\ x + 2y - z &= 7 \end{aligned}$$

40.
$$\begin{aligned} x_1 + x_2 - x_3 + 3x_4 &= 1 \\ x_2 - x_3 - 4x_4 &= 0 \\ x_1 + 2x_2 - 2x_3 - x_4 &= 6 \\ 4x_1 + 7x_2 - 7x_3 &= 9 \end{aligned}$$

[8.4.3] Nos Problemas 41-48, ache os autovalores e os autovetores da matriz dada.

41. $\begin{pmatrix} -1 & 2 \\ -7 & 8 \end{pmatrix}$

42. $\begin{pmatrix} 2 & 1 \\ 2 & 1 \end{pmatrix}$

43. $\begin{pmatrix} -8 & -1 \\ 16 & 0 \end{pmatrix}$

44. $\begin{pmatrix} 1 & 1 \\ \frac{1}{4} & 1 \end{pmatrix}$

45. $\begin{pmatrix} 5 & -1 & 0 \\ 0 & -5 & 9 \\ 5 & -1 & 0 \end{pmatrix}$

46. $\begin{pmatrix} 3 & 0 & 0 \\ 0 & 2 & 0 \\ 4 & 0 & 1 \end{pmatrix}$

47. $\begin{pmatrix} 0 & 4 & 0 \\ -1 & -4 & 0 \\ 0 & 0 & -2 \end{pmatrix}$

48. $\begin{pmatrix} 1 & 6 & 0 \\ 0 & 2 & 1 \\ 0 & 1 & 2 \end{pmatrix}$

Nos Problemas 49 e 50, mostre que a matriz dada tem autovalores complexos. Ache os autovetores da matriz.

49. $\begin{pmatrix} -1 & 2 \\ -5 & 1 \end{pmatrix}$

50. $\begin{pmatrix} 2 & -1 & 0 \\ 5 & 2 & 4 \\ 0 & 1 & 2 \end{pmatrix}$

51. Se $\mathbf{A}(t)$ é uma matriz 2×2 de funções diferenciáveis e $\mathbf{X}(t)$ é uma matriz coluna 2×1 de funções diferenciáveis, demonstre a regra do produto

$$\frac{d}{dt}[\mathbf{A}(t)\mathbf{X}(t)] = \mathbf{A}(t)\mathbf{X}'(t) + \mathbf{A}'(t)\mathbf{X}(t).$$

52. Deduza a fórmula (3). [*Sug.*: Ache uma matriz $\mathbf{B} = \begin{pmatrix} b_{11} & b_{12} \\ b_{21} & b_{22} \end{pmatrix}$ tal que $\mathbf{AB} = \mathbf{I}$. Resolva em relação a b_{11}, b_{12}, b_{21} e b_{22}. Mostre então que $\mathbf{BA} = \mathbf{I}$.]

53. Se $\mathbf{A}$ é não-singular e $\mathbf{AB} = \mathbf{AC}$, mostre que $\mathbf{B} = \mathbf{C}$.

54. Se $\mathbf{A}$ e $\mathbf{B}$ são não-singulares, mostre que $(\mathbf{AB})^{-1} = \mathbf{B}^{-1}\mathbf{A}^{-1}$.

55. Sejam $\mathbf{A}$ e $\mathbf{B}$ matrizes $n \times n$. De modo geral, $(\mathbf{A} + \mathbf{B})^2 = \mathbf{A}^2 + 2\mathbf{AB} + \mathbf{B}^2$?

8.5 MATRIZES E SISTEMAS DE EQUAÇÕES LINEARES DE PRIMEIRA ORDEM

8.5.1 Teoria Preliminar

Forma Matricial de um Sistema

Se $\mathbf{X}$, $\mathbf{A}(t)$ e $\mathbf{F}(t)$ denotam, respectivamente, as matrizes

$$\mathbf{X} = \begin{pmatrix} x_1(t) \\ x_2(t) \\ \vdots \\ x_n(t) \end{pmatrix}, \quad \mathbf{A}(t) = \begin{pmatrix} a_{11}(t) & a_{12}(t) & \cdots & a_{1n}(t) \\ a_{21}(t) & a_{22}(t) & \cdots & a_{2n}(t) \\ \vdots & & & \vdots \\ a_{n1}(t) & a_{n2}(t) & \cdots & a_{nn}(t) \end{pmatrix}, \quad \mathbf{F}(t) = \begin{pmatrix} f_1(t) \\ f_2(t) \\ \vdots \\ f_n(t) \end{pmatrix},$$

então o sistema de equações diferenciais lineares de primeira ordem

$$\begin{aligned} \frac{dx_1}{dt} &= a_{11}(t)x_1 + a_{12}(t)x_2 + \cdots + a_{1n}(t)x_n + f_1(t) \\ \frac{dx_2}{dt} &= a_{21}(t)x_1 + a_{22}(t)x_2 + \cdots + a_{2n}(t)x_n + f_2(t) \\ \vdots \quad & \qquad \vdots \\ \frac{dx_n}{dt} &= a_{n1}(t)x_1 + a_{n2}(t)x_2 + \cdots + a_{nn}(t)x_n + f_n(t) \end{aligned} \tag{1}$$

pode ser escrito como

$$\frac{d}{dt}\begin{pmatrix} x_1 \\ x_2 \\ \vdots \\ x_n \end{pmatrix} = \begin{pmatrix} a_{11}(t) & a_{12}(t) & \cdots & a_{1n}(t) \\ a_{21}(t) & a_{22}(t) & \cdots & a_{2n}(t) \\ \vdots & & & \vdots \\ a_{n1}(t) & a_{n2}(t) & \cdots & a_{nn}(t) \end{pmatrix}\begin{pmatrix} x_1 \\ x_2 \\ \vdots \\ x_n \end{pmatrix} + \begin{pmatrix} f_1(t) \\ f_2(t) \\ \vdots \\ f_n(t) \end{pmatrix}$$

ou simplesmente

$$\frac{d\mathbf{X}}{dt} = \mathbf{A}(t)\mathbf{X} + \mathbf{F}(t). \tag{2}$$

Se o sistema é homogêneo, (2) se torna

$$\frac{d\mathbf{X}}{dt} = \mathbf{A}(t)\mathbf{X}. \tag{3}$$

As equações (2) e (3) também se escrevem como $\mathbf{X}' = \mathbf{AX} + \mathbf{F}$ e $\mathbf{X}' = \mathbf{AX}$, respectivamente.

EXEMPLO 1

Em termos de matrizes, o sistema não-homogêneo

$$\begin{aligned} \frac{dx}{dt} &= -2x + 5y + e^t - 2t \\ \frac{dy}{dt} &= 4x - 3y + 10t \end{aligned}$$

pode ser escrito como

$$\frac{d\mathbf{X}}{dt} = \begin{pmatrix} -2 & 5 \\ 4 & -3 \end{pmatrix}\mathbf{X} + \begin{pmatrix} e^t - 2t \\ 10t \end{pmatrix}$$

ou

$$\mathbf{X}' = \begin{pmatrix} -2 & 5 \\ 4 & -3 \end{pmatrix}\mathbf{X} + \begin{pmatrix} 1 \\ 0 \end{pmatrix}e^t + \begin{pmatrix} -2 \\ 10 \end{pmatrix}t,$$

onde $\mathbf{X} = \begin{pmatrix} x \\ y \end{pmatrix}$.

■

EXEMPLO 2

A forma matricial do sistema homogêneo

$$\frac{dx}{dt} = 2x - 3y \qquad\qquad \text{é} \qquad \frac{d\mathbf{X}}{dt} = \begin{pmatrix} 2 & -3 \\ 6 & 5 \end{pmatrix}\mathbf{X},$$
$$\frac{dy}{dt} = 6x + 5y$$

onde $\mathbf{X} = \begin{pmatrix} x \\ y \end{pmatrix}$.

DEFINIÇÃO 8.14 Vetor Solução

Um **vetor solução** em um intervalo I é qualquer matriz coluna

$$\mathbf{X} = \begin{pmatrix} x_1(t) \\ x_2(t) \\ \vdots \\ x_n(t) \end{pmatrix}$$

cujos elementos são funções diferenciáveis que verificam o sistema (2) no intervalo.

EXEMPLO 3

Verifique que

$$\mathbf{X}_1 = \begin{pmatrix} 1 \\ -1 \end{pmatrix} e^{-2t} = \begin{pmatrix} e^{-2t} \\ -e^{-2t} \end{pmatrix} \quad \text{e} \quad \mathbf{X}_2 = \begin{pmatrix} 3 \\ 5 \end{pmatrix} e^{6t} = \begin{pmatrix} 3e^{6t} \\ 5e^{6t} \end{pmatrix}$$

são soluções de

$$\mathbf{X}' = \begin{pmatrix} 1 & 3 \\ 5 & 3 \end{pmatrix}\mathbf{X} \tag{4}$$

no intervalo $(-\infty, \infty)$.

Solução Temos

$$\mathbf{X}_1' = \begin{pmatrix} -2e^{-2t} \\ 2e^{-2t} \end{pmatrix}$$

e

$$\mathbf{AX}_1 = \begin{pmatrix} 1 & 3 \\ 5 & 3 \end{pmatrix}\begin{pmatrix} e^{-2t} \\ -e^{-2t} \end{pmatrix} = \begin{pmatrix} e^{-2t} - 3e^{-2t} \\ 5e^{-2t} - 3e^{-2t} \end{pmatrix} = \begin{pmatrix} -2e^{-2t} \\ 2e^{-2t} \end{pmatrix} = \mathbf{X}_1'.$$

Agora

$$\mathbf{X}_2' = \begin{pmatrix} 18e^{6t} \\ 30e^{5t} \end{pmatrix}$$

e
$$\mathbf{AX}_2 = \begin{pmatrix} 1 & 3 \\ 5 & 3 \end{pmatrix} \begin{pmatrix} 3e^{6t} \\ 5e^{6t} \end{pmatrix} = \begin{pmatrix} 3e^{6t} + 15e^{6t} \\ 15e^{6t} + 15e^{6t} \end{pmatrix} = \begin{pmatrix} 18e^{6t} \\ 30e^{6t} \end{pmatrix} = \mathbf{X}_2'.$$
■

Grande parte da teoria dos sistemas de n equações diferenciais lineares de primeira ordem é análoga à teoria das equações diferenciais lineares de ordem n.

O Problema de Valores Iniciais

Denotemos por t_0 um ponto em um intervalo I e

$$\mathbf{X}(t_0) = \begin{pmatrix} x_1(t_0) \\ x_2(t_0) \\ \vdots \\ x_n(t_0) \end{pmatrix} \quad \text{e} \quad \mathbf{X}_0 = \begin{pmatrix} \gamma_1 \\ \gamma_2 \\ \vdots \\ \gamma_n \end{pmatrix},$$

onde os γ_i, $i = 1, 2, ..., n$, são constantes dadas. Então o problema

$$\textit{Resolver: } \frac{d\mathbf{X}}{dt} = \mathbf{A}(t)\mathbf{X} + \mathbf{F}(t) \tag{5}$$

$$\textit{Sujeito a: } \mathbf{X}(t_0) = \mathbf{X}_0$$

é um **problema de valor inicial** no intervalo.

TEOREMA 8.3 Existência de uma Solução Única

Suponhamos que os elementos das matrizes $\mathbf{A}(t)$ e $\mathbf{F}(t)$ sejam funções contínuas em um intervalo comum I que contenha o ponto t_0. Então existe uma solução única do problema (5) de valor inicial no intervalo.

Sistemas Homogêneos

Nas próximas definições e teoremas, estaremos interessados apenas nos sistemas homogêneos. Admitiremos sempre (sem mencionar explicitamente) que os a_{ij} e as f_i sejam funções contínuas de t em um intervalo comum I.

Princípio da Superposição

O resultado que segue é um **princípio de superposição** para soluções de sistemas lineares.

TEOREMA 8.4 Princípio de Superposição

Seja $\mathbf{X}_1, \mathbf{X}_2, \ldots, \mathbf{X}_k$ um conjunto de vetores solução do sistema homogêneo (3) em um intervalo I. Então, a combinação linear

$$\mathbf{X} = c_1\mathbf{X}_1 + c_2\mathbf{X}_2 + \ldots + c_k\mathbf{X}_k,$$

onde os c_i, $i = 1, 2, ..., k$, são constantes arbitrárias, é também uma solução no intervalo.

Decorre do Teorema 8.4 que um múltiplo constante de qualquer vetor solução de um sistema de equações diferenciais lineares homogêneas de primeira ordem é também uma solução.

EXEMPLO 4

Uma solução do sistema

$$\mathbf{X}' = \begin{pmatrix} 1 & 0 & 1 \\ 1 & 1 & 0 \\ -2 & 0 & 1 \end{pmatrix} \mathbf{X} \tag{6}$$

é

$$\mathbf{X}_1 = \begin{pmatrix} \cos t \\ -\frac{1}{2}\cos t + \frac{1}{2}\operatorname{sen} t \\ -\cos t - \operatorname{sen} t \end{pmatrix}.$$

Para qualquer constante c_1, o vetor $\mathbf{X} = c_1\mathbf{X}_1$ é também uma solução, pois

$$\frac{d\mathbf{X}}{dt} = \begin{pmatrix} -c_1 \operatorname{sen} t \\ \frac{1}{2}c_1 \operatorname{sen} t + \frac{1}{2}c_1 \cos t \\ c_1 \operatorname{sen} t - c_1 \cos t \end{pmatrix}$$

e

$$\mathbf{AX} = \begin{pmatrix} 1 & 0 & 1 \\ 1 & 1 & 0 \\ -2 & 0 & -1 \end{pmatrix} \begin{pmatrix} c_1 \cos t \\ -\frac{1}{2}c_1 \cos t + \frac{1}{2}c_1 \operatorname{sen} t \\ -c_1 \cos t - c_1 \operatorname{sen} t \end{pmatrix}$$

$$= \begin{pmatrix} -c_1 \operatorname{sen} t \\ \frac{1}{2}c_1 \cos t + \frac{1}{2}c_1 \operatorname{sen} t \\ -c_1 \cos t - c_1 \operatorname{sen} t \end{pmatrix}.$$

As matrizes resultantes mostram que $\mathbf{X}' = \mathbf{AX}$. ■

EXEMPLO 5

Consideremos o sistema (6) do Exemplo 4. Se

$$\mathbf{X}_2 = \begin{pmatrix} 0 \\ e^t \\ 0 \end{pmatrix}, \quad \text{então} \quad \mathbf{X}_2' = \begin{pmatrix} 0 \\ e^t \\ 0 \end{pmatrix},$$

e
$$\mathbf{AX}_2 = \begin{pmatrix} 1 & 0 & 1 \\ 1 & 1 & 0 \\ -2 & 0 & -1 \end{pmatrix}\begin{pmatrix} 0 \\ e^t \\ 0 \end{pmatrix}$$
$$= \begin{pmatrix} 0 \\ e^t \\ 0 \end{pmatrix} = \mathbf{X}_2'.$$

Vemos assim que $\mathbf{X}_2$ é também um vetor solução de (6). E pelo princípio da superposição, a combinação linear

$$\mathbf{X} = c_1\mathbf{X}_1 + c_2\mathbf{X}_2 = c_1\begin{pmatrix} \cos t \\ -\frac{1}{2}\cos t + \frac{1}{2}\operatorname{sen} t \\ -\cos t - \operatorname{sen} t \end{pmatrix} + c_2\begin{pmatrix} 0 \\ e^t \\ 0 \end{pmatrix}$$

é ainda outra solução do sistema. ■

Independência Linear

Interessam-nos especialmente as soluções linearmente independentes do sistema homogêneo (3).

DEFINIÇÃO 8.15 Dependência/Independência Linear

Seja $\mathbf{X}_1, \mathbf{X}_2, ..., \mathbf{X}_k$ um conjunto de vetores solução do sistema homogêneo (3) em um intervalo *I*. Dizemos que o conjunto é **linearmente dependente** no intervalo se existem constantes c_1, c_2, ..., c_k, não simultaneamente nulas, tais que

$$c_1\mathbf{X}_1 + c_2\mathbf{X}_2 + \cdots + c_k\mathbf{X}_k = \mathbf{0}$$

para todo *t* no intervalo. Se o conjunto de vetores não é linearmente dependente no intervalo, dizemos que é **linearmente independente.**

O caso $k = 2$ é óbvio; dois vetores $\mathbf{X}_1$ e $\mathbf{X}_2$ são linearmente dependentes se um é múltiplo constante do outro, e reciprocamente. Para $k > 2$, um conjunto de vetores solução é linearmente dependente se pudermos expressar ao menos um deles como uma combinação linear dos vetores restantes.

EXEMPLO 6

Pode-se verificar que

$$\mathbf{X}_1 = \begin{pmatrix} 3 \\ 1 \end{pmatrix}e^t \quad \text{e} \quad \mathbf{X}_2 = \begin{pmatrix} 1 \\ 1 \end{pmatrix}e^{-t}$$

são vetores solução do sistema

$$\mathbf{X}' = \begin{pmatrix} 2 & -3 \\ 1 & -2 \end{pmatrix}\mathbf{X}. \tag{7}$$

Agora $\mathbf{X}_1$ e $\mathbf{X}_2$ são linearmente independentes no intervalo $(-\infty, \infty)$, pois

$$c_1\mathbf{X}_1 + c_2\mathbf{X}_2 = \mathbf{0} \quad \text{ou} \quad c_1\begin{pmatrix}3\\1\end{pmatrix}e^t + c_2\begin{pmatrix}1\\1\end{pmatrix}e^{-t} = \begin{pmatrix}0\\0\end{pmatrix}$$

é equivalente a

$$\begin{aligned} 3c_1e^t + c_2e^{-t} &= 0 \\ c_1e^t + c_2e^{-t} &= 0. \end{aligned}$$

Resolvendo esse sistema em relação a c_1 e c_2, obtemos de imediato $c_1 = 0$ e $c_2 = 0$. ■

EXEMPLO 7

O vetor $\mathbf{X}_3 = \begin{pmatrix}e^t + \cosh t\\ \cosh t\end{pmatrix}$ é também solução do sistema (7) dado no Exemplo 6. Entretanto, $\mathbf{X}_1$, $\mathbf{X}_2$ e $\mathbf{X}_3$ são linearmente dependentes, pois

$$\mathbf{X}_3 = \frac{1}{2}\mathbf{X}_1 + \frac{1}{2}\mathbf{X}_2.$$ ■

Wronskiano

A exemplo do que fizemos em nosso estudo anterior da teoria de uma única equação diferencial ordinária, podemos introduzir o conceito de determinante **wronskiano** como um teste da independência linear. Enunciamos sem demonstrar o teorema seguinte:

TEOREMA 8.5 Critério para Soluções Linearmente Independentes

Sejam $\mathbf{X}_1 = \begin{pmatrix}x_{11}\\x_{21}\\\vdots\\x_{n1}\end{pmatrix}, \quad \mathbf{X}_2 = \begin{pmatrix}x_{12}\\x_{22}\\\vdots\\x_{n2}\end{pmatrix}, \ldots, \mathbf{X}_n = \begin{pmatrix}x_{1n}\\x_{2n}\\\vdots\\x_{nn}\end{pmatrix}$

n vetores solução do sistema homogêneo (3) em um intervalo I. Uma condição necessária e suficiente para que o conjunto de soluções seja linearmente independente é que o wronskiano

$$W(\mathbf{X}_1, \mathbf{X}_2, \ldots, \mathbf{X}_n) = \begin{vmatrix} x_{11} & x_{12} & \cdots & x_{1n} \\ x_{21} & x_{22} & \cdots & x_{2n} \\ \vdots & \vdots & & \vdots \\ x_{n1} & x_{n2} & \cdots & x_{nn} \end{vmatrix} \neq 0 \tag{8}$$

para todo t em I.

De fato, pode-se mostrar que, se $\mathbf{X}_1$, $\mathbf{X}_2$, ..., $\mathbf{X}_n$ são vetores solução de (3), então, ou

$$W(\mathbf{X}_1, \mathbf{X}_2, \ldots, \mathbf{X}_n) \neq 0$$

para todo t em I, ou

$$W(\mathbf{X}_1, \mathbf{X}_2, \ldots, \mathbf{X}_n) = 0$$

para todo t no intervalo. Assim, se pudermos mostrar que $W \neq 0$ para algum t_0 em I, então $W \neq 0$ para todo t e, assim, as soluções são linearmente independentes no intervalo.

Notemos que, ao contrário de nossa definição prévia do wronskiano, o determinante (8) não envolve diferenciação.

EXEMPLO 8

No Exemplo 3, vimos que

$$\mathbf{X}_1 = \begin{pmatrix} 1 \\ -1 \end{pmatrix} e^{-2t} \quad \text{e} \quad \mathbf{X}_2 = \begin{pmatrix} 3 \\ 5 \end{pmatrix} e^{6t}$$

são soluções do sistema (4). Obviamente, $\mathbf{X}_1$ e $\mathbf{X}_2$ são linearmente independentes em $(-\infty, \infty)$, uma vez que nenhum dos vetores é múltiplo constante do outro. Além disso, temos

$$W(\mathbf{X}_1, \mathbf{X}_2) = \begin{vmatrix} e^{-2t} & 3e^{6t} \\ -e^{-2t} & 5e^{6t} \end{vmatrix} = 8e^{4t} \neq 0$$

para todo t real. ■

Conjunto Fundamental de Soluções

DEFINIÇÃO 8.16 Conjunto Fundamental de Soluções

Qualquer conjunto $\mathbf{X}_1, \mathbf{X}_2, \ldots, \mathbf{X}_n$ de n vetores solução linearmente independentes do sistema homogêneo (3) em um intervalo I é chamado um **conjunto fundamental de soluções** no intervalo.

TEOREMA 8.6 Existência de um Conjunto Fundamental

Existe um conjunto fundamental de soluções para o sistema homogêneo (3) no intervalo I.

DEFINIÇÃO 8.17 Solução Geral – Sistemas Homogêneos

Seja $\mathbf{X}_1, \mathbf{X}_2, \ldots, \mathbf{X}_n$ um conjunto fundamental de soluções do sistema homogêneo (3) em um intervalo I. Define-se a **solução geral** do sistema no intervalo como

$$\mathbf{X} = c_1\mathbf{X}_1 + c_2\mathbf{X}_2 + \ldots + c_n\mathbf{X}_n,$$

onde os c_i, $i = 1, 2, \ldots, n$, são constantes arbitrárias.

Embora não o demonstremos, pode-se provar que, para uma escolha apropriada das constantes $c_1, c_2, \ldots, c_n$, *qualquer* solução de (3) no intervalo I pode ser obtida da solução geral.

EXEMPLO 9

Pelo Exemplo 8, sabemos que

$$\mathbf{X}_1 = \begin{pmatrix} 1 \\ -1 \end{pmatrix} e^{-2t} \quad \text{e} \quad \mathbf{X}_2 = \begin{pmatrix} 3 \\ 5 \end{pmatrix} e^{6t}$$

são soluções linearmente independentes de (4) em $(-\infty, \infty)$. Logo, $\mathbf{X}_1$ e $\mathbf{X}_2$ constituem um conjunto fundamental de soluções no intervalo. A solução geral do sistema no intervalo é então

$$\mathbf{X} = c_1\mathbf{X}_1 + c_2\mathbf{X}_2 = c_1\begin{pmatrix} 1 \\ -1 \end{pmatrix} e^{-2t} + c_2\begin{pmatrix} 3 \\ 5 \end{pmatrix} e^{6t}. \tag{9}$$

EXEMPLO 10

Os vetores

$$\mathbf{X}_1 = \begin{pmatrix} \cos t \\ -\frac{1}{2}\cos t + \frac{1}{2}\operatorname{sen} t \\ -\cos t - \operatorname{sen} t \end{pmatrix}, \quad \mathbf{X}_2 = \begin{pmatrix} 0 \\ 1 \\ 0 \end{pmatrix} e^{t}, \quad \mathbf{X}_3 = \begin{pmatrix} \operatorname{sen} t \\ -\frac{1}{2}\operatorname{sen} t - \frac{1}{2}\cos t \\ -\operatorname{sen} t - \cos t \end{pmatrix}$$

são soluções do sistema (6)* no Exemplo 4. Agora,

$$W(\mathbf{X}_1, \mathbf{X}_2, \mathbf{X}_3) = \begin{vmatrix} \cos t & 0 & \operatorname{sen} t \\ -\frac{1}{2}\cos t + \frac{1}{2}\operatorname{sen} t & e^{t} & -\frac{1}{2}\operatorname{sen} t - \frac{1}{2}\cos t \\ -\cos t - \operatorname{sen} t & 0 & -\operatorname{sen} t - \cos t \end{vmatrix}$$

$$= e^{t}\begin{vmatrix} \cos t & \operatorname{sen} t \\ -\cos t - \operatorname{sen} t & -\operatorname{sen} t + \cos t \end{vmatrix} = e^{t} \neq 0$$

para todo t real. Concluímos que $\mathbf{X}_1$, $\mathbf{X}_2$ e $\mathbf{X}_3$ constituem um conjunto fundamental de soluções em $(-\infty, \infty)$. Assim, a solução geral do sistema no intervalo é

$$\mathbf{X} = c_1\mathbf{X}_1 + c_2\mathbf{X}_2 + c_3\mathbf{X}_3$$

$$= c_1\begin{pmatrix} \cos t \\ -\frac{1}{2}\cos t + \frac{1}{2}\operatorname{sen} t \\ -\cos t - \operatorname{sen} t \end{pmatrix} + c_2\begin{pmatrix} 0 \\ 1 \\ 0 \end{pmatrix} e^{t} + c_3\begin{pmatrix} \operatorname{sen} t \\ -\frac{1}{2}\operatorname{sen} t - \frac{1}{2}\cos t \\ -\operatorname{sen} t + \cos t \end{pmatrix}.$$

■

* Nas páginas 52 e 53 verificamos que $\mathbf{X}_1$ e $\mathbf{X}_2$ são soluções; deixamos como exercício mostrar que $\mathbf{X}_3$ também é uma solução. Veja os Problemas 16.

Sistemas Não-Homogêneos

Para sistemas não-homogêneos, uma **solução particular** $\mathbf{X}_p$ em um intervalo *I* é qualquer vetor, sem parâmetros arbitrários, cujos elementos são funções que satisfazem o sistema (2).

EXEMPLO 11

Verifique que o vetor

$$\mathbf{X}_p = \begin{pmatrix} 3t-4 \\ -5t+6 \end{pmatrix}$$

é uma solução particular do sistema não-homogêneo

$$\mathbf{X}' = \begin{pmatrix} 1 & 3 \\ 5 & 3 \end{pmatrix}\mathbf{X} + \begin{pmatrix} 12t-11 \\ -3 \end{pmatrix} \tag{10}$$

no intervalo $(-\infty, \infty)$.

Solução Temos $\mathbf{X}'_p = \begin{pmatrix} 3 \\ -5 \end{pmatrix}$ e

$$\begin{aligned} \begin{pmatrix} 1 & 3 \\ 5 & 3 \end{pmatrix}\mathbf{X}_p + \begin{pmatrix} 12t-11 \\ -3 \end{pmatrix} &= \begin{pmatrix} 1 & 3 \\ 5 & 3 \end{pmatrix}\begin{pmatrix} 3t-4 \\ -5t+6 \end{pmatrix} + \begin{pmatrix} 12t-11 \\ -3 \end{pmatrix} \\ &= \begin{pmatrix} (3t-4)+3(-5t+6) \\ 5(3t-4)+3(-5t+6) \end{pmatrix} + \begin{pmatrix} 12t-11 \\ -3 \end{pmatrix} \\ &= \begin{pmatrix} -12t-14 \\ -2 \end{pmatrix} + \begin{pmatrix} 12t-11 \\ -3 \end{pmatrix} \\ &= \begin{pmatrix} 3 \\ -5 \end{pmatrix} = \mathbf{X}'_p. \end{aligned}$$

■

TEOREMA 8.7

Seja $\mathbf{X}_1, \mathbf{X}_2, ..., \mathbf{X}_k$ um conjunto de vetores solução do sistema homogêneo (3) em um intervalo *I* e seja $\mathbf{X}_p$ um vetor arbitrário solução do sistema não-homogêneo (2) no mesmo intervalo. Então

$$\mathbf{X} = c_1\mathbf{X}_1 + c_2\mathbf{X}_2 + \cdots + c_k\mathbf{X}_k + \mathbf{X}_p$$

é também uma solução do sistema não-homogêneo no intervalo, para quaisquer constantes c_1, c_2, ..., c_k.

DEFINIÇÃO 8.18 Solução Geral – Sistemas Não-Homogêneos

Seja $\mathbf{X}_p$ uma solução dada do sistema não-homogêneo (2) em um intervalo *I*, e denotemos por

$$\mathbf{X}_c = c_1\mathbf{X}_1 + c_2\mathbf{X}_2 + \cdots + c_n\mathbf{X}_n$$

a solução geral, no mesmo intervalo, do sistema homogêneo (3) correspondente. Define-se a **solução geral** do sistema não-homogêneo no intervalo como

$$\mathbf{X} = \mathbf{X}_c + \mathbf{X}_p.$$

A solução geral $\mathbf{X}_c$ do sistema homogêneo (3) é chamada **função complementar** do sistema não-homogêneo (2).

EXEMPLO 12

No Exemplo 11, verificamos que uma solução particular do sistema não-homogêneo (10) em $(-\infty, \infty)$ é

$$\mathbf{X}_p = \begin{pmatrix} 3t-4 \\ -5t+6 \end{pmatrix}.$$

No Exemplo 9, vimos que a função complementar de (10) no mesmo intervalo, ou a solução geral de

$$\mathbf{X}' = \begin{pmatrix} 1 & 3 \\ 5 & 3 \end{pmatrix}\mathbf{X},$$

é

$$\mathbf{X}_c = c_1\begin{pmatrix} 1 \\ -1 \end{pmatrix}e^{-2t} + c_2\begin{pmatrix} 3 \\ 5 \end{pmatrix}e^{6t}.$$

Logo, pela Definição 8.18,

$$\mathbf{X} = \mathbf{X}_c + \mathbf{X}_p = c_1\begin{pmatrix} 1 \\ -1 \end{pmatrix}e^{-2t} + c_2\begin{pmatrix} 3 \\ 5 \end{pmatrix}e^{6t} + \begin{pmatrix} 3t-4 \\ -5t+6 \end{pmatrix}$$

é a solução geral de (10) em $(-\infty, \infty)$. ■

Como era de se esperar, se $\mathbf{X}$ é uma solução *qualquer* do sistema não-homogêneo (2) em um intervalo *I*, então é sempre possível achar constantes apropriadas $c_1, c_2, \ldots, c_n$ tais que $\mathbf{X}$ possa ser obtida da solução geral.

8.5.2 Uma Matriz Fundamental

Se $\mathbf{X}_1, \mathbf{X}_2, \ldots, \mathbf{X}_n$ é um conjunto fundamental de soluções do sistema homogêneo (3) em um intervalo *I*, então sua solução geral no intervalo é

$$\mathbf{X} = c_1\mathbf{X}_1 + c_2\mathbf{X}_2 + \dots + c_n\mathbf{X}_n$$

$$= c_1\begin{pmatrix} x_{11} \\ x_{21} \\ \vdots \\ x_{n1} \end{pmatrix} + c_2\begin{pmatrix} x_{12} \\ x_{22} \\ \vdots \\ x_{n2} \end{pmatrix} + \cdots + c_n\begin{pmatrix} x_{1n} \\ x_{2n} \\ \vdots \\ x_{nn} \end{pmatrix} = \begin{pmatrix} c_1x_{11} + c_2x_{12} + \cdots + c_nx_{1n} \\ c_1x_{21} + c_2x_{22} + \cdots + c_nx_{2n} \\ \vdots \\ c_1x_{n1} + c_2x_{n2} + \cdots + c_nx_{nn} \end{pmatrix}. \quad (11)$$

Note que (11) pode ser escrita como o produto de matrizes

$$\mathbf{X} = \begin{pmatrix} x_{11} & x_{12} & \cdots & x_{1n} \\ x_{21} & x_{22} & \cdots & x_{2n} \\ \vdots & & & \vdots \\ x_{n1} & x_{n2} & \cdots & x_{nn} \end{pmatrix}\begin{pmatrix} c_1 \\ c_2 \\ \vdots \\ c_n \end{pmatrix}. \quad (12)$$

Somos levados à seguinte definição:

DEFINIÇÃO 8.19 Matriz Fundamental

Seja
$$\mathbf{X}_1 = \begin{pmatrix} x_{11} \\ x_{21} \\ \vdots \\ x_{n1} \end{pmatrix}, \quad \mathbf{X}_2 = \begin{pmatrix} x_{12} \\ x_{22} \\ \vdots \\ x_{n2} \end{pmatrix}, \dots, \mathbf{X}_n = \begin{pmatrix} x_{1n} \\ x_{2n} \\ \vdots \\ x_{nn} \end{pmatrix}$$

um conjunto fundamental de n vetores solução do sistema homogêneo (3) em um intervalo I. A matriz

$$\Phi(t) = \begin{pmatrix} x_{11} & x_{12} & \cdots & x_{1n} \\ x_{21} & x_{22} & \cdots & x_{2n} \\ \vdots & & & \vdots \\ x_{n1} & x_{n2} & \cdots & x_{nn} \end{pmatrix}$$

é chamada uma **matriz fundamental** do sistema no intervalo.

EXEMPLO 13

Já mostramos que os vetores

$$\mathbf{X}_1 = \begin{pmatrix} 1 \\ -1 \end{pmatrix} e^{-2t} = \begin{pmatrix} e^{-2t} \\ -e^{-2t} \end{pmatrix} \quad \text{e} \quad \mathbf{X}_2 = \begin{pmatrix} 3 \\ 5 \end{pmatrix} e^{6t} = \begin{pmatrix} 3e^{6t} \\ 5e^{6t} \end{pmatrix}$$

constituem um conjunto fundamental de soluções do sistema (4) em $(-\infty, \infty)$.

$$\Phi(t) = \begin{pmatrix} e^{-2t} & 3e^{6t} \\ -e^{-2t} & 5e^{6t} \end{pmatrix}. \quad (13)$$

é então uma matriz fundamental do sistema no intervalo. ■

O resultado dado em (12) afirma que a solução geral de qualquer sistema homogêneo $\mathbf{X}' = \mathbf{A}(t)\mathbf{X}$ pode sempre ser escrito em termos de uma matriz fundamental do sistema: $\mathbf{X} = \mathbf{\Phi}(t)\mathbf{C}$, onde $\mathbf{C}$ é um vetor coluna $n \times 1$ de constantes arbitrárias.

EXEMPLO 14

A solução geral dada em (9) pode ser escrita como

$$\mathbf{X} = \begin{pmatrix} e^{-2t} & 3e^{6t} \\ -e^{-2t} & 5e^{6t} \end{pmatrix} \begin{pmatrix} c_1 \\ c_2 \end{pmatrix}.$$

Além disso, dizer que $\mathbf{X} = \mathbf{\Phi}(t)\mathbf{C}$ é uma solução de $\mathbf{X}' = \mathbf{A}(t)\mathbf{X}$ significa que

$$\mathbf{\Phi}'(t)\mathbf{C} = \mathbf{A}(t)\mathbf{\Phi}(t)\mathbf{C}$$

ou

$$(\mathbf{\Phi}'(t) - \mathbf{A}(t)\mathbf{\Phi}(t))\mathbf{C} = 0.$$

Como a última equação deve-se verificar para todo t no intervalo I e para toda matriz coluna possível de constantes $\mathbf{C}$, devemos ter

$$\mathbf{\Phi}'(t) - \mathbf{A}(t)\mathbf{\Phi}(t) = \mathbf{0}$$

ou

$$\mathbf{\Phi}'(t) = \mathbf{A}(t)\mathbf{\Phi}(t) \tag{14}$$

Esse resultado terá utilidade na Seção 8.8.

Uma Matriz Fundamental É Não-Singular

A comparação do Teorema 8.5 com a Definição 8.19 mostra que det $\mathbf{\Phi}(t)$ é o mesmo que o wronskiano $W(\mathbf{X}_1, \mathbf{X}_2, \ldots, \mathbf{X}_n)$.* Por isso, a independência linear das colunas de $\mathbf{\Phi}(t)$ em um intervalo I garante que det $\mathbf{\Phi}(t) \neq 0$ para todo t no intervalo; isto é, $\mathbf{\Phi}(t)$ é não-singular no intervalo.

TEOREMA 8.8 Uma Matriz Fundamental Tem uma Inversa

Seja $\mathbf{\Phi}(t)$ uma matriz fundamental do sistema homogêneo (3) em um intervalo I. Então $\mathbf{\Phi}^{-1}(t)$ existe para todo valor de t no intervalo.

EXEMPLO 15

Para a matriz fundamental dada em (13), notamos que det $\mathbf{\Phi}(t) = 8e^{4t}$. Decorre então de (3) da Seção 8.4 que

$$\Phi^{-1}(t) = \frac{1}{8e^{4t}} \begin{pmatrix} 5e^{6t} & -3e^{6t} \\ e^{-2t} & e^{-2t} \end{pmatrix} = \begin{pmatrix} \frac{5}{8}e^{2t} & -\frac{3}{8}e^{2t} \\ \frac{1}{8}e^{-6t} & \frac{1}{8}e^{-6t} \end{pmatrix}.$$

■

*Por essa razão, alguns livros chamam $\mathbf{\Phi}(t)$ *matriz de Wronski*.

Matriz Especial

Em algumas instâncias, é conveniente formar outra matriz especial $n \times n$, uma matriz em que os vetores coluna $\mathbf{V}_i$ sejam soluções de $\mathbf{X}' = \mathbf{A}(t)\mathbf{X}$ que satisfaçam as condições

$$\mathbf{V}_1(t_0) = \begin{pmatrix} 1 \\ 0 \\ \vdots \\ 0 \end{pmatrix}, \quad \mathbf{V}_2(t_0) = \begin{pmatrix} 0 \\ 1 \\ \vdots \\ 0 \end{pmatrix}, \ldots, \quad \mathbf{V}_n(t_0) = \begin{pmatrix} 0 \\ 0 \\ \vdots \\ 1 \end{pmatrix}. \tag{15}$$

Aqui, t_0 é um ponto escolhido arbitrariamente no intervalo em que a solução geral do sistema é definida. Denotamos essa matriz especial com o símbolo $\mathbf{\Psi}(t)$. Observemos que $\mathbf{\Psi}(t)$ apresenta a propriedade

$$\mathbf{\Psi}(t_0) = \begin{pmatrix} 1 & 0 & 0 & \cdots & 0 \\ 0 & 1 & 0 & \cdots & 0 \\ \vdots & & & & \vdots \\ 0 & 0 & 0 & \cdots & 1 \end{pmatrix} = \mathbf{I}, \tag{16}$$

onde $\mathbf{I}$ é a identidade multiplicativa $n \times n$.

EXEMPLO 16

Determine a matriz $\mathbf{\Psi}(t)$ que satisfaz $\mathbf{\Psi}(0) = \mathbf{I}$ para o sistema dado em (4).

Solução Por (9), sabemos que a solução geral de (4) é dada por

$$\mathbf{X} = c_1 \begin{pmatrix} 1 \\ -1 \end{pmatrix} e^{-2t} + c_2 \begin{pmatrix} 3 \\ 5 \end{pmatrix} e^{6t}.$$

Quando $t = 0$, começamos resolvendo em relação a constantes c_1 e c_2 tais que

$$c_1 \begin{pmatrix} 1 \\ -1 \end{pmatrix} + c_2 \begin{pmatrix} 3 \\ 5 \end{pmatrix} = \begin{pmatrix} 1 \\ 0 \end{pmatrix} \quad \text{ou} \quad \begin{aligned} c_1 + 3c_2 &= 1 \\ -c_1 + 5c_2 &= 0. \end{aligned}$$

Obtemos $c_1 = 5/8$ e $c_2 = 1/8$. Definimos, pois, o vetor $\mathbf{V}_1$ como a combinação linear

$$\mathbf{V}_1 = \frac{5}{8} \begin{pmatrix} 1 \\ -1 \end{pmatrix} e^{-2t} + \frac{1}{8} \begin{pmatrix} 3 \\ 5 \end{pmatrix} e^{6t}.$$

Novamente, quando $t = 0$, desejamos achar outro par de constantes c_1 e c_2 para as quais

$$c_1 \begin{pmatrix} 1 \\ -1 \end{pmatrix} + c_2 \begin{pmatrix} 3 \\ 5 \end{pmatrix} = \begin{pmatrix} 1 \\ 0 \end{pmatrix} \quad \text{ou} \quad \begin{aligned} c_1 + 3c_2 &= 0 \\ -c_1 + 5c_2 &= 1. \end{aligned}$$

Nesse caso, obtemos $c_1 = -3/8$ e $c_2 = 1/8$. Definimos então

$$\mathbf{V}_2 = -\frac{3}{8}\begin{pmatrix} 1 \\ -1 \end{pmatrix} e^{-2t} + \frac{1}{8}\begin{pmatrix} 3 \\ 5 \end{pmatrix} e^{6t}.$$

Daí,

$$\mathbf{\Psi}(t) = \begin{pmatrix} \frac{5}{8}e^{-2t} + \frac{3}{8}e^{6t} & -\frac{3}{8}e^{-2t} + \frac{3}{8}e^{6t} \\ -\frac{5}{8}e^{-2t} + \frac{5}{8}e^{6t} & \frac{3}{8}e^{-2t} + \frac{5}{8}e^{6t} \end{pmatrix} \tag{17}$$

Observe que $\mathbf{\Psi}(0) = \begin{pmatrix} 1 & 0 \\ 0 & 1 \end{pmatrix} = \mathbf{I}$. ■

No Exemplo 16, note que, como as colunas de $\mathbf{\Psi}(t)$ são combinações lineares das soluções $\mathbf{\Psi}$ de $\mathbf{X}' = \mathbf{A}(t)\mathbf{X}$, sabemos, pelo princípio da superposição, que cada coluna é uma solução do sistema.

Ψ(t) É uma Matriz Fundamental

Por (16) vemos que det $\mathbf{\Psi}(t_0) \neq 0$ e, assim, concluímos do Teorema 8.5 que as colunas de $\mathbf{\Psi}(t)$ são linearmente independentes no intervalo considerado. Portanto, $\mathbf{\Psi}(t)$ é uma matriz fundamental. Decorre, outrossim, do Teorema 8.3 que $\mathbf{\Psi}(t)$ é a única matriz que satisfaz a condição $\mathbf{\Psi}(t_0) = \mathbf{I}$. Por último, as matrizes fundamentais $\mathbf{\Phi}(t)$ e $\mathbf{\Psi}(t)$ estão relacionadas por

$$\mathbf{\Psi}(t) = \mathbf{\Phi}(t)\mathbf{\Phi}^{-1}(t_0). \tag{18}$$

A Equação (18) fornece um método alternativo para a determinação de $\mathbf{\Psi}(t)$ (veja o Problema 37).

Seria possível perguntar por que formar uma matriz fundamental de aparência obviamente complicada como a (17); essa pergunta será respondida nas Seções 8.8 e 8.9.

8.5 EXERCÍCIOS

As respostas dos exercícios selecionados estão nas páginas 391 a 393.

[8.5.1] Nos Problemas 1 - 6, escreva em forma matricial o sistema dado.

1. $\dfrac{dx}{dt} = 3x - 5y$

$\dfrac{dy}{dt} = 4x + 8y$

2. $\dfrac{dx}{dt} = 4x - 7y$

$\dfrac{dy}{dt} = 5x$

3. $\dfrac{dx}{dt} = -3x + 4y - 9z$

$\dfrac{dy}{dt} = 6x - y$

$\dfrac{dz}{dt} = 10x + 4y + 3z$

4. $\dfrac{dx}{dt} = x - y$

$\dfrac{dy}{dt} = x + 2z$

$\dfrac{dz}{dt} = -x + z$

5. $\frac{dx}{dt} = x - y + z + t - 1$

$\frac{dy}{dt} = 2x + y - z - 3t^2$

$\frac{dz}{dt} = x + y + z + t^2 - t + 2$

6. $\frac{dx}{dt} = -3x + 4y + e^{-t}\,\text{sen}\,2t$

$\frac{dy}{dt} = 5x + 9y + 4e^{-t}\cos 2t$

Nos Problemas 7-10, escreva o sistema dado sem utilizar matrizes.

7. $\mathbf{X}' = \begin{pmatrix} 4 & 2 \\ -1 & 3 \end{pmatrix}\mathbf{X} + \begin{pmatrix} 1 \\ -1 \end{pmatrix}e^{t}$

8. $\mathbf{X}' = \begin{pmatrix} 7 & 5 & -9 \\ 4 & 1 & 1 \\ 0 & -2 & 3 \end{pmatrix}\mathbf{X} + \begin{pmatrix} 0 \\ 2 \\ 1 \end{pmatrix}e^{-5t} - \begin{pmatrix} 8 \\ 0 \\ 3 \end{pmatrix}e^{-2t}$

9. $\frac{d}{dt}\begin{pmatrix} x \\ y \\ z \end{pmatrix} = \begin{pmatrix} 1 & -1 & 2 \\ 3 & -4 & 1 \\ -2 & 5 & 6 \end{pmatrix}\begin{pmatrix} x \\ y \\ z \end{pmatrix} + \begin{pmatrix} 1 \\ 2 \\ 2 \end{pmatrix}e^{-t} - \begin{pmatrix} 3 \\ -1 \\ 1 \end{pmatrix}t$

10. $\frac{d}{dt}\begin{pmatrix} x \\ y \end{pmatrix} = \begin{pmatrix} 3 & -7 \\ 1 & 1 \end{pmatrix}\begin{pmatrix} x \\ y \end{pmatrix} + \begin{pmatrix} 4 \\ 8 \end{pmatrix}\text{sen}\,t + \begin{pmatrix} t-4 \\ 2t+1 \end{pmatrix}e^{4t}$

Nos Problemas 11-16, verifique que o vetor X é uma solução do sistema dado.

11. $\frac{dx}{dt} = 3x - 4y$

$\frac{dy}{dt} = 4x - 7y;\ \mathbf{X}\begin{pmatrix} 1 \\ 2 \end{pmatrix}e^{-5t}$

12. $\frac{dx}{dt} = -2x + 5y$

$\frac{dy}{dt} = -2x + 4y;\ \mathbf{X} = \begin{pmatrix} 5\cos t \\ 3\cos t - \text{sen}\,t \end{pmatrix}e^{t}$

13. $\mathbf{X}' = \begin{pmatrix} -1 & \frac{1}{4} \\ 1 & -1 \end{pmatrix}\mathbf{X};\quad \mathbf{X} = \begin{pmatrix} -1 \\ 2 \end{pmatrix}e^{-3t/2}$

14. $\mathbf{X}' = \begin{pmatrix} 2 & 1 \\ -1 & 0 \end{pmatrix}\mathbf{X};\quad \mathbf{X} = \begin{pmatrix} 1 \\ 3 \end{pmatrix}e^{t} + \begin{pmatrix} 4 \\ -4 \end{pmatrix}te^{t}$

15. $\frac{d\mathbf{X}}{dt}\begin{pmatrix} 1 & 2 & 1 \\ 6 & -1 & 0 \\ -1 & -2 & -1 \end{pmatrix}\mathbf{X};\quad \mathbf{X} = \begin{pmatrix} 1 \\ 6 \\ -13 \end{pmatrix}$

16. $\mathbf{X}' = \begin{pmatrix} 1 & 0 & 1 \\ 1 & 1 & 0 \\ -2 & 0 & -1 \end{pmatrix}\mathbf{X}; \quad \mathbf{X} = \begin{pmatrix} \operatorname{sen} t \\ -\frac{1}{2}\operatorname{sen} t - \frac{1}{2}\cos t \\ -\operatorname{sen} t + \cos t \end{pmatrix}$

Nos Problemas 17-20, os vetores dados são soluções de um sistema $\mathbf{X}' = \mathbf{AX}$. Determine se os vetores formam um conjunto fundamental em $(-\infty, \infty)$.

17. $\mathbf{X}_1 = \begin{pmatrix} 1 \\ 1 \end{pmatrix} e^{-2t}, \mathbf{X}_2 = \begin{pmatrix} 1 \\ -1 \end{pmatrix} e^{-6t}$

18. $\mathbf{X}_1 = \begin{pmatrix} 1 \\ -1 \end{pmatrix} e^{t}, \mathbf{X}_2 = \begin{pmatrix} 2 \\ 6 \end{pmatrix} e^{t} + \begin{pmatrix} 8 \\ -8 \end{pmatrix} te^{t}$

19. $\mathbf{X}_1 = \begin{pmatrix} 1 \\ -2 \\ 4 \end{pmatrix} + t\begin{pmatrix} 1 \\ 2 \\ 2 \end{pmatrix}, \quad \mathbf{X}_2 = \begin{pmatrix} 1 \\ -2 \\ 4 \end{pmatrix}, \quad \mathbf{X}_3 = \begin{pmatrix} 3 \\ -6 \\ 12 \end{pmatrix} + t\begin{pmatrix} 2 \\ 4 \\ 4 \end{pmatrix}$

20. $\mathbf{X}_1 = \begin{pmatrix} 1 \\ 6 \\ -13 \end{pmatrix}, \quad \mathbf{X}_2 = \begin{pmatrix} 1 \\ -2 \\ -1 \end{pmatrix} e^{-4t}, \quad \mathbf{X}_3 = \begin{pmatrix} 2 \\ 3 \\ -2 \end{pmatrix} e^{3t}$

Nos Problemas 21-24, verifique que o vetor $\mathbf{X}_p$ é uma solução particular do sistema dado.

21. $\dfrac{dx}{dt} = x + 4y + 2t - 7$

$\dfrac{dy}{dt} = 3x + 2y - 4t - 18; \quad \mathbf{X}_p = \begin{pmatrix} 2 \\ -1 \end{pmatrix} t + \begin{pmatrix} 5 \\ 1 \end{pmatrix}$

22. $\mathbf{X}' = \begin{pmatrix} 2 & 1 \\ 1 & -1 \end{pmatrix}\mathbf{X} + \begin{pmatrix} -5 \\ 2 \end{pmatrix}; \quad \mathbf{X}_p = \begin{pmatrix} 1 \\ 3 \end{pmatrix}$

23. $\mathbf{X}' = \begin{pmatrix} 2 & 1 \\ 3 & 4 \end{pmatrix}\mathbf{X} - \begin{pmatrix} 1 \\ 7 \end{pmatrix} e^{t}; \quad \mathbf{X}_p = \begin{pmatrix} 1 \\ 1 \end{pmatrix} e^{t} + \begin{pmatrix} 1 \\ -1 \end{pmatrix} te^{t}$

24. $\mathbf{X}' = \begin{pmatrix} 1 & 2 & 3 \\ -4 & 2 & 0 \\ -6 & 1 & 0 \end{pmatrix}\mathbf{X} + \begin{pmatrix} -1 \\ 4 \\ 3 \end{pmatrix} \operatorname{sen} 3t; \quad \mathbf{X}_p = \begin{pmatrix} \operatorname{sen} 3t \\ 0 \\ \cos 3t \end{pmatrix}$

25. Prove que a solução geral de

$$\mathbf{X}' = \begin{pmatrix} 0 & 6 & 0 \\ 1 & 0 & 1 \\ 1 & 1 & 0 \end{pmatrix}\mathbf{X}$$

no intervalo $(-\infty, \infty)$ é

$$\mathbf{X} = c_1 \begin{pmatrix} 6 \\ -1 \\ -5 \end{pmatrix} e^{-t} + c_2 \begin{pmatrix} -3 \\ 1 \\ 1 \end{pmatrix} e^{-2t} + c_3 \begin{pmatrix} 2 \\ 1 \\ 1 \end{pmatrix} e^{-3t}.$$

26. Prove que a solução geral de

$$\mathbf{X}' = \begin{pmatrix} -1 & -1 \\ -1 & 1 \end{pmatrix}\mathbf{X} + \begin{pmatrix} 1 \\ 1 \end{pmatrix}t^2 + \begin{pmatrix} 4 \\ -6 \end{pmatrix}t + \begin{pmatrix} -1 \\ 5 \end{pmatrix}$$

no intervalo $(-\infty, \infty)$ é

$$\mathbf{X} = c_1\begin{pmatrix} 1 \\ -1-\sqrt{2} \end{pmatrix}e^{\sqrt{2}t} + c_2\begin{pmatrix} 1 \\ -1+\sqrt{2} \end{pmatrix}e^{-\sqrt{2}t} + \begin{pmatrix} 1 \\ 0 \end{pmatrix}t^2 + \begin{pmatrix} 1 \\ 0 \end{pmatrix}.$$

[8.5.2] Nos Problemas 27-30, os vetores coluna indicados formam um conjunto fundamental de soluções, em $(-\infty,\infty)$, para o sistema dado. Forme uma matriz fundamental $\mathbf{\Phi}(t)$ e calcule $\mathbf{\Phi}^{-1}(t)$.

27. $\mathbf{X}' = \begin{pmatrix} 4 & 1 \\ 6 & 5 \end{pmatrix}\mathbf{X};\ \mathbf{X}_1 = \begin{pmatrix} 1 \\ -2 \end{pmatrix}e^{2t}, \mathbf{X}_2 = \begin{pmatrix} 1 \\ 3 \end{pmatrix}e^{7t}$

28. $\mathbf{X}' = \begin{pmatrix} 2 & 3 \\ 3 & 2 \end{pmatrix}\mathbf{X};\ \mathbf{X}_1 = \begin{pmatrix} -1 \\ 1 \end{pmatrix}e^{-t}, \mathbf{X}_2 = \begin{pmatrix} 1 \\ 1 \end{pmatrix}e^{5t}$

29. $\mathbf{X}' = \begin{pmatrix} 4 & 1 \\ -9 & -2 \end{pmatrix}\mathbf{X};\ \mathbf{X}_1 = \begin{pmatrix} -1 \\ 3 \end{pmatrix}e^{t},\ \mathbf{X}_2 = \begin{pmatrix} -1 \\ 3 \end{pmatrix}te^{t} + \begin{pmatrix} 0 \\ -1 \end{pmatrix}e^{t}$

30. $\mathbf{X}' = \begin{pmatrix} 3 & -2 \\ 5 & -3 \end{pmatrix}\mathbf{X};\ \mathbf{X}_1 = \begin{pmatrix} 2\cos t \\ 3\cos t + \operatorname{sen} t \end{pmatrix},\ \mathbf{X}_2 = \begin{pmatrix} -2\operatorname{sen} t \\ \cos t - 3\operatorname{sen} t \end{pmatrix}$

31. Ache a matriz fundamental $\mathbf{\Psi}(t)$ que satisfaz $\mathbf{\Psi}(0) = \mathbf{I}$ para o sistema dado no Problema 27.

32. Ache a matriz fundamental $\mathbf{\Psi}(t)$ que satisfaz $\mathbf{\Psi}(0) = \mathbf{I}$ para o sistema dado no Problema 28.

33. Ache a matriz fundamental $\mathbf{\Psi}(t)$ que satisfaz $\mathbf{\Psi}(0) = \mathbf{I}$ para o sistema dado no Problema 29.

34. Ache a matriz fundamental $\mathbf{\Psi}(t)$ que satisfaz $\mathbf{\Psi}(\pi/2) = \mathrm{I}$ para o sistema dado no Problema 30.

35. Se $\mathbf{X} = \mathbf{\Phi}(t)\mathbf{C}$ é a solução geral de $\mathbf{X}' = \mathbf{AX}$, mostre que a solução do problema de valor inicial $\mathbf{X}' = \mathbf{AX}$, $\mathbf{X}(t_0) = \mathbf{X}_0$, é $\mathbf{X} = \mathbf{\Phi}(t)\mathbf{\Phi}^{-1}(t_0)\mathbf{X}_0$.

36. Mostre que a solução do problema de valor inicial dada no Problema 35 é também dada por $\mathbf{X} = \mathbf{\Psi}(t)\mathbf{X}_0$.

37. Mostre que $\mathbf{\Psi}(t) = \mathbf{\Phi}(t)\mathbf{\Phi}^{-1}(t_0)$. [*Sug.*: Compare os Problemas 35 e 36.]

8.6 SISTEMAS LINEARES HOMOGÊNEOS

8.6.1 Autovalores Reais Distintos

No decorrer deste capítulo, trabalharemos apenas com sistemas lineares com coeficientes reais constantes.

No Exemplo 9 da Seção 8.5, vimos que a solução geral do sistema homogêneo

$$\frac{dx}{dt} = x + 3y$$

$$\frac{dy}{dt} = 5x + 3y$$

é
$$\mathbf{X} = c_1\begin{pmatrix} 1 \\ -1 \end{pmatrix}e^{-2t} + c_2\begin{pmatrix} 3 \\ 5 \end{pmatrix}e^{6t}.$$

Como ambos os vetores solução apresentam a forma básica

$$\mathbf{X}_i = \begin{pmatrix} k_1 \\ k_2 \end{pmatrix}e^{\lambda_i t}, \quad i = 1, 2.$$

k_1 e k_2 constantes, somos levados a indagar se é sempre possível achar uma solução da forma

$$\mathbf{X} = \begin{pmatrix} k_1 \\ k_2 \\ \vdots \\ k_n \end{pmatrix}e^{\lambda t} = \mathbf{K}e^{\lambda t} \tag{1}$$

para o sistema linear homogêneo de primeira ordem

$$\mathbf{X}' = \mathbf{AX} \tag{2}$$

onde **A** é uma matriz de constantes $n \times n$.

Autovalores e Autovetores

Se (1) deve ser um vetor solução de (2), então $\mathbf{X}' = \mathbf{K}\lambda e^{\lambda t}$ de modo que o sistema se torna

$$\mathbf{K}\lambda e^{\lambda t} = \mathbf{AK}\lambda e^{\lambda t}.$$

Dividindo por $e^{\lambda t}$ e reordenando, obtemos

$$\mathbf{AK} = \lambda\mathbf{K}$$

ou
$$(\mathbf{A} - \lambda\mathbf{I})\mathbf{K} = \mathbf{0}. \tag{3}$$

A Equação (3) é equivalente às equações algébricas simultâneas (8) da Seção 8.4. Para achar uma solução **X** não-trivial de (2), devemos achar um vetor não-trivial **K** que satisfaça (3). Mas para que (3) tenha soluções não-triviais, devemos ter

$$\det(\mathbf{A} - \lambda\mathbf{I}) = 0.$$

Reconhecemos nessa última equação a equação característica da matriz **A**. Em outras palavras, $\mathbf{X} = \mathbf{K}e^{\lambda t}$ será uma solução do sistema de equações diferenciais (2) se e somente se λ for um **autovalor** de **A** e **K** um **autovetor** correspondente a λ.

Quando a matriz $n \times n$ **A** possui n autovalores reais distintos $\lambda_1, \lambda_2, \ldots, \lambda_n$, então sempre se pode achar um conjunto de n autovetores linearmente independentes $\mathbf{K}_1, \mathbf{K}_2, \ldots, \mathbf{K}_n$ e

$$\mathbf{X}_1 = \mathbf{K}_1 e^{\lambda_1 t}, \ \mathbf{X}_2 = \mathbf{K}_2 e^{\lambda_2 t}, \ \ldots, \ \mathbf{X}_n = \mathbf{K}_n e^{\lambda_n t}$$

é um conjunto fundamental de soluções de (2) em $(-\infty, \infty)$.

TEOREMA 8.9 Solução Geral – Sistemas Homogêneos

Sejam $\lambda_1, \lambda_2, \ldots, \lambda_n$ n autovalores reais distintos da matriz de coeficientes **A** do sistema (2), e sejam $\mathbf{K}_1, \mathbf{K}_2, \ldots, \mathbf{K}_n$ os autovetores correspondentes. Então a **solução geral** de (2) no intervalo $(-\infty, \infty)$ é dada por

$$\mathbf{X} = c_1\mathbf{K}_1 e^{\lambda_1 t} + c_2\mathbf{K}_2 e^{\lambda_2 t} + \cdots + c_n\mathbf{K}_n e^{\lambda_n t}$$

EXEMPLO 1

Resolva

$$\begin{aligned} \frac{dx}{dt} &= 2x + 3y \\ \frac{dy}{dt} &= 2x + y. \end{aligned} \tag{4}$$

Solução Inicialmente achamos os autovalores e os autovetores da matriz de coeficientes.

A equação característica é

$$\det(\mathbf{A} - \lambda\mathbf{I}) = \begin{vmatrix} 2-\lambda & 3 \\ 2 & 1-\lambda \end{vmatrix} = \lambda^2 - 3\lambda - 4 = 0.$$

Como $\lambda^2 - 3\lambda - 4 = (\lambda + 1)(\lambda - 4)$, notamos que os autovalores são $\lambda_1 = -1$ e $\lambda_2 = 4$.

Para $\lambda_1 = -1$, (3) é equivalente a

$$\begin{aligned} 3k_1 + 3k_2 &= 0 \\ 2k_1 + 2k_2 &= 0. \end{aligned}$$

Assim, $k_1 = -k_2$. Quando $k_2 = -1$, o autovetor correspondente é

$$\mathbf{K}_1 = \begin{pmatrix} 1 \\ -1 \end{pmatrix}.$$

Para $\lambda_2 = 4$, temos

$$\begin{aligned} -2k_1 + 3k_2 &= 0 \\ 2k_1 - 3k_2 &= 0 \end{aligned}$$

de forma que $k_1 = 3k_2/2$ e, assim, com $k_2 = 2$, o autovetor correspondente é

$$\mathbf{K}_2 = \begin{pmatrix} 3 \\ 2 \end{pmatrix}.$$

Como a matriz **A** de coeficientes é uma matriz 2×2, e como achamos duas soluções linearmente independentes de (4),

$$\mathbf{X}_1 = \begin{pmatrix} 1 \\ -1 \end{pmatrix} e^{-t} \quad \text{e} \quad \mathbf{X}_2 = \begin{pmatrix} 3 \\ 2 \end{pmatrix} e^{4t},$$

concluímos que a solução geral do sistema é

$$\mathbf{X} = c_1\mathbf{X}_1 + c_2\mathbf{X}_2 = c_1\begin{pmatrix} 1 \\ -1 \end{pmatrix}e^{-t} + c_2\begin{pmatrix} 3 \\ 2 \end{pmatrix}e^{4t}. \tag{5}$$

■

Para fins de revisão, o leitor deve ter em mente que uma solução de um sistema de equações diferenciais de primeira ordem, quando escrita em termos de matrizes, nada mais é do que uma alternativa para o método que empregamos na Seção 8.1, a saber, listar as funções individuais e as relações entre as constantes. Somando os vetores dados em (5), obtemos

$$\begin{pmatrix} x(t) \\ y(t) \end{pmatrix} = \begin{pmatrix} c_1e^{-t} + 3c_2e^{4t} \\ -c_1e^{-t} + 2c_2e^{4t} \end{pmatrix}$$

o que, por seu turno, dá as relações mais familiares

$$x(t) = c_1e^{-t} + 3c_2e^{4t}$$
$$y(t) = -c_1e^{-t} + 2c_2e^{4t}.$$

EXEMPLO 2

Resolva

$$\begin{aligned} \frac{dx}{dt} &= -4x + y + z \\ \frac{dy}{dt} &= x + 5y - z \\ \frac{dz}{dt} &= y - 3z. \end{aligned} \tag{6}$$

Solução Tomando os co-fatores da terceira linha, obtemos

$$\det(\mathbf{A} - \lambda\mathbf{I}) = \begin{vmatrix} -4-\lambda & 1 & 1 \\ 1 & 5-\lambda & -1 \\ 0 & 1 & -3-\lambda \end{vmatrix} = -(\lambda+3)(\lambda+4)(\lambda+5) = 0$$

e assim os autovalores são $\lambda_1 = -3$, $\lambda_2 = -4$ e $\lambda_3 = 5$.

Para $\lambda_1 = -3$, a eliminação de Gauss-Jordan dá

$$(\mathbf{A} + 3\mathbf{I} \mid \mathbf{0}) = \left(\begin{array}{ccc|c} -1 & 1 & 1 & 0 \\ 1 & 8 & -1 & 0 \\ 0 & 1 & 0 & 0 \end{array}\right) \xrightarrow{\text{operações com linhas}} \left(\begin{array}{ccc|c} 1 & 0 & -1 & 0 \\ 0 & 1 & 0 & 0 \\ 0 & 0 & 0 & 0 \end{array}\right).$$

Portanto, $k_1 = k_3$, $k_2 = 0$. A escolha $k_3 = 1$ dá o autovetor

$$\mathbf{K}_1 = \begin{pmatrix} 1 \\ 0 \\ 1 \end{pmatrix}. \tag{7}$$

Analogamente, para $\lambda_2 = -4$,

$$(\mathbf{A}+4\mathbf{I}\,|\,\mathbf{0}) = \left(\begin{array}{ccc|c} 0 & 1 & 1 & 0 \\ 1 & 9 & -1 & 0 \\ 0 & 1 & 1 & 0 \end{array}\right) \xrightarrow{\text{operações com linhas}} \left(\begin{array}{ccc|c} 1 & 0 & -10 & 0 \\ 0 & 1 & 1 & 0 \\ 0 & 0 & 0 & 0 \end{array}\right)$$

implica $k_1 = 10k_3$, $k_2 = -k_3$. Escolhendo $k_3 = 1$, obtemos o segundo autovetor

$$\mathbf{K}_2 = \begin{pmatrix} 10 \\ -1 \\ 1 \end{pmatrix}. \tag{8}$$

Finalmente, quando $\lambda_3 = 5$, as matrizes aumentadas

$$(\mathbf{A}-5\mathbf{I}\,|\,\mathbf{0}) = \left(\begin{array}{ccc|c} -9 & 1 & 1 & 0 \\ 1 & 0 & -1 & 0 \\ 0 & 1 & -8 & 0 \end{array}\right) \xrightarrow{\text{operações com linhas}} \left(\begin{array}{ccc|c} 1 & 0 & -1 & 0 \\ 0 & 1 & -8 & 0 \\ 0 & 0 & 0 & 0 \end{array}\right)$$

dão

$$\mathbf{K}_3 = \begin{pmatrix} 1 \\ 8 \\ 1 \end{pmatrix}. \tag{9}$$

Multiplicando os vetores (7), (8) e (9) por e^{-3t}, e^{-4t} e e^{5t}, respectivamente, temos três soluções de (6):

$$\mathbf{X}_1 = \begin{pmatrix} 1 \\ 0 \\ 1 \end{pmatrix} e^{-3t}, \quad \mathbf{X}_2 = \begin{pmatrix} 10 \\ -1 \\ 1 \end{pmatrix} e^{-4t}, \quad \mathbf{X}_3 = \begin{pmatrix} 1 \\ 8 \\ 1 \end{pmatrix} e^{5t}.$$

A solução geral do sistema é então

$$\mathbf{X} = c_1 \begin{pmatrix} 1 \\ 0 \\ 1 \end{pmatrix} e^{-3t} + c_2 \begin{pmatrix} 10 \\ -1 \\ 1 \end{pmatrix} e^{-4t} + c_3 \begin{pmatrix} 1 \\ 8 \\ 1 \end{pmatrix} e^{5t}.$$

■

8.6.2 Autovalores Complexos

Se $\lambda_1 = \alpha + i\beta$ e $\lambda_2 = \alpha - i\beta$, $i^2 = -1$,

são autovalores complexos da matriz **A** de coeficientes, podemos sem dúvida esperar que seus autovetores correspondentes também tenham elementos complexos.*

*Quando a equação característica tem coeficientes reais, os autovalores complexos sempre aparecem em pares conjugados.

Por exemplo, a equação característica do sistema

$$\begin{aligned}\frac{dx}{dt} &= 6x - y\\ \frac{dy}{dt} &= 5x + 4y\end{aligned} \tag{10}$$

é

$$\det(\mathbf{A} - \lambda\mathbf{I}) = \begin{vmatrix} 6-\lambda & -1 \\ 5 & 4-\lambda \end{vmatrix} = \lambda^2 - 10\lambda + 29 = 0.$$

Pela fórmula quadrática, obtemos

$$\lambda_1 = 5 + 2i, \quad \lambda_2 = 5 - 2i.$$

Para $\lambda_1 = 5 + 2i$, devemos resolver

$$\begin{aligned}(1 - 2i)k_1 - \qquad k_2 &= 0\\ 5k_1 - (1 + 2i)k_2 &= 0.\end{aligned}$$

Como $k_2 = (1 - 2i)k_1$,* decorre, após escolhermos $k_1 = 1$, que um autovetor é

$$\mathbf{K}_1 = \begin{pmatrix} 1 \\ 1-2i \end{pmatrix}.$$

Analogamente, para $\lambda_2 = 5 - 2i$, achamos o outro autovetor

$$\mathbf{K}_2 = \begin{pmatrix} 1 \\ 1+2i \end{pmatrix}.$$

Conseqüentemente, duas soluções de (10) são

$$\mathbf{X}_1 = \begin{pmatrix} 1 \\ 1-2i \end{pmatrix} e^{(5+2i)t} \quad \text{e} \quad \mathbf{X}_2 = \begin{pmatrix} 1 \\ 1+2i \end{pmatrix} e^{(5-2i)t}.$$

Pelo princípio de superposição, outra solução é

$$\mathbf{X} = c_1 \begin{pmatrix} 1 \\ 1-2i \end{pmatrix} e^{(5+2i)t} + c_2 \begin{pmatrix} 1 \\ 1+2i \end{pmatrix} e^{(5-2i)t}. \tag{11}$$

Note que os elementos em $\mathbf{K}_2$ correspondentes a λ_2 são os conjugados dos elementos em $\mathbf{K}_1$ correspondentes a λ_1. O conjugado de λ_1 é, naturalmente, λ_2. Escrevemos $\lambda_2 = \bar{\lambda}_1$ e $\mathbf{K}_2 = \bar{\mathbf{K}}_1$. Acabamos de ilustrar o seguinte resultado geral.

*Note que a segunda equação é simplesmente $(1 + 2i)$ vezes a primeira.

TEOREMA 8.10 Soluções Correspondentes a Autovalores Complexos

Seja **A** a matriz de coeficientes, com elementos reais, do sistema homogêneo (2), e seja **K** um autovetor correspondente ao autovalor complexo $\lambda_1 = \alpha + i\beta$, com α e β reais. Então

$$\mathbf{X}_1 = \mathbf{K}_1 e^{\lambda_1 t} \quad \text{e} \quad \mathbf{X}_2 = \overline{\mathbf{K}}_1 e^{\bar{\lambda}_1 t}$$

são soluções de (2).

É conveniente, e relativamente fácil, escrever uma solução como (11) em termos de funções reais. Como

$$x = c_1 e^{(5+2i)t} + c_2 e^{(5-2i)t}$$
$$y = c_1(1-2i)e^{(5+2i)t} + c_2(1+2i)e^{(5-2i)t},$$

decorre da fórmula de Euler que

$$\begin{aligned} x &= e^{5t}[c_1 e^{2it} + c_2 e^{-2it}] \\ &= e^{5t}[(c_1 + c_2)\cos 2t + (c_1 i + c_2 i)\operatorname{sen} 2t] \\ y &= e^{5t}[(c_1(1-2i) + c_2(1+2i))\cos 2t + (c_1 i(1-2i) - c_2 i(1+2i))\operatorname{sen} 2t] \\ &= e^{5t}[(c_1 + c_2) - 2(c_1 i - c_2 i)]\cos 2t + e^{5t}[2(c_1 + c_2) + (c_1 i - c_2 i)]\operatorname{sen} 2t. \end{aligned}$$

Substituindo $c_1 + c_2$ por C_1 e $c_1 i - c_2 i$ por C_2, então

$$x = e^{5t}[C_1 \cos 2t + C_2 \operatorname{sen} 2t]$$
$$y = e^{5t}[C_1 - 2C_2]\cos 2t + e^{5t}[2C_1 + C_2]\operatorname{sen} 2t$$

ou, em termos de vetores,

$$\mathbf{X} = \begin{pmatrix} x \\ y \end{pmatrix} = C_1 \begin{pmatrix} \cos 2t \\ \cos 2t + \operatorname{sen} 2t \end{pmatrix} e^{5t} + C_2 \begin{pmatrix} \operatorname{sen} 2t \\ -2\cos 2t + \operatorname{sen} 2t \end{pmatrix} e^{5t}. \quad \textbf{(12)}$$

Aqui, naturalmente, pode-se verificar que cada vetor em (12) é uma solução de (10). Além disso, as soluções são linearmente independentes no intervalo $(-\infty, \infty)$. Podemos ainda supor que C_1 e C_2 sejam completamente arbitrários e reais. Assim, (12) é a solução geral de (10).

Podemos generalizar o processo precedente. Seja $\mathbf{K}_1$ um autovetor da matriz **A** correspondente ao autovalor complexo $\lambda_1 = \alpha + i\beta$. Então, $\mathbf{X}_1$ e $\mathbf{X}_2$ no Teorema 8.10 podem ser escritos como

$$\mathbf{K}_1 e^{\lambda_1 t} = \mathbf{K}_1 e^{\alpha t} e^{i\beta t} = \mathbf{K}_1 e^{\alpha t}(\cos \beta t + i \operatorname{sen} \beta t)$$
$$\overline{\mathbf{K}}_1 e^{\bar{\lambda}_1 t} = \overline{\mathbf{K}}_1 e^{\alpha t} e^{-i\beta t} = \overline{\mathbf{K}}_1 e^{\alpha t}(\cos \beta t - i \operatorname{sen} \beta t).$$

As equações precedentes dão

$$\frac{1}{2}(\mathbf{K}_1 e^{\lambda_1 t} + \overline{\mathbf{K}}_1 e^{\bar{\lambda}_1 t}) = \frac{1}{2}(\mathbf{K}_1 + \overline{\mathbf{K}}_1)e^{\alpha t}\cos \beta t - \frac{i}{2}(-\mathbf{K}_1 + \overline{\mathbf{K}}_1)e^{\alpha t}\operatorname{sen} \beta t$$
$$\frac{i}{2}(-\mathbf{K}_1 e^{\lambda_1 t} + \overline{\mathbf{K}}_1 e^{\bar{\lambda}_1 t}) = \frac{i}{2}(\mathbf{K}_1 + \overline{\mathbf{K}}_1)e^{\alpha t}\cos \beta t + \frac{1}{2}(\mathbf{K}_1 + \overline{\mathbf{K}}_1)e^{\alpha t}\operatorname{sen} \beta t.$$

Para *qualquer* número complexo $z = a + ib$, notamos que $\frac{1}{2}(z + \bar{z}) = a$ e $\frac{i}{2}(-z + \bar{z}) = b$ são números *reais*. Portanto, os elementos dos vetores coluna $\frac{1}{2}(\mathbf{K}_1 + \overline{\mathbf{K}}_1)$ e $\frac{i}{2}(-\mathbf{K}_1 + \overline{\mathbf{K}}_1)$ são números reais. Definindo

$$\mathbf{B}_1 = \frac{1}{2}[\mathbf{K}_1 + \overline{\mathbf{K}}_1] \quad \text{e} \quad \mathbf{B}_2 = \frac{i}{2}[-\mathbf{K}_1 + \overline{\mathbf{K}}_1], \tag{13}$$

somos levados ao teorema seguinte:

TEOREMA 8.11 Soluções Reais Correspondentes a um Autovalor Complexo

Seja $\lambda_1 = \alpha + i\beta$ um autovalor complexo da matriz **A** de coeficientes no sistema homogêneo (2), e denotemos por $\mathbf{B}_1$ e $\mathbf{B}_2$ os vetores coluna definidos em (13). Então

$$\begin{aligned} \mathbf{X}_1 &= (\mathbf{B}_1 \cos \beta t - \mathbf{B}_2 \operatorname{sen} \beta t)e^{\alpha t} \\ \mathbf{X}_2 &= (\mathbf{B}_2 \cos \beta t + \mathbf{B}_1 \operatorname{sen} \beta t)e^{\alpha t} \end{aligned} \tag{14}$$

são soluções linearmente independentes de (2) no intervalo $(-\infty, \infty)$.

As matrizes $\mathbf{B}_1$ e $\mathbf{B}_2$ em (13) costumam denotar-se por

$$\mathbf{B}_1 = \operatorname{Re}(\mathbf{K}_1) \quad \text{e} \quad \mathbf{B}_2 = \operatorname{Im}(\mathbf{K}_1) \tag{15}$$

porque esses vetores são, respectivamente, as partes *real* e *imaginária* do autovetor $\mathbf{K}_1$. Por exemplo, (12) decorre de (14) com

$$\mathbf{K}_1 = \begin{pmatrix} 1 \\ 1-2i \end{pmatrix} = \begin{pmatrix} 1 \\ 1 \end{pmatrix} + i \begin{pmatrix} 0 \\ -2 \end{pmatrix}$$

$$\mathbf{B}_1 = \mathbf{Re}(\mathbf{K}_1) = \begin{pmatrix} 1 \\ 1 \end{pmatrix} \text{ e } \mathbf{B}_2 = \mathbf{Im}(\mathbf{K}_1) = \begin{pmatrix} 0 \\ -2 \end{pmatrix}.$$

EXEMPLO 3

Resolver

$$\mathbf{X}' = \begin{pmatrix} 2 & 8 \\ -1 & -2 \end{pmatrix}\mathbf{X}.$$

Solução Inicialmente, obtemos os autovalores a partir de

$$\det(\mathbf{A} - \lambda\mathbf{I}) = \begin{vmatrix} 2-\lambda & 8 \\ -1 & -2-\lambda \end{vmatrix} = \lambda^2 + 4 = 0.$$

Assim, os autovalores são $\lambda_1 = 2i$ e $\lambda_2 = \overline{\lambda}_1 = -2i$. Para λ_1, vemos que o sistema

$$\begin{aligned} (2-2i)k_1 + \quad\quad 8k_2 &= 0 \\ -k_1 + (-2-2i)k_2 &= 0 \end{aligned}$$

dá $k_1 = -(2 + 2i)k_2$. Escolhendo $k_2 = -1$, obtemos

$$\mathbf{K}_1 = \begin{pmatrix} 2+2i \\ -1 \end{pmatrix} = \begin{pmatrix} 2 \\ -1 \end{pmatrix} + i\begin{pmatrix} 2 \\ 0 \end{pmatrix}.$$

De (15), formamos

$$\mathbf{B}_1 = \operatorname{Re}(\mathbf{K}_1) = \begin{pmatrix} 2 \\ -1 \end{pmatrix} \quad \text{e} \quad \mathbf{B}_2 = \operatorname{Im}(\mathbf{K}_1) = \begin{pmatrix} 2 \\ 0 \end{pmatrix}.$$

Como $\alpha = 0$, decorre de (14) que a solução geral do sistema é

$$\begin{aligned} \mathbf{X} &= c_1\left[\begin{pmatrix} 2 \\ -1 \end{pmatrix}\cos 2t - \begin{pmatrix} 2 \\ 0 \end{pmatrix}\operatorname{sen} 2t\right] + c_2\left[\begin{pmatrix} 2 \\ 0 \end{pmatrix}\cos 2t + \begin{pmatrix} 2 \\ -1 \end{pmatrix}\operatorname{sen} 2t\right] \\ &= c_1\begin{pmatrix} 2\cos 2t - 2\operatorname{sen} 2t \\ -\cos 2t \end{pmatrix} + c_2\begin{pmatrix} 2\cos 2t + 2\operatorname{sen} 2t \\ -\operatorname{sen} 2t \end{pmatrix}. \end{aligned}$$

■

EXEMPLO 4

Resolver $\mathbf{X}' = \begin{pmatrix} 1 & 2 \\ -\frac{1}{2} & 1 \end{pmatrix}\mathbf{X}.$

Solução As soluções da equação característica

$$\det(\mathbf{A} - \lambda\mathbf{I}) = \begin{vmatrix} 1-\lambda & 2 \\ -\frac{1}{2} & 1-\lambda \end{vmatrix} = \lambda^2 - 2\lambda + 2 = 0$$

são $\lambda_1 = 1 + i$ e $\lambda_2 = \bar{\lambda}_1 = 1 - i$.

Agora, um autovetor associado a λ_1 é

$$\mathbf{K}_1 = \begin{pmatrix} 2 \\ i \end{pmatrix} = \begin{pmatrix} 2 \\ 0 \end{pmatrix} + i\begin{pmatrix} 0 \\ 1 \end{pmatrix}.$$

De (15), vem

$$\mathbf{B}_1 = \begin{pmatrix} 2 \\ 0 \end{pmatrix} \quad \text{e} \quad \mathbf{B}_2 = \begin{pmatrix} 0 \\ 1 \end{pmatrix}.$$

Assim, (14) nos dá

$$\begin{aligned} \mathbf{X} &= c_1\left[\begin{pmatrix} 2 \\ 0 \end{pmatrix}\cos t - \begin{pmatrix} 0 \\ 1 \end{pmatrix}\operatorname{sen} t\right]e^t + c_2\left[\begin{pmatrix} 0 \\ 1 \end{pmatrix}\cos t + \begin{pmatrix} 2 \\ 0 \end{pmatrix}\operatorname{sen} t\right]e^t \\ &= c_1\begin{pmatrix} 2\cos t \\ -\operatorname{sen} t \end{pmatrix}e^t + c_2\begin{pmatrix} 2\operatorname{sen} t \\ \cos t \end{pmatrix}e^t. \end{aligned}$$

■

Método Alternativo

Quando **A** é uma matriz 2×2 com um autovalor complexo $\lambda = \alpha + i\beta$, a solução geral do sistema também pode ser obtida a partir da hipótese

$$\mathbf{X} = \begin{pmatrix} c_1 \\ c_2 \end{pmatrix} e^{\alpha t} \operatorname{sen} \beta t + \begin{pmatrix} c_3 \\ c_4 \end{pmatrix} e^{\alpha t} \cos \beta t$$

levando-se então $x(t)$ e $y(t)$ em uma das equações do sistema original. Esse processo é basicamente o da Seção 8.1.

8.6.3 Autovalores Repetidos

Até aqui não consideramos o caso em que alguns dos n autovalores $\lambda_1, \lambda_2, \ldots, \lambda_n$ de uma matriz $n \times n$ sejam repetidos. Por exemplo, vê-se imediatamente que a equação característica da matriz de coeficientes em

$$\mathbf{X}' = \begin{pmatrix} 3 & -18 \\ 2 & -9 \end{pmatrix} \mathbf{X} \tag{16}$$

é $(\lambda + 3)^2 = 0$ e, assim, que $\lambda_1 = \lambda_2 = -3$ é uma raiz de *multiplicidade dois*. Para esse valor, obtemos o único autovetor

$$\mathbf{K}_1 = \begin{pmatrix} 3 \\ 1 \end{pmatrix}$$

e assim uma solução de (16) é

$$\mathbf{X}_1 = \begin{pmatrix} 3 \\ 1 \end{pmatrix} e^{-3t}. \tag{17}$$

Mas como estamos obviamente interessados em formar a solução geral do sistema, devemos prosseguir na busca de uma segunda solução.

De modo geral, se m é um inteiro positivo e $(\lambda - \lambda_1)^m$ é um fator da equação característica, enquanto que $(\lambda - \lambda_1)^{m+1}$ não o é, então dizemos que λ_1 é um **autovalor de multiplicidade *m***. Distinguimos duas possibilidades:

(i) Para algumas matrizes $n \times n$, é possível eventualmente achar m autovetores linearmente independentes $\mathbf{K}_1, \mathbf{K}_2, \ldots, \mathbf{K}_m$ correspondentes a um autovalor λ_1 de multiplicidade $m \leq n$. Nesse caso, a solução geral do sistema contém a combinação linear

$$c_1\mathbf{K}_1 e^{\lambda_1 t} + c_2\mathbf{K}_2 e^{\lambda_1 t} + \cdots + c_m\mathbf{K}_m e^{\lambda_1 t}.$$

(ii) Se há apenas um autovetor correspondendo ao autovalor λ_1 de multiplicidade m, então sempre podemos achar m soluções linearmente independentes da forma

$$\mathbf{X}_1 = \mathbf{K}_{11}e^{\lambda_1 t}$$
$$\mathbf{X}_2 = \mathbf{K}_{21}te^{\lambda_1 t} + \mathbf{K}_{22}e^{\lambda_1 t}$$
$$\vdots$$
$$\mathbf{X}_m = \mathbf{K}_{m1}\frac{t^{m-1}}{(m-1)!}e^{\lambda_1 t} + \mathbf{K}_{m2}\frac{t^{m-2}}{(m-2)!}e^{\lambda_1 t} + \cdots + \mathbf{K}_{mm}e^{\lambda_1 t},$$

onde $\mathbf{K}_{ij}$ são vetores coluna.

Autovalores de Multiplicidade Dois

Consideraremos inicialmente autovalores de multiplicidade dois. No primeiro exemplo, ilustramos uma matriz para a qual podemos achar dois autovetores distintos correspondentes a um autovalor duplo.

EXEMPLO 5

Resolver
$$\mathbf{X}' = \begin{pmatrix} 1 & -2 & 2 \\ -2 & 1 & -2 \\ 2 & -2 & 1 \end{pmatrix}\mathbf{X}.$$

Solução Desenvolvendo o determinante na equação característica

$$\det(\mathbf{A} - \lambda\mathbf{I}) = \begin{vmatrix} 1-\lambda & -2 & 2 \\ -2 & 1-\lambda & -2 \\ 2 & -2 & 1-\lambda \end{vmatrix} = 0$$

vem $-(\lambda + 1)^2(\lambda - 5) = 0$. Vemos que $\lambda_1 = \lambda_2 = -1$ e $\lambda_3 = 5$.

Para $\lambda_1 = -1$, a eliminação de Gauss-Jordan dá imediatamente

$$(\mathbf{A} + \mathbf{I} | \mathbf{0}) = \left(\begin{array}{ccc|c} 2 & -2 & 2 & 0 \\ -2 & 2 & -2 & 0 \\ 2 & -2 & 2 & 0 \end{array}\right) \xrightarrow{\text{operações com linhas}} \left(\begin{array}{ccc|c} 1 & -1 & 1 & 0 \\ 0 & 0 & 0 & 0 \\ 0 & 0 & 0 & 0 \end{array}\right).$$

De $k_1 - k_2 + k_3 = 0$, podemos expressar, digamos, k_1 em termos de k_2 e k_3. Escolhendo $k_2 = 1$ e $k_3 = 0$ em $k_1 = k_2 - k_3$, obtemos $k_1 = 1$ e, assim, um autovetor é

$$\mathbf{K}_1 = \begin{pmatrix} 1 \\ 1 \\ 0 \end{pmatrix}.$$

Mas a escolha $k_2 = 1$, $k_3 = 1$ implica $k_1 = 0$. Logo, um segundo autovetor é

$$\mathbf{K}_2 = \begin{pmatrix} 0 \\ 1 \\ 1 \end{pmatrix}.$$

Como nenhum dos autovetores é múltiplo constante do outro, obtivemos duas soluções linearmente independentes correspondentes ao mesmo autovalor:

$$\mathbf{X}_1 = \begin{pmatrix} 1 \\ 1 \\ 0 \end{pmatrix} e^{-t} \quad \text{e} \quad \mathbf{X}_2 = \begin{pmatrix} 0 \\ 1 \\ 1 \end{pmatrix} e^{-t}.$$

Finalmente, para $\lambda_3 = 5$, a redução

$$(\mathbf{A} - 5\mathbf{I} \mid \mathbf{0}) = \left(\begin{array}{ccc|c} -4 & -2 & 2 & 0 \\ -2 & -4 & -2 & 0 \\ 2 & -2 & -4 & 0 \end{array}\right) \xrightarrow{\text{operações com linhas}} \left(\begin{array}{ccc|c} 1 & 0 & -1 & 0 \\ 0 & 1 & 1 & 0 \\ 0 & 0 & 0 & 0 \end{array}\right)$$

implica $k_1 = k_3$ e $k_2 = -k_3$. Escolhendo $k_3 = 1$, vem $k_1 = 1$, $k_2 = -1$ e, assim,

$$\mathbf{K}_3 = \begin{pmatrix} 1 \\ -1 \\ 1 \end{pmatrix}.$$

é um terceiro autovetor.

Concluímos que a solução geral do sistema é

$$\mathbf{X} = c_1 \begin{pmatrix} 1 \\ 1 \\ 0 \end{pmatrix} e^{-t} + c_2 \begin{pmatrix} 0 \\ 1 \\ 1 \end{pmatrix} e^{-t} + c_3 \begin{pmatrix} 1 \\ -1 \\ 1 \end{pmatrix} e^{5t}.$$

■

Segunda Solução

Suponhamos agora que λ_1 seja um autovalor de multiplicidade dois e que haja apenas um autovetor associado a esse valor. Pode-se achar uma solução da forma

$$\mathbf{X}_2 = \mathbf{K}\, te^{\lambda_1 t} + \mathbf{P}e^{\lambda_1 t}, \tag{18}$$

onde

$$\mathbf{K} = \begin{pmatrix} k_1 \\ k_2 \\ \vdots \\ k_n \end{pmatrix} \quad \text{e} \quad \mathbf{P} = \begin{pmatrix} p_1 \\ p_2 \\ \vdots \\ p_n \end{pmatrix}.$$

Para confirmar, levamos (18) no sistema $\mathbf{X}' = \mathbf{AX}$ e simplificamos:

$$(\mathbf{AK} - \lambda_1\mathbf{K})te^{\lambda_1 t} + (\mathbf{AP} - \lambda_1\mathbf{P} - \mathbf{K})e^{\lambda_1 t} = \mathbf{0}.$$

Como essa última equação deve ser válida para todos os valores de t, devemos ter

$$(\mathbf{A} - \lambda_1 \mathbf{I})\mathbf{K} = \mathbf{0} \tag{19}$$

e

$$(\mathbf{A} - \lambda_1 \mathbf{I})\mathbf{P} = \mathbf{K}. \tag{20}$$

A Equação (19) simplesmente afirma que **K** deve ser um autovetor de **A** associado a λ_1. Resolvendo (19), encontramos uma solução $\mathbf{X}_1 = \mathbf{K}e^{\lambda_1 t}$. Para achar a segunda solução $\mathbf{X}_2$, basta resolvermos o sistema adicional (20) em relação ao vetor **P**.

EXEMPLO 6

Ache a solução geral do sistema dado em (16).

Solução Por (17), sabemos que $\lambda_1 = -3$, e que uma solução é

$$\mathbf{X}_1 = \begin{pmatrix} 3 \\ 1 \end{pmatrix} e^{-3t}.$$

Identificando $\mathbf{K} = \begin{pmatrix} 3 \\ 1 \end{pmatrix}$ e $\mathbf{P} = \begin{pmatrix} p_1 \\ p_2 \end{pmatrix}$, vemos, por (20), que devemos resolver

$$(\mathbf{A} + 3\mathbf{I})\mathbf{P} = \mathbf{K} \quad \text{ou} \quad \begin{pmatrix} 6 & -18 \\ 2 & -6 \end{pmatrix}\begin{pmatrix} p_1 \\ p_2 \end{pmatrix} = \begin{pmatrix} 3 \\ 1 \end{pmatrix}.$$

Efetuando a multiplicação nessa última expressão, vem

$$\begin{aligned} 6p_1 - 18p_2 &= 3 \\ 2p_1 - 6p_2 &= 1. \end{aligned}$$

Como esse sistema é obviamente equivalente a uma única equação, temos um número infinito de escolhas para p_1 e p_2. Escolhendo, por exemplo, $p_1 = 1$,obtemos $p_2 = 1/6$. Entretanto, por questão de simplicidade, escolheremos $p_1 = 1/2$, de forma que $p_2 = 0$. Logo, $\mathbf{P} = \begin{pmatrix} \frac{1}{2} \\ 0 \end{pmatrix}$. Assim, de (18), obtemos

$$\mathbf{X}_2 = \begin{pmatrix} 3 \\ 1 \end{pmatrix} te^{-3t} + \begin{pmatrix} \frac{1}{2} \\ 0 \end{pmatrix} e^{-3t}.$$

A solução geral de (16) é então

$$\mathbf{X} = c_1 \begin{pmatrix} 3 \\ 1 \end{pmatrix} e^{-3t} + c_2 \left[\begin{pmatrix} 3 \\ 1 \end{pmatrix} te^{-3t} + \begin{pmatrix} \frac{1}{2} \\ 0 \end{pmatrix} e^{-3t} \right].$$

■

Autovalores de Multiplicidade Três

Quando uma matriz **A** tem apenas um autovetor associado a um autovalor λ_1 de multiplicidade três, podemos achar uma segunda solução da forma (18) e uma terceira solução da forma

$$\mathbf{X}_3 = \mathbf{K}\frac{t^2}{2}e^{\lambda_1 t} + \mathbf{P}te^{\lambda_1 t} + \mathbf{Q}e^{\lambda_1 t} \tag{21}$$

onde $\mathbf{K}=\begin{pmatrix}k_1\\k_2\\\vdots\\k_n\end{pmatrix}$, $\mathbf{P}=\begin{pmatrix}p_1\\p_2\\\vdots\\p_n\end{pmatrix}$ e $\mathbf{Q}=\begin{pmatrix}q_1\\q_2\\\vdots\\q_n\end{pmatrix}$.

Levando (21) no sistema $\mathbf{X}'=\mathbf{AX}$, vemos que os vetores colunas **K**, **P** e **Q** devem satisfazer

$$(\mathbf{A}-\lambda_1\mathbf{I})\mathbf{K}=\mathbf{0} \tag{22}$$

$$(\mathbf{A}-\lambda_1\mathbf{I})\mathbf{P}=\mathbf{K} \tag{23}$$

e

$$(\mathbf{A}-\lambda_1\mathbf{I})\mathbf{Q}=\mathbf{P}. \tag{24}$$

É claro que as soluções de (22) e (23) podem ser utilizadas na formulação das soluções $\mathbf{X}_1$ e $\mathbf{X}_2$.

EXEMPLO 7

Resolver

$$\mathbf{X}'=\begin{pmatrix}2&1&6\\0&2&5\\0&0&2\end{pmatrix}\mathbf{X}.$$

Solução A equação característica $(\lambda-2)^3=0$ mostra que $\lambda_1=2$ é um autovalor de multiplicidade três. Em seqüência, vemos que uma solução de

$$(\mathbf{A}-2\mathbf{I})\mathbf{K}=0 \text{ é } \mathbf{K}=\begin{pmatrix}1\\0\\0\end{pmatrix};$$

uma solução de

$$(\mathbf{A}-2\mathbf{I})\mathbf{P}=\mathbf{K} \text{ é } \mathbf{P}=\begin{pmatrix}0\\1\\0\end{pmatrix};$$

e, finalmente, que uma solução de

$$(\mathbf{A}-2\mathbf{I})\mathbf{Q}=\mathbf{P} \text{ é } \mathbf{Q}=\begin{pmatrix}0\\-\frac{6}{5}\\\frac{1}{5}\end{pmatrix}.$$

Por (18) e (21), vemos que a solução geral do sistema é

$$\mathbf{X}=c_1\begin{pmatrix}1\\0\\0\end{pmatrix}e^{2t}+c_2\left[\begin{pmatrix}1\\0\\0\end{pmatrix}te^{2t}+\begin{pmatrix}0\\1\\0\end{pmatrix}e^{2t}\right]+c_3\left[\begin{pmatrix}1\\0\\0\end{pmatrix}\frac{t^2}{2}e^{2t}+\begin{pmatrix}0\\1\\0\end{pmatrix}te^{2t}+\begin{pmatrix}0\\-\frac{6}{5}\\\frac{1}{5}\end{pmatrix}e^{2t}\right].$$

■

8.6 EXERCÍCIOS

As respostas dos exercícios selecionados estão nas páginas 393 a 394.

[8.6.1] Nos Problemas 1-12, ache a solução geral do sistema dado.

1. $\dfrac{dx}{dt} = x + 2y$, $\dfrac{dy}{dt} = 4x + 3y$

2. $\dfrac{dx}{dt} = 2y$, $\dfrac{dy}{dt} = 8x$

3. $\dfrac{dx}{dt} = -4x + 2y$, $\dfrac{dy}{dt} = -\dfrac{5}{2}x + 2y$

4. $\dfrac{dx}{dt} = \dfrac{1}{2}x + 9y$, $\dfrac{dy}{dt} = \dfrac{1}{2}x + 2y$

5. $\mathbf{X}' = \begin{pmatrix} 10 & -5 \\ 8 & -12 \end{pmatrix}\mathbf{X}$

6. $\mathbf{X}' = \begin{pmatrix} -6 & 2 \\ -3 & 1 \end{pmatrix}\mathbf{X}$

7. $\dfrac{dx}{dt} = x + y - z$, $\dfrac{dy}{dt} = 2y$, $\dfrac{dz}{dt} = y - z$

8. $\dfrac{dx}{dt} = 2x - 7y$, $\dfrac{dy}{dt} = 5x + 10y + 4z$, $\dfrac{dz}{dt} = 5y + 2z$

9. $\mathbf{X}' = \begin{pmatrix} -1 & 1 & 0 \\ 1 & 2 & 1 \\ 0 & 3 & -1 \end{pmatrix}\mathbf{X}$

10. $\mathbf{X}' = \begin{pmatrix} 1 & 0 & 1 \\ 0 & 1 & 0 \\ 1 & 0 & 1 \end{pmatrix}\mathbf{X}$

11. $\mathbf{X}' = \begin{pmatrix} -1 & -1 & 0 \\ \frac{3}{4} & -\frac{3}{2} & 3 \\ \frac{1}{8} & \frac{1}{4} & -\frac{1}{2} \end{pmatrix}\mathbf{X}$

12. $\mathbf{X}' = \begin{pmatrix} -1 & 4 & 2 \\ 4 & -1 & -2 \\ 0 & 0 & 6 \end{pmatrix}\mathbf{X}$

Nos Problemas 13 e 14, resolva o sistema dado, sujeito às condições iniciais indicadas.

13. $\mathbf{X}' = \begin{pmatrix} \frac{1}{2} & 0 \\ 1 & -\frac{1}{2} \end{pmatrix}\mathbf{X}, \quad \mathbf{X}(0) = \begin{pmatrix} 3 \\ 5 \end{pmatrix}$

14. $\mathbf{X}' = \begin{pmatrix} 1 & 1 & 4 \\ 0 & 2 & 0 \\ 1 & 1 & 1 \end{pmatrix}\mathbf{X}, \quad \mathbf{X}(0) = \begin{pmatrix} 1 \\ 3 \\ 0 \end{pmatrix}$

[8.6.2] Nos Problemas 15-26, ache a solução geral do sistema dado.

15. $\dfrac{dx}{dt} = 6x - y$, $\dfrac{dy}{dt} = 5x + 2y$

16. $\dfrac{dx}{dt} = x + y$, $\dfrac{dy}{dt} = -2x - y$

17. $\dfrac{dx}{dt} = 5x + y$
$\dfrac{dy}{dt} = -2x + 3y$

18. $\dfrac{dx}{dt} = 4x + 5y$
$\dfrac{dy}{dt} = -2x + 6y$

19. $\mathbf{X}' = \begin{pmatrix} 4 & -5 \\ 5 & -4 \end{pmatrix}\mathbf{X}$

20. $\mathbf{X}' = \begin{pmatrix} 1 & -8 \\ 1 & -3 \end{pmatrix}\mathbf{X}$

21. $\dfrac{dx}{dt} = z$
$\dfrac{dy}{dt} = -z$
$\dfrac{dz}{dt} = y$

22. $\dfrac{dx}{dt} = 2x + y + 2z$
$\dfrac{dy}{dt} = 3x \quad + 6z$
$\dfrac{dz}{dt} = -4x \quad - 3z$

23. $\mathbf{X}' = \begin{pmatrix} 1 & -1 & 2 \\ -1 & 1 & 0 \\ -1 & 0 & 1 \end{pmatrix}\mathbf{X}$

24. $\mathbf{X}' = \begin{pmatrix} 4 & 0 & 1 \\ 0 & 6 & 0 \\ -4 & 0 & 4 \end{pmatrix}\mathbf{X}$

25. $\mathbf{X}' = \begin{pmatrix} 2 & 5 & 1 \\ -5 & -6 & 4 \\ 0 & 0 & 2 \end{pmatrix}\mathbf{X}$

26. $\mathbf{X}' = \begin{pmatrix} 2 & 4 & 4 \\ -1 & -2 & 0 \\ -1 & 0 & -2 \end{pmatrix}\mathbf{X}$

Nos Problemas 27 e 28, resolva o sistema dado sujeito às condições iniciais indicadas.

27. $\mathbf{X}' = \begin{pmatrix} 1 & -12 & -14 \\ 1 & 2 & -3 \\ 1 & 1 & -2 \end{pmatrix}\mathbf{X}, \quad \mathbf{X}(0) = \begin{pmatrix} 4 \\ 6 \\ -7 \end{pmatrix}$

28. $\mathbf{X}' = \begin{pmatrix} 6 & -1 \\ 5 & 4 \end{pmatrix}\mathbf{X}, \quad \mathbf{X}(0) = \begin{pmatrix} -2 \\ 8 \end{pmatrix}$

[8.6.3] Nos Problemas 29-38, ache a solução geral do sistema dado.

29. $\dfrac{dx}{dt} = 3x - y$
$\dfrac{dy}{dt} = 9x - 3y$

30. $\dfrac{dx}{dt} = -6x + 5y$
$\dfrac{dy}{dt} = -5x + 4y$

31. $\dfrac{dx}{dt} = -x + 3y$
$\dfrac{dy}{dt} = -3x + 5y$

32. $\dfrac{dx}{dt} = 12x - 9y$
$\dfrac{dy}{dt} = 4x$

33. $\dfrac{dx}{dt} = 3x - y - z$
$\dfrac{dy}{dt} = x + y - z$
$\dfrac{dz}{dt} = x - y + z$

34. $\dfrac{dx}{dt} = 3x + 2y + 4z$
$\dfrac{dy}{dt} = 2x \quad + 2z$
$\dfrac{dz}{dt} = 4x + 2y + 3z$

35. $\mathbf{X}' = \begin{pmatrix} 5 & -4 & 0 \\ 1 & 0 & 2 \\ 0 & 2 & 5 \end{pmatrix} \mathbf{X}$ **36.** $\mathbf{X}' = \begin{pmatrix} 1 & 0 & 0 \\ 0 & 3 & 1 \\ 0 & -1 & 1 \end{pmatrix} \mathbf{X}$

37. $\mathbf{X}' = \begin{pmatrix} 1 & 0 & 0 \\ 2 & 2 & -1 \\ 0 & 1 & 0 \end{pmatrix} \mathbf{X}$ **38.** $\mathbf{X}' = \begin{pmatrix} 4 & 1 & 0 \\ 0 & 4 & 1 \\ 0 & 0 & 4 \end{pmatrix} \mathbf{X}$

Nos Problemas 39 e 40, resolva o sistema dado sujeito à condição inicial indicada.

39. $\mathbf{X}' = \begin{pmatrix} 2 & 4 \\ -1 & 6 \end{pmatrix} \mathbf{X}, \ \mathbf{X}(0) = \begin{pmatrix} -1 \\ 6 \end{pmatrix}$ **40.** $\mathbf{X}' = \begin{pmatrix} 0 & 0 & 1 \\ 0 & 1 & 0 \\ 1 & 0 & 0 \end{pmatrix} \mathbf{X}, \ \mathbf{X}(0) = \begin{pmatrix} 1 \\ 2 \\ 5 \end{pmatrix}$

Problemas Diversos

Se $\mathbf{\Phi}(t)$ é uma matriz fundamental do sistema, o problema de valor inicial $\mathbf{X}' = \mathbf{AX}$, $\mathbf{X}(t_0) = \mathbf{X}_0$, admite a solução $\mathbf{X} = \mathbf{\Phi}(t)\mathbf{\Phi}^{-1}(t_0)\mathbf{X}_0$ (veja o Problema 35, Exercícios 8.5). Nos Problemas 41 e 42, utilize esse resultado para resolver o sistema dado, sujeito à condição inicial indicada.

41. $\mathbf{X}' = \begin{pmatrix} 4 & 3 \\ 3 & -4 \end{pmatrix} \mathbf{X}, \ \mathbf{X}(0) = \begin{pmatrix} 1 \\ 1 \end{pmatrix}$

42. $\mathbf{X}' = \begin{pmatrix} -\frac{2}{25} & \frac{1}{50} \\ \frac{2}{25} & -\frac{2}{25} \end{pmatrix} \mathbf{X}, \ \mathbf{X}(0) = \begin{pmatrix} 25 \\ 0 \end{pmatrix}$

Nos Problemas 43 e 44, ache uma solução do sistema, na forma $\mathbf{X} = t^{\lambda}\mathbf{K}$, $t > 0$, onde $\mathbf{K}$ é um vetor coluna de constantes.

43. $t\mathbf{X}' = \begin{pmatrix} 1 & 3 \\ -1 & 5 \end{pmatrix} \mathbf{X}$ **44.** $t\mathbf{X}' = \begin{pmatrix} 2 & -2 \\ 2 & 7 \end{pmatrix} \mathbf{X}$

[O] 8.7 COEFICIENTES INDETERMINADOS

Os métodos dos **coeficientes indeterminados** e da **variação dos parâmetros** podem ambos ser adaptados à resolução de um sistema linear não-homogêneo $\mathbf{X}' = \mathbf{AX} + \mathbf{F}(t)$. Desses dois métodos, a variação dos parâmetros é a técnica mais poderosa. Não obstante, há algumas instâncias em que o método dos coeficientes indeterminados dá um meio mais rápido para achar uma solução particular $\mathbf{X}_p$.

EXEMPLO 1

Resolva o sistema $\mathbf{X}' = \begin{pmatrix} -1 & 2 \\ -1 & 1 \end{pmatrix} \mathbf{X} + \begin{pmatrix} -8 \\ 3 \end{pmatrix}$ em $(-\infty, \infty)$.

Solução Inicialmente resolvemos o sistema homogêneo

$$\mathbf{X}' = \begin{pmatrix} -1 & 2 \\ -1 & 1 \end{pmatrix}\mathbf{X}.$$

A equação característica

$$\det(\mathbf{A} - \lambda\mathbf{I}) = \begin{vmatrix} -1-\lambda & 2 \\ -1 & 1-\lambda \end{vmatrix} = \lambda^2 + 1 = 0$$

dá os autovalores complexos $\lambda_1 = i$ e $\lambda_2 = \overline{\lambda}_1 = -i$. Pelos processos da última seção, obtemos

$$\mathbf{X}_c = c_1\begin{pmatrix} \cos t + \operatorname{sen} t \\ \cos t \end{pmatrix} + c_1\begin{pmatrix} \cos t - \operatorname{sen} t \\ -\operatorname{sen} t \end{pmatrix}.$$

E como $\mathbf{F}(t)$ é um vetor constante, supomos um vetor solução particular constante $\mathbf{X}_p = \begin{pmatrix} a_1 \\ b_1 \end{pmatrix}$. Levando essa última hipótese no sistema original, vem

$$\begin{aligned} 0 &= -a_1 + 2b_1 - 8 \\ 0 &= -a_1 + b_1 + 3. \end{aligned}$$

A resolução desse sistema de equações algébricas dá $a_1 = 14$ e $b_1 = 11$, de onde $\mathbf{X}_p = \begin{pmatrix} 14 \\ 11 \end{pmatrix}$. A solução geral do sistema é

$$\mathbf{X} = c_1\begin{pmatrix} \cos t + \operatorname{sen} t \\ \cos t \end{pmatrix} + c_2\begin{pmatrix} \cos t - \operatorname{sen} t \\ -\operatorname{sen} t \end{pmatrix} + \begin{pmatrix} 14 \\ 11 \end{pmatrix}.$$

■

EXEMPLO 2

Resolva o sistema

$$\begin{aligned} \frac{dx}{dt} &= 6x + y + 6t \qquad \text{em } (-\infty, \infty). \\ \frac{dy}{dt} &= 4x + 3y - 10t + 4 \end{aligned}$$

Solução Resolvemos inicialmente o sistema homogêneo

$$\begin{aligned} \frac{dx}{dt} &= 6x + y \\ \frac{dy}{dt} &= 4x + 3y \end{aligned}$$

pelo método da Seção 8.6. Os autovalores são determinados a partir de

$$\det(\mathbf{A} - \lambda\mathbf{I}) = \begin{vmatrix} 6-\lambda & 1 \\ 4 & 3-\lambda \end{vmatrix} = \lambda^2 - 9\lambda + 14 = 0.$$

Como $\lambda^2 - 9\lambda + 14 = (\lambda - 2)(\lambda - 7)$, temos $\lambda_1 = 2$ e $\lambda_2 = 7$. Verifica-se então facilmente que os autovetores respectivos da matriz de coeficientes são

$$\mathbf{K}_1 = \begin{pmatrix} 1 \\ -4 \end{pmatrix} \quad \text{e} \quad \mathbf{K}_2 = \begin{pmatrix} 1 \\ 1 \end{pmatrix}.$$

Conseqüentemente, a função complementar é

$$\mathbf{X}_c = c_1 \begin{pmatrix} 1 \\ -4 \end{pmatrix} e^{2t} + c_2 \begin{pmatrix} 1 \\ 1 \end{pmatrix} e^{7t}.$$

Como $\mathbf{F}(t)$ pode ser escrito na forma

$$\mathbf{F}(t) = \begin{pmatrix} 6 \\ -10 \end{pmatrix} t + \begin{pmatrix} 0 \\ 4 \end{pmatrix}.$$

procuraremos achar uma solução particular do sistema que tenha a *mesma* forma:

$$\mathbf{X}_p = \begin{pmatrix} a_2 \\ b_2 \end{pmatrix} t + \begin{pmatrix} a_1 \\ b_1 \end{pmatrix}.$$

Em termos de matrizes, devemos ter

$$\mathbf{X}'_p = \begin{pmatrix} 6 & 1 \\ 4 & 3 \end{pmatrix} \mathbf{X}_p + \begin{pmatrix} 6 \\ -10 \end{pmatrix} t + \begin{pmatrix} 0 \\ 4 \end{pmatrix}$$

ou

$$\begin{pmatrix} a_2 \\ b_2 \end{pmatrix} = \begin{pmatrix} 6 & 1 \\ 4 & 3 \end{pmatrix} \left[\begin{pmatrix} a_2 \\ b_2 \end{pmatrix} t + \begin{pmatrix} a_1 \\ b_1 \end{pmatrix} \right] + \begin{pmatrix} 6 \\ -10 \end{pmatrix} t + \begin{pmatrix} 0 \\ 4 \end{pmatrix}$$

$$\begin{pmatrix} 0 \\ 0 \end{pmatrix} = \begin{pmatrix} (6a_2 + b_2 + 6)t + 6a_1 + b_1 - a_2 \\ (4a_2 + 3b_2 - 10)t + 4a_1 + 3b_1 - b_2 + 4 \end{pmatrix}.$$

Dessa última identidade, concluímos que

$$\begin{aligned} 6a_2 + b_2 + 6 &= 0 \\ 4a_2 + 3b_2 - 10 &= 0 \end{aligned} \quad \text{e} \quad \begin{aligned} 6a_1 + b_1 - a_2 &= 0 \\ 4a_1 + 3b_1 - b_2 + 4 &= 0. \end{aligned}$$

Resolvendo as duas primeiras equações simultaneamente, obtemos $a_2 = -2$ e $b_2 = 6$. Levando esses valores nas duas últimas equações e resolvendo em relação a a_1 e b_1, vem $a_1 = -4/7$, $b_1 = 10/7$. Portanto, um vetor solução particular é

$$\mathbf{X}_p = \begin{pmatrix} -2 \\ 6 \end{pmatrix} t + \begin{pmatrix} -\frac{4}{7} \\ \frac{10}{7} \end{pmatrix},$$

e a solução geral do sistema em $(-\infty, \infty)$ é

$$\begin{aligned} \mathbf{X} &= \mathbf{X}_c + \mathbf{X}_p \\ &= c_1 \begin{pmatrix} 1 \\ -4 \end{pmatrix} e^{2t} + c_2 \begin{pmatrix} 1 \\ 1 \end{pmatrix} e^{7t} + \begin{pmatrix} -2 \\ 6 \end{pmatrix} t + \begin{pmatrix} -\frac{4}{7} \\ \frac{10}{7} \end{pmatrix}. \end{aligned}$$

■

EXEMPLO 3

Determine a forma do vetor solução particular $\mathbf{X}_p$ para

$$\frac{dx}{dt} = 5x + 3y - 2e^{-t} + 1$$

$$\frac{dy}{dt} = -x + y + e^{-t} - 5t + 7.$$

Solução Procedendo da maneira usual, obtemos

$$\mathbf{X}_c = c_1\begin{pmatrix} 1 \\ -1 \end{pmatrix}e^{2t} + c_2\begin{pmatrix} 3 \\ -1 \end{pmatrix}e^{4t}.$$

Mas como

$$\mathbf{F}(t) = \begin{pmatrix} -2 \\ 1 \end{pmatrix}e^{-t} + \begin{pmatrix} 0 \\ -5 \end{pmatrix}t + \begin{pmatrix} 1 \\ 7 \end{pmatrix}.$$

supomos uma solução particular da forma

$$\mathbf{X}_p = \begin{pmatrix} a_3 \\ b_3 \end{pmatrix}e^{-t} + \begin{pmatrix} a_2 \\ b_2 \end{pmatrix}t + \begin{pmatrix} a_1 \\ b_1 \end{pmatrix}.$$

■

Observação O método dos coeficientes indeterminados não é tão simples como os três últimos exemplos parecem sugerir. Conforme a Seção 4.4, o método só pode ser aplicado quando os elementos da matriz $\mathbf{F}(t)$ são constantes, polinômios, funções exponenciais, senos e cossenos, ou somas e produtos finitos dessas funções. Há ainda outras dificuldades. A hipótese relativa a $\mathbf{X}_p$ está efetivamente sujeita a um conhecimento prévio da função complementar $\mathbf{X}_c$. Por exemplo, se $\mathbf{F}(t)$ é um vetor constante e $\lambda = 0$ é um autovalor, então $\mathbf{X}_c$ contém um vetor constante. Nesse caso, $\mathbf{X}_p$ *não* é um vetor constante como no Exemplo 1, e sim um vetor da forma

$$\mathbf{X}_p = \begin{pmatrix} a_2 \\ b_2 \end{pmatrix}t + \begin{pmatrix} a_1 \\ b_1 \end{pmatrix}.$$

Veja o Problema 11.

Analogamente, no Exemplo 3, se substituímos e^{-t} em $\mathbf{F}(t)$ por e^{2t} ($\lambda = 2$ é um autovalor), então a forma correta da solução particular é

$$\mathbf{X}_p = \begin{pmatrix} a_4 \\ b_4 \end{pmatrix}te^{2t} + \begin{pmatrix} a_3 \\ b_3 \end{pmatrix}e^{2t} + \begin{pmatrix} a_2 \\ b_2 \end{pmatrix}t + \begin{pmatrix} a_1 \\ b_1 \end{pmatrix}.$$

Em lugar de prosseguir nesses pontos difíceis, voltaremos nossa atenção para o método da variação dos parâmetros.

8.7 EXERCÍCIOS

As respostas dos exercícios selecionados estão na página 394.

Nos Problemas 1 - 8, aplique o método dos coeficientes indeterminados para resolver o sistema em (– ∞, ∞).

1. $\dfrac{dx}{dt} = 2x + 3y - 7$

$\dfrac{dy}{dt} = -x - 2y + 5$

2. $\dfrac{dx}{dt} = 5x + 9y + 2$

$\dfrac{dy}{dt} = -x + 11y + 6$

3. $\dfrac{dx}{dt} = x + 3y - 2t^2$

$\dfrac{dy}{dt} = 3x + y + t + 5$

4. $\dfrac{dx}{dt} = x - 4y + 4t + 9e^{6t}$

$\dfrac{dy}{dt} = 4x + y - t + e^{6t}$

5. $\mathbf{X}' = \begin{pmatrix} 4 & \frac{1}{3} \\ 9 & 6 \end{pmatrix}\mathbf{X} + \begin{pmatrix} -3 \\ 10 \end{pmatrix}e^t$

6. $\mathbf{X}' = \begin{pmatrix} -1 & 5 \\ -1 & 1 \end{pmatrix}\mathbf{X} + \begin{pmatrix} \operatorname{sen} t \\ -2\cos t \end{pmatrix}$

7. $\mathbf{X}' = \begin{pmatrix} 1 & 1 & 1 \\ 0 & 2 & 3 \\ 0 & 0 & 5 \end{pmatrix}\mathbf{X} + \begin{pmatrix} 1 \\ -1 \\ 2 \end{pmatrix}e^{4t}$

8. $\mathbf{X}' = \begin{pmatrix} 0 & 0 & 5 \\ 0 & 5 & 0 \\ 5 & 0 & 0 \end{pmatrix}\mathbf{X} + \begin{pmatrix} 5 \\ -10 \\ 40 \end{pmatrix}$

9. Resolva $\mathbf{X}' = \begin{pmatrix} -1 & -2 \\ 3 & 4 \end{pmatrix}\mathbf{X} + \begin{pmatrix} 3 \\ 3 \end{pmatrix}$ sujeito a $\mathbf{X}(0) = \begin{pmatrix} -4 \\ 5 \end{pmatrix}$.

10. **(a)** Mostre que o sistema de equações diferenciais para as correntes $i_2(t)$ e $i_3(t)$ na rede elétrica da Figura 8.11 é

$$\frac{d}{dt}\begin{pmatrix} i_2 \\ i_3 \end{pmatrix} = \begin{pmatrix} -R_1/L_1 & -R_1/L_1 \\ -R_1/L_2 & -(R_1+R_2)/L_2 \end{pmatrix}\begin{pmatrix} i_2 \\ i_3 \end{pmatrix} + \begin{pmatrix} E/L_1 \\ E/L_2 \end{pmatrix}.$$

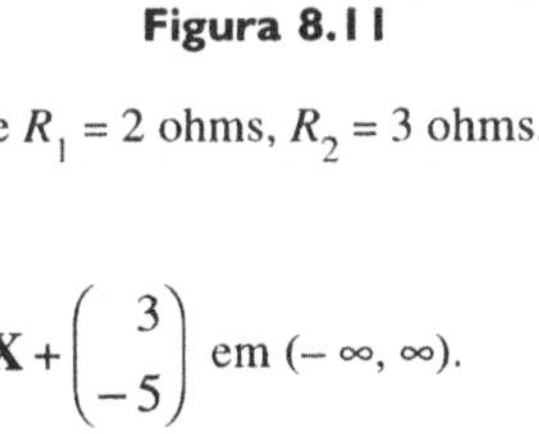

Figura 8.11

(b) Resolva o sistema da parte (a) se $R_1 = 2$ ohms, $R_2 = 3$ ohms, $L_1 = 1$ henry, $L_2 = 1$ henry, $E = 60$ volts, $i_2(0) = 0$ e $i_3(0) = 0$.

(c) Determine a corrente $i_1(t)$.

11. Resolva o sistema $\mathbf{X}' = \begin{pmatrix} 1 & -1 \\ -1 & 1 \end{pmatrix}\mathbf{X} + \begin{pmatrix} 3 \\ -5 \end{pmatrix}$ em (– ∞, ∞).

[*Sug.*: Uma solução particular pode não ser única.]

8.8 VARIAÇÃO DOS PARÂMETROS

Na Seção 8.5,vimos que a solução geral de um sistema homogêneo $\mathbf{X}' = \mathbf{AX}$ pode ser escrita como o produto

$$\mathbf{X} = \mathbf{\Phi}(t)\mathbf{C},$$

onde $\mathbf{\Phi}(t)$ é uma matriz fundamental do sistema e $\mathbf{C}$ é um vetor coluna $n \times 1$ de constantes. Tal como no processo da Seção 4.5, perguntamos se é possível substituir $\mathbf{C}$ por uma matriz coluna de funções

$$\mathbf{U}(t) = \begin{pmatrix} u_1(t) \\ u_2(t) \\ \vdots \\ u_n(t) \end{pmatrix}$$

de modo que

$$\mathbf{X}_p = \mathbf{\Phi}(t)\mathbf{U}(t) \tag{1}$$

seja uma solução particular do sistema não-homogêneo

$$\mathbf{X}' = \mathbf{AX} + \mathbf{F}(t) \tag{2}$$

Pela regra do produto*, a derivada de (1) é

$$\mathbf{X}_p' = \mathbf{\Phi}(t)\mathbf{U}'(t) + \mathbf{\Phi}'(t)\mathbf{U}(t). \tag{3}$$

Levando (3) e (1) em (2), vem

$$\mathbf{\Phi}(t)\mathbf{U}'(t) + \mathbf{\Phi}'(t)\mathbf{U}(t) = \mathbf{A\Phi}(t)\mathbf{U}(t) + \mathbf{F}(t). \tag{4}$$

Lembremos, de (14) da Seção 8.5, que $\mathbf{\Phi}'(t) = \mathbf{A\Phi}(t)$. Assim, (4) se escreve

$$\mathbf{\Phi}(t)\mathbf{U}'(t) + \mathbf{A\Phi}(t)\mathbf{U}(t) = \mathbf{A\Phi}(t)\mathbf{U}(t) + \mathbf{F}(t)$$

ou

$$\mathbf{\Phi}(t)\mathbf{U}'(t) = \mathbf{F}(t). \tag{5}$$

Multiplicando ambos os membros da equação (5) por $\mathbf{\Phi}^{-1}(t)$, vem

$$\mathbf{U}'(t) = \mathbf{\Phi}^{-1}(t)\mathbf{F}(t)$$

ou

$$\mathbf{U}(t) = \int \mathbf{\Phi}^{-1}(t)\mathbf{F}(t)\,dt.$$

Logo, pela hipótese (1) concluímos que

$$\mathbf{X}_p = \mathbf{\Phi}(t)\int \mathbf{\Phi}^{-1}(t)\mathbf{F}(t)\,dt. \tag{6}$$

é uma solução particular de (2).

Para calcular a integral indefinida da matriz coluna $\mathbf{\Phi}^{-1}(t)\mathbf{F}(t)$ em (6), integramos cada elemento. Assim, a solução geral do sistema (2) é $\mathbf{X} = \mathbf{X}_c + \mathbf{X}_p$, ou

$$\mathbf{X} = \mathbf{\Phi}(t)\mathbf{C} + \mathbf{\Phi}(t)\int \mathbf{\Phi}^{-1}(t)\mathbf{F}(t)\,dt. \tag{7}$$

---

*Veja o Problema 51, Exercícios 8.4. Note que a ordem do produto é de grande importância. Como $\mathbf{U}(t)$ é uma matriz coluna, os produtos $\mathbf{U}'(t)\mathbf{\Phi}(t)$ e $\mathbf{U}(t)\mathbf{\Phi}'(t)$ não são definidos.

EXEMPLO 1

Ache a solução geral do sistema não-homogêneo

$$\mathbf{X}' = \begin{pmatrix} -3 & 1 \\ 2 & -4 \end{pmatrix}\mathbf{X} + \begin{pmatrix} 3t \\ e^{-t} \end{pmatrix} \tag{8}$$

no intervalo $(-\infty, \infty)$.

Solução Resolvemos inicialmente o sistema homogêneo

$$\mathbf{X}' = \begin{pmatrix} -3 & 1 \\ 2 & -4 \end{pmatrix}\mathbf{X}. \tag{9}$$

A equação característica da matriz de coeficientes é

$$\det(\mathbf{A} - \lambda\mathbf{I}) = \begin{vmatrix} -3-\lambda & 1 \\ 2 & -4-\lambda \end{vmatrix} = (\lambda+2)(\lambda+5) = 0$$

e assim os autovalores são $\lambda_1 = -2$ e $\lambda_2 = -5$. Pelo método usual, obtemos os autovetores correspondentes a λ_1 e λ_2:

$$\begin{pmatrix} 1 \\ 1 \end{pmatrix} \text{ e } \begin{pmatrix} 1 \\ -2 \end{pmatrix}.$$

Então, os vetores solução do sistema (9) são

$$\mathbf{X}_1 = \begin{pmatrix} 1 \\ 1 \end{pmatrix} e^{-2t} \quad \text{e} \quad \mathbf{X}_2 = \begin{pmatrix} 1 \\ -2 \end{pmatrix} e^{-5t}.$$

Em seguida, formamos

$$\mathbf{\Phi}(t) = \begin{pmatrix} e^{-2t} & e^{-5t} \\ e^{-2t} & -2e^{-5t} \end{pmatrix} \quad \text{e} \quad \mathbf{\Phi}^{-1}(t) = \begin{pmatrix} \frac{2}{3}e^{2t} & \frac{1}{3}e^{2t} \\ \frac{1}{3}e^{5t} & -\frac{1}{3}e^{5t} \end{pmatrix}.$$

De (6) obtemos então

$$\begin{aligned}
\mathbf{X}_p &= \mathbf{\Phi}(t)\int \mathbf{\Phi}^{-1}(t)\mathbf{F}(t)\,dt \\
&= \begin{pmatrix} e^{-2t} & e^{-5t} \\ e^{-2t} & -2e^{-5t} \end{pmatrix} \int \begin{pmatrix} \frac{2}{3}e^{2t} & \frac{1}{3}e^{2t} \\ \frac{1}{3}e^{5t} & -\frac{1}{3}e^{5t} \end{pmatrix} \begin{pmatrix} 3t \\ e^{-t} \end{pmatrix} dt \\
&= \begin{pmatrix} e^{-2t} & e^{-5t} \\ e^{-2t} & -2e^{-5t} \end{pmatrix} \int \begin{pmatrix} 2te^{2t} + \frac{1}{3}e^{t} \\ te^{5t} - \frac{1}{3}e^{4t} \end{pmatrix} dt \\
&= \begin{pmatrix} e^{-2t} & e^{-5t} \\ e^{-2t} & -2e^{-5t} \end{pmatrix} \begin{pmatrix} te^{2t} - \frac{1}{2}e^{2t} + \frac{1}{3}e^{t} \\ \frac{1}{5}te^{5t} - \frac{1}{25}e^{5t} - \frac{1}{12}e^{4t} \end{pmatrix} \\
&= \begin{pmatrix} \frac{6}{5}t - \frac{27}{50} + \frac{1}{4}e^{-t} \\ \frac{3}{5}t - \frac{21}{50} + \frac{1}{2}e^{-t} \end{pmatrix}.
\end{aligned}$$

Logo, por (7), a solução geral de (8) no intervalo é

$$\mathbf{X} = \begin{pmatrix} e^{-2t} & e^{-5t} \\ e^{-2t} & -2e^{-5t} \end{pmatrix}\begin{pmatrix} c_1 \\ c_2 \end{pmatrix} + \begin{pmatrix} \frac{6}{5}t - \frac{27}{50} + \frac{1}{4}e^{-t} \\ \frac{3}{5}t - \frac{21}{50} + \frac{1}{2}e^{-t} \end{pmatrix}$$

$$= c_1\begin{pmatrix} 1 \\ 1 \end{pmatrix}e^{-2t} + c_2\begin{pmatrix} 1 \\ -2 \end{pmatrix}e^{-5t} + \begin{pmatrix} \frac{6}{5} \\ \frac{3}{5} \end{pmatrix}t - \begin{pmatrix} \frac{27}{50} \\ \frac{21}{50} \end{pmatrix} + \begin{pmatrix} \frac{1}{4} \\ \frac{1}{2} \end{pmatrix}e^{-t}.$$

■

A solução geral de (2) em um intervalo pode ser escrita na forma alternativa

$$\mathbf{X} = \Phi(t)\mathbf{C} + \Phi(t)\int_{t_0}^{t} \Phi^{-1}(s)\mathbf{F}(s)ds, \tag{10}$$

onde t e t_0 são pontos do intervalo. Essa última forma é útil para resolver (2) sujeito a uma condição inicial $\mathbf{X}(t_0) = \mathbf{X}_0$. Fazendo $t = t_0$ em (10), obtemos

$$\mathbf{X}_0 = \mathbf{\Phi}(t_0)\mathbf{C},$$

de onde se vê imediatamente que

$$\mathbf{C} = \mathbf{\Phi}^{-1}(t_0)\mathbf{X}_0.$$

Concluímos que a solução do problema de valor inicial é dada por

$$\mathbf{X} = \mathbf{\Phi}(t)\mathbf{\Phi}^{-1}(t_0)\mathbf{X}_0 + \mathbf{\Phi}(t)\int_{t_0}^{t}\mathbf{\Phi}^{-1}(s)\mathbf{F}(s)\,ds. \tag{11}$$

Recordemos, da Seção 8.5, que uma maneira alternativa de formar uma matriz fundamental consiste em escolher seus vetores coluna $\mathbf{V}_i$ de tal forma que

$$\mathbf{V}_1(t_0) = \begin{pmatrix} 1 \\ 0 \\ \vdots \\ 0 \end{pmatrix}, \quad \mathbf{V}_2(t_0) = \begin{pmatrix} 0 \\ 1 \\ \vdots \\ 0 \end{pmatrix}, \ \dots, \ \mathbf{V}_n(t_0) = \begin{pmatrix} 0 \\ 0 \\ \vdots \\ 1 \end{pmatrix}. \tag{12}$$

Denota-se essa matriz fundamental por $\mathbf{\Psi}(t)$. Como conseqüência de (12), sabemos que $\mathbf{\Psi}(t)$ tem a propriedade

$$\mathbf{\Psi}(t_0) = \mathbf{I}. \tag{13}$$

Mas como $\mathbf{\Psi}(t)$ é não-singular para todos os valores de t em um intervalo, (13) implica

$$\mathbf{\Psi}^{-1}(t_0) = \mathbf{I}. \tag{14}$$

Assim, quando $\mathbf{\Psi}(t)$ é usada em lugar de $\mathbf{\Phi}(t)$, decorre de (14) que (11) pode ser escrita como

$$\mathbf{X} = \mathbf{\Psi}(t)\mathbf{X}_0 + \mathbf{\Psi}(t)\int_{t_0}^{t}\mathbf{\Psi}^{-1}(s)\mathbf{F}(s)\,ds. \tag{15}$$

8.8 EXERCÍCIOS

As respostas dos exercícios selecionados estão nas páginas 394 e 395.

Nos Problemas 1-20, aplique a variação dos parâmetros para resolver o sistema dado.

1. $\dfrac{dx}{dt} = 3x - 3y + 4$, $\dfrac{dy}{dt} = 2x - 2y - 1$ **2.** $\dfrac{dx}{dt} = 2x - y$, $\dfrac{dy}{dt} = 3x - 2y + 4t$

3. $\mathbf{X}' = \begin{pmatrix} 3 & -5 \\ \frac{3}{4} & -1 \end{pmatrix}\mathbf{X} + \begin{pmatrix} 1 \\ -1 \end{pmatrix}e^{t/2}$ **4.** $\mathbf{X}' = \begin{pmatrix} 2 & -1 \\ 4 & 2 \end{pmatrix}\mathbf{X} + \begin{pmatrix} \operatorname{sen} 2t \\ 2\cos 2t \end{pmatrix}e^{2t}$

5. $\mathbf{X}' = \begin{pmatrix} 0 & 2 \\ -1 & 3 \end{pmatrix}\mathbf{X} + \begin{pmatrix} 1 \\ -1 \end{pmatrix}e^{t}$ **6.** $\mathbf{X}' = \begin{pmatrix} 0 & 2 \\ -1 & 3 \end{pmatrix}\mathbf{X} + \begin{pmatrix} 2 \\ e^{-3t} \end{pmatrix}$

7. $\mathbf{X}' = \begin{pmatrix} 1 & 8 \\ 1 & -1 \end{pmatrix}\mathbf{X} + \begin{pmatrix} 12 \\ 12 \end{pmatrix}t$ **8.** $\mathbf{X}' = \begin{pmatrix} 1 & 8 \\ 1 & -1 \end{pmatrix}\mathbf{X} + \begin{pmatrix} e^{-t} \\ te^{t} \end{pmatrix}$

9. $\mathbf{X}' = \begin{pmatrix} 3 & 2 \\ -2 & -1 \end{pmatrix}\mathbf{X} + \begin{pmatrix} 2e^{-t} \\ e^{-t} \end{pmatrix}$ **10.** $\mathbf{X}' = \begin{pmatrix} 3 & 2 \\ -2 & -1 \end{pmatrix}\mathbf{X} + \begin{pmatrix} 1 \\ 1 \end{pmatrix}$

11. $\mathbf{X}' = \begin{pmatrix} 0 & -1 \\ 1 & 0 \end{pmatrix}\mathbf{X} + \begin{pmatrix} \sec t \\ 0 \end{pmatrix}$ **12.** $\mathbf{X}' = \begin{pmatrix} 1 & -1 \\ 1 & 1 \end{pmatrix}\mathbf{X} + \begin{pmatrix} 3 \\ 3 \end{pmatrix}e^{t}$

13. $\mathbf{X}' = \begin{pmatrix} 1 & -1 \\ 1 & 1 \end{pmatrix}\mathbf{X} + \begin{pmatrix} \cos t \\ \operatorname{sen} t \end{pmatrix}e^{t}$ **14.** $\mathbf{X}' = \begin{pmatrix} 2 & -2 \\ 8 & -6 \end{pmatrix}\mathbf{X} + \begin{pmatrix} 1 \\ 3 \end{pmatrix}\dfrac{e^{-2t}}{t}$

15. $\mathbf{X}' = \begin{pmatrix} 0 & 1 \\ -1 & 0 \end{pmatrix}\mathbf{X} + \begin{pmatrix} 0 \\ \sec t \operatorname{tg} t \end{pmatrix}$ **16.** $\mathbf{X}' = \begin{pmatrix} 0 & 1 \\ -1 & 0 \end{pmatrix}\mathbf{X} + \begin{pmatrix} 1 \\ \cot t \end{pmatrix}$

17. $\mathbf{X}' = \begin{pmatrix} 1 & 2 \\ -\frac{1}{2} & 1 \end{pmatrix}\mathbf{X} + \begin{pmatrix} \csc t \\ \sec t \end{pmatrix}e^{t}$ **18.** $\mathbf{X}' = \begin{pmatrix} 1 & -2 \\ 1 & -1 \end{pmatrix}\mathbf{X} + \begin{pmatrix} \operatorname{tg} t \\ 1 \end{pmatrix}$

19. $\mathbf{X}' = \begin{pmatrix} 1 & 1 & 0 \\ 1 & 1 & 0 \\ 0 & 0 & 3 \end{pmatrix}\mathbf{X} + \begin{pmatrix} e^{t} \\ e^{2t} \\ te^{3t} \end{pmatrix}$ **20.** $\mathbf{X}' = \begin{pmatrix} 3 & -1 & -1 \\ 1 & 1 & -1 \\ 1 & -1 & 1 \end{pmatrix}\mathbf{X} + \begin{pmatrix} 0 \\ t \\ 2e^{t} \end{pmatrix}$

Nos Problemas 21 e 22, utilize (11) para resolver o sistema dado, sujeito à condição inicial indicada.

21. $\mathbf{X}' = \begin{pmatrix} 3 & -1 \\ -1 & 3 \end{pmatrix}\mathbf{X} + \begin{pmatrix} 4e^{2t} \\ 4e^{4t} \end{pmatrix}, \quad \mathbf{X}(0) = \begin{pmatrix} 1 \\ 1 \end{pmatrix}$

22. $\mathbf{X}' = \begin{pmatrix} 1 & -1 \\ 1 & -1 \end{pmatrix}\mathbf{X} + \begin{pmatrix} 1/t \\ 1/t \end{pmatrix}, \quad \mathbf{X}(1) = \begin{pmatrix} 2 \\ -1 \end{pmatrix}$

Nos Problemas 23 e 24, utilize (15) para resolver o sistema dado, sujeito à condição inicial indicada. Use os resultados dos Problemas 31 e 34 nos Exercícios 8.5.

23. $\mathbf{X}' = \begin{pmatrix} 4 & 1 \\ 6 & 5 \end{pmatrix}\mathbf{X} + \begin{pmatrix} 50e^{7t} \\ 0 \end{pmatrix}, \quad \mathbf{X}(0) = \begin{pmatrix} 5 \\ -5 \end{pmatrix}$

24. $$\mathbf{X}' = \begin{pmatrix} 3 & -2 \\ 5 & -3 \end{pmatrix}\mathbf{X} + \begin{pmatrix} 2 \\ 3 \end{pmatrix}, \quad \mathbf{X}(\pi/2) = \begin{pmatrix} 0 \\ 0 \end{pmatrix}$$

25. (**a**) Mostre que o sistema de equações diferenciais para as correntes $i_1(t)$ e $i_2(t)$ na rede elétrica da Figura 8.12 é

$$\frac{d}{dt}\begin{pmatrix} i_1 \\ i_2 \end{pmatrix} = \begin{pmatrix} -(R_1 + R_2)/L_2 & R_2/L_2 \\ R_2/L_1 & -R_2/L_1 \end{pmatrix}\begin{pmatrix} i_1 \\ i_2 \end{pmatrix} + \begin{pmatrix} E/L_2 \\ 0 \end{pmatrix}.$$

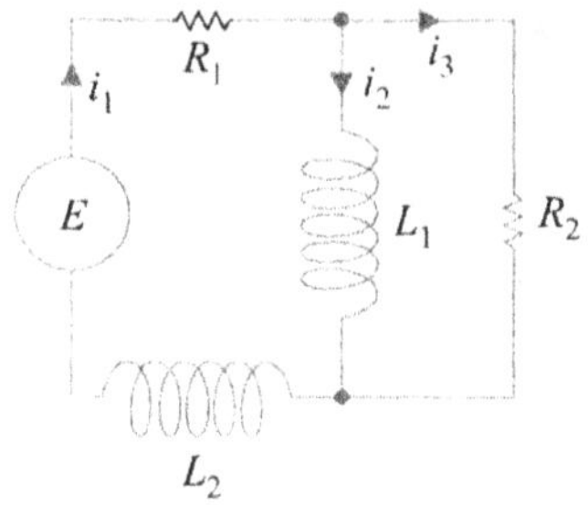

Figura 8.12

(**b**) Resolva o sistema da parte (a) se $R_1 = 8$ ohms, $R_2 = 3$ ohms, $L_1 = 1$ henry, $L_2 = 1$ henry, $E(t) = 100$ sen t volts, $i_1(0) = 0$ e $i_2(0) = 0$.

[O] *8.9* MATRIZ EXPONENCIAL

As matrizes podem ser utilizadas de uma forma inteiramente diferente para resolver um sistema homogêneo de equações diferenciais lineares de primeira ordem.

Recorde que a equação diferencial linear de primeira ordem

$$x' = ax,$$

onde a é uma constante, admite a solução geral

$$x = ce^{at}.$$

Parece natural então conjecturar se será possível definir uma matriz exponencial $e^{t\mathbf{A}}$ de forma que o sistema homogêneo

$$\mathbf{X}' = \mathbf{A}\mathbf{X},$$

onde $\mathbf{A}$ é uma matriz de constantes $n \times n$, tenha uma solução

$$\mathbf{X} = e^{t\mathbf{A}}\mathbf{C}. \tag{1}$$

Como $\mathbf{C}$ deve ser um vetor coluna $n \times 1$ de constantes arbitrárias, queremos que $e^{t\mathbf{A}}$ seja uma matriz $n \times n$. Embora o desenvolvimento completo do significado da **matriz exponencial** necessite de uma investigação mais profunda da álgebra das matrizes, a definição a seguir dá uma forma de calcular $e^{t\mathbf{A}}$.

DEFINIÇÃO 8.20 Matriz Exponencial

Para qualquer matriz $\mathbf{A}$ $n \times n$,

$$e^{t\mathbf{A}} = \sum_{n=0}^{\infty} \frac{(t\mathbf{A})^n}{n!} = \mathbf{I} + t\mathbf{A} + \frac{t^2}{2!}\mathbf{A}^2 + \frac{t^2}{3!}\mathbf{A}^3 + \cdots. \quad (2)$$

Pode-se mostrar que a série dada em (2) converge para uma matriz $n \times n$ qualquer que seja o valor de t. Também, $\mathbf{A}^2 = \mathbf{AA}$, $\mathbf{A}^3 = \mathbf{A}(\mathbf{A}^2)$ etc.

Mas a solução geral da equação diferencial única

$$x' = ax + f(t),$$

onde a é uma constante, pode expressar-se como

$$x = x_c + x_p = ce^{at} + e^{at}\int_{t_0}^{t} e^{-as} f(s)\, ds.$$

Para sistemas de equações diferenciais lineares de primeira ordem, pode-se mostrar que a solução geral de

$$\mathbf{X}' = \mathbf{AX} + \mathbf{F}(t),$$

onde $\mathbf{A}$ é uma matriz $n \times n$ de constantes, é

$$\mathbf{X} = \mathbf{X}_c + \mathbf{X}_p = e^{t\mathbf{A}}\mathbf{C} + e^{t\mathbf{A}}\int_{t_0}^{t} e^{-s\mathbf{A}}\mathbf{F}(s)\, ds. \quad (3)$$

A matriz exponencial $e^{t\mathbf{A}}$ é sempre não-singular e $e^{-s\mathbf{A}} = (e^{s\mathbf{A}})^{-1}$. Na prática, $e^{-s\mathbf{A}}$ pode ser obtida de $e^{t\mathbf{A}}$ substituindo-se t por $-s$.

Propriedades Adicionais

De (2), vê-se que

$$e^{0} = \mathbf{I}. \quad (4)$$

Também a diferenciação formal termo a termo de (2) mostra que

$$\frac{d}{dt}e^{t\mathbf{A}} = \mathbf{A}e^{t\mathbf{A}}. \quad (5)$$

Denotando a matriz exponencial por $\mathbf{\Psi}(t)$, então (5) e (4) são equivalentes a

$$\Psi'(t) = \mathbf{A}\Psi(t) \quad (6)$$

e

$$\Psi(0) = \mathbf{I}, \quad (7)$$

respectivamente. A notação aqui foi escolhida deliberadamente. Comparando (6) com (14) da Seção 8.5, vemos que $e^{t\mathbf{A}}$ é uma matriz fundamental do sistema $\mathbf{X}' = \mathbf{AX}$. É precisamente essa formulação da matriz fundamental que foi discutida nas páginas 59, 60 e 61 da Seção 8.5.

Multiplicando as séries que definem $e^{t\mathbf{A}}$ e $e^{-s\mathbf{A}}$, pode-se provar que $e^{t\mathbf{A}}e^{-s\mathbf{A}} = e^{(t-s)\mathbf{A}}$ ou equivalentemente $\mathbf{\Psi}(t)\mathbf{\Psi}^{-1}(s) = \mathbf{\Psi}(t-s)$.*

Este último resultado permite-nos relacionar (3) com (10) da seção precedente

$$\begin{aligned}\mathbf{X} &= e^{t\mathbf{A}}\mathbf{C} + \int_{t_0}^{t} e^{t\mathbf{A}}e^{-s\mathbf{A}}\mathbf{F}(s)\,ds \\ &= e^{t\mathbf{A}}\mathbf{C} + \int_{t_0}^{t} e^{(t-s)\mathbf{A}}\mathbf{F}(s)\,ds\end{aligned} \tag{8}$$

$$\mathbf{X} = \psi(t)\mathbf{C} + \int_{t_0}^{t} \psi(t-s)\mathbf{F}(s)\,ds. \tag{9}$$

A equação (9) apresenta uma forma mais simples do que (10) da Seção 8.8. Em outras palavras, não há necessidade de calcular $\mathbf{\Psi}^{-1}$; basta substituir t por $t - s$ em $\mathbf{\Psi}(t)$.

8.9 EXERCÍCIOS

As respostas dos exercícios selecionados estão na página 395.

Nos Problemas 1 e 2 utilize (2) para calcular $e^{t\mathbf{A}}$ e $e^{-t\mathbf{A}}$.

1. $\mathbf{A} = \begin{pmatrix} 0 & 1 \\ 1 & 0 \end{pmatrix}$

2. $\mathbf{A} = \begin{pmatrix} 1 & 0 \\ 0 & 2 \end{pmatrix}$

Nos Problemas 3 e 4, utilize (1) para achar a solução geral de cada sistema.

3. $\mathbf{X}' = \begin{pmatrix} 0 & 1 \\ 1 & 0 \end{pmatrix}\mathbf{X}$

4. $\mathbf{X}' = \begin{pmatrix} 1 & 0 \\ 0 & 2 \end{pmatrix}\mathbf{X}$

Nos Problemas 5-8, utilize (3) para achar a solução geral de cada sistema.

5. $\mathbf{X}' = \begin{pmatrix} 0 & 1 \\ 1 & 0 \end{pmatrix}\mathbf{X} + \begin{pmatrix} 1 \\ 1 \end{pmatrix}$

6. $\mathbf{X}' = \begin{pmatrix} 0 & 1 \\ 1 & 0 \end{pmatrix}\mathbf{X} + \begin{pmatrix} \cosh t \\ \operatorname{senh} t \end{pmatrix}$

7. $\mathbf{X}' = \begin{pmatrix} 1 & 0 \\ 0 & 2 \end{pmatrix}\mathbf{X} + \begin{pmatrix} t \\ e^{4t} \end{pmatrix}$

8. $\mathbf{X}' = \begin{pmatrix} 1 & 0 \\ 0 & 2 \end{pmatrix}\mathbf{X} + \begin{pmatrix} 3 \\ -1 \end{pmatrix}$

Problemas Diversos

Seja **P** uma matriz cujas colunas são autovetores $\mathbf{K}_1, \mathbf{K}_2, \ldots, \mathbf{K}_n$, correspondentes a autovalores distintos $\lambda_1, \lambda_2, \ldots, \lambda_n$ de uma matriz **A** $n \times n$. Pode-se então mostrar que $\mathbf{A} = \mathbf{PDP}^{-1}$, onde **D** é definida como

$$\mathbf{D} = \begin{pmatrix} \lambda_1 & 0 & \cdots & 0 \\ 0 & \lambda_2 & \cdots & 0 \\ \vdots & & & \vdots \\ 0 & 0 & \cdots & \lambda_n \end{pmatrix}. \tag{10}$$

---

* Embora $e^{t\mathbf{A}}e^{-s\mathbf{A}} = e^{(t-s)\mathbf{A}}$, é interessante notar que $e^{\mathbf{A}}e^{\mathbf{B}}$ não é, em geral, o mesmo que $e^{\mathbf{A}+\mathbf{B}}$ para matrizes **A** e **B** $n \times n$.

Nos Problemas 9 e 10, verifique o resultado anterior para a matriz dada.

9. $\mathbf{A} = \begin{pmatrix} 2 & 1 \\ -3 & 6 \end{pmatrix}$ **10.** $\mathbf{A} = \begin{pmatrix} 2 & 1 \\ 1 & 2 \end{pmatrix}$

11. Suponha $\mathbf{A} = \mathbf{PDP}^{-1}$, onde $\mathbf{D}$ é definida em (10). Utilize (2) para mostrar que $e^{t\mathbf{A}} = \mathbf{P}e^{t\mathbf{D}}\mathbf{P}^{-1}$.

12. Aplicando (2), mostre que

$$e^{t\mathbf{D}} = \begin{pmatrix} e^{\lambda_1 t} & 0 & \cdots & 0 \\ 0 & e^{\lambda_2 t} & \cdots & 0 \\ \vdots & & & \vdots \\ 0 & 0 & \cdots & e^{\lambda_n t} \end{pmatrix},$$

onde $\mathbf{D}$ é definida em (10).

Nos Problemas 13 e 14, aplique os resultados dos Problemas 9-12 para resolver o sistema dado:

13. $\mathbf{X}' = \begin{pmatrix} 2 & 1 \\ -3 & 6 \end{pmatrix}\mathbf{X}$ **14.** $\mathbf{X}' = \begin{pmatrix} 2 & 1 \\ 1 & 2 \end{pmatrix}\mathbf{X}$

Capítulo 8 *REVISÃO*

Em todo este capítulo, consideramos **sistemas de equações diferenciais lineares.**

Para sistemas lineares, provavelmente a técnica básica mais importante consiste em reescrever todo o sistema em **notação de operadores** e utilizar então a **eliminação sistemática** para obter equações diferenciais isoladas em uma variável dependente, que possam ser resolvidas pelos processos usuais. Os **determinantes** também podem ser utilizados para chegarmos ao mesmo resultado. Uma vez determinadas todas as variáveis dependentes, é necessário utilizar o próprio sistema para achar as diversas relações entre os parâmetros.

Quando se especificam condições iniciais, pode-se utilizar a **transformada de Laplace** para reduzir o sistema a equações algébricas simultâneas nas funções transformadas.

Um sistema de primeira ordem em **forma normal** em duas variáveis dependentes é qualquer sistema

$$\begin{aligned} \frac{dx}{dt} &= a_{11}(t)x + a_{12}(t)y + f_1(t) \\ \frac{dy}{dt} &= a_{21}(t)x + a_{22}(t)y + f_2(t), \end{aligned} \tag{1}$$

em que os coeficientes $a_{ij}(t)$, $f_1(t)$, e $f_2(t)$ são contínuos em algum intervalo comum I. Quando $f_1(t) = f_2(t) = 0$, o sistema se diz **homogêneo**; em caso contrário, é **não-homogêneo**. Qualquer equação diferencial linear de segunda ordem pode ser posta nessa forma.

Com auxílio de matrizes, podemos escrever o sistema (1) de forma compacta como

$$\frac{d\mathbf{X}}{dt} = \mathbf{A}(t)\mathbf{X} + \mathbf{F}(t), \tag{2}$$

onde

$$\mathbf{X} = \begin{pmatrix} x \\ y \end{pmatrix}, \quad \mathbf{A}(t) = \begin{pmatrix} a_{11}(t) & a_{12}(t) \\ a_{21}(t) & a_{22}(t) \end{pmatrix} \quad \text{e} \quad \mathbf{F}(t) = \begin{pmatrix} f_1(t) \\ f_2(t) \end{pmatrix}.$$

Define-se a **solução geral do sistema homogêneo** em duas variáveis dependentes

$$\frac{d\mathbf{X}}{dt} = \mathbf{A}(t)\mathbf{X} \tag{3}$$

como a combinação linear

$$\mathbf{X} = c_1\mathbf{X}_1 + c_2\mathbf{X}_2 \tag{4}$$

onde $\mathbf{X}_1$ e $\mathbf{X}_2$ constituem um **conjunto fundamental de soluções** de (3) em I. Define-se a **solução geral do sistema não-homogêneo** (2) como

$$\mathbf{X} = \mathbf{X}_c + \mathbf{X}_p,$$

onde $\mathbf{X}_c$ é definida por (4) e $\mathbf{X}_p$ é *qualquer* vetor solução de (2).

Para resolver um sistema homogêneo (3), determinamos os **autovalores** da matriz **A** de coeficientes e achamos em seguida os **autovetores** correspondentes.

Para resolver um sistema não-homogêneo, resolvemos primeiro o sistema homogêneo associado. Obtém-se em seguida um vetor solução particular $\mathbf{X}_p$ do sistema não-homogêneo, seja pelos **coeficientes indeterminados** ou pela **variação dos parâmetros**.

Define-se uma **matriz fundamental** de um sistema homogêneo (3) em duas variáveis dependentes como

$$\mathbf{\Phi}(t) = \begin{pmatrix} x_1 & x_2 \\ y_1 & y_2 \end{pmatrix}. \tag{5}$$

As colunas em (5) são obtidas de dois vetores solução linearmente independentes, $\mathbf{X}_1$ e $\mathbf{X}_2$, de (3). Em termos de matrizes, o método da variação dos parâmetros conduz a uma solução particular dada por

$$\mathbf{X}_p = \mathbf{\Phi}(t)\int \mathbf{\Phi}^{-1}(t)\mathbf{F}(t)\,dt.$$

A solução geral de (2) em um intervalo é

$$\mathbf{X} = \mathbf{\Phi}(t)\mathbf{C} + \mathbf{\Phi}(t)\int \mathbf{\Phi}^{-1}(t)\mathbf{F}(t)\,dt,$$

onde **C** é uma matriz coluna que contém duas constantes arbitrárias. A matriz $\mathbf{\Phi}^{-1}(t)$ é chamada **inversa multiplicativa** de $\mathbf{\Phi}(t)$; a inversa multiplicativa verifica $\mathbf{\Phi}(t)\mathbf{\Phi}^{-1}(t) = \mathbf{\Phi}^{-1}(t)\mathbf{\Phi}(t) = \mathbf{I}$, onde **I** é a **identidade multiplicativa** 2×2.

Capítulo 8 *EXERCÍCIOS DE REVISÃO*

As respostas dos exercícios selecionados estão na página 395.

Responda os Problemas 1-12 sem recorrer ao texto. Preencha os espaços em branco ou responda verdadeiro/falso.

1. Toda equação diferencial linear de segunda ordem pode ser expressa como um sistema de duas equações diferenciais lineares de primeira ordem._______

2. Se $\mathbf{A} = \begin{pmatrix} 1 \\ 2 \end{pmatrix}$ e $\mathbf{B} = (3 \quad 4)$, então $\mathbf{AB}$ = ________ e $\mathbf{BA}$ = ________ .

3. Se $\mathbf{A} = \begin{pmatrix} 1 & 2 \\ 3 & 4 \end{pmatrix}$ então $\mathbf{A}^{-1}$ = ________ .

4. Se **A** é uma matriz não-singular para a qual **AB** = **AC**, então **B** = **C**. ________

5. Se $\mathbf{X}_1$ é uma solução de $\mathbf{X}' = \mathbf{AX}$ e $\mathbf{X}_2$ é uma solução de $\mathbf{X}' = \mathbf{AX} + \mathbf{F}$, então $\mathbf{X} = \mathbf{X}_1 + \mathbf{X}_2$ é uma solução de $\mathbf{X}' = \mathbf{AX} + \mathbf{F}$. ________

6. Uma matriz fundamental $\mathbf{\Phi}$ de um sistema $\mathbf{X}' = \mathbf{AX}$ é sempre não-singular.________

7. Seja **A** uma matriz $n \times n$. Os autovalores de **A** são as soluções não-zero de $\det(\mathbf{A} - \lambda\mathbf{I}) = 0$.________

8. Um múltiplo constante não-zero de um autovetor é um autovetor correspondente ao mesmo autovalor.______

9. Um vetor coluna **K** $n \times 1$ com todos os elementos zero nunca pode ser um autovetor de uma matriz **A** $n \times n$.______

10. Seja **A** uma matriz $n \times n$ com elementos reais. Se λ é um autovalor complexo, então $\bar{\lambda}$ também é um autovalor de **A**.______

11. Uma matriz **A** $n \times n$ sempre possui n autovetores linearmente independentes.______

12. A matriz aumentada

$$\left(\begin{array}{ccc|c} 1 & 1 & 1 & 2 \\ 0 & 1 & 0 & 3 \\ 0 & 0 & 0 & 0 \end{array}\right)$$

está em forma escalonada reduzida por linhas.______

Nos Problemas 13-16, utilize a eliminação sistemática ou determinantes para resolver o sistema dado.

13. $$\begin{aligned} x' + y' &= 2x + 2y + 1 \\ x' + 2y' &= y + 3 \end{aligned}$$

14. $$\begin{aligned} \frac{dx}{dt} &= 2x + y + t - 2 \\ \frac{dy}{dt} &= 3x + 4y - 4t \end{aligned}$$

15. $$\begin{aligned} (D-2)x - y &= e^t \\ -3x + (D-4)y &= -7e^t \end{aligned}$$

16. $$\begin{aligned} (D+2)x + (D+1)y &= \operatorname{sen} 2t \\ 5x + (D+3)y &= \cos 2t \end{aligned}$$

Nos Problemas 17 e 18, aplique a transformada de Laplace para resolver cada sistema.

17. $$\begin{aligned} x' + y &= t \\ 4x + y' &= 0 \\ x(0) = 1,\ & y(0) = 2 \end{aligned}$$

18. $$\begin{aligned} x'' + y'' &= e^{2t} \\ 2x' + y'' &= -e^{2t} \\ x(0) = 0,\ & y(0) = 0 \\ x'(0) = 0,\ & y'(0) = 0 \end{aligned}$$

19. **(a)** Escreva como uma matriz coluna **X**:

$$\begin{pmatrix} 3 & 1 & 1 \\ -1 & 2 & -1 \\ 0 & -2 & 4 \end{pmatrix}\begin{pmatrix} t \\ t^2 \\ t^3 \end{pmatrix} - \begin{pmatrix} 2 \\ -2 \\ -1 \end{pmatrix} + 2t\begin{pmatrix} 1 \\ 0 \\ 4 \end{pmatrix} + 2t^2\begin{pmatrix} 1 \\ -1 \\ 7 \end{pmatrix}.$$

(b) Ache $d\mathbf{X}/dt$.

20. Escreva a equação diferencial

$$3y^{(4)} - 5y'' + 9y = 6e^t - 2t$$

como um sistema de equações de primeira ordem em forma normal linear.

21. Escreva o sistema

$$\begin{aligned}(2D^2 + D)y - \quad D^2x &= \ln t\\ D^2y + \quad (D+1)x &= 5t - 2\end{aligned}$$

como um sistema de equações de primeira ordem em forma normal linear.

22. Verifique que a solução geral do sistema

$$\frac{dx}{dt} = y$$

$$\frac{dy}{dt} = -x + 2y - 2\cos t$$

no intervalo $(-\infty, \infty)$ é

$$\mathbf{X} = c_1\begin{pmatrix}1\\1\end{pmatrix}e^t + c_2\left[\begin{pmatrix}1\\1\end{pmatrix}te^t + \begin{pmatrix}0\\1\end{pmatrix}e^t\right] + \begin{pmatrix}\operatorname{sen} t\\ \cos t\end{pmatrix}.$$

Nos Problemas 23-28, aplique os conceitos de autovalor e autovetor para resolver cada sistema.

23. $\dfrac{dx}{dt} = 2x + y$

$\dfrac{dy}{dt} = -x$

24. $\dfrac{dx}{dt} = -4x + 2y$

$\dfrac{dy}{dt} = 2x - 4y$

25. $\mathbf{X}' = \begin{pmatrix}1 & 2\\ -2 & 1\end{pmatrix}\mathbf{X}$

26. $\mathbf{X}' = \begin{pmatrix}-2 & 5\\ -2 & 4\end{pmatrix}\mathbf{X}$

27. $\mathbf{X}' = \begin{pmatrix}1 & 1 & 1\\ 1 & 1 & 1\\ 1 & 1 & 1\end{pmatrix}\mathbf{X}$

28. $\mathbf{X}' = \begin{pmatrix}1 & -1 & 1\\ 0 & 1 & 3\\ 4 & 3 & 1\end{pmatrix}\mathbf{X}$

Nos Problemas 29-32 aplique o método dos coeficientes indeterminados ou a variação dos parâmetros para resolver o sistema dado.

29. $\mathbf{X}' = \begin{pmatrix}2 & 8\\ 0 & 4\end{pmatrix}\mathbf{X} + \begin{pmatrix}2\\ 16t\end{pmatrix}$

30. $\dfrac{dx}{dt} = \quad x + 2y$

$\dfrac{dy}{dt} = -\dfrac{1}{2}x + \quad y + e^t \operatorname{tg} t$

31. $\mathbf{X}' = \begin{pmatrix}-1 & 1\\ -2 & 1\end{pmatrix}\mathbf{X} + \begin{pmatrix}1\\ \cot t\end{pmatrix}$

32. $\mathbf{X}' = \begin{pmatrix}3 & 1\\ -1 & 1\end{pmatrix}\mathbf{X} + \begin{pmatrix}-2\\ 1\end{pmatrix}e^{2t}$

Capítulo 9

MÉTODOS NUMÉRICOS PARA EQUAÇÕES DIFERENCIAIS ORDINÁRIAS

Conceitos Importantes

Elementos lineares
Isóclinas
Campos de direção
Método de Euler
Tamanho do passo
Erro absoluto
Erro relativo
Erro relativo percentual
O método de Euler melhorado
O método de Taylor com três termos
O método de Runge-Kutta de quarta ordem
Métodos de passo único
Métodos de passo múltiplo
O método de Adams-Bashforth/Adams-Moulton
O método de Milne
Método estável
Erro de arredondamento
Erro de truncamento local
Erro de truncamento global

Uma equação diferencial não tem necessariamente uma solução, e mesmo que a possua, nem sempre podemos achá-la (isto é, exibi-la) explícita ou implicitamente. Em muitas instâncias, particularmente no caso de equações não-lineares, devemos contentar-nos com uma aproximação da solução.

Se existe uma solução de uma equação diferencial, ela representa um lugar de pontos (pontos unidos por uma curva suave) no plano cartesiano. A partir da Seção 9.2, estudaremos processos numéricos que utilizam a equação diferencial para obter uma seqüência de pontos distintos cujas coordenadas são aproximações das coordenadas dos pontos da curva solução.

Focalizaremos em primeiro lugar, neste capítulo, problemas de valor inicial de primeira ordem: $dy/dx = f(x, y)$, $y(x_0) = y_0$. Veremos que os processos numéricos estabelecidos para equações de primeira ordem podem, de maneira natural, ser adaptados a sistemas de equações de primeira ordem. Em conseqüência, podemos aproximar soluções de problemas de valor inicial de ordem mais elevada, reduzindo a equação diferencial correspondente a um sistema de equações de primeira ordem (ver Seção 8.3). Na Seção 9.8 focalizaremos um processo numérico para problemas de contorno de segunda ordem.

Continua

Quociente de diferenças
Diferença finita
Equação de diferenças finitas

continuação

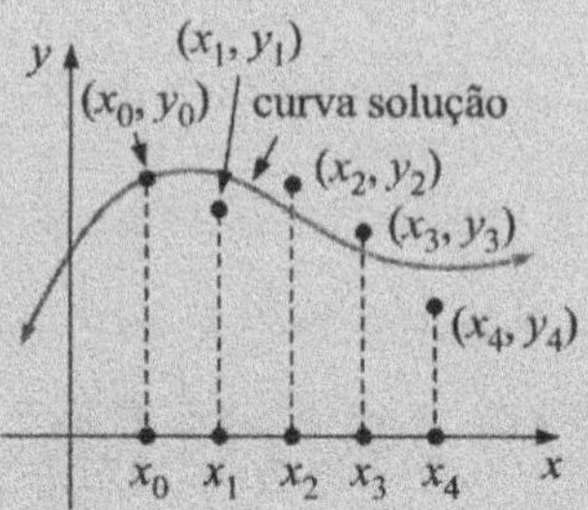

Começaremos com o estudo de campos de direção. Embora não se trate de um método numérico, o conceito de campo de direção permite-nos esboçar uma solução de uma equação diferencial de primeira ordem sem resolvê-la efetivamente.

9.1 CAMPOS DE DIREÇÃO

Elementos Lineares

Supondo, por enquanto, que não conhecemos a solução geral da equação muito simples $y' = y$. Especificamente, a equação diferencial implica que os coeficientes angulares das tangentes a uma curva solução sejam dados pela função $f(x, y) = y$. Quando $f(x, y)$ é constante, isto é, quando

$$y = c, \quad (1)$$

c sendo uma constante arbitrária, estamos na realidade afirmando que o coeficiente angular das tangentes às curvas solução tem o mesmo valor constante ao longo de uma reta horizontal. Por exemplo, para $y = 2$, iremos traçar uma seqüência de pequenos segmentos de reta, ou **elementos lineares**, cada um com coeficiente angular 2 e ponto médio sobre a reta. Conforme mostra a Figura 9.1, as curvas solução passam por essa reta horizontal em cada ponto, tangenciando os elementos lineares.

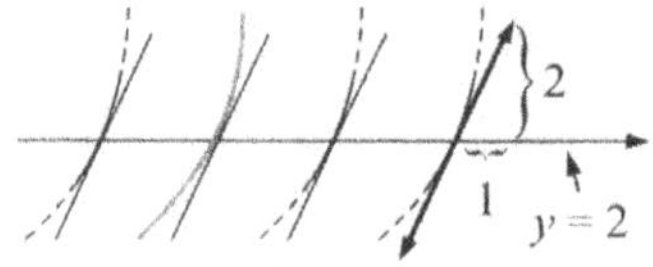

Figura 9.1

Isóclinas e Campos de Direção

A equação (1) representa uma família de retas horizontais com um parâmetro. De modo geral, qualquer membro da família $f(x, y) = c$ é chamado uma **isóclina**, o que literalmente significa uma curva ao longo da qual a inclinação (das tangentes) é a mesma. Ao variar o parâmetro c, obtemos uma coleção de isóclinas nas quais se constroem judiciosamente os elementos lineares. A totalidade desses elementos lineares constitui um **campo de direções**, **campo de inclinações** ou **campo de elementos lineares** da equação diferencial $y' = f(x, y)$. Como podemos ver na Figura 9.2(a), o campo de direções sugere um "padrão de fluxo" para a família de curvas solução da equação diferencial $y' = y$. Em particular, se queremos que uma solução passe pelo ponto (0, 1), como indicado na Figura 9.2(b), basta construirmos uma curva por esse ponto, passando pelas isóclinas com coeficientes angulares apropriados.

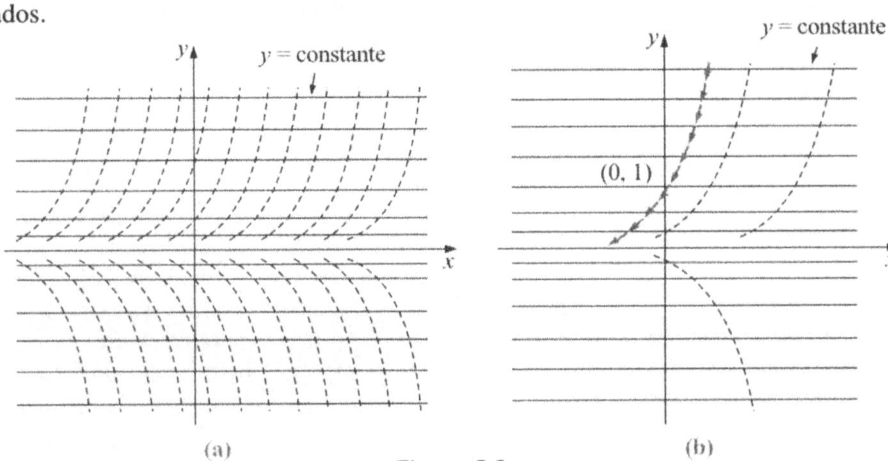

Figura 9.2

EXEMPLO 1

Determine as isóclinas para a equação diferencial

$$\frac{dy}{dx} = 4x^2 + 9y^2.$$

Solução Para $c > 0$, as isóclinas são as curvas

$$4x^2 + 9y^2 = c.$$

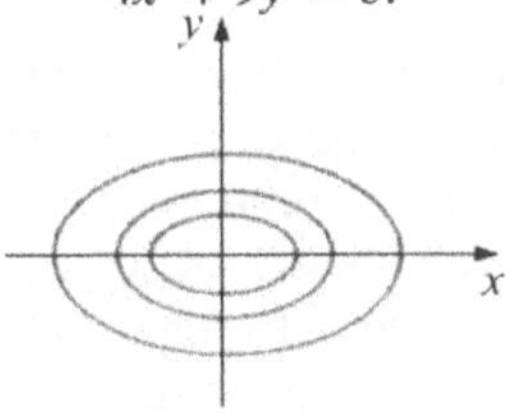

Figura 9.3

Como mostra a Figura 9.3, as curvas constituem uma família de elipses concêntricas com seu eixo maior ao longo do eixo-x. ■

EXEMPLO 2

Esboce o campo de direções e indique vários membros possíveis da família de curvas solução de

$$\frac{dy}{dx} = \frac{x}{y}.$$

Solução Antes de esboçar o campo de direções correspondente às isóclinas $x/y = c$ ou $y = x/c$, é possível notar que a equação diferencial dá as seguintes informações:

(a) Se uma curva solução corta o eixo-x ($y = 0$), ela o faz tangenciando um elemento linear vertical em qualquer ponto (exceto possivelmente (0, 0).

(b) Se uma curva solução corta o eixo-y ($x = 0$), ela o faz tangenciando um elemento linear horizontal em qualquer ponto (exceto possivelmente (0, 0).

(c) Os elementos lineares correspondentes às isóclinas $c = 1$ e $c = -1$ são colineares com as retas $y = x$ e $y = -x$, respectivamente. De fato, vê-se facilmente que ambas as isóclinas são soluções particulares da equação diferencial dada. Notemos, entretanto, que, *em geral*, as isóclinas não são necessariamente soluções de uma equação diferencial. Veja o Exemplo 4.

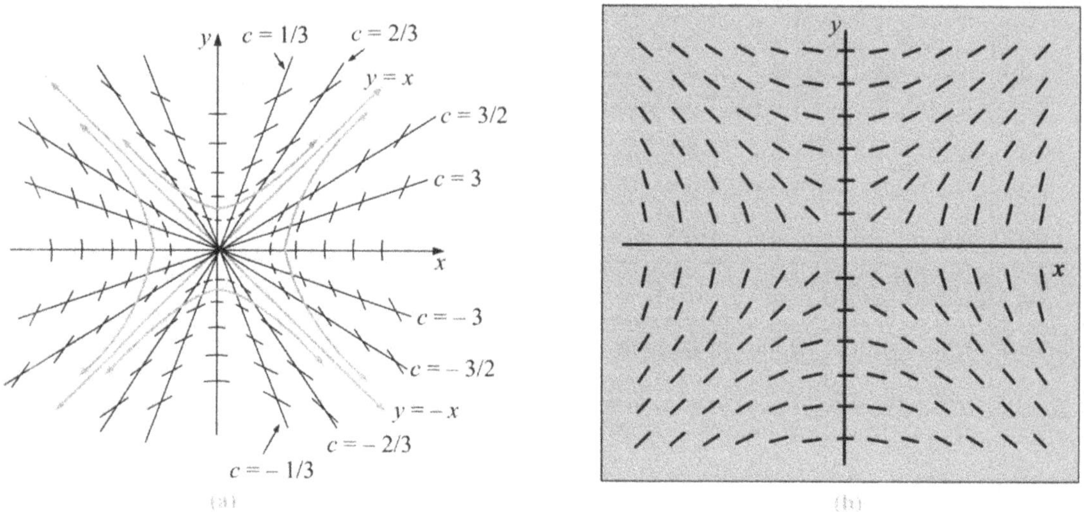

Figura 9.4

A Figura 9.4(a) mostra o campo de direções e várias curvas solução possíveis. Recorde que, em qualquer isóclina em particular, todos os elementos lineares são paralelos. Também, é possível traçar os elementos lineares de tal forma que eles sugiram o fluxo de uma curva em particular. Em outras palavras, imagine as isóclinas tão próximas umas das outras que, se ligássemos os elementos lineares, obteríamos uma curva poligonal sugerindo a forma de uma curva suave. Como alternativa, os elementos lineares podem ser traçados uniformemente espaçados em suas isóclinas, conforme versão, obtida por computador, do mesmo campo de direções dado na Figura 9.4(b). Note, entretanto, que as isóclinas não foram traçadas na parte (b). ■

EXEMPLO 3

Na Seção 2.1, afirmamos que a equação diferencial

$$\frac{dy}{dx} = x^2 + y^2$$

não pode ser resolvida em termos de funções elementares. Utilize um campo de direções para localizar uma solução aproximada que satisfaça $y(0) = 1$.

Solução As isóclinas são círculos concêntricos definidos por

$$x^2 + y^2 = c, \quad c > 0.$$

Escolhendo $c = 1/4$, $c = 1$, $c = 9/4$ e $c = 4$, obtemos os círculos de raios 1/2, 1, 3/2 e 2 exibidos na Figura 9.5(a). Os elementos lineares superpostos a cada círculo têm coeficiente angular correspondente ao valor particular de c. Pela observação da Figura 9.5(a), parece plausível que uma curva solução do problema de valor inicial dado tenha a forma da Figura 9.5(b).

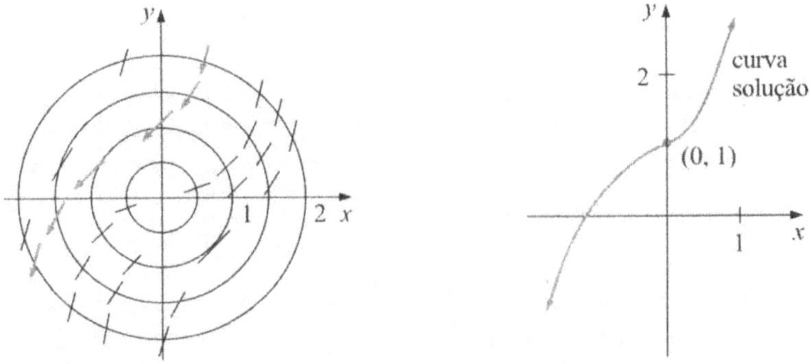

(a) **Figura 9.5** (b) ■

O conceito de campo de direções é utilizado principalmente para estabelecer a existência de uma curva solução e, se possível, localizá-la, no caso de uma equação diferencial de primeira ordem que não possa ser resolvida pelas técnicas padrão usuais. Todavia, a discussão precedente é de pouca valia para determinar valores específicos de uma solução $y(x)$ em pontos dados. Por exemplo, se quisermos achar o valor aproximado de $y(0,5)$ para a solução de

$$\frac{dy}{dx} = x^2 + y^2, \quad y(0) = 1,$$

então a Figura 9.5(b) apenas indica que $y(0,5)$ pode estar próxima de $y = 2$.

Quando as isóclinas são linhas retas, é fácil determinar quais delas (se existirem) são também soluções particulares da equação diferencial.

EXEMPLO 4

As isóclinas da equação diferencial

$$y' = 2x + y \tag{2}$$

são as retas

$$2x + y = c. \tag{3}$$

Uma reta dessa última família será solução da equação diferencial desde que seu coeficiente angular seja igual a c. Em outras palavras, tanto a equação original como a reta verificam $y' = c$. Como o coeficiente angular de (3) é -2, se escolhermos $c = -2$ então $2x + y = -2$ será uma solução de (2). ■

9.1 EXERCÍCIOS

As respostas dos exercícios selecionados estão nas páginas 396 e 397.

Nos Problemas 1 - 4, utilize o campo de direções dado, gerado por computador, para fazer o esboço de várias curvas solução da equação diferencial indicada.

1. $y' = xy$

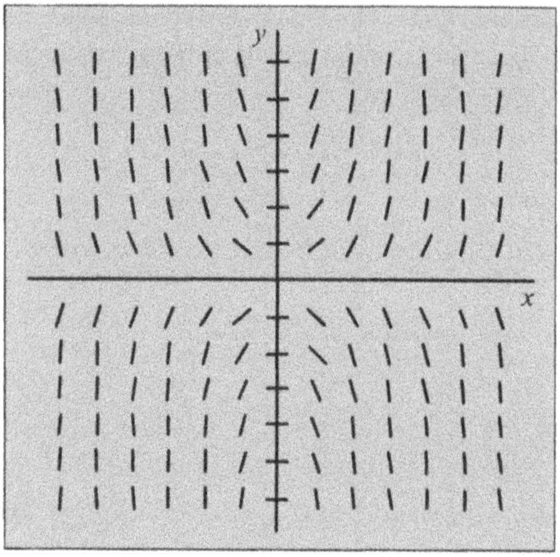

Figura 9.6

2. $y' = 1 - xy$

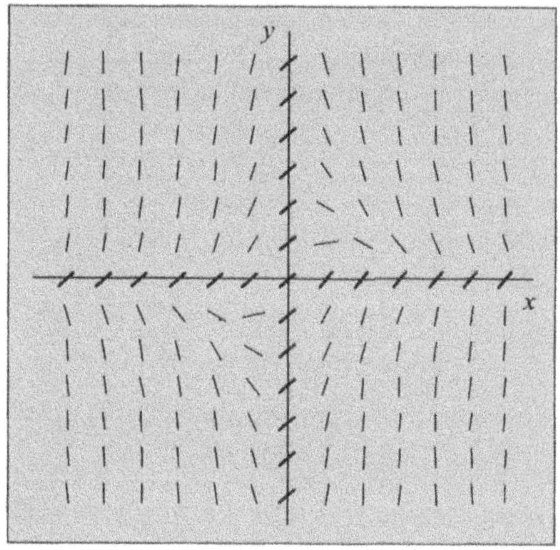

Figura 9.7

3. $y' = y - x$

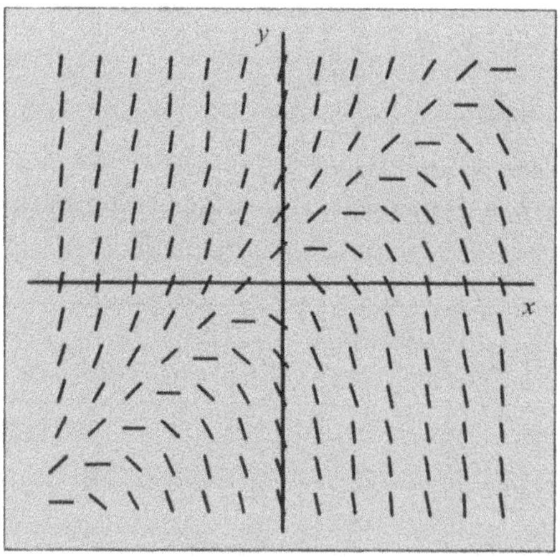

Figura 9.8

4. $y' = \cos x/\text{sen}\, y$

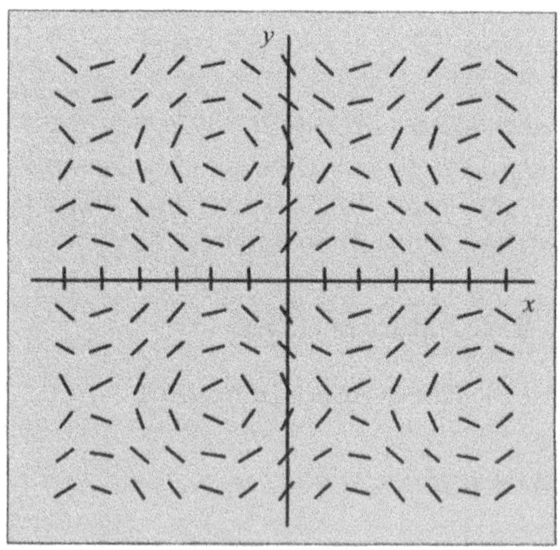

Figura 9.9

Nos Problemas 5 - 14, identifique as isóclinas para a equação diferencial dada.

5. $\frac{dy}{dx} = x + 4$

6. $\frac{dy}{dx} = 2x + y$

7. $\frac{dy}{dx} = x^2 - y^2$

8. $\frac{dy}{dx} = y - x^2$

9. $y' = \sqrt{x^2 + y^2 + 2y + 1}$

10. $y' = (x^2 + y^2)^{-1}$

11. $\frac{dy}{dx} = y(x + y)$

12. $\frac{dy}{dx} = y + e^x$

13. $\frac{dy}{dx} = \frac{y-1}{x-2}$

14. $\frac{dy}{dx} = \frac{x-y}{x+y}$

Nos Problemas 15-22, esboce, ou obtenha por computador, o campo de direções para a equação diferencial dada. Indique várias curvas solução possíveis.

15. $y' = x$

16. $y' = x + y$

17. $y\frac{dy}{dx} = -x$

18. $\frac{dy}{dx} = \frac{1}{y}$

19. $\frac{dy}{dx} = 0{,}2x^2 + y$

20. $\frac{dy}{dx} = xe^y$

21. $y' = y - \cos\frac{\pi}{2}x$

22. $y' = 1 - \frac{y}{x}$

23. Mostre formalmente que as isóclinas para a equação diferencial

$$\frac{dy}{dx} = \frac{\alpha x + \beta y}{\gamma x + \delta y}$$

são retas pela origem.

24. Mostre que $y = cx$ é uma solução da equação diferencial do Problema 23 se e somente se $(\beta - \gamma)^2 + 4\alpha\delta \geq 0$.

Nos Problemas 25-30 ache as isóclinas que são também soluções da equação diferencial. Veja os Problemas 23 e 24 e o Exemplo 4.

25. $y' = 3x + 2y$

26. $y' = 6x - 2y$

27. $y' = \frac{2x}{y}$

28. $y' = \frac{2y}{x+y}$

29. $\frac{dy}{dx} = \frac{4x + 3y}{y}$

30. $\frac{dy}{dx} = \frac{5x + 10y}{-4x + 3y}$

9.2 MÉTODOS DE EULER

O Método de Euler

O **método de Euler**, ou **método das tangentes**, constitui uma das técnicas mais simples para aproximar soluções de equações diferenciais. Suponha que queiramos aproximar a solução do problema de valor inicial

$$y' = f(x, y), \quad y(x_0) = y_0.$$

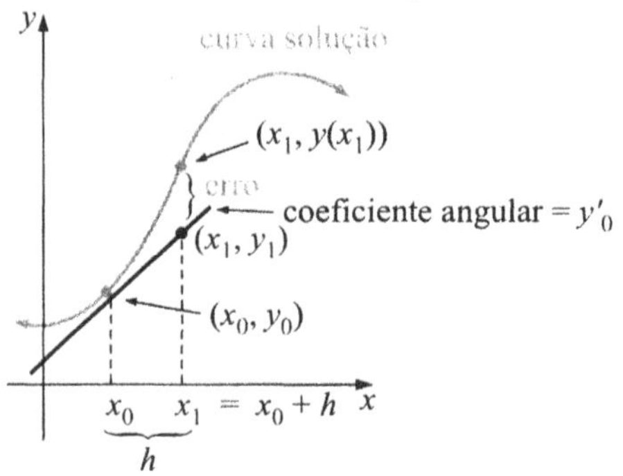

Figura 9.10

Se h é um incremento positivo no eixo-x, então, conforme mostra a Figura 9.10, podemos achar um ponto $(x_1, y_1) = (x_0 + h, y_1)$ na tangente à curva solução desconhecida em (x_0, y_0).

Pela forma ponto-coef. angular da equação de uma reta, temos

$$\frac{y_1 - y_0}{(x_0 + h) - x_0} = y'_0 \quad \text{ou} \quad y_1 = y_0 + hy'_0,$$

onde $y'_0 = f(x_0, y_0)$. Rotulando $x_0 + h$ como x_1, o ponto (x_1, y_1) na tangente é uma aproximação do ponto $(x_1, y(x_1))$ da curva solução; isto é, $y_1 \approx y(x_1)$. Naturalmente, a precisão da aproximação depende do tamanho do incremento h. De modo geral, devemos escolher esse **tamanho do passo** "razoavelmente pequeno".

Supondo um valor uniforme (constante) de h, podemos obter uma sucessão de pontos (x_1, y_1), (x_2, y_2), ... , x_n, y_n) que devem estar próximos dos pontos $(x_1, y(x_1))$, $(x_2, y(x_2))$, ... , $(x_n, y(x_n))$. Veja Figura 9.11. Utilizando agora (x_1, y_1), podemos obter o valor de y_2, que é a ordenada de um ponto em uma nova "tangente".

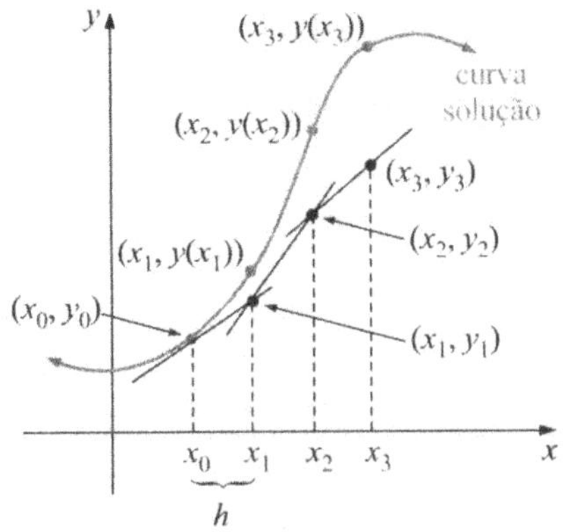

Figura 9.11

Temos

$$\frac{y_2 - y_1}{h} = y_1' \quad \text{ou} \quad y_2 = y_1 + hy_1' = y_1 + hf(x_1, y_1).$$

De modo geral, decorre que

$$\begin{aligned} y_{n+1} &= y_n + hy_n' \\ &= y_n + hf(x_n, y_n), \end{aligned} \qquad \textbf{(1)}$$

onde $x_n = x_o + nh$.

Como um exemplo, suponha que tentemos o esquema de iteração (1) em uma equação diferencial da qual conhecemos a solução explícita; dessa forma, podemos comparar os valores estimados y_n e os verdadeiros valores $y(x_n)$.

EXEMPLO 1

Consideremos o problema de valor inicial

$$y' = 0{,}2xy, \quad y(1) = 1.$$

e apliquemos o método de Euler para obter uma aproximação de $y(1{,}5)$ tomando primeiro $h = 0{,}1$ e, em seguida, $h = 0{,}05$.

Solução Identificamos inicialmente $f(x, y) = 0{,}2xy$, de modo que (1) se escreve

$$y_{n+1} = y_n + h(0{,}2x_n y_n).$$

Então, para $h = 0{,}1$, obtemos

$$\begin{aligned} y_1 &= y_0 + (0{,}1)(0{,}2x_0 y_0) \\ &= 1 + (0{,}1)[0{,}2(1)(1)] = 1{,}02, \end{aligned}$$

que é uma estimativa do valor de $y(1{,}1)$. Entretanto, tomando $h = 0{,}05$, tornam-se necessárias *duas* iterações para chegarmos a $x = 1{,}1$. Temos

$$y_1 = 1 + (0{,}05)\left[0{,}2(1)(1)\right] = 1{,}01$$
$$y_2 = 1{,}01 + (0{,}05)\left[0{,}2(1{,}05)(1{,}01)\right] = 1{,}020605.$$

Aqui, notamos que $y_1 \approx y(1{,}05)$ e $y_2 \approx y(1{,}1)$. O restante do cálculo está resumido nas Tabelas 9.1 e 9.2. Cada elemento é arredondado para quatro decimais.

TABELA 9.1 Método de Euler com $h = 0{,}1$

x_n	y_n	**Valor verdadeiro**	**Erro absoluto**	**Erro relativo %**
1,00	1,0000	1,0000	0,0000	0,00
1,10	1,0200	1,0212	0,0012	0,12
1,20	1,0424	1,0450	0,0025	0,24
1,30	1,0675	1,0714	0,0040	0,37
1,40	1,0952	1,1008	0,0055	0,50
1,50	1,1259	1,1331	0,0073	0,64

TABELA 9.2 Método de Euler com $h = 0{,}05$

x_n	y_n	**Valor verdadeiro**	**Erro absoluto**	**Erro relativo %**
1,00	1,0000	1,0000	0,0000	0,00
1,05	1,0100	1,0103	0,0003	0,03
1,10	1,0206	1,0212	0,0006	0,06
1,15	1,0318	1,0328	0,0009	0,09
1,20	1,0437	1,0450	0,0013	0,12
1,25	1,0562	1,0579	0,0016	0,16
1,30	1,0694	1,0714	0,0020	0,19
1,35	1,0833	1,0857	0,0024	0,22
1,40	1,0980	1,1008	0,0028	0,25
1,45	1,1133	1,1166	0,0032	0,29
1,50	1,1295	1,1331	0,0037	0,32

■

No Exemplo 1, os verdadeiros valores foram calculados a partir da solução conhecida $y = e^{0,1(x^2-1)}$. Por outro lado, define-se o **erro absoluto** como

$$|\ \textit{valor verdadeiro} - \textit{aproximação}\ |\ .$$

Por seu turno, o **erro relativo** e o **erro relativo percentual** são

$$\frac{|\ \textit{valor verdadeiro} - \textit{aproximação}\ |}{\textit{valor verdadeiro}}$$

e
$$\frac{|\ \textit{valor verdadeiro} - \textit{aproximação}\ |}{|\ \textit{valor verdadeiro}\ |} \times 100 = \frac{\textit{erro absoluto}}{|\ \textit{valor verdadeiro}\ |} \times 100.$$

Um programa de computador permite-nos examinar aproximações do gráfico da solução $y(x)$ de um problema de valor inicial, traçando os gráficos de retas pelos pontos (x_n, y_n) gerados pelo método de Euler. Na Figura 9.12, comparamos, no intervalo [1, 3], o gráfico da solução exata do problema de valor inicial do Exemplo 1 com os gráficos obtidos pelo método de Euler utilizando os valores $h = 1$, $h = 0{,}5$ e $h = 0{,}1$. Vê-se logo, pela figura, que a aproximação melhora quando o passo h diminui.

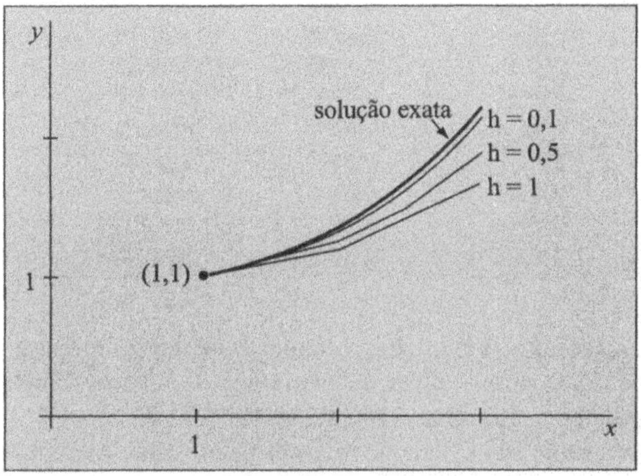

Figura 9.12

Embora, pelas Tabelas 9.1 e 9.2, o erro relativo percentual esteja crescendo, a situação não parece tão má. Mas não devemos deixar-nos enganar pelo Exemplo 1 e a Figura 9.12. Veja o que ocorre no próximo exemplo quando mudamos para 2 o coeficiente 0,2 da equação diferencial do Exemplo 1.

EXEMPLO 2

Utilizando o método de Euler, obtenha uma aproximação do valor de $y(1{,}5)$ para a solução de

$$y' = 2xy, \quad y(1) = 1.$$

Solução O leitor deve verificar que a solução exata, ou analítica, é agora $y = e^{x^2-1}$. Procedendo como no Exemplo 1, obtemos os seguintes resultados.

TABELA 9.3 Método de Euler com $h = 0{,}1$

x_n	y_n	Valor verdadeiro	Erro absoluto	Erro relativo %
1,00	1,0000	1,0000	0,0000	0,00
1,10	1,2000	1,2337	0,0337	2,73
1,20	1,4640	1,5527	0,0887	5,71
1,30	1,8154	1,9937	0,1784	8,95
1,40	2,2874	2,6117	0,3244	12,42
1,50	2,9278	3,4904	0,5625	16,12

TABELA 9.4 Método de Euler com $h = 0{,}05$

x_n	y_n	**Valor verdadeiro**	**Erro absoluto**	**Erro relativo %**
1,00	1,0000	1,0000	0,0000	0,00
1,05	1,1000	1,1079	0,0079	0,72
1,10	1,2155	1,2337	0,0182	1,47
1,15	1,3492	1,3806	0,0314	2,27
1,20	1,5044	1,5527	0,0483	3,11
1,25	1,6849	1,7551	0,0702	4,00
1,30	1,8955	1,9937	0,0982	4,93
1,35	2,1419	2,2762	0,1343	5,90
1,40	2,4311	2,6117	0,1806	6,92
1,45	2,7714	3,0117	0,2403	7,98
1,50	3,1733	3,4904	0,3171	9,08

■

Nesse caso, com o passo $h = 0{,}1$, um erro relativo de 16% no cálculo da aproximação de $y(1{,}5)$ é totalmente inaceitável. À custa da duplicação do número de cálculos, obtém-se ligeira melhora na aproximação, reduzindo-se o passo para a metade, $h = 0{,}05$.

Na Seção 9.6 discutiremos detalhadamente os erros no método de Euler.

Naturalmente, em muitas instâncias, podemos não conhecer uma solução de uma equação diferencial ou mesmo não saber se existe efetivamente uma solução para um problema de valor inicial. A equação não-linear seguinte tem uma solução em forma compacta, mas deixamos como exercício a sua determinação. (Veja o Problema 1.)

EXEMPLO 3

Com auxílio do método de Euler, obtenha o valor aproximado de $y(0{,}5)$ para a solução de

$$y' = (x + y - 1)^2, \quad y(0) = 2.$$

Solução Para $n = 0$ e $h = 0{,}1$, temos

$$\begin{aligned} y_1 &= y_0 + (0{,}1)(x_0 + y_0 - 1)^2 \\ &= 2 + (0{,}1)(1)^2 = 2{,}1. \end{aligned}$$

Os cálculos restantes estão resumidos nas Tabelas 9.5 e 9.6 para $h = 0{,}1$ e $h = 0{,}05$, respectivamente.

TABELA 9.5 Método de Euler com $h = 0{,}1$

x_n	y_n
0,00	2,0000
0,10	2,1000
0,20	2,2440
0,30	0,4525
0,40	2,7596
0,50	3,2261

TABELA 9.6 Método de Euler com $h = 0{,}05$

x_n	y_n
0,00	2,0000
0,05	2,0500
0,10	2,1105
0,15	2,1838
0,20	2,2727
0,25	2,3812
0,30	2,5142
0,35	2,6788
0,40	2,8845
0,45	3,1455
0,50	3,4823

■

Eventualmente podemos desejar precisão maior do que a acusada, digamos, pela Tabela 9.4; tentaremos, assim, um tamanho de passo ainda menor do que $h = 0{,}05$. Entretanto, em lugar de recorrer a esse trabalho extra, seria mais vantajoso empregar um processo numérico alternativo. A fórmula de Euler, por si mesma atraente por sua simplicidade, raramente é utilizada em cálculos sérios.

O Método de Euler Melhorado

A fórmula

$$y_{n+1} = y_n + h\frac{f(x_n, y_n) + f(x_{n+1}, y^*_{n+1})}{2},$$

$$\text{onde} \quad y^*_{n+1} = y_n + hf(x_n, y_n) \qquad (2)$$

é conhecida como **fórmula de Euler melhorada,** ou **fórmula de Heun**. Os valores $f(x_n, y_n)$ e $f(x_{n+1}, y_{n+1})$ são aproximações do coeficiente angular da curva em $(x_n, y(x_n))$ e $(x_{n+1}, y(x_{n+1}))$ e, conseqüentemente, o quociente

$$\frac{f(x_n, y_n) + f(x_{n+1}, y^*_{n+1})}{2}$$

pode ser interpretado como um coeficiente angular médio no intervalo entre x_n e x_{n+1}.

A equação em (2) pode ser visualizada rapidamente. Na Figura 9.13, mostramos o caso em que $n = 0$. Notemos que

$$f(x_0, y_0) \quad \text{e} \quad f(x_1, y^*_1)$$

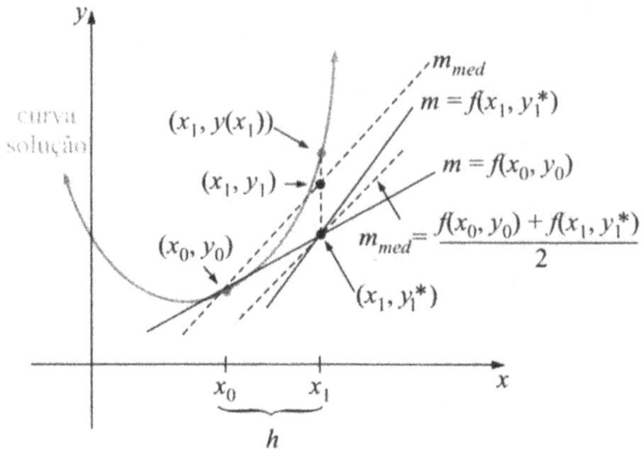

Figura 9.13

são coeficientes angulares das retas indicadas que passam pelos pontos (x_0, y_0) e (x_1, y_1^*), respectivamente. Tomando uma média desses coeficientes angulares, obtemos o coeficiente angular das retas tracejadas. Em lugar de avançarmos ao longo da reta de coeficiente angular $m = f(x_0, y_0)$ até o ponto com ordenada y_1^* obtido pelo método usual de Euler, avançamos ao longo da reta por (x_0, y_0) com coeficiente angular m_{med} até atingirmos x_1. Pela observação da figura, parece plausível que y_1 constitua uma melhora em relação a y^*_1. De fato, na Seção 9.6 veremos que o método de Euler melhorado é mais preciso do que o método de Euler.

Podemos também dizer que o valor de

$$y_1^* = y_0 + hf(x_0, y_0)$$

prediz um valor de $y(x_1)$, enquanto que

$$y_1 = y_0 + h\frac{f(x_0, y_0) + f(x_1, y_1^*)}{2}$$

corrige essa estimativa.

EXEMPLO 4

Aplicando o método melhorado de Euler, obtenha o valor aproximado de $y(1{,}5)$ para a solução do problema de valor inicial do Exemplo 2. Compare os resultados para $h = 0{,}1$ e $h = 0{,}05$.

Solução Para $n = 0$ e $h = 0{,}1$, calculamos inicialmente

$$y_1^* = y_0 + (0{,}1)(2x_0y_0) = 1{,}2.$$

Então, por (2),

$$y_1 = y_0 + (0{,}1)\frac{2x_0y_0 + 2x_1y_1^*}{2}$$

$$= 1 + (0{,}1)\frac{2(1)(1) + 2(1{,}1)(1{,}2)}{2} = 1{,}232.$$

As Tabelas 9.7 e 9.8 dão os valores comparativos dos cálculos para $h = 0,1$ e $h = 0,5$, respectivamente.

TABELA 9.7 Método de Euler melhorado com $h = 0,1$

x_n	y_n	**Valor verdadeiro**	**Erro absoluto**	**Erro relativo %**
1,00	1,0000	1,0000	0,0000	0,00
1,10	1,2320	1,2337	0,0017	0,14
1,20	1,5479	1,5527	0,0048	0,31
1,30	1,9832	1,9937	0,0106	0,53
1,40	2,5908	2,6117	0,0209	0,80
1,50	3,4509	3,4904	0,0394	1,13

TABELA 9.8 Método de Euler melhorado com $h = 0,05$

x_n	y_n	**Valor verdadeiro**	**Erro absoluto**	**Erro relativo %**
1,00	1,0000	1,0000	0,0000	0,00
1,05	1,1077	1,1079	0,0002	0,02
1,10	1,2332	1,2337	0,0004	0,04
1,15	1,3798	1,3806	0,0008	0,06
1,20	1,5514	1,5527	0,0013	0,08
1,25	1,7531	1,7551	0,0020	0,11
1,30	1,9909	1,9937	0,0029	0,14
1,35	2,2721	2,2762	0,0041	0,18
1,40	2,6060	2,6117	0,0057	0,22
1,45	3,0038	3,0117	0,0079	0,26
1,50	3,4795	3,4904	0,0108	0,31

■

Cabe aqui uma breve advertência. Não podemos calcular primeiro todos os valores de y_n^* e substituí-los então na primeira fórmula de (2). Em outras palavras, não podemos utilizar os dados na Tabela 9.3 para auxiliar na construção dos valores da Tabela 9.7. Por que não?

EXEMPLO 5

Com a fórmula melhorada de Euler, obtenha o valor aproximado de $y(0,5)$ para a solução do problema de valor inicial do Exemplo 3.

Solução Para $n = 0$ e $h = 0,1$, temos

$$y_1^* = y_0 + (0,1)(x_0 + y_0 - 1)^2 = 2,1$$

e assim

$$y_1 = y_0 + (0,1)\frac{(x_0 + y_0 - 1)^2 + (x_1 + y_1^* - 1)^2}{2}$$

$$= 2 + (0,1)\frac{1 + 1,44}{2} = 2,122.$$

Os cálculos restantes estão resumidos nas Tabelas 9.9 e 9.10 para $h = 0,1$ e $h = 0,05$, respectivamente.

TABELA 9.9 Método de euler melhorado com $h = 0,1$

x_n	y_n
0,00	2,0000
0,10	2,1220
0,20	2,3049
0,30	2,5858
0,40	3,0378
0,50	3,8254

TABELA 9.10 Método de euler melhorado com $h = 0,05$

x_n	y_n
0,00	2,0000
0,05	2,0553
0,10	2,1228
0,15	2,2056
0,20	2,3075
0,25	2,4342
0,30	2,5931
0,35	2,7953
0,40	3,0574
0,45	3,4057
0,50	3,8840

■

9.2 EXERCÍCIOS

As respostas dos exercícios selecionados estão nas páginas 397 a 399.

1. Resolva o problema de valor inicial

$$y' = (x + y - 1)^2, \quad y(0) = 2,$$

em termos de funções elementares.

2. Seja $y(x)$ a solução do problema de valor inicial dado no Problema 1. Arredonde para quatro decimais o cálculo dos valores exatos de $y(0,1)$, $y(0,2)$, $y(0,3)$, $y(0,4)$ e $y(0,5)$. Compare esses valores com os valores das Tabelas 9.5, 9.6, 9.9 e 9.10.

Dados os problemas de valor inicial nos Problemas 3-12, aplique a fórmula de Euler para obter uma aproximação com quatro decimais do valor indicado. Tome primeiro (**a**) $h = 0,1$ e, em seguida, (**b**) $h = 0,05$.

3. $y' = 2x - 3y + 1, y(1) = 5;\ y(1,5)$

4. $y' = 4x - 2y, y(0) = 2;\ y(0,5)$

5. $y' = 1 + y^2, y(0) = 0;\ y(0,5)$

6. $y' = x^2 + y^2, y(0) = 1;\ y(0,5)$

7. $y' = e^{-y}, y(0) = 0;\ y(0,5)$

8. $y' = x + y^2, y(0) = 0;\ y(0,5)$

9. $y' = (x - y)^2, y(0) = 0,5;\ y(0,5)$

10. $y' = xy + \sqrt{y}, y(0) = 1;\ y(0,5)$

11. $y' = xy^2 - \dfrac{y}{x}, y(1) = 1;\ y(1,5)$

12. $y' = y - y^2, y(0) = 0,5;\ y(0,5)$

13. Como partes (**a**)-(**e**) desse problema, refaça os cálculos dos Problemas 3, 5, 7, 9 e 11 utilizando a fórmula melhorada de Euler.

14. Como partes **(a)**-**(e)** desse problema, refaça os cálculos dos problemas 4, 6, 8, 10 e 12 utilizando a fórmula melhorada de Euler.

15. Embora não sendo óbvio pela equação diferencial, sua solução pode apresentar "mau comportamento" na vizinhança de um ponto x em que desejamos aproximar $y(x)$. Processos numéricos podem então dar resultados muito diferentes nessa vizinhança. Seja $y(x)$ a solução do problema de valor inicial

$$y' = x^2 + y^3, \quad y(1) = 1.$$

Com $h = 0{,}1$, compare os resultados obtidos pela fórmula de Euler com os obtidos pela fórmula melhorada de Euler na aproximação de $y(1{,}4)$.

16. Estabeleça a fórmula básica de Euler integrando ambos os membros da equação $y' = f(x, y)$ no intervalo $x_n \le x \le x_{n+1}$. Aproxime a integral do membro direito substituindo a função $f(x, y)$ por seu valor no ponto extremo esquerdo do intervalo de integração.

17. Seguindo o processo delineado no Problema 16, deduza a fórmula de Euler melhorada. [*Sug.*: Substitua o integrando à direita pela média de seus valores nos pontos extremos do intervalo de integração.]

9.3 O MÉTODO DE TAYLOR COM TRÊS TERMOS

O método numérico estudado nesta seção – o **método de Taylor com três termos** – tem mais interesse teórico do que importância prática, porque os resultados obtidos com a aplicação da fórmula (5) abaixo não diferem essencialmente dos obtidos com o método de Euler melhorado.

Nesse estudo de soluções numéricas de equações diferenciais, podemos deduzir, de um desenvolvimento em série de Taylor, muitos algoritmos computacionais. Recorde, do cálculo, que a forma desse desenvolvimento, centrado em um ponto $x = a$, é

$$y(x) = y(a) + y'(a)\frac{(x-a)}{1!} + y''(a)\frac{(x-a)^2}{2!} + \cdots. \tag{1}$$

Supõe-se que a função $y(x)$ possua derivadas de todas as ordens e que a série (1) seja convergente em algum intervalo definido por $|x - a| < R$. Note, em particular, que, fazendo $a = x_n$ e $x = x_n + h$, (1) se escreve

$$y(x_n + h) = y(x_n) + y^1(x_n)h + y''(x_n)\frac{h^2}{2} + \cdots. \tag{2}$$

Revendo o Método de Euler

Além disso, suponhamos que a função $y(x)$ seja uma solução da equação diferencial de primeira ordem

$$y' = f(x, y).$$

Truncando a série (2) após, digamos, dois termos, obtemos a aproximação

$$y(x_n + h) \approx y(x_n) + y'(x_n)h$$

ou

$$y(x_n + h) \approx y(x_n) + f(x_n, y(x_n))h. \tag{3}$$

Note que podemos obter a fórmula de Euler

$$y_{n+1} = y_n + hf(x_n, y_n) \tag{4}$$

da seção precedente, substituindo $y(x_n + h)$ e $y(x_n)$ em (3) por suas aproximações y_{n+1} e y_n, respectivamente. O símbolo de aproximação ≈ foi substituído por uma igualdade porque estamos definindo o membro esquerdo de (4) pelos números obtidos a partir do membro direito.

O Método de Taylor

Conservando três termos na série (2), podemos escrever

$$y(x_n + h) \approx y(x_n) + y'(x_n)h + y''(x_n)\frac{h^2}{2}.$$

Após fazer as substituições indicadas precedentemente, decorre que

$$y_{n+1} = y_n + y_n'h + y_n''\frac{h^2}{2}. \tag{5}$$

Pode-se obter a derivada y''diferenciando $y' = f(x, y)$.

A essa altura, voltemos nossa atenção para os dois problemas de valor inicial da Seção 9.2.

EXEMPLO 1

Com auxílio da fórmula de Taylor com três termos, obtenha o valor aproximado de $y(1{,}5)$ para a solução de

$$y' = 2xy, \quad y(1) = 1.$$

Compare os resultados para $h = 0{,}1$ e $h = 0{,}05$.

Solução Como $y' = 2xy$, decorre da regra do produto que $y'' = 2xy' + 2y$. Assim, por exemplo, quando $h = 0{,}1$, $n = 0$, podemos calcular primeiro

$$y_0' = 2x_0y_0 = 2(1)(1) = 2$$

e então $$y_0'' = 2x_0y_0' + 2y_0 = 2(1)(2) + 2(1) = 6.$$

Portanto, (5) se escreve

$$y_1 = y_0 + y_0'(0{,}1) + y_0''\frac{(0{,}1)^2}{2} = 1 + 2(0{,}1) + 6(0{,}005) = 1{,}23.$$

As Tabelas 9.11 e 9.12 resumem os resultados da iteração, juntamente com os valores exatos, para comparação.

TABELA 9.11 Método de Taylor com três termos, $h = 0{,}1$

x_n	y_n	**Valor verdadeiro**	**Erro absoluto**	**Erro relativo %**
1,00	1,0000	1,0000	0,0000	0,00
1,10	1,2300	1,2337	0,0037	0,30
1,20	1,5427	1,5527	0,0100	0,65
1,30	1,9728	1,9937	0,0210	1,05
1,40	2,5721	2,6117	0,0396	1,52
1,50	3,4188	3,4904	0,0715	2,05

TABELA 9.12 Método de Taylor com três termos, $h = 0{,}05$

x_n	y_n	**Valor verdadeiro**	**Erro absoluto**	**Erro relativo %**
1,00	1,0000	1,0000	0,0000	0,00
1,05	1,1075	1,1079	0,0004	0,04
1,10	1,2327	1,2337	0,0010	0,08
1,15	1,3788	1,3806	0,0018	0,13
1,20	1,5499	1,5527	0,0028	0,18
1,25	1,7509	1,7551	0,0041	0,23
1,30	1,9879	1,9937	0,0059	0,29
1,35	2,2681	2,2762	0,0081	0,36
1,40	2,6006	2,6117	0,0111	0,43
1,45	2,9967	3,0117	0,0150	0,50
1,50	3,4702	3,4904	0,0202	0,58

■

EXEMPLO 2

Com auxílio da fórmula de Taylor com três termos, obtenha uma aproximação de $y(0{,}5)$ para a solução de

$$y' = (x + y - 1)^2, \quad y(0) = 2.$$

Solução Nesse caso, calculamos y'' pela regra da potência. Vem:

$$y'' = 2(x + y - 1)(1 + y').$$

As Tabelas 9.13 e 9.14 resumem os resultados para $h = 0{,}1$ e $h = 0{,}05$, respectivamente.

TABELA 9.13 Método de Taylor com três termos, $h = 0,1$

x_n	y_n
0,00	2,0000
0,10	2,1200
0,20	2,2992
0,30	2,5726
0,40	3,0077
0,50	3,7511

TABELA 9.14 Método de Taylor com três termos, $h = 0,05$

x_n	y_n
0,00	2,0000
0,05	2,0550
0,10	2,1222
0,15	2,2045
0,20	2,3058
0,25	2,4315
0,30	2,5890
0,35	2,7889
0,40	3,0475
0,45	3,3898
0,50	3,8574

■

Uma comparação dos dois últimos exemplos com os resultados correspondentes obtidos pelo método de Euler melhorado não acusa divergências acentuadas. De fato, quando $f(x, y)$ é linear em ambas as variáveis x e y, o método de Taylor dá, para um determinado valor de h, *os mesmos* valores de y_n, que o método de Euler melhorado. Veja os Problemas 12 e 13. Na análise do erro feita na Seção 9.6, veremos que esses dois métodos têm a mesma precisão.

9.3 EXERCÍCIOS

As respostas dos exercícios selecionados estão nas páginas 399 e 400.

Dados os problemas de valor inicial nos Problemas 1-10, utilize a fórmula de Taylor com três termos para obter uma aproximação do valor indicado, com quatro decimais. Use primeiro **(a)** $h = 0,1$ e em seguida **(b)** $h = 0,05$.

1. $y' = 2x - 3y + 1, y(1) = 5; \quad y(1,5)$

2. $y' = 4x - 2y, y(0) = 2; \quad y(0,5)$

3. $y' = 1 + y^2, y(0) = 0; \quad y(0,5)$

4. $y' = x^2 + y^2, y(0) = 1; \quad y(0,5)$

5. $y' = e^{-y}, y(0) = 0; \quad y(0,5)$

6. $y' = x + y^2, y(0) = 0; \quad y(0,5)$

7. $y' = (x - y)^2, y(0) = 0,5; \quad y(0,5)$

8. $y' = xy + \sqrt{y}, y(0) = 1; \quad y(0,5)$

9. $y' = xy^2 - \dfrac{y}{x}, y(1) = 1; \quad y(1,5)$

10. $y' = y - y^2, y(0) = 0,5; \quad y(0,5)$

11. Seja $y(x)$ a solução do problema de valor inicial

$$y' = x^2 + y^3, \quad y(1) = 1.$$

Com $h = 0,1$ e a fórmula de Taylor com três termos, obtenha uma aproximação de $y(1,4)$. Compare sua resposta com os resultados obtidos no Problema 15 dos Exercícios 9.2.

12. Considere a equação diferencial $y' = f(x, y)$, onde f é linear em x e y. Prove, nesse caso, que a fórmula de Euler melhorada é a mesma que a fórmula de Taylor com três termos. [*Sug.*: Recorde, do cálculo, que uma série de Taylor para uma função g de duas variáveis é

$$g(a+h, b+k) = g(a,b) + g_x(a,b)h + g_y(a,b)k$$

$$+ \frac{1}{2}(h^2 g_{xx} + 2hk g_{xy} + k^2 g_{yy})\Big|_{(a,\,b)}$$

$$+ \textit{termos que envolvem derivadas de ordem superior.}$$

Aplique esse resultado a $f(x_n + h, y_n + hf(x_n, y_n))$ na fórmula de Euler melhorada. Leve em conta também que $y''(x) = (d/dx)y'(x) = f_x + f_y y'$.]

13. Compare os valores aproximados de $y(1{,}5)$ para

$$y' = x + y - 1, \quad y(1) = 5,$$

utilizando o método de Taylor com três termos e o método de Euler melhorado com $h = 0{,}1$. Resolva o problema de valor inicial e calcule os verdadeiros valores $y(x_n)$, $n = 0, 1, \ldots, 5$.

9.4 O MÉTODO DE RUNGE-KUTTA

Provavelmente um dos processos numéricos mais populares e, ao mesmo tempo, mais precisos para obter soluções aproximadas de equações diferenciais é o **método de Runge-Kutta de quarta ordem***. Como o nome sugere, há métodos de Runge-Kutta de diferentes ordens.

Por ora, consideremos um processo de **segunda ordem**, que consiste em determinar constantes a, b, α e β tais que a fórmula

$$y_{n+1} = y_n + ak_1 + bk_2, \tag{1}$$

onde

$$k_1 = hf(x_n, y_n)$$

$$k_2 = hf(x_n + \alpha h, y_n + \beta k_1) \tag{2}$$

concordam com um desenvolvimento em série de Taylor em tantos termos quanto possível. O propósito óbvio é obter a precisão do método de Taylor sem ter de calcular derivadas de ordem superior. Ora, pode-se mostrar que, sempre que as constantes verificam

$$a + b = 1, \quad b\alpha = \frac{1}{2}, \quad b\beta = \frac{1}{2},$$

* **Carl D. T. Runge** (1856-1927) Professor alemão de matemática aplicada na Universidade de Göttingen, Runge elaborou esse método numérico por volta de 1895 e M. W. Kutta ampliou-o em 1901. Na matemática, Runge também deu contribuição notável no campo das equações diofantinas. Na física, Runge é lembrado por seu trabalho sobre o efeito de Zeeman (as linhas espectrais no espectro de emissão de um elemento são afetadas pela presença de um campo magnético).
Martin W. Kutta (1867-1944) Também um matemático aplicado alemão, Kutta deu contribuição significativa no campo da aerodinâmica.

(1) concorda com um desenvolvimento de Taylor até h^2, ou seja, até o terceiro termo. É interessante observar que, quando $a = 1/2$, $b = 1/2$, $\alpha = 1$, $\beta = 1$, então (1) se reduz ao método de Euler melhorado. Podemos, pois, concluir que a fórmula de Taylor com três termos é, em essência, equivalente à fórmula melhorada de Euler. Por outro lado, o método básico de Euler é um processo de Runge-Kutta de **primeira ordem**.

Observe também que a soma $ak_1 + bk_2$, $a + b = 1$, na equação (1), é simplesmente uma *média ponderada* de k_1 e k_2. Os números k_1 e k_2 são múltiplos de aproximações dos coeficientes angulares em dois pontos diferentes.

A Fórmula de Runge-Kutta de Quarta Ordem

O método de Runge-Kutta de **quarta ordem** consiste em determinar constantes apropriadas tais que uma fórmula como

$$y_{n+1} = y_n + ak_1 + bk_2 + ck_3 + dk_4$$

concorde com um desenvolvimento de Taylor até h^4, isto é, até o quinto termo. Tal como em (2), os k_i são múltiplos constantes de $f(x, y)$ calculados em pontos selecionados. A dedução efetiva do método é, no mínimo, trabalhosa; por isso, limitamo-nos a enunciar os resultados:

$$\begin{aligned} y_{n+1} &= y_n + \tfrac{1}{6}(k_1 + 2k_2 + 2k_3 + k_4) \\ k_1 &= hf(x_n, y_n) \\ k_2 &= hf(x_n + \tfrac{1}{2}h, y_n + \tfrac{1}{2}k_1) \\ k_3 &= hf(x_n + \tfrac{1}{2}h, y_n + \tfrac{1}{2}k_2) \\ k_4 &= hf(x_n + h, y_n + k_3). \end{aligned} \qquad (3)$$

Recomendamos ao leitor que atente bem para as fórmulas (3); note que k_2 depende de k_1, k_3 depende de k_2 e assim por diante. Também, k_2 e k_3 envolvem aproximações do coeficiente angular no ponto médio do intervalo entre x_n e $x_{n+1} = x_n + h$.

EXEMPLO 1

Aplicando o método de Runge-Kutta com $h = 0{,}1$, obtenha uma aproximação de $y(1{,}5)$ para a solução de

$$y' = 2xy, \quad y(1) = 1.$$

Solução Para fins de ilustração, façamos os cálculos para o caso $n = 0$. De (3), obtemos

$$
\begin{aligned}
k_1 &= (0,1)f(x_0, y_0) = (0,1)(2x_0y_0) = 0,2 \\
k_2 &= (0,1)f\left(x_0 + \frac{1}{2}(0,1), y_0 + \frac{1}{2}(0,2)\right) \\
&= (0,1)2\left(x_0 + \frac{1}{2}(0,1)\right)\left(y_0 + \frac{1}{2}(0,2)\right) = 0,231 \\
k_3 &= (0,1)f\left(x_0 + \frac{1}{2}(0,1), y_0 + \frac{1}{2}(0,231)\right) \\
&= (0,1)2\left(x_0 + \frac{1}{2}(0,1)\right)\left(y_0 + \frac{1}{2}(0,231)\right) = 0,234255 \\
k_4 &= (0,1)f\,(x_0 + 0,1, y_0 + 0,234255) \\
&= (0,1)2(x_0 + 0,1)(y_0 + 0,234255) = 0,2715361
\end{aligned}
$$

e, portanto,

$$
\begin{aligned}
y_1 &= y_0 + \frac{1}{6}(k_1 + 2k_2 + 2k_3 + k_4) \\
&= + \frac{1}{6}(0,2 + 2(0,231) + 2(0,234255) + 0,2715361) = 1,23367435.
\end{aligned}
$$

A tabela a seguir, cujos elementos estão arredondados para quatro decimais, deve convencer o leitor da razão por que o método de Runge-Kutta é tão popular. Não há necessidade de utilizar tamanhos menores do passo. Na Seção 9.6 veremos a razão da alta precisão do método de Runge Kutta.

TABELA 9.15 O método de Runge-Kutta com $h = 0,1$

x_n	y_n	**Valor verdadeiro**	**Erro absoluto**	**Erro relativo %**
1,00	1,0000	1,0000	0,0000	0,00
1,10	1,2337	1,2337	0,0000	0,00
1,20	1,5527	1,5527	0,0000	0,00
1,30	1,9937	1,9937	0,0000	0,00
1,40	2,6116	2,6117	0,0001	0,00
1,50	3,4902	3,4904	0,0001	0,00

■

A essa altura é interessante observar as Tabelas 9.16 e 9.17. Essas tabelas comparam os resultados que obtivemos de várias fórmulas estudadas, aplicadas aos dois problemas específicos

$$
\begin{aligned}
y' &= 2xy, & y(1) &= 1 \\
y' &= (x + y - 1)^2, & y(0) &= 2,
\end{aligned}
$$

que consideramos nas três últimas seções.

TABELA 9.16 $y' = 2xy$, $y(1) = 1$

Comparação de métodos numéricos com $h = 0{,}1$					
x_n	**Euler**	**Euler melhorado**	**Taylor três termos**	**Runge-Kutta**	**Valor verdadeiro**
1,00	1,0000	1,0000	1,0000	1,0000	1,0000
1,10	1,2000	1,2320	1,2300	1,2337	1,2337
1,20	1.4640	1,5479	1,5427	1,5527	1,5527
1,30	1,8154	1,9832	1,9728	1,9937	1,9937
1,40	2,2874	2,5908	2,5721	2,6116	2,6117
1,50	2,9278	3,4509	3,4188	3,4902	3,4904

Comparação de métodos numéricos com $h = 0{,}05$					
x_n	**Euler**	**Euler melhorado**	**Taylor três termos**	**Runge-Kutta**	**Valor verdadeiro**
1,00	1,0000	1,0000	1,0000	1,0000	1,0000
1,05	1,1000	1,1077	1,1075	1,1079	1,1079
1,10	1,2155	1,2332	1,2327	1,2337	1,2337
1,15	1,3492	1,3798	1,3788	1,3806	1,3806
1,20	1,5044	1,5514	1,5499	1,5527	1,5527
1,25	1,6849	1,7531	1,7509	1,7551	1,7551
1,30	1,8955	1,9909	1,9879	1,9937	1,9937
1,35	2,1419	2,2721	2,2681	2,2762	2,2762
1,40	2,4311	2,6060	2,6006	2,6117	2,6117
1,45	2,7714	3,0038	2,9967	3,0117	3,0117
1,50	3,1733	3,4795	3,4702	3,4903	3,4904

TABELA 9.17 $y' = (x + y - 1)^2$, $y(0) = 2$

Comparação de métodos numéricos com $h = 0{,}1$					
x_n	**Euler**	**Euler melhorado**	**Taylor três termos**	**Runge-Kutta**	**Valor verdadeiro**
0,00	2,0000	2,0000	2,0000	2,0000	2,0000
0,10	2,1000	2,1220	2,1200	2,1230	2,1230
0,20	2,2440	2,3049	2,2992	2,3085	2,3085
0,30	2,4525	2,5858	2,5726	2,5958	2,5958
0,40	2,7596	3,0378	3,0077	3,0649	3,0650
0,50	3,2261	3,8254	3,7511	3,9078	3,9082

Tabela 9.17 *Continuação*

Comparação de métodos numéricos com $h = 0{,}05$					
x_n	**Euler**	**Euler melhorado**	**Taylor três termos**	**Runge-Kutta**	**Valor verdadeiro**
0,00	2,0000	2,0000	2,0000	2,0000	2,0000
0,05	2,0500	2,0553	2,0550	2,0554	2,0554
0,10	2,1105	2,1228	2,1222	2,1230	2,1230
0,15	2,1838	2,2056	2,2045	2,2061	2,2061
0,20	2,2727	2,3075	2,3058	2,3085	2,3085
0,25	2,3812	2,4342	2,4315	2,4358	2,4358
0,30	2,5142	2,5931	2,5890	2,5958	2,5958
0,35	2,6788	2,7953	2,7889	2,7998	2,7997
0,40	2,8845	3,0574	3,0475	3,0650	3,0650
0,45	3,1455	3,4057	3,3898	3,4189	3,4189
0,50	3,4823	3,8840	3,8574	3,9082	3,9082

9.4 EXERCÍCIOS

As respostas dos exercícios selecionados estão na página 400.

Dados os problemas de valor inicial nos Problemas 1-10, aplique o método de Runge-Kutta com $h = 0{,}1$ para obter uma aproximação do valor indicado, com quatro decimais.

1. $y' = 2x - 3y + 1, y(1) = 5, \quad y(1{,}5)$

2. $y' = 4x - 2y, y(0) = 2, \quad y(0{,}5)$

3. $y' = 1 + y^2, y(0) = 0, \quad y(0{,}5)$

4. $y' = x^2 + y^2, y(0) = 1, \quad y(0{,}5)$

5. $y' = e^{-y}, y(0) = 0, \quad y(0{,}5)$

6. $y' = x + y^2, y(0) = 0, \quad y(0{,}5)$

7. $y' = (x - y)^2, y(0) = 0{,}5, \quad y(0{,}5)$

8. $y' = xy + \sqrt{y}, y(0) = 1, \quad y(0{,}5)$

9. $y' = xy^2 - \dfrac{y}{x}, y(1) = 1, \quad y(1{,}5)$

10. $y' = y - y^2, y(0) = 0{,}5, \quad y(0{,}5)$

11. Se a resistência do ar é proporcional ao quadrado da velocidade instantânea, então a velocidade v de uma massa m liberada de uma altura h é dada por

$$m\frac{dv}{dt} = mg - kv^2, \quad k > 0$$

(veja o Problema 8, Capítulo 3, Exercícios de Revisão). Se $v(0) = 0$, $k = 0{,}125$, $m = 5$ slugs e $g = 32$ ft/s^2, aplique o método de Runge-Kutta para determinar uma aproximação da velocidade da massa em queda, quando $t = 5$ segundos. Tome $h = 1$.

12. Resolva o problema de valor inicial do Problema 11 por um dos métodos do Capítulo 2. Ache o verdadeiro valor de v (5).

13. Um modelo matemático para a área A (em cm^2) que uma colônia de bactérias (*B. dendroides*) ocupa é*

$$\frac{dA}{dt} = A(2{,}128 - 0{,}0432A).$$

Se $A(0) = 0{,}24$ cm^2, aplique o método de Runge-Kutta para completar a tabela que segue. Tome $h = 0{,}5$.

t (dias)	1	2	3	4	5
A (observado)	2,78	13,53	36,30	47,50	49,40
A (aproximado)					

14. Resolva o problema de valor inicial do Problema 13. Calcule os valores $A(1)$, $A(2)$, $A(3)$, $A(4)$ e $A(5)$. [*Sug.:* Veja Seção 3.3.]

15. Seja $y(x)$ a solução do problema de valor inicial

$$y' = x^2 + y^3, \qquad y(1) + 1.$$

Determine se é possível utilizar o método de Runge-Kutta para obter uma aproximação de $y(1{,}4)$. Tome $h = 0{,}1$.

16. Considere a equação diferencial $y' = f(x)$. Nesse caso, mostre que o método de Runge-Kutta de quarta ordem se reduz à regra de Simpson para a integral de $f(x)$ no intervalo $x_n \le x \le x_{n+1}$.

9.5 MÉTODOS DE PASSO MÚLTIPLO

O Método de Adams-Bashforth/Adams-Moulton

Há muitas outras fórmulas que podem ser aplicadas para a obtenção de soluções aproximadas de equações diferenciais. Embora não seja nosso intuito pesquisar o vasto campo dos métodos numéricos, merecem menção diversas fórmulas adicionais. O **método de Adams-Bashforth/Adams-Moulton**, a exemplo da fórmula melhorada de Euler, é um método preditor-corretor. Aplicando a fórmula de Adams-Bashforth

$$\begin{aligned} y^*_{n+1} &= y_n + \frac{h}{24}(55y'_n - 59y'_{n-1} + 37y'_{n-2} - 9y'_{n-3}), \\ y'_n &= f(x_n, y_n) \\ y'_{n-1} &= f(x_{n-1}, y_{n-1}) \\ y'_{n-2} &= f(x_{n-2}, y_{n-2}) \\ y'_{n-3} &= f(x_{n-3}, y_{n-3}), \end{aligned} \tag{1}$$

para $n \ge 3$, como preditor, podemos levar o valor de y^*_{n+1} no corretor de Adams-Moulton

$$\begin{aligned} y'_{n+1} &= y_n + \frac{h}{24}(9y'_{n+1} + 19y'_n - 5y'_{n-1} + y'_{n-2}), \\ y'_{n+1} &= f(x_{n+1}, y^*_{n+1}). \end{aligned} \tag{2}$$

* Veja V. A. Kostitzin, *Mathematical Biology* (Londres: Harrap, 1939).

Note que a fórmula (1) exige que conheçamos os valores de y_o, y_1, y_2 e y_3 para obter y_4. O valor de y_o é, naturalmente, a condição inicial dada; os valores de y_1, y_2 e y_3 são calculados por um método preciso como a fórmula de Runge-Kutta.

Como as fórmulas de Adams-Bashforth/Adams-Moulton exigem que conheçamos mais do que apenas o valor de y_n para calcular y_{n+1}, o processo é chamado de **passo múltiplo**, ou **de continuação**. As fórmulas de Euler, a fórmula de três termos de Taylor e as fórmulas de Runge-Kutta são exemplos de métodos de **passo único**, ou **de partida**.

EXEMPLO 1

Aplique o método de Adams-Bashforth/Adams-Moulton com $h = 0{,}2$ para obter uma aproximação de $y(0{,}8)$ para a solução de

$$y' = x + y - 1, \quad y(0) = 1.$$

Solução Com um passo $h = 0{,}2$, $y(0{,}8)$ será aproximado por y_4. Para iniciar, aplicamos o método de Runge-Kutta com $x_o = 0$, $y_o = 1$ e $h = 0{,}2$, para obter

$$y_1 = 1{,}02140000$$

$$y_2 = 1{,}09181796$$

$$y_3 = 1{,}22210646.$$

Com as identificações $x_o = 0$, $x_1 = 0{,}2$, $x_2 = 0{,}4$, $x_3 = 0{,}6$ e $f(x, y) = x + y - 1$, obtemos

$$y_0' = f(x_0, y_0) = (0) + (1) - 1 = 0$$

$$y_1' = f(x_1, y_1) = (0{,}2) + (1{,}02140000) - 1 = 0{,}22140000$$

$$y_2' = f(x_2, y_2) = (0{,}4) + (1{,}09181796) - 1 = 0{,}49181796$$

$$y_3' = f(x_3, y_3) = (0{,}6) + (1{,}22210646) - 1 = 0{,}82210646.$$

Com os valores acima, o preditor (1) dá então

$$y_4^* = y_3 + \frac{0{,}2}{24}(55y_3' - 59y_2' + 37y_1' - 9y_0') = 1{,}42535975.$$

Para utilizar o corretor (2), necessitamos primeiro de

$$y_4' = f(x_4, y_4^*) = (0{,}8) + (1{,}42535975) - 1 = 1{,}22535975.$$

Finalmente, (2) dá

$$y_4 = y_3 + \frac{0{,}2}{24}(9y_4' + 19y_3' - 5y_2' + y_1') = 1{,}42552788.$$ ■

Você deve verificar que o valor exato de $y(0{,}8)$ no Exemplo 1 é $y(0{,}8) = 1{,}42554093$.

O Método de Milne

Outro método de passo múltiplo, que tem uso limitado (por uma razão que será explicada na Seção 9.6) é o chamado **método de Milne**. Nesse método, o preditor é

$$y^*_{n+1} = y_{n-3} + \frac{4h}{3}(2y'_n - y'_{n-1} + 2y'_{n-2}), \quad \textbf{(3)}$$

onde

$$\begin{aligned} y'_n &= f(x_n, y_n) \\ y'_{n-1} &= f(x_{n-1}, y_{n-1}) \\ y'_{n-2} &= f(x_{n-2}, y_{n-1}) \end{aligned}$$

para $n \geq 3$. O corretor para essa fórmula, baseado na regra de integração de Simpson, é dado por

$$y_{n+1} = y_{n-1} + \frac{h}{3}(y'_{n+1} + 4y'_n + y'_{n-1}), \quad \textbf{(4)}$$

onde

$$y'_{n+1} = f(x_{n+1}, x^*_{n+1}).$$

Tal como no método de Adams-Bashforth/Adams-Moulton, em geral aplicamos o método de Runge-Kutta para calcular y_1, y_2 e y_3.

Escolha de Métodos de Partida

Como dissemos anteriormente nesta seção, um método de passo múltiplo requer o uso de um método de passo simples, ou método de partida. Deve-se ter certo cuidado na escolha desse último método. Na prática, escolhem-se em geral os métodos de partida que tenham a mesma precisão do método de passo múltiplo com os quais eles serão usados. *Precisão* significa aqui a mesma ordem de erro (veja a Seção 9.6). Não é aconselhável utilizar um método de partida menos preciso com um método de passo múltiplo de alta precisão, porque então os valores utilizados no método de passo múltiplo não serão confiáveis. Por outro lado, um método de partida altamente preciso é complicado e dispendioso para calcular, e todo o esforço estará perdido se o método de passo múltiplo apresentar pequena precisão.

Vantagens e Desvantagens dos Métodos de Passo Múltiplo

A escolha de um método para resolver numericamente uma equação diferencial exige muitas considerações. Em geral, escolhem-se os métodos de passo único, particularmente o método de Runge-Kutta, em virtude de sua precisão e do fato de serem fáceis de programar. Entretanto, uma séria desvantagem de tais métodos é que o membro direito da equação diferencial deve ser calculado muitas vezes em cada passo. Por exemplo, o método de Runge-Kutta de quarta ordem exige quatro cálculos de função para cada passo. Por outro lado, se os resultados do cálculo da função no passo anterior forem armazenados, o método de passo múltiplo exige apenas o cálculo de uma nova função para cada passo – o que pode levar a uma grande economia de tempo e de custo.

Como um exemplo, a resolução de $y' = f(x, y)$, $y(x_0) = y_0$ numericamente, utilizando n passos com o métodode Runge-Kutta de quarta ordem exige o cálculo de $4n$ funções. O método do passo múltiplo de Adams-Bashforth exige o cálculo de 16 funções para o método de partida de quarta ordem de Runge-Kutta e $n - 4$ para os n passos de Adams-Bashforth, dando um total de $n + 12$ cálculos de funções. De modo geral, o método de passo múltiplo de Adams-Bashforth exige pouco mais de um quarto do número de cálculo de funções exigido pelo método de Runge-Kutta de quarta ordem. No caso de o cálculo de $f(x, y)$ ser complicado, o método de passo múltiplo é mais eficiente.

Outro problema que surge com os métodos de passo múltiplo é quantas vezes a fórmula corretora deve ser repetida em cada passo. Cada vez que o corretor é utilizado, faz-se outro cálculo da função e, assim, aumenta-se a precisão à custa da perda de uma das vantagens do método de passo múltiplo. Na prática, o corretor é calculado uma vez, e se o valor de y_{n+1} sofre grande variação, todo o problema é reformulado com um passo de tamanho menor. Esta é em geral a base dos métodos de tamanho variável de passo, cuja discussão ultrapassa o âmbito deste livro.

9.5 EXERCÍCIOS

As respostas dos exercícios selecionados estão na página 400.

1. Ache a solução exata do problema de valor inicial do Exemplo 1. Compare os valores exatos de $y(0,2)$, $y(0,4)$, $y(0,6)$ e $y(0,8)$ com as aproximações y_1, y_2, y_3 e y_4.

2. Escreva um programa de computador para o método de Adams-Bashforth/Adams-Moulton.

Nos Problemas 3 e 4, aplique o método de Adams-Bashforth/Adams-Moulton para obter uma aproximação de $y(0,8)$, onde $y(x)$ é a solução do problema de valor inicial dado. Tome $h = 0,2$ e aplique o método de Runge-Kutta para calcular y_1, y_2 e y_3.

3. $y' = 2x - 3y + 1,\ y(0) = 1$

4. $y' = 4x - 2y,\ y(0) = 2$

Nos Problemas 5-8, aplique o método de Adams-Bashforth/Adams-Moulton para obter uma aproximação de $y(1,0)$, onde $y(x)$ é a solução do problema de valor inicial dado. Tome $h = 0,2$ e $h = 0,1$, e aplique o método de Runge-Kutta para calcular y_1, y_2 e y_3.

5. $y' = 1 + y^2,\ y(0) = 0$

6. $y' = y + \cos x,\ y(0) = 1$

7. $y' = (x - y)^2,\ y(0) = 0$

8. $y' = xy + \sqrt{y},\ y(0) = 1$

9. Com auxílio do método de Milne, obtenha uma aproximação do valor de $y(0,4)$, onde $y(x)$ é a solução do problema de valor inicial do Exemplo 1. Tome $h = 0,1$ e aplique o método de Runge-Kutta para calcular y_1, y_2 e y_3.

9.6 ERROS E ESTABILIDADE

Erros nos Métodos Numéricos

Ao escolher e utilizar um método numérico para a resolução de um problema de valor inicial, devemos estar atentos às várias fontes de erro. Para certos cálculos, a acumulação de erros pode reduzir a precisão de uma aproximação a ponto de torná-la inútil. Por outro lado, dependendo do uso que se fizer de uma solução numérica, uma precisão extrema talvez não compense o aumento do custo e a complicação envolvidos.

Uma fonte de erro sempre presente nos cálculos é o **erro de arredondamento.** Esse erro resulta do fato de que qualquer calculadora ou computador só pode fazer cálculos, no máximo, com um número finito de casas decimais. Suponhamos, somente para ilustração, que uma calculadora só apresente seis algarismos, enquanto retém internamente oito algarismos. Se multiplicarmos dois números, cada um com seis decimais, o produto conterá efetivamente 12 decimais. Mas o número que vemos no visor está arredondado para seis decimais, enquanto a calculadora reteve em seu interior um número arredondado para oito decimais. Em um único cálculo como esse, o erro de arredondamento pode não ser significativo, mas pode surgir um problema se são efetuados muitos cálculos com números arredondados. Uma forma de reduzir o efeito do erro de arredondamento é minimizar o número de cálculos. Outra técnica em um computador consiste em utilizar recursos de precisão dupla. Como os erros de arredondamento são difíceis de predizer e de analisar, vamos desprezá-los na análise de erros que segue. Concentraremos nossa atenção na investigação do erro cometido com a utilização de uma fórmula ou um algoritmo para aproximar os valores da solução.

Erros de Truncamento no Método de Euler

Ao iterar a fórmula de Euler

$$y_{n+1} = y_n + hf(x_n, y_n),$$

obtemos uma seqüência de valores $y_1, y_2, y_3, \ldots$. O valor y_1 não concordará com $y(x_1)$, a verdadeira solução calculada em x_1, porque o algoritmo dá apenas uma aproximação linear da solução. Ver Figura 9.10 na Seção 9.2. Esse erro é chamado **erro de truncamento local**, **erro da fórmula** ou **erro de discretização**. Ocorre em cada passo; isto é, se admitimos que y_n seja preciso, então y_{n+1} conterá um erro de truncamento local.

Para estabelecer uma fórmula do erro de truncamento local para o método de Euler, utilizaremos a fórmula de Taylor com resto. Essa fórmula é muito parecida com o desenvolvimento em série de Taylor (1) da Seção 9.3. Se uma função $y(x)$ possui $k + 1$ derivadas contínuas em um intervalo aberto que contém x e a, então

$$y(x) = y(a) + y'(a)\frac{(x-a)}{1!} + \cdots + y^{(k)}(a)\frac{(x-a)^k}{k!} + y^{(k+1)}(c)\frac{(x-a)^{k+1}}{(k+1)!}, \qquad \textbf{(1)}$$

onde c é um ponto entre a e x. Fazendo $k = 1$, $a = x_n$ e $x = x_{n+1} = x_n + h$, obtemos

$$y(x_{n+1}) = y(x_n) + y'(x_n)\frac{h}{1!} + y''(c)\frac{h^2}{2!}$$

ou

$$y_{n+1} = y_n + hf(x_n, y_n) + y''(c)\frac{h^2}{2!}.$$

O método de Euler é esta fórmula sem o último termo; logo, o erro de truncamento local em y_{n+1} é

$$y''(c)\frac{h^2}{2!}, \quad \text{onde } x_n < c < x_{n+1}.$$

Infelizmente, o valor de c em geral não é conhecido (ele existe teoricamente) e assim não se pode calcular o erro exato, mas uma cota superior do valor absoluto do erro é

$$M\frac{h^2}{2}, \quad \text{onde} \quad M = \max_{x_n < x < x_{n+1}} |y''(x)|.$$

Recorremos à terminologia seguinte ao discutir erros de métodos numéricos. Diz-se que um cálculo é de **ordem** α (o que se denota por $O(h^\alpha)$ se o erro se comporta como Ch^α, onde C é uma constante. Daí vemos que, se o tamanho do passo é reduzido à metade, então o novo erro deve ser aproximadamente $C(h^\alpha/2^\alpha)$; isto é, o erro é reduzido por um fator $1/2^\alpha$.

Com essa definição, vemos que o erro de truncamento local para o método de Euler é de ordem dois, ou $O(h^2)$.

EXEMPLO 1

Determine uma cota para os erros de truncamento local no método de Euler aplicado a

$$y' = 2xy, \quad y(1) = 1.$$

Solução Esta equação diferencial foi estudada no Exemplo 2 da Seção 9.2 e sua solução analítica é $y(x) = e^{x^2-1}$.

O erro de truncamento local é

$$y''(c)\frac{h^2}{2} = (2+4c^2)e^{(c^2-1)}\frac{h^2}{2},$$

onde c está entre x_n e $x_n + h$. Em particular, para $h = 0{,}1$, podemos obter uma cota superior do erro de truncamento local para y_1 substituindo c por 1,1:

$$[2+(4)(1{,}1)^2]e^{((1{,}1)^2-1)}\frac{(0{,}1)^2}{2} = 0{,}0422.$$

Pela Tabela 9.3, vemos que o erro após o primeiro passo é 0,0337, inferior ao valor dado pela cota.

Da mesma forma, podemos obter uma cota do erro de truncamento local para qualquer dos cinco passos dados na Tabela 9.3, substituindo c por 1,5 (esse valor de c dá o maior valor de $y''(c)$ para qualquer dos passos e pode ser demasiadamente generoso para os primeiros passos). Procedendo dessa forma, obtemos

$$[2+(4)(1{,}5)^2]e^{((1{,}5)^2-1)}\frac{(0{,}1)^2}{2} = 0{,}1920 \tag{2}$$

como cota superior do erro de truncamento local em cada passo. ■

Note no Exemplo 1 que, se h é reduzido à metade, 0,05, então a cota do erro (2) seria 0,0480, cerca de um quarto do valor anterior. Isto já era de se esperar, pois o erro de truncamento local no método de Euler é $O(h^2)$.

Na análise acima admitimos que o valor de y_n fosse correto no cálculo de y_{n+1}, mas isto não ocorre, porque tal valor contém erros de truncamento local de passos anteriores. O erro total em y_{n+1} é uma acumulação dos erros em cada um dos passos anteriores. Veja Figura 9.11 da Seção 9.2. Esse erro total é chamado **erro de truncamento global**. Conquanto uma análise completa do erro de truncamento global ultrapasse o âmbito deste livro, pode-se mostrar que esse erro para o método de Euler é $O(h)$.

No método de Euler, é de se esperar que, reduzindo-se à metade o tamanho do passo, o mesmo também ocorra aproximadamente com o erro. O Exemplo 2 da Seção 9.2 corrobora esse fato; ali, o erro absoluto em $x = 1{,}50$ com $h = 0{,}1$ é 0,5625, e o erro absoluto com $h = 0{,}05$ é 0,3171 – aproximadamente a metade. Veja Tabelas 9.3 e 9.4 na Seção 9.2.

De modo geral, pode-se mostrar que, se um método de solução numérica para uma equação diferencial tem erro de truncamento local $O(h^{\alpha+1})$, então o erro de truncamento global é $O(h^{\alpha})$. Podemos, pois, afirmar que a ordem do erro de truncamento global para qualquer método é uma unidade menos do que a ordem do erro de truncamento local.

Erros de Truncamento para Outros Métodos

Podemos analisar de modo análogo os erros de truncamento local e global para os outros métodos estudados. Assim é que, na Seção 9.4, salientamos que o método de Euler melhorado é um método de Runge-Kutta de segunda ordem e, assim, uma condição que ele satisfaz é que concorda com o polinômio de Taylor até $k = 2$. O erro de truncamento local é, pois,

$$y^{(3)}(c)\frac{h^3}{3!}.$$

Deixamos como exercício a dedução desse resultado. (Veja Problema 1.)

Como o erro de truncamento local é $O(h^3)$, sabemos que o erro de truncamento global é $O(h^2)$. Esse fato é evidenciado nas Tabelas 9.7 e 9.8 da Seção 9.2; quando o tamanho do passo é reduzido à metade, de $h = 0{,}1$ para $h = 0{,}05$, o erro de truncamento global em $x = 1{,}50$ é reduzido de 0,0394 para 0,0108. É uma redução de aproximadamente um quarto.

Analogamente, uma condição na dedução do método de Runge-Kutta de quarta ordem é que ele deve concordar com o polinômio de Taylor até $k = 4$. Logo, o erro de truncamento local é

$$y^{(5)}(c)\frac{h^5}{5!} \quad \text{ou} \quad O(h^5)$$

e o erro de truncamento global é $O(h^4)$. É óbvio, agora, por que esse método é chamado método de Runge-Kutta de quarta ordem.

EXEMPLO 2

Analise os erros de truncamento local e global para o método de quarta ordem de Runge-Kutta aplicado a

$$y' = 2xy, \quad y(1) = 1.$$

Solução Diferenciando a solução conhecida $y(x) = e^{x^2-1}$, obtemos

$$y^{(5)}(c)\frac{h^5}{5!} = (120c + 160c^3 + 32c^5)e^{c^2-1}\frac{h^5}{5!}. \tag{3}$$

Assim, com $c = 1{,}5$, (3) nos dá uma cota de 0,00028 para o erro de discretização local para cada um dos cinco passos quando $h = 0{,}1$. Note, na Tabela 9.15, que o erro em y_1 é muito menor do que essa cota.

Na Tabela 9.18 resumimos as aproximações da solução do problema de valor inicial em $x = 1{,}5$ dadas pelo método de Runge-Kutta de quarta ordem com $h = 0{,}1$ e $h = 0{,}05$. Em vista da exatidão do método, devemos manter muitas casas decimais na solução numérica, para ver o efeito da redução do passo à metade. Note que, quando reduzimos h à metade, o erro é dividido por um fator de cerca de $2^4 = 16$, conforme esperado.

TABELA 9.18 Método de Runge-Kutta

h	Aproximação	Erro
0,1	3,49021064	$1{,}323210889 \times 10^{-4}$
0,05	3,49033382	$9{,}137760898 \times 10^{-6}$

■

Pode-se fazer uma análise semelhante para os erros em cada um dos métodos estudados. A Tabela 9.19 dá os resultados.

TABELA 9.19 Ordens do erro para diferentes métodos

Método	**Ordem do erro de truncamento global**
Euler	1
Euler melhorado	2
Taylor com três termos	2
Runge-Kutta quarta ordem	4
Adams-Bashforth	4
Adams-Moulton	4
Milne	4

Estabilidade dos Métodos Numéricos

Ao aceitar os resultados de um método numérico, o usuário deve se precupar sempre com a estabilidade do método. Dito informalmente, um método é **estável** se pequenas variações dos dados acarretam apenas pequenas variações nos resultados. Isto tem grande importância, porque os números utilizados em uma calculadora ou em um computador não são exatos. Por outro lado, em aplicações físicas, os dados, não raro, são obtidos com medidas imprecisas. Se um método não é estável, é possível termos um erro maior do que poderíamos esperar de um erro de truncamento global ou de arredondamento. Todos os métodos de passo único são estáveis, desde que o tamanho do passo seja suficientemente pequeno; entretanto, alguns métodos de passo múltiplo, particularmente o método de Milne, não são estáveis.

EXEMPLO 3

Considere o problema de valor inicial

$$y' = -10y + 5, \quad y(1) = 1.$$

Aplique o método de Milne para obter uma aproximação de $y(2,0)$ com $h = 0,1$.

Solução A simples inspeção dos dados da Tabela 9.20 evidencia a instabilidade do método, mesmo para esse problema relativamente simples. O método de partida é o método de Runge-Kutta de quarta ordem, que tem grande precisão e é estável, porém os erros, muito grandes, no final dos cálculos tornam praticamente inútil a aproximação de $y(2,0)$.

TABELA 9.20 Instabilidade do método de Milne

x	Efetivo	Milne	Erro
1,0	1,00000	1,00000	
1,1	0,68393	0,68750	0,00357
1,2	0,56767	0,57031	0,00264
1,3	0,52489	0,52637	0,00148
1,4	0,50917	0,52344	0,01427
1,5	0,50337	0,47266	−0,03071
1,6	0,50125	0,60417	0,10292
1,7	0,50045	0,14963	−0,35082
1,8	0,50017	1,66956	1,16939
1,9	0,50005	−3,39111	−3,89116
2,0	0,50002	13,47418	12,97416

■

O método de Milne é o único processo numérico estudado que apresenta problemas sérios de estabilidade, mas a estabilidade deve ser sempre levada em conta quando utilizamos qualquer método numérico.

9.6 EXERCÍCIOS

As respostas dos exercícios selecionados estão nas páginas 401 e 402.

1. Utilize o polinômio de Taylor com resto (1) para achar a fórmula do erro de truncamento local do método de Euler melhorado (recorde que é um método de Runge-Kutta de segunda ordem).

2. Refaça o Problema 1 para o método de Taylor com três termos.

3. Refaça o Problema 1 para o método de Runge-Kutta de quarta ordem.

4. Considere o problema de valor inicial $y' = 2y$, $y(0) = 1$. A solução analítica é $y(x) = e^{2x}$.

(a) Obtenha uma aproximação de $y(0,1)$ utilizando um passo e o método de Euler.

(b) Determine uma cota para o erro de truncamento local em y_1.

(c) Compare o erro efetivo em y_1 com sua cota de erro.

(d) Obtenha uma aproximação de $y(0,1)$ utilizando dois passos e o método de Euler.

(e) Verifique que o erro de truncamento global para o método de Euler é $O(h)$, comparando os erros nas partes (a) e (d).

5. Refaça o Problema 4 utilizando o método de Euler melhorado. Seu erro de truncamento global é $O(h^2)$.

6. Refaça o Problema 4 utilizando o método de Taylor com três termos. Seu truncamento global é $O(h^2)$.

7. Refaça o Problema 4 utilizando o método de Runge-Kutta de quarta ordem. Seu erro de truncamento global é $O(h^4)$. Mantenha oito ou nove decimais em seus cálculos.

8-11. Refaça os Problemas 4-7 utilizando o problema de valor inicial $y' = -2y + x$, $y(0) = 1$. A solução analítica é $y(x) = \frac{1}{2}x - \frac{1}{4} + \frac{5}{4}e^{-2x}$.

12. Considere o problema de valor inicial $y' = 2x - 3y + 1$, $y(1) = 5$. A solução analítica é

$$y(x) = \frac{1}{9} + \frac{2}{3}x + \frac{38}{9}e^{-3(x-1)}.$$

(a) Estabeleça uma fórmula que envolva c e h, para o erro de truncamento local no n^{mo} passo, no caso do método de Euler.

(b) Ache uma cota para o erro de truncamento local em cada passo quando se utiliza $h = 0{,}1$ para aproximar $y(1{,}5)$.

(c) Aproxime $y(1{,}5)$ utilizando $h = 0{,}1$ e $h = 0{,}05$ com o método de Euler. Veja Problema 3, Exercícios 9.2.

(d) Calcule os erros na parte (c) e verifique que o erro de truncamento global do método de Euler é $O(h)$.

13. Refaça o Problema 12 utilizando o método de Euler melhorado, que tem erro de truncamento global $O(h^2)$. Veja Problema 13(a), Exercícios 9.2. Pode ser necessário manter mais de quatro decimais para ver o efeito da redução da ordem do erro.

14. Refaça o Problema 12 utilizando o método das séries de Taylor com três termos, que tem erro de truncamento global $O(h^2)$. Veja Problema 1, Exercícios 9.3. Pode ser necessário manter mais de quatro decimais para ver o efeito da redução da ordem do erro.

15. Refaça o Problema 12 utilizando o método de Runge-Kutta de quarta ordem, que tem erro de truncamento global $O(h^4)$. Veja Problema 1, Exercícios 9.4. Pode ser necessário manter mais de seis decimais para ver o efeito da redução da ordem do erro.

16-19. Refaça os Problemas 12-15 para o problema de valor inicial $y' = e^{-y}$, $y(0) = 0$. A solução analítica é $y(x) = \ln(x + 1)$. Obtenha uma aproximação de $y(0{,}5)$. Veja Problemas 7 e 13(c) nos Exercícios 9.2, Problema 5 nos Exercícios 9.3 e Problema 5 nos Exercícios 9.4.

9.7 EQUAÇÕES E SISTEMAS DE ORDEM SUPERIOR

O Problema de Valor Inicial de Segunda Ordem

Os processos numéricos que foram estudados neste capítulo aplicam-se apenas a uma equação de primeira ordem $dy/dx = f(x, y)$ sujeita a uma condição inicial $y(x_0) = y_0$. Para aproximar a solução de um problema de valor inicial de segunda ordem

$$\frac{d^2y}{dx^2} = f(x, y, y'), \quad y(x_0) = y_0, \quad y'(x_0) = y'_0, \tag{1}$$

reduzimos a equação diferencial de segunda ordem a um sistema de primeira ordem. (Veja Seção 8.3.) Fazendo $y' = u$, a equação (1) se torna

$$y' = u$$
$$u' = f(x, y, u) \qquad (2)$$

Aplicamos em seguida um método particular a cada equação do sistema resultante. Por exemplo, o **método básico de Euler** para o sistema (2) seria

$$y_{n+1} = y_n + hu_n$$
$$u_{n+1} = u_n + hf(x_n, y_n, u_n) \qquad (3)$$

EXEMPLO 1

Utilizando o método de Euler, obtenha o valor aproximado de $y(0,2)$, se $y(x)$ é a solução do problema de valor inicial

$$y'' + xy' + y = 0, \quad y(0) = 1, \quad y'(0) = 2.$$

Solução Em termos da substituição $y' = u$, a equação é equivalente ao sistema

$$y' = u$$
$$u' = -xu - y.$$

Assim, de (3), obtemos

$$y_{n+1} = y_n + hu_n$$
$$u_{n+1} = u_n + h[-x_n u_n - y_n].$$

Com o tamanho do passo $h = 0,1$ e $y_0 = 1$, $u_0 = 2$, temos

$$y_1 = y_0 + (0,1)u_0 = 1 + (0,1)2 = 1.2$$
$$u_1 = u_0 + (0,1)[-x_0 u_0 - y_0] = 2 + (0,1)[-(0)(2) - 1] = 1.9$$
$$y_2 = y_1 + (0,1)u_1 = 1,2 + (0,1)(1,9) = 1,39$$
$$u_2 = u_1 + (0,1)[-x_1 u_1 - y_1] = 1,9 + (0,1)[-(0,1)(1,9) - 1,2] = 1,761.$$

Em outras palavras, $y(0,2) \approx 1,39$ e $y'(0,2) \approx 1,761$. ■

Sistemas

Um problema de valor inicial para um sistema de segunda ordem, ou seja, um sistema de duas equações de primeira ordem, é

$$\begin{aligned} x' &= f(t, x, y) \\ y' &= g(t, x, y) \\ x(t_0) = x_0, &\quad y(t_0) = y_0. \end{aligned} \qquad (4)$$

Tal como em (3), para aproximar uma solução desse problema, aplicamos um método numérico a cada equação em (4). O **método de Runge-Kutta de quarta ordem** se apresenta como:

$$x_{n+1} = x_n + \frac{1}{6}(m_1 + 2m_2 + 2m_3 + m_4)$$
$$y_{n+1} = y_n + \frac{1}{6}(k_1 + 2k_2 + 2k_3 + k_4), \quad (5)$$

onde

$$m_1 = hf(t_n, x_n, y_n) \qquad k_1 = hg(t_n, x_n, y_n)$$
$$m_2 = hf\left(t_n + \frac{1}{2}h, x_n + \frac{1}{2}m_1, y_n + \frac{1}{2}k_1\right) \qquad k_2 = hg\left(t_n + \frac{1}{2}h, x_n + \frac{1}{2}m_1, y_n + \frac{1}{2}k_1\right)$$
$$m_3 = hf\left(t_n + \frac{1}{2}h, x_n + \frac{1}{2}m_2, y_n + \frac{1}{2}k_2\right) \qquad k_3 = hg\left(t_n + \frac{1}{2}h, x_n + \frac{1}{2}m_2, y_n + \frac{1}{2}k_2\right) \quad (6)$$
$$m_4 = hf(t_n + h, x_n + m_3, y_n + k_3) \qquad k_4 = hg(t_n + h, x_n + m_3, y_n + k_3).$$

EXEMPLO 2

Considere o problema de valor inicial

$$x' = 2x + 4y$$
$$y' = -x + 6y$$
$$x(0) = -1, \quad y(0) = 6.$$

Utilize o método de Runge-Kutta de quarta ordem para aproximar $x(0,6)$ e $y(0,6)$. Compare os resultados para $h = 0,2$ e $h = 0,1$.

Solução Ilustramos os cálculos de x_1 e y_1 com $h = 0,2$. Com as identificações $f(t, x, y) = 2x + 4y$, $g(t, x, y) = -x + 6y$, $t_0 = 0$, $x_0 = -1$ e $y_0 = 6$, vemos, de (6), que

$$m_1 = hf(t_0, x_0, y_0) = 0,2f(0,-1,6) = 0,2[2(-1) + 4(6)] = 4,4000$$
$$k_1 = hg(t_0, x_0, y_0) = 0,2g(0,-1,6) = 0,2[-1(-1) + 6(6)] = 7,4000$$
$$m_2 = hf\left(t_0 + \frac{1}{2}h, x_0 + \frac{1}{2}m_1, y_0 + \frac{1}{2}k_1\right) = 0,2f(0.1, 1.2, 9.7) = 8,2400$$
$$k_2 = hg\left(t_0 + \frac{1}{2}h, x_0 + \frac{1}{2}m_1, y_0 + \frac{1}{2}k_1\right) = 0,2g(0.1, 1.2, 9.7) = 11,4000$$
$$m_3 = hf\left(t_0 + \frac{1}{2}h, x_0 + \frac{1}{2}m_2, y_0 + \frac{1}{2}k_2\right) = 0,2f(0.1, 3.12, 11.7) = 10,6080$$
$$k_3 = hg\left(t_0 + \frac{1}{2}h, x_0 + \frac{1}{2}m_2, y_0 + \frac{1}{2}k_2\right) = 0,2g(0.1, 3.12, 11,7) = 13,4160$$
$$m_4 = hf(t_0 + h, x_0 + m_3, y_0 + k_3) = 0,2f(0.2, 8, 20.216) = 19,3760$$
$$k_4 = hg(t_0 + h, x_0 + m_3, y_0 + k_3) = 0,2g(0.2, 8, 20.216) = 21,3776.$$

Portanto, de (5), vem

$$x_1 = x_0 + \frac{1}{6}(m_1 + 2m_2 + 2m_3 + m_4)$$

$$= -1 + \frac{1}{6}(4{,}4 + 2(8{,}24) + 2(10{,}608) + 19{,}3760) = 9{,}2453$$

$$y_1 = y_0 + \frac{1}{6}(k_1 + 2k_2 + 2k_3 + k_4)$$

$$= 6 + \frac{1}{6}(7{,}4 + 2(11{,}4) + 2(13{,}416) + 21{,}3776) = 19{,}0683,$$

onde, como de costume, os valores calculados são arredondados para quatro decimais. Esses números nos dão as aproximações $x_1 \approx x(0{,}2)$ e $y_1 \approx y(0{,}2)$. As Tabelas 9.21 e 9.22 resumem os valores subseqüentes, obtidos com auxílio de um computador.

TABELA 9.21 Método de Runge-Kutta com h = 0,2

m_1	m_2	m_3	m_4	k_1	k_2	k_3	k_4	t_n	x_n	y_n
								0,00	−1,0000	6,0000
4,4000	8,2400	10,6080	19,3760	7,4000	11,4000	13,4160	21,3776	0,20	9,2453	19,0683
18,9527	31,1564	37,8870	63,6848	21,0329	31,7573	36,9716	57,8214	0,40	46,0327	55,1203
62,5093	97,7863	116,0063	187,3669	56,9378	84,8495	98,0688	151,4191	0,60	158,9430	150,8192

TABELA 9.22 Método de Runge-Kutta com h = 0,1

m_1	m_2	m_3	m_4	k_1	k_2	k_3	k_4	t_n	x_n	y_n
								0,00	−1,0000	6,0000
2,2000	3,1600	3,4560	4,8720	3,7000	4,7000	4,9520	6,3256	0,10	2,3840	10,8883
4,8321	6,5742	7,0778	9,5870	6,2946	7,9413	8,3482	10,5957	0,20	9,3379	19,1332
9,5208	12,5821	13,4258	17,7609	10,5461	13,2339	13,8872	17,5358	0,30	22,5541	32,8539
17,6524	22,9090	24,3055	31,6554	17,4569	21,8114	22,8549	28,7393	0,40	46,5103	55,4420
31,4788	40,3496	42,6387	54,9202	28,6141	35,6245	37,2840	46,7207	0,50	88,5729	93,3006
54,6348	69,4029	73,1247	93,4107	46,5231	57,7482	60,3774	75,4370	0,60	160,7563	152,0025

■

O leitor deve verificar que a solução do problema de valor inicial no Exemplo 2 (veja o Problema 39, Exercícios 8.6) é dada por $x(t) = (26t - 1)e^{4t}$, $y(t) = (13t + 6)e^{4t}$. Por essas equações, vemos que os valores exatos são $x(0{,}6) = 160{,}9384$ e $y(0{,}6) = 152{,}1198$.

Concluindo, enunciamos o **método de Euler** para o sistema geral (4):

$$x_{n+1} = x_n + hf(t_n, x_n, y_n)$$

$$y_{n+1} = y_n + hg(t_n, x_n, y_n).$$

9.7 EXERCÍCIOS

As respostas dos exercícios selecionados estão na página 402.

1. Aplique o método de Euler para aproximar $y(0{,}2)$, onde $y(x)$ é a solução do problema de valor inicial

$$y'' - 4y' + 4y = 0, \quad y(0) = -2, \quad y'(0) = 1.$$

Tome $h = 0{,}1$. Ache a solução exata do problema e compare o valor exato de $y(0{,}2)$ com y_2.

2. Aplicando o método de Euler, aproxime $y(1{,}2)$, onde $y(x)$ é a solução do problema de valor inicial

$$x^2y'' - 2xy' + 2y = 0, \quad y(1) = 4, \quad y'(1) = 9,$$

e $x > 0$. Tome $h = 0{,}1$. Ache a solução exata do problema e compare o valor exato de $y(1{,}2)$ com y_2.

3. Refaça o Problema 1 pelo método de Runge-Kutta com $h = 0{,}2$ e $h = 0{,}1$.

4. Refaça o Problema 2 utilizando o método de Runge-Kutta com $h = 0{,}2$ e $h = 0{,}1$.

5. Utilizando o método de Runge-Kutta, obtenha o valor aproximado de $y(0{,}2)$, onde $y(x)$ é uma solução do problema de valor inicial

$$y'' - 2y' + 2y = e^t \cos t, \qquad y(0) = 1, \quad y'(0) = 2.$$

Tome $h = 0{,}2$ e $h = 0{,}1$.

6. Quando $E = 100$ volts, $R = 10$ ohms e $L = 1$ henry,o sistema de equações diferenciais para as correntes $i_1(t)$ e $i_3(t)$ na rede elétrica da Figura 9.14 é

$$\frac{di_1}{dt} = -20i_1 + 10i_3 + 100$$

$$\frac{di_3}{dt} = 10i_1 - 20i_3,$$

onde $i_1(0) = i_3(0) = 0$. Utilize o método de Runge-Kutta para aproximar $i_1(t)$ e $i_3(t)$ em $t = 0{,}1, 0{,}2, 0{,}3, 0{,}4$ e $0{,}5$. Tome $h = 0{,}1$.

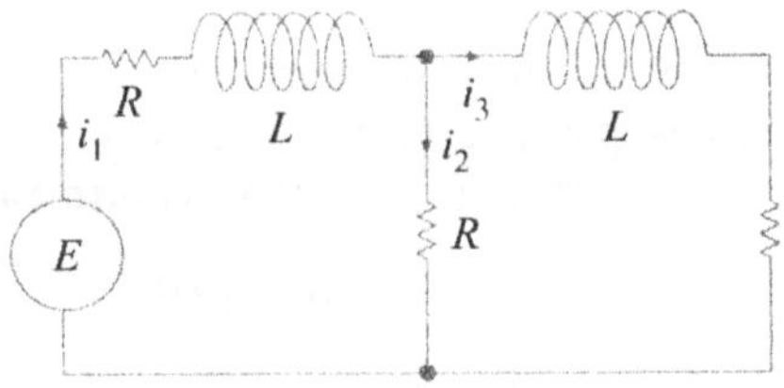

Figura 9.14

Nos Problemas 7-10, aplique o método de Runge-Kutta para aproximar $x(0{,}2)$ e $y(0{,}2)$. Compare os resultados para $h = 0{,}2$ e $h = 0{,}1$.

7. $x' = 2x - y$
$y' = x$
$x(0) = 6, y(0) = 2$

8. $x' = x + 2y$
$y' = 4x + 3y$
$x(0) = 1, y(0) = 1$

9. $x' = -y + t$
$y' = x - t$
$x(0) = -3, y(0) = 5$

10. $x' = 6x + y + 6t$
$y' = 4x + 3y - 10t + 4$
$x(0) = 0{,}5, y(0) = 0{,}2$

9.8 PROBLEMAS DE VALORES DE CONTORNO DE SEGUNDA ORDEM

Nas Seções 9.2 - 9.5 focalizamos técnicas de aproximação para uma solução de um problema de valor inicial de primeira ordem $y' = f(x, y)$, $y(x_0) = y_0$. Além disso, vimos na Seção 9.7 que é possível adaptar as técnicas de aproximação a um *problema de valor inicial* de segunda ordem $y'' = f(x, y, y')$, $y(x_0) = y_0$, $y'(x_0) = y_0'$ reduzindo a equação diferencial de segunda ordem a um sistema de equações de primeira ordem. Nesta seção vamos estudar um método para aproximar a solução de um *problema de valor de contorno* de segunda ordem $y'' = f(x, y, y')$, $y(a) = \alpha$, $y(b) = \beta$. Notamos, de início, que esse método não exige a redução de uma equação diferencial de segunda ordem a um sistema de equações.

Aproximações por Diferenças Finitas

De (2), Seção 9.3, recordamos que um desenvolvimento em série de Taylor de uma função $y(x)$ pode ser escrito como

$$y(x+h) = y(x) + y'(x)h + y''(x)\frac{h^2}{2} + y'''(x)\frac{h^3}{6} + \cdots \tag{1}$$

e assim

$$y(x-h) = y(x) + y'(x)h + y''(x)\frac{h^2}{2} - y'''(x)\frac{h^3}{6} + \cdots \tag{2}$$

Se h é pequeno, podemos ignorar os termos que envolvem $h^4, h^5, \ldots$, pois esses valores são desprezíveis. De fato, se ignoramos todos os termos que envolvem h^2 ou potências superiores de h, então (1) e (2) dão, por seu turno, as seguintes aproximações para a derivada primeira $y'(x)$:

$$y'(x) \approx \frac{1}{h}[y(x+h) - y(x)] \tag{3}$$

$$y'(x) \approx \frac{1}{h}[y(x) - y(x-h)]. \tag{4}$$

Subtraindo (1) e (2) vem também

$$y'(x) \approx \frac{1}{2h}[y(x+h) - y(x-h)]. \tag{5}$$

Por outro lado, se ignoramos os termos que envolvem h^3 ou potências superiores de h, então, somando (1) e (2), obtemos uma aproximação da derivada segunda $y''(x)$:

$$y''(x) \approx \frac{1}{h^2}[y(x+h) - 2y(x) + y(x-h)]. \tag{6}$$

Os membros direitos de (3), (4), (5) e (6) são chamados **quocientes de diferenças**. As expressões

$$y(x+h) - y(x) \qquad y(x) - y(x-h)$$

$$y(x+h) - y(x-h) \quad \text{e} \quad y(x+h) - 2y(x) + y(x-h)$$

são chamadas **diferenças finitas**. Especificamente, $y(x + h) - y(x)$ é chamada **diferença avançada** (*forward difference*), $y(x) - y(x - h)$ é uma **diferença retrógrada** e $y(x + h) - y(x - h)$ e $y(x + h) - 2y(x) + y(x - h)$ são ambas chamadas **diferenças centrais**. Os resultados apresentados em (5) e (6) são designados **aproximações por diferenças centrais** das derivadas y' e y''.

Equação de Diferenças Finitas

Consideremos agora um problema de valor de contorno de segunda ordem linear

$$y'' + P(x)y' + Q(x)y = f(x), \quad y(a) = \alpha, \; y(b) = \beta. \tag{7}$$

Seja $a = x_0 < x_1 < x_2 < \cdots < x_{n-1} < x_n = b$ uma partição regular do intervalo $[a, b]$; isto é, $x_i = a + ih$, com $i = 0, 1, 2, \ldots, n$ e $h = (b - a)/n$. Os pontos

$$x_1 = a + h, x_2 = a + 2h, \ldots, x_{n-1} = a + (n-1)h$$

constituem os **pontos interiores da malha** do intervalo $[a,b]$. Fazendo

$$y_i = y(x_i), P_i = P(x_i), Q_i = Q(x_i) \text{ e } f_i = f(x_i)$$

e substituindo y'' e y' em (7) pelas aproximações por diferenças centrais (5) e (6), obtemos

$$\frac{y_{i+1} - 2y_i + y_{i-1}}{h^2} + P_i \frac{y_{i+1} - y_{i-1}}{2h} + Q_i y_i = f_i$$

ou, após simplificar,

$$\left(1 + \frac{h}{2}P_i\right)y_{i+1} + (-2 + h^2 Q_i)y_i + \left(1 - \frac{h}{2}P_i\right)y_{i-1} = h^2 f_i. \tag{8}$$

A última equação, conhecida como **equação de diferenças finitas**, é uma aproximação da equação diferencial. Permite-nos aproximar a solução $y(x)$ de (7) nos pontos interiores $x_1, x_2, \ldots, x_{n-1}$ do intervalo $[a, b]$. Atribuindo a i os valores $1, 2, \ldots, n - 1$ em (8), obtemos $n - 1$ equações nas $n - 1$ incógnitas $y_1, y_2, \ldots, y_{n-1}$. Tenha em mente que conhecemos y_0 e y_n, pois são as condições de contorno prescritas $y_0 = y(x_0) = y(a) = \alpha$ e $y_n = y(x_n) = y(b) = \beta$.

No Exemplo 1, consideramos um problema de valor de contorno para o qual podemos comparar os valores aproximados achados com os valores exatos de uma solução explícita.

EXEMPLO 1

Utilize a equação de diferenças (8) com $n = 4$ para obter uma aproximação da solução do problema de contorno

$$y'' - 4y = 0, \quad y(0) = 0, \quad y(1) = 5.$$

Solução Para aplicar (8), identificamos $P(x) = 0$, $Q(x) = -4$, $f(x) = 0$ e $h = (1 - 0)/4 = 1/4$. Logo, a equação de diferenças é

$$y_{i+1} - 2{,}25y_i + y_{i-1} = 0. \tag{9}$$

Agora, os pontos interiores são $x_1 = 0 + 1/4$, $x_2 = 0 + 2/4$, $x_3 = 0 + 3/4$ e, assim, para $i = 1, 2, 3$, (9) dá o seguinte sistema para y_1, y_2 e y_3:

$$y_2 - 2{,}25y_1 + y_0 = 0$$

$$y_3 - 2{,}25y_2 + y_1 = 0$$

$$y_4 = 2{,}25y_3 + y_2 = 0.$$

Com as condições de contorno $y_0 = 0$ e $y_4 = 5$, o sistema acima se torna

$$\begin{aligned} -2{,}25y_1 + y_2 \qquad &= 0 \\ y_1 - 2{,}25y_2 + y_3 &= 0 \\ y_2 - 2{,}25y_3 &= -5. \end{aligned}$$

Resolvendo esse sistema, obtemos $y_1 = 0{,}7256$, $y_2 = 1{,}6327$ e $y_3 = 2{,}9479$.

Mas a solução geral da equação diferencial dada é $y = c_1 \cosh 2x + c_2 \operatorname{senh} 2x$. A condição $y(0) = 0$ implica $c_1 = 0$. A outra condição de contorno dá c_2. Vemos então que uma solução explícita do problema de contorno é $y(x) = (5 \operatorname{senh} 2x)/\operatorname{senh} 2$. Assim, os valores exatos (arredondados para quatro decimais) dessa solução nos pontos interiores são $y(0{,}25) = 0{,}7184$, $y(0{,}5) = 1{,}6201$ e $y(0{,}75) = 2{,}9354$. ■

Podemos melhorar a precisão das aproximações do Exemplo 1 tomando um valor menor para h. A contrapartida é que um valor menor de h exige a resolução de um maior sistema de equações. Deixamos como exercício mostrar que, com $h = 1/8$, as aproximações de $y(0{,}25)$, $y(0{,}5)$ e $y(0{,}75)$ são 0,7202, 1,6233 e 2,9386, respectivamente. Veja o Problema 11.

EXEMPLO 2

Aplique a equação de diferenças (8) com $n = 10$ para aproximar a solução de

$$y'' + 3y' + 2y = 4x^2, \qquad y(1) = 1, \qquad y(2) = 6.$$

Solução Nesse caso, identificamos $P(x) = 3$, $Q(x) = 2$, $f(x) = 4x^2$ e $h = (2 - 1)/10 = 0{,}1$; e (8) se escreve, como

$$1{,}15y_{i+1} - 1{,}98y_i + 0{,}85y_{i-1} = 0{,}04x_i^2. \tag{10}$$

Então, os pontos interiores são $x_1 = 1{,}1$, $x_2 = 1{,}2$, $x_3 = 1{,}3$, $x_4 = 1{,}4$, $x_5 = 1{,}5$, $x_6 = 1{,}6$, $x_7 = 1{,}7$, $x_8 = 1{,}8$ e $x_9 = 1{,}9$. Assim, para $i = 1, 2, \ldots, 9$ e $y_0 = 1$, $y_{10} = 6$, (10) dá um sistema de nove equações em nove incógnitas:

$$\begin{aligned}
1{,}15y_2 - 1{,}98y_1 \quad &= -0{,}8016\\
1{,}15y_3 - 1{,}98y_2 + 0{,}85y_1 &= 0{,}0576\\
1{,}15y_4 - 1{,}98y_3 + 0{,}85y_2 &= 0{,}0676\\
1{,}15y_5 - 1{,}98y_4 + 0{,}85y_3 &= 0{,}0784\\
1{,}15y_6 - 1{,}98y_5 + 0{,}85y_4 &= 0{,}0900\\
1{,}15y_7 - 1{,}98y_6 + 0{,}85y_5 &= 0{,}1024\\
1{,}15y_8 - 1{,}98y_7 + 0{,}85y_6 &= 0{,}1156\\
1{,}15y_9 - 1{,}98y_8 + 0{,}85y_7 &= 0{,}1296\\
-1{,}98y_9 + 0{,}85y_8 &= -6{,}7556.
\end{aligned}$$

Podemos resolver esse sistema muito grande por eliminação gaussiana ou, com relativa facilidade, por meio de um sistema de computação algébrica como Mathematica. Obtém-se o resultado $y_1 = 2{,}4047$, $y_2 = 3{,}4432$, $y_3 = 4{,}2010$, $y_4 = 4{,}7469$, $y_5 = 5{,}1359$, $y_6 = 5{,}4124$, $y_7 = 5{,}6117$, $y_8 = 5{,}7620$ e $y_9 = 5{,}8855$.

Observação O método de aproximação que acabamos de considerar pode ser estendido a problemas de contorno em que a derivada primeira é dada no contorno, por exemplo, um problema como $y'' = f(x, y, y')$, $y'(a) = \alpha$, $y(b) = \beta$. Veja o Problema 13.

9.8 EXERCÍCIOS

As respostas dos exercícios selecionados estão na página 402.

Nos Problemas 1-10, utilize o método das diferenças finitas e o valor indicado de n para obter uma aproximação da solução do problema de contorno dado.

1. $y'' + 9y = 0, y(0) = 4, y(2) = 1;\ n = 4$

2. $y'' - y = x^2, y(0) = 0, y(1) = 0;\ n = 4$

3. $y'' + 2y' + y = 5x, y(0) = 0, y(1) = 0;\ n = 5$

4. $y'' - 10y' + 25y = 1, y(0) = 1, y(1) = 0;\ n = 5$

5. $y'' - 4y' + 4y = (x+1)e^{2x}, y(0) = 3, y(1) = 0;\ n = 6$

6. $y'' + 5y' = 4\sqrt{x}, y(1) = 1, y(2) = -1;\ n = 6$

7. $x^2y'' + 3xy' + 3y = 0, y(1) = 5, y(2) = 0;\ n = 8$

8. $x^2y'' - xy' + y = \ln x, y(1) = 0, y(2) = -2;\ n = 8$

9. $y'' + (1-x)y' + xy = x, y(0) = 0, y(1) = 2;\ n = 10$

10. $y'' + xy' + y = x, y(0) = 1, y(1) = 0;\ n = 10$

11. Refaça o Exemplo 1 com $n = 8$.

12. O potencial eletrostático u entre duas esferas concêntricas de raios $r = 1$ e $r = 4$ é dado por

$$\frac{d^2u}{dr^2} + \frac{2}{r}\frac{du}{dr} = 0, \quad u(1) = 50, \quad u(4) = 100.$$

Utilize o método desta seção com $n = 6$ para aproximar a solução desse problema de contorno.

13. Considere o problema de contorno $y'' + xy = 0$, $y'(0) = 1$, $y(1) = -1$.

(a) Ache a equação de diferenças correspondente à equação diferencial. Mostre que, para $i = 0, 1, 2, ..., n - 1$, a equação de diferenças origina n equações em $n + 1$ incógnitas $y_{-1}, y_0, y_1, y_2, ..., y_{n-1}$. Aqui, y_{-1} e y_0 são desconhecidos, porque y_{-1} representa uma aproximação de y no ponto exterior $x = -h$, e y_0 não é especificado em $x = 0$.

(b) Utilize a aproximação por diferenças centrais (5) para mostrar que $y_1 - y_{-1} = 2h$. Aplique essa equação para eliminar y_{-1} do sistema na parte (a).

(c) Tome $n = 5$ e utilize o sistema de equações achadas nas partes (a) e (b) para aproximar a solução do problema de contorno.

Capítulo 9 *REVISÃO*

Mesmo que exista uma solução de uma equação diferencial, nem sempre podemos determiná-la em termos das funções elementares familiares. Um modo de nos convencermos de que uma equação de primeira ordem $y' = f(x, y)$ possui uma solução que passa por um ponto especificado (x_0, y_0) consiste em esboçar o **campo de direções** associado à equação. A equação $f(x, y) = c$ determina as **isóclinas**, ou curvas de inclinação constante. Isto significa que toda curva solução que passa por uma determinada isóclina o faz com o mesmo coeficiente angular. O campo de direções é a totalidade de pequenos segmentos retilíneos de todo um espaço bidimensional que têm seus pontos médios nas isóclinas e possuem coeficiente angular igual ao valor do parâmetro c. Uma seqüência, cuidadosamente marcada, desses **elementos lineares** pode sugerir a forma de uma curva solução que passe pelo ponto dado (x_0, y_0).

Na melhor das hipóteses, um campo de direções pode dar apenas uma forma rudimentar de aproximação de um valor numérico da solução $y(x)$ do problema de valor inicial, quando x está próximo de x_0.

Para obter os valores aproximados de $y(x)$, utilizamos a **fórmula de Euler**:

$$y_{n+1} = y_n + hf(x_n, y_n);$$

a **fórmula de Euler melhorada**,

$$y_{n+1} = y_n + h\frac{f(x_n, y_n) + f(x_{n+1}, y^*_{n+1})}{2},$$

onde

$$y^*_{n+1} = y_n + hf(x_n, y_n);$$

a **fórmula de Taylor com três termos**:

$$y_{n+1} = y_n + y'_n h + y''_n \frac{h^2}{2};$$

a **fórmula de Runge-Kutta**:

$$y_{n+1} = y_n + \frac{1}{6}(k_1 + 2k_2 + 2k_3 + k_4),$$

onde
$$k_1 = hf(x_n, y_n)$$
$$k_2 = hf\left(x_n + \frac{1}{2}h, y_n + \frac{1}{2}k_1\right)$$
$$k_3 = hf\left(x_n + \frac{1}{2}h, y_n + \frac{1}{2}k_2\right)$$
$$k_4 = hf\left(x_n + h, y_n + k_3\right);$$

e as **fórmulas de Adams-Bashforth / Adams-Moulton**:

$$y^*_{n+1} = y_n + \frac{h}{24}(55y'_n - 59y'_{n-1} + 37y'_{n-2} - 9y'_{n-3})$$
$$y_{n+1} = y_n + \frac{h}{24}(9y'_{n+1} + 19y'_n - 5y'_{n-1} + y'_{n-2}),$$

onde
$$y'_{n+1} = f(x_{n+1}, y^*_{n+1}).$$

Em todas as fórmulas acima, o número h representa o comprimento de um passo uniforme. Em outras palavras, $x_1 = x_0 + h$, $x_2 = x_1 + h = x_0 + 2h$, ..., $x_n = x_{n-1} + h = x_0 + nh$.

Os quatro primeiros métodos são conhecidos como **métodos de passo único**, ou **de partida**. Os métodos de **Adams-Bashforth / Adams-Moulton** e de **Milne** são exemplos de **métodos de passo múltiplo, ou de continuação**. Para utilizar esses métodos de passo múltiplo, devemos primeiro calcular y_1, y_2 e y_3 por algum dos métodos de partida. Os métodos de **Adams-Bashforth / Adams-Moulton** e de **Milne** são exemplos de uma classe de fórmulas aproximadoras conhecidas como **fórmulas preditoras-corretoras**.

Uma questão importante no emprego de técnicas numéricas é o tamanho do erro. A ordem do erro de truncamento global é uma boa medida da precisão de um método.

Para obter aproximações numéricas de equações diferenciais de ordem superior, podemos reduzir a equação diferencial a um sistema de equações de primeira ordem, aplicando então uma técnica numérica específica a cada equação do sistema.

Pode-se obter uma solução de um problema de contorno de segunda ordem substituindo a equação diferencial por uma **equação de diferenças finitas**.

Capítulo 9 *EXERCÍCIOS DE REVISÃO*

As respostas dos exercícios selecionados estão nas páginas 402 e 403.

Nos Problemas 1 e 2, esboce o campo de direções para a equação diferencial dada. Indique várias curvas solução possíveis.

1. $y\,dx - x\,dy = 0$ **2.** $y' = 2x - y$

Nos Problemas 3 - 6, construa uma tabela comparando os valores indicados de $y(x)$ obtidos com o método de Euler, o método de Euler melhorado, o método de Taylor com três termos e o método de Runge-Kutta. Faça o cálculos com arredondamento para quatro decimais. Tome $h = 0{,}1$ e $h = 0{,}05$.

3. $y' = 2\ln xy$, $y(1) = 2$
$y(1{,}1)$, $y(1{,}2)$, $y(1{,}3)$, $y(1{,}4)$, $y(1{,}5)$

4. $y' = \text{sen}\, x^2 + \cos y^2,\ y(0) = 0$
$y(0{,}1),\ y(0{,}2),\ y(0{,}3),\ y(0{,}4),\ y(0{,}5)$

5. $y' = \sqrt{x + y},\ y(0{,}5) = 0{,}5$
$y(0{,}6),\ y(0{,}7),\ y(0{,}8),\ y(0{,}9),\ y(1{,}0)$

6. $y' = xy + y^2,\ y(1) = 1$
$y(1{,}1),\ y(1{,}2),\ y(1{,}3),\ y(1{,}4),\ y(1{,}5)$

7. Aplique o método de Euler para obter o valor aproximado de $y(0{,}2)$, onde $y(x)$ é a solução do problema de valor inicial

$$y'' - (2x + 1)y = 1, \quad y(0) = 3, \quad y'(0) = 1.$$

Utilize primeiro um passo com $h = 0{,}2$ e refaça então os cálculos com $h = 0{,}1$.

8. Aplique o método de Adams-Bashforth/Adams-Moulton para aproximar o valor de $y(0{,}4)$, onde $y(x)$ é a solução de

$$y' = 4x - 2y, \quad y(0) = 2.$$

Aplique a fórmula de Runge-Kutta com $h = 0{,}1$ para obter os valores de y_1, y_2 e y_3.

9. Utilize o método de Euler com $h = 0{,}1$ para aproximar os valores de $x(0{,}2)$ e $y(0{,}2)$, onde $x(t)$ e $y(t)$ são soluções de

$$x' = x + y$$

$$y' = x - y,$$

$$x(0) = 1, \quad y(0) = 2.$$

10. Aplique o método das diferenças finitas com $n = 10$ para aproximar a solução do problema de contorno

$$y'' + 6{,}55(1 + x)y = 1, \quad y(0) = 0, \quad y(1) = 0.$$

ENSAIO

Modelos de Impulso Nervoso

C. J. Knickerbocker
Departamento de Matemática,
Universidade St. Lawrence

Um problema biologicamente interessante e matematicamente rico é o da transmissão de um impulso elétrico através de um axônio nervoso. A Figura 9.15 é uma representação pictórica do impulso, ou **potencial de ação**, como uma variação de voltagem ao longo do tempo em um ponto do axônio.

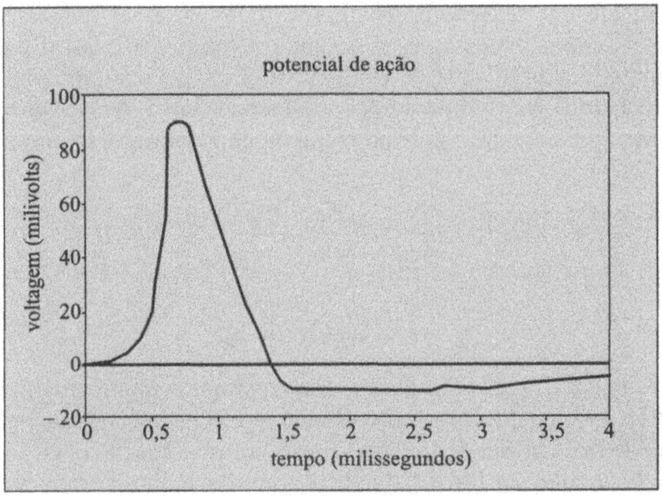

Figura 9.15

Fisicamente, um axônio nervoso pode ser encarado como um cilindro circundado por uma delgada membrana permeável, com íons de sódio fora da membrana e íons de potássio dentro dela. Veja a Figura 9.16.

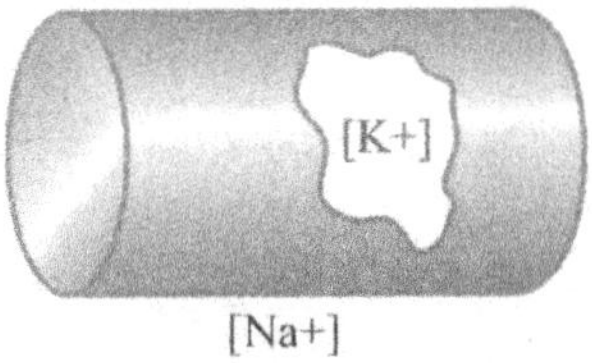

Figura 9.16 Axônio nervoso.

Suponha que estejamos de pé em um ponto no axônio quando se aproxima um impulso nervoso. Essa "perturbação" induz uma variação na voltagem em volta de nós, fazendo com que os íons de sódio se acelerem através da membrana, tornando o interior do axônio mais carregado positivamente. Na Figura 9.15, isto corresponde à elevação de voltagem à esquerda do pulso. Nesse estágio, os íons de potássio interiores reagem à variação de voltagem atravessando a membrana, procurando reequalizar o potencial através dela. Isto é ilustrado como a queda de voltagem na Figura 9.15. Mas os íons de potássio compensam, com folga, e a carga se torna negativa em relação ao caso não perturbado. Ocorre então um período de lenta recuperação (a cauda longa na Figura 9.15), à medida que os íons se movem de volta aos seus lados originais na membrana.

Por volta de 1950, A. L. Hodgkin e A. F. Huxley elaboraram um sistema de equações diferenciais parciais não-lineares para servir de modelo do potencial de ação em um axônio nervoso. O sistema de Hodgkin-Huxley é análogo a uma equação não-linear do calor em quatro variáveis dependentes e duas variáveis independentes. Em geral, a resolução desse tipo de equação é difícil, quando não impossível. Em particular, a equação de Hodgkin-Huxley não pode ser resolvida analiticamente. Precisamos, portanto, de algumas alternativas para achar uma solução analítica. A primeira possibilidade consiste em achar uma solução analítica de uma versão simplificada da equação de Hodgkin-Huxley. Essa idéia tem sido amplamente pesquisada, mas para achar uma solução exata das equações simplificadas, a equação de Hodgkin-Huxley deve ser reduzida a tal ponto que se perdem as propriedades físicas interessantes. A segunda possibilidade consiste em achar uma solução numérica de uma equação simplificada de Hodgkin-Huxley; ou seja, aproximamos a equação de Hodgkin-Huxley e achamos então uma solução numérica dessa versão aproximada. O modelo simplificado que vamos considerar é chamado **equação de Fitzhugh-Nagumo** e é dado por

$$\frac{\partial^2 u}{\partial x^2} = \frac{\partial u}{\partial t} + f(u) + z$$

$$\frac{\partial z}{\partial t} = \varepsilon u$$

$$f(u) = u(1-u)(a-u),$$

onde ε é muito pequeno e $0 \leq a \leq 1$. Simplifica-se a equação de Hodgkin-Huxley fazendo-se uma mudança de variáveis e notando que duas das variáveis dependentes são praticamente independentes do tempo e que se pode simular um certo termo linear por uma função cúbica da voltagem. Quem primeiro descreveu essa equação foi Fitzhugh; Nagumo estudou-a amplamente. Essa equação simplificada não dá qualquer informação quantitativa real sobre o potencial de ação, mas é rica em aspectos qualitativos do problema físico.

Podemos fazer outra simplificação notando que o potencial de ação se move a uma velocidade constante θ e não muda de forma ao mover-se; isto é, podemos transferir a equação de um sistema coordenado x, t para um sistema coordenado móvel em ξ supondo uma solução da forma $u = u(\xi) = u(x - \theta t)$. Isto dá a seguinte equação diferencial ordinária em ξ:

$$\frac{d^2 u}{d\xi^2} - \frac{du}{d\xi} - f(u) - z = 0$$

$$\frac{dz}{d\xi} = \varepsilon u$$

$$f(u) = u(1-u)(a-u).$$

Conhecem-se alguns resultados analíticos para essa equação quando se escolhem valores específicos para os parâmetros. Por exemplo, quando $\theta = 0$, $\varepsilon = 0$ e se supõe u pequeno (de modo que $f(u) \approx au$), pode-se determinar facilmente uma solução analítica.

Antes de fazer qualquer tentativa para resolver numericamente essa equação, devemos procurar "chaves" analíticas que nos orientem na escolha e implementação de um esquema numérico. De uma análise da equação de Fitzhugh-Nagumo, decorrem duas informações importantes. Primeiro, com auxílio de uma técnica chamada análise da perturbação, antecipamos uma solução cuja forma é análoga à do potencial de ação (veja a Figura 9.15). Segundo, com uma análise de plano de fase, vemos que a equação diferencial é muito "sensível" às escolhas dos parâmetros θ, ε e a. Isto equivale a dizer que a solução numérica pode variar dramaticamente com pequenas variações em qualquer desses parâmetros.

Pode-se notar a natureza sensível da equação nos resultados numéricos. Utilizando o método de Runge-Kutta de quarta ordem, começamos escolhendo $\varepsilon = 0{,}005$, $a = 0{,}1$, $u(0) = 0{,}001$ e $\theta = 0{,}5184627034239536284$. Com isto obtemos a solução exibida na Figura 9.17.

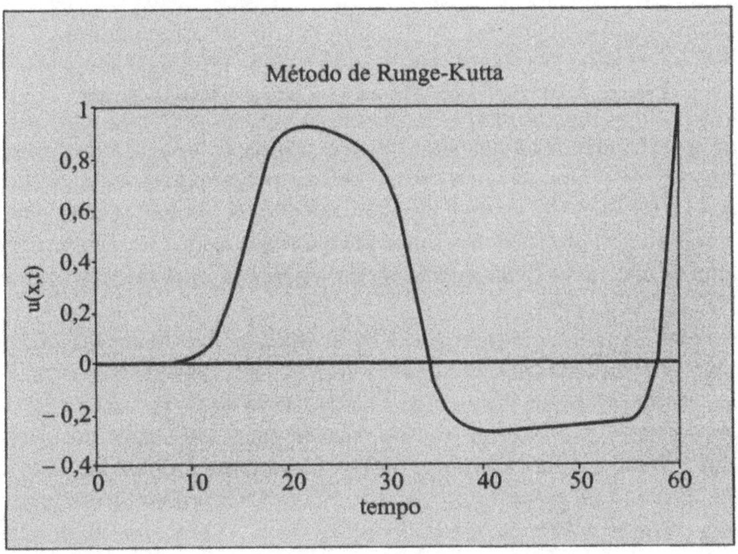

Figura 9.17 Solução I para método de Runge-Kutta.

Observe que estão representadas todas as características qualitativas do potencial de ação: uma elevação brusca da voltagem seguida de uma queda brusca e um longo período de lenta recuperação. Note, entretanto, que a solução numérica "explode" para infinito positivo no lado direito. Modificando o último algarismo de θ, isto é, fazendo $\theta = 0{,}5184627034239536283$, obtemos a solução exibida na Figura 9.18.

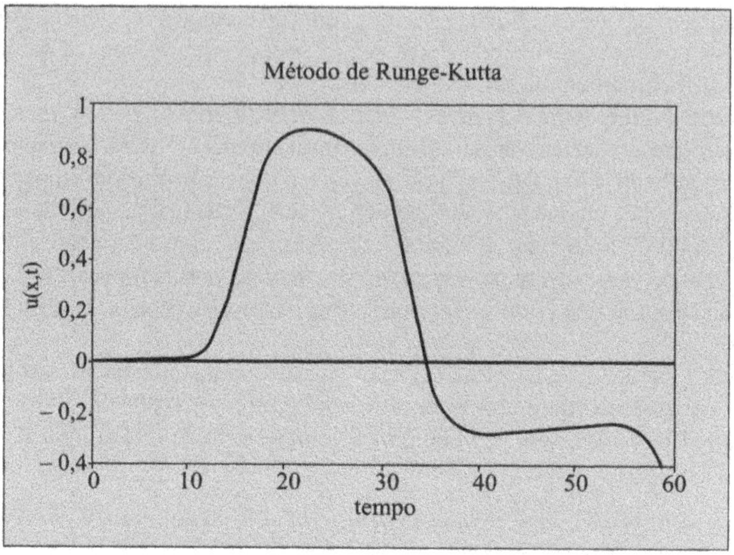

Figura 9.18 Solução 2 para método de Runge-Kutta.

Essa solução aparece idêntica à primeira solução, exceto quanto ao lado direito, onde caminha para infinito negativo. Isto evidencia quão sensível é a solução numérica à escolha de parâmetros.

Uma aplicação criteriosa do método de Runge-Kutta de quarta ordem gera também outras soluções possíveis. Por exemplo, pode-se achar uma solução numérica em forma de um pequeno pulso lento seguido de um pulso ligeiramente maior, ambos consideravelmente menores do que a solução "normal".

Um método numérico mais avançado que pode ser aplicado a essa equação diferencial ordinária é uma técnica chamada **método dos elementos finitos**. Em contraste com a abordagem pelas diferenças finitas, onde se obtém uma solução exata para uma aproximação de uma equação diferencial, a abordagem pelos elementos finitos consiste em achar uma solução aproximada para a equação exata. Isto se obtém subdividindo-se o eixo-ξ com uma rede de largura $\Delta\xi$. Define-se em cada intervalo um conjunto de polinômios. Quanto maior for a ordem do conjunto de polinômios, mais precisa será a solução numérica. Os polinômios são escolhidos de modo que os valores das funções e das derivadas correspondentes tenham certas propriedades nas fronteiras do intervalo. Para o problema em foco, escolhemos em cada intervalo seis polinômios de quinto grau, chamados quínticos de Hermite. Os polinômios são então levados na equação diferencial. É claro que esses polinômios não podem resolver a equação diferencial no intervalo completo, de modo que os "forçamos" a funcionar em alguns pontos (chamados pontos gaussianos) em cada intervalo. Cada ponto gaussiano dá agora uma equação algébrica não-linear, e assim o método gera um sistema de equações algébricas não-lineares acopladas, que devem ser resolvidas. A Figura 9.19 dá os resultados desse tipo de abordagem usado com os parâmetros estabelecidos previamente.

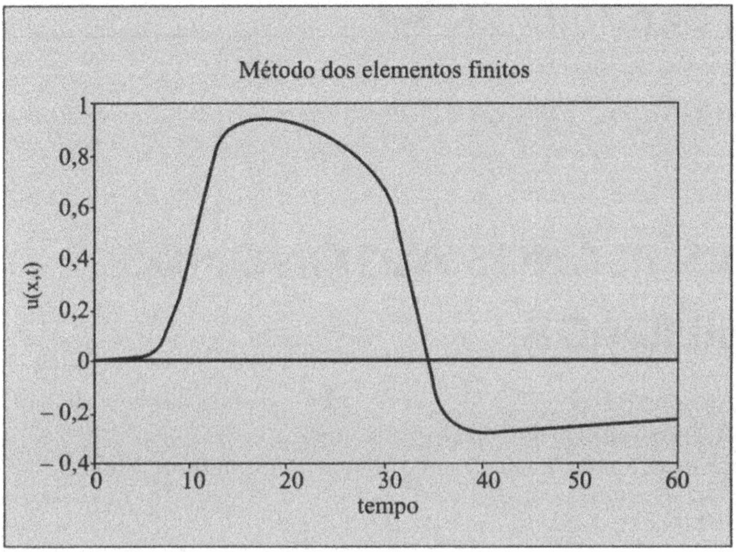

Figura 9.19 Solução por elementos finitos.

A vantagem desse método é que ele utiliza condições em ambos os extremos do domínio, tratando, por conseguinte, o problema como um problema de contorno, em oposição ao método de Runge-Kutta de quarta ordem, que aborda o problema como um problema de valor inicial. As desvantagens do método são a complexidade da técnica e as dificuldades de programação.

O leitor interessado pode encontrar um resumo das pesquisas que estão sendo feitas sobre os vários aspectos da equação de Hodgkin-Huxley, em um artigo intitulado "The Electrophysics of a Nerve Fiber" (A Eletrofísica de uma Fibra Nervosa), de A. C. Scott, em *Reviews of Modern Physics* (volume 47, nº 2, abril – 1975). Esse artigo apresenta uma lista bastante extensa de referências.

Capítulo 10

SISTEMAS PLANOS AUTÔNOMOS E ESTABILIDADE

Conceitos Importantes

Sistemas autônomos
Ponto crítico
Arco
Solução periódica ou ciclo
Nó estável
Nó instável
Ponto de sela
Nó degenerado
Centro
Pontos espirais
Ponto crítico estável
Ponto crítico instável
Linearização
Matriz jacobiana
Método do plano de fases

No Capítulo 8 focalizamos principalmente técnicas de resolução de sistemas de equações diferenciais lineares de primeira ordem da forma $\mathbf{X}' = \mathbf{AX} + \mathbf{F}(t)$. Quando o sistema de equações diferenciais não é linear, em geral não é possível achar soluções em termos de funções elementares. Mostraremos, neste capítulo, que é possível obter informações valiosas sobre a natureza geométrica das soluções, analisando

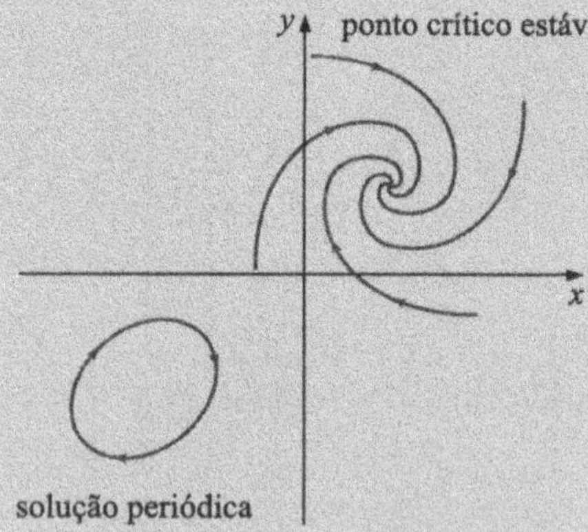

Continua

Continuação

inicialmente soluções constantes especiais chamadas pontos críticos e procurando soluções periódicas. Essas soluções especiais são, por seu turno, classificadas como estáveis ou instáveis, conforme o comportamento de soluções na vizinhança. Introduziremos e ilustraremos com exemplos da física e da ecologia esse importante conceito de estabilidade.

10.1 SISTEMAS AUTÔNOMOS, PONTOS CRÍTICOS E SOLUÇÕES PERIÓDICAS

Terminologia e Notação

Um sistema de equações diferenciais de primeira ordem é chamado **autônomo** quando pode ser posto na forma

$$\begin{aligned} \frac{dx_1}{dt} &= g_1(x_1, x_2, \ldots, x_n) \\ \frac{dx_2}{dt} &= g_2(x_1, x_2, \ldots, x_n) \\ \vdots \quad & \qquad \vdots \\ \frac{dx_n}{dt} &= g_n(x_1, x_2, \ldots, x_n). \end{aligned} \tag{1}$$

Assim, a variável independente t *não* aparece explicitamente no membro direito das equações diferenciais (compare com (2) da Seção 8.3).

EXEMPLO 1

O sistema de equações diferenciais

$$\begin{aligned} \frac{dx_1}{dt} &= x_1 - 3x_2 + t^2 \\ \frac{dx_2}{dt} &= x_1 \operatorname{sen}(x_2 t) \end{aligned}$$

não é autônomo, em virtude da presença de t^2 e $\operatorname{sen}(x_2 t)$ nos membros direitos. ■

Denotando por $\mathbf{X}(t)$ e $\mathbf{g}(\mathbf{X})$ os vetores coluna respectivos

$$\mathbf{X}(t) = \begin{pmatrix} x_1(t) \\ x_2(t) \\ \vdots \\ x_n(t) \end{pmatrix}, \qquad \mathbf{g}\mathbf{X} = \begin{pmatrix} g_1(x_1, x_2, \ldots, x_n) \\ g_2(x_1, x_2, \ldots, x_n) \\ \vdots \\ g_n(x_1, x_2, \ldots, x_n) \end{pmatrix},$$

o sistema autônomo (1) pode ser escrito na forma compacta de um **vetor coluna** $\mathbf{X}' = \mathbf{g}(\mathbf{X})$. O sistema linear homogêneo $\mathbf{X}' = \mathbf{A}\mathbf{X}$ estudado nas Seções 8.5 e 8.6 constitui um caso especial importante.

Neste capítulo é também conveniente escrever (1) utilizando vetores linha. Fazendo

$$\mathbf{X}(t) = (x_1(t), x_2(t), \ldots, x_n(t))$$

e

$$\mathbf{g}(\mathbf{X}) = (g_1(x_1, x_2, \ldots, x_n), g_2(x_1, x_2, \ldots, x_n), \ldots, g_n(x_1, x_2, \ldots, x_n)),$$

o sistema autônomo (1) pode ser escrito na forma compacta de **vetor linha** $\mathbf{X}' = \mathbf{g}(\mathbf{X})$. O contexto indicará se estamos utilizando a forma de vetor linha ou de vetor coluna e, assim, não distinguiremos entre $\mathbf{X}$ e $\mathbf{X}^T$, a transposta de $\mathbf{X}$. Em particular, quando $n = 2$, convém utilizarmos a forma de vetor linha, escrevendo uma condição inicial como $\mathbf{X}(0) = (x_0, y_0)$.

Quando a variável t é interpretada como tempo, costumamos referir-nos a uma solução $\mathbf{X}(t)$ como o **estado do sistema** no instante t. Com essa terminologia, dizemos que um sistema de equações diferenciais é autônomo quando a taxa $\mathbf{X}'(t)$ à qual o sistema varia depende apenas do estado presente $\mathbf{X}(t)$ do sistema. O sistema linear $\mathbf{X}' = \mathbf{A}\mathbf{X} + \mathbf{F}(t)$, estudado no Capítulo 8, é, então, autônomo quando $\mathbf{F}(t)$ é constante.

Note que, quando $n = 1$, a equação diferencial autônoma toma a forma simples $dx/dt = g(x)$. Podemos construir soluções explícitas, porque essa equação diferencial é separável; esse fato será utilizado para ilustrar os conceitos deste capítulo.

Interpretação de Campo Vetorial

Quando $n = 2$, o sistema é chamado **sistema autônomo plano**, e nós o escrevemos como

$$\frac{dx}{dt} = P(x, y)$$

$$\frac{dy}{dt} = Q(x, y).$$

O vetor $\mathbf{V}(x, y) = (P(x, y), Q(x, y))$ define um **campo vetorial** em uma região do plano, e uma solução do sistema pode ser interpretada como a trajetória resultante de uma partícula que se move na região. Para sermos mais específicos, denotemos por $\mathbf{V}(x, y) = (P(x, y), Q(x, y))$ a velocidade de uma corrente na posição (x, y) e suponhamos uma partícula (como uma rolha) liberada na posição (x_0, y_0) na corrente. Se $\mathbf{X}(t) = (x(t), y(t))$ denota a posição da partícula no instante t, então $\mathbf{X}'(t) = (x'(t), y'(t))$ é o vetor velocidade $\mathbf{v}$. Quando não estão presentes forças externas e se desprezam as forças de atrito, a velocidade da partícula no instante t é a velocidade da corrente na posição $\mathbf{X}(t)$:

$$\mathbf{X}'(t) = \mathbf{V}(x(t), y(t));$$

isto é,

$$\frac{dx}{dt} = P(x(t), y(t))$$

$$\frac{dy}{dt} = Q(x(t), y(t)).$$

Assim, a trajetória da partícula é a solução de um sistema que satisfaz a condição inicial $\mathbf{X}(0) = (x_0, y_0)$. Recorreremos freqüentemente a essa interpretação simples de um sistema autônomo plano para ilustrar novos conceitos.

EXEMPLO 2

Um campo vetorial para o fluxo estacionário de um fluido em torno de um cilindro de raio 1 é dado por

$$\mathbf{V}(x,y) = V_0\left(1 - \frac{x^2 - y^2}{(x^2+y^2)^2}, \frac{-2xy}{(x^2+y^2)^2}\right),$$

onde V_0 é a velocidade do fluido longe do cilindro. Liberando-se uma pequena rolha em (–3, 1), sua trajetória $\mathbf{X}(t) = (x(t), y(t))$ satisfaz o sistema autônomo plano

$$\frac{dx}{dt} = V_0\left(1 - \frac{x^2 - y^2}{(x^2+y^2)^2}\right)$$

$$\frac{dy}{dt} = V_0\left(\frac{-2xy}{(x^2+y^2)^2}\right)$$

sujeito à condição inicial $\mathbf{X}(0) = (-3, 1)$. Veja a Figura 10.1.

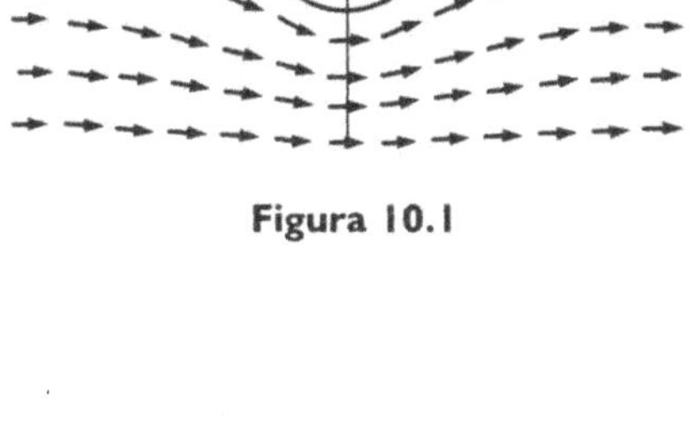

Figura 10.1 ■

Qualquer equação diferencial não-linear de segunda ordem $x'' = g(x,x')$ pode ser escrita como um sistema autônomo plano. Com a introdução de $y = x'$, a equação se torna

$$x' = y$$
$$y' = g(x, y).$$

EXEMPLO 3

No Exemplo 3 da Seção 1.2 mostramos que o ângulo de deslocamento θ de um pêndulo verifica a equação diferencial não-linear de segunda ordem

$$\frac{d}{dt^2} + \frac{g}{l}\text{sen} = 0.$$

Fazendo $x = \theta$ e $y' = \theta'$, essa equação diferencial de segunda ordem pode ser escrita como o sistema autônomo plano

$$x' = y$$
$$y' = \frac{g}{l}\text{sen}\, x.$$

■

Tipos de Soluções

Se $P(x, y)$, $Q(x, y)$ e as derivadas parciais de primeira ordem $\partial P/\partial x$, $\partial P/\partial y$, $\partial Q/\partial x$ e $\partial Q/\partial y$ são contínuas em uma região R do plano, então as soluções do sistema autônomo plano

$$\frac{dx}{dt} = P(x, y)$$
$$\frac{dy}{dt} = Q(x, y)$$

são de três tipos básicos:

(i) Uma **solução constante** $x(t) = x_0$, $y(t) = y_0$ (ou $\mathbf{X}(t) = \mathbf{X}_0$ para todo t). Uma solução constante é chamada **ponto crítico** ou **estacionário**. Quando a partícula é colocada em um ponto crítico $\mathbf{X}_0$ (isto é, $\mathbf{X}(0) = \mathbf{X}_0$), ela permanece ali indefinidamente. Note que, como $\mathbf{X}'(t) = \mathbf{0}$, um ponto crítico é uma solução do sistema de equações algébricas

$$P(x, y) = 0$$
$$Q(x, y) = 0.$$

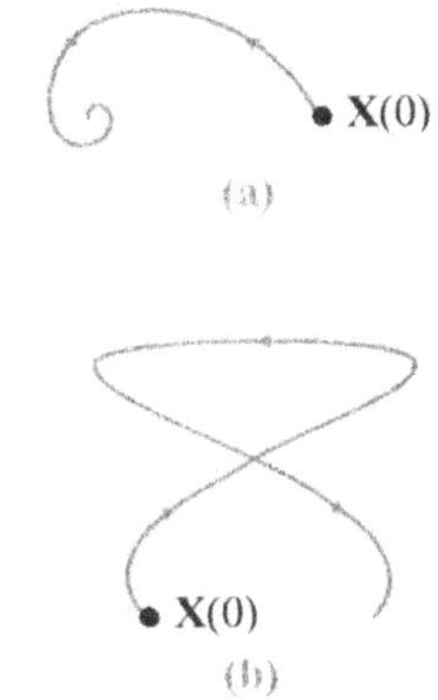

Figura 10.2

(ii) Uma solução $x = x(t)$, $y = y(t)$ que define um **arco**, uma curva plana que *não* se intercepta. Assim, a curva da Figura 10.2(a) pode ser uma solução de um sistema autônomo plano, mas a curva da Figura 10.2(b) não pode ser uma solução.

(iii) Uma **solução periódica** $x = x(t)$, $y = y(t)$. Uma solução periódica é chamada um **ciclo**. Se p é o período da solução, então $\mathbf{X}(t + p) = \mathbf{X}(t)$, e uma partícula colocada sobre a curva em $\mathbf{X}_0$ circulará nela e voltará a $\mathbf{X}_0$ em p unidades de tempo (Veja a Figura 10.3).

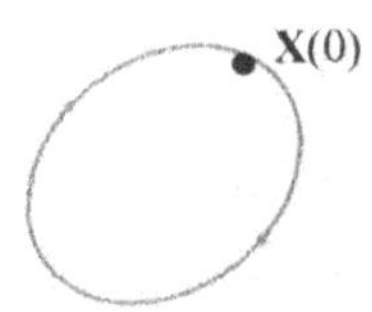

Figura 10.3

EXEMPLO 4

Determine todos os pontos críticos de cada um dos seguintes sistemas autônomos planos:

(a) $x' = -x + y$, $y' = x - y$ **(b)** $x' = x^2 + y^2 - 6$, $y' = x^2 - y$ **(c)** $x' = 0{,}01x(100 - x - y)$, $y' = 0{,}05y(60 - y - 0{,}2x)$

Solução Determinamos os pontos críticos igualando a zero os segundos membros das equações diferenciais.

(a) A solução do sistema

$$-x + y = 0$$

$$x - y = 0$$

consiste de todos os pontos da reta $y = x$. Assim, há um número infinito de pontos críticos.

(b) Para resolver o sistema

$$x^2 + y^2 - 6 = 0$$

$$x^2 - y = 0$$

levamos a segunda equação $x^2 = y$ na primeira, obtendo $y^2 + y - 6 = (y + 3)(y - 2) = 0$. Se $y = -3$, então $x^2 = -3$, não havendo soluções reais. Se $y = 2$, $x = \pm\sqrt{2}$ e os pontos críticos são $(\sqrt{2}, 2)$ e $(-\sqrt{2}, 2)$.

(c) A determinação dos pontos críticos na parte (c) exige uma análise cuidadosa dos casos. A equação $0{,}01x(100 - x - y) = 0$ implica $x = 0$ ou $x + y = 100$. Se $x = 0$, levando em $0{,}05y(60 - y - 0{,}2x) = 0$, temos $y(60 - y) = 0$. Assim, $y = 0$ ou 60, e (0, 0) e (0,60) são pontos críticos. Se $x + y = 100$, então $0 = y(60 - y - 0{,}2(100 - y)) = y(40 - 0{,}8y)$. Decorre que $y = 0$ ou 50 e assim (100, 0) e (50, 50) são pontos críticos. ■

Quando o sistema autônomo plano é linear, podemos aplicar os métodos do Capítulo 8 para pesquisar soluções.

EXEMPLO 5

Determine se o sistema linear dado possui uma solução periódica.

(a) $x' = 2x + 8y$ **(b)** $x' = x + 2y$

$y' = -x - 2y$ $y' = -\frac{1}{2}x + y$

Em cada caso, faça um esboço do gráfico da solução que satisfaz $\mathbf{X}(0) = (2, 0)$.

Solução **(a)** No Exemplo 3 da Seção 8.6, utilizamos o método dos autovalores-autovetores para mostrar que

$$x = c_1(2\cos 2t - 2\,\text{sen}\,2t) + c_2(2\cos 2t + 2\,\text{sen}\,2t)$$

$$y = c_1(-\cos 2t) - c_2\,\text{sen}\,2t$$

Assim, toda solução é periódica com período $p = \pi$. A solução que satisfaz $\mathbf{X}(0) = (2, 0)$ é

$$x = 2\cos 2t + 2\,\text{sen}\,2t$$

$$y = -\,\text{sen}\,2t.$$

Essa solução gera as elipses mostradas na Figura 10.4(a).

(b) No Exemplo 4 da Seção 8.6, mostramos, pelo método dos autovalores-autovetores, que

$$x = c_1(2e^t\cos t) + c_2(2e^t\,\text{sen}\,t)$$

$$y = c_1(-e^t\,\text{sen}\,t) + c_2(e^t\cos t).$$

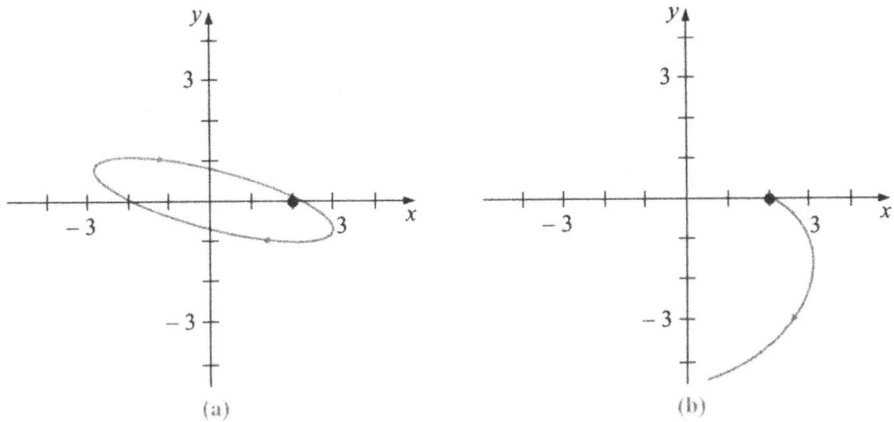

Figura 10.4

Em virtude da presença de e^t na solução geral, não há soluções periódicas (isto é, ciclos). A solução que satisfaz $\mathbf{X}(0) = (2, 0)$ é

$$x = 2e^t \cos t$$

$$y = -e^t \operatorname{sen} t;$$

e a Figura 10.4(b) exibe essa curva. ■

Mudança para Coordenadas Polares

Exceto o caso de soluções constantes, em geral não é possível achar expressões explícitas para as soluções de um sistema autônomo não-linear. Podemos, não obstante, resolver alguns sistemas não-lineares passando para coordenadas polares. Das fórmulas $r^2 = x^2 + y^2$ e $\theta = \operatorname{tg}^{-1}(y/x)$, obtemos

$$\frac{dr}{dt} = \frac{1}{r}\left(x\frac{dx}{dt} + y\frac{dy}{dt}\right)$$

$$\frac{d\theta}{dt} = \frac{1}{r^2}\left(-y\frac{dx}{dt} + x\frac{dy}{dt}\right). \tag{2}$$

EXEMPLO 6

Determine a solução do sistema autônomo plano não-linear

$$x' = -y - x\sqrt{x^2 + y^2}$$

$$y' = x - y\sqrt{x^2 + y^2}$$

que satisfaz a condição inicial $\mathbf{X}(0) = (3, 3)$.

Solução Das expressões de dr/dt e $d\theta/dt$ em (2), obtemos

$$\frac{dr}{dt}=\frac{1}{r}[x(-y-xr)+y(x-yr)]=-r^2$$

$$\frac{d\theta}{dt}=\frac{1}{r^2}[-y(-y-xr)+x(x-yr)]=1$$

com $r(0)=3\sqrt{2}$ e $\theta(0)=\pi/4$. Mediante separação de variáveis, mostramos que a solução geral do sistema é

$$r=\frac{1}{t+c_1}$$

$$\theta=t+c_2$$

para $r\neq 0$. (Verifique!) Aplicando as condições iniciais, vem $r=1/(t+\sqrt{2}/6)$ e $\theta=t+\pi/4$. A Figura 10.5 é um esboço da espiral $r=1/(\theta+\sqrt{2}/6-\pi/4)$.

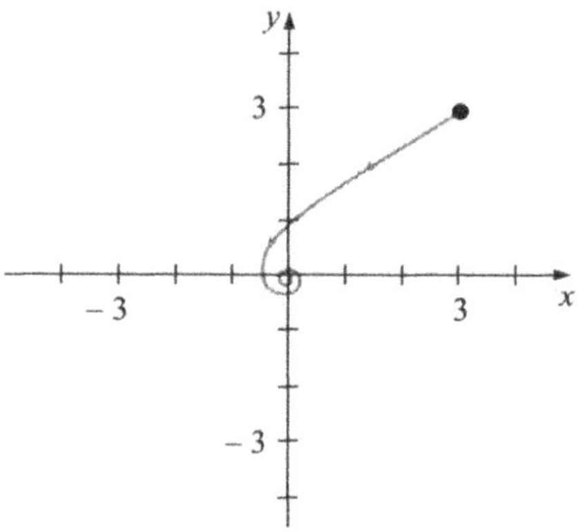

Figura 10.5 ■

EXEMPLO 7

Quando expresso em coordenadas polares, um sistema autônomo plano toma a forma

$$\frac{dr}{dt}=0{,}5(3-r)$$

$$\frac{d\theta}{dt}=1.$$

Determine e esboce as soluções que satisfazem $\mathbf{X}(0)=(3,0)$ e $\mathbf{X}(0)=(0,1)$ em coordenadas retangulares.

Solução Aplicando a separação de variáveis a $dr/dt = 0{,}5(3 - r)$ e integrando $d\theta/dt = 1$, obtemos a solução geral

$$r = 3 + c_1 e^{-0{,}5t}$$

$$\theta = t + c_2$$

Se $\mathbf{X}(0) = (3, 0)$, então $r(0) = 3$ e $\theta(0) = 0$. Decorre que $c_1 = c_2 = 0$ e, assim, $r = 3$ e $\theta = t$. Logo, $x = r\cos\theta = 3\cos t$ e $y = r \operatorname{sen}\theta = 3 \operatorname{sen} t$; a solução é, pois, periódica.

Se $\mathbf{X}(0) = (0, 1)$, então $r(0) = 1$ e $\theta(0) = \pi/2$ e assim $c_1 = -2$ e $c_2 = \pi/2$. A curva solução é a espiral $r = 3 - 2e^{-0{,}5(\theta - \pi/2)}$. Note que, quando $t \to \infty$, θ aumenta arbitrariamente e r tende para 3. A Figura 10.6 exibe ambas as soluções.

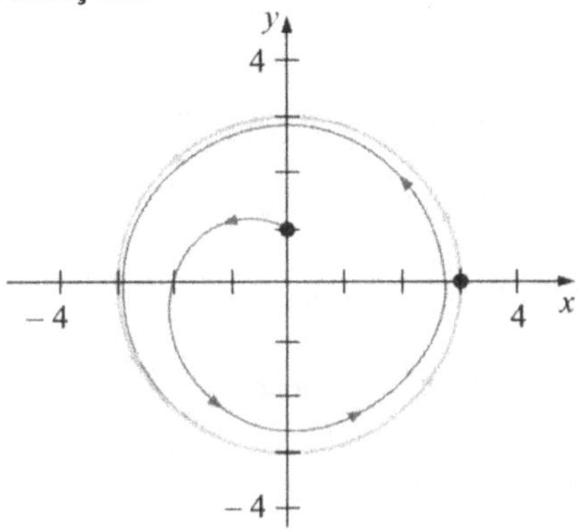

Figura 10.6 ■

10.1 EXERCÍCIOS

As respostas dos exercícios selecionados estão nas páginas 403 e 404.

Nos Problemas 1 - 6, escreva a equação diferencial não-linear de segunda ordem como um sistema autônomo plano. Ache todos os pontos críticos do sistema resultante.

1. $x'' + 9\operatorname{sen} x = 0$

2. $x'' + (x')^2 + 2x = 0$

3. $x'' + x'(1 - x^3) - x^2 = 0$

4. $x'' + 4\dfrac{x}{1 + x^2} + 2x' = 0$

5. $x'' + x = \varepsilon x^3$ para $\varepsilon > 0$

6. $x'' + x - \varepsilon x|x| = 0$ para $\varepsilon > 0$

Nos Problemas 7-16, determine todos os pontos críticos do sistema autônomo plano dado.

7. $x' = x + xy$
$y' = -y - xy$

8. $x' = y^2 - x$
$y' = x^2 - y$

9. $x' = 3x^2 - 4y$
$y' = x - y$

10. $x' = x^3 - y$
$y' = x - y^3$

11. $x' = x(10 - x - \frac{1}{2}y)$
$y' = y(16 - y - x)$

12. $x' = -2x + y + 10$
$y' = 2x - y - 15\dfrac{y}{y + 5}$

13. $x' = x^2 e^y$
$y' = y(e^y - 1)$

14. $x' = \operatorname{sen} y$
$y' = e^{x-y} - 1$

15. $x' = x(1 - x^2 - 3y^2)$
$y' = y(3 - x^2 - 3y^2)$

16. $x' = -x(4 - y^2)$
$y' = 4y(1 - x^2)$

Nos Problemas 17-22, para o sistema autônomo plano linear dado (tirado dos Exercícios 8.6):

(a) ache a solução geral e determine se há soluções periódicas.

(b) ache a solução que satisfaz a condição inicial dada, e

(c) com auxílio de uma calculadora gráfica ou de um programa para traçado de gráficos, esboce a solução da parte (b) e indique a direção em que a curva é cortada.

17. $x' = x + 2y$
$y' = 4x + 3y$, $\mathbf{X}(0) = (2, -2)$ (Problema 1, Exercícios 8.6)

18. $x' = -6x + 2y$
$y' = -3x + y$, $\mathbf{X}(0) = (3, 4)$ (Problema 6, Exercícios 8.6)

19. $x' = 4x - 5y$
$y' = 5x - 4y$, $\mathbf{X}(0) = (4, 5)$ (Problema 19, Exercícios 8.6)

20. $x' = x + y$
$y' = -2x - y$, $\mathbf{X}(0) = (-2, 2)$ (Problema 16, Exercícios 8.6)

21. $x' = 5x + y$
$y' = -2x + 3y$, $\mathbf{X}(0) = (-1, 2)$ (Problema 17, Exercícios 8.6)

22. $x' = x - 8y$
$y' = x - 3y$, $\mathbf{X}(0) = (2, 1)$ (Problema 20, Exercícios 8.6)

Nos Problemas 23-26, resolva o sistema autônomo plano não-linear dado, passando para coordenadas polares. Descreva o comportamento geométrico da solução que satisfaz a(s) condição(ões) inicial(ais) dada(s).

23. $x' = -y - x(x^2 + y^2)^2$
$y' = x - y(x^2 + y^2)^2$, $\mathbf{X}(0) = (4, 0)$

24. $x' = y + x(x^2 + y^2)$
$y' = -x + y(x^2 + y^2)$, $\mathbf{X}(0) = (4, 0)$

25. $x' = -y + x(1 - x^2 - y^2)$
$y' = x + y(1 - x^2 - y^2)$, $\mathbf{X}(0) = (1, 0)$ e $\mathbf{X}(0) = (2, 0)$

[*Sug.*: A equação diferencial em r resultante é uma equação diferencial de Bernoulli. Veja Seção 2.6.]

26.
$$\begin{aligned} x' &= y - \frac{x}{\sqrt{x^2 + y^2}}(4 - x^2 - y^2) \\ y' &= -x - \frac{y}{\sqrt{x^2 + y^2}}(4 - x^2 - y^2) \end{aligned}, \quad \mathbf{X}(0) = (1, 0) \text{ e } \mathbf{X}(0) = (2, 0)$$

[*Sug.*: Veja Exemplo 6, Seção 2.2.]

27. Se $z = f(x, y)$ é uma função com derivadas parciais primeiras contínuas em uma região R, então pode-se definir um fluxo $\mathbf{V}(x, y) = (P(x, y), Q(x, y))$ em R fazendo $P(x, y) = -(\partial f/\partial y)(x, y)$ e $Q(x, y) = (\partial f/\partial x)(x, y)$. Mostre que, se $\mathbf{X}(t) = (x(t), y(t))$ é uma solução do sistema autônomo plano

$$x' = P(x, y)$$
$$y' = Q(x, y),$$

então $f(x(t), y(t)) = c$ para alguma constante c. Assim, uma curva solução está sobre uma *curva de nível f*. [*Sug.*: Aplique a regra da cadeia para calcular $(d/dt)\, f(x(t), y(t))$.]

10.2 ESTABILIDADE DE SISTEMAS LINEARES

Na Seção 10.1 afirmamos que o sistema autônomo plano

$$\frac{dx}{dt} = P(x, y)$$
$$\frac{dy}{dt} = Q(x, y)$$

origina um campo vetorial $\mathbf{V}(x, y) = (P(x, y), Q(x, y))$, e uma solução $\mathbf{X} = \mathbf{X}(t)$ pode ser interpretada como a trajetória resultante de uma partícula colocada inicialmente na posição $\mathbf{X}(0) = \mathbf{X}_0$. Se $\mathbf{X}_0$ é um ponto crítico, a partícula permanece estacionária. Entretanto, se $\mathbf{X}_0$ é colocado próximo a um ponto crítico $\mathbf{X}_1$, formulamos as seguintes questões:

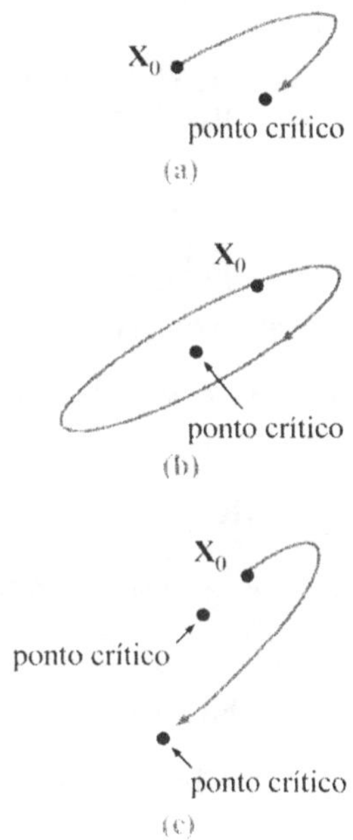

Figura 10.7

(i) A partícula voltará ao ponto crítico? Mais precisamente, se $\mathbf{X} = \mathbf{X}(t)$ é a solução que satisfaz $\mathbf{X}(0) = \mathbf{X}_0$, então é verdade que $\lim_{t \to \infty} \mathbf{X}(t) = \mathbf{X}_1$?

(ii) Se a partícula *não* volta ao ponto crítico, ela permanece próxima dele ou se afasta do ponto crítico? É concebível, por exemplo, que a partícula simplesmente circunde o ponto crítico ou volte a um ponto crítico diferente. Veja a Figura 10.7.

Se o caso (a) ou o caso (b) da Figura 10.7 *sempre* ocorrem em alguma vizinhança do ponto crítico, tal ponto crítico é chamado **localmente estável**. Se, entretanto, pudermos achar em *qualquer* vizinhança dada um valor inicial $\mathbf{X}_0$ que resulte em um comportamento semelhante ao caso (c), então o ponto crítico é chamado **instável**. Esses conceitos se tornarão mais precisos na Seção 10.3, na qual são investigadas as questões (i) e (ii) para sistemas não-lineares.

Análise da Estabilidade

Investigaremos primeiro essas duas questões de estabilidade para sistemas autônomos planos lineares e estabeleceremos os fundamentos da Seção 10.3. Os métodos de solução do Capítulo 8 permitem-nos fazer uma análise geométrica meticulosa das soluções de

$$\begin{aligned} x' &= ax + by \\ y' &= cx + dy \end{aligned} \tag{1}$$

em termos de autovalores e autovetores da matriz de coeficientes

$$\mathbf{A} = \begin{pmatrix} a & b \\ c & d \end{pmatrix}.$$

Para termos certeza de que $\mathbf{X}_0 = (0, 0)$ é o único ponto crítico, supomos o determinante $\Delta = ad - bc \neq 0$. Se $\tau = a + d$ é o traço* da matriz $\mathbf{A}$, então a equação característica $\det(\mathbf{A} - \lambda\mathbf{I}) = 0$ pode ser escrita como

$$\lambda^2 - \tau\lambda + \Delta = 0.$$

Portanto, os autovalores de $\mathbf{A}$ são $\lambda = (\tau \pm \sqrt{\tau^2 - 4\Delta})/2$, e teremos os três casos usuais dessas raízes conforme $\tau^2 - 4\Delta$ seja positivo, negativo ou zero.

CASO I AUTOVALORES REAIS DISTINTOS **($\tau^2 - 4\Delta > 0$)** De acordo com o Teorema 8.9 da Seção 8.6, a solução geral de (1) é dada por

$$\mathbf{X}(t) = c_1\mathbf{K}_1 e^{\lambda_1 t} + c_2\mathbf{K}_2 e^{\lambda_2 t}, \tag{2}$$

onde λ_1 e λ_2 são os autovalores e $\mathbf{K}_1$ e $\mathbf{K}_2$ são os autovetores correspondentes. Note que $\mathbf{X}(t)$ também pode ser escrito como

$$\mathbf{X}(t) = e^{\lambda_1 t}[c_1\mathbf{K}_1 + c_2\mathbf{K}_2 e^{(\lambda_2 - \lambda_1)t}]. \tag{3}$$

(a) Ambos os autovalores negativos ($\tau^2 - 4\Delta > 0$, $\tau < 0$ e $\Delta > 0$)

Nó estável De (2) decorre que $\lim_{t\to\infty} \mathbf{X}(t) = \mathbf{0}$. Se admitimos $\lambda_2 < \lambda_1$, então $\lambda_2 - \lambda_1 < 0$ e podemos concluir de (3) que

$$\mathbf{X}(t) \approx c_1\mathbf{K}_1 e^{\lambda_1 t}$$

---

* Em geral, se $\mathbf{A}$ é uma matriz $n \times n$, o **traço** de $\mathbf{A}$ é a soma dos elementos da diagonal principal.

para grandes valores de t. Quando $c_1 \neq 0$, $\mathbf{X}(t)$ tende para $\mathbf{0}$ segundo uma das duas direções determinadas pelo autovetor $\mathbf{K}_1$ correspondente a λ_1. Se $c_1 = 0$, $\mathbf{X}(t) = c_2 \mathbf{K}_2 e^{\lambda_2 t}$ e $\mathbf{X}(t)$ tende para $\mathbf{0}$ ao longo da reta determinada pelo autovetor $\mathbf{K}_2$. A Figura 10.8 exibe uma coleção de curvas solução em torno da origem. Um ponto crítico é chamado **nó estável** quando ambos os autovalores são negativos.

(b) Ambos os autovalores positivos ($\tau^2 - 4\Delta > 0$, $\tau > 0$ e $\Delta > 0$)

Nó instável A análise desse caso é análoga ao caso (a). Novamente, por (2), $\mathbf{X}(t)$ torna-se arbitrariamente grande quando t cresce. Além disso, por (3), $\mathbf{X}(t)$ se torna arbitrariamente grande em uma das direções determinadas pelo autovetor $\mathbf{K}_1$ (quando $c_1 \neq 0$) ou ao longo da reta determinada pelo autovetor $\mathbf{K}_2$ (quando $c_1 = 0$). A Figura 10.9 exibe uma coleção típica de curvas solução. Esse tipo de ponto crítico, correspondente ao caso em que ambos os autovalores são positivos, é chamado **nó instável**.

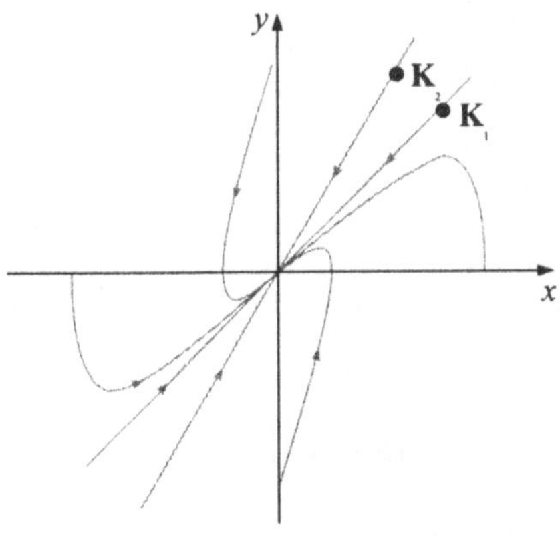

Figura 10.8 - Nó instável.

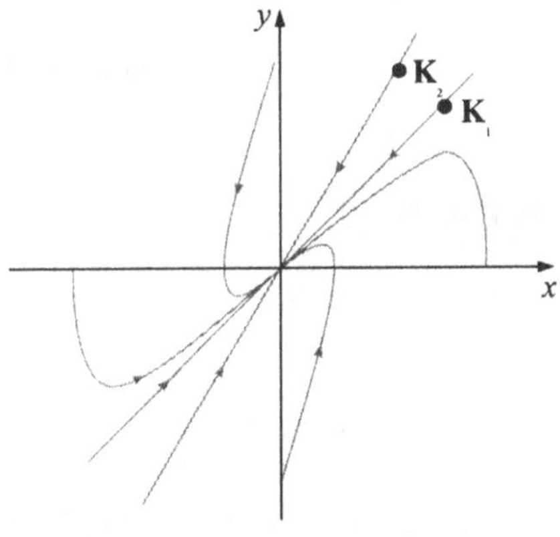

Figura 10.9 - Nó instável.

(c) Autovalores com sinais opostos ($\tau^2 - 4\Delta > 0$ e $\Delta < 0$)

Ponto de sela A análise das soluções é idêntica à do caso (b), com uma exceção. Quando $c_1 = 0$, $\mathbf{X}(t) = c_2 \mathbf{K}_2 e^{\lambda_2 t}$ e, como $\lambda_2 < 0$, $\mathbf{X}(t)$ tenderá para $\mathbf{0}$ ao longo da reta determinada pelo autovetor $\mathbf{K}_2$. Se $\mathbf{X}(0)$ não está sobre a reta determinada por $\mathbf{K}_2$, a reta determinada por $\mathbf{K}_1$ é uma assíntota de $\mathbf{X}(t)$. Esse ponto crítico instável é chamado **ponto de sela**. Veja a Figura 10.10.

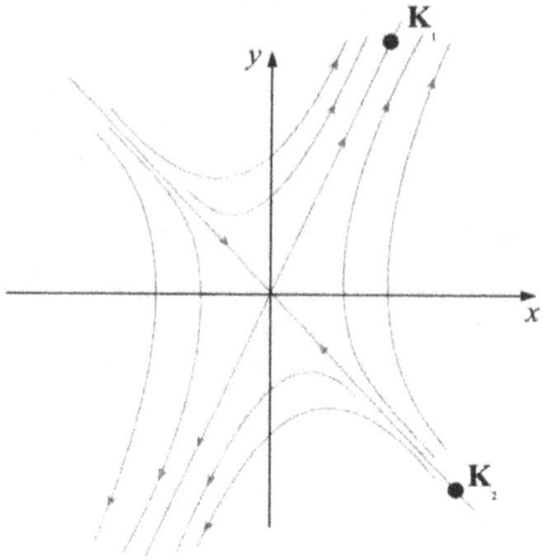

Figura 10.10 - Ponto de sela.

EXEMPLO 1

Classifique como nó estável, nó instável ou ponto de sela os pontos críticos (0, 0) de cada um dos seguintes sistemas lineares $\mathbf{X}' = \mathbf{AX}$.

$$\text{(a) } \mathbf{A} = \begin{pmatrix} 2 & 3 \\ 2 & 1 \end{pmatrix} \qquad \text{(b) } \mathbf{A} = \begin{pmatrix} -10 & 6 \\ 15 & -19 \end{pmatrix}$$

Em cada caso, discuta a natureza das soluções na vizinhança de (0, 0).

Solução (a) Como o traço τ é 3 e o determinante $\Delta = -4$, os autovalores são

$$\lambda = \frac{\tau \pm \sqrt{\tau^2 - 4\Delta}}{2} = \frac{3 \pm \sqrt{3^2 - 4(-4)}}{2} = \frac{3 \pm 5}{2} = 4, -1.$$

Os autovalores têm sinais opostos e assim (0, 0) é um ponto de sela. Não é difícil mostrar (veja Exemplo 1, Seção 8.6) que os autovetores correspondentes a $\lambda_1 = 4$ e $\lambda_2 = -1$ são

$$\mathbf{K}_1 = \begin{pmatrix} 3 \\ 2 \end{pmatrix} \text{ e } \mathbf{K}_2 = \begin{pmatrix} 1 \\ -1 \end{pmatrix},$$

respectivamente. Se $\mathbf{X}(0) = \mathbf{X}_0$ está sobre a reta $y = -x$, $\mathbf{X}(t)$ tende para $\mathbf{0}$. Para qualquer outra condição inicial, $\mathbf{X}(t)$ se torna arbitrariamente grande nas direções determinadas por $\mathbf{K}_1$. Em outras palavras, a reta $y = \frac{2}{3}x$ é assíntota a todas essas curvas solução.

(b) De $\tau = -29$ e $\Delta = 100$, decorre que os autovalores de $\mathbf{A}$ são $\lambda_1 = -4$ e $\lambda_2 = -25$. Ambos os autovalores são negativos e assim (0, 0) é, nesse caso, um nó estável. Como os autovetores correspondentes a $\lambda_1 = -4$ e $\lambda_2 = -25$ são

$$\mathbf{K}_1 = \begin{pmatrix} 1 \\ 1 \end{pmatrix} \quad \text{e} \quad \mathbf{K}_2 = \begin{pmatrix} 2 \\ -5 \end{pmatrix},$$

respectivamente, decorre que todas as soluções tendem para **0** segundo a direção determinada por $\mathbf{K}_1$, com exceção das soluções para as quais $\mathbf{X}(0) = \mathbf{X}_0$ está na reta $y = -\frac{5}{2}x$ determinada por $\mathbf{K}_2$. Essas soluções tendem para **0** ao longo de $y = -\frac{5}{2}x$. ■

CASO II UM AUTOVALOR REAL REPETIDO $(\tau^2 - 4\Delta = 0)$ ***Nós Degenerados*** Da Seção 8.6, recorde que a solução geral toma uma de duas formas diferentes, conforme possamos achar, para o autovalor repetido λ_1, um ou dois autovetores linearmente independentes.

(a) **Dois autovetores linearmente independentes.** Se $\mathbf{K}_1$ e $\mathbf{K}_2$ são dois autovetores linearmente independentes correspondentes a λ_1, então a solução geral é dada por

$$\begin{aligned}\mathbf{X}(t) &= c_1\mathbf{K}_1e^{\lambda_1 t} + c_2\mathbf{K}_2e^{\lambda_1 t}\\ &= (c_1\mathbf{K}_1 + c_2\mathbf{K}_2)e^{\lambda_1 t}.\end{aligned}$$

Se $\lambda_1 < 0$, $\mathbf{X}(t)$ tende para **0** ao longo da reta determinada pelo vetor $c_1\mathbf{K}_1 + c_2\mathbf{K}_2$, o ponto crítico é chamado **nó estável degenerado** (veja a Figura 10.11(a). Invertem-se as setas na Figura 10.11(a) quando $\lambda_1 > 0$; temos então um **nó instável degenerado.**

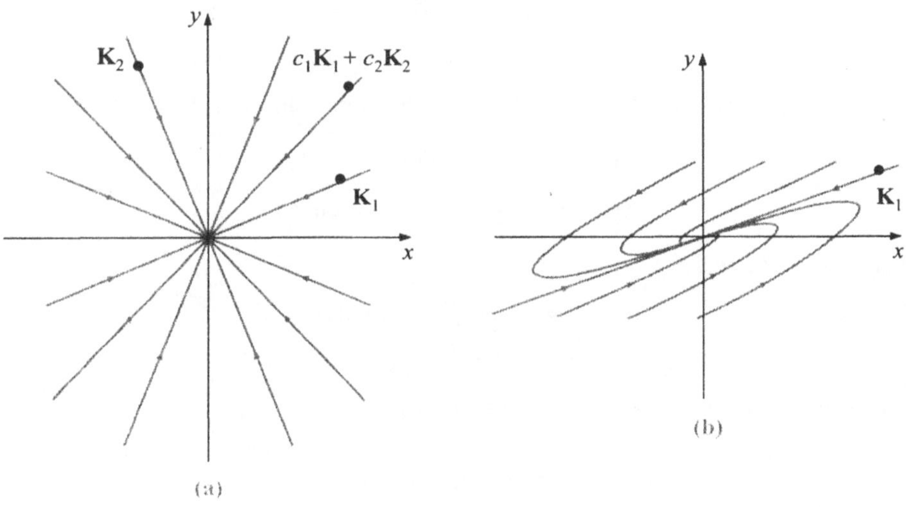

Figura 10.11 - Nós estáveis degenerados.

(b) Um único autovetor linearmente independente. Quando existe um único autovetor linearmente independente $\mathbf{K}_1$, a solução geral é dada por

$$\mathbf{X}(t) = c_1\mathbf{K}_1 e^{\lambda_1 t} + c_2(\mathbf{K}_1 t e^{\lambda_1 t} + \mathbf{P}e^{\lambda_1 t}),$$

onde $(\mathbf{A} - \lambda_1\mathbf{I})\mathbf{P} = \mathbf{K}_1$ (veja Seção 8.6, equações (18)-(20)), e a solução pode ser posta na forma

$$\mathbf{X}(t) = te^{\lambda_1 t}\left[c_2\mathbf{K}_1 + \frac{c_1}{t}\mathbf{K}_1 + \frac{c_2}{t}\mathbf{P}\right].$$

Se $\lambda_1 < 0$, $\lim_{t\to\infty} te^{\lambda_1 t} = 0$, decorrendo que $\mathbf{X}(t)$ tende para $\mathbf{0}$ segundo uma das direções determinadas pelo vetor $\mathbf{K}_1$ (veja a Figura 10.11(b)). O ponto crítico é novamente chamado **nó estável degenerado**. Quando $\lambda_1 > 0$, as soluções se apresentam como as da Figura 10.11(b) com as setas invertidas. A reta determinada por $\mathbf{K}_1$ é uma assíntota para *todas* as soluções. O ponto crítico é chamado **nó instável degenerado**.

CASO III AUTOVALORES COMPLEXOS **($\tau^2 - 4\Delta < 0$)** Se $\lambda_1 = \alpha + i\beta$ e $\overline{\lambda}_1 = \alpha - i\beta$ são os autovalores complexos e $\mathbf{K}_1 = \mathbf{B}_1 + i\mathbf{B}_2$ é um autovetor complexo correspondente a λ_1, então a solução geral pode ser posta na forma $\mathbf{X}(t) = c_1\mathbf{X}_1(t) + c_2\mathbf{X}_2(t)$, onde

$$\mathbf{X}_1(t) = (\mathbf{B}_1 \cos\beta t - \mathbf{B}_2 \operatorname{sen}\beta t)e^{\alpha t}$$

e

$$\mathbf{X}_2(t) = (\mathbf{B}_2 \cos\beta t + \mathbf{B}_1 \operatorname{sen}\beta t)e^{\alpha t}$$

(veja Seção 8.6, equações (14) e (15)). Tem-se então uma solução na forma

$$\begin{aligned} x(t) &= e^{\alpha t}(c_{11}\cos\beta t + c_{12}\operatorname{sen}\beta t) \\ y(t) &= e^{\alpha t}(c_{21}\cos\beta t + c_{22}\operatorname{sen}\beta t) \end{aligned} \qquad \textbf{(4)}$$

e, quando $\alpha = 0$, temos

$$\begin{aligned} x(t) &= c_{11}\cos\beta t + c_{12}\operatorname{sen}\beta t \\ y(t) &= c_{21}\cos\beta t + c_{22}\operatorname{sen}\beta t. \end{aligned}$$

(a) Raízes imaginárias puras ($\tau^2 - 4\Delta < 0$, $\tau = 0$)

Centro Quando $\alpha = 0$, os autovalores são imaginários puros e, por (5), todas as soluções são periódicas com período $p = 2\pi/\beta$. Note que, se c_{12} e c_{21} fossem simultaneamente zero, então (5) se reduziria a

$$\begin{aligned} x(t) &= c_{11}\cos\beta t \\ y(t) &= c_{22}\operatorname{sen}\beta t, \end{aligned}$$

que é a representação paramétrica de uma elipse. Resolvendo o sistema de equações (5) em relação a cos βt e sen βt e utilizando a identidade $\operatorname{sen}^2\beta t + \cos^2\beta t = 1$, é possível mostrar que *todas as soluções são elipses* com centro na origem. O ponto crítico (0, 0) é chamado **centro**, e a Figura 10.12 mostra uma coleção típica de curvas solução. As elipses são *todas* elas percorridas seja no sentido horário, seja no sentido anti-horário.

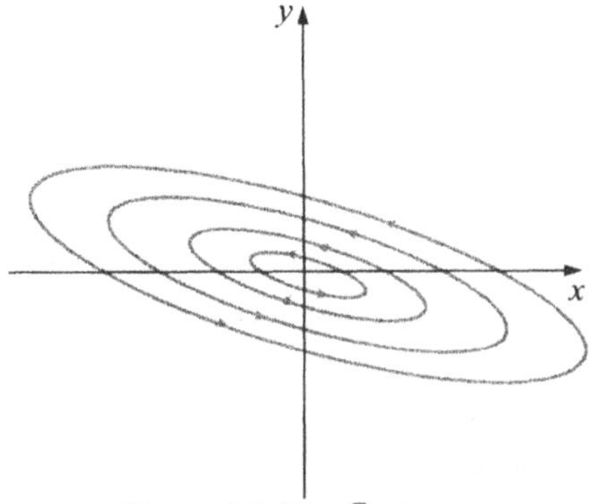

Figura 10.12 - Centro.

(b) Parte real não nula ($\tau^2 - 4\Delta < 0$, $\tau \neq 0$)

Pontos espirais Quando $\alpha \neq 0$, o efeito do termo $e^{\alpha t}$ em (4) é análogo ao efeito do termo exponencial na análise do *movimento amortecido* apresentada na Seção 5.2. Quando $\alpha < 0$, $e^{\alpha t} \to 0$ e as soluções semelhantes a elipses circulam em torno da origem, cada vez mais próximas dela. O ponto crítico é chamado **ponto espiral estável**. Quando $\alpha > 0$, o efeito é o oposto. Uma solução semelhante a uma elipse é afastada cada vez mais da origem, e o ponto crítico é chamado **ponto espiral instável** (veja a Figura 10.13).

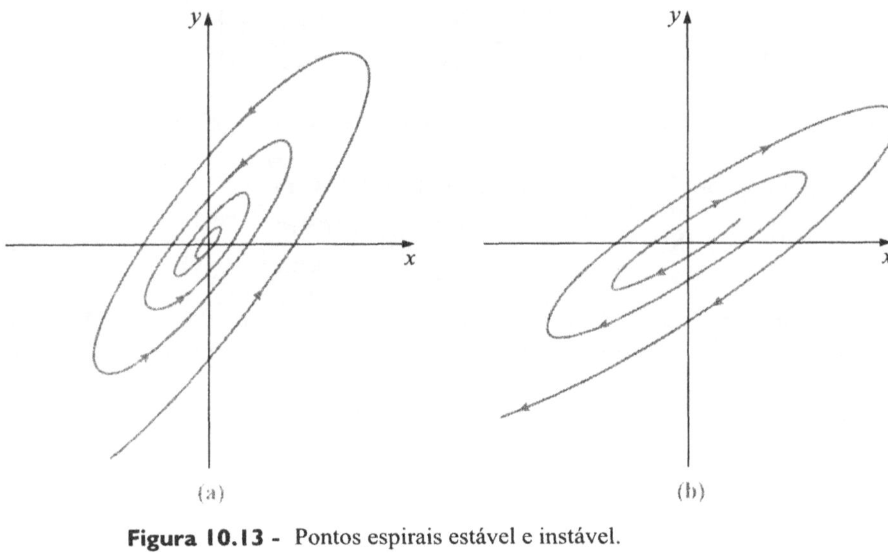

Figura 10.13 - Pontos espirais estável e instável.

EXEMPLO 2

Classifique o ponto crítico (0, 0) de cada um dos seguintes sistemas lineares $\mathbf{X}' = \mathbf{AX}$.

$$\textbf{(a)}\ \mathbf{A} = \begin{pmatrix} 3 & -18 \\ 2 & -9 \end{pmatrix} \qquad \textbf{(b)}\ \mathbf{A} = \begin{pmatrix} -1 & 2 \\ -1 & 1 \end{pmatrix}$$

Em cada caso, discuta a natureza da solução que verifica $\mathbf{X}(0) = (1, 0)$. Estabeleça equações paramétricas para cada solução.

Solução (a) Como $\tau = -6$ e $\Delta = 9$, o polinômio característico é

$$\lambda^2 + 6\lambda + 9 = (\lambda + 3)^2$$

e assim (0, 0) é um nó estável degenerado. Para o autovalor repetido $\lambda = -3$, obtemos um único autovetor

$$\mathbf{K}_1 = \begin{pmatrix} 3 \\ 1 \end{pmatrix}$$

e assim a solução $\mathbf{X}(t)$ que satisfaz $\mathbf{X}(0) = (1, 0)$ tende para (0, 0) segundo a direção definida pela reta $y = x/3$.

(b) Como $\tau = 0$ e $\Delta = 1$, os autovalores são $\lambda = \pm i$, e assim (0, 0) é um centro. A solução $\mathbf{X}(t)$ que satisfaz $\mathbf{X}(0) = (1, 0)$ é uma elipse que circunda a origem a cada 2π unidades de tempo.

Pelo Exemplo 6 da Seção 8.6, a solução geral do sistema em (a) é

$$\mathbf{X}(t) = c_1 \begin{pmatrix} 3 \\ 1 \end{pmatrix} e^{-3t} + c_2 \left[\begin{pmatrix} 3 \\ 1 \end{pmatrix} te^{-3t} + \begin{pmatrix} \frac{1}{2} \\ 0 \end{pmatrix} e^{-3t} \right].$$

A condição inicial dá $c_1 = 0$ e $c_2 = 2$, e assim $x = (6t + 1)e^{-3t}$ e $y = 2te^{-3t}$ são equações paramétricas da solução.

Pelo Exemplo 1 da Seção 8.7, a solução geral do sistema em (b) é

$$\mathbf{X}(t) = c_1 \begin{pmatrix} \cos t + \operatorname{sen} t \\ \cos t \end{pmatrix} + c_2 \begin{pmatrix} \cos t - \operatorname{sen} t \\ -\operatorname{sen} t \end{pmatrix}.$$

A condição inicial dá $c_1 = 0$ e $c_2 = 1$ e, assim, $x = \cos t - \operatorname{sen} t$ e $y = -\operatorname{sen} t$ são equações paramétricas da elipse. Note que $y < 0$ para pequenos valores positivos de t; portanto, a elipse é percorrida no sentido horário.

As Figuras 10.14(a) e (b) exibem as soluções de (a) e (b), respectivamente.

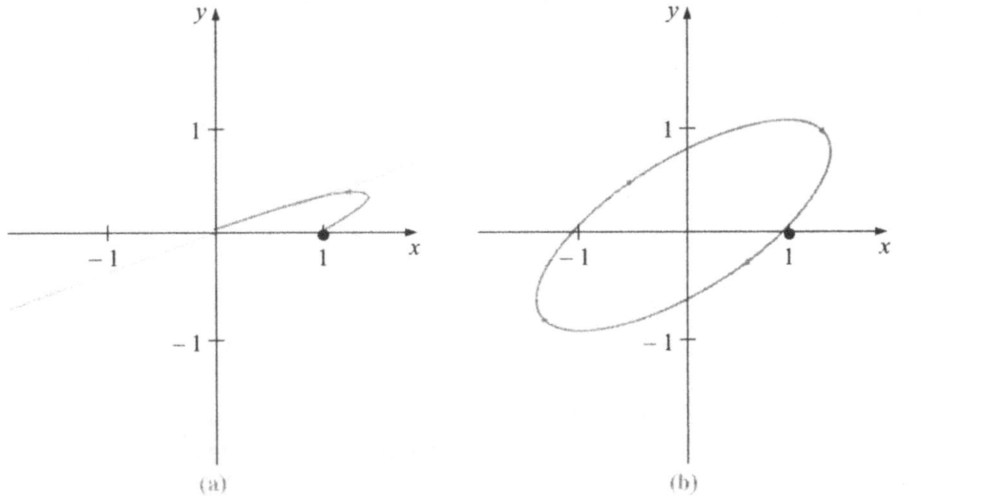

Figura 10.14 ■

A Figura 10.15 resume de uma forma conveniente os resultados desta seção. A natureza geométrica geral das soluções pode ser determinada calculando-se o traço e o determinante de **A**. Na prática, os gráficos das soluções são obtidos mais facilmente *não* pela construção explícita de soluções autovalor-autovetor, mas pela geração numérica das soluções por um método como o de Runge-Kutta para sistemas de primeira ordem (veja Seção 9.7).

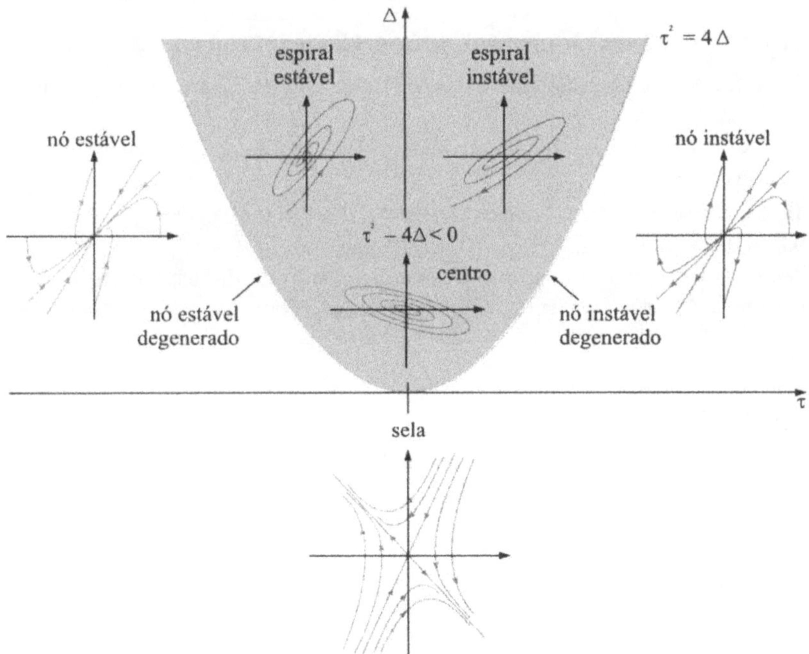

Figura 10.15

EXEMPLO 3

Classifique o ponto crítico (0, 0) de cada um dos seguintes sistemas lineares $\mathbf{X}' = \mathbf{AX}$:

$$\textbf{(a)}\ \mathbf{A} = \begin{pmatrix} 1{,}01 & 3{,}10 \\ -1{,}10 & -1{,}02 \end{pmatrix} \qquad \textbf{(b)}\ \mathbf{A} = \begin{pmatrix} -a\hat{x} & -ab\hat{x} \\ -cd\hat{y} & -d\hat{y} \end{pmatrix}$$

para constantes positivas a, b, c, d, $\hat{x}$ e $\hat{y}$.

Solução Para a matriz em (a), $\tau = -0{,}01$, $\Delta = 2{,}3798$ e, assim, $\tau^2 - 4\Delta < 0$. Pela Figura 10.15, vemos que (0, 0) é um ponto espiral estável.

A matriz em (b) provém do modelo de competição de Lotka-Volterra que estudaremos na Seção 10.4. Como $\tau = -(a\hat{x} + d\hat{y})$ e todas as constantes na matriz são positivas, $\tau < 0$. O determinante pode ser escrito como $\Delta = ad\hat{x}\hat{y}(1 - bc)$. Se $bc > 1$, então $\Delta < 0$ e o ponto crítico é uma sela. Se $bc < 1$, então $\Delta > 0$ e o ponto crítico é um nó estável, um nó estável degenerado ou um ponto espiral estável. Em todos os três casos, $\lim_{t\to\infty} \mathbf{X}(t) = \mathbf{0}$. ■

Podemos agora responder cada uma das questões postas no começo da Seção 10.2 para o sistema autônomo plano linear

$$x' = ax + by$$

$$y' = cx + dy$$

com $ad - bc \neq 0$. O Teorema 10.1 resume as respostas.

TEOREMA 10.1 Critérios de Estabilidade para Sistemas Lineares

Para um sistema autônomo plano linear, denotemos por $\mathbf{X} = \mathbf{X}(t)$ a solução que satisfaz a condição inicial $\mathbf{X}(0) = \mathbf{X}_0$, com $\mathbf{X}_0 \neq \mathbf{0}$.

(a) $\lim_{t\to\infty} \mathbf{X}(t) = \mathbf{0}$ se e somente se os autovalores de **A** têm partes reais negativas. Isto ocorre quando $\Delta > 0$ e $\tau < 0$.

(b) $\mathbf{X}(t)$ é periódica se e somente se os autovalores de **A** são imaginários puros, o que ocorre quando $\Delta > 0$ e $\tau = 0$.

(c) Em todos os outros casos, dada uma vizinhança arbitrária da origem, há ao menos um $\mathbf{X}_0$ nessa vizinhança para o qual $\mathbf{X}(t)$ se torna arbitrariamente grande quando t cresce.

10.2 EXERCÍCIOS

As respostas dos exercícios selecionados estão na página 404.

Nos Problemas 1 - 8, é dada a solução geral do sistema linear $\mathbf{X}' = \mathbf{AX}$.

(a) Discuta em cada caso a natureza das soluções em uma vizinhança de (0, 0).

(b) Com auxílio de uma calculadora gráfica ou de um programa para traçado de gráficos, faça um esboço da solução que satisfaz a condição inicial $\mathbf{X}(0) = (1, 1)$.

1. $\mathbf{A} = \begin{pmatrix} -2 & -2 \\ -2 & -5 \end{pmatrix}$, $\mathbf{X}(t) = c_1\begin{pmatrix} 2 \\ -1 \end{pmatrix}e^{-t} + c_2\begin{pmatrix} 1 \\ 2 \end{pmatrix}e^{-6t}$

2. $\mathbf{A}=\begin{pmatrix}-1 & -2\\ 3 & 4\end{pmatrix}$, $\mathbf{X}(t)=c_1\begin{pmatrix}1\\-1\end{pmatrix}e^{t}+c_2\begin{pmatrix}-4\\6\end{pmatrix}e^{2t}$

3. $\mathbf{A}=\begin{pmatrix}1 & -1\\ 1 & 1\end{pmatrix}$, $\mathbf{X}(t)=e^{t}\left[c_1\begin{pmatrix}-\operatorname{sen} t\\ \cos t\end{pmatrix}+c_2\begin{pmatrix}\cos t\\ \operatorname{sen} t\end{pmatrix}\right]$

4. $\mathbf{A}=\begin{pmatrix}-1 & -4\\ 1 & -1\end{pmatrix}$, $\mathbf{X}(t)=e^{-t}\left[c_1\begin{pmatrix}2\cos 2t\\ \operatorname{sen} 2t\end{pmatrix}+c_2\begin{pmatrix}-2\operatorname{sen} 2t\\ \cos 2t\end{pmatrix}\right]$

5. $\mathbf{A}=\begin{pmatrix}-6 & 5\\ -5 & 4\end{pmatrix}$, $\mathbf{X}(t)=c_1\begin{pmatrix}1\\1\end{pmatrix}e^{-t}+c_2\left[\begin{pmatrix}1\\1\end{pmatrix}te^{-t}+\begin{pmatrix}0\\ \frac{1}{5}\end{pmatrix}e^{-t}\right]$

6. $\mathbf{A}=\begin{pmatrix}2 & 4\\ -1 & 6\end{pmatrix}$, $\mathbf{X}(t)=c_1\begin{pmatrix}2\\1\end{pmatrix}e^{4t}+c_2\left[\begin{pmatrix}2\\1\end{pmatrix}te^{4t}+\begin{pmatrix}1\\1\end{pmatrix}e^{4t}\right]$

7. $\mathbf{A}=\begin{pmatrix}2 & -1\\ 3 & -2\end{pmatrix}$, $\mathbf{X}(t)=c_1\begin{pmatrix}1\\1\end{pmatrix}e^{t}+c_2\begin{pmatrix}1\\3\end{pmatrix}e^{-t}$

8. $\mathbf{A}=\begin{pmatrix}-1 & 5\\ -1 & 1\end{pmatrix}$, $\mathbf{X}(t)=c_1\begin{pmatrix}5\cos 2t\\ \cos 2t-2\operatorname{sen} 2t\end{pmatrix}+c_2\begin{pmatrix}5\operatorname{sen} 2t\\ 2\cos 2t+\operatorname{sen} 2t\end{pmatrix}$

Nos Problemas 9 - 16, classifique o ponto crítico (0, 0) do sistema linear dado, calculando o traço τ e o determinante Δ e utilizando a Figura 10.15.

9. $x'=-5x+3y$
$y'=2x+7y$

10. $x'=-5x+3y$
$y'=2x-7y$

11. $x'=-5x+3y$
$y'=-2x+5y$

12. $x'=-5x+3y$
$y'=-7x+4y$

13. $x'=-\frac{3}{2}x+\frac{1}{4}y$
$y'=-x-\frac{1}{2}y$

14. $x'=\frac{3}{2}x+\frac{1}{4}y$
$y'=-x+\frac{1}{2}y$

15. $x'=0{,}02x-0{,}11y$
$y'=0{,}10x-0{,}05y$

16. $x'=0{,}03x-0{,}01y$
$y'=-0{,}01x+0{,}05y$

17. Estabeleça condições sobre a constante real μ de modo que (0, 0) seja um centro para o sistema

$$x'=-\mu x+y$$
$$y'=-x+\mu y.$$

18. Estabeleça uma condição sobre a constante real μ de modo que (0, 0) seja um ponto espiral estável do sistema linear

$$x'=y$$
$$y'=-x+\mu y.$$

19. Mostre que (0, 0) é sempre um ponto crítico instável do sistema linear

$$x'=\mu x+y$$
$$y'=-x+y,$$

onde μ é uma constante real e $\mu\neq 1$. Quando é que (0, 0) é um ponto de sela instável? Quando é que (0, 0) é um ponto espiral instável?

20. Seja $\mathbf{X} = \mathbf{X}(t)$ a solução do sistema linear

$$x' = \alpha x - \beta y$$
$$y' = \beta x + \alpha y$$

que satisfaz a condição inicial $\mathbf{X}(0) = \mathbf{X}_0$. Estabeleça condições sobre as constantes reais α e β que garantam

$$\lim_{t\to\infty} \mathbf{X}(t) = (0,0).$$

O ponto (0, 0) pode ser um nó ou um ponto de sela?

21. Mostre que o sistema linear não-homogêneo $\mathbf{X}' = \mathbf{AX} + \mathbf{F}$ tem um único ponto crítico $\mathbf{X}_1$ quando $\Delta = \det \mathbf{A} \neq 0$. Conclua que, se $\mathbf{X} = \mathbf{X}(t)$ é uma solução do sistema não-homogêneo, $\tau < 0$ e $\Delta > 0$,

$$\lim_{t\to\infty} \mathbf{X}(t) = \mathbf{X}_1.$$

[*Sug.*: $\mathbf{X}(t) = \mathbf{X}_c(t) + \mathbf{X}_1$.]

22. No Exemplo 3(b), mostre que (0, 0) é um nó estável quando $bc < 1$.

10.3 LINEARIZAÇÃO E ESTABILIDADE LOCAL

Iniciamos esta seção refinando os conceitos de estabilidade introduzidos na Seção 10.2, de maneira que possam aplicar-se igualmente a sistemas autônomos não-lineares. Enquanto o sistema linear $\mathbf{X}' = \mathbf{AX}$ tinha apenas um ponto crítico quando $\det \mathbf{A} \neq 0$, vimos na Seção 10.1 que um sistema não-linear pode ter muitos pontos críticos. Não podemos, pois, esperar que uma partícula colocada inicialmente em $\mathbf{X}_0$ permaneça próxima de um ponto crítico dado $\mathbf{X}_1$, a menos que $\mathbf{X}_0$ tenha sido colocado suficientemente próximo de $\mathbf{X}_1$, para começar. A partícula pode ser levada a um segundo ponto crítico $\mathbf{X}_2$.

Para enfatizar essa idéia, consideremos o sistema físico exibido na Figura 10.16, em que uma pequena esfera desliza ao longo da curva $z = f(x)$ apenas sob a ação da gravidade. Mostraremos na Seção 10.4 que a coordenada-x da esfera satisfaz uma equação diferencial não-linear de segunda ordem $x'' = g(x, x')$ e, portanto, quando $y = x'$, verifica o sistema autônomo não-linear

$$x' = y$$
$$y' = g(x, y).$$

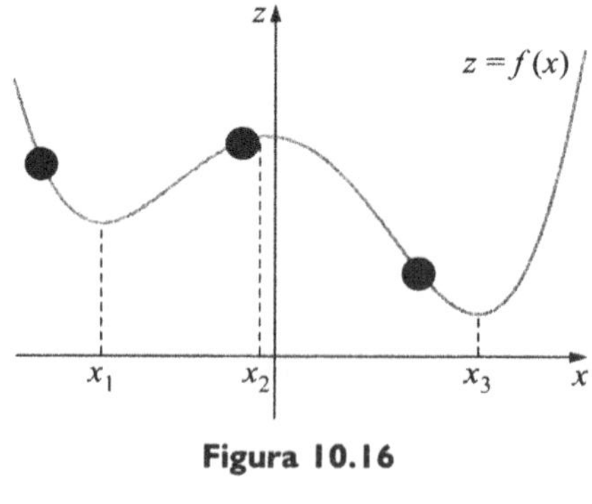

Figura 10.16

Se a esfera está posicionada em $P = (x, f(x))$ com velocidade inicial zero, ela permanecerá em P se $f'(x) = 0$. Se a esfera está colocada na proximidade do ponto crítico localizado em $x = x_1$, ela permanecerá em $x = x_1$ somente se sua velocidade inicial não a impelir além do "cume" em $x = x_2$ para o ponto crítico $x = x_3$. Portanto, $\mathbf{X}(0) = (x(0), x'(0))$ deve estar próximo de $(x_1, 0)$.

Na Definição 10.1, denotaremos por $|\mathbf{X} - \mathbf{Y}|$ a distância entre dois pontos $\mathbf{X}$ e $\mathbf{Y}$.

DEFINIÇÃO 10.1 Pontos Críticos Estáveis

Seja $\mathbf{X}_1$ um ponto crítico de um sistema autônomo, e denotemos por $\mathbf{X} = \mathbf{X}(t)$ a solução que satisfaz a condição inicial $\mathbf{X}(0) = \mathbf{X}_0$, com $\mathbf{X}_0 \neq \mathbf{X}_1$. Diz-se que $\mathbf{X}_1$ é um **ponto crítico estável** se, dado um raio arbitrário $\rho > 0$, existe um raio correspondente $r > 0$ tal que, se a posição inicial $\mathbf{X}_0$ satisfaz $|\mathbf{X}_0 - \mathbf{X}_1| < r$, então a solução $\mathbf{X}(t)$ correspondente verifica $|\mathbf{X}(t) - \mathbf{X}_1| < \rho$ para todo $t > 0$. Se, além disso, $\lim_{t\to\infty} \mathbf{X}(t) = \mathbf{X}_1$ sempre que $|\mathbf{X}_0 - \mathbf{X}_1| < r$, $\mathbf{X}_1$ é chamado um **ponto crítico assintoticamente estável**.

A Figura 10.17(a) ilustra essa definição. Dado um disco arbitrário de raio ρ em torno do ponto crítico $\mathbf{X}_1$, uma solução permanecerá no interior desse disco desde que escolhamos $\mathbf{X}(0) = \mathbf{X}_0$ suficientemente próximo de $\mathbf{X}_1$. *Não* é necessário que uma solução tenda para o ponto crítico, para que $\mathbf{X}_1$ seja estável. Exemplos de pontos críticos estáveis para sistemas lineares são os nós estáveis, os pontos espirais estáveis e os centros. Usa-se também a expressão **ponto crítico localmente estável** para enfatizar que devemos escolher $\mathbf{X}_0$ próximo de $\mathbf{X}_1$.

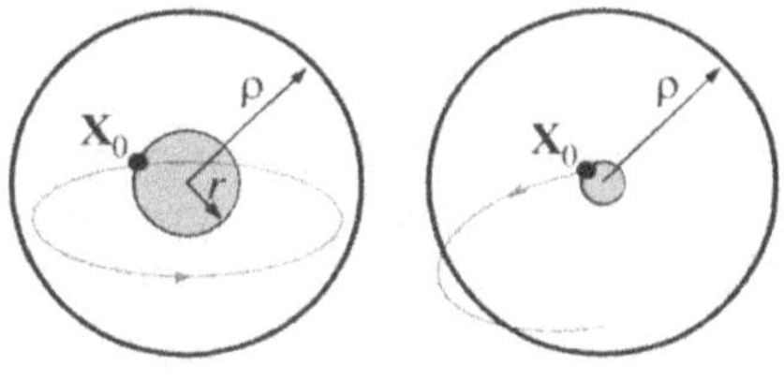

Figura 10.17

Negando a Definição 10.1, obtemos a definição de ponto crítico instável.

DEFINIÇÃO 10.2 Pontos Críticos Instáveis

Seja $\mathbf{X}_1$ um ponto crítico de um sistema autônomo, e denotemos por $\mathbf{X} = \mathbf{X}(t)$ a solução que satisfaz a condição inicial $\mathbf{X}(0) = \mathbf{X}_0$, onde $\mathbf{X}_0 \neq \mathbf{X}_1$. Dizemos que $\mathbf{X}_1$ é um **ponto crítico instável** quando existe um disco de raio $\rho > 0$ com a propriedade de que, para qualquer $r > 0$, existe uma posição inicial $\mathbf{X}_0$ que verifica $|\mathbf{X}_0 - \mathbf{X}_1| < r$ e, não obstante, a solução correspondente $\mathbf{X}(t)$ satisfaz $|\mathbf{X}(t) - \mathbf{X}_1| \geq \rho$ para ao menos um $t > 0$.

Se um ponto crítico $\mathbf{X}_1$ é instável, por menor que seja a vizinhança de $\mathbf{X}_1$, pode-se sempre determinar uma posição inicial $\mathbf{X}_0$ que resulte em a solução sair de algum disco de raio ρ em algum instante t (veja Figura 10.17(b). Por conseguinte, os nós instáveis, os pontos espirais instáveis e as selas são todos exemplos de pontos críticos instáveis para sistemas lineares. Na Figura 10.16, o ponto crítico $(x_2, 0)$ é instável. O menor deslocamento ou a menor velocidade inicial farão com que a esfera se afaste do ponto $(x_2, f(x_2))$.

EXEMPLO 1

Mostre que (0, 0) é um ponto crítico estável para o sistema autônomo plano não-linear

$$x' = -y - x\sqrt{x^2 + y^2}$$
$$y' = x - y\sqrt{x^2 + y^2}$$

considerado no Exemplo 6 da Seção 10.1.

Solução No Exemplo 6 da Seção 10.1, mostramos que, em coordenadas polares,

$$r = \frac{1}{t + c_1}$$
$$\theta = t + c_2$$

é a solução geral do sistema. Se $\mathbf{X}(0) = (r_0, \theta_0)$ é a condição inicial em coordenadas polares, então $r_0 - 1/c_1$, $\theta_0 = c_2$ e assim

$$r = \frac{r_0}{r_0 t + 1}$$
$$\theta = t + \theta_0.$$

Note que $r \leq r_0$ para $t \geq 0$, e que r tende para (0, 0) quando t cresce. Portanto, dado $\rho > 0$, uma solução que parta a menos de ρ unidades de (0, 0) permanecerá a menos de ρ unidades da origem para todo $t \geq 0$. Logo, o ponto crítico (0, 0) é estável; na verdade, é assintoticamente estável. ■

EXEMPLO 2

Quando expresso em coordenadas polares, um sistema autônomo plano toma a forma

$$\frac{dr}{dt} = 0{,}05r(3 - r)$$
$$\frac{d\theta}{dt} = -1.$$

Mostre que $(x, y) = (0, 0)$ é um ponto crítico instável.

Solução Como $x = r \cos \theta$ e $y = r \operatorname{sen} \theta$, temos

$$\frac{dx}{dt} = -r \operatorname{sen}\theta \frac{d\theta}{dt} = \frac{dr}{dt}\cos\theta$$
$$\frac{dy}{dt} = r\cos\theta \frac{d\theta}{dt} + \frac{dr}{dt}\operatorname{sen}\theta.$$

De $dr/dt = 0{,}05r(3 - r)$, vemos que $dr/dt = 0$ quando $r = 0$; podemos concluir que $(x, y) = (0, 0)$ é um ponto crítico fazendo $r = 0$ no novo sistema.

A equação diferencial $dr/dt = 0{,}05r(3 - r)$ é uma equação logística que pode ser resolvida seja pela separação de variáveis ou com auxílio da equação (6) da Seção 3.3. Se $r(0) = r_0$ e $r_0 \neq 0$, então

$$r = \frac{3}{1 + c_0 e^{-0{,}15t}},$$

onde $c_0 = (3 - r_0)/r_0$. Como

$$\lim_{t \to \infty} \frac{3}{1 + c_0 e^{-0{,}15t}} = 3,$$

decorre que, por mais próximo de (0, 0) que esteja o ponto de partida de uma solução, esta sairá de um disco de raio 1 em torno da origem. Por conseguinte, (0, 0) é um ponto crítico instável. ■

Linearização

Raramente é possível determinar a estabilidade de um ponto crítico de um sistema não-linear por meio de soluções explícitas como nos Exemplos 1 e 2. Em lugar disso, substituímos o termo $\mathbf{g}(\mathbf{X})$ no sistema autônomo original $\mathbf{X}' = \mathbf{g}(\mathbf{X})$ por um termo linear $\mathbf{A}(\mathbf{X} - \mathbf{X}_1)$ que melhor aproxime $\mathbf{g}(\mathbf{X})$ em uma vizinhança de $\mathbf{X}_1$. Esse processo de substituição, chamado **linearização**, será ilustrado primeiro para a equação diferencial de primeira ordem $x' = g(x)$.

Uma equação da tangente à curva $y = g(x)$ em $x = x_1$ é

$$y = g(x_1) + g'(x_1)(x - x_1)$$

e se x_1 é um ponto crítico de $x' = g(x)$, temos

$$x' = g(x) \approx g'(x_1)(x - x_1).$$

A solução geral da equação diferencial linear $x' = g'(x_1)(x - x_1)$ é $x = x_1 + ce^{\lambda_1 t}$, onde $\lambda_1 = g'(x_1)$, e assim, se $g'(x_1) < 0$, $x(t)$ tende para x_1. O Teorema 10.2 afirma que se verifica o mesmo comportamento na equação diferencial original, desde que $x(0) = x_0$ seja escolhido suficientemente próximo de x_1.

TEOREMA 10.2 Critérios de Estabilidade para $x' = g(x)$

Seja x_1 um ponto crítico da equação diferencial autônoma $x' = g(x)$, onde g é diferenciável em x_1.

(a) Se $g'(x_1) < 0$, então x_1 é um ponto crítico assintoticamente estável.

(b) Se $g'(x_1) > 0$, então x_1 é um ponto crítico instável.

EXEMPLO 3

Sem resolver explicitamente, analise os pontos críticos da equação diferencial logística $x' = rx\left(\frac{K - x}{K}\right)$, onde r e K são constantes positivas.

Solução Os dois pontos críticos são $x = 0$ e $x = K$. Como

$$g'(x) = \frac{r}{K}(K - 2x),$$

$g'(0) = r$ e $g'(K) = -r$. Podemos, portanto, concluir que $x = 0$ é um ponto crítico instável e $x = K$ é um ponto crítico assintoticamente estável. ■

Matriz Jacobiana

Pode-se fazer análise análoga para um sistema autônomo plano.

$$z = g(x_1, y_1) + \left.\frac{\partial g}{\partial x}\right|_{(x_1,\, y_1)}(x - x_1) + \left.\frac{\partial g}{\partial y}\right|_{(x_1,\, y_1)}(y - y_1)$$

é uma equação do plano tangente à superfície $z = g(x, y)$ em $\mathbf{X}_1 = (x_1, y_1)$ e $g(x, y)$ pode ser aproximada por seu plano tangente em uma vizinhança de $\mathbf{X}_1$. Quando $\mathbf{X}_1$ é ponto crítico de um sistema autônomo plano, $P(x_1, y_1) = Q(x_1, y_1) = 0$ e temos

$$x' = P(x, y) \approx \left.\frac{\partial P}{\partial x}\right|_{(x_1,\, y_1)}(x - x_1) + \left.\frac{\partial P}{\partial y}\right|_{(x_1,\, y_1)}(y - y_1)$$

$$y' = Q(x, y) \approx \left.\frac{\partial Q}{\partial x}\right|_{(x_1,\, y_1)}(x - x_1) + \left.\frac{\partial Q}{\partial y}\right|_{(x_1,\, y_1)}(y - y_1).$$

O sistema original $\mathbf{X}' = g(\mathbf{X})$ pode ser aproximado em uma vizinhança do ponto crítico $\mathbf{X}_1$ pelo sistema linear $\mathbf{X}' = \mathbf{A}(\mathbf{X} - \mathbf{X}_1)$, onde

$$\mathbf{A} = \begin{pmatrix} \left.\dfrac{\partial P}{\partial x}\right|_{(x_1,\, y_1)} & \left.\dfrac{\partial P}{\partial y}\right|_{(x_1,\, y_1)} \\ \left.\dfrac{\partial Q}{\partial x}\right|_{(x_1,\, y_1)} & \left.\dfrac{\partial Q}{\partial y}\right|_{(x_1,\, y_1)} \end{pmatrix}.$$

Essa matriz é chamada **matriz jacobiana** em $\mathbf{X}_1$ e se denota por $\mathbf{g}'(\mathbf{X}_1)$. Fazendo $\mathbf{H} = \mathbf{X} - \mathbf{X}_1$, o sistema linear $\mathbf{X}' = \mathbf{A}(\mathbf{X} - \mathbf{X}_1)$ se escreve $\mathbf{H}' = \mathbf{AH}$, que é a forma do sistema linear analisado na Seção 10.2. O ponto crítico $\mathbf{X} = \mathbf{X}_1$ para $\mathbf{X}' = \mathbf{A}(\mathbf{X} - \mathbf{X}_1)$ corresponde agora ao ponto crítico $\mathbf{H} = \mathbf{0}$ para $\mathbf{H}' = \mathbf{AH}$. Se os autovalores de $\mathbf{A}$ têm partes reais negativas, então $\mathbf{0}$ é um ponto crítico assintoticamente estável para $\mathbf{H}' = \mathbf{AH}$. Se há um autovalor com parte real positiva, $\mathbf{H} = \mathbf{0}$ é um ponto crítico instável. O Teorema 10.3 afirma que as mesmas conclusões são válidas para o ponto crítico $\mathbf{X}_1$ do sistema original.

TEOREMA 10.3 Critérios de Estabilidade para Sistemas Autônomos Planos

Seja $\mathbf{X}_1$ um ponto crítico isolado do sistema autônomo plano $\mathbf{X}' = \mathbf{g}(\mathbf{X})$, onde $P(x, y)$ e $Q(x, y)$ têm derivadas parciais de primeira ordem contínuas em uma vizinhança de $\mathbf{X}_1$.

(a) Se os autovalores de $\mathbf{A} = \mathbf{g}'(\mathbf{X}_1)$ têm partes reais negativas, então $\mathbf{X}_1$ é um ponto crítico assintoticamente estável de $\mathbf{X}' = \mathbf{g}(\mathbf{X})$.

(b) Se $\mathbf{A} = \mathbf{g}'(\mathbf{X}_1)$ tem um autovalor com parte real positiva, então $\mathbf{X}_1$ é um ponto crítico instável de $\mathbf{X}' = \mathbf{g}(\mathbf{X})$.

EXEMPLO 4

Classifique (se possível) como estável ou instável cada um dos pontos críticos dos seguintes sistemas autônomos planos.

(a) $x' = x^2 + y^2 - 6$ (b) $x' = 0{,}01x(100 - x - y)$

$y' = x^2 - y$ $y' = 0{,}05y(60 - y - 0{,}2x)$

Solução Os pontos críticos de cada sistema foram determinados no Exemplo 4 da Seção 10.1.

(a) Os pontos críticos são $(\sqrt{2}, 2)$ e $(-\sqrt{2}, 2)$, a matriz jacobiana é

$$\mathbf{g}'(\mathbf{X}) = \begin{pmatrix} 2x & 2y \\ 2x & -1 \end{pmatrix},$$

e assim

$$\mathbf{A}_1 = \mathbf{g}'((\sqrt{2}, 2)) = \begin{pmatrix} 2\sqrt{2} & 4 \\ 2\sqrt{2} & -1 \end{pmatrix}, \quad \mathbf{A}_2 = \mathbf{g}'((-\sqrt{2}, 2)) = \begin{pmatrix} -2\sqrt{2} & 4 \\ -2\sqrt{2} & -1 \end{pmatrix}.$$

Como o determinante de $\mathbf{A}_1$ é negativo, $\mathbf{A}_1$ tem um autovalor real positivo. Portanto, $(\sqrt{2}, 2)$ é um ponto crítico instável. A matriz $\mathbf{A}_2$ tem determinante positivo e traço negativo e assim ambos os autovalores têm partes reais negativas. Decorre que $(-\sqrt{2}, 2)$ é um ponto crítico estável.

(b) Os pontos críticos são (0, 0), (0, 60), (100, 0) e (50, 50); a matriz jacobiana é

$$\mathbf{g}'(\mathbf{X}) = \begin{pmatrix} 0{,}01(100 - 2x - y) & -0{,}01x \\ -0{,}01y & 0{,}05(60 - 2y - 0{,}2x) \end{pmatrix},$$

e assim

$$\mathbf{A}_1 = \mathbf{g}'((0,0)) = \begin{pmatrix} 1 & 0 \\ 0 & 3 \end{pmatrix} \qquad \mathbf{A}_2 = \mathbf{g}'((0,60)) = \begin{pmatrix} 0{,}4 & 0 \\ -0{,}6 & -3 \end{pmatrix}$$

$$\mathbf{A}_3 = \mathbf{g}'((100,0)) = \begin{pmatrix} -1 & -1 \\ 0 & 2 \end{pmatrix} \qquad \mathbf{A}_4 = \mathbf{g}'((50,50)) = \begin{pmatrix} -0{,}5 & -0{,}5 \\ -0{,}5 & -2{,}5 \end{pmatrix}.$$

Como a matriz $\mathbf{A}_1$ tem determinante positivo e traço positivo, ambos os autovalores têm partes reais positivas. Portanto, (0, 0) é um ponto crítico instável. Os determinantes das matrizes $\mathbf{A}_2$ e $\mathbf{A}_3$ são negativos, e assim em cada caso um dos autovalores é positivo. Portanto, tanto (0, 60) como (100, 0) são pontos críticos instáveis. Como a matriz $\mathbf{A}_4$ tem determinante positivo e traço negativo, (50, 50) é um ponto crítico estável. ■

No Exemplo 4 não calculamos $\tau^2 - 4\Delta$ (como na Seção 10.2) e, por outro lado, procuramos classificar os pontos críticos como nós estáveis, pontos espirais estáveis, pontos de sela etc. Por exemplo, para $\mathbf{X}_1 = (-\sqrt{2}, 2)$ no Exemplo 4(a) $\tau^2 - 4\Delta < 0$ e, se o sistema fosse linear, poderíamos concluir que $\mathbf{X}_1$ é um ponto espiral estável. A Figura 10.18 mostra várias curvas solução, próximas de $\mathbf{X}_1$, que foram obtidas numericamente, e cada solução parece realmente espiralar em direção ao ponto crítico.

Classificação dos Pontos Críticos

É natural perguntarmos se podemos inferir mais informações geométricas sobre as soluções nas proximidades de um ponto crítico $\mathbf{X}_1$ de um sistema autônomo não-linear, a partir de uma análise do ponto crítico do sistema linear correspondente. A Figura 10.19 resume a resposta, mas valem os seguintes comentários:

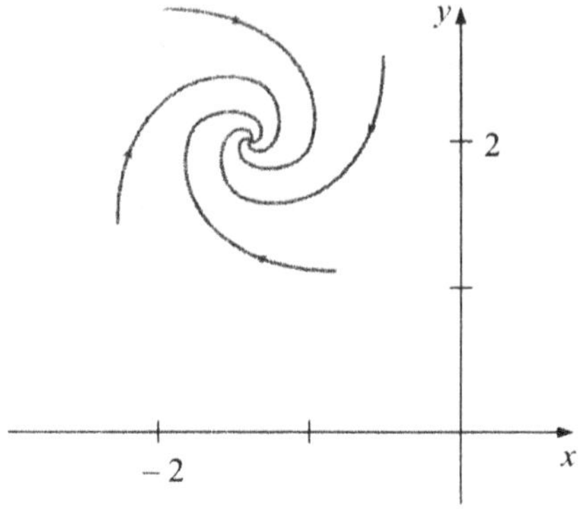

Figura 10.18

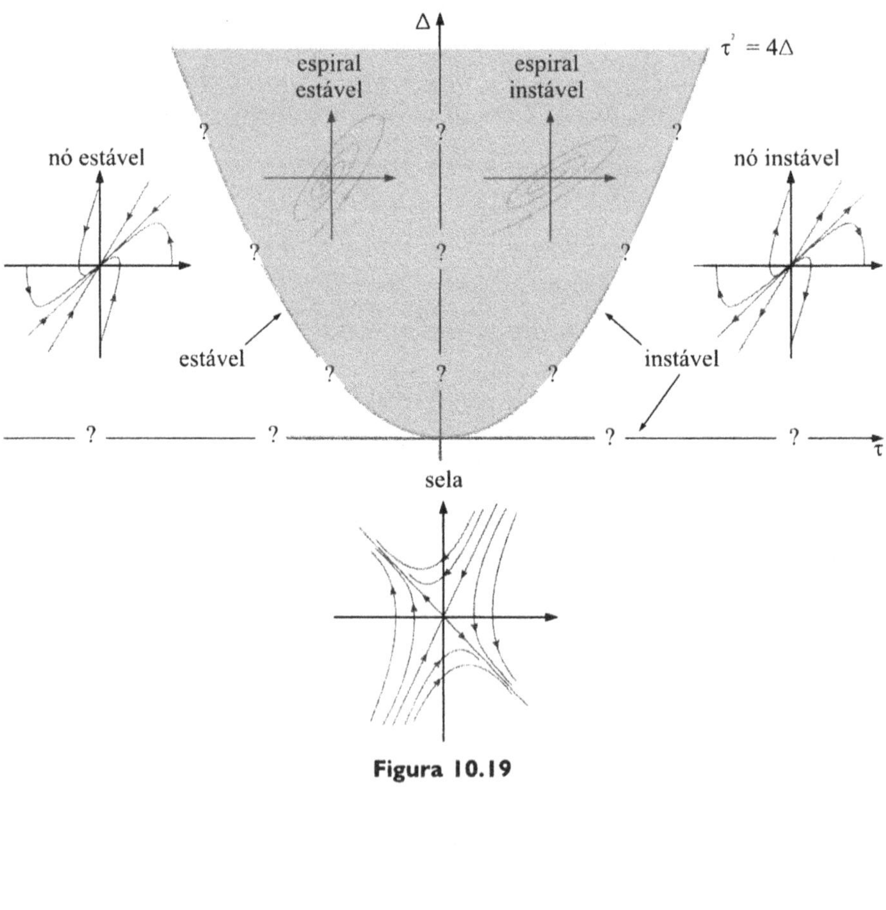

Figura 10.19

(i) Em cinco casos separados (nó estável, ponto espiral estável, ponto espiral instável, nó instável e sela) o ponto crítico pode ser categorizado como o é o ponto crítico no sistema linear correspondente. As soluções têm *as mesmas características geométricas gerais* que as soluções do sistema linear e, quanto menor a vizinhança em torno de $\mathbf{X}_1$, maior a semelhança.

(ii) Se $\tau^2 = 4\Delta$ e $\tau > 0$, o ponto crítico $\mathbf{X}_1$ é instável mas, nesse caso extremo de fronteira, *ainda não estamos em condições de decidir se* $\mathbf{X}_1$ *é uma espiral instável, um nó instável ou um nó instável degenerado.* Da mesma forma, se $\tau^2 = 4\Delta$ e $\tau < 0$, o ponto crítico $\mathbf{X}_1$ é estável mas pode ser uma espiral estável, um nó estável ou um nó degenerado estável.

(iii) Se $\tau = 0$ e $\Delta > 0$, os autovalores de $\mathbf{A} = \mathbf{g}'(\mathbf{X})$ são imaginários puros e, nesse caso extremo de fronteira, $\mathbf{X}_1$ pode ser uma espiral estável, uma espiral instável ou um centro. *Por conseguinte, ainda não é possível determinar se* $\mathbf{X}_1$ *é estável ou instável.*

EXEMPLO 5

Classifique cada ponto crítico do sistema autônomo plano do Exemplo 4(b) como nó estável, ponto espiral estável, ponto espiral instável, nó instável ou sela.

Solução Para a matriz $\mathbf{A}_1$ correspondente a (0, 0), $\Delta = 3$, $\tau = 4$ e, assim, $\tau^2 - 4\Delta = 4$. Portanto, (0, 0) é um nó instável. Os pontos críticos (0, 60) e (100, 0) são selas, pois $\Delta < 0$ em ambos os casos. Para a matriz $\mathbf{A}_4$, $\Delta > 0$, $\tau < 0$ e $\tau^2 - 4\Delta > 0$. Decorre que (50, 50) é um nó estável. ■

EXEMPLO 6

O sistema autônomo plano correspondente à equação diferencial não-linear de segunda ordem $x'' + x - x^3 = 0$ é

$$x' = y$$
$$y' = x^3 - x.$$

Determine e classifique (se possível) os pontos críticos.

Solução Como $x^3 - x = x(x^2 - 1)$, os pontos críticos são (0, 0), (1, 0) e (–1, 0). As matrizes jacobianas correspondentes são

$$\mathbf{A}_1 = \mathbf{g}'((0,0)) = \begin{pmatrix} 0 & 1 \\ -1 & 0 \end{pmatrix}, \quad \mathbf{A}_2 = \mathbf{g}'((1,0)) = \mathbf{g}'((-1,0)) = \begin{pmatrix} 0 & 1 \\ 2 & 0 \end{pmatrix}.$$

Como det $\mathbf{A}_2 < 0$, os pontos críticos (1, 0) e (–1, 0) são ambos pontos de sela. Os autovalores da matriz $\mathbf{A}_1$ são $\pm i$, e de acordo com o comentário (iii), a natureza do ponto crítico em (0, 0) permanece em dúvida. Pode ser uma espiral estável, uma espiral instável ou um centro. ■

O Método do Plano de Fases

O método da linearização, quando aplicável, pode dar informações úteis sobre o comportamento local de soluções nas proximidades de pontos críticos. Não é de grande importância se estamos interessados em soluções cuja posição inicial $\mathbf{X}(0) = \mathbf{X}_0$ não está próxima de um ponto crítico ou se desejamos ter uma visão global da família de curvas solução. O **método do plano de fases** se baseia no fato de que

$$\frac{dy}{dx} = \frac{dy/dt}{dx/dt} = \frac{Q(x, y)}{P(x, y)}$$

e procura determinar y como função de x utilizando um dos diversos métodos de resolução de equações diferenciais de primeira ordem (veja o Capítulo 2). Como mostraremos no Exemplo 7, o método pode às vezes ser utilizado para decidir se um ponto crítico como (0, 0) no Exemplo 6 é uma espiral estável, uma espiral instável ou um centro.

EXEMPLO 7

Aplique o método do plano de fases para determinar a natureza das soluções de $x'' + x - x^3 = 0$ em uma vizinhança de (0, 0).

Solução Fazendo $dx/dt = y$, então $dy/dt = x^3 - x$. Daí obtemos a equação diferencial de primeira ordem

$$\frac{dy}{dx} = \frac{dy/dt}{dx/dt} = \frac{x^3 - x}{y},$$

que pode ser resolvida por separação de variáveis:

$$\int y\, dy = \int (x^3 - x)\, dx$$

$$\frac{y^2}{2} = \frac{x^4}{4} - \frac{x^2}{2} + c = \frac{x^4 - 2x^2 + 1}{4} + \left(c - \frac{1}{4}\right).$$

A solução pode ser escrita como $y^2 = (x^2 - 1)^2/2 + c_0$. Se $\mathbf{X}(0) = (x_0, 0)$, onde $0 < x_0 < 1$, então $c_0 = -(x_0^2 - 1)^2/2$ e assim

$$y^2 = \frac{(x^2 - 1)^2}{2} - \frac{(x_0^2 - 1)^2}{2}$$

$$= \frac{(2 - x^2 - x_0^2)(x_0^2 - x^2)}{2}.$$

Note que $y = 0$ quando $x = -x_0$. Além disso, o membro direito é positivo quando $-x_0 < x < x_0$ e, assim, a cada x correspondem *dois* valores de y. A solução $\mathbf{X} = \mathbf{X}(t)$ que satisfaz $\mathbf{X}(0) = (x_0, 0)$ é, pois, periódica e, assim, (0, 0) é um centro.

A Figura 10.20 mostra uma família de curvas solução. Utilizou-se o sistema autônomo plano original para se determinar as direções das soluções.

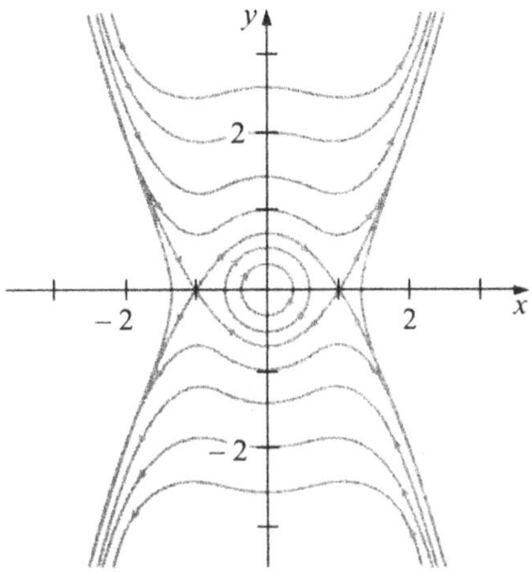

Figura 10.20 ■

10.3 EXERCÍCIOS

As respostas dos problemas de número ímpar começam na página 405.

1. Mostre que (0, 0) é um ponto assintoticamente estável do sistema não-linear

$$x' = \alpha x - \beta y + y^2$$
$$y' = \beta x + \alpha y - xy$$

quando $\alpha < 0$ e um ponto crítico instável quando $\alpha > 0$. [*Sug.*: Passe para coordenadas polares.]

2. Expresso em coordenadas polares, um sistema autônomo plano toma a forma

$$\frac{dr}{dt} = \alpha r(5 - r)$$
$$\frac{d\theta}{dt} = -1.$$

Mostre que (0, 0) é um ponto crítico assintoticamente estável se e somente se $\alpha < 0$.

Nos Problemas 3 - 10, sem resolver explicitamente, classifique os pontos críticos da equação diferencial autônoma de primeira ordem como assintoticamente estáveis ou instáveis. Supõem-se positivas todas as constantes.

3. $\dfrac{dx}{dt} = kx(n + 1 - x)$

4. $\dfrac{dx}{dt} = -kx\ln(x/K), \quad x > 0$

5. $\dfrac{dT}{dt} = k(T - T_0)$

6. $m\dfrac{dv}{dt} = mg - kv$

7. $\dfrac{dx}{dt} = k(\alpha - x)(\beta - x), \quad \alpha > \beta$

8. $\dfrac{dx}{dt} = k(\alpha - x)(\beta - x)(\gamma - x), \quad \alpha > \beta > \gamma$

9. $\dfrac{dP}{dt} = P(a - bP)(1 - cP^{-1}), \quad P > 0, a < bc$

10. $\dfrac{dA}{dt} = k\sqrt{A}(K - \sqrt{A}), \quad A > 0$

Nos Problemas 11 - 20, classifique (se possível) cada ponto crítico do sistema autônomo plano dado como um nó estável, um ponto espiral estável, um ponto espiral instável, um nó instável ou um ponto de sela.

11. $x' = 1 - 2xy$
$y' = 2xy - y$

12. $x' = x^2 - y^2 - 1$
$y' = 2y$

13. $x' = y - x^2 + 2$
$y' = x^2 - xy$

14. $x' = 2x - y^2$
$y' = -y + xy$

15. $x' = -3x + y^2 + 2$
$y' = x^2 - y^2$

16. $x' = xy - 3y - 4$
$y' = y^2 - x^2$

17. $x' = -2xy$
$y' = y - x + xy - y^3$

18. $x' = x(1 - x^2 - 3y^2)$
$y' = y(3 - x^2 - 3y^2)$

19. $x' = x(10 - x - 1/2y)$
$y' = y(16 - y - x)$

20. $x' = -2x + y + 10$
$y' = 2x - y - 15\dfrac{y}{y+5}$

Nos Problemas 21-26, classifique (se possível) cada ponto crítico da equação diferencial de segunda ordem dada como um nó estável, um ponto espiral estável, um ponto espiral instável, um nó instável ou uma sela.

21. $\theta'' = (\cos\theta - 0.5)\,\text{sen}\,\theta, \quad |\theta| < \pi$

22. $x'' + x = [1/2 - 3(x')^2]x' - x^2$

23. $x'' + x'(1 - x^3) - x^2 = 0$

24. $x'' + 4\dfrac{x}{1+x^2} + 2x' = 0$

25. $x'' + x = \varepsilon x^3$ para $\varepsilon > 0$

26. $x'' + x - \varepsilon x|x| = 0$ para $\varepsilon > 0$

[Sug: $\dfrac{d}{dx}x|x| = 2|x|$.]

27. Mostre que a equação diferencial não-linear de segunda ordem

$$(1 + \alpha^2 x^2)x'' + (\beta + {}^2(x')^2)x = 0$$

tem um ponto de sela em (0, 0) quando $\beta < 0$.

28. Mostre que o sistema autônomo plano

$$x' = -\alpha x + xy$$
$$y' = 1 - \beta y - x^2$$

tem um ponto crítico único quando $\alpha\beta > 1$ e que esse ponto crítico é estável quando $\beta > 0$.

29. **(a)** Mostre que o sistema autônomo plano

$$x' = -x + y - x^3$$
$$y' = -x - y + y^2$$

tem dois pontos críticos, fazendo o esboço dos gráficos de $-x + y - x^3 = 0$ e $-x - y + y^2 = 0$. Classifique o ponto crítico em (0, 0).

(b) Mostre que o segundo ponto crítico $\mathbf{X}_1 = (0{,}88054,\ 1{,}56327)$ é uma sela.

30. **(a)** Mostre que (0, 0) é o único ponto crítico da equação diferencial de Rayleigh

$$x'' + \varepsilon\left[\frac{1}{3}(x')^3 - x'\right] + x = 0.$$

(b) Mostre que (0, 0) é instável quando $\varepsilon > 0$. Quando é que (0, 0) é um ponto espiral instável?

(c) Mostre que (0, 0) é estável quando $\varepsilon < 0$. Quando é que (0, 0) é um ponto espiral estável?

(d) Mostre que (0, 0) é um centro quando $\varepsilon = 0$.

31. Utilize o método do plano de fases para mostrar que (0, 0) é um centro da equação diferencial não-linear de segunda ordem $x'' + 2x^3 = 0$.

32. Utilize o método do plano de fases para mostrar que a solução da equação diferencial não-linear de segunda ordem $x'' + 2x - x^2 = 0$ que verifica $x(0) = 1$ e $x'(0) = 0$ é periódica.

33. **(a)** Ache os pontos críticos do sistema autônomo plano

$$x' = 2xy$$
$$y' = 1 - x^2 + y^2$$

e mostre que a linearização não dá qualquer informação sobre a natureza desses pontos críticos.

(b) Aplicando o método do plano de fases, mostre que ambos os pontos críticos na parte (a) são centros. [*Sug.*: Faça $u = y^2/x$ e mostre que $(x - c)^2 + y^2 = c^2 - 1$.]

34. A origem é o único ponto crítico da equação diferencial não-linear de segunda ordem $x'' + (x')^2 + x = 0$.
(a) Mostre que o método do plano de fase conduz à equação diferencial de Bernoulli $dy/dx = -y - xy^{-1}$.
(b) Mostre que a solução que verifica $x(0) = 1/2$ e $x'(0) = 0$ *não* é periódica.

35. Uma solução da equação diferencial não-linear de segunda ordem $x'' + x - x^3 = 0$ satisfaz $x(0) = 0$ e $x'(0) = v_0$. Utilizando o método do plano de fases, determine quando a solução resultante é periódica. [*Sug.*: Veja Exemplo 7.]

36. A equação diferencial não-linear $x'' + x = 1 + \varepsilon x^2$ surge na análise do movimento planetário quando se utiliza a teoria da relatividade. Classifique (se possível) todos os pontos críticos do sistema autônomo plano correspondente.

37. Quando um capacitor não-linear está presente em um circuito *L-R-C*, a queda de voltagem não mais é dada por q/C, sendo descrita com maior precisão por $\alpha q + \beta q^3$, com α e β constantes e $\alpha > 0$. A equação diferencial (3) da Seção 5.4, para o circuito livre, é então substituída por

$$L\frac{d^2q}{dt^2} + R\frac{dq}{dt} + \alpha q + \beta q^3 = 0.$$

Determine e classifique todos os pontos críticos dessa equação diferencial não-linear. [*Sug.*: Considere os dois casos $\beta > 0$ e $\beta < 0$.]

10.4 APLICAÇÕES DOS SISTEMAS AUTÔNOMOS

Um sistema autônomo plano pode servir de modelo matemático para diversos fenômenos físicos, que incluem problemas na dinâmica dos fluidos em estado estacionário, oscilações mecânicas, circuitos contendo capacitores não-lineares, interações do tipo predador-presa e competição em ecologia e cinética de remédios.

Muitas aplicações da física dão origem a equações diferenciais não-lineares de segunda ordem da forma $x'' = g(x, x')$. Por exemplo, na análise do movimento livre amortecido (Seção 5.2), admitimos que a força amortecedora era proporcional à velocidade x'. Freqüentemente, a força amortecedora é proporcional ao quadrado da velocidade, e a nova equação diferencial é

$$x'' = -\frac{\beta}{m}x'|x'| - \frac{k}{m}x.$$

O sistema autônomo plano correspondente é, portanto,

$$\begin{aligned} x' &= y \\ y' &= -\frac{\beta}{m}y|y| - \frac{k}{m}x. \end{aligned}$$

Nesta seção, utilizaremos os resultados da Seção 10.3 para analisar o pêndulo não-linear, o movimento de uma pequena esfera em uma curva, o modelo predador-presa de Lotka-Volterra e o modelo de competição de Lotka-Volterra. Outros modelos serão apresentados nos exercícios.

O Pêndulo Não-Linear

No Exemplo 3 da Seção 1.2, mostramos que o ângulo de deslocamento θ de um pêndulo satisfaz a equação diferencial não-linear de segunda ordem

$$\frac{d^2\theta}{dt^2} + \frac{g}{l}\operatorname{sen}\theta = 0.$$

Quando fazemos $x = \theta$ e $y = \theta'$, essa equação diferencial de segunda ordem pode ser escrita como o sistema autônomo plano

$$\begin{aligned} x' &= y \\ y' &= -\frac{g}{l}\operatorname{sen} x. \end{aligned}$$

Os pontos críticos são $(\pm k\pi, 0)$ e pode-se mostrar sem dificuldade que a matriz jacobiana é

$$\mathbf{g}'((\pm k\pi, 0)) = \begin{pmatrix} 0 & 1 \\ (-1)^{k+1}\frac{g}{l} & 0 \end{pmatrix}.$$

Se $k = 2n + 1$, e não $\Delta < 0$, e assim todos os pontos críticos $(\pm(2n + 1)\pi, 0)$ são selas. Em particular, o ponto crítico em $(\pi, 0)$ é instável, conforme esperado. Veja a Figura 10.21b. Quando $k = 2n$, os autovalores são imaginários puros e, assim, a natureza desses pontos críticos permanece em dúvida. Como supusemos que não há forças amortecedoras atuando sobre o pêndulo, esperamos que todos os pontos críticos $(\pm 2n\pi, 0)$ sejam centros – o que se pode verificar aplicando-se o método do plano de fases.

De

$$\frac{dy}{dx} = \frac{dy/dt}{dx/dt} = \frac{g}{l}\frac{\operatorname{sen} x}{y},$$

decorre que

$$y^2 = \frac{2g}{l}\cos x + c.$$

Se $\mathbf{X}(0) = (x_0, 0)$, então

$$y^2 = \frac{2g}{l}(\cos x - \cos x_0).$$

Note que $y = 0$ quando $x = -x_0$, e $(2g/l)(\cos x - \cos x_0) > 0$ para $|x| < |x_0| < \pi$. Assim, cada um desses x tem dois valores correspondentes de y; a solução $\mathbf{X} = \mathbf{X}(t)$ que satisfaz $\mathbf{X}(0) = (x_0, 0)$ é, pois, periódica. Podemos concluir que (0, 0) é um centro. A Figura 10.22 exibe uma família de curvas solução.

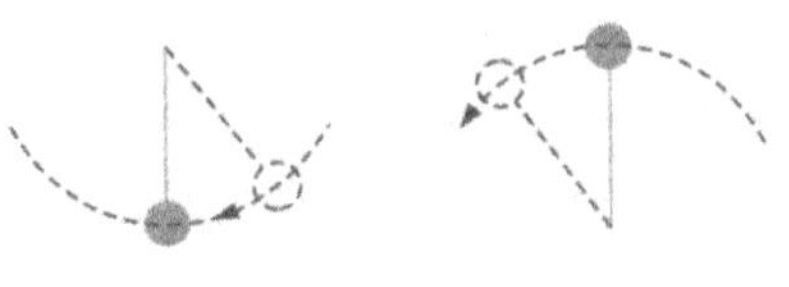

(a) $\theta = 0, \theta' = 0$ (b) $\theta = \pi, \theta' = 0$

Figura 10.21

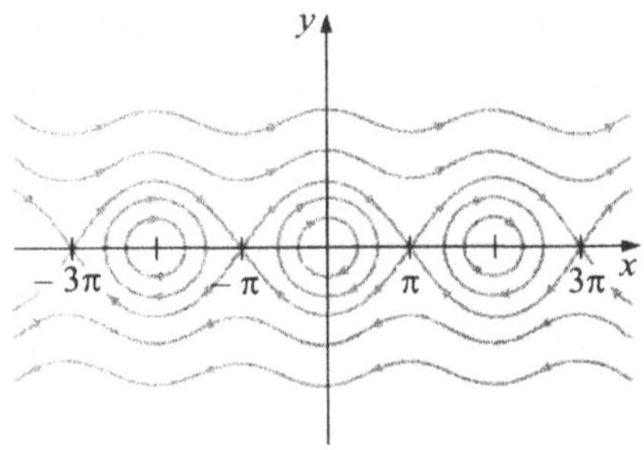

Figura 10.22

A instabilidade inerente ao ato de equilíbrio da figura ao lado é análogo ao ponto crítico instável (π, 0) para um pêndulo não-linear.

EXEMPLO 1

Imprime-se a um pêndulo em posição de equilíbrio com $\theta = 0$, uma velocidade angular de ω_0 radianos/s. Determine as condições sob as quais o movimento resultante é periódico.

Solução Pede-se examinar a solução do sistema autônomo plano que satisfaz $\mathbf{X}(0) = (0, \omega_0)$. De $y^2 = (2g/l)\cos x + c$, decorre que

$$y^2 = \frac{2g}{l}\left(\cos x - 1 + \frac{1}{2g}\,\omega_0^2\right).$$

Para estabelecer a periodicidade da solução, basta mostrar que há dois interceptos x, $x = \pm x_0$ entre $-\pi$ e π, e que o membro direito é positivo para $|x| < |x_0|$. Cada um desses x tem então dois valores correspondentes de y.

Se $y = 0$, $\cos x = 1 - (l/2g)\omega_0^2$, e essa equação tem duas soluções $x = \pm x_0$ entre $-\pi$ e π, desde que $1 - (l/2g)\,\omega_0^2 > -1$. Note que a expressão $(2g/l)(\cos x - \cos x_0)$ é então positiva para $|x| < |x_0|$. Essa restrição sobre a velocidade angular inicial pode ser escrita como

$$|\omega_0| < 2\sqrt{\frac{g}{l}}.$$

■

Oscilações Não-Lineares: A Esfera Rolante

Suponha, conforme a Figura 10.23, que uma pequena esfera de massa m role ao longo de um arame delgado cuja forma é dada pela função $z = f(x)$. Pode-se obter uma ampla variedade de oscilações não-lineares, modificando-se a forma do arame e fazendo-se diferentes hipóteses sobre as forças que atuam na esfera.

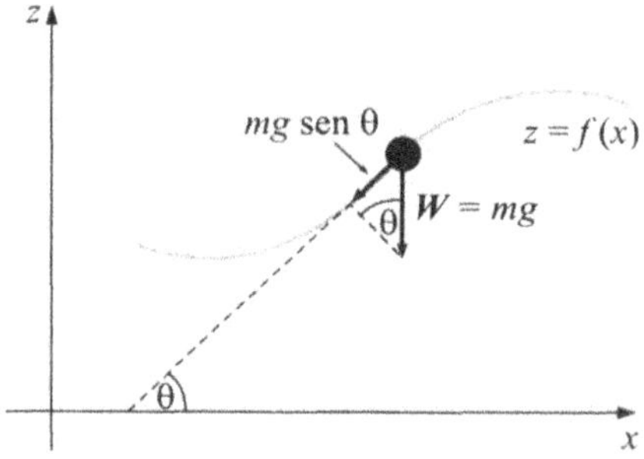

Figura 10.23

A força tangencial **F** devida ao peso $W = mg$ tem módulo mg sen θ e, assim, a componente x de **F** é $F_x = -mg$ sen θ cos θ. Como tg $\theta = f'(x)$, podemos recorrer às identidades $1 + \text{tg}^2\theta = \sec^2\theta$ e $\text{sen}^2\theta = 1 - \cos^2\theta$ para concluir

$$F_x = -mg \,\text{sen}\ \cos\ = -mg\frac{f'(x)}{1 + [f'(x)]^2}.$$

Supomos (como na Seção 5.2) que uma força amortecedora **D**, atuando na direção oposta à do movimento, seja um múltiplo constante da velocidade da esfera. A componente x de **D** é, pois,

$$D_x = -\beta \frac{dx}{dt}.$$

Se ignoramos a força de atrito entre o fio e a esfera e admitimos que não haja quaisquer outras forças externas atuando sobre o sistema, decorre da segunda lei de Newton que

$$mx'' = -mg\frac{f'(x)}{1+[f'(x)]^2} - \beta x'$$

e o sistema autônomo plano correspondente é

$$\begin{aligned} x' &= y \\ y' &= -g\frac{f'(x)}{1+[f'(x)]^2} - \frac{\beta}{m}y. \end{aligned}$$

Se $\mathbf{X}_1 = (x_1, y_1)$ é um ponto crítico do sistema, então $y_1 = 0$ e, portanto, $f'(x_1) = 0$. A esfera deve, por conseguinte, estar em repouso em um ponto do fio onde a tangente é horizontal. Quando f é duas vezes diferenciável, a matriz jacobiana em $\mathbf{X}_1$ é

$$\mathbf{g}'(\mathbf{X}_1) = \begin{pmatrix} 0 & 1 \\ -g\,f''(x_1) & -\beta/m \end{pmatrix}$$

e assim $\tau = -\beta/m$, $\Delta = gf''(x_1)$ e $\tau^2 - 4\Delta = \beta^2/m^2 - 4gf''(x_1)$. Levando em conta os resultados da Seção 10.3, chegamos às seguintes conclusões:

(i) $f''(x_1) < 0$

Ocorre um máximo relativo em $x = x_1$ e, como $\Delta < 0$, temos um *ponto de sela instável* em $\mathbf{X}_1 = (x_1, 0)$.

(ii) $f''(x_1) > 0$ e $\beta > 0$

Ocorre um mínimo relativo em $x = x_1$ e, como $\tau < 0$ e $\Delta > 0$, $\mathbf{X}_1 = (x_1, 0)$ é um *ponto crítico estável.* Se $\beta^2 > 4gm^2f''(x_1)$, o sistema é **superamortecido** e o ponto crítico é um *nó estável.* Se $\beta^2 < 4gm^2f''(x_1)$, o sistema é **subamortecido** e o ponto crítico é um *ponto espiral estável.* A natureza exata do ponto crítico estável ainda permanece em dúvida se $\beta^2 = 4gm^2f''(x_1)$.

(iii) $f''(x_1) > 0$ e o sistema é não-amortecido ($\beta = 0$).

Nesse caso os autovalores são imaginários puros, mas pode-se utilizar o método do plano de fases para mostrar que o ponto crítico é um *centro*. Por conseguinte, as soluções com $\mathbf{X}(0) = (x(0), x'(0))$ na vizinhança de $\mathbf{X}_1 = (x_1, 0)$ são periódicas.

EXEMPLO 2

Uma pequena esfera de 10g desliza ao longo do gráfico de $z = \text{sen } x$. De acordo com a conclusão (ii), os mínimos relativos em $x_1 = -\pi/2$ e $3\pi/2$ originam pontos críticos estáveis. Veja Figura 10.24. Como $f''(-\pi/2) = f''(3\pi/2) = 1$, o sistema será subamortecido desde que $\beta^2 < 4gm^2$. Utilizando unidades SI, $m = 0{,}01$ kg, $g = 9{,}8$ m/s^2, e a condição para um sistema não-amortecido é $\beta^2 < 3{,}92 \times 10^{-3}$.

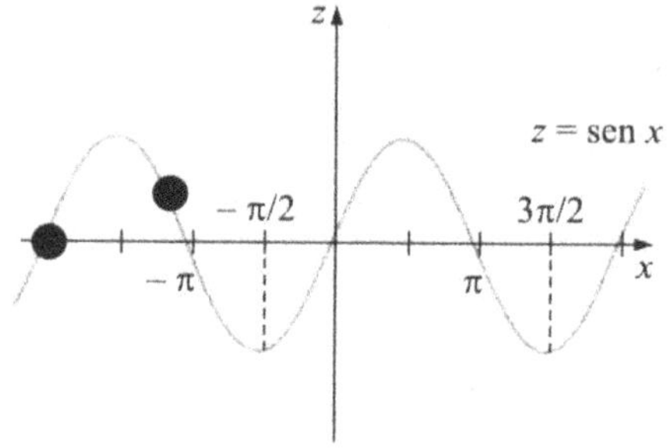

Figura 10.24

Se $\beta = 0{,}01$ é o amortecimento constante, ambos os pontos críticos são *pontos espirais estáveis*. As duas soluções correspondentes às condições iniciais $\mathbf{X}(0) = ((x(0), x'(0)) = (-2\pi, 10)$ e $\mathbf{X}(0) = (-2\pi, 15)$, respectivamente, foram obtidas numericamente e são apresentadas na Figura 10.25. Quando $x'(0) = 10$, a esfera tem momento suficiente para ultrapassar o cume em $x = -3\pi/2$,

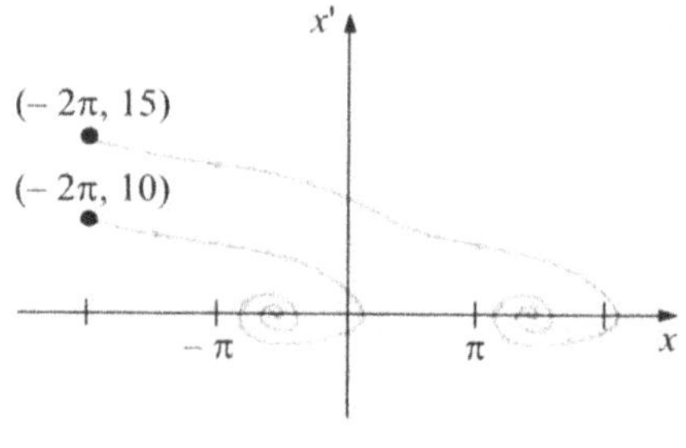

Figura 10.25 - $\beta = 0{,}01$

mas não em $x = \pi/2$. A esfera se aproxima do mínimo relativo baseado em $x = -\pi/2$. Se $x'(0) = 15$, a esfera tem momento suficiente para ultrapassar ambos os cumes, mas então fica oscilando para a frente e para trás no vale baseado em $x = 3\pi/2$ e se aproxima do ponto $(3\pi/2, -1)$ no fio.

A Figura 10.26 mostra uma coleção de curvas solução para o caso não-amortecido. Como $\beta = 0$, os pontos críticos correspondentes a $x_1 = -\pi/2$ e $3\pi/2$ são agora centros. Quando $\mathbf{X}(0) = (-2\pi, 10)$, a esfera tem momento suficiente para superar todos os cumes. A figura indica também que, quando a esfera é liberada, a partir do repouso, em uma posição no fio entre $x = -3\pi/2$ e $x = \pi/2$, o movimento resultante é periódico.

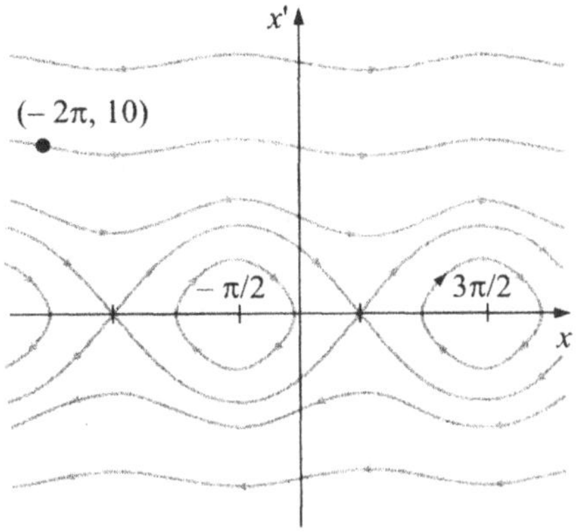

Figura 10.26 - $\beta = 0$ ■

Modelo Predador-Presa de Lotka-Volterra

Ocorre uma **interação do tipo predador-presa** entre duas espécies quando uma espécie (predador) se alimenta de uma segunda espécie (presa). Por exemplo, a coruja da neve se alimenta quase que exclusivamente de um roedor ártico comum chamado lemingue, enquanto que o lemingue tem nas plantas da tundra ártica sua fonte de alimento. O interesse na utilização da matemática para ajudar a explicar interações do tipo predador-presa foi estimulado pela observação dos ciclos de população de muitos mamíferos do ártico. No distrito do Rio MacKenzie no Canadá, por exemplo, a principal presa do lince é a lebre da neve, e ambas as populações têm um ciclo de cerca de dez anos.

Há muitos modelos predador-presa que levam a sistemas autônomos planos com ao menos uma solução periódica. O primeiro desses modelos foi construído independentemente pelos pioneiros na biomatemática A. Lotka (1925) e V. Volterra (1926).* Se x denota o número de predadores e y denota o número de presas, então o modelo de Lotka-Volterra toma a forma

$$\begin{aligned} x' &= -ax + bxy = x(-a + by) \\ y' &= -cxy + dy = y(-cx + d), \end{aligned}$$

onde a, b, c e d são constantes positivas.

Note que, na ausência de predadores ($x = 0$), $y' = dy$ e, assim, o número de presas cresce exponencialmente. Na ausência de presas, $x' = -ax$, e assim a população de predadores tende a extinguir-se. O termo $-cxy$ representa a taxa da mortalidade devido à predação. O modelo supõe que essa taxa de mortalidade seja diretamente proporcional ao número de possíveis encontros xy entre predador e presa em um determinado instante t; e o termo bxy representa a contribuição positiva resultante para a população de predadores.

Os pontos críticos desse sistema autônomo plano são $(0, 0)$ e $(d/c, a/b)$ e as matrizes jacobianas correspondentes são

---

* Veja a página 131 do Volume I para dados biográficos sobre Lotka e Volterra.

$$\mathbf{A}_1 = \mathbf{g}'((0,0)) = \begin{pmatrix} -a & 0 \\ 0 & d \end{pmatrix}, \quad \mathbf{A}_2 = \mathbf{g}'((d/c, a/b)) = \begin{pmatrix} 0 & bd/c \\ -ac/b & 0 \end{pmatrix}$$

O ponto crítico em (0, 0) é uma sela, e a Figura 10.27 mostra um perfil típico de soluções no primeiro quadrante e próximas de (0, 0).

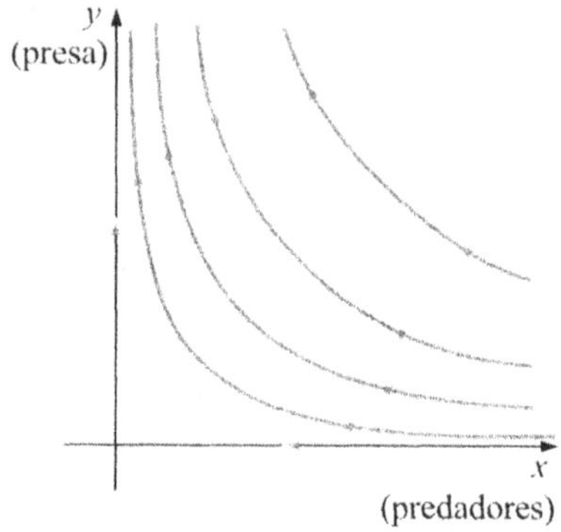

Figura 10.27 - Soluções próximas de (0, 0).

Como a matriz $\mathbf{A}_2$ tem autovalores imaginários puros $\lambda = \pm\, i\sqrt{ad}\; i$,o ponto crítico $(d/c,\ a/b)$ *pode* ser um centro. Esta possibilidade pode ser investigada com auxílio do método do plano de fases. Como

$$\frac{dy}{dx} = \frac{y(-cx+d)}{x(-a+by)},$$

podemos separar variáveis, obtendo

$$\int \frac{-a+by}{y}\,dy = \int \frac{-cx+d}{x}\,dx$$

de forma que $$-a \ln y + by = -cx + d \ln x + c_1$$

ou $$(x^d e^{-cx})(y^a e^{-by}) = c_o.$$

O argumento que segue estabelece que todas as curvas solução que se originam no primeiro quadrante são periódicas.

A Figura 10.28 exibe gráficos típicos das funções não-negativas $F(x) = x^d e^{-cx}$ e $G(y) = y^a e^{-by}$. Não é difícil mostrar que $F(x)$ tem um máximo absoluto em $x = d/c$ e que $G(y)$ tem máximo absoluto em $y = a/b$. Note que, com exceção de zero e do máximo absoluto, F e G tomam cada uma todos os valores de sua imagem exatamente duas vezes.

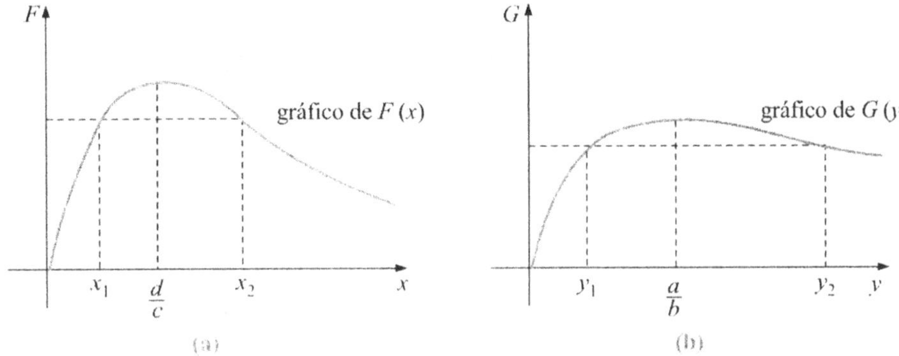

Figura 10.28

Com base nesses gráficos, podemos estabelecer as seguintes propriedades de uma curva solução que se origina em um ponto não-crítico (x_0, y_0) do primeiro quadrante.

(i) Se $y = a/b$, a equação $F(x)G(y) = c_0$ tem exatamente duas soluções x_m e x_M que satisfazem $x_m < d/c < x_M$.

(ii) Se $x_m < x_1 < x_M$ e $x = x_1$, então $F(x)G(y) = c_0$ tem exatamente duas soluções y_1 e y_2 que satisfazem $y_1 < a/b < y_2$.

(iii) Se x é exterior ao intervalo $[x_m, x_M]$, então $F(x)G(y) = c_0$ não tem solução.

Daremos a demonstração de (i) e abordaremos as propriedades (ii) e (iii) nos exercícios. Como $(x_0, y_0) \neq (d/c, a/b)$, $F(x_0)G(y_0) < F(d/c)G(a/b)$. Se $y = a/b$, então

$$0 < \frac{c_0}{G(a/b)} = \frac{F(x_0)G(y_0)}{G(a/b)} < \frac{F(d/c)G(a/b)}{G(a/b)} = F(d/c).$$

Portanto, $F(x) = c_0/G(a/b)$ tem precisamente duas soluções x_m e x_M que satisfazem $x_m < d/c < x_M$. A Figura 10.29 mostra o gráfico de uma solução periódica típica.

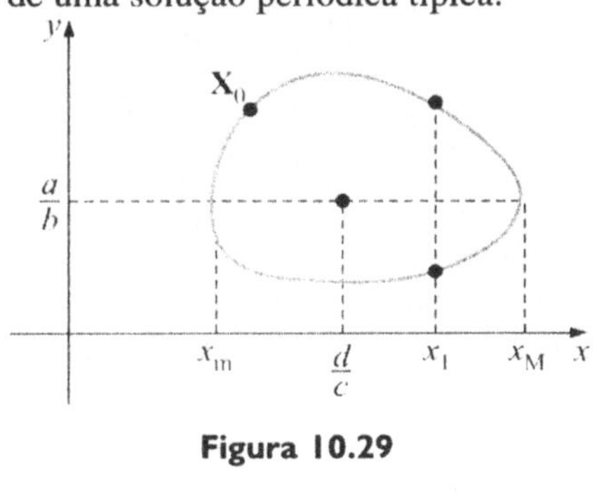

Figura 10.29

EXEMPLO 3

Fazendo $a = 0{,}1$, $b = 0{,}002$, $c = 0{,}0025$ e $d = 0{,}2$ no modelo predador-presa de Lotka-Volterra, o ponto crítico no primeiro quadrante é $(d/c, a/b) = (80, 50)$, e sabemos que esse ponto crítico é um centro. Veja a Figura 10.30. Quanto mais próxima a condição inicial $\mathbf{X}_0$ estiver de (80, 50), mais as soluções periódicas se assemelharão às soluções elípticas do sistema linear correspondente. Os autovalores de $\mathbf{g}'((80, 50))$ são $\pm\sqrt{ad}\,i = \pm(\sqrt{2}/10)i$, e assim as soluções próximas do ponto crítico têm período $p \approx 10\sqrt{2}\,\pi$, ou cerca de 44,4. ■

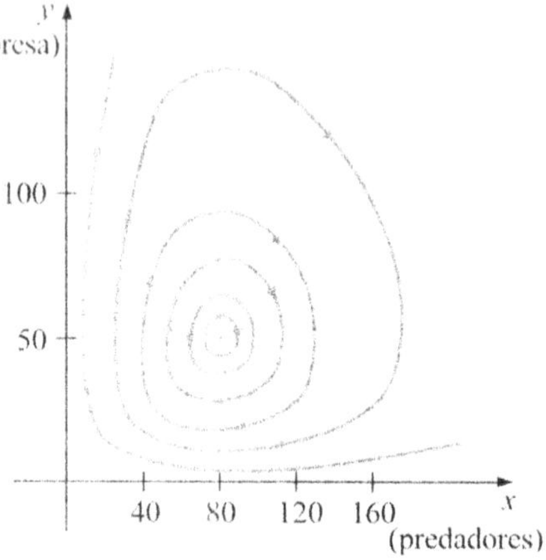

Figura 10.30

O Modelo de Competição de Lotka-Volterra

Ocorre uma **interação competitiva** quando duas ou mais espécies competem entre si para obter alimento, água, luz e recursos de um ecossistema. A utilização de um desses recursos por uma população restringe, por conseguinte, a capacidade de outra população sobreviver e crescer. Sob que condições podem coexistir duas espécies competitivas? Construíram-se não poucos modelos matemáticos que permitem visualizar condições que permitam a *coexistência*. Denotando por x o número na espécie I e por y o número na espécie II, o modelo de Lotka-Volterra toma a forma

$$x' = \frac{r_1}{K_1}x(K_1 - x - \alpha_{12}y)$$

$$y' = \frac{r_2}{K_2}y(K_2 - y - \alpha_{21}x).$$

Note que, na ausência da espécie II ($y = 0$), $x' = \frac{r_1}{K_1}x(K_1 - x)$, e assim a primeira população cresce logisticamente e tende para a população de estado estacionário K_1 (veja Seção 3.3 e Exemplo 3, Seção 10.3). Argumento análogo vale para a espécie II ao crescer na ausência da espécie I. O termo $-\alpha_{21}xy$ na segunda equação decorre do efeito competitivo da espécie I sobre a espécie II. O modelo admite, pois, que essa taxa de inibição seja diretamente proporcional ao número de pares competitivos possíveis xy em um determinado instante t.

Esse sistema autônomo plano tem pontos críticos em (0, 0), $(K_1, 0)$ e $(0, K_2)$. Quando $\alpha_{12}\alpha_{21} \neq 0$, as retas $K_1 - x - \alpha_{12}y = 0$ e $K_2 - y - \alpha_{21}x = 0$ se interceptam, produzindo um quarto ponto crítico $\hat{\mathbf{X}} = (\hat{x}, \hat{y})$. A Figura 10.31 mostra as duas condições para que $(\hat{x}, \hat{y})$ esteja no primeiro quadrante.

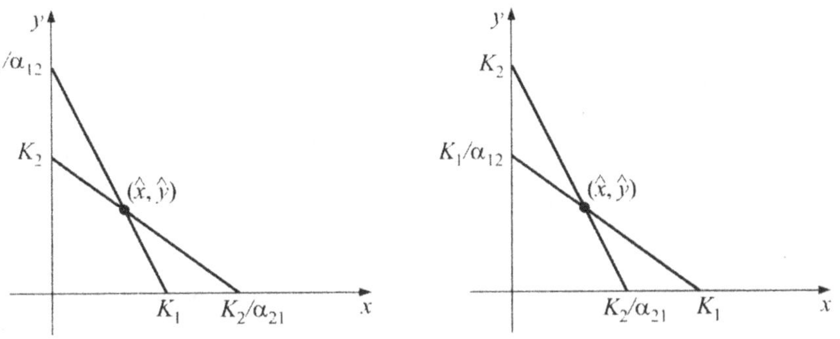

(a) $\alpha_{12}\alpha_{21} < 1$ (b) $\alpha_{12}\alpha_{21} > 1$

Figura 10.31

O traço e o determinante da matriz jacobiana em $(\hat{x}, \hat{y})$ são

$$\tau = -\hat{x}\frac{r_1}{K_1} - \hat{y}\frac{r_2}{K_2}$$

$$\Delta = (1 - \alpha_{12}\alpha_{21})\hat{x}\hat{y}\frac{r_1 r_2}{K_1 K_2}.$$

No caso (a) na Figura 10.31, $\dfrac{K_1}{\alpha_{12}} > K_2$ e $\dfrac{K_2}{\alpha_{21}} > K_1$. Decorre que $\alpha_{12}\alpha_{21} < 1$, $\tau < 0$ e $\Delta > 0$. Como

$$\begin{aligned}\tau^2 - 4\Delta &= \left(\hat{x}\frac{r_1}{K_1} + \hat{y}\frac{r_2}{K_2}\right)^2 + 4(\;_{12}\;_{21} - 1)\hat{x}\hat{y}\frac{r_1 r_2}{K_1 K_2} \\ &= \left[\left(\hat{x}\frac{r_1}{K_1} + \hat{y}\frac{r_2}{K_2}\right)^2 - 4\hat{x}\hat{y}\frac{r_1 r_2}{K_1 K_2}\right] + 4\alpha_{12}\alpha_{21}\hat{x}\hat{y}\frac{r_1 r_2}{K_1 K_2} \\ &= \left(\hat{x}\frac{r_1}{K_1} - \hat{y}\frac{r_2}{K_2}\right)^2 + 4\alpha_{12}\alpha_{21}\hat{x}\hat{y}\frac{r_1 r_2}{K_1 K_2},\end{aligned}$$

$\tau^2 - 4\Delta > 0$ e assim $(\hat{x}, \hat{y})$ é um nó estável. Portanto, se $\mathbf{X}(0) = \mathbf{X}_0$ está suficientemente próximo de $\hat{\mathbf{X}} = (\hat{x}, \hat{y})$, então

$$\lim_{t \to \infty} \mathbf{X}(t) = \hat{\mathbf{X}}$$

e podemos concluir pela possibilidade da coexistência. Deixamos como exercícios a demonstração de que o caso (b) conduz a um ponto de sela e a investigação da natureza dos pontos críticos em $(0, 0)$, $(K_1, 0)$ e $(0, K_2)$.

Quando as interações competitivas entre duas espécies são fracas, ambos os coeficientes α_{12} e α_{21} são pequenos e, assim, as condições $K_1/\alpha_{12} > K_2$ e $K_2/\alpha_{21} > K_1$ podem ser satisfeitas. Isto pode ocorrer quando há uma pequena superposição dos domínios de duas espécies predadoras que caçam uma presa comum.

EXEMPLO 4

O modelo de competição de Lotka-Volterra descreve uma interação competitiva

$$x' = 0{,}004x(50 - x - 0{,}75y)$$

$$y' = 0{,}001y(100 - y - 3{,}0x)$$

Determine e classifique todos os pontos críticos do sistema.

Solução Os pontos críticos ocorrem em (0, 0), (50, 0), (0, 100) e na solução (20, 40) do sistema

$$x + 0{,}75y = 50$$

$$3{,}0x + y = 100.$$

Como $\alpha_{12}\alpha_{21} = 2{,}25 > 1$, temos o caso (b) da Figura 10.31, e assim o ponto crítico em (20, 40) é um ponto de sela. Todos os quatro pontos críticos podem ser classificados utilizando-se a matriz jacobiana

$$\mathbf{g}'(\mathbf{X}) = \begin{pmatrix} 0{,}2 - 0{,}008x - 0{,}003y & -0{,}003x \\ -0{,}003y & 0{,}1 - 0{,}002y - 0{,}003x \end{pmatrix};$$

obtemos

$$\mathbf{A}_1 = \mathbf{g}'((0,0)) = \begin{pmatrix} 0{,}2 & 0 \\ 0 & 0{,}1 \end{pmatrix}, \qquad \mathbf{A}_2 = \mathbf{g}'((50,0)) = \begin{pmatrix} -0{,}2 & -0{,}15 \\ 0 & -0{,}05 \end{pmatrix}$$

$$\mathbf{A}_3 = \mathbf{g}'((20,40)) = \begin{pmatrix} -0{,}08 & -0{,}12 \\ -0{,}06 & -0{,}04 \end{pmatrix}, \quad \mathbf{A}_4 = \mathbf{g}'((0,100)) = \begin{pmatrix} -0{,}1 & 0 \\ -0{,}3 & -0{,}1 \end{pmatrix}$$

Portanto, (0, 0) é um nó instável, enquanto que tanto (50, 0) como (0, 100) são nós estáveis. (Verifique!) Como det $\mathbf{A}_3 < 0$, temos uma segunda demonstração de que (20, 40) é um ponto de sela. ■

Também pode ocorrer coexistência no modelo de competição de Lotka-Volterra se existir ao menos uma solução periódica inteiramente contida no primeiro quadrante. É possível, entretanto, mostrar que esse modelo não tem soluções periódicas.

10.4 EXERCÍCIOS

As respostas dos exercícios selecionados estão nas páginas 405 e 406.

Pêndulo Não-Linear

1. Libera-se um pêndulo em $\theta = \pi/3$, imprimindo-se uma velocidade angular inicial de ω_0 radianos/s. Determine as condições sob as quais o movimento resultante é periódico.

2. **(a)** Se um pêndulo é liberado a partir do repouso em $\theta = \theta_0$, mostre que a velocidade angular é novamente zero quando $\theta = -\theta_0$.

(b) O período T de um pêndulo é o lapso de tempo necessário para que θ varie de θ_0 a $-\theta_0$ e volte a θ_0. Mostre que

$$T = \sqrt{\frac{2l}{g}} \int_{-\theta_0}^{\theta_0} \frac{1}{\sqrt{\cos\theta - \cos\theta_0}}\, d\theta.$$

Oscilações Não-Lineares – A Esfera Deslizante

3. Uma pequena esfera de massa m desliza ao longo de um arame delgado cuja forma é dada pela função $z = f(x)$. Se $\mathbf{X}_1 = (x_1, y_1)$ é um ponto crítico do sistema autônomo plano associado à esfera, verifique que a matriz jacobiana em $\mathbf{X}_1$ é

$$\mathbf{g}'(\mathbf{X}_1) = \begin{pmatrix} 0 & 1 \\ -gf''(x_1) & -\beta/m \end{pmatrix}$$

4. Uma pequena esfera de massa m desliza ao longo de um arame delgado cuja forma é dada pela função $z = f(x)$. Quando $f'(x_1) = 0$, $f''(x_1) > 0$ e o sistema é não-amortecido, o ponto crítico $\mathbf{X}_1 = (x_1, 0)$ é um centro. Estime o período da esfera quando $x(0)$ está próximo de x_1 e $x'(0) = 0$.

5. Uma pequena esfera é liberada da posição $x(0) = x_0$ na curva $z = x^2/2$ com velocidade inicial $x'(0) = v_0$ cm/s.

(a) Utilizando o método do plano de fases, mostre que a solução resultante é periódica quando o sistema é não-amortecido.

(b) Mostre que a altura máxima z_{max} à qual a esfera se eleva é dada por

$$z_{\max} = \frac{1}{2}[e^{v_0^2/g}(1 + x_0^2) - 1].$$

6. Refaça o Problema 5 com $z = \cosh x$.

O Modelo Predador-Presa de Lotka-Volterra

7. (Veja a Figura 10.29). Se $x_m < x_1 < x_M$ e $x = x_1$, mostre que

$$F(x)G(y) = c_0$$

tem exatamente duas soluções y_1 e y_2 que satisfazem $y_1 < a/b < y_2$. [*Sug.*: Mostre primeiro que $G(y) = \frac{c_0}{F(x_1)} < G(a/b)$.]

8. Com base em (i) e (iii) da página 189, conclua que o número máximo de predadores ocorre quando $y = a/b$.

9. Em um modelo predador-presa para peixes, admite-se que a taxa à qual uma espécie é pescada seja diretamente proporcional à sua abundância. Nesse caso, as equações diferenciais de Lotka-Volterra tomam a forma

$$x' = -ax + bxy - \varepsilon_1 x$$

$$y' = -cxy + dy - \varepsilon_2 y,$$

onde ε_1 e ε_2 são constantes positivas.

(a) Quando $\varepsilon_2 < d$, mostre que existe um novo ponto crítico no primeiro quadrante, que é um centro.

(b) O **princípio de Volterra** afirma que uma exploração em quantidade moderada aumenta o número médio de presas e reduz o número médio de predadores. Nosso modelo é consistente com o princípio de Volterra?

O Modelo de Competição de Lotka-Volterra

10. Mostre que (0, 0) é sempre um nó instável.

11. Mostre que $(K_1, 0)$ é um nó estável quando $K_1 > K_2/\alpha_{21}$ e um ponto de sela quando $K_1 < K_2/\alpha_{21}$.

12. Recorra aos Problemas 10 e 11 para estabelecer que (0, 0), $(K_1, 0)$ e $(0, K_2)$ são instáveis quando $\hat{\mathbf{X}} = (\hat{x}, \hat{y})$ é um nó estável.

13. Mostre que $\hat{\mathbf{X}} = (\hat{x}, \hat{y})$ é um ponto de sela quando $\dfrac{K_1}{\alpha_{12}} < K_2$ e $\dfrac{K_2}{\alpha_{21}} < K_1$.

Outras Aplicações

14. Se admitimos que uma força amortecedora atua em direção oposta à do movimento de um pêndulo e com módulo diretamente proporcional à velocidade angular $d\theta/dt$, então o ângulo θ de deslocamento do pêndulo verifica a equação diferencial não-linear de segunda ordem

$$ml\frac{d^2\theta}{dt^2} = -mg \operatorname{sen}\theta - \beta\frac{d\theta}{dt}.$$

(a) Escreva a equação diferencial de segunda ordem como um sistema autônomo plano e ache todos os pontos críticos.

(b) Determine uma condição sobre m, l e β que torne (0, 0) um ponto espiral estável.

15. Na análise do movimento livre, amortecido (Seção 5.2), admitimos que a força amortecedora era proporcional à velocidade x'. Freqüentemente, essa força amortecedora é proporcional ao quadrado da velocidade, e a nova equação diferencial é

$$x'' = -\frac{\beta}{m}x'|x'| - \frac{k}{m}x.$$

(a) Escreva a equação diferencial de segunda ordem como um sistema autônomo plano e ache todos os pontos críticos.

(b) O sistema é chamado *superamortecido* quando (0, 0) é um nó estável e é chamado *subamortecido* quando (0, 0) é um ponto espiral estável. Considerações de ordem física sugerem que (0, 0) deve ser um ponto crítico assintoticamente estável. Mostre que o sistema é necessariamente subamortecido.

[*Sug.*: $\dfrac{d}{dy}y|y| = 2|y|$.]

16. Uma pequena esfera com massa m desliza ao longo de um arame delgado cuja forma pode ser descrita pela função $z = f(x)$. Pequenos trechos do arame atuam como um plano inclinado e, em mecânica, admite-se que o módulo da força de atrito entre a esfera e o arame seja diretamente proporcional a $mg \cos\theta$ (veja Figura 10.23).

(a) Mostre que a nova equação diferencial para a coordenada x da esfera é

$$x'' = g\frac{\mu - f'(x)}{1 + [f'(x)]^2} - \frac{\beta}{m}x'$$

para uma constante positiva μ.

(b) Caracterize os pontos críticos do sistema autônomo plano correspondente. Sob que condições um ponto crítico é uma sela? Um ponto espiral estável?

17. Uma oscilação não-amortecida satisfaz uma equação diferencial não-linear de segunda ordem da forma $x'' + f(x) = 0$, com $f(0) = 0$ e $xf(x) > 0$ para $x \neq 0$ e $-d < x < d$. Aplicando o método do plano de fases, mostre que não é possível o ponto crítico (0, 0) ser um ponto espiral estável.

[*Sug.*: Faça $F(x) = \int_0^x f(u)\,du$ e mostre que $y^2 + 2F(x) = c$.]

18. O modelo predador-presa de Lotka-Volterra supõe que, na ausência de predadores, o número de presas cresce exponencialmente. Com a hipótese alternativa de que a população de presas cresça logisticamente, o novo sistema autônomo plano é

$$x' = -ax + bxy$$

$$y' = -cxy + \frac{r}{K}y(K - y),$$

onde a, b, c, r e K são positivos e $K > a/b$.

(a) Mostre que o sistema tem pontos críticos em (0, 0), (0, K) e $(\hat{x}, \hat{y})$, onde $\hat{y} = a/b$ e $c\hat{x} = \frac{r}{K}(K - \hat{y})$.

(b) Mostre que os pontos críticos em (0, 0) e (0,K) são selas, enquanto que o ponto crítico em $(\hat{x}, \hat{y})$ é um nó estável ou um ponto espiral estável.

(c) Mostre que $(\hat{x}, \hat{y})$ é um ponto espiral estável se $\hat{y} < \dfrac{4bK^2}{r + 4bK}$. Explique por que este caso ocorre quando a capacidade de resistência da presa é grande.

19. O sistema autônomo plano

$$x' = \alpha \frac{y}{1+y}x - x$$

$$y' = -\frac{y}{1+y}x - y + \beta$$

surge em um modelo de crescimento de microorganismos em um *quimostato*, um dispositivo simples de laboratório em que um nutriente flui de uma fonte de suprimento para uma câmara de crescimento. No sistema, x denota a concentração dos microorganismos na câmara de crescimento, y denota a concentração dos nutrientes e α e β são constantes positivas que podem ser ajustadas pelo experimentador. Mostre que, quando $\alpha > 1$ e $\beta(\alpha - 1) > 1$, o sistema tem um ponto crítico único $(\hat{x}, \hat{y})$ no primeiro quadrante; demonstre que esse ponto crítico é um nó estável.

Capítulo 10 *REVISÃO*

As soluções $\mathbf{X}(t) = (x(t), y(t))$ de um **sistema autônomo plano**

$$\frac{dx}{dt} = P(x, y)$$

$$\frac{dy}{dt} = Q(x, y)$$

ou são **pontos críticos** (correspondentes a soluções constantes) ou **arcos** (em que a curva solução não se intercepta) ou **ciclos** (que correspondem a soluções periódicas). Podem-se obter os pontos críticos resolvendo-se o sistema de equações algébricas

$$P(x, y) = 0$$

$$Q(x, y) = 0,$$

enquanto soluções periódicas podem ser encontradas com a passagem para coordenadas polares.

Quando o sistema autônomo plano é o sistema linear $\mathbf{X}' = \mathbf{AX}$ com det $\mathbf{A} \neq 0$, pode-se ter uma descrição geométrica precisa das soluções na vizinhança do ponto crítico (0, 0), desde que conheçamos os autovalores e autovetores. O ponto crítico é classificado como **nó estável** ou **instável**, **ponto espiral estável** ou **instável**, **centro** ou **sela**.

Quando o sistema autônomo plano é não-linear, podemos classificar um ponto crítico isolado $\mathbf{X}_1 = (x_1, y_1)$ determinando os autovalores da matriz jacobiana

$$\mathbf{A} = \begin{pmatrix} \left.\dfrac{\partial P}{\partial x}\right|_{(x_1, y_1)} & \left.\dfrac{\partial P}{\partial y}\right|_{(x_1, y_1)} \\ \left.\dfrac{\partial Q}{\partial x}\right|_{(x_1, y_1)} & \left.\dfrac{\partial Q}{\partial y}\right|_{(x_1, y_1)} \end{pmatrix}.$$

Se os autovalores de **A** têm partes reais negativas, então $\mathbf{X}_1$ é um ponto crítico **assintoticamente estável**. Se **A** tem um autovalor com parte real positiva, então $\mathbf{X}_1$ é um ponto crítico **instável**.

Em cinco casos separados (nó estável, ponto espiral estável, ponto espiral instável, nó instável e sela) o ponto crítico do sistema não-linear pode ser categorizado como o ponto crítico no sistema linear correspondente $\mathbf{X}' = \mathbf{AX}$, e as soluções na vizinhança do ponto crítico têm as mesmas características geométricas gerais que as soluções do sistema linear. Quando os autovalores de **A** são imaginários puros, entretanto, não se podem formular conclusões, tornando-se necessária uma análise mais profunda.

O **método do plano de fases** procura determinar y como função de x resolvendo a equação diferencial de primeira ordem

$$\frac{dy}{dx} = \frac{Q(x, y)}{P(x, y)}.$$

O método pode eventualmente ser usado para traçar o esboço de curvas solução e para decidir se um ponto crítico é um ponto espiral estável, um ponto espiral instável ou um centro.

Os sistemas autônomos planos podem servir como modelos matemáticos para uma diversidade de fenômenos físicos, tais como oscilações mecânicas, interações do tipo predador-presa ou do tipo competição em ecologia.

Capítulo 10 *EXERCÍCIOS DE REVISÃO*

As respostas dos exercícios selecionados estão na página 406.

Responda aos Problemas 1-8 sem recorrer ao texto. Preencha o espaço em branco com a resposta verdadeiro/falso.

1. A equação diferencial de segunda ordem $x'' + f(x') + g(x) = 0$ pode ser escrita como um sistema autônomo plano._________

2. Se $\mathbf{X} = \mathbf{X}(t)$ é uma solução de um sistema autônomo plano e $\mathbf{X}(t_1) = \mathbf{X}(t_2)$ para $t_1 \neq t_2$, então $\mathbf{X}(t)$ é uma solução periódica._________

3. Se o traço da matriz **A** é zero e det **A** $\neq 0$, então o ponto crítico (0, 0) do sistema linear **X**′ = **AX** pode ser classificado como________.

4. Se o ponto crítico (0, 0) do sistema linear **X**′ = **AX** é um ponto espiral estável, então os autovalores de **A** são ____________.

5. Se o ponto crítico (0, 0) do sistema linear **X**′ = **AX** é um ponto de sela e **X** = **X**(t) é uma solução, então $\lim_{t\to\infty}$**X**(t) não existe. _________

6. Se a matriz jacobiana **A** = **g**′(**X**$_1$) em um ponto crítico do sistema autônomo plano tem traço e determinante positivos, então o ponto crítico **X**$_1$ é instável._________

7. Por meio da linearização, é possível mostrar que um sistema autônomo plano não-linear tem soluções periódicas.__________

8. Todas as soluções da equação do pêndulo $\dfrac{d^2\theta}{dt^2}+\dfrac{g}{l}\operatorname{sen}\theta=0$ são periódicas.________

9. Resolva o seguinte sistema autônomo plano não-linear passando para coordenadas polares e descreva o comportamento geométrico da solução que satisfaz a condição inicial dada:

$$\begin{aligned} x' &= -y - x(\sqrt{x^2+y^2})^3 \\ y' &= x - y(\sqrt{x^2+y^2})^3 \end{aligned}, \quad \mathbf{X}(0)=(1,0).$$

10. Discuta a natureza geométrica das soluções do sistema linear **X**′ = **AX**, sabendo que a solução geral do sistema é

$$\textbf{(a)}\ \mathbf{X}(t)=c_1\begin{pmatrix}1\\1\end{pmatrix}e^{-t}+c_2\begin{pmatrix}1\\-2\end{pmatrix}e^{-2t}$$

$$\textbf{(b)}\ \mathbf{X}(t)=c_1\begin{pmatrix}1\\-1\end{pmatrix}e^{-t}+c_2\begin{pmatrix}1\\2\end{pmatrix}e^{2t}$$

11. Classifique o ponto crítico (0, 0) do sistema linear dado calculando o traço τ e o determinante Δ.

(a) $x' = -3x + 4y$
$y' = -5x + 3y$

(b) $x' = -3x + 2y$
$y' = -2x + y$

12. Ache e classifique (se possível) os pontos críticos do sistema autônomo plano

$$\begin{aligned} x' &= x + xy - 3x^2 \\ y' &= 4y - 2xy - y^2. \end{aligned}$$

13. Classifique o ponto crítico (0, 0) do sistema autônomo plano correspondente à equação diferencial não-linear de segunda ordem

$$x'' + \mu(x^2-1)x' + x = 0,$$

onde μ é uma constante real.

14. Sem resolver explicitamente, classifique (se possível) como assintoticamente estáveis ou instáveis os pontos críticos da equação diferencial autônoma de primeira ordem $x' = (x^2-1)e^{-x/2}$.

15. Aplique o método do plano de fases para mostrar que as soluções da equação diferencial não-linear de segunda ordem

$$x'' = -2x\sqrt{(x')^2+1}$$

que satisfazem $x(0) = x_0$ e $x'(0) = 0$ são periódicas.

16. (Mola rígida) Na Seção 5.2, admitimos que a força restauradora F da mola satisfazia a lei de Hooke $F = ks$, onde s era o alongamento da mola e k uma constante positiva de proporcionalidade. Substituindo essa hipótese pela lei não-linear $F = ks^3$, a nova equação do movimento amortecido é $mx'' = -\beta x' - k(s + x)^3 + mg$, onde $ks^3 = mg$. O sistema é chamado superamortecido quando (0, 0) é um nó estável e é chamado subamortecido quando (0, 0) é um ponto espiral estável. Imponha novas condições a m, k e β que conduzam ao superamortecimento e subamortecimento.

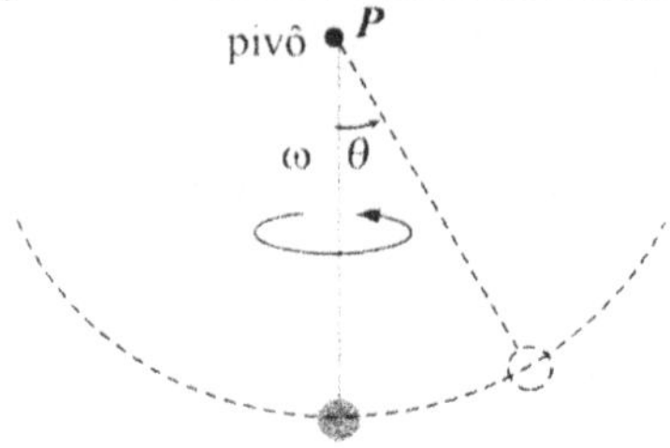

Figura 10.32

17. (O pêndulo rotativo) A haste de um pêndulo está apensa a uma junta móvel no ponto P e gira com uma velocidade angular de ω radianos/s no plano perpendicular à haste. (Veja Figura 10.32.) Como resultado, o peso do pêndulo experimenta uma força centrípeta adicional e a nova equação diferencial para θ se escreve

$$ml\frac{d^2}{dt^2} = \omega^2 ml \operatorname{sen}\theta \quad \cos\theta - mg\operatorname{sen}\theta - \frac{d\theta}{dt}.$$

(a) Se $\omega^2 < g/l$, mostre que (0, 0) é um ponto crítico estável e é o único ponto crítico no domínio $-\pi < \theta < \pi$. Descreva o que ocorre fisicamente quando $\theta(0) = \theta_0$, $\theta'(0) = 0$ e θ_0 é pequeno.

(b) Se $\omega^2 > g/l$, mostre que (0, 0) é instável e que há dois pontos críticos estáveis adicionais $(\pm\hat{\theta}, 0)$ no domínio $-\pi < q < \pi$. Descreva o que ocorre fisicamente quando $\theta(0) = \theta_0$, $\theta'(0) = 0$ e θ_0 é pequeno.

Capítulo 11

FUNÇÕES ORTOGONAIS E SÉRIES DE FOURIER

Conceitos Importantes

Funções ortogonais
Conjunto ortogonal
Norma
Norma quadrática
Ortogonalidade em relação a uma função peso
Série de Fourier generalizada
Série de Fourier
Função par
Função ímpar
Série do cosseno
Série do seno
Desenvolvimento em meio-intervalo
Autovalores
Autofunções
O problema de Sturm-Liouville
Séries de Fourier-Bessel
Séries de Fourier-Legendre

No cálculo, estudamos vetores em espaços de duas e três dimensões e vimos que dois vetores não-nulos são ortogonais quando seu produto escalar, ou produto interno, é zero. Além do nível do cálculo, as noções de vetor, ortogonalidade e produto interno em geral perdem sua interpretação geométrica. Tais conceitos foram generalizados; é perfeitamente normal encarar uma função como um vetor. Podemos dizer que duas funções distintas são ortogonais quando seu produto interno é zero. Nesse caso, veremos que o produto interno desses vetores é, na realidade, uma integral definida. O conceito de função ortogonal é fundamental para o estudo dos Capítulos 12 e 13.

Outro conceito encontrado no cálculo é o de desenvolvimento de uma função em uma série infinita de potências. Neste capítulo, veremos como desenvolver uma função em termos de um conjunto infinito de funções ortogonais.

11.1 FUNÇÕES ORTOGONAIS

Em matemática avançada, uma função é considerada como uma generalização de um vetor. Nesta seção, veremos como os dois conceitos vetoriais de produto interno (escalar) e ortogonalidade podem ser estendidos a funções.

Sejam **u** e **v** vetores no espaço tridimensional, ou espaço-3. O produto interno (**u**, **v**) dos dois vetores, também denotado por **u** . **v**, apresenta as seguintes propriedades:

(i) $(\mathbf{u}, \mathbf{v}) = (\mathbf{v}, \mathbf{u})$

(ii) $(k\mathbf{u}, \mathbf{v}) = k(\mathbf{u}, \mathbf{v})$, k escalar

(iii) $(\mathbf{u}, \mathbf{u}) = 0$ se $\mathbf{u} = \mathbf{0}$ e $(\mathbf{u}, \mathbf{u}) > 0$ se $\mathbf{u} \neq \mathbf{0}$

(iv) $(\mathbf{u} + \mathbf{v}, \mathbf{w}) = (\mathbf{u}, \mathbf{w}) + (\mathbf{v}, \mathbf{w})$

Naturalmente, é de se esperar que uma generalização do produto interno também apresente essas propriedades.

Produto Interno

Sejam f_1 e f_2 funções definidas em um intervalo $[a, b]$.* Como uma integral definida do produto $f_1(x)f_2(x)$ também apresenta as propriedades (i) – (iv) quando as integrais existem, estamos em condições de formular a definição a seguir.

DEFINIÇÃO 11.1 Produto Interno

O **produto interno** de duas funções f_1 e f_2 em um intervalo $[a, b]$ é o número

$$(f_1, f_2) = \int_a^b f_1(x) f_2(x)\, dx.$$

Funções Ortogonais

Motivados pelo fato de que dois vetores **u** e **v** são ortogonais quando seu produto interno é zero, definimos de maneira análoga as **funções ortogonais**.

DEFINIÇÃO 11.2 Funções Ortogonais

Duas funções f_1 e f_2 são **ortogonais** em um intervalo $[a, b]$ se

$$(f_1, f_2) = \int_a^b f_1(x) f_2(x)\, dx = 0 \qquad \mathbf{(1)}$$

Ao contrário do que ocorre na análise vetorial, onde a palavra *ortogonal* é sinônima de "perpendicular", no presente contexto o termo *ortogonal* e a condição (1) não têm qualquer significado geométrico.

---

* O intervalo pode ser também $(-\infty, \infty)$, $[0, \infty)$ etc.

EXEMPLO 1

As funções $f_1(x) = x^2$ e $f_2(x) = x^3$ são ortogonais no intervalo $[-1, 1]$, pois

$$\begin{aligned}(f_1, f_2) &= \int_{-1}^{1} f_1(x) f_2(x) dx \\ &= \int_{-1}^{1} x^2 . x^3 dx = \frac{1}{6} x^6 \Big|_{-1}^{1} \\ &= \frac{1}{6}[1-(-1)^6] = 0.\end{aligned}$$

■

Conjuntos Ortogonais

Estamos interessados essencialmente em conjuntos infinitos de funções ortogonais.

DEFINIÇÃO 11.3 Conjuntos Ortogonais

Diz-se que um conjunto de funções com valores reais

$\{\phi_0(x), \phi_1(x), \phi_2(x), \ldots\}$

é **ortogonal** em um intervalo $[a, b]$ se

$$(\phi_m, \phi_n) = \int_a^b \phi_m(x)\, \phi_n(x)\, dx = 0, \quad m \neq n. \tag{2}$$

A norma, ou comprimento $\| \mathbf{u} \|$, de um vetor **u** pode ser expressa em termos do produto interno, a saber, $(\mathbf{u}, \mathbf{u}) = \| \mathbf{u} \|^2$ ou $\| \mathbf{u} \| = \sqrt{(\mathbf{u}, \mathbf{u})}$. A **norma**, ou comprimento generalizado, de uma função ϕ_n é $\| \phi_n(x) \| = \sqrt{(\phi_n, \phi_n)}$; isto é,

$$\| \phi_n(x) \| = \sqrt{\int_a^b \phi_n^2(x)\, dx}.$$

O número

$$\| \phi_n(x) \|^2 = \int_a^b \phi_n^2(x)\, dx \tag{3}$$

é chamado **norma quadrática**, ou **quadrado da norma** de ϕ_n. Se $\{\phi_n(x)\}$ é um conjunto ortogonal de funções no intervalo $[a, b]$ com a propriedade de que $\| \phi_n(x) \| = 1$ para $n = 0, 1, 2, \ldots$, então $\{\phi_n(x)\}$ é chamado um **conjunto ortonormal** no intervalo.

EXEMPLO 2

Mostre que o conjunto $\{1, \cos x, \cos 2x, \ldots\}$ é ortogonal no intervalo $[-\pi, \pi]$.

Solução Fazendo $\phi_0(x) = 1$ e $\phi_n(x) = \cos nx$, devemos mostrar que $\int_{-\pi}^{\pi} \phi_0(x)\phi_n(x)\, dx = 0, \ n \neq 0$ e $\int_{-\pi}^{\pi} \phi_m(x)\phi_n(x)\, dx = 0, \ m \neq n$. Temos, no primeiro caso,

$$\begin{aligned}(\phi_0,\phi_n) &= \int_{-\pi}^{\pi} \phi_0(x)\phi_n(x)dx \\ &= \int_{-\pi}^{\pi} cos\, nx\, dx \\ &= \frac{1}{2} \text{ sen } nx \Big|_{-\pi}^{\pi} \\ &= \frac{1}{n} [\text{sen } n - \text{sen}(-n\pi) = 0, m \neq n.\end{aligned}$$

e no segundo caso,

$$\begin{aligned}(\phi_0,\phi_n) &= \int_{-\pi}^{\pi} \phi_m(x)\phi_n(x)dx \\ &= \int_{-\pi}^{\pi} cos\ mx\ cos\ nx\ dx \qquad \boxed{\text{ident. trig.}} \\ &= \frac{1}{2}\int_{-\pi}^{\pi} [\cos\ (m+n)+x+\cos\ (m-n)x]\, dx \\ &= \frac{1}{n}\left[\frac{\text{sen } (m+n)\text{x}}{m+n} + \frac{\text{sen } (m-n)\text{x}}{m-n}\right]_{-\pi}^{\pi} = 0, m \neq n\end{aligned}$$

■

EXEMPLO 3

Ache a norma de cada função do conjunto ortogonal dado no Exemplo 2.

Solução Para $\phi_0(x) = 1$ temos, por (3),

$$\| \phi_0(x) \|^2 = \int_{-\pi}^{\pi} dx = 2\pi$$

de forma que $\| \phi_0(x) \| = \sqrt{2\pi}$. Para $\phi_n(x) = \cos nx$, $n > 0$, decorre que

$$\begin{aligned}\| \phi_n(x) \|^2 &= \int_{-\pi}^{\pi} \cos^2 nx\, dx \\ &= \frac{1}{2}\int_{-\pi}^{\pi} [1+\cos 2nx]\, dx = \pi.\end{aligned}$$

Assim, para $n > 0$, $\| \phi_0(x) \| = \sqrt{\pi}$. ■

Qualquer conjunto ortogonal de funções não-nulas $\{\phi_n(x)\}$, $n = 0, 1, 2, \ldots$, pode ser *normalizado*, isto é, transformado em um conjunto ortonormal, dividindo-se cada função por sua norma.

EXEMPLO 4

Dos Exemplos 2 e 3 decorre que o conjunto

$$\left\{\frac{1}{\sqrt{2\pi}}, \frac{\cos x}{\sqrt{\pi}}, \frac{\cos 2x}{\sqrt{\pi}}, \ldots\right\}$$

é ortonormal em $[-\pi,\pi]$. ■

Vamos estabelecer mais uma analogia entre vetores e funções. Sejam $\mathbf{v}_1$, $\mathbf{v}_1$ e $\mathbf{v}_1$ três vetores não-nulos, mutuamente ortogonais, no espaço-3. Esse conjunto ortogonal pode ser usado como uma base para o espaço-3, isto é, qualquer vetor tridimensional pode ser escrito como uma combinação linear

$$\mathbf{u} = c_1\mathbf{v}_1 + c_2\mathbf{v}_2 + c_3\mathbf{v}_3, \qquad \textbf{(4)}$$

onde os c_i, $i = 1, 2, 3$, são escalares chamados componentes do vetor. Cada componente c_i pode ser expresso em termos de $\mathbf{u}$ e do correspondente vetor $\mathbf{v}_i$. Para prová-lo, tomaremos o produto interno de (4) com $\mathbf{v}_1$:

$$(\mathbf{u},\mathbf{v}_1) = c_1(\mathbf{v}_1,\mathbf{v}_1) + c_2(\mathbf{v}_2,\mathbf{v}_1) + c_3(\mathbf{v}_3,\mathbf{v}_1)$$
$$= c_1\|\mathbf{v}_1\|^2 + c_2 \,.\, 0 + c_3 \,.\, 0.$$

Logo

$$c_1 = \frac{(\mathbf{u},\mathbf{v}_1)}{\|\mathbf{v}_1\|^2}.$$

De maneira análoga obtemos as componentes c_2 e c_3:

$$c_2 = \frac{(\mathbf{u},\mathbf{v}_2)}{\|\mathbf{v}_2\|^2} \quad \text{e} \quad c_3 = \frac{(\mathbf{u},\mathbf{v}_3)}{\|\mathbf{v}_3\|^2}.$$

Assim, (4) pode ser expresso como

$$\mathbf{u} = \frac{(\mathbf{u},\mathbf{v}_1)}{\|\mathbf{v}_1\|^2}\mathbf{v}_1 + \frac{(\mathbf{u},\mathbf{v}_2)}{\|\mathbf{v}_2\|^2}\mathbf{v}_2 + \frac{(\mathbf{u},\mathbf{v}_3)}{\|\mathbf{v}_3\|^2}\mathbf{v}_3 = \sum_{n=1}^{3} \frac{(\mathbf{u},\mathbf{v}_n)}{\|\mathbf{v}_n\|^2}\mathbf{v}_n. \qquad \textbf{(5)}$$

Série de Fourier Generalizada

Suponhamos que $\{\phi_n(x)\}$ seja um conjunto ortogonal infinito de funções em um intervalo $[a, b]$. Perguntamos: Se $y = f(x)$ é uma função definida no intervalo $[a, b]$, é possível determinar um conjunto de coeficientes c_n, $n = 0, 1, 2, ...$, tais que

$$f(x) = c_0\phi_0(x) + c_1\phi_1(x) + \cdots + c_n\phi_n(x) + \cdots? \qquad \textbf{(6)}$$

Tal como no caso da determinação das componentes de um vetor, podemos achar os coeficientes c_n com auxílio do produto interno. Multiplicando (6) por $\phi_m(x)$ e integrando no intervalo $[a, b]$, vem

$$\int_a^b f(x)\phi_m(x)dx = c_0\int_a^b \phi_0(x)\phi_m(x)dx + c_1\int_a^b \phi_1(x)\phi_m(x)dx + \cdots + \int_a^b \phi_n(x)\phi_m(x)dx + \cdots$$
$$= c_0(\phi_0,\phi_m) + c_1(\phi_1,\phi_m) + \cdots + c_n(\phi_n,\phi_m) + \cdots.$$

Pela ortogonalidade, cada termo no membro direito da última equação é zero, *exceto* quando $m = n$. Nesse caso, vemos que

$$\int_a^b f(x)\phi_n(x)dx = c_n\int_a^b \phi_n^2(x)dx.$$

Os coeficientes procurados são, pois,

$$c_n = \frac{\int_a^b f(x)\phi_n(x)\,dx}{\int_a^b \phi_n^2(x)\,dx}, \quad n = 0, 1, 2 \ldots$$

Em outras palavras,

$$f(x) = \sum_{n=0}^{\infty} c_n\phi_n(x), \tag{7}$$

onde

$$c_n = \frac{\int_a^b f(x)\phi_n(x)\,dx}{\| \phi_n(x) \|^2}. \tag{8}$$

Com a notação de produto interno, (7) se escreve

$$f(x) = \sum_{n=0}^{\infty} \frac{f, \phi_n}{\|\phi_n(x)\|^2}\phi_n(x). \tag{9}$$

Vemos, assim, que (9) é o análogo funcional do resultado vetorial obtido em (5).

DEFINIÇÃO 11.4 Conjunto Ortogonal/Função Peso

Diz-se que um conjunto de funções $\{\phi_n(x)\}$, $n = 0, 1, 2, \ldots$, é **ortogonal em relação a uma função peso** $w(x)$ em um intervalo $[a, b]$ se

$$\int_a^b w(x)\phi_m(x)\phi_n(x)\,dx = 0, \ m \neq n.$$

A hipótese usual é que $w(x) > 0$ no intervalo de ortogonalidade $[a, b]$.

EXEMPLO 5

O conjunto $\{1, \cos x, \cos 2x, \ldots\}$ é ortogonal em relação à função peso constante $w(x) = 1$ no intervalo $[-\pi, \pi]$. ■

Se $\{\phi_n(x)\}$ é ortogonal em relação a uma função peso $w(x)$ em $[a, b]$, então, multiplicando (6) por $w(x)\phi_m(x)$ e integrando, vem

$$c_n = \frac{\int_a^b f(x)w(x)\phi_n(x)\,dx}{\| \phi_n(x) \|^2} \tag{10}$$

onde

$$\| \phi_n(x) \|^2 = \int_a^b w(x)\phi_n^2(x)\,dx. \tag{11}$$

A série (7), com os coeficientes dados por (8) ou por (10), é chamada **série de Fourier generalizada**.

Conjuntos Completos

Vemos que o processo delineado para a determinação dos c_n é meramente *formal;* ou seja, não consideramos questões básicas sobre a possibilidade, ou não, de um desenvolvimento em série como (7). Outrossim, para desenvolver f em série de funções ortogonais, é certamente necessário que f não seja ortogonal a todas as ϕ_n do conjunto ortogonal $\{\phi_n(x)\}$. (Se f fosse ortogonal a cada ϕ_n, então $c_n = 0$, $n = 0, 1, 2, \ldots$). Para evitar esse último problema, admitiremos, no decorrer deste capítulo, que um conjunto ortogonal seja **completo** – o que significa que a única função ortogonal a cada membro do conjunto é a função zero.

11.1 EXERCÍCIOS

As respostas dos exercícios selecionados estão nas páginas 406 e 407.

Nos Problemas 1 - 6, mostre que as funções dadas são ortogonais no intervalo indicado.

1. $f_1(x) = x, f_2(x) = x^2,\ [-2, 2]$

2. $f_1(x) = x^3, f_2(x) = x^2 + 1,\ [-1, 1]$

3. $f_1(x) = e^x, f_2(x) = xe^{-x} - e^{-x},\ [0,2]$

4. $f_1(x) = \cos x, f_2(x) = \operatorname{sen}^2 x,\ [0, \pi]$

5. $f_1(x) = x, f_2(x) = \cos 2x,\ [-\pi/2, \pi/2]$

6. $f_1(x) = e^x, f_2(x) = \operatorname{sen} x,\ [\pi/4, 5\pi/4]$

Nos Problemas 7-12, mostre que o conjunto dado de funções é ortogonal no intervalo indicado. Ache a norma de cada função do conjunto.

7. $\{\operatorname{sen} x, \operatorname{sen} 3x, \operatorname{sen} 5x, \ldots\},\ [0, \pi/2]$

8. $\{\cos x, \cos 3x, \cos 5x, \ldots\},\ [0, \pi/2]$

9. $\{\operatorname{sen} nx\} n = 1, 2, 3, \ldots,\ [0, \pi/2]$

10. $\left\{\operatorname{sen} \frac{n\pi}{p} x\right\}, n = 1, 2, 3, \ldots,\ [0, p]$

11. $\left\{1, \cos \frac{n\pi}{p} x\right\}, n = 1, 2, 3, \ldots,\ [0, p]$

12. $\left\{1, \cos \frac{n\pi}{p} x, \operatorname{sen} \frac{m}{p} x\right\}, n = 1, 2, 3, \ldots, m = 1, 2, 3, \ldots,\ [-p, p]$

Nos Problemas 13 e 14, verifique, por integração direta, que as funções são ortogonais em relação à função peso indicada, no intervalo dado.

13. $H_0(x) = 1, H_1(x) = 2xH_2(x) = 4x^2 - 2;\ w(x) = e^{-x^2}, (-\infty, \infty)$

14. $L_0(x) = 1, L_1(x) = -x + 1, L_2(x) = \frac{1}{2}x^2 - 2x + 1;\ w(x) = e^{-x}, [0, \infty)$

15. Seja $\{\phi_n(x)\}$ um conjunto ortogonal de funções em $[a, b]$ tal que $\phi_0(x) = 1$. Mostre que $\int_a^b \phi_n(x)\, dx = 0$ para $n = 1, 2, \ldots$

16. Seja $\{\phi_n(x)\}$ um conjunto ortogonal de funções em $[a, b]$ tal que $\phi_0(x) = 1$ e $\phi_1(x) = x$. Mostre que $\int_a^b (\alpha x + \beta x)\, \phi_n(x)\, dx = 0$ para $n = 2, 3, \ldots$ e constantes arbitrárias α e β.

17. Seja $\{\phi_n(x)\}$ um conjunto ortogonal de funções em $[a, b]$. Mostre que $\| \phi_m(x) + \phi_n(x) \|^2 = \| \phi_m(x) \|^2 + \| \phi_n(x) \|^2,\ m \neq n.$

18. Pelo Problema 1, sabemos que $f_1(x) = x$ e $f_2(x) = x^2$ são ortogonais em $[-2, 2]$. Determine constantes c_1 e c_2 tais que $f_3(x) = x + c_1x^2 + c_2x^3$ seja ortogonal a f_1 e f_2 simultaneamente, no mesmo intervalo.

19. O conjunto de funções $\{\text{sen}\, nx\}$, $n = 1, 2, 3, \ldots$, é ortogonal no intervalo $[-\pi, \pi]$. Mostre que o conjunto não é completo.

20. Sejam f_1, f_2 e f_3 funções contínuas no intervalo $[a, b]$. Mostre que $(f_1 + f_2, f_3) = (f_1, f_3) + (f_2, f_3)$.

11.2 SÉRIES DE FOURIER

O conjunto de funções

$$\left\{1, \cos\frac{\pi}{p}x, \cos\frac{2\pi}{p}x, \ldots, \text{sen}\frac{\pi}{p}x, \text{sen}\frac{2\pi}{p}x, \text{sen}\frac{3\pi}{p}x, \ldots\right\} \tag{1}$$

é ortogonal no intervalo $[-p, p]$ (veja Problema 12, Exercícios 11.1). Suponha que f seja uma função definida no intervalo $[-p, p]$, que possa ser desenvolvida na série trigonométrica

$$f(x) = \frac{a_0}{2} + \sum_{n=1}^{\infty}\left(a_n \cos\frac{n\pi}{p}x + b_n \,\text{sen}\frac{n\pi}{p}x\right). \tag{2}$$

Então podemos determinar os coeficientes $a_0, a_1, a_2, \ldots, b_1, b_2, \ldots$ precisamente da mesma maneira como na discussão da série de Fourier generalizada da Seção 11.1.*

Integrando ambos os membros de (2) de $-p$ a p, obtemos

$$\int_{-p}^{p} f(x)\,dx = \frac{a_0}{2}\int_{-p}^{p} dx + \sum_{n=1}^{\infty}\left(a_n\int_{-p}^{p}\cos\frac{n\pi}{p}x\,dx + b_n\int_{-p}^{p}\text{sen}\frac{n\pi}{p}x\,dx\right). \tag{3}$$

Como cada função $\cos(n\pi x/p)$, $\text{sen}(n\pi x/p)$, $n > 1$, é ortogonal a 1 no intervalo, o membro direito de (3) se reduz a um único termo e, conseqüentemente,

$$\int_{-p}^{p} f(x)\,dx = \frac{a_0}{2}\int_{-p}^{p} dx = \frac{a_0}{2}x\Big|_{-p}^{p} = pa_0.$$

Resolvendo em relação a a_0, obtemos

$$a_0 = \frac{1}{p}\int_{-p}^{p} f(x)\,dx. \tag{4}$$

Multiplicando (2) por $\cos(m\pi x/p)$ e integrando:

$$\int_{-p}^{p} f(x)\cos\frac{m\pi}{p}x\,dx = \frac{a_0}{2}\int_{-p}^{p}\cos\frac{m\pi}{p}x\,dx$$
$$+ \sum_{n=1}^{\infty}\left(a_n\int_{-p}^{p}\cos\frac{m\pi}{p}x\cos\frac{n\pi}{p}x\,dx + b_n\int_{-p}^{p}\cos\frac{m\pi}{p}x\,\text{sen}\frac{n\pi}{p}x\,dx\right). \tag{5}$$

---

* Preferimos escrever o coeficiente de 1 na série (2) como $a_0/2$ em lugar de a_0, apenas por conveniência; a fórmula de a_n então se reduz a a_0 quando $n = 0$.

Por ortogonalidade, temos
$$\int_{-p}^{p} \cos\frac{m\pi}{p}x\,dx = 0, \quad m > 0$$

$$\int_{-p}^{p} \cos\frac{m\pi}{p}x\cos\frac{n\pi}{p}x\,dx \begin{cases} = 0, & m \neq n \\ = p, & m = n \end{cases}$$

e
$$\int_{-p}^{p} \cos\frac{m\pi}{p}x\,\text{sen}\frac{n\pi}{p}x\,dx = 0.$$

Assim, (5) se reduz a
$$\int_{-p}^{p} f(x)\cos\frac{n\pi}{p}x\,dx = a_n p$$

e
$$a_n = \frac{1}{p}\int_{-p}^{p} f(x)\cos\frac{n\pi}{p}x\,dx. \tag{6}$$

Finalmente, multiplicando (2) por sen($m\pi x/p$), integrando e utilizando os resultados
$$\int_{-p}^{p} \text{sen}\frac{m\pi}{p}x\,dx = 0, \quad m > 0$$

$$\int_{-p}^{p} \text{sen}\frac{m\pi}{p}x\cos\frac{n\pi}{p}x\,dx = 0$$

$$\int_{-p}^{p} \text{sen}\frac{m\pi}{p}x\,\text{sen}\frac{n\pi}{p}x\,dx \begin{cases} = 0, & m \neq n \\ = p, & m = n \end{cases}$$

obtemos
$$b_n = \frac{1}{p}\int_{-p}^{p} f(x)\,\text{sen}\frac{n\pi}{p}x\,dx. \tag{7}$$

A série trigonométrica (2) com coeficientes a_0, a_n e b_n, definidos por (4), (6) e (7) respectivamente, é chamada **série de Fourier*** da função f. Os coeficientes obtidos de (4), (6) e (7) são chamados **coeficientes de Fourier** de f.

Ao determinar os coeficientes a_0, a_n e b_n, admitimos que f fosse integrável no intervalo e que (2), assim como a série obtida pela multiplicação de (2) por cos($m\pi x/p$), pudesse convergir de forma a permitir a integração termo a termo. Até que mostremos que (2) é convergente para uma dada função f, o sinal de igualdade não deve ser tomado em sentido estrito ou literal. Alguns textos utilizam $\approx$ em lugar de =. Considerando que a maioria das funções nas aplicações é de um tipo que assegura a convergência da série, utilizaremos o sinal de igualdade. Resumimos os resultados:

* **Jean-Baptiste Joseph Fourier** (1766-1830). Físico matemático francês, Fourier utilizou as séries trigonométricas em suas pesquisas sobre a teoria do calor; elas aparecem em todo o seu tratado *Théorie analytique de la chaleur.* Fourier, entretanto, não "inventou" as séries de Fourier. O estabelecimento da teoria do desenvolvimento de funções em séries trigonométricas deveu-se principalmente a Daniel Bernoulli e Leonhard Euler. As fórmulas integrais que definem os coeficientes a_0, a_n e b_n foram descobertas por Euler em 1777. Hoje, as séries de Fourier, a integral de Fourier e as transformadas de Fourier constituem um ramo da análise matemática de valor incalculável para o estudo dos fenômenos ondulatórios.

Amigo e confidente de Napoleão, Fourier fez parte da comitiva do imperador durante a campanha de Napoleão em 1798 para "civilizar" o Egito. Fourier é lembrado também por ter patrocionado o jovem Jean François Champollion o primeiro a decifrar os hieróglifos egípcios em seu trabalho na pedra de Rosetta.

DEFINIÇÃO 11.5 Série de Fourier

A **série de Fourier** de uma função f definida no intervalo $(-p, p)$ é dada por

$$f(x) = \frac{a_0}{2} + \sum_{n=1}^{\infty}\left(a_n \cos\frac{n\pi}{p}x + b_n \operatorname{sen}\frac{n\pi}{p}x\right). \tag{8}$$

onde

$$a_0 = \frac{1}{p}\int_{-p}^{p} f(x)\,dx \tag{9}$$

$$a_n = \frac{1}{p}\int_{-p}^{p} f(x)\cos\frac{n\pi}{p}x\,dx \tag{10}$$

$$b_n = \frac{1}{p}\int_{-p}^{p} f(x)\operatorname{sen}\frac{n\pi}{p}x\,dx. \tag{11}$$

EXEMPLO 1

Desenvolva

$$f(x) = \begin{cases} 0, & -\pi < x < 0 \\ \pi - x, & 0 < x < \pi, \end{cases} \tag{12}$$

em série de Fourier.

Solução A Figura 11.1 mostra o gráfico de f. Com $p = \pi$, temos, de (9) e (10), que

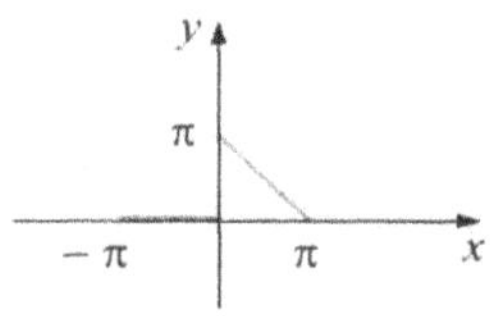

Figura 11.1

$$a_0 = \frac{1}{\pi}\int_{-\pi}^{\pi} f(x)dx = \frac{1}{\pi}\left[\int_{\pi}^{0} 0\,dx + \int_{0}^{\pi}(\pi - x)\,dx\right]$$

$$= \frac{1}{\pi}\left[\pi x - \frac{x^2}{2}\right]_0^{\pi} = \frac{\pi}{2}$$

$$a_n = \frac{1}{\pi}\int_{-\pi}^{\pi} f(x)\cos nx\;dx = \frac{1}{\pi}\left[\int_{-\pi}^{0} 0\;dx + \int_{0}^{\pi}(\pi - x)\cos nx\;dx\right]$$

$$= \frac{1}{\pi}\left[(\pi - x)\frac{\operatorname{sen} nx}{n}\bigg|_0^{\pi} + \frac{1}{n}\int_0^{\pi}\operatorname{sen} nx\,dx\right]$$

$$= -\frac{1}{n\pi}\frac{\cos nx}{n}\bigg|_0^{\pi}$$

$$= \frac{-\cos n\pi + 1}{n^2\pi} \qquad \Leftarrow \boxed{\cos n\pi = (-1)^n}$$

$$= \frac{1-(-1)^n}{n^2\pi}.$$

De maneira análoga, obtemos, de (11), que

$$b_n = \frac{1}{\pi}\int_0^{\pi}(\pi - x)\,\text{sen}\,nx\,dx = \frac{1}{n}\cdot$$

Portanto,
$$f(x) = \frac{\pi}{4} + \sum_{x=1}^{\infty}\left\{\frac{1-(-1)^n}{n^2\pi}\cos nx + \frac{1}{n}\,\text{sen}\,nx\right\}. \tag{13}$$

■

Note que a_n, definido por (10), se reduz a a_0, dado por (9), quando fazemos $n = 0$. Mas, conforme mostra o Exemplo 1, isto pode não ocorrer *após* ser calculada a integral para a_n.

Convergência de uma Série de Fourier

O teorema a seguir dá condições suficientes para a convergência de uma série de Fourier em um ponto.

TEOREMA 11.1 Condições de Convergência

Sejam f e f' parcialmente contínuas no intervalo $(-p, p)$; isto é, sejam f e f' contínuas exceto em um número finito de pontos no intervalo e tendo apenas descontinuidades finitas nesses pontos. Então, a série de Fourier no intervalo converge para $f(x)$ em um ponto de continuidade. Em um ponto de descontinuidade, a série de Fourier converge para a média

$$\frac{f(x+) + f(x-)}{2},$$

onde $f(x+)$ e $f(x-)$ denotam os limites de f em x à direita e à esquerda, respectivamente.*

Para uma demonstração desse teorema, você poderá consultar o texto clássico de Churchill e Brown.**

* Em outras palavras, para um ponto x do intervalo e $h > 0$,

$$f(x+) = \lim_{h\to 0} f(x+h), \qquad f(x-) = \lim_{h\to 0} f(x-h).$$

** *Fourier Series and Boundary Value Problems* (Séries de Fourier e Problemas de Valores no Contorno), de Ruel V. Churchill e James Ward Brown (New York: McGraw-Hill Book Co.).

EXEMPLO 2

A função (12) no Exemplo 1 satisfaz as condições do Teorema 11.1. Assim, para todo x no intervalo $(-\pi, \pi)$, exceto $x = 0$, a série (13) converge para $f(x)$. Em $x = 0$, a função é descontínua e a série (13) convergirá para

$$\frac{f(0+)+f(0-)}{2}=\frac{\pi+0}{2}=\frac{\pi}{2}.$$ ■

Prolongamento Periódico

Note que as funções no conjunto básico (1) têm um período comum $2p$. Logo, o membro direito de (2) é periódico. Concluímos que uma série de Fourier não só representa a função no intervalo $(-p, p)$, mas também dá o **prolongamento periódico** de f fora desse intervalo. Podemos agora aplicar o Teorema 11.1 ao prolongamento periódico de f ou então podemos admitir de saída que a função dada é periódica com período $2p$ (isto é, $f(x + 2p) = f(x)$). Quando f é parcialmente contínua e existem as derivadas à direita e à esquerda em $x = -p$ e $x = p$, respectivamente, então a série (8) converge para a média $[f(p -) + f(-p +)]/2$ nesses pontos extremos e para esse valor prolongado periodicamente para $\pm 3p$, $\pm 5p$, $\pm 7p$ etc.

EXEMPLO 3

A série de Fourier (13) converge para o prolongamento periódico de (12) em todo o eixo x. Os pontos sólidos na Figura 11.2 representam o valor

$$\frac{f(0+)+f(0-)}{2}=\frac{\pi}{2}$$

em 0, $\pm 2\pi$, $\pm 4\pi$, ... Em $\pm\pi$, 3π, $\pm 5\pi$, ..., a série converge para o valor

$$\frac{f(\pi-)+f(-\pi+)}{2}=0.$$

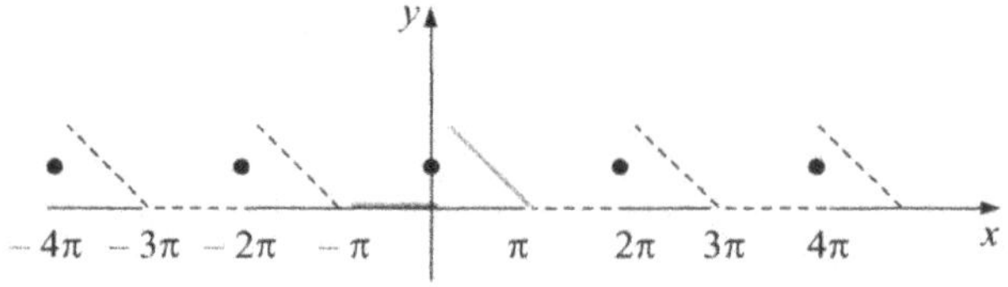

Figura 11.2 ■

11.2 EXERCÍCIOS

As respostas dos exercícios selecionados estão na página 407.

Nos Problemas 1-16, ache a série de Fourier de f no intervalo dado.

1. $f(x)=\begin{cases}0, & -\pi<x<0\\ 1, & 0\le x<\pi\end{cases}$

2. $f(x)=\begin{cases}-1, & -\pi<x<0\\ 2, & 0\le x<\pi\end{cases}$

3. $f(x)=\begin{cases}1, & -1<x<0\\ x, & 0\le x<1\end{cases}$

4. $f(x)=\begin{cases}0, & -1<x<0\\ x, & 0\le x<1\end{cases}$

5. $f(x)=\begin{cases}0, & -\pi<x<0\\ x^2, & 0\le x<\pi\end{cases}$

6. $f(x)=\begin{cases}\pi^2, & -\pi<x<0\\ \pi^2-x^2, & 0\le x<\pi\end{cases}$

7. $f(x)=x+\pi, \quad -\pi<x<\pi$

8. $f(x)=3-2x, \quad -\pi<x<\pi$

9. $f(x)=\begin{cases}0, & -\pi\le x\le 0\\ \operatorname{sen} x, & 0\le x\le\pi\end{cases}$

10. $f(x)=\begin{cases}0, & -\pi/2<x<0\\ \cos x, & 0\le x<\pi/2\end{cases}$

11. $f(x)=\begin{cases}0, & -2<x<-1\\ -2, & -1\le x<0\\ 1, & 0\le x<1\\ 0, & 1\le x<2\end{cases}$

12. $f(x)=\begin{cases}0, & -2<x<0\\ x, & 0\le x<1\\ 1, & 1\le x<2\end{cases}$

13. $f(x)=\begin{cases}1, & -5<x<0\\ 1+x, & 0\le x<5\end{cases}$

14. $f(x)=\begin{cases}2+x, & -2<x<0\\ 2, & 0\le x<2\end{cases}$

15. $f(x)=e^x, \quad -\pi<x<\pi$

16. $f(x)=\begin{cases}0, & -\pi<x<0\\ e^x-1, & 0\le x<\pi\end{cases}$

17. Utilizando o resultado do Problema 5, mostre que

$$\frac{\pi^2}{6}=1+\frac{1}{2^2}+\frac{1}{3^2}+\frac{1}{4^2}+\cdots \quad \text{e} \quad \frac{\pi^2}{12}=1-\frac{1}{2^2}+\frac{1}{3^2}-\frac{1}{4^2}+\cdots.$$

18. Com auxílio do Problema 17, ache uma série que dê o valor numérico de $\pi^2/8$.

19. Utilizando o resultado do Problema 7, mostre que

$$\frac{\pi}{4}=1-\frac{1}{3}+\frac{1}{5}-\frac{1}{7}+\cdots.$$

20. Utilizando o resultado do Problema 9, mostre que

$$\frac{\pi}{4}=\frac{1}{2}+\frac{1}{1\cdot 3}-\frac{1}{3\cdot 5}+\frac{1}{5\cdot 7}-\frac{1}{7\cdot 9}+\cdots.$$

21. **(a)** Com auxílio da forma exponencial complexa do seno e do cosseno:

$$\cos\frac{n\pi}{p}x=\frac{e^{in\pi x/p}+e^{-in\pi x/p}}{2}, \qquad \operatorname{sen}\frac{n\pi}{p}x=\frac{e^{in\pi x/p}-e^{-in\pi x/p}}{2i}$$

mostre que (8) pode ser escrito na **forma complexa**

$$f(x)=\sum_{n=-\infty}^{\infty}c_n e^{in\pi x/p},$$

onde $c_0 = a_0/2$, $c_n = (a_n - ib_n)/2$, $c_{-n} = (a_n + ib_n)/2$, onde $n = 1, 2, 3, \ldots$

(b) Mostre que c_0, c_n e c_{-n} da parte (a) podem ser escritos como uma única integral

$$c_n=\frac{1}{2p}\int_{-p}^{p} f(x)e^{-in\pi x/p}\,dx, \quad n=0, \pm 1, \pm 2, \ldots.$$

22. Utilize os resultados do Problema 21 para achar a forma complexa da série de Fourier de $f(x) = e^{-x}$ no intervalo $-\pi < x < \pi$.

11.3 SÉRIES DE FOURIER DO COSSENO E DO SENO

Funções Pares e Funções Ímpares

Recorde que uma função f é

par se $f(-x) = f(x)$ e

ímpar se $f(-x) = -f(x)$.

EXEMPLO 1

(a) $f(x) = x^2$ é par, pois

$$f(-x) = (-x)^2 = x^2 = f(x)$$

Veja a Figura 11.3.

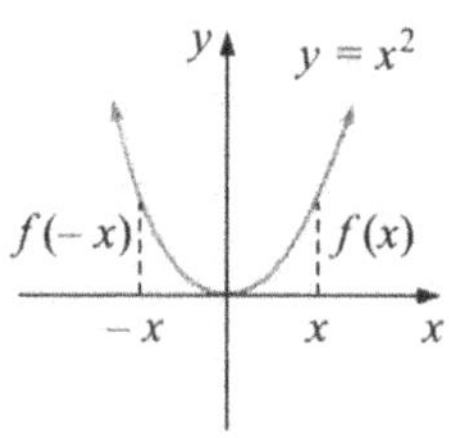

Figura 11.3

(b) $f(x) = x^3$ é ímpar, pois

$$f(-x) = (-x)^3 = -x^3 = -f(x)$$

Veja a Figura 11.4. ■

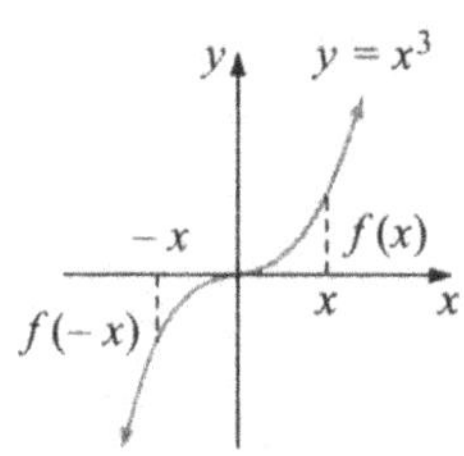

Figura 11.4

Como podemos observar nas Figuras 11.3 e 11.4, o gráfico de uma função par é simétrico em relação ao eixo y, e o gráfico de uma função ímpar é simétrico em relação à origem.

EXEMPLO 2

Como $\cos(-x) = \cos x$ e $\operatorname{sen}(-x) = -\operatorname{sen} x$, o cosseno e o seno são funções par e ímpar, respectivamente. ■

Propriedades das Funções Pares e das Funções Ímpares

O teorema a seguir relaciona algumas propriedades das funções pares e funções ímpares.

TEOREMA 11.2 Propriedades das Funções Pares/Ímpares

(a) O produto de duas funções pares é par.
(b) O produto de duas funções ímpares é par.
(c) O produto de uma função par e uma função ímpar é ímpar.
(d) A soma (diferença) de duas funções pares é par.
(e) A soma (diferença) de duas funções ímpares é ímpar.
(f) Se f é par, então $\int_{-a}^{a} f(x)\,dx = 2\int_{0}^{a} f(x)\,dx$.
(g) Se f é ímpar, então $\int_{-a}^{a} f(x)\,dx = 0$.

Demonstração de (b) Suponhamos f e g funções ímpares. Temos então $f(-x) = -f(x)$ e $g(-x) = -g(x)$. Definindo o produto de f e g como $F(x) = f(x)g(x)$, vem:

$$F(-x) = f(-x)g(-x) = (-f(x))(-g(x)) = f(x)g(x) = F(x).$$

Esse resultado mostra que o produto de duas funções ímpares é uma função par. Deixamos como exercício a demonstração das outras propriedades. (Veja os Problemas 45-49).

Séries do Cosseno e do Seno

Se f é uma função par em $(-p, p)$, então, em vista das propriedades precedentes, os coeficientes (9), (10) e (11) da Seção 11.2 se escrevem

$$a_0 = \frac{1}{p}\int_{-p}^{p} f(x)\,dx = \frac{2}{p}\int_{0}^{p} f(x)\,dx$$

$$a_n = \frac{1}{p}\int_{-p}^{p} \underbrace{f(x)\cos\frac{n\pi}{p}x}_{\boxed{\text{par}}}\,dx = \frac{2}{p}\int_{0}^{p} f(x)\cos\frac{n\pi}{p}x\,dx$$

$$b_n = \frac{1}{p}\int_{-p}^{p} \underbrace{f(x)\operatorname{sen}\frac{n\pi}{p}x}_{\boxed{\text{ímpar}}}\,dx = 0.$$

Analogamente, quando f é ímpar no intervalo $(-p, p)$,

$$a_n = 0, \quad n = 0, 1, 2, \ldots, \qquad b_n = \frac{2}{p}\int_{0}^{p} f(x)\operatorname{sen}\frac{n\pi}{p}x\,dx.$$

Resumimos a seguir os resultados.

DEFINIÇÃO 11.6 Séries de Fourier do Cosseno e do Seno

(i) A série de Fourier de uma função par no intervalo $(-p, p)$ é a **série do cosseno**

$$f(x) = \frac{a_0}{2} + \sum_{n=1}^{\infty} a_n \cos\frac{n\pi}{p}x, \tag{1}$$

onde

$$a_0 \frac{2}{p}\int_0^p f(x)\,dx \tag{2}$$

$$a_n = \frac{2}{p}\int_0^p f(x)\cos\frac{n\pi}{p}x\,dx. \tag{3}$$

(ii) A série de Fourier de uma função ímpar no intervalo $(-p, p)$ é a **série do seno**

$$f(x) = \sum_{n=1}^{\infty} b_n \operatorname{sen}\frac{n\pi}{p}x, \tag{4}$$

onde

$$b_n = \frac{2}{p}\int_0^p f(x)\operatorname{sen}\frac{n\pi}{p}x\,dx. \tag{5}$$

EXEMPLO 3

Desenvolva $f(x) = x$, $-2 < x < 2$, em série de Fourier.

Solução Desenvolveremos f em uma série de senos, pois a simples observação da Figura 11.5 mostra que a função é ímpar no intervalo $(-2, 2)$.

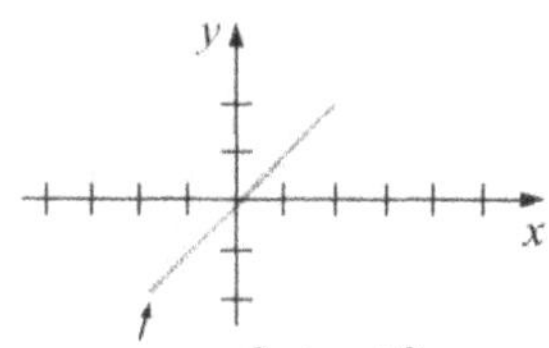

Figura 11.5

Com a identificação $2p = 4$, ou $p = 2$, podemos escrever (5) como

$$b_n = \int_0^2 x\operatorname{sen}\frac{n\pi}{2}x\,dx.$$

A integração por partes dá

$$b_n = \frac{4(-1)^{n+1}}{n\pi}.$$

Portanto,

$$f(x) = \frac{4}{\pi}\sum_{n=1}^{\infty}\frac{(-1)^{n+1}}{n}\operatorname{sen}\frac{n\pi}{2}x. \tag{6}$$

■

EXEMPLO 4

A função no Exemplo 3 satisfaz as condições do Teorema 11.1. Logo, a série (6) converge para a função em (–2, 2) e para o prolongamento periódico (de período 4) dado na Figura 11.6.

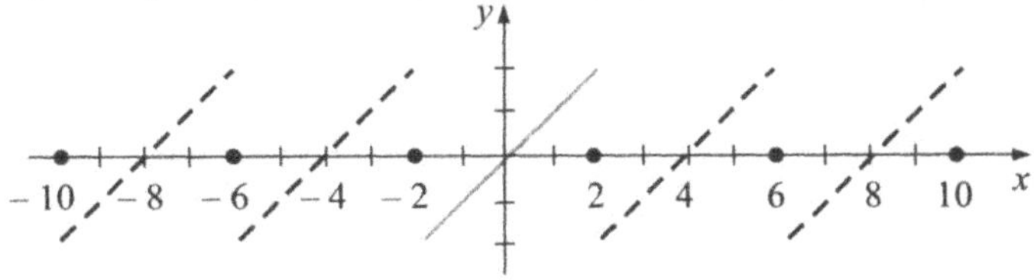

Figura 11.6

■

EXEMPLO 5

A função

$$f(x) = \begin{cases} -1, & -\pi < x < 0 \\ 1, & 0 \le x < \pi \end{cases}$$

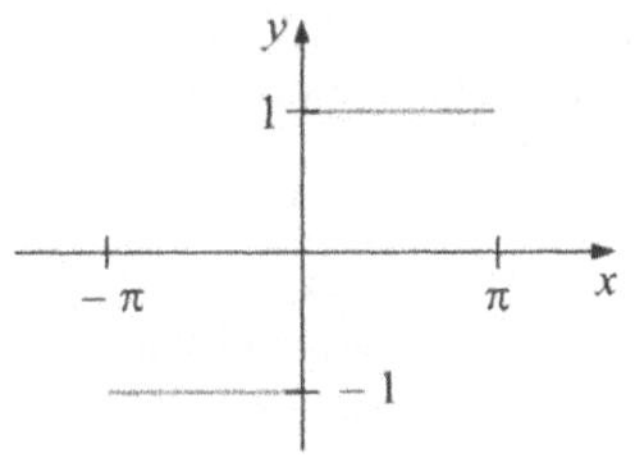

Figura 11.7

exibida na Figura 11.7 é ímpar no intervalo $(-\pi, \pi)$. Com $p = \pi$, temos, por (5),

$$b_n \frac{2}{\pi}\int_0^{\pi} (1)\,\text{sen}\, nx\, dx = \frac{2}{\pi}\frac{1-(-1)^n}{n}$$

e assim

$$f(x) = \frac{2}{\pi}\sum_{n=1}^{\infty} \frac{1-(-1)^n}{n}\,\text{sen}\, nx. \tag{7}$$

■

Seqüência de Somas Parciais

É interessante observar como a seqüência de somas parciais de uma série de Fourier tende para uma função. Na Figura 11.8 comparamos o gráfico da função f do Exemplo 5 com os gráficos das três primeiras somas parciais de (7):

$$S_1 = \frac{4}{\pi}\,\text{sen}\, x,\quad S_2 = \frac{4}{\pi}\left(\text{sen}\, x + \frac{\text{sen}\, 3x}{3}\right),\quad S_3 = \frac{4}{\pi}\left(\text{sen}\, x + \frac{\text{sen}\, 3x}{3} + \frac{\text{sen}\, 5x}{5}\right).$$

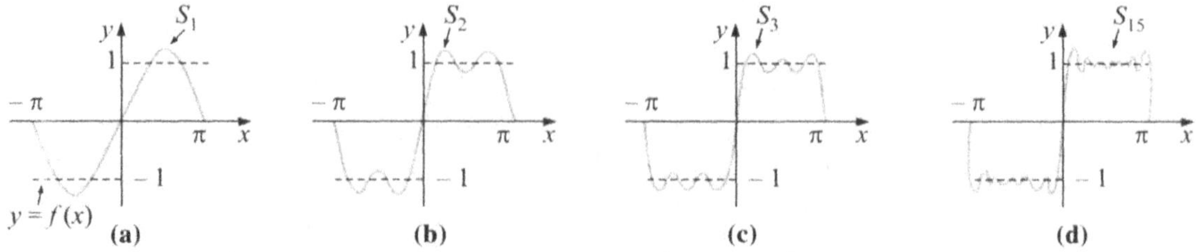

Figura 11.8

Como se pode ver na Figura 11.8(d), o gráfico da soma parcial S_{15} tem "picos" pronunciados na vizinhança das descontinuidades em $x = 0$, $x = \pi$, $x = -\pi$ etc. Esse distanciamento das somas parciais S_N dos valores funcionais na vizinhança de um ponto de descontinuidade não se suaviza; permanece praticamente constante, mesmo quando N é grande. Esse comportamento de uma série de Fourier na vizinhança de um ponto em que f é descontínua é chamado **fenômeno de Gibbs**.*

Desenvolvimentos em Meio-Intervalo

Em toda a discussão precedente, ficou claro que uma função f era definida em um intervalo cujo ponto médio era a origem, isto é, $-p < x < p$. Entretanto, em muitos casos interessa-nos representar por uma série trigonométrica uma função que é definida apenas em $0 < x < L$. Há muitas maneiras diferentes de fazer isso, dando uma *definição* arbitrária da função no intervalo $-L < x < 0$. Por brevidade, consideramos os três casos mais importantes.

Se $y = f(x)$ é definida no intervalo $0 < x < L$,

(i) refletimos o gráfico da função em relação ao eixo y sobre $-L < x < 0$; a função é agora par em $-L < x < L$ (veja a Figura 11.9); ou

(ii) refletimos o gráfico da função em relação à origem sobre $-L < x < 0$; a função é agora ímpar em $-L < x < L$ (veja Figura a 11.10); ou

(iii) definimos f em $-L < x < 0$ por $f(x) = f(x + L)$ (veja a Figura 11.11).

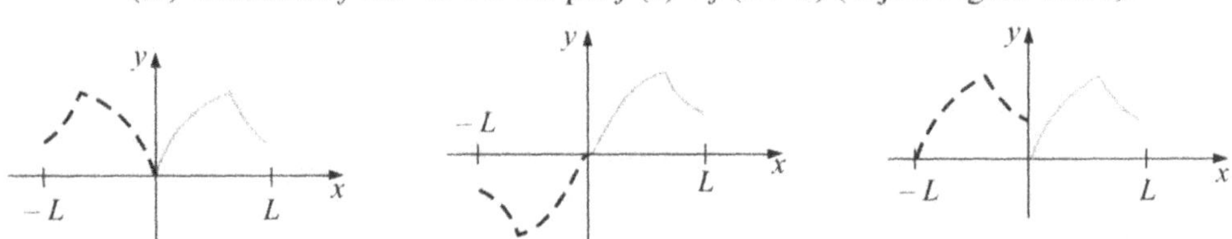

Figura 11.9 Figura 11.10 Figura 11.11

* **Josiah Willard Gibbs** (1839-1903) Esse fenômeno de "distanciamento" foi descoberto pelo físico e químico-físico americano Josiah Gibbs em 1899. Gibbs é também lembrado por seu trabalho pioneiro em análise vetorial tridimensional. Em 1881 Gibbs, para facilitar o estudo de seus alunos em Yale, publicou um folheto intitulado *Elements of Vector Analysis* (Elementos de análise vetorial). E. B. Wilson reuniu o folheto e as aulas de Gibbs em um texto com o título *Vector Analysis* (Análise vetorial), publicado em 1901. Nesses trabalhos, Gibbs introduziu grande parte da notação ainda em uso na moderna análise vetorial.

Note que os coeficientes das séries (1) e (4) utilizam apenas a definição da função em $0 < x < p$ (isto é, metade do intervalo $-p < x < p$). Por conseguinte, na prática não há necessidade de fazer as reflexões indicadas em (i) e (ii). Se f é definida em $0 < x < L$, simplesmente identificamos o semi-período como o comprimento do intervalo $p = L$. As fórmulas dos coeficientes (2), (3) e (5) e as séries correspondentes dão um prolongamento periódico par ou ímpar, de período $2L$, da função original. As séries do cosseno e do seno obtidas dessa forma são chamadas **desenvolvimentos de meio-intervalo**. Finalmente, no caso (iii), estamos definindo os valores funcionais no intervalo $-L < x < 0$ como os mesmos que os valores em $0 < x < L$. Tal como nos dois casos precedentes, não há necessidade de assim procedermos. Pode-se mostrar que o conjunto de funções em (1) da Seção 11.2 é ortogonal em $a \le x \le a + 2p$ para qualquer real a. Escolhendo $a = -p$, obtemos os limites de integração em (9), (10) e (11) daquela seção. Mas para $a = 0$ os limites de integração são de $x = 0$ a $x = 2p$. Assim, se f é definida no intervalo $0 < x < L$, identificamos $2p = L$ ou $p = L/2$. A série de Fourier resultante dará o prolongamento periódico de f com período L. Dessa maneira, os valores para os quais a série converge em $-L < x < 0$ serão os mesmos que em $0 < x < L$.

EXEMPLO 6

Desenvolva $f(x) = x^2, \quad 0 < x < L,$

(a) em uma série de cossenos, **(b)** em uma série de senos e **(c)** em uma série de Fourier.

Solução A Figura 11.12 exibe o gráfico da função.

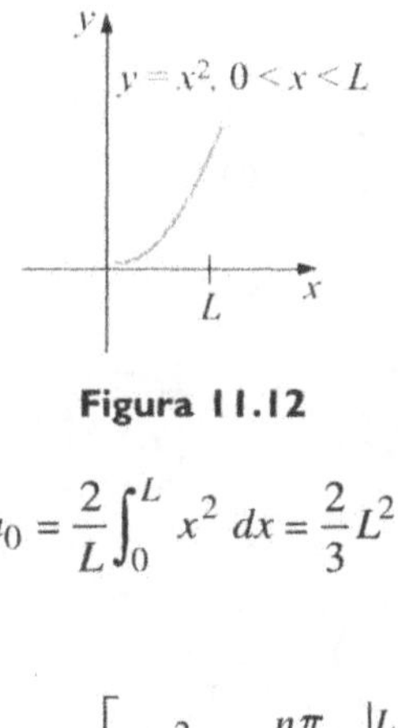

Figura 11.12

(a) Temos

$$a_0 = \frac{2}{L}\int_0^L x^2\,dx = \frac{2}{3}L^2$$

e, integrando por partes,

$$a_n = \frac{2}{L}\int_0^L x^2 \cos\frac{n\pi}{L}x\,dx = \frac{2}{L}\left[\frac{Lx^2 \operatorname{sen}\frac{n\pi}{L}x}{n\pi}\Bigg|_0^L - \frac{2L}{n\pi}\int_0^L x \operatorname{sen}\frac{n\pi}{L}x\,dx\right]$$

$$= -\frac{4}{n\pi}\left[-\frac{Lx\cos\frac{n\pi}{L}x}{n\pi}\Bigg|_0^L + \frac{L}{n\pi}\int_0^L \cos\frac{n\pi}{L}x\,dx \right]$$

$$= \frac{4L^2(-1)^n}{n^2\pi^2}.$$

Assim $$f(x) = \frac{L^2}{3} + \frac{4L^2}{\pi^2}\sum_{n=1}^{\infty}\frac{(-1)^n}{n^2}\cos\frac{n\pi}{L}x. \qquad \textbf{(8)}$$

(b) Nesse caso, $$b_n = \frac{2}{L}\int_0^L x^2 \operatorname{sen}\frac{n\pi}{L}x\,dx.$$

Após integrar por partes, obtemos

$$b_n = \frac{2L^2(-1)^{n+1}}{n\pi} + \frac{4L^2}{n^3\pi^3}[(-1)^n - 1].$$

Assim, $$f(x) = \frac{2L^2}{\pi}\sum_{n=1}^{\infty}\left\{\frac{(-1)^{n+1}}{n} + \frac{2}{n^3\pi^2}[(-1)^n - 1]\right\}\operatorname{sen}\frac{n\pi}{L}x. \qquad \textbf{(9)}$$

(c) Com $p = L/2$, $1/p = 2/L$ e $n\pi/p = 2n\pi/L$, temos

$$a_0 = \frac{2}{L}\int_0^L x^2\,dx = \frac{2}{3}L^2$$

$$a_n = \frac{2}{L}\int_0^L x^2\cos\frac{2n\pi}{L}x\,dx = \frac{L^2}{n^2\pi^2}$$

$$b_n = \frac{2}{L}\int_0^L x^2\operatorname{sen}\frac{2n\pi}{L}x\,dx = -\frac{L^2}{n\pi}.$$

Portanto,

$$f(x) = \frac{L^2}{3} + \frac{L^2}{\pi}\sum_{n=1}^{\infty}\left\{\frac{1}{n^2\pi}\cos\frac{2n\pi}{L}x - \frac{1}{n}\operatorname{sen}\frac{2n\pi}{L}x\right\}. \qquad \textbf{(10)}$$

As séries (8), (9) e (10) convergem, respectivamente, para o prolongamento par de período - $2L$ da função f, para o prolongamento ímpar de período $2L$ de f e para o prolongamento de período - L de f, respectivamente. A Figura 11.13 mostra os gráficos desses prolongamentos periódicos. ■

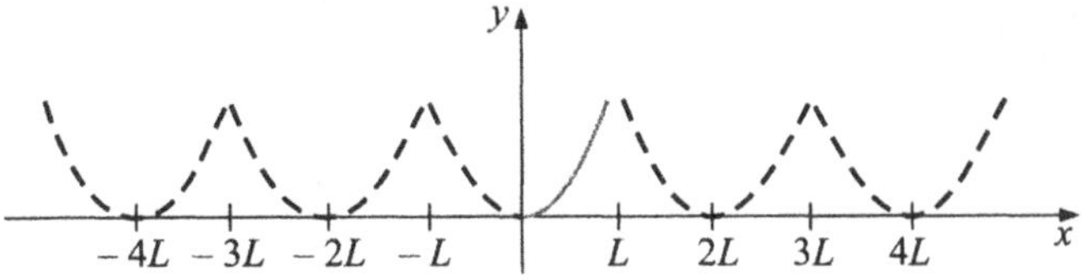

(a) série do cosseno

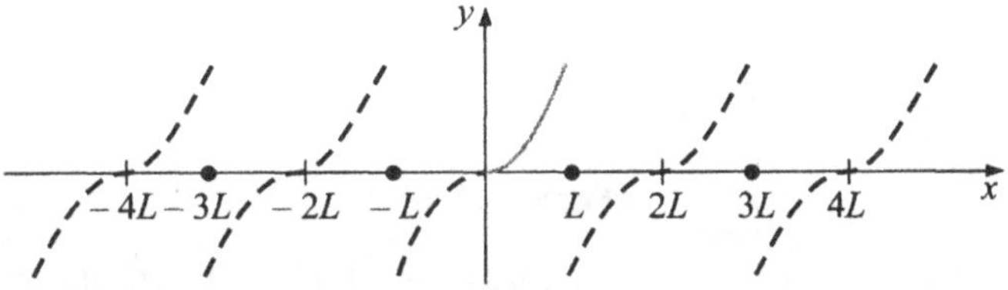

(b) série do seno

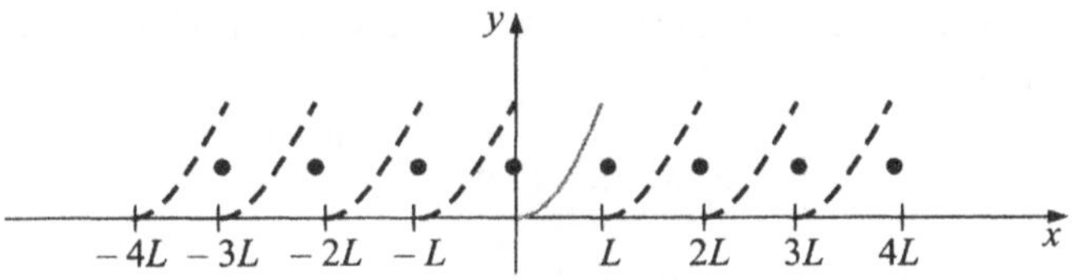

(c) série de Fourier

Figura 11.13 ■

Força Propulsora Periódica

As séries de Fourier podem ser úteis na determinação de uma solução particular de uma equação diferencial que descreve um sistema físico em que a força propulsora $f(t)$ é periódica. No próximo exemplo acharemos uma solução particular da equação diferencial

$$m\frac{d^2x}{dt^2} + kx = f(t) \tag{11}$$

representando f primeiro por desenvolvimento em senos de meio-intervalo

$$f(t) = \sum_{n=1}^{\infty} b_n \operatorname{sen}\frac{n\pi}{p}t$$

e em seguida supondo uma solução particular da forma

$$x_p(t) = \sum_{n=1}^{\infty} B_n \operatorname{sen}\frac{n\pi}{p}t. \tag{12}$$

EXEMPLO 7

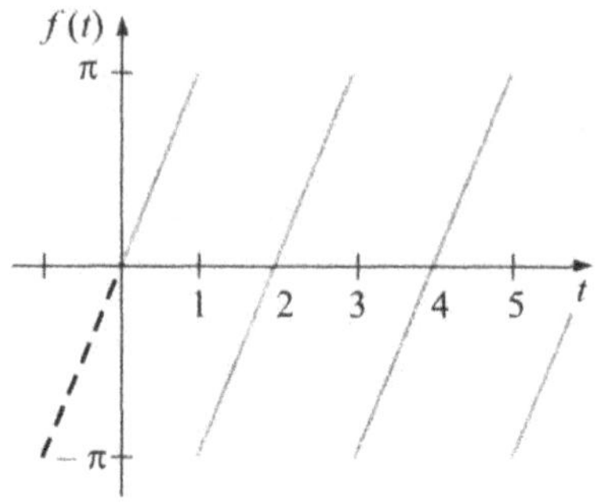

Figura 11.14

Um sistema mola-massa não amortecido, com massa $m = 1/16$ slug e constante da mola $k = 4$ lb/ft, é acionado pela força externa $f(t)$ de período 2, conforme a Figura 11.14. Embora a força $f(t)$ atue sobre o sistema para $t > 0$, note que, se prolongarmos o gráfico da função de forma periódica com período 2, obteremos uma função ímpar. Em termos práticos, isto significa que basta acharmos o desenvolvimento em senos de meio-intervalo de $f(t) = \pi t$, $0 < t < 1$. Com $p = 1$, decorre de (5) e da integração por partes que

$$b_n = 2\int_0^1 \pi t \operatorname{sen} n\pi t \, dt = \frac{2(-1)^{n+1}}{n}.$$

Vê-se, por (11), que a equação diferencial do movimento é

$$\frac{1}{16}\frac{d^2x}{dt^2} + 4x = \sum_{n=1}^{\infty} \frac{2(-1)^{n+1}}{n} \operatorname{sen} n\pi t. \tag{13}$$

Para achar uma solução particular $x_p(t)$ de (13), levamos (12) na equação e igualamos os coeficientes de sen $n\pi t$, o que dá

$$\left(-\frac{1}{16}n^2\pi^2 + 4\right)B_n = \frac{2(-1)^{n+1}}{n} \quad \text{ou} \quad B_n = \frac{32(-1)^{n+1}}{n(64 - n^2\pi^2)}.$$

Assim,

$$x_p(t) = \sum_{n=1}^{\infty} \frac{32(-1)^{n+1}}{n(64 - n^2\pi^2)} \operatorname{sen} n\pi t. \tag{14}$$

■

Observe, na solução (14), que não há nenhum inteiro $n \geq 1$, para o qual o denominador $64 - n^2\pi^2$ de B_n seja zero. De modo geral, se há um valor de n, digamos N, para o qual $N\pi/p = \omega$, com $\omega = \sqrt{k/m}$, então o sistema descrito por (11) está em estado de ressonância pura. Em outras palavras, temos ressonância pura se o desenvolvimento em série de Fourier da força propulsora $f(t)$ contém um termo $\operatorname{sen}(N\pi/L)t$ (ou $\cos(N\pi/L)t$) que tenha a mesma freqüência que a das vibrações livres.

Naturalmente, se o desenvolvimento de período $2p$ da força propulsora f sobre o eixo t negativo dá uma função par, desenvolvemos f em uma série de cossenos.

11.3 EXERCÍCIOS

As respostas dos exercícios selecionados estão nas páginas 407 e 408.

Nos Problemas 1-10, determine se a função é par, ímpar ou nenhuma das duas.

1. $f(x) = \operatorname{sen} 3x$

2. $f(x) = x \cos 3x$

3. $f(x) = x^2 + x$

4. $f(x) = x^3 - 4x$

5. $f(x) = e^{|x|}$

6. $f(x) = |x^5|$

7. $f(x) = \begin{cases} x^2, & -1 < x < 0 \\ -x^2, & 0 < x < 1 \end{cases}$

8. $f(x) = \begin{cases} x+5, & -2 < x < 0 \\ -x+5, & 0 \le x < 2 \end{cases}$

9. $f(x) = x^3,\ 0 \le x \le 2$

10. $f(x) = 2|x| - 1$

Nos Problemas 11-24, desenvolva a função dada em uma série de cossenos ou senos, conforme o caso.

11. $f(x) = \begin{cases} -1, & -\pi < x < 0 \\ 1, & 0 \le x < \pi \end{cases}$

12. $f(x) = \begin{cases} 1, & -2 < x < -1 \\ 0, & -1 < x < 1 \\ 1, & 1 < x < 2 \end{cases}$

13. $f(x) = |x|,\ -\pi < x < \pi$

14. $f(x) = x,\ -\pi < x < \pi$

15. $f(x) = x^2,\ -1 < x < 1$

16. $f(x) = x|x|,\ -1 < x < 1$

17. $f(x) = \pi^2 - x^2,\ -\pi < x < \pi$

18. $f(x) = x^3,\ -\pi < x < \pi$

19. $f(x) = \begin{cases} x-1, & -\pi < x < 0 \\ x+1, & 0 \le x < \pi \end{cases}$

20. $f(x) = \begin{cases} x+1, & -1 < x < 0 \\ x-1, & 0 \le x < 1 \end{cases}$

21. $f(x) = \begin{cases} 1, & -2 < x < -1 \\ -x, & -1 \le x < 1 \\ x, & 0 \le x < 1 \\ 1, & 1 \le x < 2 \end{cases}$

22. $f(x) = \begin{cases} -\pi, & -2\pi < x < -\pi \\ x, & -\pi \le x < \pi \\ \pi, & \pi \le x < 2\pi \end{cases}$

23. $f(x) = |\operatorname{sen} x|,\ -\pi < x < \pi$

24. $f(x) = \cos x,\ -\pi/2 < x < \pi/2$

Nos Problemas 25-34, determine desenvolvimentos de meio-intervalo em senos e cossenos para a função dada.

25. $f(x) = \begin{cases} 1, & 0 < x < \frac{1}{2} \\ 0, & \frac{1}{2} \le x < 1 \end{cases}$

26. $f(x) = \begin{cases} 0, & 0 < x < \frac{1}{2} \\ 1, & \frac{1}{2} \le x < 1 \end{cases}$

27. $f(x) = \cos x,\ 0 < x < \pi/2$

28. $f(x) = \operatorname{sen} x,\ 0 < x < \pi$

29. $f(x) = \begin{cases} x, & 0 < x < \pi/2 \\ \pi - x, & \pi/2 \le x < \pi \end{cases}$

30. $f(x) = \begin{cases} 0, & 0 < x < \pi \\ x - \pi, & \pi \le x < 2\pi \end{cases}$

31. $f(x) = \begin{cases} x, & 0 < x < 1 \\ 1, & 1 \le x < 2 \end{cases}$

32. $f(x) = \begin{cases} 1, & 0 < x < 1 \\ 2 - x, & 1 \le x < 2 \end{cases}$

33. $f(x) = x^2 + x,\ 0 < x < 1$

34. $f(x) = x(2 - x),\ 0 < x < 2$

Nos Problemas 35-38, desenvolva a função dada em uma série de Fourier.

35. $f(x) = x^2, \ 0 < x < 2\pi$

36. $f(x) = x, \ 0 < x < \pi$

37. $f(x) = x + 1, \ 0 < x < 1$

38. $f(x) = 2 - x, \ 0 < x < 2$

Nos Problemas 39 e 40, proceda como no Exemplo 7 para achar uma solução particular da equação (11) quando $m = 1$, $k = 10$ e a força propulsora $f(t)$ é a força dada. Admita que, quando $f(t)$ é prolongada periodicamente para o eixo t negativo, a função resultante é ímpar.

39. $f(t) = \begin{cases} 5, & 0 < t < \pi \\ -5, & \pi < t < 2\pi \end{cases}; \ f(t + 2\pi) = f(t)$

40. $f(t) = 1 - t, 0 < t < 2; \ f(t + 2) = f(t)$

Nos Problemas 41 e 42, ache uma solução particular da equação (11) quando $m = ¼$, $k = 12$ e a força propulsora $f(t)$ é a indicada. Admita que, quando $f(t)$ é prolongada periodicamente para o eixo t negativo, a função resultante é par.

41. $f(t) = 2\pi t - t^2, \ 0 < t < 2\pi; \ f(t + 2\pi) = f(t)$

42. $f(t) = \begin{cases} t, & 0 < t < \frac{1}{2} \\ 1 - t, & \frac{1}{2} \le t < 1 \end{cases}; \ f(t + 1) = f(t)$

43. Suponha que uma viga uniforme de comprimento L esteja simplesmente apoiada em $x = 0$ e $x = L$. Se a carga por unidade de comprimento é dada por $w(x) = w_0 x/L$, $0 < x < L$, então a equação diferencial para a deflexão $y(x)$ é

$$EI \frac{d^4 y}{dx^4} = \frac{w_0 x}{L}$$

onde E, I e w_0 são constantes. (Veja equação (20), Seção 1.2.)

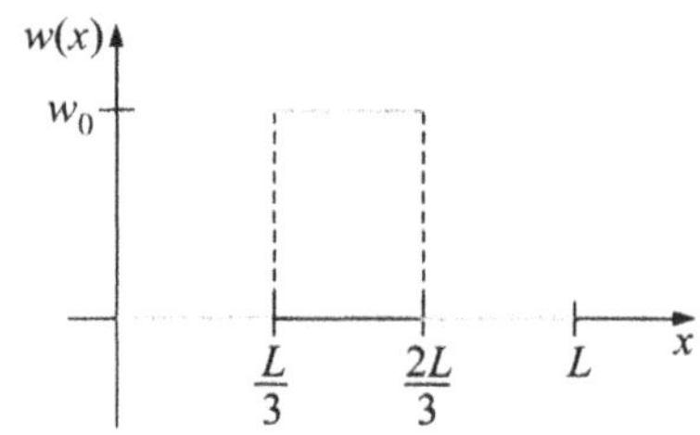

Figura 11.15

(a) Desenvolva $w(x)$ série de senos de meio-intervalo.

(b) Aplique o método do Exemplo 7 para achar uma solução particular $y(x)$ da equação diferencial.

44. Proceda como no Problema 43 para achar a deflexão $y(x)$ quando $w(x)$ é dada conforme Figura 11.15.

Problemas Diversos

45. Prove a Propriedade (a) do Teorema 11.2

46. Prove a Propriedade (c).

47. Prove a Propriedade (d).

48. Prove a Propriedade (f).

49. Prove a Propriedade (g).

50. Prove que qualquer função f pode ser escrita como soma de uma função par e uma função ímpar. [*Sug.*: Use a identidade $f(x)=\dfrac{f(x)+f(-x)}{2}+\dfrac{f(x)-f(-x)}{2}$.]

51. Ache a série de Fourier de

$$f(x)=\begin{cases}0, & -\pi<x<0\\ x, & 0\le x<\pi\end{cases}$$

utilizando a identidade $f(x) = (|x| + x)/2$, $-\pi < x < \pi$, e os resultados dos Problemas 13 e 14. Note que $|x|/2$ e $x/2$ são, respectivamente, par e ímpar no intervalo (veja Problema 50).

52. A **série dupla do seno** para uma função $f(x, y)$, definida em uma região retangular $0 \le x \le b$, $0 \le y \le c$, é dada por

$$f(x,y)=\sum_{m=1}^{\infty}\sum_{n=1}^{\infty}A_{mn}\,\text{sen}\frac{m\pi}{b}x\,\text{sen}\frac{n\pi}{c}y,$$

onde

$$A_{mn}=\frac{4}{bc}\int_0^c\int_0^b f(x,y)\,\text{sen}\frac{m\pi}{b}x\,\text{sen}\frac{n\pi}{c}y\,dx\,dy.$$

Ache a série dupla do seno para $f(x, y) = 1$, $0 \le x \le \pi$, $0 \le y \le \pi$.

53. A **série dupla do cosseno** de uma função $f(x, y)$ definida em uma região retangular $0 \le x \le b$, $0 \le y \le c$ é dada por

$$f(x,y)=A_{00}+\sum_{m=1}^{\infty}A_{m0}\cos\frac{m\pi}{b}x+\sum_{n=1}^{\infty}A_{0n}\cos\frac{n\pi}{c}y$$
$$+\sum_{m=1}^{\infty}\sum_{n=1}^{\infty}A_{mn}\cos\frac{m\pi}{b}x\cos\frac{n\pi}{c}y,$$

onde

$$A_{00}=\frac{1}{bc}\int_0^c\int_0^b f(x,y)\,dx\,dy$$
$$A_{m0}=\frac{2}{bc}\int_0^c\int_0^b f(x,y)\cos\frac{m\pi}{b}x\,dx\,dy$$
$$A_{0n}=\frac{2}{bc}\int_0^c\int_0^b f(x,y)\cos\frac{n\pi}{c}y\,dx\,dy$$
$$A_{mn}=\frac{4}{bc}\int_0^c\int_0^b f(x,y)\cos\frac{m\pi}{b}x\cos\frac{n\pi}{c}\,dx\,dy.$$

Ache a série dupla do cosseno de $f(x, y) = xy$, $0 \le x \le 1$, $0 \le y \le 1$.

11.4 O PROBLEMA DE STURM-LIOUVILLE

REVISÃO Começamos apresentando uma rápida revisão de algumas equações diferenciais, com suas soluções gerais, que terão importância nas seções e capítulos que seguem.

(i) Equação de primeira ordem linear: $y' + ky = 0$, k constante
Solução geral: $y = c_1 e^{-kx}$

(ii) Equação de segunda ordem linear: $y'' + \lambda y = 0$, $\lambda > 0$
Solução geral: $y = c_1 \cos \sqrt{\lambda}\, x + c_2 \operatorname{sen} \sqrt{\lambda}\, x$

(iii) Equação de segunda ordem linear: $y'' - \lambda y = 0$, $\lambda > 0$
A solução geral dessa equação diferencial tem duas formas reais:

$$y = c_1 \cosh \sqrt{\lambda}x + c_2 \operatorname{senh} \sqrt{\lambda}x$$
$$y = c_1 e^{-\sqrt{\lambda}x} + c_2 e^{\sqrt{\lambda}x}$$

Note-se que, na prática, costuma ser usada a forma exponencial quando o domínio de x é um intervalo infinito ou semi-infinito* e a forma hiperbólica quando o domínio de x é um intervalo finito.

(iv) Equação de Cauchy-Euler: $x^2y'' + xy' - \lambda^2 y = 0$
Solução geral: $\lambda \neq 0$: $y = c_1 x^{\lambda} + c_2 x^{-\lambda}$
$\lambda = 0$: $y = c_1 + c_2 \ln x$

(v) Equação paramétrica de Bessel:

$$x^2 y'' + xy' + (\lambda^2 x^2 - n^2)y = 0, \quad n = 0, 1, 2, \ldots$$

Solução geral: $y = c_1 J_n(\lambda x) + c_2 Y_n(\lambda x)$
É importante reconhecer a equação diferencial de Bessel quando $n = 0$:

$$xy'' + y' + \lambda^2 xy = 0$$

Solução geral: $y = c_1 J_0(\lambda x) + c_2 Y_0(\lambda x)$
Recorde que $Y_n(\lambda x) \to \infty$ quando $x \to 0^+$.

(vi) Equação diferencial de Legendre:

$$(1 - x^2)y'' - 2xy' + n(n + 1)y = 0, \quad n = 0, 1, 2, \ldots$$

Os polinômios de Legendre $y = P_n(x)$ são soluções particulares, onde

$$y = P_0(x) = 1, \quad y = P_1(x) = x, \quad y = P_2(x) = \tfrac{1}{2}(3x^2 - 1), \ldots$$

As funções ortogonais surgem freqüentemente na resolução de equações diferenciais. Mais precisamente, pode-se gerar um conjunto ortogonal de funções resolvendo-se um problema de contorno de dois pontos que envolva uma equação diferencial linear de segunda ordem contendo um parâmetro λ.

---

* Infinito: $(-\infty, \infty)$; semi-infinito: $(-\infty, 0]$, $(1, \infty)$ etc.

EXEMPLO 1

Resolva o problema de valores de contorno

$$y'' + \lambda y = 0, \quad y(0) = 0, \quad y(L) = 0.$$

Solução Consideraremos três casos: $\lambda = 0$, $\lambda < 0$ e $\lambda > 0$.

CASO I Para $\lambda = 0$, a solução de $y'' = 0$ é $y = c_1x + c_2$. As condições $y(0) = 0$ e $y(L) = 0$, por seu turno, implicam $c_2 = 0$ e $c_1 = 0$. Logo, para $\lambda = 0$, a única solução do problema de contorno é a solução trivial $y = 0$.

CASO II Para $\lambda < 0$, temos $y = c_1 \cosh \sqrt{-\lambda}\, x + c_2 \operatorname{senh} \sqrt{-\lambda}\, x$.*

Novamente, $y(0) = 0$ dá $c_1 = 0$ e, assim, $y = c_2 \operatorname{senh} \sqrt{-\lambda}\, x$. A segunda condição $y(L) = 0$ indica que $c_2 \operatorname{senh} \sqrt{-\lambda}\, L = 0$. Como $\sqrt{-\lambda}\, L \neq 0$, devemos ter $c_2 = 0$. Assim, $y = 0$.

CASO III Para $\lambda > 0$, a solução geral de $y'' + \lambda y = 0$ é $y = c_1 \cos \sqrt{\lambda}\, x + c_2 \operatorname{sen} \sqrt{\lambda}\, x$. Como anteriormente, $y(0) = 0$ dá $c_1 = 0$, mas $y(L) = 0$ implica

$$c_2 \operatorname{sen} \sqrt{\lambda}\, L = 0. \tag{1}$$

Se $c_2 = 0$, então necessariamente $y = 0$. Todavia, se $c_2 \neq 0$, então (1) é satisfeita se $\operatorname{sen} \sqrt{\lambda}\, L = 0$. A última condição implica que o argumento da função seno deve ser um múltiplo inteiro de π:

$$\sqrt{\lambda} L = n\pi \quad \text{ou} \quad \lambda = \frac{n^2\pi^2}{L^2}, \quad n = 1, 2, 3, \ldots. \tag{2}$$

Portanto, para qualquer c_2 real não-nulo, $y = c_2 \operatorname{sen}(n\pi x/L)$ é uma solução do problema para cada n. Como a equação diferencial é homogênea, podemos omitir c_2. Em outras palavras, para um dado número na seqüência

$$\frac{\pi^2}{L^2}, \frac{4\pi^2}{L^2}, \frac{9\pi^2}{L^2}, \ldots,$$

a função *correspondente* na seqüência

$$\operatorname{sen} \frac{\pi}{L} x, \operatorname{sen} \frac{2\pi}{L} x, \operatorname{sen} \frac{3\pi}{L} x, \ldots$$

é uma solução não-trivial do problema original. Devemos reconhecer que $\{\operatorname{sen}(n\pi x/L)\}$, $n = 1, 2, 3, \ldots$, é o conjunto ortogonal de funções em $[0, L]$ usado como a base da série do seno de Fourier. ■

Autovalores e Autofunções

Os números $\lambda = n^2\pi^2/L^2$, $n = 1, 2, 3, \ldots$, para os quais o problema de contorno do Exemplo 1 tem solução não-trivial, são chamados **valores característicos** ou, mais comumente, **autovalores**

* $\sqrt{-\lambda}$ pode parecer um tanto estranho, mas devemos ter em mente que $\lambda < 0$ equivale a $-\lambda > 0$.

(*eigenvalores*). As soluções que dependem desses valores de λ, $y = c_2\text{sen}(n\pi x/L)$ ou simplesmente $y = \text{sen}(n\pi x/L)$, são chamadas **funções características**, ou **autofunções** (*eigenfunções*).* Por exemplo,

autovalor — autofunção

$$\left.\begin{aligned} y'' + \frac{9\pi^2}{L^2}\,y &= 0 \\ y(0) = 0,\ y(L) &= 0 \end{aligned}\right\}\ \text{a solução é}\quad y = \text{sen}\,\frac{3\pi}{L}x.$$

não é um autovalor — solução trivial

$$\left.\begin{aligned} y'' - 2\,y &= 0 \\ y(0) = 0,\ y(L) &= 0 \end{aligned}\right\}\ \text{a solução é}\quad y = 0.$$

EXEMPLO 2

Os autovalores e autofunções do problema de contorno

$$y'' + \lambda y = 0, \quad y'(0) = 0, \quad y'(L) = 0,$$

são, respectivamente, $\lambda = n^2\pi^2/L^2$, $n = 0, 1, 2, \ldots$, e $y = c_1\cos(n\pi x/L)$, $c_1 \neq 0$. Em contraste com o Exemplo 1, $\lambda = 0$ é um autovalor desse problema e $y = 1$ é a autofunção correspondente, o que decorre da resolução de $y'' = 0$, $y'(0) = 0$, $y'(L) = 0$, mas pode ser incorporado em $y = \cos(n\pi x/L)$, permitindo $n = 0$ e $c_1 = 1$. O conjunto $\{\cos(n\pi x/L)\}$, $n = 0, 1, 2, \ldots$, é ortogonal no intervalo $[0, L]$ e é utilizado nos desenvolvimentos em série de cossenos de Fourier. ■

O Problema Regular de Sturm-Liouville

Os problemas de contorno nos Exemplos 1 e 2 são casos especiais do seguinte problema geral:

Sejam p, q, r e r' funções contínuas com valores reais em um intervalo $[a, b]$, $r(x) > 0$ e $p(x) > 0$ para todo x no intervalo. O problema de contorno de dois pontos

Resolva:
$$\frac{d}{dx}[r(x)y'] + (q(x) + \lambda p(x))y = 0 \tag{3}$$

sujeito às condições de contorno homogêneas

$$\alpha_1 y(a) + \beta_1 y'(a) = 0 \tag{4}$$
$$\alpha_2 y(b) + \beta_2 y'(b) = 0 \tag{5}$$

* Note que, em (2), basta tomarmos n inteiro positivo. Se n é inteiro negativo, $n = -k$, $k = 1, 2, 3, \ldots$, podemos utilizar a identidade trigonométrica $\text{sen}(-\theta) = -\text{sen}\,\theta$ para escrever $\text{sen}(-k\pi x/L)$ como $-\text{sen}(k\pi x/L)$. O fator -1 é absorvido no coeficiente c_2. Se $n = 0$, então $\lambda = 0$ e, pelo caso *I*, $y = 0$.

é chamado **um problema regular de Sturm-Liouville.*** Supõem-se reais e independentes de λ os coeficientes em (4) e (5). Além disso, α_1 e β_1 não são simultaneamente nulos, o mesmo ocorrendo com α_2 e β_2.

Como a equação diferencial (3) é também homogênea, o problema de Sturm-Liouville sempre admite a solução trivial $y = 0$. Essa solução, entretanto, não nos interessa. Tal como nos Exemplos 1 e 2, ao resolver um tal problema procuramos determinar números λ (autovalores) e soluções não-triviais y que dependam de λ (autofunções).

Propriedades

O Teorema 11.3 é uma relação de algumas das mais importantes propriedades do problema regular de Sturm-Liouville. Demonstraremos apenas a última propriedade.

TEOREMA 11.3 Propriedades do Problema Regular de Sturm-Liouville

(a) Existe um número infinito de autovalores reais que podem ser dispostos em ordem crescente $\lambda_1 < \lambda_2 < \lambda_3 < \ldots \lambda_n < \ldots$ tais que $\lambda_n \to \infty$ quando $n \to \infty$

(b) Para cada autovalor há apenas uma autofunção (exceto para múltiplos não-zero).

(c) As autofunções correspondentes a diferentes autovalores são linearmente independentes.

(d) O conjunto de autofunções correspondente ao conjunto de autovalores é ortogonal em relação à função peso $p(x)$ no intervalo $[a, b]$.

Demonstração de (d) Sejam y_m e y_n autofunções correspondentes aos autovalores λ_m e λ_n, respectivamente. Então

$$\frac{d}{dx}[r(x)y'_m] + (q(x) + \lambda_m p(x))y_m = 0 \quad \textbf{(6)}$$

$$\frac{d}{dx}[r(x)y'_n] + (q(x) + \lambda_n p(x))y_n = 0. \quad \textbf{(7)}$$

* **Charles Jacques François Sturm** (1803-1855). Nascido na Suíça, Sturm passou a maior parte de sua vida adulta em Paris. Interessou-se particularmente pela mecânica dos fluidos e pelas equações diferenciais. Foi o primeiro a determinar com precisão a velocidade do som na água. Sturm ganhou um prêmio por um artigo sobre fluidos compressíveis. Em matemática, foi-lhe outorgado o cobiçado Grand Prix des Sciences Mathématiques por seu trabalho sobre equações diferenciais. Sturm ocupou a cadeira de mecânica na Sorbonne e foi eleito membro da Academia Francesa de Ciências. Seu trabalho, realizado em conjunto com Liouville, sobre equações diferenciais e problemas de contorno, apareceu no *Journal des mathématiques pures et appliquées* no periodo de 1836 a 1838.

Joseph Liouville (1809-1882) Além de seus trabalhos em equações diferenciais, o francês Joseph Liouville é lembrado por suas contribuições à teoria dos números e às variáveis complexas. Suas pesquisas na teoria dos números levaram à descoberta dos números transcendentes, isto é, números que não são raízes de qualquer equação polinomial com coeficientes inteiros. Os números e e π são exemplos de números transcendentes, embora Liouville não tenha podido demonstrá-lo. Em análise complexa, sua contribuição notável é o teorema de Liouville, que afirma que toda função inteira limitada deve ser uma constante. Como Sturm, Liouville foi membro da Academia Francesa de Ciências e professor na Sorbonne. Foi fundador e editor do *Journal des mathématiques pures et appliquées*.

Multiplicando (6) por y_n e (7) por y_m e subtraindo as duas equações, obtemos

$$(\lambda_m - \lambda_n)p(x)y_m y_n = y_m \frac{d}{dx}[r(x)y_n'] - y_n \frac{d}{dx}[r(x)y_m'].$$

Integrando esse último resultado por partes, de $x = a$ a $x = b$, *vem*

$$\begin{aligned}(\lambda_m - \lambda_n)\int_a^b p(x)y_m y_n dx &= r(b)[y_m(b)y_n'(b) - y_n(b)y_m'(b)] \\ &\quad - r(a)[y_m(a)y_n'(a) - y_n(a)y_m'(a)].\end{aligned} \tag{8}$$

Mas as autofunções y_m e y_n devem ambas satisfazer as condições de contorno (4) e (5). Em particular, de (4) temos

$$\begin{aligned}\alpha_1 y_m(a) + \beta_1 y_m'(a) &= 0 \\ \alpha_1 y_n(a) + \beta_1 y_n'(a) &= 0.\end{aligned}$$

Para que esse sistema seja satisfeito por α_1 e β_1, não simultaneamente nulos, o determinante dos coeficientes deve ser zero:

$$y_m(a)y_n'(a) - y_n(a)y_m'(a) = 0.$$

Argumento análogo aplicado a (5) também dá

$$y_m(b)y_n'(b) - y_n(b)y_m'(b) = 0.$$

Como ambos os termos do membro direito de (8) são zero, estabelecemos a relação de ortogonalidade

$$\int_a^b p(x)y_m y_n \, dx = 0, \quad \lambda_m \neq \lambda_n. \tag{9}$$

□

EXEMPLO 3

Resolva o problema de valor de contorno

$$y'' + \lambda y = 0, \quad y(0) = 0, \quad y(1) + y'(1) = 0. \tag{10}$$

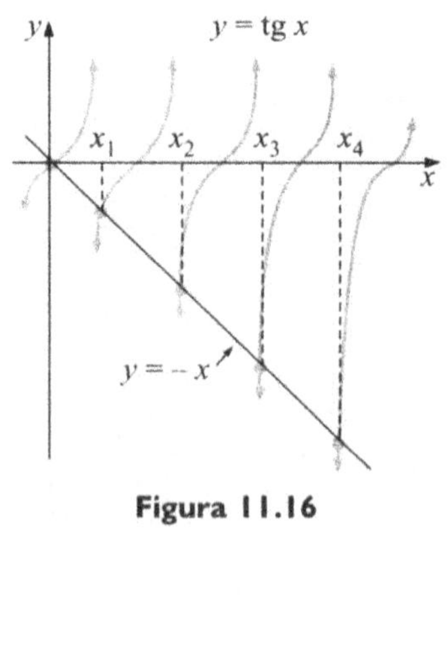

Figura 11.16

Solução (10) é um problema regular de Sturm-Liouville com $r(x) = 1$, $q(x) = 0$, $p(x) = 1$, $\alpha_1 = 1$, $\beta_1 = 0$, $\alpha_2 = 1$, $\beta_2 = 1$. Mas, para $\lambda > 0$, a condição $y(0) = 0$ implica $c_1 = 0$ na solução geral $y = c_1 \cos\sqrt{\lambda}\, x + c_2 \operatorname{sen}\sqrt{\lambda}\, x$. Quando $y = c_2 \operatorname{sen}\sqrt{\lambda}\, x$, a condição de contorno em $x = 1$ é satisfeita se

$$c_2 \operatorname{sen}\sqrt{\lambda} + c_2\sqrt{\lambda}\cos\sqrt{\lambda} = 0.$$

Escolhendo $c_2 \neq 0$, vemos que a última equação é equivalente a

$$\operatorname{tg}\sqrt{\lambda} = -\sqrt{\lambda}. \tag{11}$$

A equação (11) só pode ser resolvida por um processo numérico como o método de Newton (veja Problema 21). Não obstante, fazendo $x = \sqrt{\lambda}$, então a Figura 11.16 mostra a plausibilidade da existência de um número infinito de raízes de $\operatorname{tg} x = -x$. Os autovalores do problema são então $\lambda_n = x_n^2$, onde x_n, $n = 1, 2, 3, \ldots$, são as raízes positivas consecutivas. As autofunções correspondentes são $y = \operatorname{sen}\sqrt{\lambda_n}\, x$. Além disso, $\{\operatorname{sen}\sqrt{\lambda_n}\, x\}$, $n = 1, 2, 3, \ldots$ é um conjunto ortogonal com relação à função peso $p(x) = 1$ no intervalo $[0, 1]$.

Observe que, mesmo que $\lambda = 0$ satisfaça (11), $\lambda = 0$ não é um autovalor, pois a solução do problema $y'' = 0$, $y(0) = 0$, $y(1) + y'(1) = 0$ é $y = 0$. Analogamente, para $\lambda < 0$, o problema de contorno tem apenas a solução trivial. ■

Em determinadas circunstâncias, podemos provar a ortogonalidade das soluções de (3) sem necessidade de especificar uma condição de contorno em $x = a$ e $x = b$.

O Problema Singular de Sturm-Liouville

Se $r(a) = 0$, ou $r(b) = 0$, ou $r(a) = r(b) = 0$, o problema de Sturm-Liouville que consiste da equação diferencial (3) e das condições de contorno (4) e (5) é chamado **singular**. No primeiro caso, $x = a$ pode ser um ponto singular da equação diferencial e, conseqüentemente, a solução de (3) pode tornar-se não-limitada quando $x \to a$. Entretanto, de (8) vemos que se $r(a) = 0$, então não é necessária nenhuma condição de contorno em $x = a$ para provar a ortogonalidade das autofunções, desde que essas soluções sejam limitadas naquele ponto. Essa última exigência garante a existência das integrais envolvidas. Supondo que as soluções de (3) sejam limitadas no intervalo fechado $[a, b]$, podemos dizer que

(i) se $r(a) = 0$, então a relação de ortogonalidade (9) é válida sem qualquer condição de contorno em $x = a$;

(ii) se $r(b) = 0$, então a relação de ortogonalidade (9) é válida sem qualquer condição de contorno em $x = b$*; e

(iii) se $r(a) = r(b) = 0$, então a relação de ortogonalidade (9) é válida sem qualquer condição de contorno, seja em $x = a$ ou $x = b$.

Notemos, de passagem, que um problema de Sturm-Liouville é singular quando o intervalo em consideração é infinito. Veja os Problemas 19 e 20.

* As condições (i) e (ii) equivalem a escolher $\alpha_1 = 0$, $\beta_1 = 0$ e $\alpha_2 = 0$, $\beta_2 = 0$, respectivamente.

Forma Auto-Adjunta

Se os coeficientes são contínuos e $a(x) \neq 0$ para todo x em algum intervalo, então qualquer equação diferencial de segunda ordem

$$a(x)y'' + b(x)y' + (c(x) + \lambda d(x))y = 0$$

pode ser posta na chamada **forma auto-adjunta** (3) multiplicando-se a equação pelo fator integrante

$$\frac{1}{a(x)} e^{\int (b(x)/a(x))\,dx}. \tag{12}$$

Para comprovar esse fato, notemos que a equação diferencial

$$e^{\int (b/a)\,dx} y'' + \frac{b(x)}{a(x)} e^{\int (b/a)\,dx} y' + \left(\frac{c(x)}{a(x)} e^{\int (b/a)\,dx} + \lambda \frac{d(x)}{a(x)} e^{\int (b/a)\,dx} \right) y = 0$$

é a mesma que

$$\frac{d}{dx} = \Big[\underbrace{e^{\int (b/a)\,dx} y'}_{r(x)}\Big] + \left(\underbrace{\frac{c(x)}{a(x)} e^{\int (b/a)\,dx}}_{g(x)} + \lambda \underbrace{\frac{d(x)}{a(x)} e^{\int (b/a)\,dx}}_{p(x)} \right) y = 0.$$

EXEMPLO 4

Na Seção 6.5 vimos que a solução geral da equação paramétrica de Bessel $x^2y'' + xy' + (\lambda^2x^2 - n^2)y = 0$, $n = 0, 1, 2, \ldots$, era $y = c_1J_n(\lambda x) + c_2Y_n(\lambda x)$. Por (12), vemos que $1/x$ é um fator integrante. Multiplicando a equação de Bessel por este fator, obtemos a forma auto-adjunta

$$\frac{d}{dx}[xy'] + \left(\lambda^2 x - \frac{n^2}{x} \right) y = 0,$$

onde identificamos $r(x) = x$, $q(x) = -n^2/x$, $p(x) = x$ e λ é substituído por λ^2. Mas $r(0) = 0$ e das duas soluções $J_n(\lambda x)$ e $Y_n(\lambda x)$, apenas $J_n(\lambda x)$ é limitada em $x = 0$. Assim, em vista de (i), o conjunto $\{J_n(\lambda_i x)\}$, $i = 1, 2, 3, \ldots$, é ortogonal em relação à função peso $p(x) = x$ em um intervalo $[0, b]$,

$$\int_0^b xJ_n(\lambda_i x)J_n(\lambda_j x)\,dx = 0, \quad \lambda_i \neq \lambda_j,$$

desde que os autovalores λ_i, $i = 1, 2, 3, \ldots$ sejam definidos por meio de uma condição de contorno em $x = b$ do tipo

$$\alpha_2 J_n(\lambda b) + \beta_2 \lambda J_n'(\lambda b) = 0.^* \tag{13}$$

Para qualquer escolha de α_2 e β_2, não simultaneamente nulos, sabemos que (13) tem um número infinito de raízes $x_i = \lambda_i b$, de onde obtemos $\lambda_i = x_i/b$. No próximo capítulo diremos mais sobre os autovalores. ■

* O fator extra λ provém da regra da cadeia: $(d/dx)J_n(\lambda x) = \lambda J_n'(\lambda x)$.

EXEMPLO 5

Os polinômios de Legendre $P_n(x)$ são soluções limitadas da equação diferencial de Legendre $(1 - x^2)y'' - 2xy' + n(n + 1)y = 0$, $n = 0, 1, 2, ...$, no intervalo $[-1, 1]$. Pela forma auto-adjunta

$$\frac{d}{dx}[(1-x^2)y'] + n(n+1)y = 0,$$

temos que $r(x) = 1 - x^2$, $q(x) = 0$, $p(x) = 1$ e $\lambda = n(n+1)$. Observando que $r(-1) = r(1) = 0$, decorre de (iii) que o conjunto $\{P_n(x)\}$, $n = 0, 1, 2, ...$, é ortogonal em relação à função peso $p(x) = 1$ em $[-1, 1]$:

$$\int_{-1}^{1} P_m(x)P_n(x)\,dx = 0, \quad m \neq n.$$

■

11.4 EXERCÍCIOS

As respostas dos exercícios selecionados estão na página 409.

Nos Problemas 1-12, determine os autovalores e as autofunções do problema de contorno dado.

1. $y'' + \lambda y = 0$
   $y(0) = 0, \quad y(\pi) = 0$
2. $y'' + \lambda y = 0$
   $y(0) = 0, \quad y(\pi/4) = 0$
3. $y'' + \lambda y = 0$
   $y'(0) = 0, \quad y(L) = 0$
4. $y'' + \lambda y = 0$
   $y(0) = 0, \quad y'(\pi/2) = 0$
5. $y'' + \lambda y = 0$
   $y'(0) = 0, \quad y'(\pi) = 0$
6. $y'' + \lambda y = 0$
   $y(-\pi) = 0, \quad y(\pi) = 0$
7. $y'' + \lambda y = 0$
   $y'(0) = 0, \quad y(1) + y'(1) = 0$
8. $y'' + \lambda y = 0$
   $y(0) + y'(0) = 0, \quad y(1) = 0$
9. $y'' + 2y' + (\lambda + 1)y = 0$
   $y(0) = 0, \quad y(5) = 0$
10. $y'' + (\lambda + 1)y = 0$
    $y'(0) = 0, \quad y'(1) = 0$
11. $y'' + \lambda^2 y = 0$
    $y(0) = 0, \quad y(L) = 0$
12. $y'' + \lambda^2 y = 0$
    $y(0) = 0, \quad y'(3\pi) = 0$
13. Quando uma carga constante P é aplicada a uma longa coluna delgada de seção transversa uniforme e comprimento L, a coordenada y de um ponto de sua curva de deflexão é dada por

$$EI\frac{d^2y}{dx^2} + Py = 0,$$

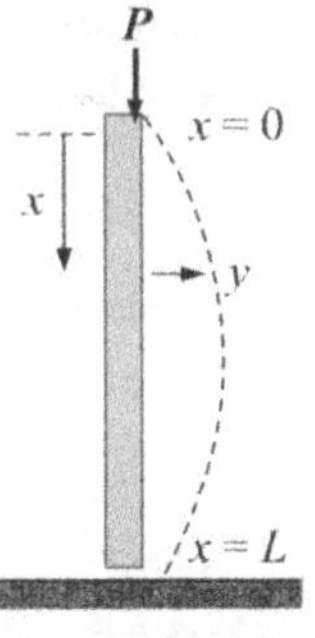

Figura 11.17

onde as constantes E e I são, respectivamente, o módulo de elasticidade de Young e o momento de inércia da seção transversa. Veja a Figura 11.17. Se a coluna é impedida de rotar em seu topo e em sua base, as condições de contorno são $y(0) = 0$ e $y(L) = 0$.

(a) Mostre que esse problema de valores no contorno indica que a coluna não verga, a menos que a carga P tenha um dos valores $P_n = (n^2\pi^2/L^2)EI$, $n = 1, 2, 3, \ldots$ Essas diferentes cargas são chamadas **cargas críticas**.

(b) Mostre que a curva de deflexão correspondente à mais baixa carga crítica $P_1 = (\pi^2/L^2)EI$, chamada **carga de Euler**, é $y_1(x) = c_2 \operatorname{sen}(\pi x/L)$. Então $y_1(x)$ é chamado **primeiro modo de deformação**.

14. Em (9) da Seção 1.2 vimos que a equação diferencial para o deslocamento $y(x)$ de uma corda em rotação em que a tensão T não é constante é

$$\frac{d}{dx}\left[T(x)\frac{dy}{dx}\right] + \rho\omega^2 y = 0.$$

Suponha que $1 < x < e$ e que a tensão seja dada por $T(x) = x^2$. Se $y(1) = 0$, $y(e) = 0$ e $\rho\omega^2 > 0{,}25$, mostre que as **velocidades críticas** de rotação angular são $\omega_n = \frac{1}{2}\sqrt{(4n^2\pi^2 + 1)/p}$ e que as curvas de deflexão correspondentes são $y_n(x) = c_2 x^{-1/2} \operatorname{sen}(n\pi \ln x)$, $n = 1, 2, 3, \ldots$

Nos Problemas 15 e 16, determine os autovalores e as autofunções do problema de contorno dado. Ponha a equação de Cauchy-Euler em forma auto-adjunta. Dê uma relação de ortogonalidade.

15. $x^2y'' + xy' + \lambda y = 0$
$y(1) = 0, \; y(e^{\pi}) = 0$

16. $x^2y'' + 2xy' + \lambda y = 0$
$y(1) = 0, \; y(e^2) = 0$

17. Determine a norma quadrática de cada autofunção do Problema 7.

18. Mostre que, para as autofunções do Exemplo 3,

$$\left\| \operatorname{sen}\sqrt{\lambda_n}\, x \right\|^2 = \tfrac{1}{2}[1 + \cos^2\sqrt{\lambda_n}\,].$$

19. **Equação diferencial de Laguerre*** $xy'' + (1 - x)y' + ny = 0$, $n = 0, 1, 2, \ldots$ admite soluções polinomiais $L_n(x)$. Ponha a equação em forma auto-adjunta e dê uma relação de ortogonalidade.

20. **Equação diferencial de Hermite**** $y'' - 2xy' + 2ny = 0$, $n = 0, 1, 2, \ldots$ admite soluções polinomiais $H_n(x)$. Ponha a equação em forma auto-adjunta e dê uma relação de ortogonalidade.

21. Determine os quatro primeiros autovalores no Exemplo 3, com quatro casas decimais.

22. Determine os quatro primeiros autovalores no Problema 7, com quatro casas decimais.

23. Mostre que a relação de ortogonalidade (9) é válida se $r(a) = r(b)$ e as autofunções satisfazem as **condições periódicas de contorno** $y(a) = y(b)$, $y'(a) = y'(b)$.

24. Considere $y'' + \lambda y = 0$ sujeita às condições periódicas de contorno $y(-L) = y(L)$, $y'(-L) = y'(L)$. Mostre que as autofunções são $\left\{1, \cos\frac{\pi}{L}x, \cos\frac{2\pi}{L}x, \ldots, \operatorname{sen}\frac{\pi}{L}x, \operatorname{sen}\frac{2\pi}{L}x, \operatorname{sen}\frac{3\pi}{L}x, \ldots\right\}$. Esse conjunto, que é ortogonal em $[-L, L]$, constitui a base para as séries de Fourier.

---

* Nome dado em honra ao matemático francês Edmond Laguerre (1834-1886).

** Nome dado em honra ao matemático francês Charles Hermite (1822-1901). Os polinômios de Hermite têm importância em alguns tópicos da mecânica quântica.

11.5 SÉRIES DE BESSEL E DE LEGENDRE

A série de Fourier, a série dos cossenos de Fourier e a série dos senos de Fourier constituem três maneiras de desenvolver uma função em termos de um conjunto ortogonal de funções. Mas tais desenvolvimentos não estão limitados a conjuntos ortogonais de funções trigonométricas. Vimos, na Seção 11.1, que uma função f definida em um intervalo (a, b) podia ser desenvolvida, ao menos formalmente, em termos de qualquer conjunto de funções $\{\phi_n(x)\}$ que seja ortogonal em relação a uma função peso em $[a, b]$. Muitas dessas séries, chamadas séries generalizadas de Fourier, provêm de problemas de Sturm-Liouville que surgem em aplicações físicas das equações de derivadas parciais. A série de Fourier, a série generalizada de Fourier, assim como as duas séries consideradas nesta seção, aparecerão novamente no estudo subseqüente dessas aplicações.

11.5.1 Séries de Fourier-Bessel

No Exemplo 4 da Seção 11.4 vimos que o conjunto de funções de Bessel $J_n(\lambda_i x)$ é ortogonal em relação à função peso $p(x) = x$ em um intervalo $[0, b]$ quando os autovalores são definidos por meio de uma condição de contorno

$$\alpha_2 J_n(\lambda b) + \beta_2 \lambda J'_n(\lambda b) = 0. \tag{1}$$

Por (7) e (8) da Seção 11.1, o desenvolvimento generalizado de Fourier de uma função f definida em $(0, b)$ em termos desse conjunto ortogonal é

$$f(x) = \sum_{i=1}^{\infty} c_i J_n(\lambda_i x), \tag{2}$$

onde

$$c_i = \frac{\int_0^b x J_n(\lambda_i x) f(x)\, dx}{\int_0^b x J_n^2(\lambda_i x)\, dx}. \tag{3}$$

A série (2) com coeficientes dados por (3) é chamada **série de Fourier-Bessel**.

Relações Diferenciais de Recorrência

As relações diferenciais de recorrência discutidas na Seção 6.5

$$\frac{d}{dx}[x^n J_n(x)] = x^n J_{n-1}(x) \tag{4}$$

$$\frac{d}{dx}[x^{-n} J_n(x)] = -x^{-n} J_{n+1}(x) \tag{5}$$

costumam ser úteis no cálculo dos coeficientes em (3),

Norma Quadrática

O valor da norma quadrática $\| J_n(\lambda_i x) \|^2 = \int_0^b x J_n^2(\lambda_i x)\, dx$ depende de como os autovalores λ_i são definidos. Se $y = J_n(\lambda x)$, então sabemos, pelo Exemplo 4 da Seção 11.4, que

$$\frac{d}{dx}[xy'] + \left(\lambda^2 x - \frac{n^2}{x}\right)y = 0.$$

Após ser multiplicada por $2xy'$, essa equação pode ser escrita como

$$\frac{d}{dx}[xy']^2 + (\lambda^2 x^2 - n^2)\frac{d}{dx}[y]^2 = 0.$$

Integrando por partes o último resultado em $[0, b]$ vem

$$2\lambda^2 \int_0^b xy^2 dx = ([xy']^2 + (\lambda^2 x^2 - n^2)y^2)\Big|_0^b.$$

Como $y = J_n(\lambda x)$, o limite inferior é zero para $n > 0$, pois $J_n(0) = 0$. Para $n = 0$, a expressão $[xy']^2 + \lambda^2 x^2 y^2$ é zero em $x = 0$. Assim,

$$2\lambda^2 \int_0^b xJ_n^2(\lambda x)\,dx = \lambda^2 b^2 [J_n'(\lambda b)]^2 + (\lambda^2 b^2 - n^2)[J_n(\lambda b)]^2, \tag{6}$$

onde tomamos $y' = \lambda J_n'(\lambda x)$.

Consideraremos a seguir três casos de (1).

CASO I Escolhendo $\alpha_2 = 1$ e $\beta_2 = 0$, (1) é

$$J_n(\lambda b) = 0. \tag{7}$$

Há um número infinito de raízes positivas x_i de (7) (veja Figura 6.5), e assim os autovalores são positivos, sendo dados por $\lambda_i = x_i/b$. Não resultam novos autovalores das raízes negativas de (7), pois $J_n(-x) = (-1)^n J_n(x)$. (Veja Problema 38, Exercícios 6.5). O número 0 não é autovalor para qualquer n, pois $J_n(0) = 0$ para $n = 1, 2, 3, \ldots$ e $J_0(0) = 1$. Em outras palavras, se $\lambda = 0$, obtemos a função trivial (que nunca é uma autofunção) para $n = 1, 2, 3, \ldots$ e para $n = 0$, λ não satisfaz a equação (7). Quando (5) é escrita na forma $xJ_n'(x) = nJ_n(x) - xJ_{n+1}(x)$ decorre de (6) e (7) que a norma quadrática de $J_n(\lambda_i x)$ é

$$\|J_n(\lambda_i x)\|^2 = \frac{b^2}{2} J_{n+1}^2(\lambda_i b). \tag{8}$$

□

CASO II Escolhendo $\alpha_2 = h \geq 0, \beta_2 = b$, (1) se escreve

$$hJ_n(\lambda b) + \lambda b J_n'(\lambda b) = 0. \tag{9}$$

A Equação (9) tem um número infinito de raízes positivas x_i para cada inteiro positivo $n = 1, 2, 3, \ldots$ Como anteriormente, os autovalores são obtidos de $\lambda_i = x_i/b_i$. $\lambda = 0$ não é um autovalor para $n = 1, 2, 3, \ldots$. Levando $\lambda_i b J_n'(\lambda_i b) = -hJ_n(\lambda_i b)$ em (6), vemos que a norma quadrática de $J_n(\lambda_i x)$ é agora

$$\|J_n(\lambda_i x)\|^2 = \frac{\lambda_i^2 b^2 - n^2 + h^2}{2\lambda_i^2} J_n^2(\lambda_i b). \tag{10}$$

□

CASO III Se $h = 0$ e $n = 0$ em (9), os autovalores são definidos a partir das raízes de

$$J'_0(\lambda b) = 0. \tag{11}$$

Mesmo que (11) seja apenas um caso especial de (9), é a única situação para a qual $\lambda = 0$ é um autovalor. Para comprová-lo, notemos que, para $n = 0$, o resultado em (5) implica que

$$J'_0(\lambda b) = 0 \text{ é equivalente a } J_1(\lambda b) = 0. \tag{12}$$

Como $x_1 = 0$ é uma raiz dessa equação e como $J_0(0)$ é não-trivial, concluímos que $\lambda_1 = 0$ é um autovalor. Obviamente, não podemos utilizar (10) quando $h = 0$, $n = 0$ e $\lambda_1 = 0$. Todavia, pela definição de norma quadrática, temos

$$\|1\|^2 = \int_0^b x\,dx = \frac{b^2}{2}. \tag{13}$$

Para $\lambda_i > 0$, podemos utilizar (10) com $h = 0$ e $n = 0$:

$$\|J_0(\lambda_i x)\|^2 = \frac{b^2}{2} J_0^2(\lambda_i b). \tag{14}$$

O resumo a seguir dá as três formas correspondentes da série (2):

DEFINIÇÃO 11.7 Série de Fourier-Bessel

A **série de Fourier-Bessel** de uma função f definida no intervalo $(0, b)$ é dada por

(i)
$$f(x) = \sum_{i=1}^{\infty} c_i J_n(\lambda_i x) \tag{15}$$

$$c_i = \frac{2}{b^2 J_{n+1}^2(\lambda_i b)} \int_0^b x J_n(\lambda_i x) f(x)\,dx, \tag{16}$$

onde os λ_i são definidos por $J_n(\lambda b) = 0$.

(ii)
$$f(x) = \sum_{i=1}^{\infty} c_i J_n(\lambda_i x) \tag{17}$$

$$c_i = \frac{2\lambda_i^2}{(\lambda_i^2 b^2 - n^2 + h^2) J_n^2(\lambda_i b)} \int_0^b x J_n(\lambda_i x) f(x)\,dx, \tag{18}$$

onde os λ_i são definidos por $hJ_n(\lambda b) + \lambda b J'_n(\lambda b) = 0$.

(iii)
$$f(x) = c_1 + \sum_{i=2}^{\infty} c_i J_0(\lambda_i x) \tag{19}$$

$$c_1 = \frac{2}{b^2} \int_0^b x f(x)\,dx$$

$$c_i = \frac{2}{b^2 J_0^2(\lambda_i b)} \int_0^b x J_0(\lambda_i x) f(x)\,dx, \tag{20}$$

onde os λ_i são definidos por $J'_0(\lambda b) = 0$.

Convergência de uma Série de Fourier-Legendre

As condições suficientes para a convergência de uma série de Fourier-Bessel não são particularmente restritivas.

TEOREMA 11.4 Condições para Convergência

Se f e f' são parcialmente contínuas no intervalo aberto $(0, b)$, então um desenvolvimento de Fourier-Bessel de f converge para $f(x)$ em qualquer ponto em que f seja contínua e para a média $[f(x-) + f(x+)]/2$ em um ponto em que f seja descontínua.

EXEMPLO 1

Desenvolva $f(x) = x$, $0 < x < 3$, em série de Fourier-Bessel utilizando funções de Bessel de ordem um que verifiquem a condição de contorno $J_1(3\lambda) = 0$.

Solução Utilizamos (15), com os coeficientes c_i dados por (16):

$$c_i = \frac{2}{3^2 J_2^2(3\lambda_i)} \int_0^3 x^2 J_1(\lambda_i x)\, dx.$$

Para calcular essa integral, fazemos $t = \lambda_i x$ e aplicamos (4) na forma $(d/dt)[t^2 J_2(t)] = t^2 J_1(t)$:

$$c_i = \frac{2}{9\lambda_i^3 J_2^2(3\lambda_i)} \int_0^{3\lambda_i} \frac{d}{dt}[t^2 J_2(t)]\, dt = \frac{2}{\lambda_i J_2(3\lambda_i)}.$$

Por conseguinte, o desenvolvimento procurado é

$$f(x) = 2 \sum_{i=1}^{\infty} \frac{1}{\lambda_i J_2(3\lambda_i)} J_1(\lambda_i x).$$

■

EXEMPLO 2

Se os autovalores λ_i no Exemplo 1 são definidos por $J_1(3\lambda) + \lambda J_1'(3\lambda) = 0$, então o único elemento que se modifica no desenvolvimento é o valor da norma quadrática. Multiplicando por 3 a condição de contorno, obtemos $3J_1(3\lambda) + 3\lambda J_1'(3\lambda) = 0$, que agora iguala (9) quando $h = 3$, $b = 3$ e $n = 1$. Assim, (18) e (17) dão, por seu turno,

$$c_i = \frac{18\lambda_i J_2(3\lambda_i)}{(9\lambda_i^2 + 8)J_1^2(3\lambda_i)}$$

e

$$f(x) = 18 \sum_{i=1}^{\infty} \frac{\lambda_i J_2(3\lambda_i)}{(9\lambda_i^2 + 8)J_1^2(3\lambda_i)} J_1(\lambda_i x).$$

■

11.5.2 Série de Fourier-Legendre

Do Exemplo 5 da Seção 11.4 sabemos que o conjunto de polinômios de Legendre $\{P_n(x)\}$, $n = 0, 1, 2, \ldots$, é ortogonal em relação à função peso $p(x) = 1$ em $[-1, 1]$. Além disso, pode-se provar que

$$\| P_n(x) \|^2 = \int_{-1}^{1} P_n^2(x)\,dx = \frac{2}{2n+1}.$$

Podemos resumir como segue a série generalizada de Fourier dos polinômios de Legendre.

DEFINIÇÃO 11.8 Série de Fourier-Legendre

A série de Fourier-Legendre de uma função f definida no intervalo $(-1, 1)$ é dada por

$$f(x) = \sum_{n=0}^{\infty} c_n P_n(x), \qquad \textbf{(21)}$$

onde

$$c_n = \frac{2n+1}{2}\int_{-1}^{1} f(x)P_n(x)\,dx. \qquad \textbf{(22)}$$

Convergência de uma Série de Fourier-Legendre

TEOREMA 11.5 Condições para Convergência

Se f e f' são parcialmente contínuas em $(-1, 1)$, então a série de Fourier-Legendre (21) converge para $f(x)$ em um ponto de continuidade e para $[f(x+) + f(x-)]/2$ em um ponto de descontinuidade.

EXEMPLO 3

Escreva os quatro primeiros termos não-nulos do desenvolvimento de Fourier-Legendre de

$$f(x) = \begin{cases} 0, & -1 < x < 0 \\ 1, & 0 < x < 1. \end{cases}$$

Solução Os primeiros polinômios de Legendre estão relacionados na página 341 do Volume I. Por ali, e por (22), temos

$$c_0 = \frac{1}{2}\int_{-1}^{1} f(x)P_0(x)\,dx = \frac{1}{2}\int_{0}^{1} 1\cdot 1\,dx = \frac{1}{2}$$

$$c_1 = \frac{3}{2}\int_{-1}^{1} f(x)P_1(x)\,dx = \frac{3}{2}\int_{0}^{1} 1\cdot x\,dx = \frac{3}{4}$$

$$c_2 = \frac{5}{2}\int_{-1}^{1} f(x)P_2(x)\,dx = \frac{5}{2}\int_{0}^{1} 1\cdot \frac{1}{2}(3x^2-1)\,dx = 0$$

$$c_3 = \frac{7}{2}\int_{-1}^{1} f(x)P_3(x)\,dx = \frac{7}{2}\int_{0}^{1} 1\cdot \frac{1}{2}(5x^3-3x)\,dx = -\frac{7}{16}$$

$$c_4 = \frac{9}{2}\int_{-1}^{1} f(x)P_4(x)\,dx = \frac{9}{2}\int_0^1 1\cdot\frac{1}{8}(35x^4 - 30x^2 + 3)\,dx = 0$$

$$c_5 = \frac{11}{2}\int_{-1}^{1} f(x)P_5(x)\,dx = \frac{11}{2}\int_0^1 1\cdot\frac{1}{8}(63x^5 - 70x^3 + 15x)\,dx = \frac{11}{32}.$$

Logo
$$f(x) = \frac{1}{2}P_0(x) + \frac{3}{4}P_1(x) - \frac{7}{16}P_3(x) + \frac{11}{32}P_5(x) + \cdots.$$ ■

Forma Alternativa

Em certas aplicações, a série de Fourier-Legendre aparece em uma forma alternativa. Fazendo $x = \cos\theta$, então $dx = -\text{sen}\,\theta\, d\theta$ e (21) e (22) se tornam

$$F(\theta) = \sum_{n=0}^{\infty} c_n P_n(\cos\theta) \tag{23}$$

$$c_n = \frac{2n+1}{2}\int_0^{\pi} F(\theta)P_n(\cos\theta)\,\text{sen}\,\theta\, d\theta, \tag{24}$$

onde $f(\cos\theta)$ foi substituído por $F(\theta)$.

11.5 EXERCÍCIOS

As respostas dos exercícios selecionados estão na página 409.

[11.5.1] **1.** Ache os quatro primeiros autovalores λ_k definidos por $J_1(3\lambda) = 0$. [*Sug.*: Veja Tabela 6.1 na página 336 do Volume 1.]

2. Ache os quatro primeiros autovalores λ_k definidos por $J_0'(2\lambda) = 0$

Nos Problemas 3 - 6, desenvolva $f(x) = 1$, $0 < x < 2$, em série de Fourier-Bessel, utilizando as funções de Bessel de ordem zero que verificam a condição de contorno dada.

3. $J_0(2\lambda) = 0$

4. $J_0'(2\lambda) = 0$

5. $J_0(2\lambda) + 2\lambda J_0'(2\lambda) = 0$

6. $J_0(2\lambda) + \lambda J_0'(2\lambda) = 0$

Nos Problemas 7-10, desenvolva a função dada em série de Fourier-Bessel, utilizando as funções de Bessel de mesma ordem que a indicada na condição de contorno.

7. $f(x) = 5x,\quad 0 < x < 4$
$3J_1(4\lambda) + 4\lambda J_1'(4\lambda) = 0$

8. $f(x) = x^2,\quad 0 < x < 1$
$J_2(\lambda) = 0$

9. $f(x) = x^2,\quad 0 < x < 3$
$J_0'(3\lambda) = 0$ [*Sug.*: $t^3 = t^2 \cdot t$.]

10. $f(x) = 1 - x^2,\quad 0 < x < 1$
$J_0(\lambda) = 0$

[11.5.2] Um desenvolvimento de Fourier-Legendre de uma função polinomial definida no intervalo $(-1,1)$ é necessariamente uma série finita. (Por quê?) Nos Problemas 11 e 12 determine o desenvolvimento de Fourier-Legendre da função dada.

11. $f(x) = x^2$

12. $f(x) = x^3$

Nos Problemas 13 e 14, escreva os quatro primeiros termos não-nulos do desenvolvimento de Fourier-Legendre da função dada.

13. $f(x)=\begin{cases}0, & -1<x<0\\ x, & 0<x<1\end{cases}$ **14.** $f(x)=e^{x},\quad -1<x<1$

15. Os três primeiros polinômios de Legendre são $P_0(x) = 1$, $P_1(x) = x$ e $P_2(x) = \frac{1}{2}(3x^2 - 1)$. Se $x = \cos\theta$, então $P_0(\cos\theta) = 1$ e $P_1(\cos\theta) = \cos\theta$. Mostre que $P_2(\cos\theta) = \frac{1}{4}(3\cos 2\theta + 1)$.

16. Utilizando os resultados do Problema 15, estabeleça um desenvolvimento de Fourier-Legendre (23) para $F(\theta) = 1 - \cos 2\theta$.

17. Um polinômio de Legendre $P_n(x)$ é uma função par ou uma função ímpar, conforme n seja par ou ímpar. Mostre que, se f é uma função par em $(-1, 1)$, então (21) e (22) se escrevem, respectivamente,

$$f(x)=\sum_{n=0}^{\infty}c_{2n}P_{2n}(x) \tag{25}$$

$$c_{2n}=(4n+1)\int_0^1 f(x)P_{2n}(x)\,dx.$$

18. Mostre que, se f é uma função ímpar no intervalo $(-1, 1)$, então (21) e (22) se escrevem, respectivamente,

$$f(x)=\sum_{n=0}^{\infty}c_{2n+1}P_{2n+1}(x) \tag{27}$$

$$c_{2n+1}=(4n+3)\int_0^1 f(x)P_{2n+1}(x)\,dx. \tag{28}$$

As séries (25) e (27) também podem ser usadas quando f é definida apenas em $(0, 1)$. Ambas as séries representam f em $(0, 1)$; mas em $(-1, 0)$, (25) representa seu prolongamento par, enquanto (27) representa seu prolongamento ímpar. Nos Problemas 19 e 20, escreva os três primeiros termos não-nulos do desenvolvimento indicado para a função dada. Que função a série representa em $(-1, 1)$?

19. $f(x) = x$, $0 < x < 1$; (25) **20.** $f(x) = 1$, $0 < x < 1$; (27)

Capítulo 11 *REVISÃO*

Diz-se que um conjunto de funções $\{\phi_n(x)\}$, $n = 0, 1, 2, \ldots$, é **ortogonal** em um intervalo $[a, b]$ se

$$\int_a^b \phi_m(x)\phi_n(x)\,dx\begin{cases}=0, & m\neq n\\ \neq 0, & m=n.\end{cases}$$

Uma função f definida no intervalo $(-p, p)$ pode ser desenvolvida em termos das funções trigonométricas no conjunto ortogonal

$$\left\{1,\ \cos\frac{\pi}{p}x,\ \cos\frac{2\pi}{p}x,\ldots,\ \operatorname{sen}\frac{\pi}{p}x,\ \operatorname{sen}\frac{2\pi}{p}x,\ldots\right\}.$$

Dizemos que
$$f(x)=\frac{a_0}{2}+\sum_{n=1}^{\infty}\left(a_n\cos\frac{n\pi}{p}x+b_n\operatorname{sen}\frac{n\pi}{p}x\right),$$

onde
$$a_0 = \frac{1}{p}\int_{-p}^{p} f(x)\,dx, \quad a_n = \frac{1}{p}\int_{-p}^{p} f(x)\cos\frac{n\pi}{p}x\,dx,$$

$$b_n = \frac{1}{p}\int_{-p}^{p} f(x)\,\text{sen}\frac{n\pi}{p}x\,dx$$

é a **série de Fourier** correspondente a f. Obtêm-se os coeficientes utilizando-se o conceito de ortogonalidade. Se f é uma função par no intervalo, então $b_n = 0$, $n = 0, 1, 2, 3, \ldots$ e

$$a_0 = \frac{2}{p}\int_0^p f(x)\,dx \quad \text{e} \quad a_n = \frac{2}{p}\int_0^p f(x)\cos\frac{n\pi}{p}x\,dx. \tag{1}$$

Analogamente, se f é ímpar no intervalo, então $a_n = 0$, $n = 0, 1, 2, \ldots,$

e
$$b_n = \frac{2}{p}\int_0^p f(x)\,\text{sen}\frac{n\pi}{p}x\,dx. \tag{2}$$

Quando f é definida em um intervalo $(0, L)$, f não pode ser par nem ímpar. Não obstante, podemos desenvolver f em uma série de cossenos ou uma série de senos. Definindo $p = L$, obtemos uma série de cossenos usando os coeficientes (1), e uma série de senos usando (2). Tais séries são conhecidas como **desenvolvimentos de meio-intervalo**.

A **série de Fourier-Bessel** de uma função f definida no intervalo $(0, b)$ é

$$f(x) = \sum_{i=1}^{\infty} c_i J_n(\lambda_i x),$$

onde

$$c_i = \frac{2}{b^2 J_{n+1}^2(\lambda_i b)}\int_0^b xJ_n(\lambda_i x)f(x)\,dx, \quad \lambda_i \text{ definida por } J_n(\lambda b) = 0;$$

$$c_i = \frac{2\lambda_i^2}{(\lambda_i^2 b^2 - n^2 + h^2)J_n^2(\lambda_i b)}\int_0^b xJ_n(\lambda_i x)f(x)\,dx, \quad \lambda_i \text{ definida por } hJ_n(\lambda b) + \lambda b J_n'(\lambda b) = 0;$$

$$c_1 = \frac{2}{b^2}\int_0^b xf(x)\,dx, \quad c_i = \frac{2}{b^2 J_0^2(\lambda_i b)}\int_0^b xJ_0(\lambda_i x)f(x)\,dx, \quad \lambda_i \text{ definida por } J_0'(\lambda b) = 0.$$

A **série de Fourier-Legendre** de uma função f definida em $(-1, 1)$ é

$$f(x) = \sum_{n=0}^{\infty} c_n P_n(x), \text{ onde } c_n = \frac{2n+1}{2}\int_{-1}^{1} f(x)P_n(x)\,dx.$$

Capítulo 11 *EXERCÍCIOS DE REVISÃO*

As respostas dos exercícios selecionados estão nas páginas 409 e 410.

Responda aos Problemas 1-10 sem recorrer ao texto. Preencha os espaços em branco ou responda verdadeiro/falso.

1. As funções $f(x) = x^2 - 1$ e $f(x) = x^5$ são ortogonais em $[-\pi, \pi]$._________

2. O produto de duas funções ímpares é ________.

3. Para desenvolver $f(x) = |x| + 1, -\pi < x < \pi,$ em uma série de Fourier, utilizamos uma série ________.

4. Como $f(x) = x^2, 0 < x < 2$, não é uma função par, não pode ser desenvolvida em série de cossenos de Fourier.

5. A série de Fourier de $f(x) = \begin{cases} 3, & -\pi < x < 0 \\ 0, & 0 < x < \pi \end{cases}$ converge para ________ em $x = 0$.

6. $y = 0$ nunca é uma autofunção de um problema de Sturm-Liouville.________

7. $\lambda = 0$ nunca é um autovalor de um problema de Sturm-Liouville.________

8. Para $\lambda = 25$, a autofunção correspondente para o problema de contorno $y'' + \lambda y = 0$, $y'(0) = 0$, $y(\pi/2) = 0$, é ________ .

9. A **Equação diferencial de Tchebichev** $(1 - x^2)y'' - xy' + n^2y = 0$
admite uma solução polinomial $y = T_n(x)$ para $n = 0, 1, 2, \ldots$ O conjunto de polinômios de Tchebichev $\{T_n(x)\}$ é ortogonal em relação à função peso ________ no intervalo ________.

10. O conjunto $\{P_n(x)\}$ de polinômios de Legendre é ortogonal em relação à função peso $p(x) = 1$ em $[-1, 1]$ e $P_0(x) = 1$. Logo, $\int_{-1}^{1} P_n(x)\,dx =$ ________ para $n > 0$.

11. Mostre que o conjunto

$$\left\{\operatorname{sen}\frac{\pi}{2L}x,\ \operatorname{sen}\frac{3\pi}{2L}x,\ \operatorname{sen}\frac{5\pi}{2L}x, \ldots\right\}$$

é ortogonal no intervalo $0 \le x \le L$.

12. Ache a norma de cada uma das funções do Problema 11. Construa um conjunto ortonormal.

13. Desenvolva $f(x) = |x| - x, \ -1 < x < 1$, em série de Fourier.

14. Desenvolva $f(x) = 2x^2 - 1, \ -1 < x < 1$, em série de Fourier.

15. Desenvolva $f(x) = e^{-x}, 0 < x < 1$, em uma série de cossenos.

16. Desenvolva em uma série de senos a função do Problema 15.

17. Ache os autovalores e as autofunções do problema de contorno

$$x^2y'' + xy' + 9\lambda y = 0$$

$$y'(1) = 0, \quad y(e) = 0.$$

18. Estabeleça uma relação de ortogonalidade para as autofunções do Problema 17.

19. Desenvolva $f(x) = \begin{cases} 1, & 0 < x < 2 \\ 0, & 2 < x < 4 \end{cases}$ em série de Fourier-Bessel, recorrendo às funções de Bessel de ordem zero que satisfaçam a condição de contorno $J_0(4\lambda) = 0$.

20. Desenvolva $f(x) = x^4, \ -1 < x < 1$, em série de Fourier-Legendre.

Capítulo 12

PROBLEMAS DE VALORES DE CONTORNO EM COORDENADAS RETANGULARES

Conceitos Importantes

Equação de derivadas parciais linear
Equação do calor
Equação da onda
Equação de Laplace
Separação de variáveis
Problema de valores de contorno
Condições de contorno
Condições iniciais
Ondas estacionárias
Problema de Dirichlet
Princípio da superposição
Série dupla de senos

Neste e nos dois próximos capítulos, daremos ênfase a dois processos utilizados para resolver equações de derivadas parciais que ocorrem com freqüência em problemas relativos a distribuições de temperatura, vibrações e potenciais. Esses problemas, chamados problemas de valores de contorno, são descritos por equações de derivadas parciais lineares de segunda ordem relativamente simples. Nosso enfoque nesses dois processos tem por objetivo achar soluções particulares de uma equação de derivadas parciais, reduzindo-a t uma ou mais equações diferenciais ordinárias.

Começamos com o método da separação de variáveis para equações de derivadas parciais. A aplicação desse método leva-nos ao material abrangido pelo Capítulo 11, a saber, autovalores, autofunções e o desenvolvimento de uma função em uma série de funções ortogonais.

12.1 EQUAÇÕES DE DERIVADAS PARCIAIS SEPARÁVEIS

Equações Lineares

A forma geral de uma **equação de derivadas parciais de segunda ordem linear (EDP)** em duas variáveis independentes x e y é

$$A\frac{\partial^2 u}{\partial x^2} + B\frac{\partial^2 u}{\partial x\,\partial y} + C\frac{\partial^2 u}{\partial y^2} + D\frac{\partial u}{\partial x} + E\frac{\partial u}{\partial y} + Fu = G,$$

onde $A, B, C, \ldots, G$ são funções de x e y. Quando $G(x, y) = 0$, a equação se diz **homogênea**; em caso contrário, é **não-homogênea**.

EXEMPLO 1

A equação $\dfrac{\partial^2 u}{\partial x^2} + \dfrac{\partial^2 u}{\partial y^2} - u = 0$ é homogênea, mas a equação $\dfrac{\partial^2 u}{\partial x^2} - \dfrac{\partial u}{\partial y} = x^2$ é não-homogênea. ■

Soluções

Uma **solução** de uma equação de derivadas parciais em duas variáveis independentes x e y é uma função $u(x, y)$ que possui todas as derivadas parciais que comparecem na equação e que satisfaz a equação em alguma região do plano xy.

Como já foi dito, não é nossa intenção focalizar processos para achar soluções gerais de equações de derivadas parciais. Infelizmente, para a maioria das equações lineares de segunda ordem, mesmo as de coeficientes constantes, não se pode obter prontamente uma solução geral. Mas isso não é tão mau como poderia parecer, pois em geral é possível, e na verdade, fácil, achar **soluções particulares** das equações lineares importantes que surgem em muitas aplicações.

Separação de Variáveis

Embora haja vários métodos para achar soluções particulares (veja os Problemas 28 e 29), vai interessar-nos apenas um: o método chamado **método de separação das variáveis**. Quando procuramos uma solução particular na forma do produto de duas funções, uma de x e uma de y,

$$u(x, y) = X(x)Y(y),$$

às vezes é possível reduzir uma equação de derivadas parciais linear em duas variáveis a duas equações diferenciais *ordinárias*. Para tanto, notamos que

$$\frac{\partial u}{\partial x} = X'Y, \quad \frac{\partial u}{\partial y} = XY'$$

e
$$\frac{\partial^2 u}{\partial x^2} = X''Y, \quad \frac{\partial^2 u}{\partial y^2} = XY'',$$

onde as "linhas" denotam diferenciação ordinária.

EXEMPLO 2

Ache soluções em forma de produto de $\dfrac{\partial^2 u}{\partial x^2} = 4\dfrac{\partial u}{\partial y}$. **(1)**

Solução Se $u(x, y) = X(x)Y(y)$, a equação se escreve

$$X''Y = 4XY'.$$

Dividindo por $4XY$, separamos as variáveis:

$$\frac{X''}{4X} = \frac{Y'}{Y}.$$

Como o membro esquerdo da última equação é independente de y e é igual ao membro direito, que é independente de x, concluímos que ambos os membros da equação são independentes de x *e* y. Em outras palavras, cada membro da equação deve ser uma constante. Na prática, é conveniente escrever essa *constante* real *de separação* como λ^2 ou $-\lambda^2$. Distinguimos os três casos seguintes:

CASO I Se $\lambda^2 > 0$, as duas igualdades

$$\frac{X''}{4X} = \frac{Y'}{Y} = \lambda^2$$

conduzem a $\quad X'' - 4\lambda^2 X = 0$ e $Y' - \lambda^2 Y = 0$

Essas últimas equações admitem as soluções

$$X = c_1 \cosh 2\lambda x + c_2 \operatorname{senh} 2\lambda x \quad \text{e} \quad Y = c_3 e^{\lambda^2 y},$$

respectivamente. Assim, uma solução particular da equação de derivadas parciais é

$$\begin{aligned} u &= XY \\ &= (c_1 \cosh 2\lambda x + c_2 \operatorname{senh} 2\lambda x)(c_3 e^{\lambda^2 y}) \\ &= A_1 e^{\lambda^2 y} \cosh 2\lambda x + B_1 e^{\lambda^2 y} \operatorname{senh} 2\lambda x, \end{aligned} \qquad \textbf{(2)}$$

onde $A_1 = c_1c_3$ e $B_1 = c_2c_3$.

CASO II Se $-\lambda^2 < 0$, as duas igualdades

$$\frac{X''}{4X} = \frac{Y'}{Y} = -\lambda^2$$

dão $X'' + 4\lambda^2 X = 0$ e $Y' + \lambda^2 Y = 0$.

Como as soluções dessas equações são

$$X = c_4 \cos 2\lambda x + c_5 \operatorname{sen} 2\lambda x \quad \text{e} \quad Y = c_6 e^{-\lambda^2 y},$$

respectivamente, outra solução particular é

$$u = A_2 e^{-\lambda^2 y} \cos 2\lambda x + B_2 e^{-\lambda^2 y} \operatorname{sen} 2\lambda x, \tag{3}$$

onde $A_2 = c_4 c_6$ e $B_2 = c_5 c_6$.

CASO III Se $\lambda^2 = 0$, decorre que

$$X'' = 0 \quad \text{e} \quad Y' = 0.$$

Nesse caso, $X = c_7 x + c_8$ e $Y = c_9$

de forma que $u = A_3 x + B_3$, **(4)**

onde $A_3 = c_7 c_9$ e $B_3 = c_8 c_9$. ■

Deixamos como exercício verificar que (2), (3) e (4) satisfazem a equação dada. Veja o Problema 30.

A separação de variáveis não é um método geral para achar soluções particulares: algumas equações de derivadas parciais lineares simplesmente não são separáveis. O leitor deve verificar que a hipótese $u = XY$ não conduz a uma solução de $\partial^2 u / \partial x^2 - \partial u / \partial y = x$.

Princípio da Superposição

O teorema seguinte, análogo ao Teorema 4.3, é conhecido como **princípio da superposição**.

TEOREMA 12.1 Princípio da Superposição

Se $u_1, u_2, \ldots, u_k$ são soluções de uma equação de derivadas parciais linear homogênea, então a combinação linear

$$u = c_1 u_1 + c_2 u_2 + \ldots + c_k u_k,$$

onde os c_i, $i = 1, 2, \ldots, k$ são constantes, também é solução.

No decorrer deste capítulo, admitiremos que, sempre que tivermos um conjunto infinito

$$u_1, u_2, u_3, \ldots$$

de soluções de uma equação linear homogênea, poderemos obter uma outra solução formando a série infinita

$$u = \sum_{k=1}^{\infty} u_k.$$

Classificação de Equações

Uma equação de derivadas parciais linear de segunda ordem em duas variáveis independentes com coeficientes constantes pode ser classificada em um dentre três tipos. Essa classificação depende apenas dos coeficientes das derivadas de segunda ordem. Naturalmente, admitimos que ao menos um dos coeficientes A, B e C seja diferente de zero.

DEFINIÇÃO 12.1 Classificação de Equações

A equação de derivadas parciais linear de segunda ordem

$$A\frac{\partial^2 u}{\partial x^2}+B\frac{\partial^2 u}{\partial x\,\partial y}+C\frac{\partial^2 u}{\partial y^2}+D\frac{\partial u}{\partial x}+E\frac{\partial u}{\partial y}+Fu=0,$$

onde A, B, C, D, E e F são constantes reais, é

hiperbólica, se $B^2-4AC>0$,
parabólica, se $B^2-4AC=0$,
elíptica, se $B^2-4AC<0$

EXEMPLO 3

Classifique as equações

$$\text{(a)}\ 3\frac{\partial^2 u}{\partial x^2}=\frac{\partial u}{\partial y}\qquad \text{(b)}\ \frac{\partial^2 u}{\partial x^2}=\frac{\partial^2 u}{\partial y^2}\qquad \text{(c)}\ \frac{\partial^2 u}{\partial x^2}+\frac{\partial^2 u}{\partial y^2}=0$$

Solução (a) Escrevendo a equação dada como

$$3\frac{\partial^2 u}{\partial x^2}-\frac{\partial u}{\partial y}=0,$$

podemos identificar $A=3$, $B=0$ e $C=0$. Como $B^2-4AC=0$, a equação é parabólica.

(b) Escrevendo a equação como

$$\frac{\partial^2 u}{\partial x^2}=\frac{\partial^2 u}{\partial y^2}=0,$$

vemos que $A=1$, $B=0$, $C=-1$ e $B^2-4AC=-4(1)(-1)>0$.

A equação é hiperbólica.

(c) Com $A=1$, $B=0$, $C=1$, temos que $B^2-4AC=-4(1)(1)<0$. A equação é elíptica. ■

Uma explicação detalhada da razão por que somos levados a classificar uma equação de derivadas parciais de segunda ordem ultrapassa o âmbito deste livro. Mas a resposta está no fato de que procuramos resolver essas equações sujeitas a certas condições laterais conhecidas como condições de contorno e condições iniciais. O gênero das condições laterais adequadas a uma determinada equação depende do fato de a equação ser hiperbólica, parabólica ou elíptica.

12.1 EXERCÍCIOS

As respostas dos exercícios selecionados estão na página 410.

Nos Problemas 1-16, utilize a separação de variáveis para achar, se possível, soluções em forma de produto para a equação de derivadas parciais dada.

1. $\dfrac{\partial u}{\partial x} = \dfrac{\partial u}{\partial y}$

2. $\dfrac{\partial u}{\partial x} + 3\dfrac{\partial u}{\partial y} = 0$

3. $u_x + u_y = u$

4. $u_x = u_y + u$

5. $x\dfrac{\partial u}{\partial x} = y\dfrac{\partial u}{\partial y}$

6. $y\dfrac{\partial u}{\partial x} + x\dfrac{\partial u}{\partial y} = 0$

7. $\dfrac{\partial^2 u}{\partial x^2} + \dfrac{\partial^2 u}{\partial x\,\partial y} + \dfrac{\partial^2 u}{\partial y^2} = 0$

8. $y\dfrac{\partial^2 u}{\partial x\,\partial y} + u = 0$

9. $k\dfrac{\partial^2 u}{\partial x^2} - u = \dfrac{\partial u}{\partial t}$, $k > 0$

10. $k\dfrac{\partial^2 u}{\partial x^2} = \dfrac{\partial u}{\partial t}$, $k > 0$

11. $a^2\dfrac{\partial^2 u}{\partial x^2} = \dfrac{\partial^2 u}{\partial t^2}$

12. $a^2\dfrac{\partial^2 u}{\partial x^2} = \dfrac{\partial^2 u}{\partial t^2} + 2k\dfrac{\partial u}{\partial t}$, $k > 0$

13. $\dfrac{\partial^2 u}{\partial x^2} + \dfrac{\partial^2 u}{\partial y^2} = 0$

14. $x^2\dfrac{\partial^2 u}{\partial x^2} + \dfrac{\partial^2 u}{\partial y^2} = 0$

15. $u_{xx} + u_{yy} = u$

16. $a^2 u_{xx} - g = u_{tt}$, g constante

Nos Problemas 17-26, classifique como hiperbólica, parabólica ou elíptica a equação de derivadas parciais dada.

17. $\dfrac{\partial^2 u}{\partial x^2} + \dfrac{\partial^2 u}{\partial x\,\partial y} + \dfrac{\partial^2 u}{\partial y^2} = 0$

18. $3\dfrac{\partial^2 u}{\partial x^2} + 5\dfrac{\partial^2 u}{\partial x\,\partial y} + \dfrac{\partial^2 u}{\partial y^2} = 0$

19. $\dfrac{\partial^2 u}{\partial x^2} + 6\dfrac{\partial^2 u}{\partial x\,\partial y} + 9\dfrac{\partial^2 u}{\partial y^2} = 0$

20. $\dfrac{\partial^2 u}{\partial x^2} - \dfrac{\partial^2 u}{\partial x\,\partial y} - 3\dfrac{\partial^2 u}{\partial y^2} = 0$

21. $\dfrac{\partial^2 u}{\partial x^2} = 9\dfrac{\partial^2 u}{\partial x\,\partial y}$

22. $\dfrac{\partial^2 u}{\partial x\,\partial y} - \dfrac{\partial^2 u}{\partial y^2} + 2\dfrac{\partial u}{\partial x} = 0$

23. $\dfrac{\partial^2 u}{\partial x^2} + 2\dfrac{\partial^2 u}{\partial x\,\partial y} + \dfrac{\partial^2 u}{\partial y^2} + \dfrac{\partial u}{\partial x} - 6\dfrac{\partial u}{\partial y} = 0$

24. $\dfrac{\partial^2 u}{\partial x^2} + \dfrac{\partial^2 u}{\partial y^2} = u$

25. $a^2\dfrac{\partial^2 u}{\partial x^2} = \dfrac{\partial^2 u}{\partial t^2}$

26. $k\dfrac{\partial^2 u}{\partial x^2} = \dfrac{\partial u}{\partial t}$, $k > 0$

27. Mostre que a equação

$$k\left(\frac{\partial^2 u}{\partial r^2} + \frac{1}{r}\frac{\partial u}{\partial r}\right) = \frac{\partial u}{\partial t}$$

admite a solução em forma de produto

$$u = e^{-k\lambda^2 t}(AJ_0(\lambda r) + BY_0(\lambda r)).$$

28. **(a)** Mostre que a equação

$$a^2 \frac{\partial^2 u}{\partial x^2} = \frac{\partial^2 u}{\partial t^2}$$

pode ser posta na forma $\partial^2 u/\partial\eta\,\partial\xi = 0$ mediante a substituição $\xi = x + at$, $\eta = x - at$.

(b) Mostre que

$$u = F(x + at) + G(x - at)$$

é uma solução da equação, com F e G funções arbitrárias, duas vezes diferenciáveis.

29. Determine soluções da forma $u = e^{mx+ny}$ para $\dfrac{\partial^2 u}{\partial x^2} + \dfrac{\partial^2 u}{\partial x\,\partial y} - 6\dfrac{\partial^2 u}{\partial y^2} = 0.$

30. Verifique que os produtos (2), (3) e (4) satisfazem a equação (1).

31. A Definição 12.1 se generaliza para equações lineares com coeficientes que são funções de x e y. Determine as regiões do plano xy nas quais a equação

$$(xy + 1)\frac{\partial^2 u}{\partial x^2} + (x + 2y)\frac{\partial^2 u}{\partial x\,\partial y} + \frac{\partial^2 u}{\partial y^2} + xy^2 u = 0$$

é hiperbólica, parabólica ou elíptica.

12.2 EQUAÇÕES CLÁSSICAS E PROBLEMAS DE VALORES DE CONTORNO

No decorrer deste capítulo e no próximo, nosso objetivo principal será o de achar soluções em forma de produto para as equações de derivadas parciais

$$k\frac{\partial^2 u}{\partial x^2} = \frac{\partial u}{\partial t}, \quad k > 0 \tag{1}$$

$$a^2 \frac{\partial^2 u}{\partial x^2} = \frac{\partial^2 u}{\partial t^2} \tag{2}$$

$$\frac{\partial^2 u}{\partial x^2} + \frac{\partial^2 u}{\partial y^2} = 0 \tag{3}$$

ou ligeiras variantes dessas equações. Essas equações clássicas da física matemática são conhecidas, respectivamente, como **equação unidimensional do calor**, **a equação unidimensional da onda** e a **equação de Laplace em duas dimensões**. A expressão "unidimensional" se refere ao fato de que x denota uma dimensão espacial, enquanto t representa o tempo. A equação de Laplace se escreve abreviadamente como $\nabla^2 u = 0$, onde

$$\nabla^2 u = \frac{\partial^2 u}{\partial x^2} + \frac{\partial^2 u}{\partial y^2}$$

é chamado **Laplaciano bidimensional** da função u. Em três dimensões o **Laplaciano** é

$$\nabla^2 u = \frac{\partial^2 u}{\partial x^2} + \frac{\partial^2 u}{\partial y^2} + \frac{\partial^2 u}{\partial z^2}.$$

Note que a equação do calor (1) é parabólica, a equação da onda (2) é hiperbólica e a equação de Laplace (3) é elíptica.

A Equação do Calor

A equação (1) aparece na teoria do fluxo de calor, ou seja, o calor transferido por condução em uma haste ou fio delgado. A função $u(x, t)$ é temperatura. Problemas de vibrações mecânicas costumam originar a equação da onda (2). Para fins de discussão, uma solução $u(x, t)$ de (2) representará o deslocamento de uma corda ideal. Finalmente, podemos interpretar a equação de Laplace (3) como a distribuição da temperatura de estado estacionário (isto é, independente do tempo) em uma placa delgada, bidimensional.

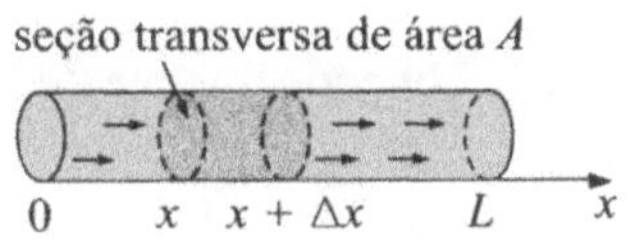

Figura 12.1

Ainda que tenhamos de fazer algumas hipóteses simplificadoras, é interessante ver como surgem as equações (1) e (2).

Suponhamos que uma haste circular delgada, de comprimento L, tenha área A de seção transversa e coincida com o eixo x no intervalo $[0, L]$. Veja a Figura 12.1. Suponhamos que:

- O fluxo de calor dentro da haste se verifique apenas na direção x
- A superfície lateral, ou curva, da haste é isolada; isto é, nenhum calor escapa dessa superfície.
- Nenhum calor é gerado dentro da haste.
- A haste é homogênea, isto é, sua massa por unidade de volume ρ é constante.
- O calor específico γ e a condutividade térmica K do material da haste são constantes.

Para estabelecer a equação de derivadas parciais que é satisfeita pela temperatura $u(x, t)$, necessitamos de duas leis empíricas da condução do calor:

(i) *A quantidade de calor Q em um elemento de massa m é*

$$Q = \gamma m u, \qquad \textbf{(4)}$$

onde u é a temperatura do elemento.

(ii) *A taxa Q_t de fluxo de calor através da seção transversa indicada na Figura 12.1 é proporcional à área A da seção transversa e à derivada parcial da temperatura em relação a x:*

$$Q_t = -KAu_x. \quad (5)$$

Como o calor flui na direção da temperatura decrescente, usa-se o sinal de subtração em (5) para garantir que Q_t seja positiva para $u_x < 0$ (fluxo de calor para a direita) e negativa para $u_x > 0$ (fluxo de calor para a esquerda). Se a fatia circular da haste mostrada na Figura 12.1 entre x e $x + \Delta x$ é muito delgada, então $u(x, t)$ pode ser considerada como a temperatura aproximada em cada ponto do intervalo. Mas a massa da fatia é $m = \rho(A\ \Delta x)$ e, assim, decorre de (4) que a quantidade de calor nela é

$$Q = \gamma\rho A\ \Delta x\ u. \quad (6)$$

Além disso, quando o calor flui na direção x positiva, vemos, de (5), que o calor se acumula na fatia à razão de

$$-KAu_x(x, t) - (-KAu_x(x + \Delta x, t)) = KA[ux(x + \Delta x, t) - u_x(x, t)]. \quad (7)$$

Diferenciando (6) em relação a t, vemos que essa taxa líquida é dada também por

$$Q_t = \gamma\rho A\ \Delta x\ u_t. \quad (8)$$

Igualando (7) e (8), vem

$$\frac{K}{\gamma\rho}\frac{u_x(x+\Delta x,t)-u_x(x,t)}{\Delta x} = u_t. \quad (9)$$

Tomando o limite de (9) quando $\Delta x \to 0$, obtemos finalmente (1) na forma*

$$\frac{K}{\gamma\rho}u_{xx} = u_t.$$

É usual fazer $k = K/\gamma\rho$ e designar essa constante positiva como **difusividade térmica**.

A Equação da Onda

Considere uma corda de comprimento L, como uma corda de violão, mantida tensa e fixada em dois pontos no eixo x, $x = 0$ e $x = L$.

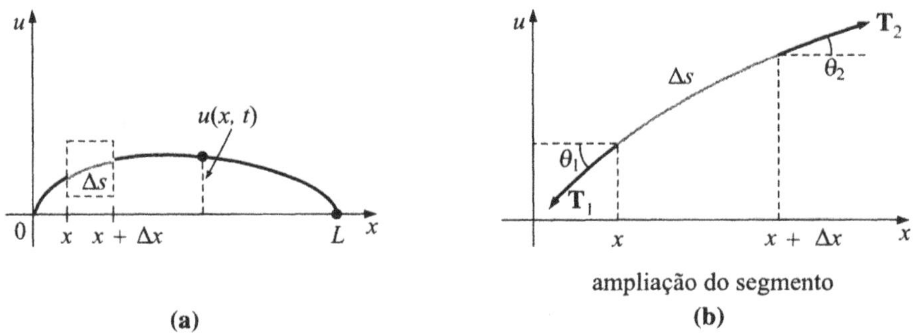

Figura 12.2

* Recorde, do cálculo, que $u_{xx} = \lim_{\Delta x \to 0} \frac{u_x(x + \Delta x, t) - u_x(x, t)}{\Delta x}$.

Quando a corda começa a vibrar, suponha que o movimento se verifique no plano xy de tal maneira que cada ponto da corda se mova em uma direção perpendicular ao eixo x (vibrações transversais). Conforme mostra a Figura 12.2(a), denotemos por $u(x, t)$ o deslocamento vertical de um ponto arbitrário da corda medido a contar do eixo x para $t > 0$. Supomos ainda que:

- A corda é perfeitamente flexível.
- A corda é homogênea, isto é, sua massa ρ por unidade de comprimento é constante.
- Os deslocamentos u são pequenos comparados com o comprimento da corda.
- A inclinação da curva é pequena em todos os pontos.
- A tensão **T** atua tangencialmente à corda e seu módulo T é o mesmo em todos os pontos.
- A tensão é grande comparada com a força da gravidade.
- Nenhuma outra força externa atua sobre a corda.

Agora, na Figura 12.2(b) as tensões $\mathbf{T}_1$ e $\mathbf{T}_2$ são tangentes às extremidades da curva no intervalo $[x, x + \Delta x]$. Para pequenos valores θ_1 e θ_2, a força vertical resultante que atua no elemento correspondente Δs da corda é então

$$T \operatorname{sen} \theta_2 - T \operatorname{sen} \theta_1 \approx T \operatorname{tg} \theta_2 - T \operatorname{tg} \theta_1$$
$$= T[u_x(x+\Delta x, t) - u_x(x, t)],^*$$

onde $T = |\mathbf{T}_1| = |\mathbf{T}_2|$. Já, $\rho\, \Delta s \approx \rho\, \Delta x$ é a massa da corda em $[x, x+\Delta x]$ e assim a segunda lei de Newton dá

$$T[u_x(x+\Delta x, t) - u_x(x, t)] = \rho\, \Delta x\, u_{tt}$$

ou

$$\frac{u_x(x+\Delta x, t) - u_x(x, t)}{\Delta x} = \frac{\rho}{T} u_{tt}.$$

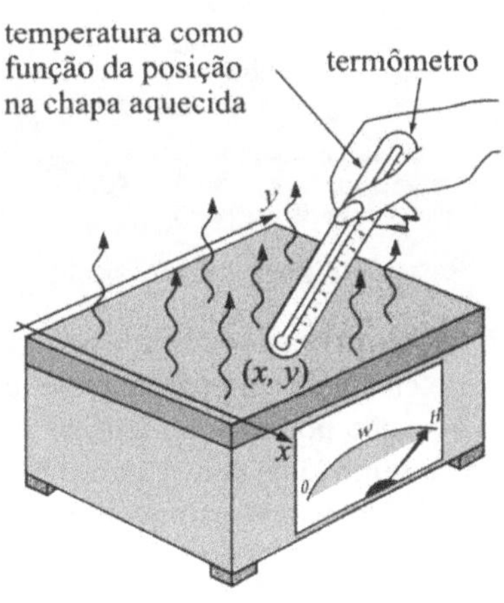

Figura 12.3

* $\operatorname{tg} \theta_2 = u_x(x + \Delta x, t)$ e $\operatorname{tg} \theta_1 = u_x(x, t)$ são expressões equivalentes para o coeficiente angular.

Tomando o limite quando $\Delta x \to 0$, a última equação se escreve $u_{xx} = (\rho/T)u_{tt}$, que é, na verdade, (2), com $a^2 = T/\rho$.

A Equação de Laplace

Embora não apresentemos sua dedução, a equação de Laplace em duas e três dimensões surge em problemas independentes do tempo, que envolvem potenciais como o potencial eletrostático, gravitacional e a velocidade na mecânica dos fluidos. Além disso, sempre podemos interpretar uma solução da equação de Laplace como uma distribuição de temperatura em estado estacionário. Conforme ilustrado na Figura 12.3, uma solução $u(x, y)$ de (3) poderia representar a temperatura que varia de um a outro ponto – mas não com o tempo – de uma chapa retangular.

Em geral desejamos achar soluções das equações (1), (2) e (3) que satisfazem certas condições laterais.

Condições Iniciais

Como as soluções de (1) e (2) dependem do tempo t, podemos prefixar o que acontece em $t = 0$; isto é, podemos fixar **condições iniciais (CI)**. Se $f(x)$ denota a distribuição inicial de temperatura através da haste na Figura 12.1, então uma solução $u(x, t)$ de (1) deve satisfazer a condição inicial $u(x, 0) = f(x)$, $0 < x < L$. Por outro lado, para uma corda vibrante, podemos especificar seu deslocamento (ou forma) inicial $f(x)$, assim como sua velocidade inicial $g(x)$. Em termos matemáticos, procuramos uma função $u(x, t)$ que satisfaça (2) e as duas condições iniciais:

$$u(x,0) = f(x), \quad \left.\frac{\partial u}{\partial t}\right|_{t=0} = g(x), \quad 0 < x < L. \tag{10}$$

Por exemplo, a corda poderia ser puxada, como mostra a Figura 12.4, e liberada a partir do repouso ($g(x) = 0$).

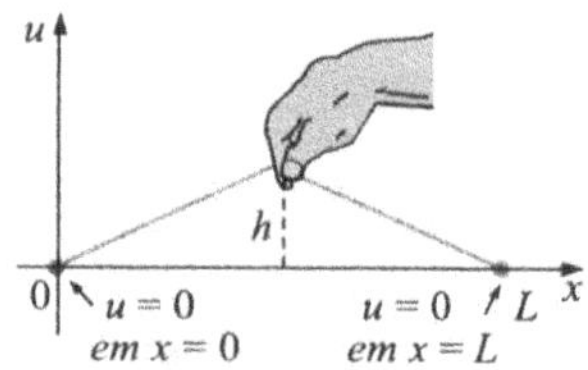

Figura 12.4

Muitos fenômenos vibratórios têm como modelo uma equação linear de derivadas parciais $a^2u_{xx} = u_{tt}$, chamada *equação da onda* unidimensional.
Uma solução $u(x, t)$ dessa equação poderia representar pequenos deslocamentos verticais de uma corda vibrante ideal como a de um violão ou um violino.
As cordas desses instrumentos são postas em movimento por meio do dedilhado.

Condições de Contorno

A corda da Figura 12.4 é fixa permanentemente ao eixo x em $x = 0$ e $x = L$. Traduzimos esse fato pelas duas **condições de contorno (CC)**:

$$u(0, t) = 0, \quad u(L, t) = 0, \qquad t > 0.$$

Note que, nesse contexto, a função f em (10) é contínua e, conseqüentemente, $f(0) = 0$ e $f(L) = 0$. Em geral, há três tipos de condição de contorno associados às equações (1), (2) e (3). Em um contorno, podemos especificar os valores de *um* dos seguintes elementos:

$$\textbf{(i)}\, u, \quad \textbf{(ii)} \frac{\partial u}{\partial n} \quad \text{ou} \quad \textbf{(iii)} \frac{\partial u}{\partial n} + hu, \quad h \text{ uma constante.}$$

Aqui, $\partial u/\partial n$ denota a derivada normal de u (a derivada direcional de u na direção perpendicular ao contorno). Uma condição de contorno do primeiro tipo (i) é chamada **condição de Dirichlet**; o segundo tipo (ii) é chamado **condição de Neumann**; e uma condição de contorno do terceiro tipo (iii) é conhecida como **condição de Robin**.* Por exemplo, para $t > 0$, uma condição típica no extremo direito da haste na Figura 12.1 pode ser

$$\textbf{(i)}' \; u(L, t) = u_0, \quad u_0 \text{ constante,}$$

$$\textbf{(ii)}' \; \frac{\partial u}{\partial x}\Big|_{x=L} = 0 \quad \text{ou}$$

$$\textbf{(iii)}' \; \frac{\partial u}{\partial x}\Big|_{x=L} = -h(u(L,t) - u_m), \quad h > 0 \quad \text{e} \quad u_m \text{ constantes.}$$

A condição (i)′ simplesmente afirma que o contorno $x = L$ é, por algum meio, mantido à temperatura constante u_0 para todo $t > 0$. A condição (ii)′ indica que o contorno $x = L$ é *isolado*. Pela lei empírica da transferência de calor, o fluxo de calor através de um contorno (isto é, a quantidade de calor por unidade de área por unidade de tempo conduzida através do contorno) é proporcional ao valor da derivada normal $\partial u/\partial n$ da temperatura u. Assim, quando o contorno $x = L$ é termicamente isolado, não há fluxo de calor nem para dentro nem para fora da haste e, portanto,

$$\frac{\partial u}{\partial x}\Big|_{x=L} = 0.$$

A interpretação de (iii)′ é que *se perde calor* pela extremidade direita da haste em virtude do contato com um meio, como ar ou água, que é mantido a temperatura constante. Pela lei de Newton do resfriamento, o fluxo de calor para fora da haste é proporcional à diferença entre a temperatura $u(L, t)$ no contorno e a temperatura u_m do meio ambiente. Notamos que, quando se perde calor pela extremidade esquerda da haste, a condição de contorno é

$$\frac{\partial u}{\partial x}\Big|_{x=0} = h(u(0,t) - u_m).$$

A mudança do sinal algébrico é consistente com a hipótese de que a haste apresenta uma temperatura mais alta do que a do meio que envolve suas extremidades, de forma que $u(0, t) > u_m$ e $u(L, t) > u_m$. Em $x = 0$ e $x = L$, os coeficientes angulares $u_x(0, t)$ e $u_x(L, t)$ devem ser positivo e negativo, respectivamente.

Naturalmente, nas extremidades da haste podemos especificar condições simultâneas diferentes. Poderíamos ter, por exemplo,

* Designação dada em honra ao matemático francês **Victor G. Robin** (1855-1897) e aos matemáticos alemães **Peter G. L. Dirichlet** (1805-1859) e **Carl G. Neumann** (1832-1925).

$$\frac{\partial u}{\partial x}\Big|_{x=0} = 0 \quad \text{e} \quad u(L,t) = u_0, \quad t > 0.$$

Problemas de Valores de Contorno

Problemas como

$$\textit{Resolver:} \quad a^2 \frac{\partial^2 u}{\partial x^2} = \frac{\partial^2 u}{\partial t^2}, \quad 0 < x < L, \quad t > 0$$

sujeito a:

$$\text{(CC)} \quad u(0,t) = 0, \qquad u(L,t) = 0, \qquad t > 0 \tag{11}$$

$$\text{(CI)} \quad u(x,0) = f(x), \quad \frac{\partial u}{\partial t}\Big|_{t=0} = g(x), \quad 0 < x < L$$

e

$$\textit{Resolver:} \quad \frac{\partial^2 u}{\partial x^2} + \frac{\partial^2 u}{\partial y^2} = 0, \quad 0 < x < a, \quad 0 < y < b$$

sujeito a:

$$\text{(CC)} \begin{cases} \dfrac{\partial u}{\partial x}\Big|_{x=0} = 0, & \dfrac{\partial u}{\partial x}\Big|_{x=a} = 0, \quad 0 < y < b \\ u(x,0) = 0, & u(x,b) = f(x), \quad 0 < x < a \end{cases} \tag{12}$$

são chamados **problemas de valores de contorno**.

Modificações

As equações de derivadas parciais (1), (2) e (3) devem ser modificadas para levar em conta influências internas ou externas que atuam sobre o sistema físico.

$$k\frac{\partial^2 u}{\partial x^2} + G(x,t,u) = \frac{\partial u}{\partial t} \tag{13}$$

e

$$a^2 \frac{\partial^2 u}{\partial x^2} + F(x,t,u,u_t) = \frac{\partial^2 u}{\partial t^2} \tag{14}$$

são formas mais gerais das equações unidimensionais do calor e da onda, respectivamente.

Por exemplo, se há transferência de calor da superfície lateral de uma haste para o meio circundante mantido a uma temperatura constante u_m, então a equação (13) do calor é

$$k\frac{\partial^2 u}{\partial x^2} - h(u - u_m) = \frac{\partial u}{\partial t}.$$

Em (14), a função F poderia representar as várias forças que atuam sobre a corda. Por exemplo, quando se levam em conta forças externas, amortecedoras e restauradoras elásticas, (14) toma a forma

$$a^2\frac{\partial^2 u}{\partial x^2}+f(x,t)=\frac{\partial^2 u}{\partial t^2}+c\frac{\partial u}{\partial t}+ku. \tag{15}$$

força externa | força amortecedora | força restauradora

Observação A análise de uma ampla variedade de fenômenos origina as equações (1), (2) ou (3), ou suas generalizações envolvendo um maior número de variáveis espaciais. Por exemplo, (1) é chamada às vezes **equação de difusão**, porque a difusão de substâncias dissolvidas em uma solução é análoga ao fluxo de calor em um sólido. A função $u(x, t)$ que verifica a equação de derivadas parciais nesse caso representa a concentração da substância dissolvida. Analogamente, a equação (1) surge no estudo do fluxo de eletricidade em um longo cabo ou linha de transmissão. Nesse contexto, (1) é conhecida como **equação do telégrafo**. Pode-se mostrar que, sob certas hipóteses, a corrente e a voltagem na linha são funções que satisfazem duas equações idênticas na forma à equação (1). A equação da onda (2) também aparece na teoria das linhas de transmissão de alta freqüência, na mecânica dos fluidos, na acústica e na elasticidade. A equação de Laplace (3) ocorre em problemas de engenharia referentes a deslocamentos estáticos de membranas.

12.2 EXERCÍCIOS

As respostas dos exercícios selecionados nas páginas 410 e 411.

Nos Problemas 1-4, uma haste de comprimento L coincide com o intervalo $[0, L]$ no eixo x. Estabeleça o problema de valores no contorno para a temperatura $u(x, t)$.

1. A extremidade esquerda é mantida à temperatura zero e a extremidade direita é isolada. A temperatura inicial é $f(x)$ em toda a haste.

2. A extremidade esquerda é mantida à temperatura u_0 e a extremidade direita é mantida à temperatura u_1. A temperatura inicial é zero em toda a haste.

3. A extremidade esquerda é mantida à temperatura 100 e há transferência de calor da extremidade direita para o meio ambiente à temperatura zero. A temperatura inicial é $f(x)$ em toda a haste.

4. As extremidades são isoladas e há transferência de calor da superfície lateral para o meio ambiente à temperatura 50. A temperatura inicial é 100 em toda a haste.

Nos Problemas 5-8, uma corda de comprimento L coincide com o intervalo $[0, L]$ no eixo x. Estabeleça o problema de valores de contorno para o deslocamento $u(x, t)$.

5. As extremidades estão fixas ao eixo x. A corda é liberada do repouso após o deslocamento inicial $x(L - x)$.

6. As extremidades estão fixas ao eixo x. Inicialmente a corda não está deslocada, mas tem a velocidade inicial $\operatorname{sen}(\pi x/L)$.

7. A extremidade esquerda está fixa ao eixo x, mas a extremidade direita se move transversalmente de acordo com $\operatorname{sen} \pi t$. A corda é liberada do repouso após o deslocamento inicial $f(x)$. Para $t > 0$, as vibrações transversais são amortecidas por uma força proporcional à velocidade instantânea.

8. As extremidades estão fixas no eixo x e a corda está inicialmente em repouso nesse eixo. Uma força externa vertical, proporcional à distância horizontal da extremidade esquerda, atua sobre a corda para $t > 0$.

Nos Problemas 9 e 10, estabeleça o problema de valores de contorno para a temperatura de estado estacionário $u(x, y)$.

9. Uma chapa delgada retangular coincide com a região definida por $0 \le x \le 4$, $0 \le y \le 2$. A extremidade esquerda e a base da chapa são isoladas. A extremidade superior da chapa é mantida à temperatura zero e a extremidade direita é mantida à temperatura $f(y)$.

10. Uma chapa semi-infinita coincide com a região definida por $0 \le x \le \pi$, $y \ge 0$. A extremidade esquerda é mantida à temperatura e^{-y} e a extremidade direita é mantida à temperatura 100 para $0 < y \le 1$ e à temperatura zero para $y > 1$. A base da chapa é mantida à temperatura $f(x)$.

12.3 EQUAÇÃO DO CALOR

Figura 12.5

Consideremos uma haste delgada de comprimento L e temperatura inicial $f(x)$ em toda ela e com as extremidades mantidas à temperatura zero para todo tempo $t > 0$. Se a haste da Figura 12.5 satisfaz as condições dadas na página 249, a temperatura $u(x, t)$ na haste é determinada com base no problema de valor de contorno:

$$k\frac{\partial^2 u}{\partial x^2} = \frac{\partial u}{\partial t}, \quad 0 < x < L, \ t > 0 \tag{1}$$

$$u(0, t) = 0, \quad u(L, t) = 0, \quad t > 0 \tag{2}$$

$$u(x, 0) = f(x), \quad 0 < x < L. \tag{3}$$

Solução

Utilizando o produto $u = X(x)T(t)$ e $-\lambda^2$ como constante de separação, temos

$$\frac{X''}{X} = \frac{T'}{kT} = -\lambda^2 \tag{4}$$

e

$$X'' + \lambda^2 X = 0 \qquad T' + k\lambda^2 T = 0 \tag{5}$$

$$X = c_1 \cos \lambda x + c_2 \operatorname{sen} \lambda x \tag{6}$$

$$T = c_3 e^{-k\lambda^2 t}. \tag{7}$$

Mas como

$$u(0, t) = X(0)T(t) = 0$$
$$u(L, t) = X(L)T(t) = 0,$$

devemos ter $X(0) = 0$ e $X(L) = 0$. Essas condições de contorno, juntamente com a equação (5), constituem um problema de Sturm-Liouville. Levando a primeira dessas condições em (6), obtemos imediatamente $c_1 = 0$. Portanto,

$$X = c_2 \operatorname{sen} \lambda x.$$

A segunda condição de contorno implica então

$$X(L) = c_2 \operatorname{sen} \lambda L = 0.$$

Se $c_2 = 0$, então $X = 0$, de forma que $u = 0$. Para obter uma solução não-trivial u, devemos ter $c_2 \neq 0$ e, assim, a última equação é satisfeita quando

$$\operatorname{sen} \lambda L = 0.$$

Isto implica $\lambda L = n\pi$ ou $\lambda = n\pi/L$, com $n = 1, 2, 3, \ldots$. Os valores

$$\lambda = \frac{n\pi}{L}, \quad n = 1, 2, 3, \ldots, \tag{8}$$

e as soluções correspondentes

$$X = c_2 \operatorname{sen} \frac{n\pi}{L} x, \quad n = 1, 2, 3, \ldots, \tag{9}$$

são, respectivamente, os **autovalores** e as **autofunções** do problema.

De (7) temos $T = c_3 e^{-k(n^2\pi^2/L^2)t}$ e assim

$$u_n = XT = A_n e^{-k(n^2\pi^2/L^2)t} \operatorname{sen} \frac{n\pi}{L} x, \tag{10}$$

onde substituímos por A_n a constante c_2c_3. Os produtos $u_n(x, t)$ satisfazem a equação de derivadas parciais (1) e as condições de contorno (2) para cada valor do inteiro positivo n.* Todavia, para que as funções dadas em (10) satisfaçam a condição inicial (3), teríamos de escolher o coeficiente A_n de tal forma que

$$u_n = (x, 0) = f(x) = A_n \operatorname{sen} \frac{n\pi}{L} x. \tag{11}$$

Em geral, não esperamos que a condição (11) seja satisfeita para uma escolha arbitrária, porém razoável, de f. Somos, pois, forçados a admitir que *$u_n(x, t)$ não é solução do problema dado.* Mas, pelo princípio da superposição, a função

$$u(x,t) = \sum_{n=1}^{\infty} u_n = \sum_{n=1}^{\infty} A_n e^{-k(n^2\pi^2/L^2)t} \operatorname{sen} \frac{n\pi}{L} x \tag{12}$$

deve também, ainda que formalmente, satisfazer (1) e (2). Fazendo $t = 0$ em (12) temos

$$u(x,0) = f(x) = \sum_{n=1}^{\infty} A_n \operatorname{sen} \frac{n\pi}{L} x,$$

---

* Recomendamos verificar que, se escolhemos a constante de separação como $\lambda^2 = 0$ ou $\lambda^2 > 0$, então a única solução de (1) que satisfaz (2) é $u = 0$.

Reconhecemos nessa última expressão o desenvolvimento de meio-intervalo de f em uma série de senos. Assim, identificando $A_n = b_n$, $n = 1, 2, 3, \ldots$, decorre de (5), Seção 11.3, que

$$A_n = \frac{2}{L}\int_0^L f(x)\,\text{sen}\frac{n\pi}{L}x\,dx.$$

Concluímos que uma solução do problema de contorno descrito em (1), (2) e (3) é dada pela série infinita

$$u(x,t) = \frac{2}{L}\sum_{n=1}^{\infty}\left(\int_0^L f(x)\,\text{sen}\frac{n\pi}{L}x\,dx\right)e^{-k(n^2\pi^2/L^2)t}\,\text{sen}\frac{n\pi}{L}x.$$

No caso especial $u(x, 0) = 100$, $L = \pi$ e $k = 1$, verificamos que os coeficientes A_n são dados por

$$A_n = \frac{200}{\pi}\left[\frac{1-(-1)^n}{n}\right]$$

e assim

$$u(x,t) = \frac{200}{\pi}\sum_{n=1}^{\infty}\left[\frac{1-(-1)^n}{n}\right]e^{-n^2t}\,\text{sen}\,nx. \qquad \textbf{(13)}$$

Com auxílio de um sistema de computação algébrica, mostramos, na Figura 12.6, os gráficos da solução $u(x, t)$ no intervalo $[0, \pi]$ para diversos valores do tempo t. Os gráficos confirmam o que é visível em (13), a saber, $u(x, t) \to 0$ quando $t \to \infty$.

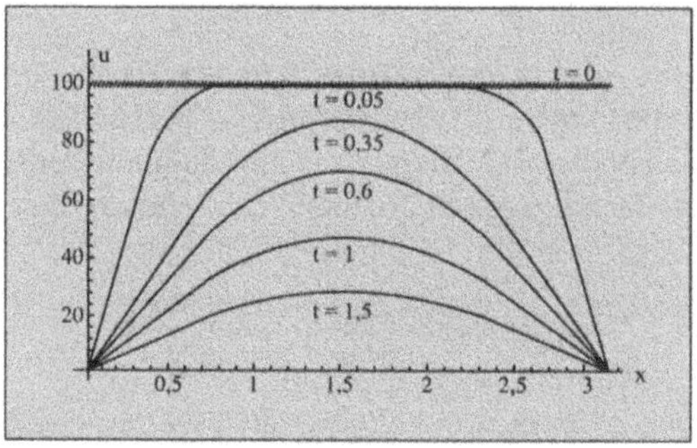

Figura 12.6

12.3 EXERCÍCIOS

As respostas dos exercícios selecionados estão na página 411.

Nos Problemas 1 e 2, resolva a equação do calor (1) sujeita às condições indicadas. Suponha uma haste de comprimento L.

1. $u(0,t) = 0,\; u(L,t) = 0$

$$u(x,0) = \begin{cases} 1, & 0 < x < L/2 \\ 0, & L/2 < x < L \end{cases}$$

2. $u(0,t) = 0,\; u(L,t) = 0$

$$u(x,0) = x(L - x)$$

3. Determine a temperatura $u(x, t)$ em uma haste de comprimento L, se a temperatura inicial é $f(x)$ e se as extremidades $x = 0$ e $x = L$ são isoladas.

4. Resolva o Problema 3 se $L = 2$ e $f(x) = \begin{cases} x, & 0 < x < 1 \\ 0, & 1 < x < 2. \end{cases}$

5. Suponha que se perde calor pela superfície lateral de uma haste delgada de comprimento L para o meio ambiente à temperatura zero. Se a lei linear de transferência do calor é aplicável, então a equação do calor toma a forma $k\partial^2u/\partial x^2 - hu = \partial u/\partial t$, $0 < x < L$, $t > 0$, h constante. Determine a temperatura $u(x, t)$ se a temperatura inicial é $f(x)$ na barra e as extremidades $x = 0$ e $x = L$ são isoladas. Veja Figura 12.7.

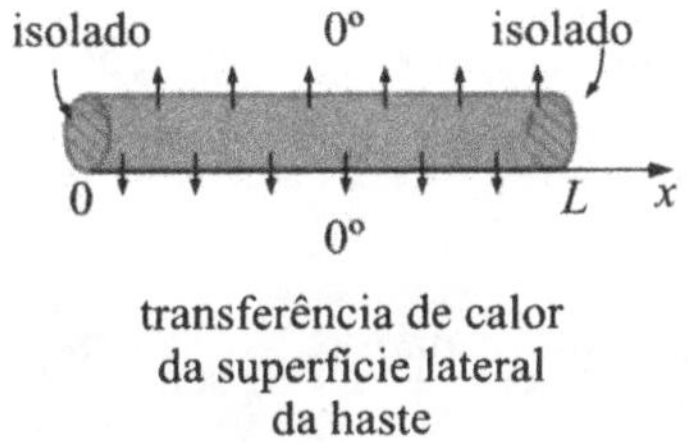

Figura 12.7

6. Resolva o Problema 5 se as extremidades $x = 0$ e $x = L$ são mantidas à temperatura zero.

12.4 EQUAÇÃO DA ONDA

Estamos agora em condições de resolver o problema de contorno (11) da Seção 12.2. O deslocamento vertical de $u(x, t)$ da corda vibrante de comprimento L da Figura 12.2(a) é determinado por

$$a^2 \frac{\partial^2 u}{\partial x^2} = \frac{\partial^2 u}{\partial t^2}, \quad 0 < x < L, \quad t > 0 \tag{1}$$

$$u(0,t) = 0, \qquad u(L,t) = 0, \quad t > 0 \tag{2}$$

$$u(x,0) = f(x), \qquad \frac{\partial u}{\partial t}\Big|_{t=0} = g(x), \quad 0 < x < L. \tag{3}$$

Solução

Separando variáveis em (1), vem

$$\frac{X''}{X} = \frac{T''}{a^2T} = -\lambda^2$$

de forma que

$$X'' + \lambda^2 X = 0$$

$$T'' + \lambda^2 a^2 T = 0$$

e, por conseguinte,

$$X = c_1 \cos \lambda x + c_2 \operatorname{sen} \lambda x$$

$$T = c_3 \cos \lambda at + c_4 \operatorname{sen} \lambda at.$$

Como anteriormente, as condições de contorno (2) se traduzem em $X(0) = 0$ e $X(L) = 0$. Por outro lado, temos

$$c_1 = 0 \quad \text{e} \quad c_2 \operatorname{sen} \lambda L = 0.$$

Esta última equação dá os autovalores $\lambda = n\pi/L$, com $n = 1, 2, 3, \ldots$. As autofunções correspondentes são

$$X = c_2 \operatorname{sen} \frac{n\pi}{L} x, \quad n = 1, 2, 3, \ldots.$$

Assim, as soluções da equação (1) que satisfazem as condições de contorno (2) são

$$u_n = \left(A_n \cos \frac{n\pi a}{L} t + B_n \operatorname{sen} \frac{n\pi a}{L} t \right) \operatorname{sen} \frac{n\pi}{L} x \tag{4}$$

e

$$u(x,t) = \sum_{n=1}^{\infty} \left(A_n \cos \frac{n\pi a}{L} t + B_n \operatorname{sen} \frac{n\pi a}{L} t \right) \operatorname{sen} \frac{n\pi}{L} x. \tag{5}$$

Fazendo $t = 0$ em (5), temos

$$u(x,0) = f(x) = \sum_{n=1}^{\infty} A_n \operatorname{sen} \frac{n\pi}{L} x,$$

que é um desenvolvimento de meio-intervalo de f em uma série de senos. Tal como na discussão da equação do calor, podemos escrever $A_n = b_n$:

$$A_n = \frac{2}{L} \int_0^L f(x) \operatorname{sen} \frac{n\pi}{L} x \, dx. \tag{6}$$

Para determinar B_n, diferenciamos (5) em relação a t e fazemos $t = 0$:

$$\frac{\partial u}{\partial t} = \sum_{n=1}^{\infty} \left(-A_n \frac{n\pi a}{L} \operatorname{sen} \frac{n\pi a}{L} t + B_n \frac{n\pi a}{L} \cos \frac{n\pi a}{L} t \right) \operatorname{sen} \frac{n\pi}{L} x$$

$$\left. \frac{\partial u}{\partial t} \right|_{t=0} = g(x) = \sum_{n=1}^{\infty} \left(B_n \frac{n\pi a}{L} \right) \operatorname{sen} \frac{n\pi}{L} x.$$

Para que essa última série seja um desenvolvimento de meio-intervalo de g em senos no intervalo, o coeficiente *total* $B_n n\pi a/L$ deve ser dado pela forma de (5) na Seção 11.3, isto é,

$$B_n \frac{n\pi a}{L} = \frac{2}{L} \int_0^L g(x) \operatorname{sen} \frac{n\pi}{L} x \, dx,$$

de onde obtemos

$$B_n = \frac{2}{n\pi a} \int_0^L g(x) \operatorname{sen} \frac{n\pi}{L} x \, dx, \tag{7}$$

A solução do problema consiste da série (5) com A_n e B_n definidos por (6) e (7), respectivamente.

Notemos que, quando a corda é liberada do *repouso*, $g(x) = 0$ para todo x em $0 \le x \le L$ e, conseqüentemente, $B_n = 0$.

Ondas Estacionárias

Recordemos, da dedução da equação da onda na Seção 12.2, que a constante a que aparece na solução do problema de contorno em (1), (2) e (3), é dada por $\sqrt{T/\rho}$, onde ρ é massa por unidade de comprimento e T é o módulo da tensão na corda. Quando T é suficientemente grande, a corda vibrante produz um som musical. Esse som é o resultado de ondas estacionárias. A solução (5) é uma superposição de soluções produto chamadas **ondas estacionárias** ou **modos normais**:

$$u(x, t) = u_1(x, t) + u_2(x, t) + u_3(x, t) + \cdots.$$

Em vista de (8) e (9) da Seção 5.1, as soluções produto (4) podem ser escritas como

$$u_n(x,t) = C_n \operatorname{sen}\left(\frac{n\pi a}{L}t + \phi_n\right)\operatorname{sen}\frac{n\pi}{L}x, \tag{8}$$

onde $C_n = \sqrt{A_n^2 + B_n^2}$ e ϕ_n é definida por sen $\phi_n = A_n/C_n$ e cos $\phi_n = B_n/C_n$. Para $n = 1, 2, 3, \ldots$, as ondas estacionárias são essencialmente os gráficos de $\operatorname{sen}(n\pi x/L)$, com uma amplitude, que varia com o tempo, dada por

$$C_n \operatorname{sen}\left(\frac{n\pi a}{L}t + \phi_n\right).$$

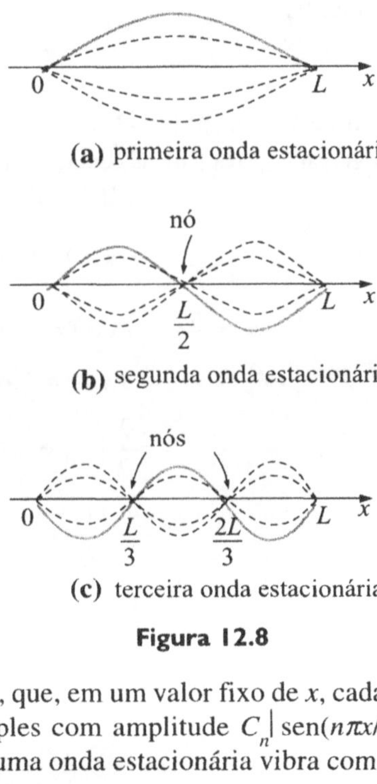

(a) primeira onda estacionária

(b) segunda onda estacionária

(c) terceira onda estacionária

Figura 12.8

Alternativamente, vemos, de (8), que, em um valor fixo de x, cada função produto $u_n(x, t)$ representa um movimento harmônico simples com amplitude $C_n|\operatorname{sen}(n\pi x/L)|$ e freqüência $f_n = na/2L$. Em outras palavras, cada ponto em uma onda estacionária vibra com uma amplitude diferente mas com a mesma freqüência.

$$u_1(x,t) = C_1 \operatorname{sen}\left(\frac{\pi a}{L}t + \phi_1\right) \operatorname{sen}\frac{\pi}{L}x$$

Quando $n = 1$, é chamado **primeira onda estacionária**, **primeiro modo normal** ou **modo fundamental de vibração**. A Figura 12.8 mostra as três primeiras ondas estacionárias, ou modos normais. Os gráficos tracejados representam as ondas estacionárias para diversos instantes dó tempo. Os pontos no intervalo $(0, L)$ para os quais $\operatorname{sen}(n\pi/L)x = 0$, correspondem a pontos de uma onda estacionária nos quais não há movimento. Esses pontos são chamados **nós**. Por exemplo, nas Figuras 12.8(b) e (c), vemos que a segunda onda estacionária tem um nó em $L/2$, e a terceira onda estacionária tem dois nós em $L/3$ e $2L/3$. Em geral, o n^{mo} modo normal de vibração tem $n - 1$ nós.

A freqüência

$$f_1 = \frac{a}{2L} = \frac{1}{2L}\sqrt{\frac{T}{\rho}}$$

do primeiro modo normal é chamada **freqüência fundamental**, ou **primeiro harmônico**, e está diretamente relacionada com a altura do som produzido por um instrumento de cordas. É óbvio que, quanto maior a tensão na corda, maior a altura do som. As freqüências f_n de outros modos normais, que são múltiplos inteiros da freqüência fundamental, são chamados **sobretons**. O segundo harmônico é o primeiro sobretom, e assim por diante.

12.4 EXERCÍCIOS

As respostas dos exercícios selecionados estão na página 411.

Nos Problemas 1- 8, resolva a equação da onda (1) sujeita às condições indicadas.

1. $u(0,t) = 0, \quad u(L,t) = 0$

$u(x,0) = \frac{1}{4}x(L-x), \left.\frac{\partial u}{\partial t}\right|_{t=0} = 0$

2. $u(0,t) = 0, \quad u(L,t) = 0$

$u(x,0) = 0, \left.\frac{\partial u}{\partial t}\right|_{t=0} = x(L-x)$

3. $u(0,t) = 0, \quad u(L,t) = 0$

$u(x,0)$, como especificado na Figura 12.9

$\left.\frac{\partial u}{\partial t}\right|_{t=0} = 0$

4. $u(0,t) = 0, \quad u(\pi,t) = 0$

$u(x,0) = \frac{1}{6}x(\pi^2 - x^2)$

$\left.\frac{\partial u}{\partial t}\right|_{t=0} = 0$

5. $u(0,t) = 0, \quad u(\pi,t) = 0$

$u(x,0) = 0$

$\left.\frac{\partial u}{\partial t}\right|_{t=0} = \operatorname{sen} x$

6. $u(0,t) = 0, \quad u(1,t) = 0$

$u(x,0) = 0{,}01 \operatorname{sen} 3\pi x$

$\left.\frac{\partial u}{\partial t}\right|_{t=0} = 0$

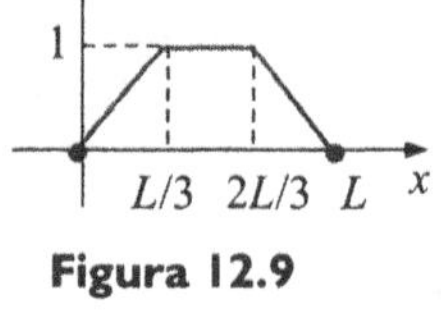

Figura 12.9

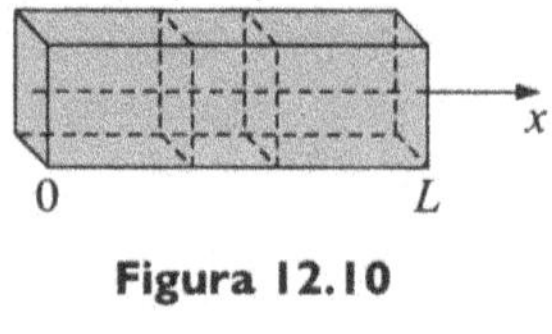

Figura 12.10

7. $u(0,t) = 0, \quad u(L,t) = 0$

$$u(x,0) = \begin{cases} \dfrac{2hx}{L}, & 0 < x < \dfrac{L}{2} \\ 2h\left(1 - \dfrac{x}{L}\right), & \dfrac{L}{2} \le x < L \end{cases}$$

$$\frac{\partial u}{\partial t}\Big|_{t=0} = 0$$

A constante h é positiva porém pequena, comparada com L. Esse fato é conhecido como o problema da "corda dedilhada".

8. $\dfrac{\partial u}{\partial x}\Big|_{x=0} = 0, \quad \dfrac{\partial u}{\partial x}\Big|_{x=L} = 0$

$$u(x,0) = x, \quad \frac{\partial u}{\partial t}\Big|_{t=0} = 0$$

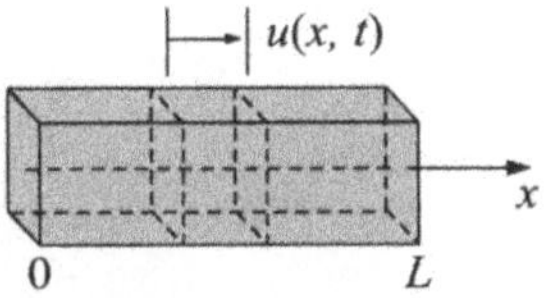

Figura 12.10

Este problema poderia descrever o deslocamento longitudinal $u(x, t)$ de uma barra elástica em vibração. As condições de contorno em $x = 0$ e $x = L$ são chamadas **condições de extremidade livre.** Veja a Figura 12.10.

9. Uma corda é distendida e fixada ao eixo x em $x = 0$ e $x = \pi$ para $t > 0$. Se as vibrações transversais ocorrem em um meio que oferece uma resistência proporcional à velocidade instantânea, então a equação da onda toma a forma

$$\frac{\partial^2 u}{\partial x^2} = \frac{\partial^2 u}{\partial t^2} + 2\beta\frac{\partial u}{\partial t}, \quad 0 < \beta < 1, \; t > 0.$$

Ache o deslocamento $u(x, t)$ se a corda parte do repouso com o deslocamento $f(x)$.

10. Mostre que

$$u(x,t) = \frac{4}{\pi}\sum_{k=1}^{\infty}\frac{(-1)^{k+1}}{(2k-1)^2}\operatorname{sen}(2k-1)x\cos\sqrt{(2k-1)^2+1}\,t.$$

é uma solução do problema de contorno $\dfrac{\partial^2 u}{\partial x^2} = \dfrac{\partial^2 u}{\partial t^2} + u, \quad 0 < x < \pi, \quad t > 0$

$$u(0,t) = 0, \quad u(\pi,t) = 0, \quad t > 0$$

$$u(x,0) = \begin{cases} x, & 0 < x < \pi/2 \\ \pi - x, & \pi/2 \le x < \pi \end{cases}$$

$$\frac{\partial u}{\partial t}\Big|_{t=0} = 0, \quad 0 < x < \pi$$

11. O deslocamento transversal $u(x, t)$ de uma viga em vibração, de comprimento L, é determinado pela equação de derivadas parciais de quarta ordem

$$a^2 \frac{\partial^4 u}{\partial x^4} + \frac{\partial^2 u}{\partial t^2} = 0, \quad 0 < x < L, \ t > 0.$$

Se a viga é **simplesmente apoiada**, conforme ilustrado na Figura 12.11, as condições de contorno e iniciais são

$$\left.\begin{array}{ll} u(0,t) = 0, & u(L,t) = 0 \\ \frac{\partial^2 u}{\partial x^2}\Big|_{x=0} = 0, & \frac{\partial^2 u}{\partial x^2}\Big|_{x=L} = 0 \end{array}\right\} t > 0$$

$$u(x,0) = f(x), \quad \frac{\partial u}{\partial t}\Big|_{t=0} = g(x), \quad 0 < x < L.$$

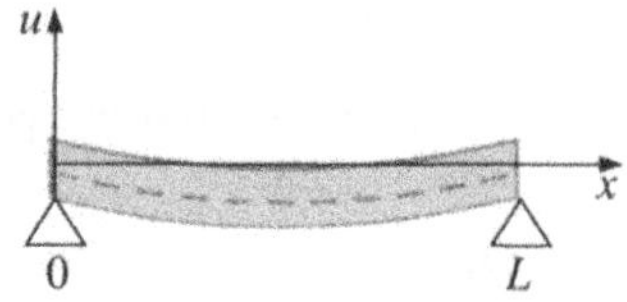

viga simplesmente apoiada

Figura 12.11

Resolva em relação a $u(x, t)$. [*Sug.*: Por questão de conveniência, utilize λ^4 em lugar de λ^2 na separação de variáveis.]

12. Quais são as condições de contorno quando as extremidades da viga do Problema 11 estão engastadas em $x = 0$ e $x = L$?

13. Considere o problema de contorno dado em (1), (2) e (3) desta seção. Se $g(x) = 0$ em $0 < x < L$, mostre que a solução do problema pode ser escrita como

$$u(x, t) = \frac{1}{2} [f(x + at) + f(x - at)].$$

[*Sug.*: Utilize a identidade $2 \operatorname{sen} \theta_1 \cos \theta_2 = \operatorname{sen}(\theta_1 + \theta_2) + \operatorname{sen}(\theta_1 - \theta_2)$.]

14. O deslocamento vertical $u(x, t)$ de uma corda de comprimento infinito é determinado pelo problema de valor inicial

$$a^2 \frac{\partial^2 u}{\partial x^2} = \frac{\partial^2 u}{\partial t^2}, \quad -\infty < x < \infty, \ t > 0$$

$$u(x,0) = f(x), \quad \frac{\partial u}{\partial t}\Big|_{t=0} = g(x).$$

Este problema pode ser resolvido sem separação de variáveis.

(a) Recorde, do Problema 28 dos Exercícios 12.1, que a equação da onda pode ser posta na forma $\partial^2 u/\partial\eta\, \partial\xi = 0$ por meio das substituições $\xi = x + at$ e $\eta = x - at$. Integrando a última equação de derivadas parciais em relação a η e, em seguida, em relação a ξ, vê-se que $u(x, t) = F(x + at) + G(x - at)$, onde F e G são funções arbitrárias dotadas de derivadas segundas, é uma solução da equação da onda. Utilize essa solução e a condição inicial dada para mostrar que

$$F(x) = \frac{1}{2} f(x) + \frac{1}{2a} \int_{x_0}^{x} g(s)\, ds + c$$

e

$$G(x) = \frac{1}{2} f(x) - \frac{1}{2a} \int_{x_0}^{x} g(s)\, ds - c,$$

onde x_0 é arbitrário e c é uma constante de integração.

(b) Utilize os resultados da parte (a) para mostrar que

$$u(x,t)=\frac{1}{2}[f(x+at)+f(x-at)]+\frac{1}{2a}\int_{x-at}^{x+at}g(s)\,ds. \qquad \textbf{(9)}$$

Note que, quando a velocidade inicial $g(x) = 0$, obtemos

$$u(x,t)=\frac{1}{2}\,[f(x+at)+f(x-at)], \quad -\infty<x<\infty.$$

A última solução pode ser interpretada como uma superposição de duas **ondas em propagação**, uma movendo-se para a direita (isto é, $\frac{1}{2}f(x-at)$) e uma movendo-se para a esquerda ($\frac{1}{2}f(x+at)$). Ambas as ondas se deslocam com velocidade a e têm a mesma forma básica do deslocamento inicial $f(x)$. A forma de $u(x, t)$ dada em (9) é chamada **solução de d'Alembert.***

Nos Problemas 15 - 17, utilize a solução de d'Alembert (9) para resolver o problema de valor inicial do Problema 14 sujeito às condições iniciais dadas.

15. $f(x) = \text{sen}\,x$, $g(x) = 1$

16. $f(x) = \text{sen}\,x$, $g(x) = \cos x$

17. $f(x) = 0$, $g(x) = \text{sen}\,2x$

18. Suponha $f(x) = 1/(1+x^2)$, $g(x) = 0$ e $a = 1$ para o problema de valor inicial enunciado no Problema 14. Faça o gráfico da solução de d'Alembert neste caso, nos instantes $t = 0$, $t = 1$ e $t = 3$.

12.5 A EQUAÇÃO DE LAPLACE

Suponha que queiramos determinar a temperatura de estado estacionário $u(x, y)$ em uma placa retangular com bordos isolados conforme Figura 12.12. Quando não há escapamento de calor pelas bordas laterais, resolvemos a equação de Laplace

$$\frac{\partial^2 u}{\partial x^2}+\frac{\partial^2 u}{\partial y^2}=0, \quad 0<x<a, \quad 0<y<b$$

sujeita a

$$\left.\frac{\partial u}{\partial x}\right|_{x=0}=0, \quad \left.\frac{\partial u}{\partial x}\right|_{x=a}=0, \quad 0<y<b$$

$$u(x,0)=0, \quad u(x,b)=f(x), \quad 0<x<a.$$

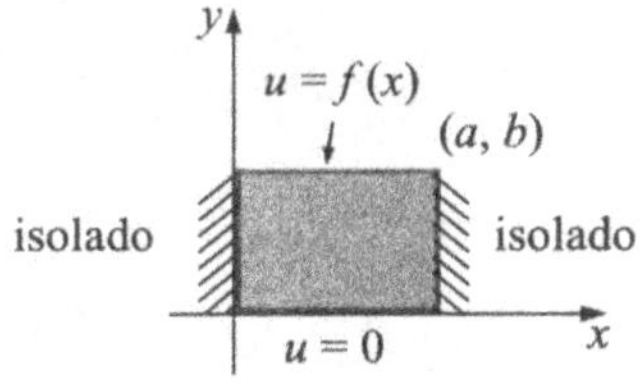

Figura 12.12

* **Jean le Rond d'Alembert** (1717-1783). Formado em direito e em medicina, o francês d'Alembert devotou sua vida à física e à matemática. D'Alembert colaborou também com o renomado filósofo Denis Diderot na publicação da *Encyclopédie*.

Solução

A separação de variáveis conduz a

$$\frac{X''}{X} = -\frac{Y''}{Y} = \lambda^2$$

$$X'' + \lambda^2 X = 0 \tag{1}$$

$$Y'' - \lambda^2 Y = 0 \tag{2}$$

$$X = c_1 \cos \lambda x + c_2 \operatorname{sen} \lambda x \tag{3}$$

e, como $0 < y < b$ é um intervalo finito, utilizamos a solução

$$Y = c_3 \cosh \lambda y + c_4 \operatorname{senh} \lambda y. \tag{4}$$

Agora, as três primeiras condições de contorno se traduzem como $X'(0) = 0$, $X'(a) = 0$ e $Y(0) = 0$. Diferenciando X e fazendo $x = 0$ obtemos $c_2 = 0$ e, por conseguinte, $X = c_1 \cos \lambda y$. Diferenciando essa última expressão e fazendo $x = a$ vem $-c_1 \lambda \operatorname{sen} \lambda a = 0$. Essa última condição é satisfeita quando $\lambda = 0$, ou $\lambda a = n\pi$, ou $\lambda = n\pi/a$, $n = 1, 2, \ldots$ Note que $\lambda = 0$ implica (1) $X'' = 0$. A solução geral dessa equação é dada pela função linear $X = c_1 + c_2 x$, e *não* por (3). Nesse caso, as condições de contorno $X'(0) = 0$, $X'(a) = 0$ exigem que $X = c_1$. Nesse exemplo, ao contrário dos dois anteriores, somos forçados a concluir que $\lambda = 0$ é um autovalor. Fazendo coincidir $\lambda = 0$ com $n = 0$, obtemos as autofunções

$$X = c_1, \quad n = 0, \quad \text{e} \quad X = c_1 \cos \frac{n\pi}{a} x, \quad n = 1, 2, \ldots.$$

Finalmente, a condição $Y(0) = 0$ indica que $c_3 = 0$ em (4) quando $\lambda > 0$. Todavia, quando $\lambda = 0$, a equação (2) se reduz a $Y'' = 0$ e, assim, a solução é dada por $Y = c_3 + c_4 y$, e não por (4). Mas $Y(0) = 0$ implica novamente $c_3 = 0$ e, assim, $Y = c_4 y$. Assim, as soluções produto da equação que satisfazem as três primeiras condições de contorno são

$$A_0 y, \quad n = 0, \quad \text{e} \quad A_n \operatorname{senh} \frac{n\pi}{a} y \cos \frac{n\pi}{a} x, \quad n = 1, 2, \ldots.$$

O princípio da superposição dá outra solução

$$u(x, y) = A_0 y + \sum_{n=1}^{\infty} A_n \operatorname{senh} \frac{n\pi}{a} y \cos \frac{n\pi}{a} x. \tag{5}$$

Fazendo $y = b$ em (5), vem

$$u(x, b) = f(x) = A_0 b + \sum_{n=1}^{\infty} \left(A_n \operatorname{senh} \frac{n\pi}{a} b \right) \cos \frac{n\pi}{a} x,$$

que, nesse caso, é um desenvolvimento de meio-intervalo de f em uma série de cossenos. Identificando $A_0 b = a_0/2$ e $A_n \operatorname{senh}(n\pi b/a) = a_n$, $n = 1, 2, 3, \ldots$, decorre de (2) e (3) da Seção 11.3 que

$$2A_0 b = \frac{2}{a}\int_0^a f(x)\,dx$$

$$A_0 = \frac{1}{ab}\int_0^a f(x)\,dx \tag{6}$$

e

$$A_n \operatorname{senh}\frac{n\pi}{a}b = \frac{2}{a}\int_0^a f(x)\cos\frac{n\pi}{a}x\,dx$$

$$A_n = \frac{2}{a\operatorname{senh}\frac{n\pi}{a}b}\int_0^a f(x)\cos\frac{n\pi}{a}x\,dx. \tag{7}$$

A solução desse problema consiste da série dada em (5), onde A_0 e A_n são definidos por (6) e (7), respectivamente.

O Problema de Dirichlet

Um problema de contorno em que procuramos uma solução de uma equação de derivadas parciais elíptica, como a equação de Laplace $\nabla^2 u = 0$, no interior de uma região tal que u toma valores prefixados em todo o contorno da região, é chamado um **problema de Dirichlet**.

O Princípio da Superposição

Um problema de Dirichlet para um retângulo pode ser facilmente resolvido por separação de variáveis, quando se especificam condições homogêneas em duas partes *paralelas* do contorno. Entretanto, o método de separação das variáveis não é aplicável a um problema de Dirichlet quando as condições sobre os quatro lados do retângulo não são homogêneas. Para contornar essa dificuldade, separamos o problema

$$\begin{aligned}&\frac{\partial^2 u}{\partial x^2} + \frac{\partial^2 u}{\partial y^2} = 0, \quad 0 < x < a, \quad 0 < y < b\\ &u(0,y) = F(y), \quad u(a,y) = G(y), \quad 0 < y < b\\ &u(x,0) = f(x), \quad u(x,b) = g(x), \quad 0 < x < a\end{aligned} \tag{8}$$

em dois problemas, cada um dos quais tem condições de contorno homogêneas em lados paralelos, conforme mostrado abaixo:

Problema 1	Problema 2
$\frac{\partial^2 u_1}{\partial x^2} + \frac{\partial^2 u_1}{\partial y^2} = 0, \quad 0 < x < a, \quad 0 < y < b$	$\frac{\partial^2 u_2}{\partial x^2} + \frac{\partial^2 u_2}{\partial y^2} = 0, \quad 0 < x < a, \quad 0 < y < b$
$u_1(0,y) = 0, \quad u_1(a,y) = 0, \quad 0 < y < b$	$u_2(0,y) = F(y), \quad u_2(a,y) = G(y), \quad 0 < y < b$
$u_1(x,0) = f(x), \quad u_1(x,b) = g(x), 0 < x < a$	$u_2(x,0) = 0, \quad u_2(x,b) = 0, \quad 0 < x < a$

Suponhamos que u_1 e u_2 sejam as soluções dos Problemas 1 e 2, respectivamente. Definindo $u(x, y) = u_1(x, y) + u_2(x, y)$, vemos que u satisfaz todas as condições de contorno no problema original (8). Por exemplo,

$$u(0, y) = u_1(0, y) + u_2(0, y) = 0 + F(y) = F(y)$$

$$u(x, b) = u_1(x, b) + u_2(x, b) = g(x) + 0 = g(x),$$

e assim por diante. Além disso, pelo Teorema 12.1, u é uma solução da equação de Laplace. Em outras palavras, resolvendo os Problemas 1 e 2 e somando suas soluções, temos resolvido o problema original. Essa propriedade aditiva das soluções é conhecida como o princípio da superposição. Veja a Figura 12.13.

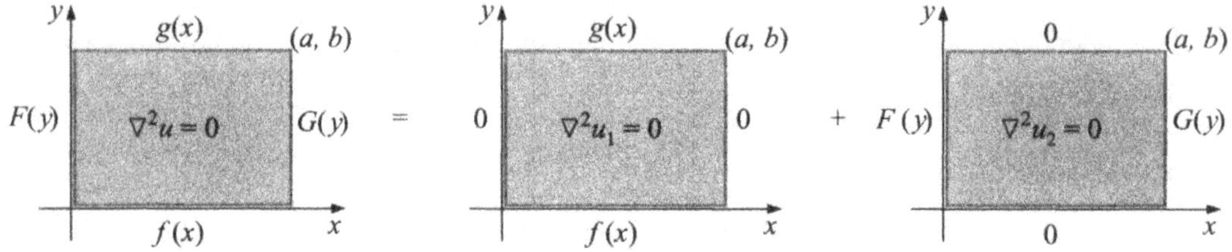

Solução u = Solução u_1 do Problema 1 + Solução u_2 do Problema 2

Figura 12.13

Deixamos como exercícios (veja os Problemas 11 e 12) mostrar que é uma solução do Problema 1

$$u_1(x,y) = \sum_{n=1}^{\infty} \left\{A_n \cosh\frac{n\pi}{a} y + B_n \operatorname{senh}\frac{n\pi}{a} y\right\} \operatorname{sen}\frac{n\pi}{a} x,$$

com
$$A_n = \frac{2}{a}\int_0^a f(x)\operatorname{sen}\frac{n\pi}{a} x\, dx$$

$$B_n = \frac{1}{\operatorname{senh}\frac{n\pi}{a} b}\left(\frac{2}{a}\int_0^a g(x)\operatorname{sen}\frac{n\pi}{a} x\, dx - A_n \cosh\frac{n\pi}{a} b\right),$$

é uma solução do Problema 1, e que

$$u_2(x,y) = \sum_{n=1}^{\infty} \left\{A_n \cosh\frac{n\pi}{b} x + B_n \operatorname{senh}\frac{n\pi}{b} x\right\} \operatorname{sen}\frac{n\pi}{b} y,$$

com
$$A_n = \frac{2}{b}\int_0^b F(y)\operatorname{sen}\frac{n\pi}{b} y\, dy$$

$$B_n = \frac{1}{\operatorname{senh}\frac{n\pi}{b} a}\left(\frac{2}{b}\int_0^b G(y)\operatorname{sen}\frac{n\pi}{b} y\, dy - A_n \cosh\frac{n\pi}{b} a\right).$$

é uma solução do Problema 2.

12.5 EXERCÍCIOS

As respostas dos exercícios selecionados estão nas páginas 411 e 412.

Nos Problemas 1-8, determine a temperatura de estado estacionário para uma chapa retangular com as condições de contorno dadas.

1. $u(0,y)=0,\quad u(a,y)=0$
   $u(x,0)=0,\quad u(x,b)=f(x)$

2. $u(0,y)=0,\quad u(a,y)=0$
   $\left.\dfrac{\partial u}{\partial y}\right|_{y=0}=0,\quad u(x,b)=f(x)$

3. $u(0,y)=0,\quad u(a,y)=0$
   $u(x,0)=f(x),\quad u(x,b)=0$

4. $\left.\dfrac{\partial u}{\partial x}\right|_{x=0}=0,\quad \left.\dfrac{\partial u}{\partial x}\right|_{x=a}=0$
   $u(x,0)=x,\quad u(x,b)=0$

5. $u(0,y)=0,\quad u(1,y)=1-y$
   $\left.\dfrac{\partial u}{\partial y}\right|_{y=0}=0,\quad \left.\dfrac{\partial u}{\partial y}\right|_{y=1}=0$

6. $u(0,y)=g(y),\quad \left.\dfrac{\partial u}{\partial x}\right|_{x=1}=0$
   $\left.\dfrac{\partial u}{\partial y}\right|_{y=0}=0,\quad \left.\dfrac{\partial u}{\partial y}\right|_{y=\pi}=0$

7. $\left.\dfrac{\partial u}{\partial x}\right|_{x=0}=u(0,y),\quad u(\pi,y)=1$
   $u(x,0)=0,\quad u(x,\pi)=0$

8. $u(0,y)=0,\quad u(1,y)=0$
   $\left.\dfrac{\partial u}{\partial y}\right|_{y=0}=u(x,0),\quad u(x,1)=f(x)$

Nos Problemas 9 e 10, ache a temperatura de estado estacionário na chapa semi-infinita que se prolonga na direção y – positiva. Suponha em cada caso que $u(x, y)$ permanece limitada quando $y \to \infty$.

9.

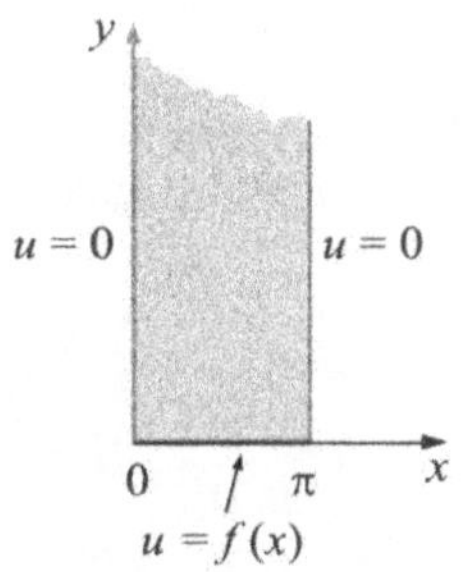

Figura 12.14

10.

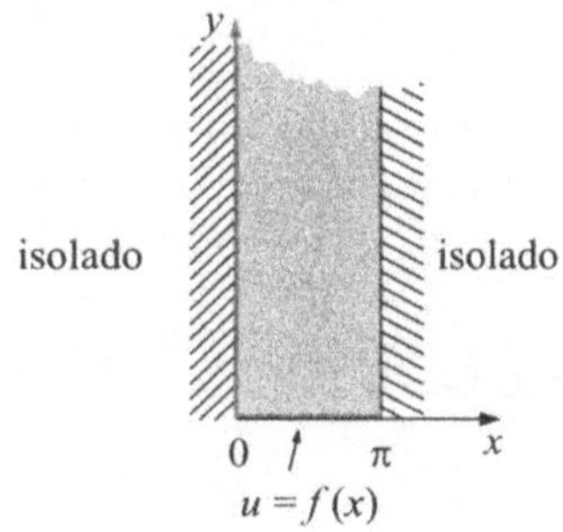

Figura 12.15

Nos Problemas 11 e 12, determine a temperatura de estado estacionário para uma chapa retangular com as condições de contorno dadas.

11. $u(0,y)=0,\quad u(a,y)=0$
    $u(x,0)=f(x),\quad u(x,b)=g(x)$

12. $u(0,y)=F(y),\quad u(a,y)=G(y)$
    $u(x,0)=0,\quad u(x,b)=0$

Nos Problemas 13 e 14, aplique o princípio da superposição para achar a temperatura de estado estacionário para uma chapa quadrada com as condições de contorno dadas.

13. $u(0,y)=1,\quad u(\pi,y)=1$

$u(x,0)=0,\quad u(x,\pi)=1$

14. $u(0,y)=0,\quad u(2,y)=y(2-y)$

$u(x,0)=0,\quad u(x,2)=\begin{cases} x, & 0<x<1 \\ 2-x, & 1\le x<2 \end{cases}$

12.6 EQUAÇÕES NÃO-HOMOGÊNEAS E CONDIÇÕES DE CONTORNO

O método de separação das variáveis pode não ser aplicável a um problema de contorno quando a equação de derivadas parciais ou as condições de contorno não são homogêneas. Por exemplo, quando o calor é gerado a uma taxa constante r no interior de uma haste de comprimento finito, a forma da equação do calor é

$$k\frac{\partial^2 u}{\partial x^2}+r=\frac{\partial u}{\partial t}. \tag{1}$$

A equação (1) não é homogênea e vê-se imediatamente que não é separável. Por outro lado, suponha que desejamos resolver a equação padrão do calor $ku_{xx}=u_t$, quando as extremidades $x=0$ e $x=L$ são mantidas a temperaturas k_1 e k_2 diferentes de zero. Mesmo que a hipótese $u(x, t) = X(x)T(t)$ separe a equação de derivadas parciais, vemo-nos logo em um impasse ao procurar determinar autovalores e autofunções, pois não podemos tirar quaisquer conclusões de $u(0, t) = X(0)T(t) = k_1$ e $u(L, t) = X(L)T(t) = k_2$.

É possível resolver uns poucos problemas que envolvem equações não-homogêneas ou condições de contorno não-homogêneas, por meio de uma mudança de variável dependente

$$u = v + \psi.$$

A idéia básica consiste em determinar ψ, função de *uma* variável, de tal forma que v, uma função de *duas* variáveis, seja levada a satisfazer uma equação de derivadas parciais homgênea e condições de contorno também homogêneas. O exemplo a seguir ilustra o processo.

EXEMPLO 1

Resolva (1) sujeita a

$$u(0,t)=0,\quad u(1,t)=u_0,\quad t>0$$

$$u(x,0)=f(x),\quad 0<x<1.$$

Solução Tanto a equação como a condição de contorno em $x = 1$ são não-homogêneas. Fazendo $u(x, t) = v(x, t) + \psi(x)$, então

$$\frac{\partial^2 u}{\partial x^2}=\frac{\partial^2 v}{\partial x^2}+\psi'' \quad \text{e} \quad \frac{\partial u}{\partial t}=\frac{\partial v}{\partial t}.$$

Levando esses resultados em (1) obtemos

$$k\frac{\partial^2 v}{\partial x^2} + k\psi'' + r = \frac{\partial v}{\partial t}. \tag{2}$$

A equação (2) se reduz a uma equação homogênea se impusermos a ψ a condição de satisfazer

$$k\psi'' + r = 0 \quad \text{ou} \quad \psi'' = -\frac{r}{k}.$$

Integrando duas vezes a última equação, vemos que

$$\psi''(x) = -\frac{r}{2k}x^2 + c_1 x + c_2. \tag{3}$$

Além disso,

$$u(0,t) = v(0,t) + \psi''(0) = 0$$
$$u(1,t) = v(1,t) + \psi''(1) = u_0.$$

Temos $v\,(0, t) = 0$ e $v\,(1, t) = 0$, desde que

$$\psi(0) = 0 \text{ e } \psi(1) = u_o.$$

Por outro lado, aplicando as duas últimas condições a (3), obtemos $c_2 = 0$ e $c_1 = \frac{r}{2k} + u_o$. Conseqüentemente,

$$\psi(x) = -\frac{r}{2k}x^2 + \left(\frac{r}{2k} + u_0\right)x.$$

Finalmente, a condição inicial $u(x, 0) = v(x, 0) + \psi(x)$ implica que $v\,(x, 0) = u\,(x, 0) - \psi(x) = f(x) - \psi(x)$. Assim, para determinar $v(x, t)$, resolvemos o *novo* problema de contorno

$$k\frac{\partial^2 v}{\partial x^2} = \frac{\partial v}{\partial t}, \quad 0 < x < 1,\ t > 0$$
$$v(0,t) = 0, \quad v(1,t) = 0,\ t > 0$$
$$v(x,0) = f(x) + \frac{r}{2k}x^2 - \left(\frac{r}{2k} + u_0\right)x$$

por separação de variáveis. Da forma usual, obtemos

$$v(x,t) = \sum_{n=1}^{\infty} A_n e^{-kn^2\pi^2 t} \operatorname{sen} n\pi x,$$

onde

$$A_n = 2\int_0^1 \left[f(x) + \frac{r}{2k}x^2 - \left(\frac{r}{2k} + u_0\right)x\right] \operatorname{sen} n\pi x \, dx. \tag{4}$$

Finalmente, obtém-se uma solução do problema original adicionando $\psi(x)$ e $v(x, t)$:

$$u(x,t) = -\frac{r}{2k}x^2 + \left(\frac{r}{2k} + u_0\right)x + \sum_{n=1}^{\infty} A_n e^{-kn^2\pi^2 t} \operatorname{sen} n\pi x, \quad \textbf{(5)}$$

com os A_n definidos em (4). ■

Note, em (5), que $u(x, t) \to \psi(x)$ quando $t \to \infty$. No contexto de formas de resolução da equação do calor, ψ é chamada uma **solução de estado estacionário**. Como $v(x, t) \to 0$ quando $t \to \infty$, v é chamada **solução transitória**.

Pode-se usar a substituição $u = v + \psi$ também em problemas que envolvem formas da equação da onda ou a equação de Laplace.

12.6 EXERCÍCIOS

As respostas dos exercícios selecionados estão na página 412.

Nos Problemas 1 e 2 resolva a equação do calor $ku_{xx} = u_t$, $0 < x < 1$, $t > 0$, sujeita às condições dadas.

1. $u(0,t) = 100, \quad u(1,t) = 100$

$u(x,0) = 0$

2. $u(0,t) = u_0, \quad u(1,t) = 0$

$u(x,0) = f(x)$

Nos Problemas 3 e 4, resolva a equação de derivadas parciais (1) sujeita às condições indicadas.

3. $u(0,t) = u_0, \quad u(1,t) = u_0$

$u(x,0) = 0$

4. $u(0,t) = u_0, \quad u(1,t) = u_1$

$u(x,0) = f(x)$

5. Resolva o problema de contorno

$$k\frac{\partial^2 u}{\partial x^2} + Ae^{-\beta x} = \frac{\partial u}{\partial t}, \quad \beta > 0, \quad 0 < x < 1, \ t > 0$$

$$u(0,t) = 0, \qquad u(1,t) = 0, \qquad t > 0$$

$$u(x,0) = f(x), \quad 0 < x < 1.$$

A equação de derivadas parciais é uma forma da equação do calor quando o calor é gerado no interior de uma haste delgada em conseqüência do decaimento radiativo do material.

6. Resolva o problema de contorno

$$k\frac{\partial^2 u}{\partial x^2} - hu = \frac{\partial u}{\partial t}, \quad 0 < x < \pi, \quad t > 0$$

$$u(0,t) = 0, \qquad u(\pi,t) = u_0, \qquad t > 0$$

$$u(x,0) = 0, \quad 0 < x < \pi.$$

7. Determine a solução de estado estacionário $\psi(x)$ para o problema de contorno:

$$k\frac{\partial^2 u}{\partial x^2} - h(u - u_0) = \frac{\partial u}{\partial t}, \quad 0 < x < 1, \quad t > 0$$

$$u(0,t) = u_0, \qquad u(1,t) = 0, \qquad t > 0$$

$$u(x,0) = f(x), \quad 0 < x < 1.$$

8. Ache uma solução de estado estacionário $\psi(x)$ se a haste do Problema 7 é semi-infinita, prolongando-se na direção x positiva, irradia calor de sua superfície lateral para um meio ambiente à temperatura zero e

$$u(0,t) = u_0, \quad \lim_{x\to\infty} u(x,t) = 0, \quad t > 0$$
$$u(x,0) = f(x), \quad x > 0.$$

9. Quando uma corda vibrante é sujeita a uma força vertical externa que varia com a distância horizontal da extremidade esquerda, a equação da onda toma a forma

$$a^2 \frac{\partial^2 u}{\partial x^2} + Ax = \frac{\partial^2 u}{\partial t^2}.$$

Resolva essa equação de derivadas parciais sujeita a

$$u(0,t) = 0, \quad u(1,t) = 0, \quad t > 0$$
$$u(x,0) = 0, \quad \frac{\partial u}{\partial t}\Big|_{t=0} = 0, \quad 0 < x < 1.$$

10. Uma corda, inicialmente em repouso no eixo x, é fixada nesse eixo em $x = 0$ e $x = 1$. Deixando-se a corda cair sob seu próprio peso para $t > 0$, o deslocamento $u(x, t)$ verifica

$$a^2 \frac{\partial^2 u}{\partial x^2} - g = \frac{\partial^2 u}{\partial t^2}, \quad 0 < x < 1, \quad t > 0,$$

onde g é a aceleração da gravidade. Resolva em relação a $u(x, t)$.

11. Ache a temperatura de estado estacionário $u(x, y)$ na chapa semi-infinita da Figura 12.16. Suponha que a temperatura permaneça limitada quando $x \to \infty$.[*Sug.*: Tente $u(x, y) = v(x, y) + \psi(y)$.]

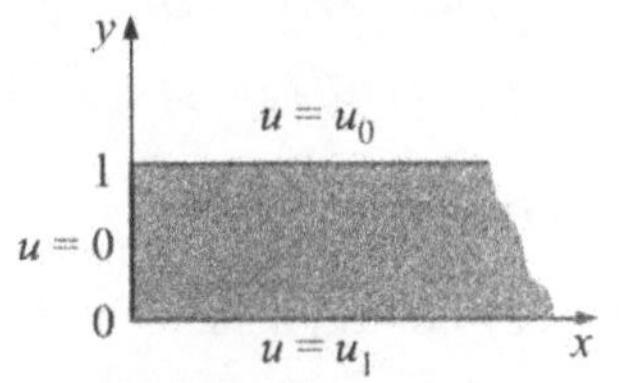

Figura 12.16

12. A equação de Poisson*

$$\frac{\partial^2 u}{\partial x^2} + \frac{\partial^2 u}{\partial y^2} = -h, \quad h > 0,$$

ocorre em muitos problemas que envolvem o potencial elétrico. Resolva a equação acima sujeita às condições

$$u(0,y) = 0, \quad u(\pi,y) = 1, \quad y > 0$$
$$u(x,0) = 0, \quad 0 < x < \pi.$$

* **Simeon-Denis Poisson** (1781-1840), matemático e físico francês.

12.7 USO DA SÉRIE DE FOURIER GENERALIZADA

Para certos tipos de condições de contorno, o método de separação de variáveis e o princípio da superposição levam a um desenvolvimento de uma função em uma série trigonométrica que não é uma série de Fourier. Para resolver os problemas desta seção, recorreremos ao conceito de série de Fourier generalizada, desenvolvido na Seção 11.1.

EXEMPLO 1

A temperatura em uma haste de comprimento unitário em que há transferência de calor da extremidade direita para um meio ambiente mantido à temperatura constante zero é determinada por

$$k\frac{\partial^2 u}{\partial x^2} = \frac{\partial u}{\partial t}, \quad 0 < x < 1, \quad t > 0$$

$$u(0,t) = 0, \quad \frac{\partial u}{\partial x}\Big|_{x=1} = -hu(1,t), \quad h > 0, \quad t > 0$$

$$u(x,0) = 1, \quad 0 < x < 1.$$

Resolva em relação a $u(x, t)$.

Solução O método de separação das variáveis dá

$$X'' + \lambda^2 X = 0$$
$$T' + k\lambda^2 T = 0 \tag{1}$$

e

$$X(x) = c_1 \cos \lambda x + c_2 \operatorname{sen} \lambda x$$
$$T(t) = c_3 e^{-k\lambda^2 t}.$$

Como $u = XT$, vemos que as condições de contorno são

$$X(0) = 0 \text{ e } X'(1) = -hX(1). \tag{2}$$

A primeira condição em (2) dá imediatamente $c_1 = 0$. Aplicando a segunda condição em (2) a $X(x) = c_2 \operatorname{sen} \lambda x$, vem

$$\lambda \cos \lambda = -h \operatorname{sen} \lambda \quad \text{ou} \quad \operatorname{tg} \lambda = -\frac{\lambda}{h}. \tag{3}$$

Pela análise do Exemplo 3 da Seção 11.4, sabemos que a última equação de (3) tem um número infinito de raízes. As raízes positivas consecutivas λ_n, $n = 1, 2, 3, \ldots$, são os autovalores do problema, e as autofunções correspondentes são $X(x) = c_2 \operatorname{sen} \lambda_n x$, $n = 1, 2, 3, \ldots$ Assim

$$u_n = XT = A_n e^{-k\lambda_n^2 t} \operatorname{sen} \lambda_n x$$

e

$$u(x,t) = \sum_{n=1}^{\infty} A_n e^{-k\lambda_n^2 t} \operatorname{sen} \lambda_n x.$$

Mas em $t = 0$, $u(x, 0) = 1$, $0 < x < 1$, de forma que

$$1 = \sum_{n=1}^{\infty} A_n \operatorname{sen} \lambda_n x. \tag{4}$$

A série em (4) não é uma série de Fourier de senos; é um desenvolvimento em termos das funções ortogonais originadas no problema de Sturm-Liouville que consiste da equação diferencial (1) e das condições de contorno (2). Decorre que o conjunto de autofunções $\{\operatorname{sen} \lambda_n x\}$, $n = 1, 2, 3, \ldots$, onde os λ's são definidos por $\operatorname{tg} \lambda = -\lambda/h$, é ortogonal em relação à função peso $p(x) = 1$ no intervalo $[0, 1]$. Com $f(x) = 1$ em (8) da Seção 11.1, podemos escrever

$$A_n = \frac{\int_0^1 \operatorname{sen} \lambda_n x \, dx}{\int_0^1 \operatorname{sen}^2 \lambda_n x \, dx}. \tag{5}$$

Para calcular a norma quadrática de cada uma das autofunções, utilizamos uma identidade trigonométrica:

$$\int_0^1 \operatorname{sen}^2 \lambda_n x \, dx = \frac{1}{2}\int_0^1 [1 - \cos 2\lambda_n x] \, dx = \frac{1}{2}\left[1 - \frac{1}{2\lambda_n} \operatorname{sen} 2\lambda_n\right]. \tag{6}$$

Com $\operatorname{sen} 2\lambda_n = 2 \operatorname{sen} \lambda_n \cos \lambda_n$ e $\lambda \cos \lambda = -h \operatorname{sen} \lambda$, (6) se simplifica para

$$\int_0^1 \operatorname{sen}^2 \lambda_n x \, dx = \frac{1}{2h}[h + \cos^2 \lambda_n].$$

Outrossim,

$$\int_0^1 \operatorname{sen} \lambda_n x \, dx = -\frac{1}{\lambda_n} \cos \lambda_n \bigg|_0^1 = \frac{1}{\lambda_n}[1 - \cos \lambda_n].$$

Conseqüentemente, (5) se torna

$$A_n = \frac{2h(1 - \cos \lambda_n)}{\lambda_n (h + \cos^2 \lambda_n)}.$$

Finalmente,

$$u(x,t) = 2h \sum_{n=1}^{\infty} \frac{1 - \cos \lambda_n}{\lambda_n (h + \cos^2 \lambda_n)} e^{-k\lambda_n^2 t} \operatorname{sen} \lambda_n x.$$

é uma solução do problema de valor de contorno. ■

EXEMPLO 2

O ângulo de torção $\theta(x, t)$ de um eixo de comprimento unitário, em vibração torsional, é determinado por

$$a^2 \frac{\partial^2 \theta}{\partial x^2} = \frac{\partial^2 \theta}{\partial t^2}, \quad 0 < x < 1, \quad t > 0$$

$$\theta(0, t) = 0, \quad \left.\frac{\partial \theta}{\partial x}\right|_{x=1} = 0, \quad t > 0$$

$$\theta(x, 0) = x, \quad \left.\frac{\partial \theta}{\partial t}\right|_{t=0} = 0, \quad 0 < x < 1.$$

Veja a Figura 12.17. A condição de contorno em $x = 1$ é chamada condição de extremidade livre. Resolva em relação a $\theta(x, t)$.

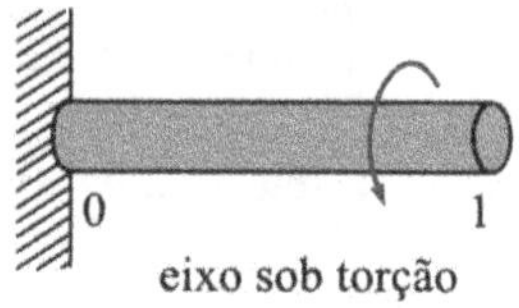

eixo sob torção

Figura 12.17

Solução Com $\theta = XT$, temos

$$X'' + \lambda^2 X = 0$$

$$T'' + a^2\lambda^2 T = 0$$

e

$$X(x) = c_1 \cos \lambda x + c_2 \operatorname{sen} \lambda x$$

$$T(t) = c_3 \cos a\lambda t + c_4 \operatorname{sen} a\lambda t.$$

As condições de contorno $X(0) = 0$ e $X'(1) = 0$ dão

$$c_1 = 0 \text{ e } c_2 \cos \lambda = 0,$$

respectivamente. Como a função cosseno é zero para múltiplos ímpares de $\pi/2$, os autovalores do problema são $\lambda = (2n - 1)(\pi/2)$, $n = 1, 2, 3, \ldots$. A condição inicial $T'(0) = 0$ dá $c_4 = 0$, e assim

$$\theta_n = XT = A_n \cos a\left(\frac{2n-1}{2}\right)\pi t \operatorname{sen}\left(\frac{2n-1}{2}\right)\pi x.$$

Para satisfazer as condições iniciais restantes, formamos

$$\theta(x, t) = \sum_{n=1}^{\infty} A_n \cos a\left(\frac{2n-1}{2}\right)\pi t \operatorname{sen}\left(\frac{2n-1}{2}\right)\pi x. \tag{7}$$

Quando $t = 0$, devemos ter, para $0 < x < 1$,

$$\theta(x, 0) = x = \sum_{n=1}^{\infty} A_n \operatorname{sen}\left(\frac{2n-1}{2}\right)\pi x. \tag{8}$$

Como no Exemplo 1, o conjunto de autofunções $\left\{\operatorname{sen}\left(\frac{2n-1}{2}\right)\pi x\right\}$, $n = 1, 2, 3, \ldots$, é ortogonal em relação à função peso $p(x) = 1$ no intervalo $[0, 1]$. A série $\sum_{n=1}^{\infty} A_n \operatorname{sen}\left(\frac{2n-1}{2}\right)\pi x$ não é uma série de senos de Fourier, pois o argumento do seno não é um múltiplo inteiro de $\pi x/L$ ($L = 1$ nesse caso). A série é, novamente, uma série de Fourier generalizada. Logo, por (8) da Seção 11.1, os coeficientes de (7) são

$$A_n = \frac{\int_0^1 x \operatorname{sen}\left(\frac{2n-1}{2}\right)\pi x \, dx}{\int_0^1 \operatorname{sen}^2\left(\frac{2n-1}{2}\right)\pi x \, dx}.$$

Efetuando as duas integrações, chegamos a

$$A_n = \frac{8(-1)^{n+1}}{(2n-1)^2\pi^2}.$$

O ângulo de torção é então

$$\theta(x,t) = \frac{8}{\pi^2}\sum_{n=1}^{\infty}\frac{(-1)^{n+1}}{(2n-1)^2}\cos a\left(\frac{2n-1}{2}\right)\pi t \operatorname{sen}\left(\frac{2n-1}{2}\right)\pi x.$$ ■

12.7 EXERCÍCIOS

As respostas dos exercícios selecionados estão na página 412.

1. No Exemplo 1, determine a temperatura $u(x, t)$ quando a extremidade esquerda da haste é isolada.

2. Resolva o problema de valor no contorno:

$$k\frac{\partial^2 u}{\partial x^2} = \frac{\partial u}{\partial t}, \quad 0 < x < 1, \; t > 0$$

$$u(0,t) = 0, \qquad \frac{\partial u}{\partial x}\Big|_{x=1} = h(u(1,t) - u_0), \; h > 0, \; t > 0$$

$$u(x,0) = f(x), \quad 0 < x < 1$$

3. Determine a temperatura de estado estacionário em uma chapa retangular com as condições de contorno

$$u(0,y) = 0, \qquad \frac{\partial u}{\partial x}\Big|_{x=a} = -hu(a,y), \; 0 < y < b$$

$$u(x,0) = 0, \qquad u(x,b) = f(x), \; 0 < x < a.$$

4. Resolva o problema de valor de contorno

$$\frac{\partial^2 u}{\partial x^2} + \frac{\partial^2 u}{\partial y^2} = 0, \quad 0 < y < 1, \quad x > 0$$

$$u(0, y) = u_0, \qquad \lim_{x \to \infty} u(x, y) = 0, \quad 0 < y < 1$$

$$\left.\frac{\partial u}{\partial y}\right|_{y=0} = 0, \qquad \left.\frac{\partial u}{\partial y}\right|_{y=1} = -hu(x, 1), \quad h > 0, \quad x > 0.$$

5. Determine a temperatura $u(x, t)$ em uma haste de comprimento L, se a temperatura inicial é $f(x)$ e se a extremidade $x = 0$ é mantida à temperatura zero e a extremidade $x = L$ é isolada.

6. Resolva o problema de valor de contorno

$$a^2 \frac{\partial^2 u}{\partial x^2} = \frac{\partial^2 u}{\partial t^2}, \quad 0 < x < L, \quad t > 0$$

$$u(0, t) = 0, \qquad E\left.\frac{\partial u}{\partial x}\right|_{x=L} = F_0, \quad t > 0$$

$$u(x, 0) = 0, \qquad \left.\frac{\partial u}{\partial t}\right|_{t=0} = 0, \quad 0 < x < L.$$

A solução $u(x, t)$ representa o deslocamento longitudinal de uma barra elástica em vibração, fixa em sua extremidade esquerda e sujeita a uma força constante de módulo F_0 em sua extremidade direita. Veja a Figura 12.10 da página 263. E é uma constante chamada módulo de elasticidade.

7. Resolva o problema de valor de contorno:

$$\frac{\partial^2 u}{\partial x^2} + \frac{\partial^2 u}{\partial y^2} = 0, \quad 0 < x < 1, \quad 0 < y < 1$$

$$\left.\frac{\partial u}{\partial x}\right|_{x=0} = 0, \quad u(1, y) = u_0, \quad 0 < y < 1$$

$$u(x, 0) = 0, \qquad \left.\frac{\partial u}{\partial y}\right|_{y=1} = 0, \quad 0 < x < 1.$$

8. A temperatura inicial em uma haste de comprimento unitário é $f(x)$. Há transferência de calor de ambas as extremidades, $x = 0$ e $x = 1$, para um meio circundante mantido à temperatura constante zero. Mostre que

$$u(x, t) = \sum_{n=1}^{\infty} A_n e^{-k\lambda_n^2 t} (\lambda_n \cos \lambda_n x + h \operatorname{sen} \lambda_n x),$$

onde
$$A_n = \frac{2}{(\lambda_n^2 + 2h + h^2)} \int_0^1 f(x)(\lambda_n \cos \lambda_n x + h \operatorname{sen} \lambda_n x)\, dx$$

e os λ_n, $n = 1, 2, 3, \ldots$, são as raízes positivas consecutivas de $\operatorname{tg} \lambda = 2\lambda h/(\lambda^2 - h^2)$.

9. Uma viga em balanço está engastada em sua extremidade esquerda ($x = 0$) e livre em sua extremidade direita ($x = 1$). Veja Figura 12.18. O deslocamento transversal $u(x, t)$ da viga é determinado pelo problema de valor de contorno

$$\frac{\partial^4 u}{\partial x^4} + \frac{\partial^2 u}{\partial t^2} = 0, \quad 0 < x < 1, \quad t > 0$$

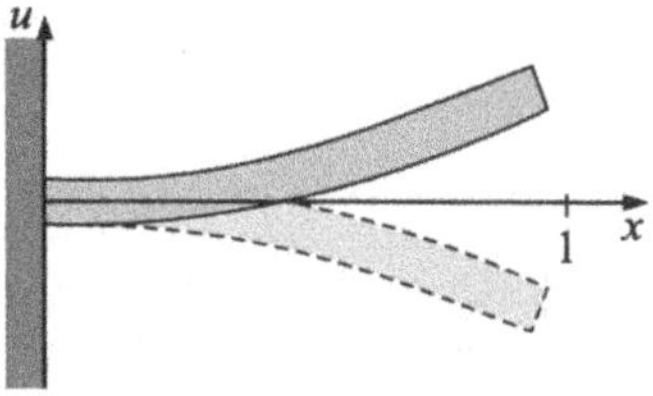

Figura 12.18

$$\left.\begin{array}{ll} u(0,t) = 0, & \left.\dfrac{\partial u}{\partial x}\right|_{x=0} = 0 \\ \left.\dfrac{\partial^2 u}{\partial x^2}\right|_{x=1} = 0, & \left.\dfrac{\partial^3 u}{\partial x^3}\right|_{x=1} = 0 \end{array}\right\} t > 0$$

$$u(x,0) = f(x), \quad \left.\frac{\partial u}{\partial t}\right|_{t=0} = g(x), \quad x > 0.$$

(a) Utilizando a constante de separação λ^4, mostre que os autovalores do problema são definidos a partir da equação $\cos \lambda \cosh \lambda = -1$.

(b) Com auxílio de uma calculadora ou um computador, determine aproximações dos dois primeiros autovalores positivos.

10. **(a)** Ache uma equação que defina os autovalores quando as extremidades da viga do Problema 9 estão engastadas em $x = 0$ e $x = 1$.

(b) Com auxílio de uma calculadora ou um computador, determine aproximações dos dois primeiros autovalores positivos.

[O] *12.8* PROBLEMAS DE VALOR DE CONTORNO QUE ENVOLVEM SÉRIES DE FOURIER EM DUAS VARIÁVEIS

Suponha que a região retangular da Figura 12.19 seja uma placa delgada em que a temperatura u é função do tempo t e da posição (x, y). Então, sob condições adequadas, pode-se mostrar que $u(x, y, t)$ satisfaz a **equação bidimensional do calor**

$$k\left(\frac{\partial^2 u}{\partial x^2} + \frac{\partial^2 u}{\partial y^2}\right) = \frac{\partial u}{\partial t}. \tag{1}$$

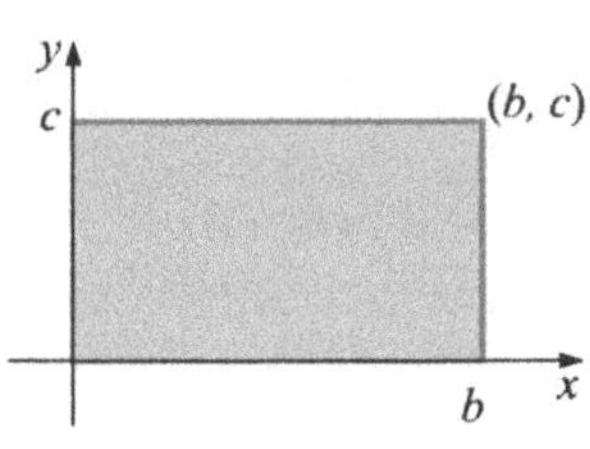

Figura 12.19

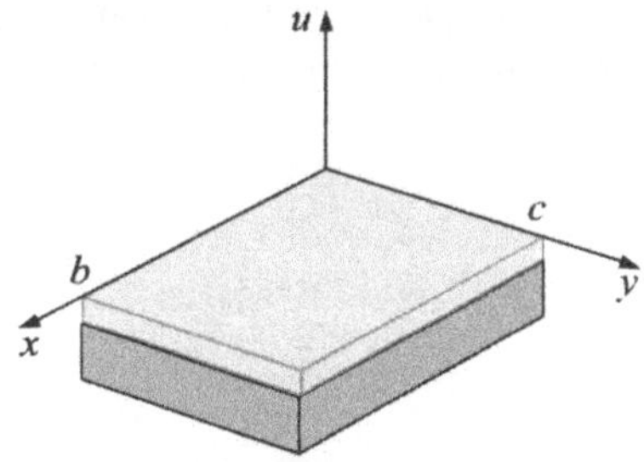

Figura 12.20

Por outro lado, suponha que a Figura 12.20 represente um arcabouço retangular sobre o qual foi distendida uma membrana delgada, flexível (um tambor retangular). Se a membrana é posta em movimento, seu deslocamento u, medido a contar do plano xy (vibrações transversais) é também função do tempo t e da posição (x, y). Quando as vibrações são pequenas, livres e não-amortecidas, $u(x, y, t)$ satisfaz a **equação bidimensional da onda**

$$a^2\left(\frac{\partial^2 u}{\partial x^2}+\frac{\partial^2 u}{\partial y^2}\right)=\frac{\partial^2 u}{\partial t^2}. \tag{2}$$

Como mostra o próximo exemplo, as soluções, pelo método da separação de variáveis, de problemas de valores de contorno que envolvem (1) e (2), conduzem à noção de série de Fourier em duas variáveis.

EXEMPLO 1

Determine a temperatura $u(x, y, t)$ na placa da Figura 12.19, se a temperatura inicial é $f(x, y)$ em toda ela e se o contorno é mantido à temperatura constante zero.

Solução Devemos resolver

$$k\left(\frac{\partial^2 u}{\partial x^2}+\frac{\partial^2 u}{\partial y^2}\right)=\frac{\partial u}{\partial t}, \quad 0<x<b,\ 0<y<c,\ t>0$$

sujeita a

$$\begin{aligned}
&u(0, y, t) = 0,\ u(b, y, t) = 0,\ 0 < y < c,\ t > 0\\
&u(x, 0, t) = 0,\ u(x, c, t) = 0,\ 0 < x < b,\ t > 0\\
&u(x, y, 0) = f(x, y)\ \ 0 < x < b,\ 0 < y < c.
\end{aligned}$$

Para separar variáveis em uma equação de derivadas parciais com três variáveis independentes, procuramos determinar uma solução produto $u(x, y, t) = X(x)Y(y)T(t)$. Após substituição, essa hipótese dá

$$k(X''YT + XY''T) = XYT'$$

ou

$$\frac{X''}{X} = -\frac{Y''}{Y} + \frac{T'}{kT}. \tag{3}$$

Como o membro esquerdo de (3) depende somente de x, e o membro direito depende somente de y e t, devemos ter ambos os membros iguais a uma constante $-\lambda^2$:

$$\frac{X''}{X} = -\frac{Y''}{Y} + \frac{T'}{kT} = -\lambda^2$$

e assim

$$X'' + \lambda^2 X = 0 \tag{4}$$

$$\frac{Y''}{Y} = \frac{T'}{kT} + \lambda^2. \tag{5}$$

Pelo mesmo raciocínio, introduzindo outra constante de separação $-\mu^2$ em (5), vem

$$\frac{Y''}{Y} = -\mu^2 \quad \text{e} \quad \frac{T'}{kT} + \lambda^2 = -\mu^2$$

$$Y'' + \mu^2 Y = 0 \quad \text{e} \quad T' + k(\lambda^2 + \mu^2)T = 0. \tag{6}$$

Agora as soluções das equações (4) e (6) são, respectivamente,

$$X(x) = c_1 \cos \lambda x + c_2 \operatorname{sen} \lambda x \tag{7}$$

$$Y(y) = c_3 \cos \mu y + c_4 \operatorname{sen} \mu y \tag{8}$$

$$T(t) = c_5 e^{-k(\lambda^2 + \mu^2)t}. \tag{9}$$

Mas as condições de contorno

$$\left.\begin{matrix} u(0, y, t) = 0, & u(b, y, t) = 0 \\ u(x, 0, t) = 0, & u(x, c, t) = 0 \end{matrix}\right\} \text{ implicam } \left\{\begin{matrix} X(0) = 0, & X(b) = 0 \\ Y(0) = 0, & Y(c) = 0. \end{matrix}\right.$$

Aplicando essas condições a (7) e (8) obtemos $c_1 = 0$, $c_3 = 0$ e $c_2 \operatorname{sen} \lambda b = 0$, $c_4 \operatorname{sen} \mu c = 0$. As últimas equações, por seu turno, implicam

$$\lambda = \frac{m\pi}{b},\ m = 1, 2, 3, \ldots; \quad \lambda = \frac{n\pi}{c},\ n = 1, 2, 3, \ldots.$$

Assim,

$$u_{mn}(x, y, t) = A_{mn} e^{-k[(m\pi/b)^2 + (n\pi/c)^2]t} \operatorname{sen} \frac{m\pi}{b} x \operatorname{sen} \frac{n\pi}{c} y,$$

com A_{mn} constante arbitrária, é uma solução produto da equação bidimensional do calor, que satisfaz as condições de contorno. Como temos dois conjuntos independentes de autovalores, estamos em condições de tentar o princípio da superposição em forma de uma série dupla

$$u(x, y, t) = \sum_{m=1}^{\infty} \sum_{n=1}^{\infty} A_{mn} e^{-k[(m\pi/b)^2 + (n\pi/c)^2]t} \cdot \operatorname{sen} \frac{m\pi}{b} x \operatorname{sen} \frac{n\pi}{c} y \tag{10}$$

Ora, em $t = 0$, devemos ter

$$u(x, y, 0) = f(x, y) = \sum_{m=1}^{\infty} \sum_{n=1}^{\infty} A_{mn} \operatorname{sen} \frac{m\pi}{b} x \operatorname{sen} \frac{n\pi}{c} y. \tag{11}$$

Podemos achar os coeficientes A_{mn} multiplicando o duplo somatório (11) pelo produto $\operatorname{sen}(m\pi x/b) \operatorname{sen}(n\pi y/c)$ e integrando sobre o retângulo $0 \le x \le b$, $0 \le y \le c$. Vem então

$$A_{mn} = \frac{4}{bc} \int_0^c \int_0^b f(x, y) \operatorname{sen} \frac{m\pi}{b} x \operatorname{sen} \frac{n\pi}{c} y \, dx \, dy. \tag{12}$$

Assim, a solução do problema de contorno consiste de (1) com os A_{mn} definidos por (12). ■

A série (11) com os coeficientes (12) é chamada **série do seno em duas variáveis** ou **série dupla do seno** (veja Problema 2, Exercícios 11.3).

12.8 EXERCÍCIOS

As respostas dos exercícios selecionados estão nas páginas 412 e 413.

Nos Problemas 1 e 2, resolva a equação do calor sujeita às condições dadas.

1. $u(0, y, t) = 0, \quad u(\pi, y, t) = 0$

$u(x, 0, t) = 0, \quad u(x, \pi, t) = 0$

$u(x, y, 0) = u_0$

2. $\frac{\partial u}{\partial x}\Big|_{x=0} = 0, \quad \frac{\partial u}{\partial x}\Big|_{x=1} = 0$

$\frac{\partial u}{\partial y}\Big|_{y=0} = 0, \quad \frac{\partial u}{\partial y}\Big|_{y=1} = 0$

$u(x, y, 0) = xy$

[*Sug.*: Veja Problema 53, Exercícios 11.3.]

Nos Problemas 3 e 4, resolva a equação da onda (2) sujeita às condições indicadas.

3. $u(0, y, t) = 0, \quad u(\pi, y, t) = 0$

$u(x, 0, t) = 0, \quad u(x, \pi, t) = 0$

$u(x, y, 0) = xy(x - \pi)(y - \pi)$

$\frac{\partial u}{\partial t}\Big|_{t=0} = 0$

4. $u(0, y, t) = 0, \quad u(b, y, t) = 0$

$u(x, 0, t) = 0, \quad u(x, c, t) = 0$

$u(x, y, 0) = f(x, y)$

$\frac{\partial u}{\partial t}\Big|_{t=0} = g(x, y)$

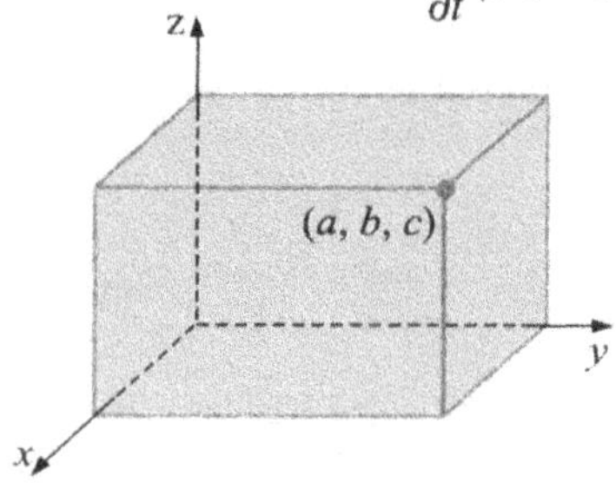

Figura 12.21

A temperatura de estado estacionário $u(x, y, z)$ no paralelepípedo retângulo da Figura 12.21 satisfaz a equação de Laplace em três dimensões:

$$\frac{\partial^2 u}{\partial x^2} + \frac{\partial^2 u}{\partial y^2} + \frac{\partial^2 u}{\partial z^2} = 0. \tag{13}$$

5. Resolva a equação de Laplace (13) se a face superior ($z = c$) do paralelepípedo é mantida à temperatura $f(x, y)$ e as faces restantes são mantidas à temperatura zero.

6. Resolva a equação de Laplace (13) se a face inferior ($z = 0$) do paralelepípedo é mantida à temperatura $f(x, y)$ e as faces restantes são mantidas à temperatura zero.

Capítulo 12 *REVISÃO*

Pode-se achar uma solução particular de uma equação de derivadas parciais linear em duas variáveis, supondo uma solução em forma de produto $u = XY$, onde X é função de x somente, e Y é função de y somente. Quando aplicável, esse **método de separação de variáveis** conduz a duas equações diferenciais ordinárias.

Um **problema de valor de contorno** consiste em achar uma função que satisfaça uma equação de derivadas parciais e também condições laterais dadas possivelmente como condições de contorno e condições iniciais. Aplicamos o método de separação de variáveis para obter soluções de certos problemas de contorno envolvendo a equação do calor, a equação da onda e a equação de Laplace. O processo consistiu de cinco etapas básicas:

(i) Separar as variáveis.

(ii) Resolver as equações diferenciais ordinárias separadas e achar os autovalores e 'autofunções do problema.

(iii) Formar os produtos u_n.

(iv) Aplicar o princípio da superposição para formar uma série infinita da função u_n.

(v) Após utilizar a(s) condição(ões) de contorno, ou inicial(ais), obter os coeficientes da série mediante identificação adequada com os desenvolvimentos de meio-intervalo do seno ou do cosseno, com a série de Fourier ou com a série de Fourier generalizada.

Capítulo 12 *EXERCÍCIOS DE REVISÃO*

As respostas dos exercícios selecionados estão na página 413.

1. Mediante separação de variáveis, determine as soluções produto de

$$\frac{\partial^2 u}{\partial x\,\partial y} = u.$$

2. Mediante separação de variáveis, determine as soluções produto de

$$\frac{\partial^2 u}{\partial x^2} + \frac{\partial^2 u}{\partial y^2} + 2\frac{\partial u}{\partial x} + 2\frac{\partial u}{\partial y} = 0.$$

É possível escolher uma constante de separação tal que tanto X como Y sejam funções oscilatórias?

3. Determine uma solução de estado estacionário y(x) do problema de contorno

$$k\frac{\partial^2 u}{\partial x^2} = \frac{\partial u}{\partial t}, \quad 0 < x < \pi, \quad t > 0$$

$$u(0,t) = u_0, \quad -\frac{\partial u}{\partial x}\Big|_{x=\pi} = u(\pi,t) - u_1, \quad t > 0$$

$$u(x,0) = 0, \qquad 0 < x < \pi.$$

4. Dê uma interpretação física das condições de contorno do Problema 3.

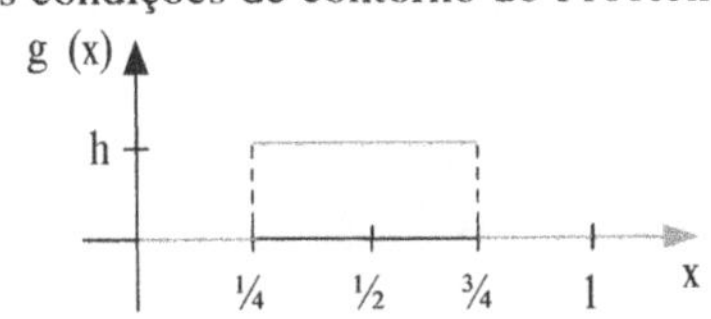

Figura 12.22

5. Em $t = 0$, uma corda de comprimento unitário é distendida ao longo do eixo x positivo. As extremidades da corda em $x = 0$ e $x = 1$ estão fixas ao eixo x para $t > 0$. Ache o deslocamento $u(x, t)$, se a velocidade inicial $g(x)$ é a dada na Figura 12.22.

6. A equação de derivadas parciais

$$\frac{\partial^2 u}{\partial x^2} + x^2 = \frac{\partial^2 u}{\partial t^2}$$

é uma forma da equação da onda, quando se aplica à corda uma força externa vertical proporcional ao quadrado da distância horizontal da extremidade esquerda. A corda é fixa em $x = 0$ uma unidade acima do eixo x e em $x = 1$ no eixo x para $t > 0$. Ache o deslocamento $u(x, t)$ se a corda parte do repouso e do deslocamento inicial $f(x)$.

7. Ache a temperatura de estado estacionário $u(x, y)$ na chapa quadrada da Figura 12.23.

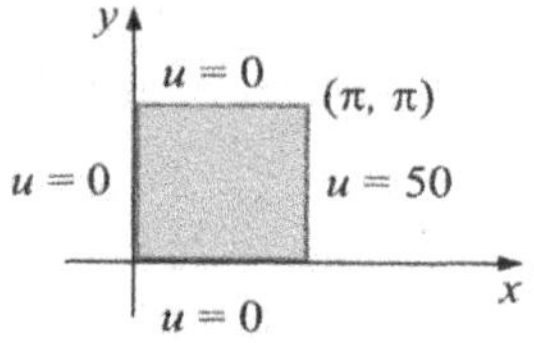

Figura 12.23

8. Ache a temperatura de estado estacionário $u(x, y)$ na chapa semi-infinita da Figura 12.24.

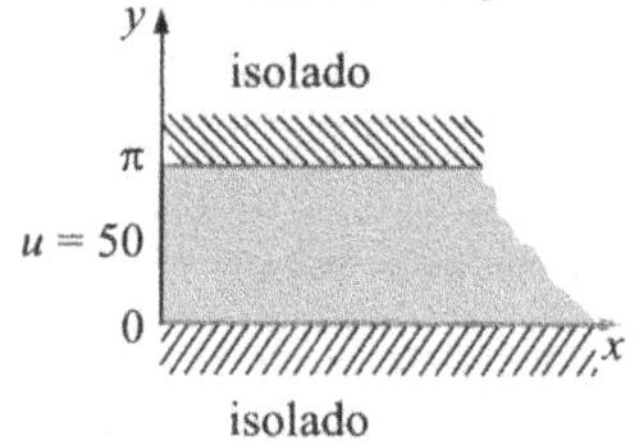

Figura 12.24

9. Resolva o Problema 8 se as fronteiras $y = 0$ e $y = \pi$ são mantidas à temperatura zero durante todo o tempo.

10. Determine a temperatura $u(x, t)$ na chapa infinita de largura $2L$ da Figura 12.25, se a temperatura inicial é u_0 em toda ela. [*Sug.*: $u(x, 0) = u_0$, $-L < x < L$, é uma função par de x.]

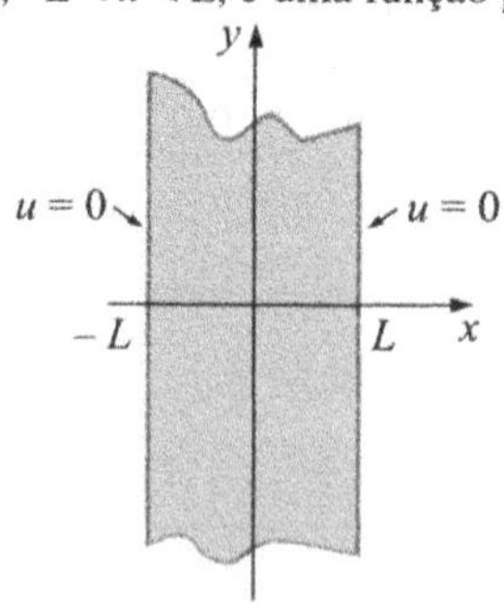

Figura 12.25

11. Resolva o problema de valor de contorno:

$$\frac{\partial^2 u}{\partial x^2} = \frac{\partial u}{\partial t}, \quad 0 < x < \pi, \quad t > 0$$
$$u(0,t) = 0, \quad u(\pi,t) = 0, \quad t > 0$$
$$u(x,0) = \operatorname{sen} x, \quad 0 < x < \pi.$$

12. Resolva o problema de valor de contorno:

$$k\frac{\partial^2 u}{\partial x^2} + \operatorname{sen} 2\pi x = \frac{\partial u}{\partial t}, \quad 0 < x < 1, \quad t > 0$$
$$u(0,t) = 0, \quad u(1,t) = 0, \quad t > 0$$
$$u(x,0) = \operatorname{sen} \pi x, \quad 0 < x < 1.$$

13. Ache uma solução em série formal para o problema

$$\frac{\partial^2 u}{\partial x^2} + 2\frac{\partial u}{\partial x} = \frac{\partial^2 u}{\partial t^2} + 2\frac{\partial u}{\partial t} + u, \quad 0 < x < \pi, \quad t > 0$$
$$u(0,t) = 0, \quad u(\pi,t) = 0, \quad t > 0$$
$$\left.\frac{\partial u}{\partial t}\right|_{t=0} = 0, \quad 0 < x < \pi.$$

Não tente calcular os coeficientes da série.

14. A concentração $c(x, t)$ de uma substância que tanto se difunde em um meio, bem como é sujeita à convecção por correntes no mesmo meio, satisfaz a equação de derivadas parciais

$$k\frac{\partial^2 c}{\partial x^2} - h\frac{\partial c}{\partial x} = \frac{\partial c}{\partial t}, \quad h \text{ constante.}$$

Resolva essa equação sujeita a

$$c(0,t) = 0, \quad c(1,t) = 0, \quad t > 0$$
$$c(x,0) = c_0, \quad 0 < x < 1,$$

onde c_0 é uma constante.

ENSAIO

Onde está o Dó Médio?

Ruth G. Favro
Departamento de Matemática e Ciência da Computação
Lawrence Technological University

Como é possível estabelecer uma relação entre a solução em série de Fourier do problema das cordas vibrantes com o que ouvimos de um violão, um violino ou um piano? Que correspondência há entre a matemática e o dó médio?

O som gerado por um instrumento musical é transmitido aos nossos ouvidos por uma onda de pressão que percorre o ar. Em um instrumento de cordas, as vibrações criadas ao dedilharmos uma corda ou passarmos nela um arco são transmitidas ao corpo do instrumento. Consegue-se isto distendendo-se a corda sobre a cravilha, uma pequena peça de madeira montada no corpo do instrumento, chamado caixa de som. A vibração do material do corpo modifica a pressão no ar dentro da caixa; essas ondas de pressão são então transmitidas aos nossos ouvidos através de aberturas no corpo do instrumento. As vibrações das cordas são ondas transversais, que se movem perpendicularmente à direção do movimento da corda. As ondas de pressão são ondas longitudinais que se movem na mesma direção do som.

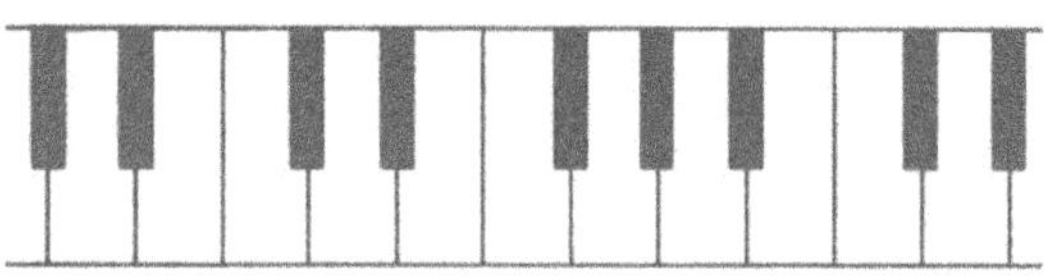

Figura 12.26

Instrumentos musicais, como um violão, produzem som quando alguém faz suas cordas vibrarem, seja por dedilhado ou por fricção, com um arco. O piano também é um instrumento de cordas, porém, de percussão. As vibrações ocorrem quando a pessoa aciona teclas ligadas a marteletes cobertos de feltro que percutem as cordas.

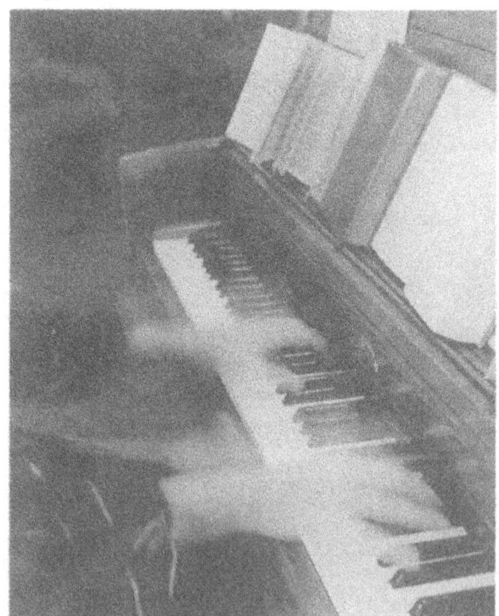

Alguns atributos do som musical são a altura, o timbre e o volume. O atributo principal é a altura, que permite distinguirmos se um som que ouvimos é o do dó médio ou de uma oitava acima ou abaixo dele. O timbre qualifica o som, tornando-o, por assim dizer, "brilhante" ou "apagado".

Para falarmos de som, convém introduzir alguma terminologia padrão. Utilize-se o teclado do piano como referência em virtude da grande diversidade de notas que produz. Rotulamos as teclas conforme a Figura 12.26. Doze teclas sucessivas, sete brancas e cinco pretas, constituem uma **oitava**. O intervalo entre duas teclas é chamado um **semitom**. Há mais de sete oitavas em um piano. O dó médio é referido como C4, de forma que a tecla que está uma oitava acima é o C5.

Modelo Matemático

Vamos analisar as vibrações de uma corda sob tensão, após ter sido dedilhada ou tocada. O aspecto mais simples do problema consiste em achar o deslocamento $u(x, t)$ de uma corda "ideal" em um ponto arbitrário x e em um instante arbitrário posterior t após a corda ter sido posta em movimento. Admitimos que a corda esteja fixa nas extremidades, tenha diâmetro pequeno e vibre somente em um plano. Tem comprimento L e densidade constante ρ e está sob tensão constante T – tudo medido em unidades adequadas. O modelo matemático para o deslocamento $u(x, t)$ é

$$u_{tt} = c^2 u_{xx}, \quad c = \sqrt{\frac{T}{\rho}}$$

$$\begin{cases} u(0,t) = u(L,t) = 0, & 0 < t \\ u(x,0) = f(x), \quad u_t(x,0) = g(x), & 0 < x < L. \end{cases}$$

A unidade de c é comprimento por tempo; c representa a velocidade da onda. A separação de variáveis dá uma solução

$$u(x,t) = \sum \left(A_n \cos \frac{n\pi ct}{L} + B_n \operatorname{sen} \frac{n\pi ct}{L} \right) \operatorname{sen} \frac{n\pi x}{L} \tag{1}$$

em que os A_n e B_n devem ser determinados pelas condições iniciais.

Cada termo da série (1) é chamado uma **onda estacionária** em $(0, L)$, ou um **modo de vibração**. Podemos imaginar cada um como uma onda senoidal com a amplitude variando com o tempo. Alternativamente, utilizando identidades trigonométricas, podemos escrever (1) como

$$\sum C_n \operatorname{sen} \frac{n\pi x}{L} \operatorname{sen} \left(\frac{n\pi ct}{L} + \phi_n \right), \quad C_n^2 = A_n^2 + B_n^2.$$

Então o movimento aparenta uma onda em propagação com amplitude que varia com o tempo. Veja a Figura 12.27. Os pontos em que cada modo corta o eixo são chamados nós; os nós são pontos fixos no movimento da onda estacionária. É a periodicidade dos modos de vibração, que têm todos eles ao menos o meio período $(0, L)$, que produz as ondas de pressão periódicas, e, assim, o que chamamos som musical.

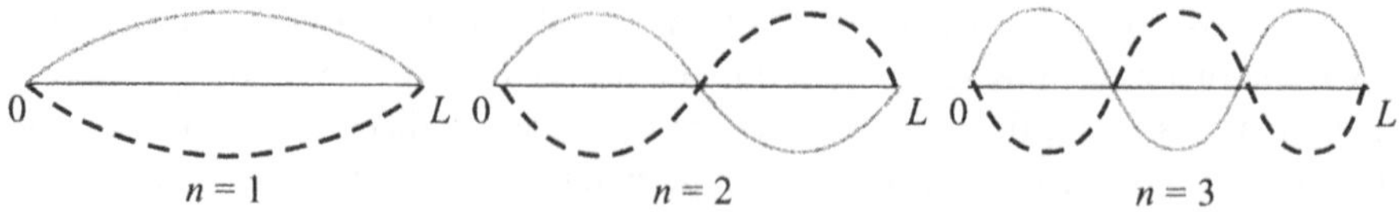

Figura 12.27 As três primeiras ondas estacionárias.

Freqüência, Altura e Timbre

O n^{mo} modo de vibração tem período p_n e freqüência $f_n = 1/p_n$. Tomando a forma (1) da onda em propagação, obtemos $f_n = nc/2L$, $c = \sqrt{T/\rho}$. A freqüência é medida em ciclos por segundo; um ciclo por segundo é chamado um hertz (Hz) (Heinrich Hertz, físico alemão do século XIX). A freqüência mais baixa, f_1, é chamada **fundamental** ou **primeira parcial**. A seguinte é o **segundo harmônico** ou **segunda parcial** etc. (Os harmônicos são também chamados **sobretons**; o segundo harmônico é o primeiro sobretom.)

O modo fundamental de vibração, f_1, determina a altura de um som musical. Para fazer soar o lá acima do dó médio, a corda deve vibrar a 440 Hz, a freqüência padrão para a afinação de instrumentos. O dó médio é 261,6 (~262) Hz. Como a freqüência depende da tensão e da densidade (massa por unidade de comprimento) da corda, se nossa corda é de aço com densidade de 0,006 kg/m e tensão de 650 N, então $262 = (1/2L)\sqrt{(650/0{,}006)}$. E um comprimento de corda $L = {\sim}0{,}63$ m ou 25 in. soará o dó médio [2, p. 178].

Note que as freqüências de cada termo na série (1) são múltiplos inteiros umas das outras: $f_n = nf_1$. A seqüência $f_1, f_2, ..., f_n, ...$ é chamada **série harmônica** em acústica. Os intervalos consonantes na música – como terças, quartas, quintas e oitavas – são produzidos por alturas cujas freqüências fundamentais guardam certa relação entre elas. A tabela abaixo exibe algumas das relações básicas [4, p. 64]. Uma nota uma oitava acima de determinada nota tem um fundamental que é o dobro do fundamental da nota original. Assim, se C4 tem um fundamental f (~262 Hz), então C5 tem o fundamental $2f$ (~524 Hz). Um intervalo chamado quinta é dado por duas notas distantes sete semitons uma da outra, por exemplo, C4 e G4. A nota G4 tem uma freqüência fundamental $(3/2)f$ (~396 Hz). Essa relação vale igualmente para os harmônicos superiores. Se temos uma corda que vibra a certa altura, podemos elevar de um quinto a altura colocando uma cravilha em um ponto a 2/3 de seu comprimento.

Nome do intervalo	Notas * (em dó maior)	Razão ideal	Número de semitons
Oitava	C-C	2:1	12
Terça menor	E-G	6:5	3
Terça maior	C-E	5:4	4
Quarta	C-F	4:3	5
Quinta	C-G	3:2	7
Sexta menor	E-C	8:5	8
Sexta maior	C-A	5:3	9

* N. T.: Esta é a equivalência entre os dois sistemas de designação das notas: *Dó* = C, *Ré* = D, *Mi* = E, *Fá* = F, *Sol* = G, *Lá* = A, *Si* = B.

Efeito das Condições Iniciais

A posição inicial e a velocidade da corda dão condições que determinam as constantes A_n e B_n. Fisicamente, isto poderia significar dedilhar a corda em um lugar (como no caso do violão ou do cravo na Figura 12.28) ou dedilhá-la em dois lugares (como em uma harpa na Figura 12.29) ou então percutir a corda com um martelo (como no piano ou na cítara, Figura 12.30). Tomemos um modelo bastante simplificado de cada um desses casos. Os A_n e B_n são coeficientes de Fourier:

$g(x) = 0$ dedilhada no meio (Figura 12.28)

$$A_n = \frac{8h}{n^2\pi^2} \operatorname{sen} \frac{n\pi}{2}, \quad B_n = 0 \tag{2}$$

$g(x) = 0$ dedilhada em dois lugares (harpa) (Figura 12.29)

$$A_n = \frac{16h}{n^2\pi^2}\left[\operatorname{sen} \frac{n\pi}{4} - \operatorname{sen} \frac{3n\pi}{4}\right], \quad B_n = 0 \tag{3}$$

$f(x) = 0$ percutida (piano) (Figura 12.30)

$$A_n = 0, \quad B_n = \frac{2hL}{n^2\pi^2 c}\left[\cos \frac{n\pi}{4} - \cos \frac{n\pi}{2}\right] \tag{4}$$

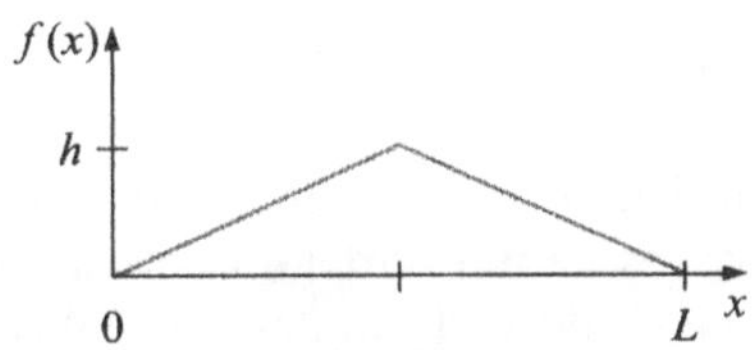

Figura 12.28

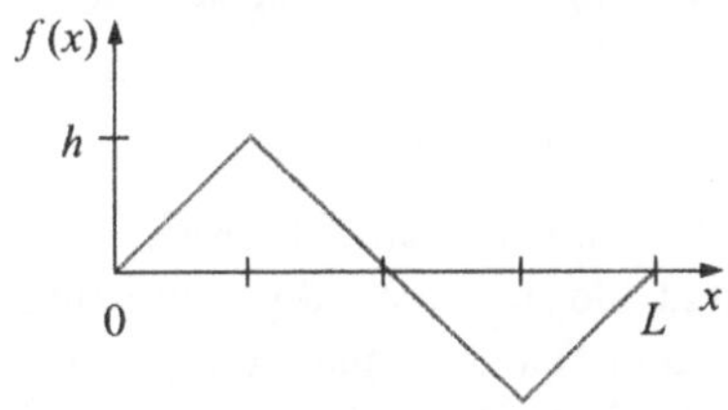

Figura 12.29

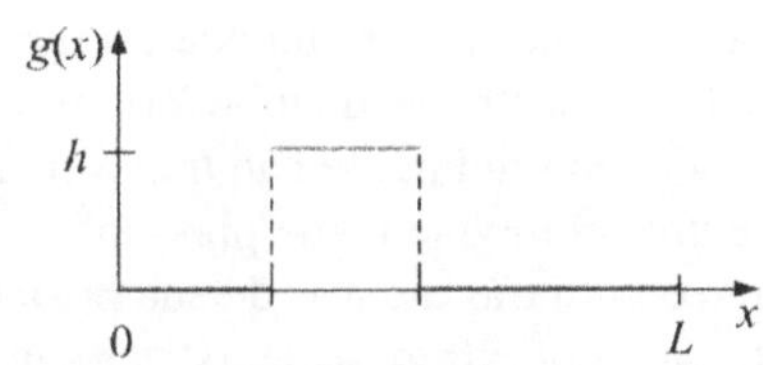

Figura 12.30

Como é que essas condições afetam o som? A ausência de alguns dos harmônicos afeta o timbre do som que ouvimos. O timbre de um som depende dos harmônicos superiores. Se os harmônicos superiores são intensos (isto é, têm amplitudes que não decaem muito rapidamente), o som é chamado brilhante. Se decaem muito rapidamente, o som é abafado. O dedilhado em um ponto em que uma onda estacionária tem um nó suprime aquela freqüência. Por exemplo, dedilhando em $L/2$, suprimimos $f_2, f_4, \ldots$; em (2), notamos que todos os $A_{2n} = 0$. Dedilhando em $L/4$, suprimimos $f_4, f_8, \ldots$; em (3), todos os $A_{4n} = 0$.* Entretanto, dedilhando-se a corda em um ponto de amplitude

* É interessante notar que, em (3), estão faltando muitas outras freqüências, inclusive f_1.

máxima de uma onda estacionária (um antinó), reforçamos aquele modo, tornando mais forte a contribuição para a forma complexa da onda.

Volume

O volume, o terceiro atributo, pode ser medido fisicamente como intensidade (watts/m^2), mas, por conveniência, costuma-se fazer a conversão para a escala usual em decibéis (dB). O volume do som depende de quanta energia pode ser eficientemente transferida da corda para a caixa sonora do instrumento. Em um piano, os registros médio e superior têm cordas triplas, tanto para a qualidade do som como para elevar o volume. Uma corda nesse âmbito é muito fina e é percutida com tensão máxima. Uma corda não é suficiente para produzir o volume ou plenitude do tom que esperamos de um piano.

Na vida real, muitos outros fatores também afetam o som, por exemplo, as forças de atrito da resistência do ar, a rigidez das cordas (especialmente nas cordas inferiores do piano, que são entrelaçadas para aumentar o diâmetro), e a largura e dureza do feltro dos martelos do piano. Embora a consideração desses problemas ultrapasse o âmbito deste ensaio, uma modificação simples que podemos fazer em nosso modelo matemático é introduzir um termo correspondente à resistência do ar na EDP. A nova equação é $u_{tt} + \beta u_t = c^2 u_{xx}$, cuja solução contém um fator exponencial que decai em função do tempo, como era de se esperar.

Outros Instrumentos

Podemos aplicar nossa análise a outros instrumentos musicais como o órgão. O som em um tubo de órgão é produzido direcionando-se um fluxo de ar através de um orifício. O mesmo processo é utilizado em uma flauta ou quando sopramos através da boca de uma garrafa de gargalo estreito. Os sons são chamados **edgetones**.

A altura do som de um tubo de órgão é determinada pelo seu comprimento e pelo fato de uma extremidade do tubo ser aberta ou fechada. A extremidade do tubo com o orifício de ar é sempre "aberta". Quando o ar é forçado pela borda através do tubo, criam-se oscilações periódicas na massa de ar no mesmo. Origina-se uma onda longitudinal (e não transversal, como em uma corda) que tem uma componente de movimento e uma componente de pressão.

O ar é deslocado para a frente e para trás a partir de sua posição de equilíbrio, quando a onda percorre o tubo e é refletida a partir da outra extremidade. Isto cria uma variação periódica na pressão em cada ponto. Em uma extremidade fechada, a pressão está em um máximo e é refletida a partir da extremidade; em uma extremidade aberta, a pressão deveria estar em um mínimo (e o deslocamento de ar em um máximo) para que a onda oscile de volta.

A equação de derivadas parciais que rege tanto o deslocamento de ar como a pressão é idêntica à equação da onda. Se $p(x, t)$ representa a pressão no tubo em um instante e posição arbitrários, então $p_{tt} = k^2 p_{xx}$, onde k representa a velocidade do som no ar (344 m/s). Haverá ondas estacionárias periódicas, cujo esquema de interferência origina a forma complexa da onda sonora. Podemos estabelecer condições de contorno apropriadas para a equação da pressão, considerando as ondas estacionárias nas extremidades do tubo.

Em uma extremidade fechada, a onda de pressão atinge seu máximo e é refletida de volta. O gradiente da pressão é zero, e $p_x(L, t) = 0$ é uma condição apropriada. Em uma extremidade aberta, a onda de pressão deve ter um nó para que a maior parte dela seja refletida. A pressão imediatamente fora deve ser aproximadamente a mesma que a pressão imediatamente dentro do tubo. A condição apropriada é $p(L, t) = c$, c constante. Isto conduz aos seguintes valores de contorno para um tubo de comprimento L:

Aberto em $x = 0$, aberto em $x = L$: $p(0, t) = c$, $p(L, t) = c$.
Aberto em $x = 0$, fechado em $x = L$: $p(0, t) = c$, $P_x(L, t) = 0$.

Os autovalores para o tubo fechado são $nk/4L$ e para o tubo aberto, $nk/2L$.

Como a freqüência fundamental de um tubo aberto é duas vezes a de um tubo fechado de mesmo comprimento, a altura do tubo aberto é uma oitava acima. Em um tubo fechado, faltam os harmônicos pares, o que origina um tom diferente do de um tubo aberto.

Onde está o dó médio para o órgão? O comprimento de tubo necessário para produzir $f_1 = \sim 262$ Hz é [2, p. 254]:

Para um tubo aberto: $L = \dfrac{k}{2f_1} = (344\,\text{m/s})/(524\,\text{Hz}) =\sim 0{,}66\,\text{m}.$

Para um tubo fechado: $L = \dfrac{k}{4f_1} = (344\,\text{m/s})/(1048\,\text{Hz}) =\sim 0{,}33\,\text{m}.$

REFERÊNCIAS

1. Benade, Arthur H. *Fundamentals of Musical Acoustics*. New York: Oxford University Press, 1976.
2. Hall, Donald E. *Musical Acoustics*. Belmont, CA: Wadsworth, 1980.
3. Morse, Philip M. *Vibration and Sound*. New York: McGraw-Hill, 1948.
4. Pierce, John R. *The Science of Musical Sound*. New York: Scientific American Books, 1983.

Capítulo 13

PROBLEMAS DE CONTORNO EM OUTROS SISTEMAS DE COORDENADAS

Conceitos Importantes

Laplaciano em
- coordenadas polares
- coordenadas cilíndricas
- coordenadas esféricas

Autovalores duplos

Simetria radial

Vibrações radiais

Ondas estacionárias

Linhas nodais

Todos os problemas de contorno que abordamos até agora foram expressos em um sistema de coordenadas retangulares. Se quisermos, entretanto, determinar temperaturas em um disco circular, em um cilindro circular ou em uma esfera, naturalmente trataremos o problema em coordenadas polares,

disco cilindro esfera

cilíndricas ou esféricas, respectivamente. É importante, pois, sabermos expressar o Laplaciano $\nabla^2 u$ nesses diferentes sistemas de coordenadas.

Nas Seções 13.2 e 13.3 aplicaremos a teoria das séries de Fourier-Bessel e de Fourier-Legendre.

13.1 PROBLEMAS QUE ENVOLVEM A EQUAÇÃO DE LAPLACE EM COORDENADAS POLARES

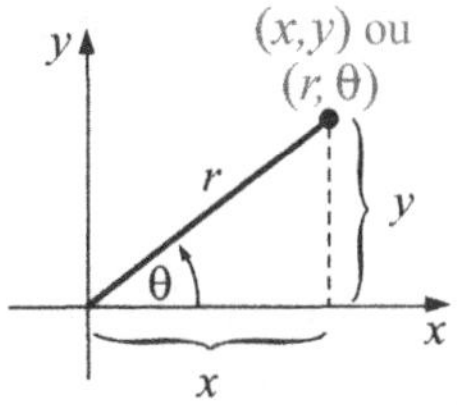

Figura 13.1

As relações entre coordenadas polares no plano e coordenadas retangulares são dadas por

$$x = r\cos\theta,\ y = r\,\text{sen}\,\theta,\ \text{e}\ r^2 = x^2 + y^2,\ \text{tg}\,\theta = \frac{y}{x}.$$

Veja a Figura 13.1. O primeiro par de equações transforma coordenadas polares (r, θ) em coordenadas retangulares (x, y); o segundo par de equações permite transformar coordenadas retangulares em coordenadas polares. Essas equações também permitem converter o laplaciano bidimensional da função u, $\nabla^2 u = \partial^2 u/\partial x^2 + \partial^2 u/\partial y^2$, para coordenadas polares. Recomenda-se percorrer todos os detalhes da regra da cadeia e mostrar que

$$\frac{\partial u}{\partial x} = \frac{\partial u}{\partial r}\frac{\partial r}{\partial x} + \frac{\partial u}{\partial \theta}\frac{\partial \theta}{\partial x} = \cos\theta\frac{\partial u}{\partial r} - \frac{\text{sen}\,\theta}{r}\frac{\partial u}{\partial \theta}$$

$$\frac{\partial u}{\partial y} = \frac{\partial u}{\partial r}\frac{\partial r}{\partial y} + \frac{\partial u}{\partial \theta}\frac{\partial \theta}{\partial y} = \text{sen}\,\theta\frac{\partial u}{\partial r} + \frac{\cos\theta}{r}\frac{\partial u}{\partial \theta}$$

$$\frac{\partial^2 u}{\partial x^2} = \cos^2\theta\frac{\partial^2 u}{\partial r^2} - \frac{2\,\text{sen}\,\theta\cos\theta}{r}\frac{\partial^2 u}{\partial r\,\partial \theta} + \frac{\text{sen}^2\theta}{r^2}\frac{\partial^2 u}{\partial \theta^2} + \frac{\text{sen}^2\theta}{r}\frac{\partial u}{\partial r} + \frac{2\,\text{sen}\,\theta\cos\theta}{r}\frac{\partial u}{\partial \theta} \qquad (1)$$

$$\frac{\partial^2 u}{\partial y^2} = \text{sen}^2\theta\frac{\partial^2 u}{\partial r^2} + \frac{2\,\text{sen}\,\theta\cos\theta}{r}\frac{\partial^2 u}{\partial r\partial \theta} + \frac{\cos^2\theta}{r^2}\frac{\partial^2 u}{\partial \theta^2} + \frac{\cos^2\theta}{r}\frac{\partial u}{\partial r} - \frac{2\,\text{sen}\,\theta\cos\theta}{r}\frac{\partial u}{\partial \theta}. \qquad (2)$$

Adicionando (1) e (2) e simplificando, obtemos o laplaciano de u em coordenadas polares

$$\nabla^2 u = \frac{\partial^2 u}{\partial x^2} + \frac{\partial^2 u}{\partial y^2} = \frac{\partial^2 u}{\partial r^2} + \frac{1}{r}\frac{\partial u}{\partial r} + \frac{1}{r^2}\frac{\partial^2 u}{\partial \theta^2}.$$

Nesta seção abordaremos apenas problemas que envolvem a equação de Laplace em coordenadas polares.

$$\frac{\partial^2 u}{\partial r^2}+\frac{1}{r}\frac{\partial u}{\partial r}+\frac{1}{r^2}\frac{\partial^2 u}{\partial \theta^2}=0.$$

Nosso primeiro problema será o problema de Dirichlet para um disco circular.

EXEMPLO 1

Determine a temperatura de estado estacionário $u(r, \theta)$ na chapa circular de raio c, se a temperatura da circunferência é $u(c, \theta) = f(\theta)$, $0 < \theta < 2\pi$. Veja a Figura 13.2.

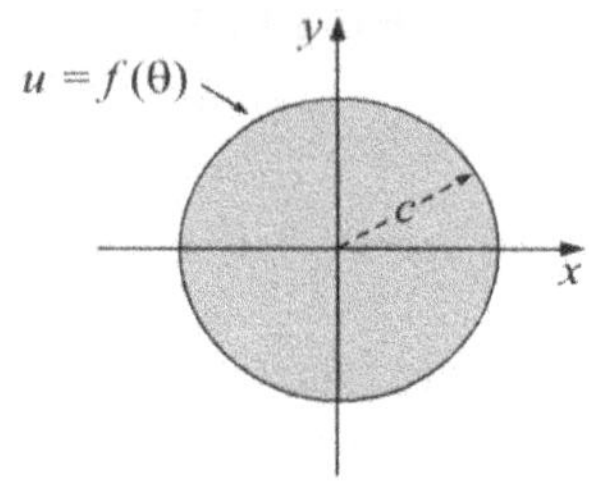

Figura 13.2

Solução Devemos resolver a equação de Laplace

$$\frac{\partial^2 u}{\partial r^2}+\frac{1}{r}\frac{\partial u}{\partial r}+\frac{1}{r^2}\frac{\partial^2 u}{\partial \theta^2}=0,\quad 0<\theta<2\pi,\quad 0<r<c$$

sujeita a $u(c, \theta) = f(\theta)$, $0 < \theta < 2\pi$.

Definindo $u = R(r)\Theta(\theta)$, temos, pela separação de variáveis,

$$\frac{r^2R''+rR'}{R}=-\frac{\Theta''}{\Theta}=\lambda^2$$

e

$$r^2R''+rR'-\lambda^2R=0. \tag{3}$$

$$\Theta''+\lambda^2\Theta=0. \tag{4}$$

A solução de (4) é

$$\Theta=c_1\cos\lambda\theta+c_2\operatorname{sen}\lambda\theta. \tag{5}$$

Reconhecemos na equação (3) uma equação de Cauchy-Euler. Sua solução geral é

$$R=c_3r^{\lambda}+c_4r^{-\lambda}. \tag{6}$$

Assim, não há condições explícitas no enunciado do problema que nos permitam determinar qualquer dos coeficientes ou autovalores. Todavia, há algumas condições implícitas.

Primeiro, nossa intuição física nos leva a esperar que a temperatura $u(r, \theta)$ deve ser limitada no interior do círculo $r = c$. Além disso, em um determinado ponto do círculo, a temperatura deve ser a mesma, independentemente da descrição polar do ponto. Assim, como $(r,\ \theta + 2\pi)$ é uma descrição equivalente do ponto $(r,\ \theta)$, devemos ter

$$u(r,\ \theta) = u(r,\ \theta + 2\pi).$$

Em outras palavras, a temperatura $u(r,\ \theta)$ deve ser periódica de período 2π. Mas as soluções de (4) só podem ser periódicas de período 2π se tomarmos $\lambda = n$, $n = 0, 1, 2, \ldots$. Assim, para $n > 0$, (5) e (6) se tornam

$$\Theta = c_1 \cos n\theta + c_2 \operatorname{sen} n\theta \tag{7}$$

$$R = c_3 r^n + c_4 r^{-n}. \tag{8}$$

Observe, entretanto, em (8) que $r^{-n} = 1/r^n$. Para que a solução seja limitada no centro da chapa, ou seja, em $r = 0$, devemos definir $c_4 = 0$. Logo, para $\lambda = n > 0$,

$$u_n = R\Theta = r^n(A_n \cos n\theta + B_n \operatorname{sen} n\theta), \tag{9}$$

onde c_3c_1 e c_3c_2 foram substituídos por A_n e B_n, respectivamente.

Há um último ponto a considerar, a saber: $n = 0$ é um autovalor. Para esse valor, as soluções de (3) e (4) não são dadas por (5) e (6). As soluções das equações diferenciais $\Theta'' = 0$ e $r^2R'' + rR' = 0$ são

$$\Theta = c_5\theta + c_6 \quad \text{e} \quad R = c_7 + c_8 \ln r.$$

A periodicidade exige que tomemos $c_5 = 0$, e a perspectiva de que a temperatura seja finita em $r = 0$ impõe $c_8 = 0$. Assim, uma solução produto da equação de derivadas parciais é simplesmente

$$u_0 = A_0, \tag{10}$$

onde A_0 representa c_6c_7.

O princípio de superposição dá então

$$u(r,\theta) \sum_{n=0}^{\infty} u_n$$

ou

$$u(r,\theta) = A_0 + \sum_{n=1}^{\infty} r^n(A_n \cos n\theta + B_n \operatorname{sen} n\theta). \tag{11}$$

Finalmente, aplicando a condição de contorno em $r = c$ ao resultado em (11), reconhecemos em

$$f(\theta) = A_0 + \sum_{n=1}^{\infty} c^n(A_n \cos n\theta + B_n \operatorname{sen} n\theta)$$

o desenvolvimento de f em uma série completa de Fourier. Conseqüentemente, podemos fazer

$$A_0 = \frac{a_0}{2}, \quad c^nA_n = a_n, \ \text{e} \ c^nB_n = b_n.$$

Ou seja,

$$A_0 = \frac{1}{2\pi}\int_0^{2\pi} f(\theta)\, d\theta \tag{12}$$

$$A_n = \frac{1}{c^n \pi} \int_0^{2\pi} f(\theta) \cos n\theta \, d\theta \qquad \textbf{(13)}$$

$$B_n = \frac{1}{c^n \pi} \int_0^{2\pi} f(\theta) \operatorname{sen} n\theta \, d\theta. \qquad \textbf{(14)}$$

A solução do problema consiste da série dada em (11), onde A_0, A_n e B_n são definidas em (12), (13) e (14). ■

Note, no Exemplo 1, que, a cada autovalor positivo, $n = 1, 2, 3, \ldots$, correspondem duas autofunções diferentes, cos $n\theta$ e sen $n\theta$. Nessas circunstâncias, os autovalores são chamados às vezes de **autovalores duplos**.

EXEMPLO 2

Determine a temperatura de estado estacionário $u(r, \theta)$ na chapa semicircular da Figura 13.3.

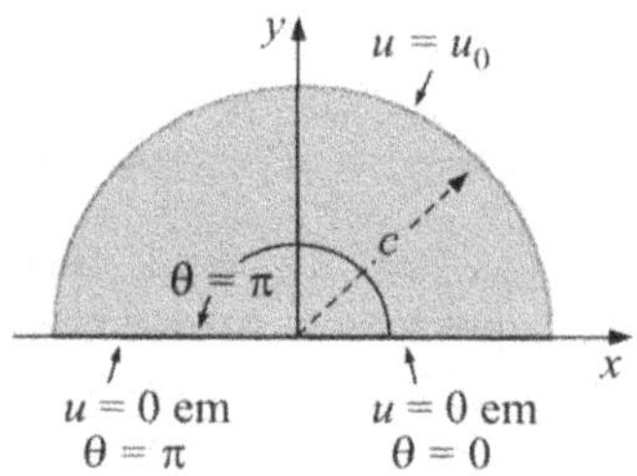

Figura 13.3

Solução O problema de contorno é

$$\frac{\partial^2 u}{\partial r^2} + \frac{1}{r}\frac{\partial u}{\partial r} + \frac{1}{r^2}\frac{\partial^2 u}{\partial \theta^2} = 0, \quad 0 < \theta < \pi, \quad 0 < r < c$$

$$u(c, \theta) = u_0, \quad 0 < \theta < \pi$$

$$u(r, 0) = 0, \qquad u(r, \pi) = 0 \quad 0 < r < c.$$

Definindo $u = R(r)\Theta(\theta)$ e separando variáveis, temos

$$\frac{r^2 R'' + rR'}{R} = -\frac{\Theta''}{\Theta} = \lambda^2$$

e

$$r^2 R'' + rR' - \lambda^2 R = 0 \qquad \textbf{(15)}$$

$$\Theta'' + \lambda^2 \Theta = 0. \qquad \textbf{(16)}$$

Por outro lado, aplicando as condições de contorno $\Theta(0) = 0$ e $\Theta(\pi) = 0$ à solução $\Theta = c_1 \cos \lambda\theta + c_2 \operatorname{sen} \lambda\theta$ de (16), obtemos $c_1 = 0$ e $\lambda = n$, $n = 1, 2, 3, \ldots$ Logo, $\Theta = c_2 \operatorname{sen} n\theta$. Ao contrário do problema no Exemplo 1, $n = 0$ não é um autovalor. Com $\lambda = n$, a solução de (15) é

$$R = c_3 r^n + c_4 r^{-n}.$$

Mas a hipótese de que $u(r, \theta)$ seja limitada em $r = 0$ nos leva a definir $c_4 = 0$. Portanto,

$$u_n = R(r)\Theta(\theta) = A_n r^n \operatorname{sen} n\theta$$

e

$$u(r,\theta) = \sum_{n=1}^{\infty} A_n r^n \operatorname{sen} n\theta.$$

A outra condição de contorno em $r = c$ dá a série de senos

$$u_0 = \sum_{n=1}^{\infty} A_n c^n \operatorname{sen} n\theta.$$

Conseqüentemente,

$$A_n c^n = \frac{2}{\pi} \int_0^{\pi} u_0 \operatorname{sen} n\theta \, d\theta$$

e assim

$$A_n = \frac{2u_0}{\pi c^n} \frac{1-(-1)^n}{n}.$$

Logo, a solução do problema é dada por

$$u(r,\theta) = \frac{2u_0}{\pi} \sum_{n=1}^{\infty} \frac{1-(-1)^n}{n} \left(\frac{r}{c}\right)^n \operatorname{sen} n\theta.$$ ■

13.1 EXERCÍCIOS

As respostas dos exercícios selecionados estão na página 413.

Nos Problemas 1 - 4, ache a temperatura de estado estacionário $u(r, \theta)$ em uma chapa circular de raio $r = 1$, se a temperatura na circunferência é a indicada.

1. $u(1,\theta) = \begin{cases} u_0, & 0 < \theta < \pi \\ 0, & \pi < \theta < 2\pi \end{cases}$

2. $u(1,\theta) = \begin{cases} \theta, & 0 < \theta < \pi \\ \pi - \theta, & \pi < \theta < 2\pi \end{cases}$

3. $u(1,\theta) = 2\pi\theta - \theta^2, \; 0 < \theta < 2\pi$

4. $u(1,\theta) = \theta, \; 0 < \theta < 2\pi$

5. Resolva o problema exterior de Dirichlet para um disco circular de raio c se $u(c, \theta) = f(\theta)$, $0 < \theta < 2\pi$. Em outras palavras, determine a temperatura de estado estacionário $u(r, \theta)$ em uma chapa que coincide com todo o plano xy, na qual se fez uma perfuração circular de raio c centrada na origem, e sendo $f(\theta)$ a temperatura na circunferência da perfuração. [*Sug.:* Suponha que a temperatura permaneça limitada quando $r \to \infty$.]

6. Determine a temperatura de estado estacionário no quadrante circular da Figura 13.4.

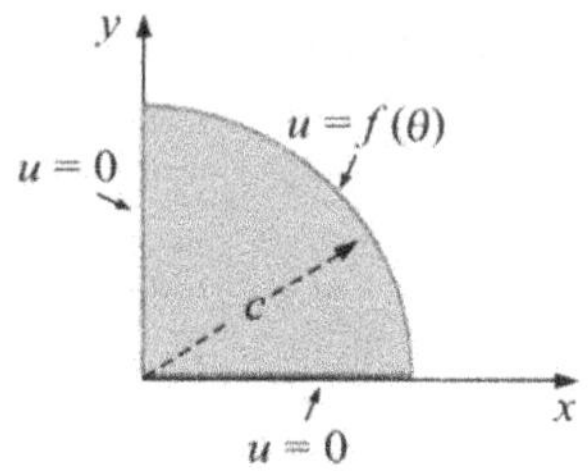

Figura 13.4

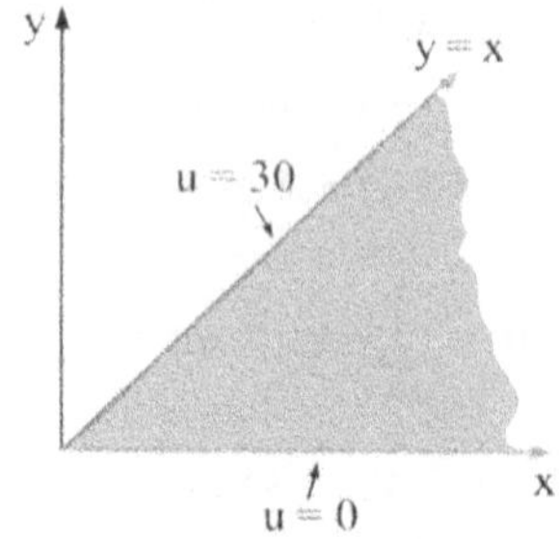

Figura 13.5

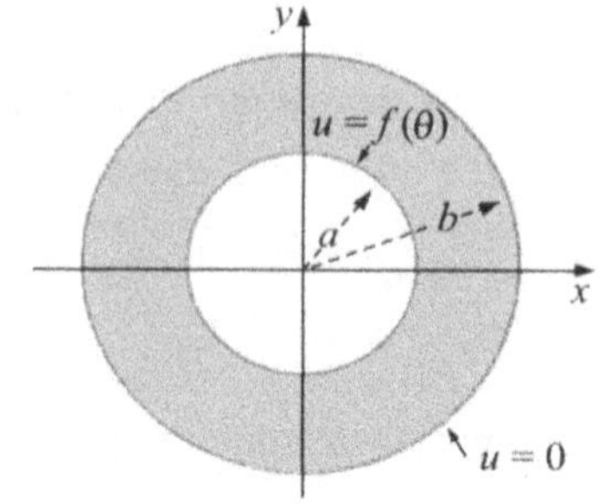

Figura 13.6

7. Se as fronteiras $\theta = 0$ e $\theta = \pi/2$ na Figura 13.4 estão isoladas, temos, respectivamente,

$$\left.\frac{\partial u}{\partial \theta}\right|_{\theta=0} = 0, \quad \left.\frac{\partial u}{\partial \theta}\right|_{\theta=\pi/2} = 0.$$

Determine a temperatura de estado estacionário se $u(c, \theta) = \begin{cases} 1, & 0 < \theta < \pi/4, \\ 0, & \pi/4 < \theta < \pi/2. \end{cases}$

8. Ache a temperatura de estado estacionário na chapa em forma de cunha infinita da Figura 13.5. [*Sug.:* Suponha que a temperatura permaneça limitada quando $r \to 0$ e quando $r \to \infty$.]

9. Determine a temperatura de estado estacionário $u(r, \theta)$ no anel circular da Figura 13.6. [*Sug.:* Proceda como no Exemplo 1.]

10. Se as condições de contorno para o anel circular da Figura 13.6 são $u(a, \theta) = u_0$, $u(b, \theta) = u_1$, $0 < \theta < 2\pi$, u_0 e u_1 constantes, mostre que a temperatura de estado estacionário é dada por $u(r, \theta) = [u_0 \ln(r/b) - u_1 \ln(r/a)]/\ln(a/b)$. [*Sug.:* Tente uma solução da forma $u(r, \theta) = v(r, \theta) + \psi(r)$.]

11. Ache a temperatura de estado estacionário $u(r, \theta)$ em um anel semicircular se

$$u(a, \theta) = \theta(\pi - \theta), \quad u(b, \theta) = 0, \quad 0 < \theta < \pi$$

$$u(r, 0) = 0, \quad u(r, \pi) = 0, \quad a < r < b.$$

12. Determine a temperatura de estado estacionário $u(r, \theta)$ em uma chapa semicircular de raio $r = 1$, se

$$u(1, \theta) = u_0, \quad 0 < \theta < \pi$$

$$u(r, 0) = 0, \quad u(r, \pi) = u_0, \quad 0 < r < 1,$$

com u_0 constante.

13. Determine a temperatura de estado estacionário $u(r, \theta)$ em uma chapa semicircular de raio $r = 2$, se

$$u(2, \theta) = \begin{cases} u_0, & 0 < \theta < \pi/2 \\ 0, & \pi/2 < \theta < \pi, \end{cases}$$

u_0 é constante e as margens $\theta = 0$ e $\theta = \pi$ estão isoladas.

14. Mostre que a temperatura de estado estacionário do Exemplo 1 pode ser representada pela integral

$$u(r,\theta)=\frac{1}{2\pi}\int_0^{2\pi}\frac{c^2-r^2}{c^2-2cr\cos(t-\theta)+r^2}f(t)\,dt.$$

Esse resultado é conhecido como **fórmula integral de Poisson para um círculo**. [*Sug.*: Mostre primeiro que

$$u(r,\theta)=\frac{1}{2\pi}\int_0^{2\pi}f(t)\left[1+2\sum_{n=1}^{\infty}\left(\frac{r}{c}\right)^n\cos n(t-\theta)\right]dt.$$

Aplique então $\cos nv=\frac{1}{2}(e^{inv}+e^{-inv})$ e uma série geométrica para mostrar que $1+2\sum_{n=1}^{\infty}u^n\cos nv=\dfrac{1-u^2}{1-2u\cos v+u^2}$, $|u|<1$.]

13.2 PROBLEMAS EM COORDENADAS POLARES E EM COORDENADAS CILÍNDRICAS

As equações bidimensionais da onda e do calor:

$$k\left(\frac{\partial^2u}{\partial x^2}+\frac{\partial^2u}{\partial y^2}\right)=\frac{\partial u}{\partial t}\quad\text{e}\quad a^2\left(\frac{\partial^2u}{\partial x^2}+\frac{\partial^2u}{\partial y^2}\right)=\frac{\partial^2u}{\partial t^2}$$

expressas em coordenadas polares, são, respectivamente,

$$k\left(\frac{\partial^2u}{\partial r^2}+\frac{1}{r}\frac{\partial u}{\partial r}+\frac{1}{r^2}\frac{\partial^2u}{\partial\theta^2}\right)=\frac{\partial u}{\partial t}\quad\text{e}\quad a^2\left(\frac{\partial^2u}{\partial r^2}+\frac{1}{r}\frac{\partial u}{\partial r}+\frac{1}{r^2}\frac{\partial^2u}{\partial\theta^2}\right)=\frac{\partial^2u}{\partial t^2},$$

onde $u = u(r,\theta,t)$. Para resolver, por separação de variáveis, um problema de contorno que envolva uma dessas equações, definimos $u=R(r)\Theta(\theta)T(t)$. Tal como na Seção 12.8, essa hipótese conduz a séries infinitas múltiplas. Veja o Problema 12. No estudo a seguir, consideraremos os problemas mais simples, mas ainda assim importantes, que apresentam **simetria radial**, ou seja, problemas que não dependem da coordenada angular θ. Nesse caso, as equações do calor e da onda tomam, respectivamente, as formas

$$k\left(\frac{\partial^2u}{\partial x^2}+\frac{1}{r}\frac{\partial^2u}{\partial y^2}\right)=\frac{\partial u}{\partial t}\quad\text{e}\quad a^2\left(\frac{\partial^2u}{\partial r^2}+\frac{1}{r}+\frac{\partial u}{\partial r}\right)=\frac{\partial^2u}{\partial t^2},\qquad\textbf{(1)}$$

onde $u = u(r, t)$. As vibrações descritas pela segunda equação em (1) chamam-se **vibrações radiais**.

O primeiro exemplo se refere a vibrações radiais livres, de uma membrana circular delgada. Supomos que os deslocamentos sejam pequenos e que o movimento seja tal que cada ponto da membrana se mova segundo uma direção perpendicular ao plano xy (vibrações transversas); isto é, o eixo u é perpendicular ao plano xy. No decorrer desse exemplo, convém ter em mente o modelo físico de um tambor vibrante.

EXEMPLO 1

Determine o deslocamento $u(r, t)$ de uma membrana circular de raio c fixa em sua circunferência, se seu deslocamento inicial é $f(r)$ e sua velocidade inicial é $g(r)$. Veja a Figura 13.7.

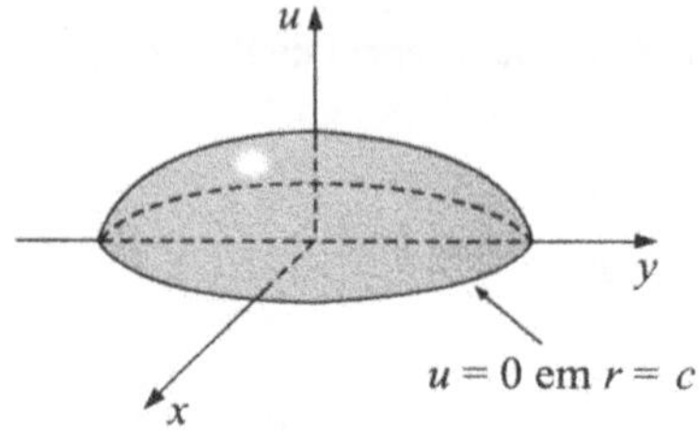

Figura 13.7

Solução O problema de valor de contorno a ser resolvido é

$$a^2\left(\frac{\partial^2 u}{\partial r^2}+\frac{1}{r}+\frac{\partial u}{\partial r}\right)=\frac{\partial^2 u}{\partial t^2},\quad 0<r<c,\quad t>0$$

$$u(c,t)=0,\qquad t>0$$

$$u(r,0)=f(r),\quad \frac{\partial u}{\partial t}\Big|_{t=0}=g(r),\quad 0<r<c.$$

Fazendo $u = R(r)T(t)$ na equação de derivadas parciais e separando variáveis, vem

$$\frac{R''+\frac{1}{r}R'}{R}=\frac{T''}{a^2T}=-\lambda^2$$

e

$$rR''+R'+\lambda^2 rR=0 \tag{2}$$

$$T''+a^2\lambda^2 T=0. \tag{3}$$

Ora, (2) não é uma equação de Cauchy-Euler, e sim uma equação diferencial paramétrica de Bessel de ordem $v = 0$. Sua solução geral é

$$R = c_1J_0(\lambda r) + c_2Y_0(\lambda r).$$

A solução geral da equação (3) é

$$T = c_3 \cos a\lambda t + c_4 \operatorname{sen} a\lambda t.$$

Recordemos agora que $Y_0(\lambda r) \to \infty$ quando $r \to 0^+$, e assim a suposição implícita de que o deslocamento $u(r, t)$ seja limitado em $r = 0$ nos força a definir $c_2 = 0$. Assim, $R = c_1J_0(\lambda r)$.

Como a condição de contorno $u(c, t) = 0$ é equivalente a $R(c) = 0$, devemos ter $c_1J_0(\lambda c) = 0$. Descartamos $c_1 = 0$ (que levaria a uma solução trivial da equação de derivadas parciais); conseqüentemente,

$$J_0(\lambda c) = 0. \tag{4}$$

Essa equação define os autovalores positivos λ_n do problema: Se x_n são as raízes positivas de (4), então $\lambda_n = x_n/c$.

$$u_n = RT = (A_n \cos a\lambda_n t + B_n \operatorname{sen} a\lambda_n t)J_0(\lambda_n r) \tag{5}$$

são soluções produto que satisfazem a equação de derivadas parciais e as condições de fronteira; fizemos a habitual redesignação das constantes. O princípio da superposição dá então

$$u(r,t) = \sum_{n=1}^{\infty}(A_n \cos a\lambda_n t + B_n \operatorname{sen} a\lambda_n t)J_0(\lambda_n r). \tag{6}$$

As condições iniciais dadas determinam os coeficientes A_n e B_n.

Fazendo $t = 0$ em (6) e com $u(r, 0) = f(r)$, vem

$$f(r) = \sum_{n=1}^{\infty} A_n J_0(\lambda_n r). \tag{7}$$

Reconhecemos nesse último resultado o desenvolvimento de Fourier-Bessel da função f no intervalo $(0, c)$. Logo, por comparação direta de (4) e (7) com (7) e (15) da Seção 11.5, podemos identificar os coeficientes A_n com os dados em (16) da Seção 11.5:

$$A_n = \frac{2}{c^2 J_1^2(\lambda_n c)}\int_0^c rJ_0(\lambda_n r)f(r)\,dr. \tag{8}$$

Em seguida, diferenciamos (6) em relação a t, fazemos $t = 0$ e utilizamos $u(r, 0) = g(r)$:

$$g(r) = \sum_{n=1}^{\infty} a\lambda_n B_n J_0(\lambda_n r).$$

Temos agora o desenvolvimento de Fourier-Bessel da função g. Identificando o coeficiente total $a\lambda_n B_n$ com (16) da Seção 11.5, podemos escrever

$$B_n = \frac{2}{a\lambda_n c^2 J_1^2(\lambda_n c)}\int_0^c rJ_0(\lambda_n r)g(r)\,dr. \tag{9}$$

Finalmente, a solução do problema de contorno dado é a série (6) com A_n e B_n definidos em (8) e (9). ■

Por analogia com (8) da Seção 12.4, as soluções produto (5) são chamadas **ondas estacionárias**. Para $n = 1, 2, 3, \ldots$, as ondas estacionárias são basicamente o gráfico de $J_0(\lambda_n r)$ com amplitude variando em função do tempo

$$A_n \cos a\lambda_n t + B_n \operatorname{sen} a\lambda_n t$$

Na Figura 13.8, as ondas estacionárias em diferentes instantes são representadas pelos gráficos tracejados. Os zeros de cada onda estacionária no intervalo $(0, c)$ são as raízes de $J_0(\lambda_n r) = 0$ e correspondem ao conjunto de pontos em uma onda estacionária, nos quais não há movimento. Esse conjunto de pontos é chamado **linha nodal**. Se (como no Exemplo 1) as raízes positivas de $J_0(\lambda_n c) = 0$ são denotadas por x_n, então $\lambda_n c = x_n$ implica $\lambda_n = x_n/c$ e, conseqüentemente, os zeros das ondas estacionárias sao determinados a partir de

$$J_0(\lambda_n r) = J_0\left(\frac{x_n}{c} r\right) = 0.$$

Mas as três primeiras raízes positivas de J_0 são (aproximadamente) $x_1 = 2{,}4$, $x_2 = 5{,}5$ e $x_3 = 8{,}7$. Assim, para $n = 1$, a primeira raiz positiva de

$$J_0\left(\frac{x_1}{c} r\right) = 0 \quad \text{é} \quad \frac{2{,}4}{c} r = 2{,}4 \quad \text{ou} \quad r = c.$$

Como estamos procurando zeros das ondas estacionárias no intervalo aberto $(0, c)$, o último resultado significa que a primeira onda estacionária não tem linha nodal. Para $n = 2$, as duas primeiras raízes positivas de $J_0\left(\frac{x_2}{c} r\right) = 0$ são determinadas a partir de $\frac{5{,}5}{c} r = 2{,}4$ e $\frac{5{,}5}{c} r = 5{,}5$. Assim, a segunda onda estacionária tem uma linha nodal definida por $r = x_1c/x_2 = 2{,}4c/5{,}5$. Notemos que $r \approx 0{,}44c < c$. Para $n = 3$, análise análoga mostra que há duas linhas nodais definidas por $r = x_1c/x_3 = 2{,}4c/8{,}7$ e $r = x_2c/x_3 = 5{,}5c/8{,}7$. De modo geral, a n^{ma} onda estacionária tem $n - 1$ linhas nodais em $r = x_1c/x_n$, $r = x_2c/x_n$, ..., $r = x_{n-1}c/x_n$. Como $r = constante$ é a equação de um círculo em coordenadas polares, vemos, na Figura 13.8, que as linhas nodais de uma onda estacionária são círculos concêntricos.

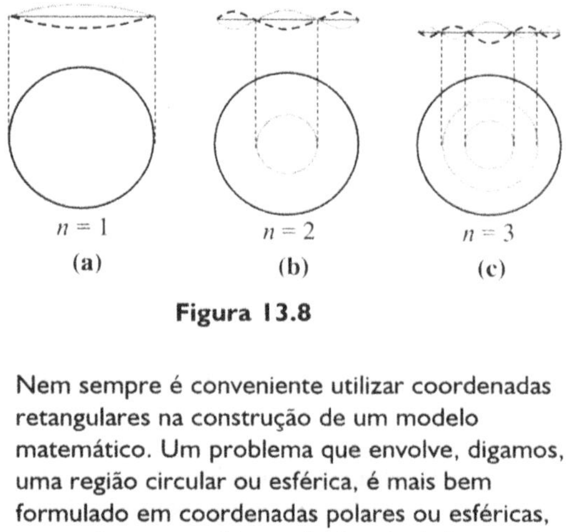

Figura 13.8

Nem sempre é conveniente utilizar coordenadas retangulares na construção de um modelo matemático. Um problema que envolve, digamos, uma região circular ou esférica, é mais bem formulado em coordenadas polares ou esféricas, respecti-vamente. Uma solução $u(r, t)$ da equação da onda unidimensional $a^2 (u_{rr} + u/r) = u_{tt}$ em coordenadas polares poderia representar os deslocamentos verticais de uma membrana circular de um tambor ideal.

O Laplaciano em Coordenadas Cilíndricas

Pela Figura 13.9, vemos que a relação entre as coordenadas cilíndricas de um ponto do espaço e suas coordenadas retangulares é dada por

$$x = r\cos\theta, \quad y = r\,\text{sen}\,\theta, \quad z = z.$$

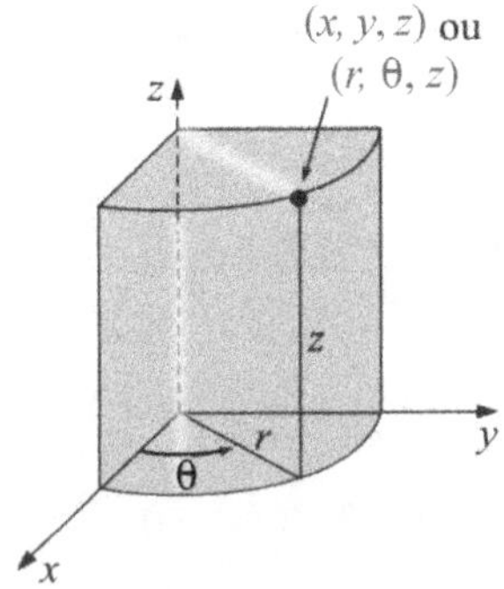

Figura 13.9

Decorre imediatamente da dedução do laplaciano em coordenadas polares (veja Seção 13.1) que o laplaciano de uma função em coordenadas cilíndricas é

$$\nabla^2 u = \frac{\partial^2 u}{\partial x^2} + \frac{\partial^2 u}{\partial y^2} + \frac{\partial^2 u}{\partial z^2} = \frac{\partial^2 u}{\partial r^2} + \frac{1}{r}\frac{\partial u}{\partial r} + \frac{1}{r^2}\frac{\partial^2 u}{\partial \theta^2} + \frac{\partial^2 u}{\partial z^2}.$$

EXEMPLO 2

Ache a temperatura de estado estacionário no cilindro circular da Figura 13.10.

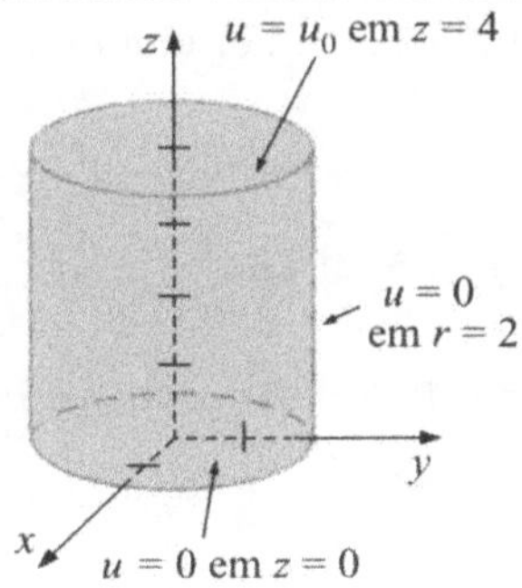

Figura 13.10

Solução As condições de contorno prescritas sugerem que a temperatura u tem simetria radial. Conseqüentemente, $u(r, z)$ é determinada com base em

$$\frac{\partial^2 u}{\partial r^2}+\frac{1}{r}\frac{\partial u}{\partial r}+\frac{\partial^2 u}{\partial z^2}=0, \quad 0<r<2, \quad 0<z<4$$

$$u(2, z)=0, \quad 0<z<4$$

$$u(r, 0)=0, \quad u(r, 4)=u_0, \quad 0<r<2.$$

Com $u = R(r)Z(z)$, e separando variáveis, vem

$$\frac{R''+\frac{1}{r}R'}{R}=-\frac{Z''}{Z}=-\lambda^2$$

e

$$rR''+R'+\lambda^2 rR=0 \tag{10}$$

$$Z''-\lambda^2 Z=0. \tag{11}$$

Usa-se aqui uma constante de separação negativa porque não há razão para esperarmos que a solução $u(r, z)$ seja periódica em z. A solução de (10) é

$$R=c_1 J_0(\lambda r)+c_2 Y_0(\lambda r),$$

e como a solução de (11) é definida no intervalo finito [0, 2], escrevemos a solução geral como

$$Z=c_3 \cosh \lambda z+c_4 \operatorname{senh} \lambda z.$$

Como no Exemplo 1, a suposição de que u seja limitada em $r = 0$ exige que $c_2 = 0$. A condição $u(2, z) = 0$ implica $R(2) = 0$. Esta equação,

$$J_0(2\lambda)=0, \tag{12}$$

define os autovalores positivos λ_n do problema. Por último, $Z(0) = 0$ implica $c_3 = 0$. Logo, temos $R = c_1 J_0(\lambda_n r)$, $Z = c_4 \operatorname{senh} \lambda_n z$, e

$$u_n=RZ=A_n \operatorname{senh} \lambda_n z \; J_0(\lambda_n r)$$

$$u(r, z)=\sum_{n=1}^{\infty} A_n \operatorname{senh} \lambda_n z \; J_0(\lambda_n r).$$

A condição de contorno restante em $z = 4$ dá então a série de Fourier-Bessel

$$u_0=\sum_{n=1}^{\infty} A_n \operatorname{senh} 4\lambda_n J_0(\lambda_n r)$$

de forma que, em vista de (12), os coeficientes são definidos por (16) da Seção 11.5:

$$A_n \operatorname{senh} 4\lambda_n=\frac{2u_0}{2^2 J_1^2(2\lambda_n)}\int_0^2 rJ_0(\lambda_n r)\,dr.$$

Para calcular a última integral, fazemos primeiro a substituição $t = \lambda_n r$, seguida por $\frac{d}{dt}[tJ_1(t)] = tJ_0(t)$:

$$A_n \operatorname{senh} 4\lambda_n=\frac{u_0}{2\lambda_n^2 J_1^2(2\lambda_n)}\int_0^{2\lambda_n}\frac{d}{dt}[tJ_1(t)]\,dt=\frac{u_0}{\lambda_n J_1(2\lambda_n)}.$$

Finalmente, chegamos a

$$A_n = \frac{u_0}{\lambda_n \operatorname{senh} 4\lambda_n J_1(2\lambda_n)}.$$

Assim, a temperatura no cilindro é dada por

$$u(r,z) = u_0 \sum_{n=1}^{\infty} \frac{\operatorname{senh} \lambda_n z \, J_0(\lambda_n r)}{\lambda_n \operatorname{senh} 4\lambda_n \, J_1(2\lambda_n)}. \qquad \blacksquare$$

13.2 EXERCÍCIOS

As respostas dos exercícios selecionados estão nas páginas 413 e 414.

1. Determine o deslocamento $u(r, t)$ no Exemplo 1 se $f(r) = 0$ e se imprimimos à membrana uma velocidade unitária inicial na direção para cima.

2. Uma membrana circular de raio unitário é fixada ao longo de sua circunferência. Determine o deslocamento $u(r, t)$ se a membrana parte do repouso com o deslocamento inicial $f(r) = 1 - r^2$, $0 < r < 1$. [*Sug.:* Veja o Problema 10, Exercícios 11.5.]

3. Determine a temperatura de estado estacionário $u(r, z)$ no cilindro do Exemplo 2, se as condições de contorno são $u(2, z) = 0$, $0 < z < 4$, $u(r, 0) = u_0$, $u(r, 4) = 0$, $0 < r < 2$.

4. Se a face lateral do cilindro do Exemplo 2 é isolada, então $\left.\frac{\partial u}{\partial r}\right|_{r=2} = 0$, $0 < z < 4$.

(a) Determine a temperatura de estado estacionário $u(r, z)$ quando $u(r, 4) = f(r)$, $0 < r < 2$.

(b) Mostre que a temperatura de estado estacionário na parte (a) se reduz a $u(r, z) = u_0 z/4$ quando $f(r) = u_0$. [*Sug.:* Aplique (11) da Seção 11.5.]

5. A temperatura em uma chapa circular de raio c é determinada pelo problema de contorno

$$k\left(\frac{\partial^2 u}{\partial r^2} + \frac{1}{r}\frac{\partial u}{\partial r}\right) = \frac{\partial u}{\partial t}, \quad 0 < r < c, \quad t > 0$$

$$u(c, t) = 0, \quad t > 0$$
$$u(r, 0) = f(r), \quad 0 < r < c.$$

Resolva em relação a $u(r, t)$.

6. Resolva o Problema 5 se a borda da chapa $r = c$ é isolada.

7. Quando há transferência de calor da face lateral de um cilindro circular infinito de raio unitário (veja a Figura 13.11) para um meio circundante à temperatura zero, a temperatura no interior do cilindro é determinada por

$$k\left(\frac{\partial^2 u}{\partial r^2} + \frac{1}{r}\frac{\partial u}{\partial r}\right) = \frac{\partial u}{\partial t}, \quad 0 < r < 1, \quad t > 0$$

$$\left.\frac{\partial u}{\partial r}\right|_{r=1} = -hu(1,t), \quad h > 0, \quad t > 0$$

$$u(r,0) = f(r), \quad 0 < r < 1.$$

Resolva em relação a $u(r, t)$.

8. Determine a temperatura de estado estacionário $u(r, z)$ em um cilindro semi-infinito de raio unitário ($z \geq 0$), se há transferência de calor de sua face lateral para o meio circundante à temperatura zero e se a temperatura da base $z = 0$ é mantida no valor constante u_0.

9. Uma chapa circular é composta de dois materiais diferentes na forma de círculos concêntricos. Veja a Figura 13.12.

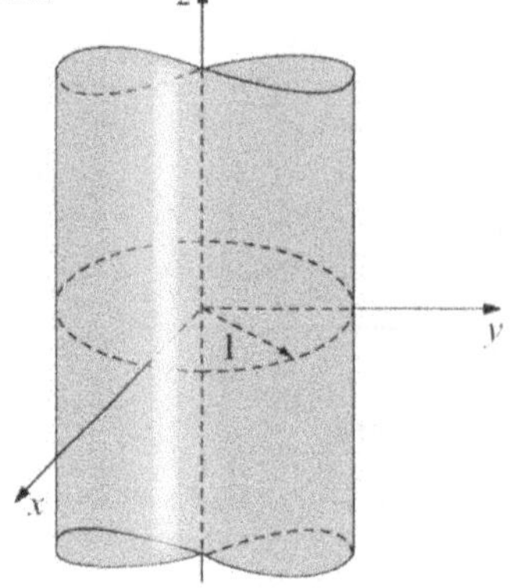

Figura 13.11

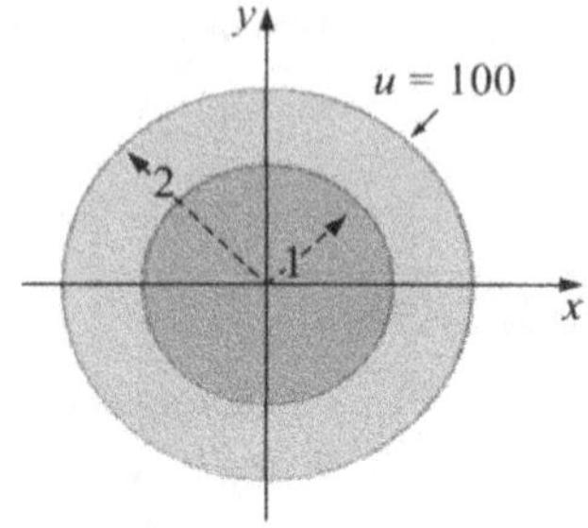

Figura 13.12

A temperatura na chapa é determinada pelo problema de contorno

$$\frac{\partial^2 u}{\partial r^2}+\frac{1}{r}\frac{\partial u}{\partial r}=\frac{\partial u}{\partial t},\quad 0<r<2,\quad t>0$$

$$u(2,t)=100,\quad t>0$$

$$u(r,0)=\begin{cases}200, & 0<r<1\\ 100, & 1<r<2.\end{cases}$$

Resolva em relação a $u(r, t)$. [*Sug.:* Faça $u(r, t) = v(r, t) + \psi(r)$.]

10. Resolva o problema de contorno

$$\frac{\partial^2 u}{\partial r^2}+\frac{1}{r}\frac{\partial u}{\partial r}+\beta=\frac{\partial u}{\partial t},\quad 0<r<1,\quad t>0,\ \beta \text{ uma constante}$$

$$u(1,t)=0,\quad t>0$$

$$u(r,0)=0,\quad 0<r<1.$$

11. O deslocamento horizontal $u(x, t)$ de uma corrente pesada de comprimento L oscilando em um plano vertical satisfaz

$$g\frac{\partial}{\partial x}\left(x\frac{\partial u}{\partial x}\right)=\frac{\partial^2 u}{\partial t^2},\quad 0<x<L,\quad t>0.$$

Veja a Figura 13.13.

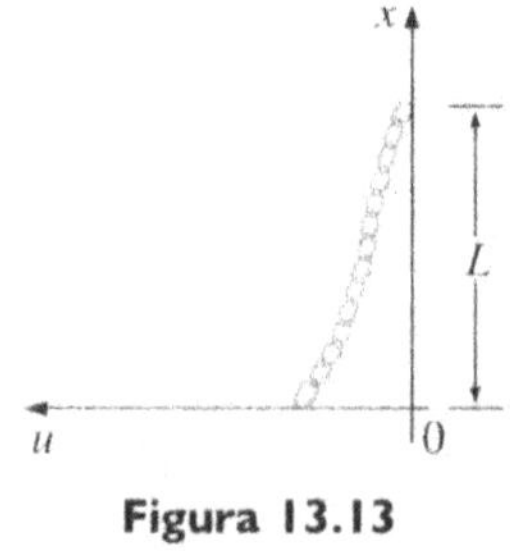

Figura 13.13

(a) Com $-\lambda^2$ como constante de separação, mostre que a equação diferencial ordinária na variável espacial x é $xX'' + X' + \lambda^2 X = 0$. Resolva essa equação mediante a sustituição $x = \tau^2/4$.

(b) Com o resultado da parte (a), resolva a equação de derivadas parciais dada, sujeita a

$$u(L,t) = 0, \quad t > 0$$

$$u(x,0) = f(x), \quad \frac{\partial u}{\partial t}\Big|_{t=0} = 0, \quad 0 < x < L.$$

[*Sug.*: Suponha que as oscilações na extremidade livre $x = 0$ sejam finitas.]

12. Neste problema, consideramos o caso geral da membrana circular vibrante de raio c:

$$a^2\left(\frac{\partial^2 u}{\partial r^2} + \frac{1}{r}\frac{\partial u}{\partial r} + \frac{1}{r^2}\frac{\partial^2 u}{\partial \theta^2}\right) = \frac{\partial^2 u}{\partial t^2}, \quad 0 < r < c, \ t > 0$$

$$u(c,\theta,t) = 0, \quad 0 < \theta < 2\pi, \ t > 0$$

$$u(r,\theta,0) = f(r,\theta), \quad 0 < r < c, \ 0 < \theta < 2\pi$$

$$\frac{\partial u}{\partial t}\Big|_{t=0} = g(r,\theta), \quad 0 < r < c, \ 0 < \theta < 2\pi.$$

(a) Admita que $u = R(r)\Theta(\theta)T(t)$ e que as constantes de separação sejam $-\lambda^2$ e $-\nu^2$. Mostre que as equações diferenciais separadas são

$$T'' + a^2\lambda^2 T = 0$$

$$\Theta'' + \nu^2\Theta = 0$$

$$r^2R'' + rR' + (\lambda^2 r^2 - \upsilon^2)R = 0.$$

(b) Resolva as equações separadas.

(c) Mostre que os autovalores e as autofunções do problema são:

Autovalores: $\upsilon = n$, $n = 0, 1, 2, \ldots$; autofunções: 1, cos $n\theta$, sen $n\theta$.

Autovalores: $\lambda_{ni} = x_{ni}/c$, $i = 1, 2, \ldots$, onde, para cada n, os x_{ni} são as raízes positivas de $J_n(\lambda c) = 0$; autofunções: $J_n(\lambda_{ni} r)$.

(d) Aplique o princípio da superposição para determinar uma solução em série múltipla. Não tente calcular os coeficientes.

13. **(a)** Considere o Exemplo 1 com $a = 1$, $c = 10$, $g(r) = 0$ e $f(r) = 1 - r/10$, $0 < r < 10$. Determine os valores numéricos dos três primeiros autovalores λ_1, λ_2, λ_3 do problema de contorno e os três primeiros coeficientes A_1, A_2, A_3 da solução em série $u(r, t)$. Escreva a terceira soma parcial S_3 da solução em série. [*Sug.*: Utilize a tabela e a referência da página 336 (Volume 1) da nota de rodapé. Veja também o Problema 25 nos Exercícios 6.5.]

(b) Use um programa de computador para fazer o gráfico de S_3 para $t = 0, 4, 10, 12, 20$.

13.3 PROBLEMAS EM COORDENADAS ESFÉRICAS

No sistema de coordenadas esféricas da Figura 13.14, temos $x = r$ sen θ cos ϕ, $y = r$ sen θ sen ϕ, $z = r\cos\theta$. O laplaciano $\nabla^2 u = \dfrac{\partial^2 u}{\partial x^2} + \dfrac{\partial^2 u}{\partial y^2} + \dfrac{\partial^2 u}{\partial z^2}$ se escreve então

$$\nabla^2 u = \frac{\partial^2 u}{\partial r^2} + \frac{2}{r}\frac{\partial u}{\partial r} + \frac{1}{r^2 \operatorname{sen}^2\theta}\frac{\partial^2 u}{\partial \phi^2} + \frac{1}{r^2}\frac{\partial^2 u}{\partial \theta^2} + \frac{\cot\theta}{r^2}\frac{\partial u}{\partial \theta}. \tag{1}$$

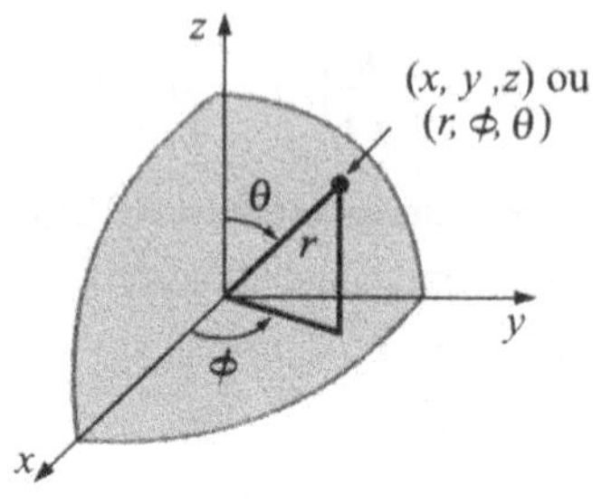

Figura 13.14

Você já pode imaginar que os problemas que envolvem (1) são bastante complexos. Conseqüentemente, abordaremos apenas alguns problemas mais simples que não dependem do ângulo azimutal ϕ.

EXEMPLO 1

Determine a temperatura de estado estacionário $u(r, \theta)$ na esfera da Figura 13.15.

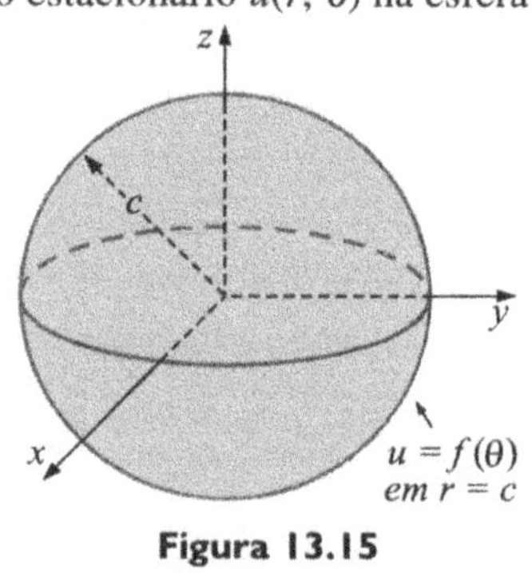

Figura 13.15

Solução A temperatura é determinada com base em

$$\frac{\partial^2 u}{\partial r^2} + \frac{2}{r}\frac{\partial u}{\partial r} + \frac{1}{r^2}\frac{\partial^2 u}{\partial \theta^2} + \frac{\cot\theta}{r^2}\frac{\partial u}{\partial \theta} = 0, \quad 0 < r < c, \quad 0 < \theta < \pi,$$

$$u(c, \theta) = f(\theta), \quad 0 < \theta < \pi.$$

Se $u = R(r)\Theta(\theta)$, a equação de derivadas parciais se separa como

$$\frac{r^2 R'' + 2rR'}{R} = -\frac{\Theta'' + \cot\theta\,\Theta'}{\Theta} = \lambda^2$$

e assim
$$r^2R'' + 2rR' - \lambda^2 R = 0 \tag{2}$$
$$\text{sen}\,\theta\,\Theta'' + \cos\theta\,\Theta' + \lambda^2\,\text{sen}\,\theta\,\Theta = 0 \tag{3}$$

Após fazer $x = \cos\theta$, $0 \le \theta \le \pi$, (3) se escreve
$$(1-x^2)\frac{d^2\Theta}{dx^2} - 2x\frac{d\Theta}{dx} + \lambda^2\Theta = 0 \quad -1 \le x \le 1. \tag{4}$$

A última equação é uma forma da equação de Legendre (veja Problema 41, Exercícios 6.5). Ora, as únicas soluções de (4) que são contínuas e têm derivadas contínuas no intervalo fechado [–1, 1] são os polinômios de Legendre $P_n(x)$ correspondentes a $\lambda^2 = n(n+1)$, $n = 0, 1, 2, \ldots$ Assim, as soluções de (3) são
$$\Theta = P_n(\cos\theta).$$

Além disso, quando $\lambda^2 = n(n+1)$, a solução geral da equação de Cauchy-Euler (2) é
$$R = c_1 r^n + c_2 r^{-(n+1)}.$$

Como novamente aqui $u(r, \theta)$ deve ser limitada em $r = 0$, definimos $c_2 = 0$. Logo,
$$u_n = A_n r^n P_n(\cos\theta)$$

e
$$u(r, \theta) = \sum_{n=0}^{\infty} A_n r^n P_n(\cos\theta).$$

Em $r = c$,
$$f(\theta) = \sum_{n=0}^{\infty} A_n c^n P_n(\cos\theta).$$

Por conseguinte, $A_n c^n$ são os coeficientes da série de Fourier-Legendre (23) da Seção 11.5:
$$A_n = \frac{2n+1}{2c^n}\int_0^{\pi} f(\theta)P_n(\cos\theta)\,\text{sen}\,\theta\,d\theta.$$

A solução é, assim,
$$u(r,\theta) = \sum_{n=0}^{\infty}\left(\frac{2n+1}{2}\int_0^{\pi} f(\theta)P_n(\cos\theta)\,\text{sen}\,\theta\,d\theta\right)\left(\frac{r}{c}\right)^n P_n(\cos\theta).$$ ■

13.3 EXERCÍCIOS

As respostas dos exercícios selecionados estão na página 414.

1. Resolva o Problema do Exemplo 1 se
$$f(\theta) = \begin{cases} 50, & 0 < \theta < \pi/2 \\ 0, & \pi/2 < \theta < \pi. \end{cases}$$

Escreva os quatro primeiros termos não nulos da solução em série. [*Sug.:* Veja o Exemplo 3, Seção 11.5.]

2. A solução $u(r, \theta)$ no Exemplo 1 poderia também ser interpretada como o potencial no interior da esfera devido a uma distribuição de carga $f(\theta)$ em sua superfície. Determine o potencial no exterior das esfera.

3. Determine a solução do problema do Exemplo 1 se $f(\theta) = \cos\theta$, $0 < \theta < \pi$. [*Sug.:* $P_1(\cos\theta) = \cos\theta$. Utilize a ortogonalidade.]

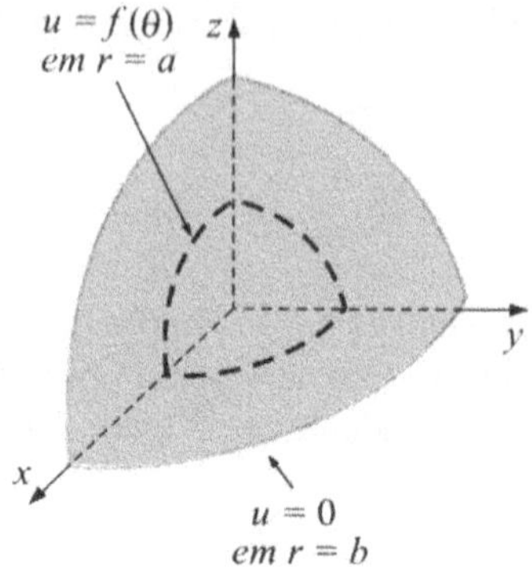

Figura 13.16

4. Ache a solução do problema do Exemplo 1 se $f(\theta) = 1 - \cos 2\theta$, com $0 < \theta < \pi$. [*Sug.:* Veja o Problema 16, Exercícios 11.5.]

5. Determine a temperatura de estado estacionário $u(r, \theta)$ no interior de uma esfera oca $a < r < b$, se sua superfície interna $r = a$ é mantida à temperatura $f(\theta)$ e sua superfície exterior $r = b$ é mantida à temperatura zero. A Figura 13.16 mostra a esfera no primeiro octante.

6. A temperatura de estado estacionário em um hemisfério de raio $r = c$ é dada por

$$\frac{\partial^2 u}{\partial r^2} + \frac{2}{r}\frac{\partial u}{\partial r} + \frac{1}{r^2}\frac{\partial^2 u}{\partial \theta^2} + \frac{\cot\theta}{r^2}\frac{\partial u}{\partial \theta} = 0, \quad 0 < r < c, \quad 0 < \theta < \pi/2$$

$$u(r, \pi/2) = 0, \quad 0 < r < c$$
$$u(c, \theta) = f(\theta), \quad 0 < \theta < \pi/2.$$

Resolva em relação a $u(r, \theta)$. [*Sug.:* $P_n(0) = 0$ somente se n é ímpar. Veja também o Problema 18, Exercícios 11.5.]

7. Resolva o Problema 6 quando a base do hemisfério é isolada; isto é,

$$\left.\frac{\partial u}{\partial \theta}\right|_{\theta = \pi/2} = 0, \quad 0 < r < c.$$

8. Resolva o Problema 6 para $r > c$.

9. A temperatura, função do tempo, no interior de uma esfera de raio unitário é determinada por

$$\frac{\partial^2 u}{\partial r^2} + \frac{2}{r}\frac{\partial u}{\partial r} = \frac{\partial u}{\partial t}, \quad 0 < r < 1, \quad t > 0$$
$$u(1, t) = 100, \quad t > 0$$
$$u(r, 0) = 0, \quad 0 < r < 1.$$

Resolva em relação a $u(r, t)$. [*Sug.:* Verifique que o membro esquerdo da equação de derivadas parciais pode ser escrito como $\frac{1}{r}\frac{\partial^2}{\partial r^2}(ru)$. Faça $ru(r, t) = v(r, t) + \psi(r)$. Utilize apenas funções que sejam limitadas quando $r \to 0$.]

10. Uma esfera sólida uniforme de raio 1 a uma temperatura inicial constante u_0 é imersa em um grande recipiente contendo um fluido que é mantido à temperatura constante u_1 ($u_1 > u_0$) durante todo o tempo. Veja a Figura 13.17. Como há transferência de calor através do contorno $r = 1$, a temperatura $u(r, t)$ na esfera é determinada pelo problema de contorno

$$\frac{\partial^2 u}{\partial r^2} + \frac{2}{r}\frac{\partial u}{\partial r} = \frac{\partial u}{\partial t}, \quad 0 < r < 1, \quad t > 0$$

$$\frac{\partial u}{\partial r}\Big|_{r=1} = -h(u(1,t) - u_1), \quad 0 < h < 1$$

$$u(r, 0) = u_0, \quad 0 < r < 1.$$

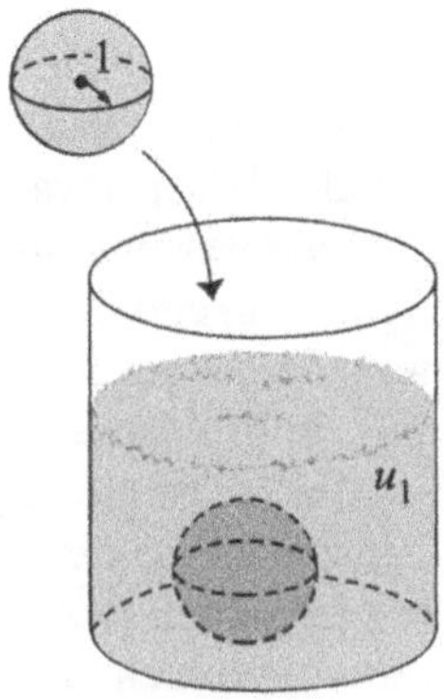

Figura 13.17

Resolva em relação a $u(r, t)$. [*Sug.:* Proceda como no Problema 9.]

11. Resolva o problema de contorno que envolve vibrações esféricas:

$$a^2\left(\frac{\partial^2 u}{\partial r^2} + \frac{2}{r}\frac{\partial u}{\partial r}\right) = \frac{\partial^2 u}{\partial t^2}, \quad 0 < r < c, \quad t > 0$$

$$u(c, t) = 0, \qquad t > 0$$

$$u(r, 0) = f(r), \quad \frac{\partial u}{\partial t}\Big|_{t=0} = g(r), \quad 0 < r < c.$$

[*Sug.:* Escreva o membro esquerdo da equação de derivadas parciais como $a^2 \dfrac{1}{r}\dfrac{\partial^2}{\partial r^2}(ru)$. Faça $v(r, t) = ru(r, t)$.]

12. Uma esfera condutora de raio $r = c$ está ligada à terra e colocada em um campo elétrico uniforme que tem intensidade E na direção z. O potencial $u(r, \theta)$ fora da esfera é determinado pelo problema de contorno

$$\frac{\partial^2 u}{\partial r^2} + \frac{2}{r}\frac{\partial u}{\partial r} + \frac{1}{r^2}\frac{\partial^2 u}{\partial \theta^2} + \frac{\cot\theta}{r^2}\frac{\partial u}{\partial \theta} = 0, \quad r > c, \quad 0 < \theta < \pi$$

$$u(c, \theta) = 0, \quad 0 < \theta < \pi$$

$$\lim_{r \to \infty} u(r, \theta) = -Ez = -Er\cos\theta.$$

Mostre que

$$u(r,\theta) = -Er\cos\theta + E\frac{c^3}{r^2}\cos\theta.$$

[*Sug.:* Explique por que $\int_0^{\pi} \cos\theta\, P_n(\cos\theta) \operatorname{sen}\theta\, d\theta = 0$ para todos os inteiros não-negativos exceto $n = 1$. Veja (24) da Seção 11.5.]

Capítulo 13 *REVISÃO*

Certos tipos de problemas são melhor analisados em um sistema de coordenadas que não seja o retangular. Neste capítulo abordamos problemas de contorno envolvendo a equação do calor, a equação da onda e a equação de Laplace em coordenadas **polares**, **cilíndricas** e **esféricas**. Em cada um desses sistemas de coordenadas, o método de separação das variáveis conduziu a uma equação diferencial ordinária com coeficientes variáveis. Encontramos a equação de Cauchy-Euler na resolução de problemas relativos à equação de Laplace em coordenadas polares; a equação de Bessel surgiu na resolução de alguns problemas de simetria radial em coordenadas polares e cilíndricas, e a equação de Legendre ocorreu em tipos especiais de problemas em coordenadas esféricas. A solução dos problemas em coordenadas polares ou cilíndricas que originaram a equação diferencial de Bessel dependeu, na análise final, de nossa capacidade de desenvolver funções em uma série infinita de funções de Bessel, isto é, em uma **série de Fourier-Bessel**. Da mesma forma, utilizamos o conceito de **série de Fourier-Legendre** para resolver problemas em coordenadas esféricas.

Capítulo 13 *EXERCÍCIOS DE REVISÃO*

As respostas dos exercícios selecionados estão na página 414.

1. Determine a temperatura de estado estacionário $u(r, \theta)$ em uma chapa circular de raio c, se a temperatura na circunferência é dada por

$$u(c,\theta) = \begin{cases} u_0, & 0 < \theta < \pi \\ -u_0, & \pi < \theta < 2\pi. \end{cases}$$

2. Determine a temperatura de estado estacionário na chapa circular do Problema 1, se

$$u(c,\theta) = \begin{cases} 1, & 0 < \theta < \pi/2 \\ 0, & \pi/2 < \theta < 3\pi/2 \\ 1, & 3\pi/2 < \theta < 2\pi. \end{cases}$$

3. Determine a temperatura de estado estacionário $u(r, \theta)$ em uma chapa semicircular de raio 1, se

$$u(1,\theta) = u_0(\pi\theta - \theta^2), \quad 0 < \theta < \pi$$
$$u(r, 0) = 0,\ u(r, \pi) = 0, \quad 0 < r < 1.$$

4. Determine a temperatura de estado estacionário $u(r, \theta)$ na chapa semicircular do Problema 3 se $u(1, \theta) = \operatorname{sen}\theta$, $0 < \theta < \pi$.

5. Determine a temperatura de estado estacionário $u(r, \theta)$ na chapa da Figura 13.18.

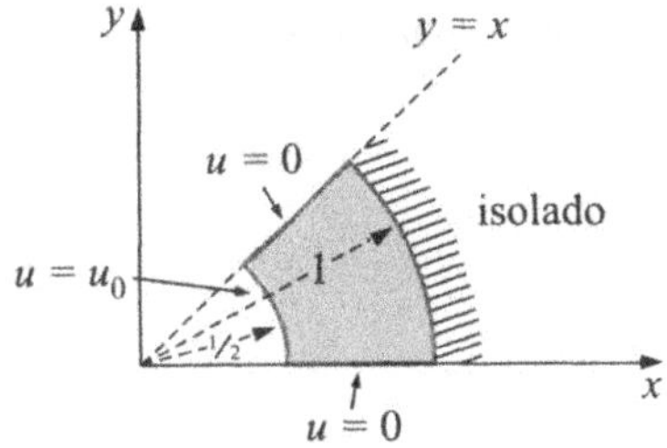

Figura 13.18

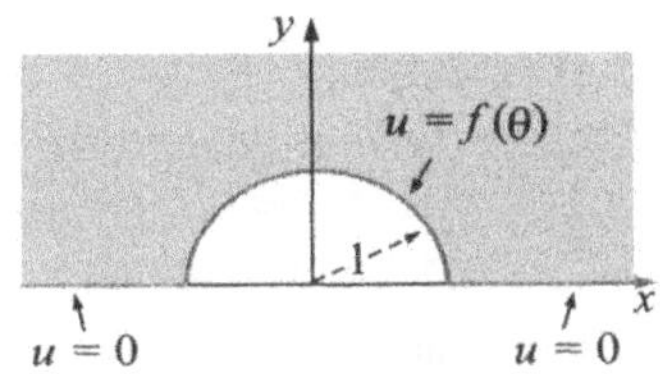

Figura 13.19

6. Determine a temperatura de estado estacionário $u(r, \theta)$ na chapa infinita da Figura 13.19.

7. Suponha que haja perda de calor pelas superfícies planas de um disco circular unitário muito delgado, para um meio circundante à temperatura zero. Se a lei linear da transferência de calor é aplicável, a equação do calor toma a forma

$$\frac{\partial^2 u}{\partial r^2}+\frac{1}{r}\frac{\partial u}{\partial r}-hu=\frac{\partial u}{\partial t}, \quad h>0, \; 0<r<1, \; t>0.$$

Veja a Figura 13.20. Determine a temperatura $u(r, t)$ se a borda $r = 1$ é mantida à temperatura zero e se inicialmente a temperatura em toda a chapa é a unidade.

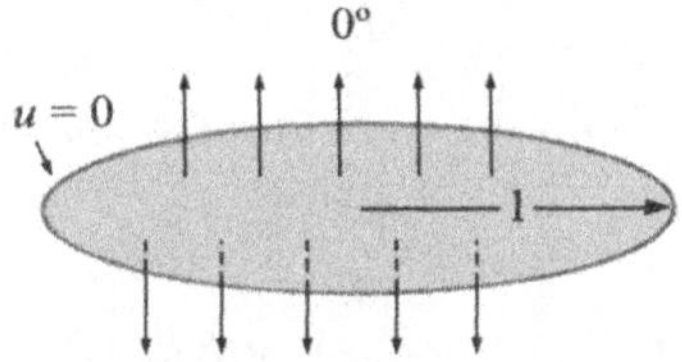

Figura 13.20

8. Seja x_k um zero positivo de J_0. Mostre que $u(r, t) = u_0 J_0(x_k r) \cos a x_k t$ é uma solução do problema de contorno

$$a^2\left(\frac{\partial^2 u}{\partial r^2}+\frac{1}{r}\frac{\partial u}{\partial r}\right)=\frac{\partial^2 u}{\partial t^2}, \quad 0<r<1, \quad t>0$$

$$u(1,t)=0, \qquad t>0$$

$$u(r,0)=u_0 J_0(x_k r), \qquad \frac{\partial u}{\partial t}\Big|_{t=0}=0, \quad 0<r<1.$$

9. Determine a temperatura de estado estacionário $u(r, z)$ no cilindro da Figura 13.10, se a face lateral é mantida à temperatura zero, o topo $z = 4$ é mantido à temperatura 50 e a base $z = 0$ é isolada.

10. Resolva o problema de contorno

$$\frac{\partial^2 u}{\partial r^2}+\frac{1}{r}\frac{\partial u}{\partial r}+\frac{\partial^2 u}{\partial z^2}=0, \quad 0<r<1, \quad 0<z<1$$

$$\frac{\partial u}{\partial r}\Big|_{r=1}=0, \quad 0<z<1$$

$$u(r,0)=f(r), \quad u(r,1)=g(r), \quad 0<r<1.$$

11. Determine a temperatura de estado estacionário $u(r, \theta)$ em uma esfera de raio unitário, se a superfície é mantida a

$$u(1,\theta) = \begin{cases} 100, & 0 < \theta < \pi/2 \\ -100, & \pi/2 < \theta < \pi. \end{cases}$$

[*Sug.:* Veja o Problema 20, Exercícios 11.5.]

12. Resolva o problema de contorno

$$\frac{\partial^2 u}{\partial r^2} + \frac{2}{r}\frac{\partial u}{\partial r} = \frac{\partial^2 u}{\partial t^2}, \quad 0 < r < 1, \quad t > 0$$

$$\frac{\partial u}{\partial r}\Big|_{r=1} = 0, \qquad t < 1$$

$$u(r,0) = f(r), \quad \frac{\partial u}{\partial t}\Big|_{t=0} = g(r), \quad 0 < r < 1.$$

[*Sug.:* Proceda como nos Problemas 9 e 10, Exercícios 13.3, mas faça $v(r, t) = ru(r, t)$. Veja Seção 12.7.]

13. A função $u(x) = Y_0(\lambda a)J_0(\lambda x) - J_0(\lambda a)Y_0(\lambda x)$, $a > 0$, é uma solução da equação paramétrica de Bessel

$$x^2\frac{d^2u}{dx^2} + x\frac{du}{dx} + \lambda^2 x^2 u = 0$$

no intervalo $a \le x \le b$. Se os autovalores λ_n são definidos pelas raízes positivas da equação $Y_0(\lambda a)J_0(\lambda b) - J_0(\lambda a)Y_0(\lambda b) = 0$, mostre que as funções

$$u_m(x) = Y_0(\lambda_m a)J_0(\lambda_m x) - J_0(\lambda_m a)Y_0(\lambda_m x)$$
$$u_n(x) = Y_0(\lambda_n a)J_0(\lambda_n x) - J_0(\lambda_n a)Y_0(\lambda_n x)$$

são ortogonais em relação à função peso $p(x) = x$ no intervalo $[a, b]$, isto é,

$$\int_a^b x u_m(x) u_n(x)\, dx = 0, \qquad m \neq n.$$

[*Sug.:* Siga o processo delineado na página 229.]

14. Aplique os resultados do Problema 13 para resolver o seguinte problema de contorno para a temperatura $u(r, t)$ em um anel circular:

$$\frac{\partial^2 u}{\partial r^2} + \frac{1}{r}\frac{\partial u}{\partial r} = \frac{\partial u}{\partial t}, \quad a < r < b, \quad t > 0$$

$$u(a,t) = 0, \qquad u(b,t) = 0, \quad t > 0$$

$$u(r,0) = f(r), \qquad a < r < b.$$

Capítulo 14

MÉTODO DA TRANSFORMADA INTEGRAL

Conceitos Importantes

Função erro
Função erro complementar
Integral de Fourier
Integral cosseno
Integral seno
Pares de transformadas
Transformada de Fourier
Transformada inversa de Fourier
Transformada seno de Fourier
Transformada seno de Fourier inversa
Transformada cosseno de Fourier
Transformada cosseno de Fourier inversa

O método de separação de variáveis, que utilizamos nos Capítulos 12 e 13, é um método poderoso – embora não aplicável universalmente – para resolver problemas de contorno. Se a equação de derivadas parciais é não-homogênea, ou se as condições de contorno dependem do tempo, ou se o domínio da variável espacial é infinito ou semi-infinito, é possível utilizarmos uma transformada integral para resolver o problema.

Na Seção 14.2 iremos resolver problemas relacionados a equações de calor e de onda por meio da conhecida Transformada de Laplace. Na Seção 14.4 três novas transformadas integrais, as transformadas de Fourier, serão introduzidas e utilizadas.

14.1 A FUNÇÃO ERRO

erf(x) e erfc(x)

Antes de aplicar a transformada de Laplace a problemas de contorno, devemos considerar uma função que desempenha papel de relevo em muitas aplicações. Essa função, tal como o logaritmo natural, é definida por meio de uma integral.

DEFINIÇÃO 14.1 A Função Erro

A **função erro**, denotada por erf(x), é

$$\text{erf}(x) = \frac{2}{\sqrt{\pi}} \int_0^x e^{-u^2}\,du. \tag{1}$$

A **função erro complementar** se define em termos da função erro:

$$\text{erfc}(x) = 1 - \text{erf}(x) \tag{2}$$

No cálculo, mostra-se que $\int_0^\infty e^{-u^2}\,du = \sqrt{\pi}/2$ ou $(2/\sqrt{\pi})\int_0^\infty e^{-u^2}\,du = 1$. Logo, (2) pode ser escrito como

$$\text{erfc}(x) = \frac{2}{\sqrt{\pi}}\left[\int_0^\infty e^{-u^2}\,du - \int_0^x e^{-u^2}\,du\right]$$

ou

$$\text{erfc}(x) = \frac{2}{\sqrt{\pi}} \int_x^\infty e^{-u^2}\,du.$$

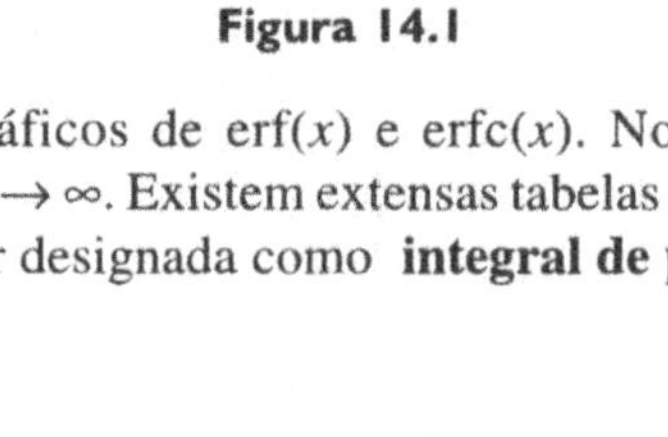

Figura 14.1

A Figura 14.1 exibe os gráficos de erf(x) e erfc(x). Note que erf(0) = 0, erfc(0) = 1 e erf(x) $\to$ 1 e erfc(x) $\to$ 0 quando $x \to \infty$. Existem extensas tabelas de valores de erf(x) e erfc(x). Nas tabelas, a função erro costuma ser designada como **integral de probabilidade**.

$f(t),\ a>0$	$\mathscr{L}\{f(t)\}=F(s)$
1. $\dfrac{1}{\sqrt{\pi t}}e^{-a^2/4t}$	$\dfrac{e^{-a\sqrt{s}}}{\sqrt{s}}$
2. $\dfrac{a}{2\sqrt{\pi t^3}}e^{-a^2/4t}$	$e^{-a\sqrt{s}}$
3. $\operatorname{erfc}\left(\dfrac{a}{2\sqrt{t}}\right)$	$\dfrac{e^{-a\sqrt{s}}}{s}$
4. $2\sqrt{\dfrac{t}{\pi}}e^{-a^2/4t}-a\operatorname{erfc}\left(\dfrac{a}{2\sqrt{t}}\right)$	$\dfrac{e^{-a\sqrt{s}}}{s\sqrt{s}}$
5. $e^{ab}e^{b^2t}\operatorname{erfc}\left(b\sqrt{t}+\dfrac{a}{2\sqrt{t}}\right)$	$\dfrac{e^{-a\sqrt{s}}}{\sqrt{s}(\sqrt{s}+b)}$
6. $e^{ab}e^{b^2t}\operatorname{erfc}\left(b\sqrt{t}+\dfrac{a}{2\sqrt{t}}\right)+\operatorname{erfc}\left(\dfrac{a}{2\sqrt{t}}\right)$	$\dfrac{be^{-a\sqrt{s}}}{s(\sqrt{s}+b)}$

A tabela acima, de transformadas de Laplace, terá aplicação nos exercícios da próxima seção. As demonstrações desses resultados são complicadas e não serão apresentadas.

14.1 EXERCÍCIOS

As respostas dos exercícios selecionados estão nas páginas 414 e 415.

1. **(a)** Mostre que $\operatorname{erf}(\sqrt{t})=\dfrac{1}{\sqrt{\pi}}\displaystyle\int_0^t\frac{e^{-\tau}}{\sqrt{\tau}}d\tau$.

(b) Aplique o teorema da convolução e os resultados dos Problemas 43 e 44 dos Exercícios 7.1 do Volume I para mostrar que $\mathscr{L}\{\operatorname{erf}(\sqrt{t})\}=\dfrac{1}{s\sqrt{s+1}}$.

2. Aplique o resultado do Problema 1 para mostrar que

$$\mathscr{L}\{\operatorname{erfc}(\sqrt{t})\}=\frac{1}{s}\left[1-\frac{1}{\sqrt{s+1}}\right].$$

3. Use o resultado do Problema 1 para mostrar que

$$\mathscr{L}\{e^t\operatorname{erf}(\sqrt{t})\}=\frac{1}{\sqrt{s}(s-1)}.$$

4. Use o resultado do Problema 2 para mostrar que

$$\mathscr{L}\{e^t \operatorname{erfc}(\sqrt{t})\} = \frac{1}{\sqrt{s}(\sqrt{s}+1)}.$$

5. Sejam C, G, R e x constantes. Utilize a tabela desta seção para mostrar que

$$L^{-1}\left\{\frac{C}{Cs+G}(1-e^{-x\sqrt{RCs+RG}})\right\} = e^{-Gt/C}\ \operatorname{erf}\left(\frac{x}{2}\sqrt{\frac{RC}{t}}\right).$$

6. Seja a constante. Mostre que

$$\mathscr{L}^{-1}\left\{\frac{\operatorname{senh} a\sqrt{s}}{s \operatorname{senh}\sqrt{s}}\right\} = \sum_{n=0}^{\infty}\left[\operatorname{erf}\left(\frac{2n+1+a}{2\sqrt{t}}\right) - \operatorname{erf}\left(\frac{2n+1-a}{2\sqrt{t}}\right)\right].$$

[*Sug.*: Aplique a definição exponencial de seno hiperbólico. Desenvolva $1/(1-e^{-2\sqrt{s}})$ em uma série geométrica.]

7. Com auxílio da transformada de Laplace e da tabela desta seção, resolva a equação integral

$$y(t) = 1 - \int_0^t \frac{y(\tau)}{\sqrt{t-\tau}}\,d\tau.$$

8. Com o terceiro e o quinto elementos da tabela desta seção, deduza o sexto elemento.

9. Mostre que $\displaystyle\int_a^b e^{-u^2}\,du = \frac{\sqrt{\pi}}{2}[\operatorname{erf}(b) - \operatorname{erf}(a)]$.

10. Mostre que $\displaystyle\int_{-a}^{a} e^{-u^2}\,du = \sqrt{\pi}\,\operatorname{erf}(a)$.

14.2 APLICAÇÕES DA TRASNSFORMADA DE LAPLACE

Definimos como

$$\mathscr{L}\{u(x,t)\} = \int_0^{\infty} e^{-st}u(x,t)\,dt = U(x,s),$$

a transformada de Laplace de uma função de duas variáveis $u(x, t)$ em relação à variável t; ali x é tratado como parâmetro. Em toda esta seção, admitiremos que todas as propriedades operacionais das Seções 7.3 e 7.4 (Volume I) se apliquem a funções de duas variáveis. Por exemplo, pelo Teorema 7.8 (Volume I), a transformada da derivada parcial $\partial u/\partial t$ é

$$\mathscr{L}\left\{\frac{\partial u}{\partial t}\right\} = s\,\mathscr{L}\{u(x,t)\} - u(x,0);$$

isto é,

$$\mathscr{L}\left\{\frac{\partial u}{\partial t}\right\} = sU(x,s) - u(x,0). \tag{1}$$

Analogamente,

$$\mathscr{L}\left\{\frac{\partial^2 u}{\partial t^2}\right\} = s^2U(x,s) - su(x,0) - u_t(x,0). \tag{2}$$

Como estamos fazendo transformação em relação a t, admitimos ainda que seja legítimo permutar integração e diferenciação na transformada de $\partial^2 u/\partial x^2$:

$$\mathscr{L}\left\{\frac{\partial^2 u}{\partial x^2}\right\} = \int_0^\infty e^{-st}\frac{\partial^2 u}{\partial x^2}dt = \int_0^\infty \frac{\partial^2}{\partial x^2}[e^{-st}u(x,t)]\,dt$$

$$= \frac{d^2}{dx^2}\int_0^\infty e^{-st}u(x,t)\,dt = \frac{d^2}{dx^2}\mathscr{L}\{u(x,t)\};$$

isto é,

$$\mathscr{L}\left\{\frac{\partial^2 u}{\partial x^2}\right\} = \frac{d^2 U}{dx^2}. \tag{3}$$

Diante de (1) e (2), vemos que a transformada de Laplace é adequada a problemas com condições iniciais, a saber, problemas associados à equação do calor e à equação da onda.

EXEMPLO 1

Ache a transformada de Laplace da equação da onda $a^2\dfrac{\partial^2 u}{\partial x^2} = \dfrac{\partial^2 u}{\partial t^2}, t > 0$.

Solução Por (2) e (3),

$$\mathscr{L}\left\{a^2\frac{\partial^2 u}{\partial x^2}\right\} = \mathscr{L}\left\{\frac{\partial^2 u}{\partial t^2}\right\}$$

se torna

$$a^2\frac{d^2}{dx^2}\mathscr{L}\{u(x,t)\} = s^2\mathscr{L}\{u(x,t)\} - su(x,0) - u_t(x,0)$$

ou

$$a^2\frac{d^2 U}{dx^2} - s^2 U = -su(x,0) - u_t(x,0). \tag{4}$$

■

A transformada de Laplace em relação a t, tanto da equação da onda como da equação do calor, elimina aquela variável e, para as equações unidimensionais, as equações transformadas são então *equações diferenciais ordinárias* na variável espacial x. Ao resolver uma equação transformada, consideramos s como um parâmetro.

EXEMPLO 2

Resolva

$$\frac{\partial^2 u}{\partial x^2} = \frac{\partial^2 u}{\partial t^2}, \quad 0 < x < 1, \quad t > 0,$$

sujeita a
$$u(0,t)=0, \quad u(1,t)=0, \quad t>0$$
$$u(x,0)=0, \quad \frac{\partial u}{\partial t}\Big|_{t=0}=\operatorname{sen}\pi x, \quad 0<x<1.$$

Solução Reconhecemos na equação de derivadas parciais a equação da onda com $a = 1$. Por (4) e pelas condições iniciais dadas, a equação transformada é

$$\frac{d^2U}{dx^2}-s^2U=-\operatorname{sen}\pi x, \tag{5}$$

onde $U(x,s) = \mathscr{L}\{u(x,t)\}$. Como as condições de contorno são funções de t, devemos achar também as suas transformadas de Laplace:

$$\mathscr{L}\{u(0,t)\}=U(0,s)=0 \quad \text{e} \quad \mathscr{L}\{u(1,t)\}=U(1,s)=0. \tag{6}$$

Os resultados (6) são condições de contorno para a equação diferencial ordinária (5). E como (5) é definida em um intervalo finito, sua função complementar é

$$U_c(x,s)=c_1\cosh sx+c_2\operatorname{senh} sx.$$

O método dos coeficientes indeterminados dá uma solução particular

$$U_p(x,s)=\frac{1}{s^2+\pi^2}\operatorname{sen}\pi x.$$

Logo

$$U(x,s)=c_1\cosh sx+c_2\operatorname{senh} sx+\frac{1}{s^2+\pi^2}\operatorname{sen}\pi x.$$

Mas as condições $U(0, s) = 0$ e $U(1, s) = 0$ dão, por seu turno, $c_1 = 0$ e $c_2 = 0$. Concluímos, pois

$$U(x,s)=\frac{1}{s^2+\pi^2}\operatorname{sen}\pi x$$

$$u(x,s)=\mathscr{L}^{-1}\left\{\frac{1}{s^2+\pi^2}\operatorname{sen}\pi x\right\}=\frac{1}{\pi}\operatorname{sen}\pi x\,\mathscr{L}^{-1}\left\{\frac{1}{s^2+\pi^2}\right\}.$$

Portanto
$$u(x,t)=\frac{1}{\pi}\operatorname{sen}\pi x\operatorname{sen}\pi t.$$
■

EXEMPLO 3

Uma corda muito longa está inicialmente em repouso sobre a parte não-negativa do eixo-x. A corda está fixa em $x = 0$ e sua distante extremidade direita desliza sem atrito ao longo de um suporte vertical. A corda é posta em movimento quando a deixamos cair sob seu próprio peso. Determine o deslocamento $u(x, t)$.

Solução Como a força da gravidade é levada em conta, pode-se mostrar que a equação da onda tem a forma

$$a^2\frac{\partial^2 u}{\partial x^2} - g = \frac{\partial^2 u}{\partial t^2}, \quad x > 0, \ t > 0.$$

As condições de contorno e inicial são, respectivamente,

$$u(0,t) = 0, \quad \lim_{x\to\infty}\frac{\partial u}{\partial x} = 0, \quad t > 0$$

$$u(x,0) = 0, \quad \frac{\partial u}{\partial t}\bigg|_{t=0} = 0, \quad x > 0.$$

A segunda condição de contorno, $\lim_{x\to\infty} \partial u/\partial x = 0$, indica que a corda é horizontal a uma grande distância da extremidade esquerda. Mas, por (2) e (3)

$$\mathscr{L}\left\{a^2\frac{\partial^2 u}{\partial x^2}\right\} - \mathscr{L}\{g\} = \mathscr{L}\left\{\frac{\partial^2 u}{\partial t^2}\right\}$$

se torna
$$a^2\frac{d^2U}{dx^2} - \frac{g}{s} = s^2U - su(x,0) - u_t(x,0)$$

ou, em vista das condições iniciais,

$$\frac{d^2U}{dx^2} - \frac{s^2}{a^2}U = \frac{g}{a^2 s}.$$

As transformadas das condições de contorno são

$$\mathscr{L}\{u(0,t)\} = U(0,s) = 0 \quad \text{e} \quad \mathscr{L}\left\{\lim_{x\to\infty}\frac{\partial u}{\partial x}\right\} = \lim_{x\to\infty}\frac{dU}{dx} = 0.$$

Com auxílio dos coeficientes indeterminados, obtemos a solução geral

$$U(x,s) = c_1 e^{-(x/a)s} + c_2 e^{(x/a)s} - \frac{g}{s^3}.$$

A condição de contorno $\lim_{x\to\infty} dU/dx = 0$ implica $c_2 = 0$, e $U(0, s)$ dá $c_1 = g/s^3$. Portanto,

$$U(x,s) = \frac{g}{s^3}e^{-(x/a)s} - \frac{g}{s^3}.$$

Mas, pelo segundo teorema de translação, temos

$$u(x,t) = \mathscr{L}^{-1}\left\{\frac{g}{s^3}e^{-(x/a)s} - \frac{g}{s^3}\right\} = \frac{1}{2}g\left(t - \frac{x}{a}\right)^2 \mathscr{U}\left(t - \frac{x}{a}\right) - \frac{1}{2}gt^2$$

ou
$$u(x,t) = \begin{cases} -\dfrac{1}{2}gt^2 & 0 \le t < x/a \\ -\dfrac{g}{2a^2}(2axt - x^2), & t \ge x/a. \end{cases}$$

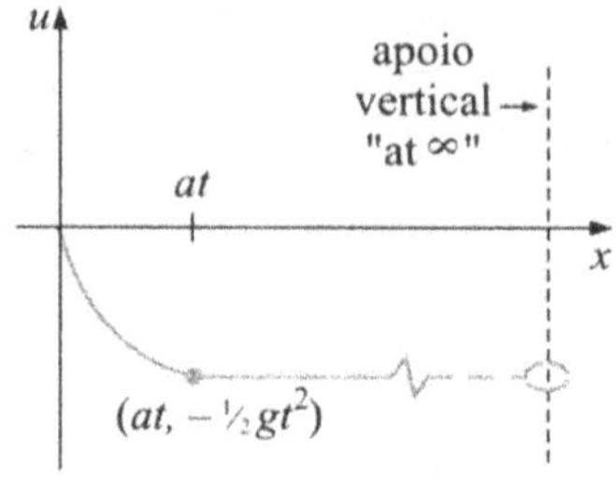

Figura 14.2

Para interpretar a solução, suponhamos $t > 0$ fixo. Para $0 \le x \le at$ a corda tem a forma de uma parábola que passa por (0, 0) e $(at, -\frac{1}{2}gt^2)$. Para $x > at$, a corda é descrita pela reta horizontal $u = -\frac{1}{2}gt^2$. Veja a Figura 14.2. ■

Observe que o problema do próximo exemplo poderia ser resolvido pelo processo da Seção 12.6. A transformada de Laplace dá uma solução alternativa.

EXEMPLO 4

Resolva a equação do calor
$$\frac{\partial^2 u}{\partial x^2} = \frac{\partial u}{\partial t}, \quad 0 < x < 1, \quad t > 0,$$

sujeita a
$$u(0, t) = 0, \quad u(1, t) = u_0, \quad t > 0$$
$$u(x, 0) = 0, \quad 0 < x < 1.$$

Solução Por (1) e (3) e pela condição inicial dada,
$$\mathscr{L}\left\{\frac{\partial^2 u}{\partial x^2}\right\} = \mathscr{L}\left\{\frac{\partial u}{\partial t}\right\}$$

se torna
$$\frac{d^2U}{dx^2} - sU = 0. \tag{7}$$

As transformadas das condições de contorno são
$$U(0,s) = 0 \quad \text{e} \quad U(1,s) = \frac{u_0}{s}. \tag{8}$$

Como o que nos interessa é um intervalo finito no eixo x, escolhemos para a solução geral de (7) a forma

$$U(x, s) = c_1\cosh(\sqrt{s}\,x) + c_2\operatorname{senh}(\sqrt{s}\,x).$$

Por outro lado, aplicando as duas condições de contorno em (8), obtemos $c_1 = 0$ e $c_2 = u_0/(s \operatorname{senh}\sqrt{s})$. Assim

$$U(x, s) = u_0 \frac{\operatorname{senh}(\sqrt{s}\,x)}{s \operatorname{senh}\sqrt{s}}.$$

A transformada inversa da última função não é encontrada nas tabelas. Mas, escrevendo

$$\frac{\operatorname{senh}(\sqrt{s}\,x)}{s \operatorname{senh}\sqrt{s}} = \frac{e^{\sqrt{s}x} - e^{-\sqrt{s}x}}{s(e^{\sqrt{s}} - e^{-\sqrt{s}})} = \frac{e^{(x-1)\sqrt{s}} - e^{-(x+1)\sqrt{s}}}{s(1 - e^{-2\sqrt{s}})}$$

e utilizando a série geométrica

$$\frac{1}{1 - e^{-2\sqrt{s}}} = \sum_{n=0}^{\infty} e^{-2n\sqrt{s}},$$

obtemos
$$\frac{\operatorname{senh}(\sqrt{s}\,x)}{s \operatorname{senh}\sqrt{s}} = \sum_{n=0}^{\infty}\left[\frac{e^{-(2n+1-x)\sqrt{s}}}{s} - \frac{e^{-(2n+1+x)\sqrt{s}}}{s}\right].$$

Admitindo que a transformada inversa de Laplace possa ser feita termo a termo, decorre do elemento 3 da tabela da Seção 14.1 que

$$u(x,t) = u_0 \mathscr{L}^{-1}\left\{\frac{\operatorname{senh}(\sqrt{s}\,x)}{s \operatorname{senh}\sqrt{s}}\right\} = u_0 \sum_{n=0}^{\infty}\left[\mathscr{L}^{-1}\left\{\frac{e^{-(2n+1-x)\sqrt{s}}}{s}\right\} - \mathscr{L}^{-1}\left\{\frac{e^{-(2n+1+x)\sqrt{s}}}{s}\right\}\right]$$

$$= u_0 \sum_{n=0}^{\infty}\left[\operatorname{erfc}\left(\frac{2n+1-x}{2\sqrt{t}}\right) - \operatorname{erfc}\left(\frac{2n+1+x}{2\sqrt{t}}\right)\right]. \qquad \textbf{(9)}$$

A solução (9) pode ser escrita em termos da função erro, levando em conta que erfc(x) = 1 – erf(x):

$$u(x,t) = u_0 \sum_{n=0}^{\infty}\left[\operatorname{erf}\left(\frac{2n+1+x}{2\sqrt{t}}\right) - \operatorname{erf}\left(\frac{2n+1-x}{2\sqrt{t}}\right)\right].$$

■

14.2 EXERCÍCIOS

As respostas dos exercícios selecionados estão na página 415.

Nos problemas que seguem utilize tabelas conforme necessário.

1. Uma corda é distendida ao longo do eixo x entre (0, 0) e (L, 0). Determine o deslocamento $u(x, t)$ se a corda parte do repouso na posição inicial A sen($\pi x/L$).

2. Resolva o problema de contorno:

$$\frac{\partial^2 u}{\partial x^2} = \frac{\partial^2 u}{\partial t^2}, \quad 0 < x < 1, \quad t > 0$$

$$u(0,t) = 0, \qquad u(1,t) = 0$$

$$u(x,0) = 0, \qquad \frac{\partial u}{\partial t}\Big|_{t=0} = 2\,\text{sen}\,\pi x + 4\,\text{sen}\,3\pi x.$$

3. O deslocamento de uma corda elástica semi-infinita é determinado por

$$a^2\frac{\partial^2 u}{\partial x^2} = \frac{\partial^2 u}{\partial t^2}, \quad x > 0, \quad t > 0$$

$$u(0,t) = f(t), \qquad \lim_{x\to\infty} u(x,t) = 0, \quad t > 0$$

$$u(x,0) = 0, \qquad \frac{\partial u}{\partial t}\Big|_{t=0} = 0, \quad x > 0.$$

Determine $u(x, t)$.

4. Resolva o problema de contorno (Problema 3) quando

$$f(t) = \begin{cases} \text{sen}\,\pi t, & 0 \le t \le 1 \\ 0, & t > 1. \end{cases}$$

Faça um esboço do deslocamento $u(x, t)$ para $t > 1$.

5. No Exemplo 3 determine o deslocamento $u(x, t)$ quando se aplica à extremidade esquerda da corda em $x = 0$ um movimento oscilatório dado por $f(t) = A$ sen ωt.

6. O deslocamento $u(x, t)$ de uma corda, sobre a qual atua uma força externa, é determinado por

$$\frac{\partial^2 u}{\partial x^2} + \text{sen}\,\pi x\,\text{sen}\,\omega t = \frac{\partial^2 u}{\partial t^2}, \quad 0 < x < 1, \quad t > 0$$

$$u(0,t) = 0, \qquad u(1,t) = 0, \quad t > 0$$

$$u(x,0) = 0, \qquad \frac{\partial u}{\partial t}\Big|_{t=0} = 0, \quad 0 < x < 1.$$

Determine $u(x, t)$.

7. Uma barra uniforme está engastada em $x = 0$ e inicialmente em repouso. Se é aplicada à extremidade livre em $x = L$ uma força constante F_0, o deslocamento longitudinal $u(x, t)$ de uma seção transversa da barra é determinado por

$$a^2\frac{\partial^2 u}{\partial x^2} = \frac{\partial^2 u}{\partial t^2}, \quad 0 < x < L, \quad t > 0$$

$$u(0,t) = 0, \qquad E\frac{\partial u}{\partial x}\Big|_{x=L} = F_0, \quad E \text{ constante}, \quad t > 0$$

$$u(x,0) = 0, \qquad \frac{\partial u}{\partial t}\Big|_{t=0} = 0, \quad 0 < x < L.$$

Determine $u(x, t)$.[*Sug.:* Desenvolva $1/(1 + e^{-2sL/a})$ em uma série geométrica.]

8. Uma viga elástica uniforme semi-infinita, que se move ao longo do eixo $-x$ com velocidade constante $-v_0$, tem seu movimento interrompido ao atingir uma parede no instante $t = 0$. Veja a Figura 14.3. O deslocamento longitudinal $u(x, t)$ é determinado por

$$a^2 \frac{\partial^2 u}{\partial x^2} = \frac{\partial^2 u}{\partial t^2}, \quad x > 0, \; t > 0$$

$$u(0,t) = 0, \qquad \lim_{x \to \infty} \frac{\partial u}{\partial x} = 0, \qquad t > 0,$$

$$u(x,0) = 0, \qquad \frac{\partial u}{\partial t}\Big|_{t=0} = -v_0, \quad x > 0.$$

Determine $u(x, t)$.

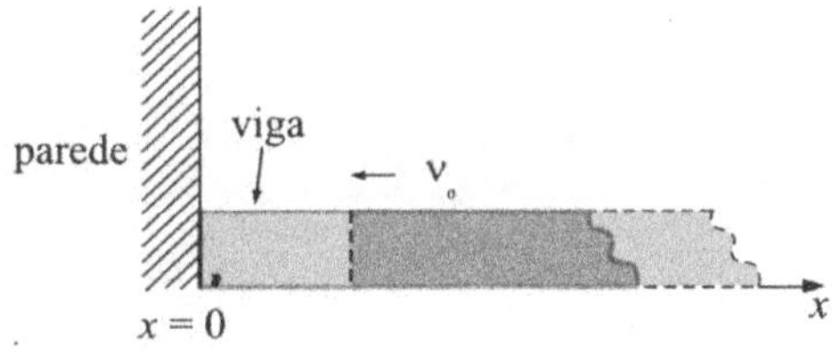

Figura 14.3

9. Resolva o problema de contorno:

$$\frac{\partial^2 u}{\partial x^2} = \frac{\partial^2 u}{\partial t^2}, \quad x > 0, \; t > 0$$

$$u(0,t) = 0, \qquad \lim_{x \to \infty} = u(x,t) = 0, \qquad t > 0$$

$$u(x,0) = xe^{-x}, \qquad \frac{\partial u}{\partial t}\Big|_{t=0} = 0, \qquad x > 0.$$

10. Resolva o problema de contorno:

$$\frac{\partial^2 u}{\partial x^2} = \frac{\partial^2 u}{\partial t^2}, \quad x > 0, \; t > 0$$

$$u(0,t) = 1, \qquad \lim_{x \to \infty} = u(x,t) = 0, \qquad t > 0$$

$$u(x,0) = e^{-x}, \qquad \frac{\partial u}{\partial t}\Big|_{t=0} = 0, \qquad x > 0.$$

11. A temperatura em um sólido semi-infinito é definida por

$$k \frac{\partial^2 u}{\partial x^2} = \frac{\partial u}{\partial t}, \quad x > 0, \; t > 0$$

$$u(0,t) = u_0, \qquad \lim_{x \to \infty} = u(x,t) = 0, \qquad t > 0$$

$$u(x,0) = 0, \qquad x > 0.$$

Determine $u(x, t)$.

12. No Problema 11, se há um fluxo constante de calor para o sólido através de sua face esquerda, a condição de contorno é $\frac{\partial u}{\partial x}\Big|_{x=0} = -A,\ t > 0$. Determine $u(x, t)$.

Nos Problemas 13-20, resolva, com auxílio da transformada de Laplace, a equação do calor $u_{xx} = u_t$, $x > 0$, $t > 0$, sujeita às condições dadas.

13. $u(0,t) = u_0, \quad \lim_{x\to\infty} u(x,t) = u_1$

$u(x,0) = u_1$

14. $u(0,t) = u_0, \quad \lim_{x\to\infty} u(x,t)/x = u_1$

$u(x,0) = u_1 x$

15. $\frac{\partial u}{\partial x}\Big|_{x=0} = u(0,t), \quad \lim_{x\to\infty} u(x,t) = u_0$

$u(x,0) = u_0$

16. $\frac{\partial u}{\partial x}\Big|_{x=0} = u(0,t) - 50, \quad \lim_{x\to\infty} u(x,t) = 0$

$u(x,0) = 0$

17. $u(0,t) = f(t), \quad \lim_{x\to\infty} u(x,t) = 0$

$u(x,0) = 0$

[*Sug.*: Aplique o teorema da convolução.]

18. $\frac{\partial u}{\partial x}\Big|_{x=0} = -f(t), \quad \lim_{x\to\infty} u(x,t) = 0$

$u(x,0) = 0$

19. $u(0,t) = 60 + 40\,\mathscr{U}(t-2), \quad \lim_{x\to\infty} u(x,t) = 60$

$u(x,0) = 60$

20. $u(0,t) = \begin{cases} 20, & 0 < t < 1, \\ 0, & t \geq 1, \end{cases} \quad \lim_{x\to\infty} u(x,t) = 100$

$u(x,0) = 100$

21. Resolva o problema de contorno:

$$\frac{\partial^2 u}{\partial x^2} = \frac{\partial u}{\partial t}, \quad -\infty < x < 1, \quad t > 0$$

$$\frac{\partial u}{\partial x}\Big|_{x=1} = 100 - u(1,t), \quad \lim_{x\to\infty} u(x,t) = 0, \quad t > 0$$

$$u(x,0) = 0, \quad -\infty < x < 1.$$

22. Mostre que

$$u(x,t) = rt - r\int_0^t \operatorname{erfc}\left(\frac{x}{2\sqrt{k\tau}}\right) d\tau,$$

com r constante, é uma solução do problema de contorno

$$k\frac{\partial^2 u}{\partial x^2} + r = \frac{\partial u}{\partial t}, \qquad x > 0, \quad t > 0$$

$$u(0,t) = 0, \qquad \lim_{x\to\infty} \frac{\partial u}{\partial x} = 0, \quad t > 0$$

$$u(x,0) = 0, \qquad x > 0.$$

23. Uma haste de comprimento L é mantida à temperatura constante u_0 em suas extremidades $x = 0$ e $x = L$. Se a temperatura inicial da barra é $u_0 + u_0 \operatorname{sen}(x\pi/L)$, resolva a equação do calor $u_{xx} = u_t$, $0 < x < L$, $t > 0$, em relação à temperatura $u(x, t)$.

24. Se há transferência de calor da superfície lateral de um fio delgado de comprimento L para um meio com temperatura u_m constante, então a equação do calor toma a forma

$$k\frac{\partial^2 u}{\partial x^2} - h(u - u_m) = \frac{\partial u}{\partial t}, \qquad 0 < x < L, \quad t > 0,$$

com h constante. Determine a temperatura $u(x, t)$, se a temperatura inicial é constante u_0 em toda a barra e se as extremidades $x = 0$ e $x = L$ são isoladas.

25. Uma haste de comprimento unitário é isolada em $x = 0$ e mantida à temperatura zero em $x = 1$. Se a temperatura inicial da haste é uma constante u_0, resolva $ku_{xx} = u_t$, $0 < x < 1$, $t > 0$ em relação à temperatura $u(x, t)$. [*Sug.:* Desenvolva $1/(1 + e^{-2\sqrt{s/k}})$ em uma série geométrica.]

26. Uma placa porosa infinita de largura unitária está imersa em uma solução de concentração constante c_0. Uma substância dissolvida na solução se difunde para a placa. A concentração $c(x, t)$ na placa é dada por

$$D\frac{\partial^2 c}{\partial x^2} = \frac{\partial c}{\partial t}, \qquad 0 < x < 1, \quad t > 0$$

$$c(0,t) = c_0, \qquad c(1,t) = c_0, \quad t > 0$$

$$c(x,0) = 0, \qquad 0 < x < 1.$$

Determine $c(x, t)$.

27. Um fio muito longo de transmissão telefônica tem inicialmente um potencial constante u_0. Se o fio é ligado à terra em $x = 0$ e isolado em sua distante extremidade direita, então o potencial $u(x, t)$ em um ponto x do fio no instante t é dado por

$$\frac{\partial^2 u}{\partial x^2} - RC\frac{\partial u}{\partial t} - RGu = 0, \qquad x > 0, \quad t > 0$$

$$u(0,t) = 0, \qquad \lim_{x\to\infty} \frac{\partial u}{\partial x} = 0, \quad t > 0$$

$$u(u,0) = u_0, \qquad x > 0,$$

onde R, C e G são constantes conhecidas como resistência, capacitância e condutância, respectivamente. Determine $u(x, t)$. [*Sug.:* Veja o Problema 5, Exercícios 14.1.]

28. Mostre que

$$u(x,t) = \frac{u_0 x}{2\sqrt{\pi}} \int_0^t \frac{e^{-h\tau - x^2/4\tau}}{\tau^{3/2}}\, d\tau$$

é uma solução do problema de contorno

$$\frac{\partial^2 u}{\partial x^2} - hu = \frac{\partial u}{\partial t}, \quad x > 0, \quad t > 0$$

$$u(0,t) = u_0, \qquad \lim_{x\to\infty} u(x,t) = 0, \quad t > 0$$

$$u(x,0) = 0, \qquad x > 0.$$

29. Resolva o problema de contorno:

$$k\frac{\partial^2 u}{\partial x^2} = \frac{\partial u}{\partial t}, \quad x > 0, \quad t > 0$$

$$\left.\frac{\partial u}{\partial x}\right|_{x=0} = -A\delta(t), \quad \lim_{x\to\infty} u(x,t) = 0, \quad t > 0$$

$$u(x,0) = 0, \quad x > 0,$$

onde $\delta(t)$ é a função delta de Dirac (veja Seção 7.6 do Volume I). Interprete a condição de contorno em $x = 0$.

30. Partindo de $t = 0$, uma carga concentrada de módulo F_0 se move com velocidade constante v_0 ao longo de uma corda semi-infinita. Nesse caso, a equação de onda se escreve

$$a^2\frac{\partial^2 u}{\partial x^2} = \frac{\partial^2 u}{\partial t^2} + F_0\delta\left(t - \frac{x}{v_0}\right).$$

Resolva a equação de derivadas parciais acima sujeita a

$$u(0,t) = 0, \quad \lim_{x\to\infty} u(x,t) = 0, \quad t > 0$$

$$u(x,0) = 0, \quad \left.\frac{\partial u}{\partial t}\right|_{t=0} = 0, \quad x > 0,$$

(a) quando $v_0 \neq a$ e **(b)** quando $v_0 = a$.

14.3 A INTEGRAL DE FOURIER

Nos Capítulos 11 e 12, utilizamos séries de Fourier para representar uma função f definida em um intervalo *finito* como $(-p, p)$ ou $(0, L)$. Quando f e f' são parcialmente contínuas em um tal intervalo, uma série de Fourier representa a função no intervalo e converge para um prolongamento periódico de f fora do intervalo. Assim, justifica-se dizermos que as séries de Fourier estão associadas a funções periódicas. Estabeleceremos a seguir, de modo não rigoroso, um meio de representar certos tipos de funções não-periódicas definidas em um intervalo *infinito* $(-\infty, \infty)$ ou em um intervalo *semi-infinito* $(0, \infty)$.

Da Série de Fourier à Integral de Fourier

Suponha uma função f definida em $(-p, p)$ e

$$f(x) = \frac{a_0}{2} + \sum_{n=1}^{\infty} \left(a_n \cos \frac{n\pi}{p} x + b_n \operatorname{sen} \frac{n\pi}{p} x \right)$$

$$= \frac{1}{2p} \int_{-p}^{p} f(x)\, dt + \frac{1}{p} \sum_{n=1}^{\infty} \left[\left(\int_{-p}^{p} f(t) \cos \frac{n\pi}{p} t\, dt \right) \cos \frac{n\pi}{p} x + \left(\int_{-p}^{p} f(t) \operatorname{sen} \frac{n\pi}{p} t\, dt \right) \operatorname{sen} \frac{n\pi}{p} x \right]. \tag{1}$$

Fazendo $\alpha_n = n\pi/p, \Delta\alpha = \alpha_{n+1} - \alpha_n = \pi/p$, (1) se escreve

$$f(x) = \frac{1}{2\pi} \left(\int_{-p}^{p} f(t)\, dt \right) \Delta\alpha + \frac{1}{\pi} \sum_{n=1}^{\infty} \left[\left(\int_{-p}^{p} f(t) \cos \alpha_n t\, dt \right) \cos \alpha_n x + \left(\int_{-p}^{p} f(t) \operatorname{sen} \alpha_n t\, dt \right) \operatorname{sen} \alpha_n x \right] \Delta\alpha. \tag{2}$$

A seguir, ampliamos o intervalo $(-p, p)$ fazendo $p \to \infty$. Como $p \to \infty$ implica $\Delta\alpha \to 0$, o limite de (2) toma a forma $lim_{\Delta\alpha \to 0} \sum_{n=1}^{\infty} F(\alpha_n)\, \Delta\alpha$, que sugere a definição da integral $\int_0^{\infty} F(\alpha)\, d\alpha$. Assim, se $\int_{-\infty}^{\infty} f(t)\, dt$ existe, o limite do primeiro termo em (2) é zero, e o limite da soma se escreve

$$f(x) = \frac{1}{\pi} \int_0^{\infty} \left[\left(\int_{-\infty}^{\infty} f(t) \cos \alpha t\, dt \right) \cos \alpha x + \left(\int_{-\infty}^{\infty} f(t) \operatorname{sen} \alpha t\, dt \right) \operatorname{sen} \alpha x \right] d\alpha. \tag{3}$$

O resultado apresentado em (3) é chamado a **integral de Fourier** de f em $(-\infty, \infty)$. Conforme mostra o resumo abaixo, a estrutura básica da integral de Fourier lembra a de uma série de Fourier.

DEFINIÇÃO 14.2 A Integral de Fourier

A **integral de Fourier** de uma função f definida no intervalo $(-\infty, \infty)$ é dada por

$$f(x) = \frac{1}{\pi} \int_0^{\infty} [A(\alpha) \cos \alpha x + B(\alpha) \operatorname{sen} \alpha x]\, d\alpha \tag{4}$$

onde

$$A(\alpha) = \int_{-\infty}^{\infty} f(x) \cos \alpha x\, dx \tag{5}$$

$$B(\alpha) = \int_{-\infty}^{\infty} f(x) \operatorname{sen} \alpha x\, dx. \tag{6}$$

Convergência de uma Integral de Fourier

As condições suficientes para a convergência, para $f(x)$, de uma integral de Fourier são análogas às condições para uma série de Fourier, embora um pouco mais restritivas.

TEOREMA 14.1 Condições para Convergência

Sejam f e f' parcialmente contínuas em qualquer intervalo finito, e seja f absolutamente integrável em $(-\infty, \infty)$*. Então a integral de Fourier de f no intervalo converge para $f(x)$ em um ponto de continuidade. Em um ponto de descontinuidade, a integral de Fourier converge para a média

$$\frac{f(x+)+f(x-)}{2},$$

onde $f(x+)$ e $f(x-)$ denotam os limites de f à direita e à esquerda, respectivamente.

EXEMPLO 1

Determine a representação, por uma integral de Fourier, da função

$$f(x)=\begin{cases}0, & x<0\\ 1, & 0<x<2\\ 0, & x>2.\end{cases}$$

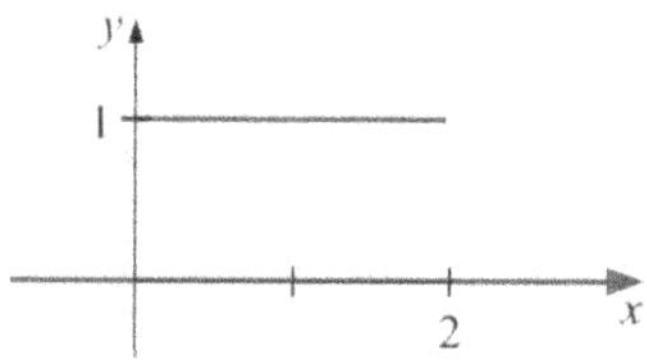

Figura 14.4

Solução A função, cujo gráfico é apresentado na Figura 14.4, satisfaz as hipóteses do Teorema 14.1. Logo, por (5) e (6), temos imediatamente

$$\begin{aligned}A(\alpha) &= \int_{-\infty}^{\infty} f(x)\cos\alpha x\,dx\\ &= \int_{-\infty}^{0} f(x)\cos\alpha x\,dx + \int_{0}^{2} f(x)\cos\alpha x\,dx + \int_{2}^{\infty} f(x)\cos\alpha x\,dx\\ &= \int_{0}^{2}\cos\alpha x\,dx = \frac{\operatorname{sen} 2\alpha}{\alpha}\\ B(\alpha) &= \int_{-\infty}^{\infty} f(x)\operatorname{sen}\alpha x\,dx = \int_{0}^{2}\operatorname{sen}\alpha x\,dx = \frac{1-\cos 2\alpha}{\alpha}.\end{aligned}$$

Levando esses coeficientes em (4), vem

$$f(x)=\frac{1}{\pi}\int_{0}^{\infty}\left[\left(\frac{\operatorname{sen} 2\alpha}{\alpha}\right)\cos\alpha x+\left(\frac{1-\cos 2\alpha}{\alpha}\right)\operatorname{sen}\alpha x\right]d\alpha.$$

* Isto significa que a integral $\int_{-\infty}^{\infty} |f(x)|\,dx$ converge.

Utilizando identidades trigonométricas, a última integral se simplifica para

$$f(x) = \frac{2}{\pi}\int_0^{\infty} \frac{\text{sen}\,\alpha\,\cos\alpha(x-1)}{\alpha}\,d\alpha. \tag{7}$$

■

Podemos utilizar a integral de Fourier para calcular integrais. Por exemplo, em $x = 1$ decorre do Teorema 14.1 que (7) converge para $f(1)$; isto é,

$$\int_0^{\infty} \frac{\text{sen}\,\alpha}{\alpha}\,d\alpha = \frac{\pi}{2}.$$

O último resultado merece atenção especial, já que não pode ser obtido na forma "usual"; o integrando $(\text{sen}\,x)/x$ não tem como antiderivada uma função elementar.

Integral Cosseno e Integral Seno

Quando f é uma função par no intervalo $(-\infty, \infty)$, o produto $f(x)\cos\alpha x$ é também uma função par, ao passo que $f(x)\,\text{sen}\,\alpha x$ é uma função ímpar. Como conseqüência da propriedade (g) da Seção 11.3, $B(\alpha) = 0$ e assim (4) se torna

$$f(x) = \frac{2}{\pi}\int_0^{\infty}\left(\int_0^{\infty} f(t)\cos\alpha t\,dt\right)\cos\alpha x\,d\alpha.$$

Aqui utilizamos também a propriedade (f) da Seção 11.3 para escrever

$$\int_{-\infty}^{\infty} f(t)\cos\alpha t\,dt = 2\int_0^{\infty} f(t)\,\text{sen}\,\alpha t\,dt\Big)\,\text{sen}\,\alpha x\,d\alpha.$$

Analogamente, quando f é uma função ímpar em $(-\infty, \infty)$, os produtos $f(x)\cos\alpha x$ e $f(x)\,\text{sen}\,\alpha x$ são funções ímpar e par, respectivamente. Portanto, $A(\alpha) = 0$ e

$$f(x) = \frac{2}{\pi}\int_0^{\infty}\left(\int_0^{\infty} f(t)\,\text{sen}\,\alpha t\,dt\right)\text{sen}\,\alpha x\,d\alpha.$$

Resumindo:

DEFINIÇÃO 14.3 Integrais Cosseno e Seno de Fourier

(i) A integral de Fourier de uma função par no intervalo $(-\infty, \infty)$ é a **integral cosseno**

$$f(x) = \frac{2}{\pi}\int_0^{\infty} A(\alpha)\cos\alpha x\,d\alpha, \tag{8}$$

onde

$$A(\alpha) = \int_0^{\infty} f(x)\cos\alpha x\,dx. \tag{9}$$

(ii) A integral de Fourier de uma função ímpar no intervalo $(-\infty, \infty)$ é a **integral seno**

$$f(x) = \frac{2}{\pi}\int_0^{\infty} B(\alpha)\,\text{sen}\,\alpha x\,d\alpha, \tag{10}$$

onde

$$B(\alpha) = \int_0^{\infty} f(x)\,\text{sen}\,\alpha x\,dx. \tag{11}$$

EXEMPLO 2

Ache a representação, por uma integral de Fourier, da função

$$f(x) = \begin{cases} 1, & |x| < a \\ 0, & |x| > a. \end{cases}$$

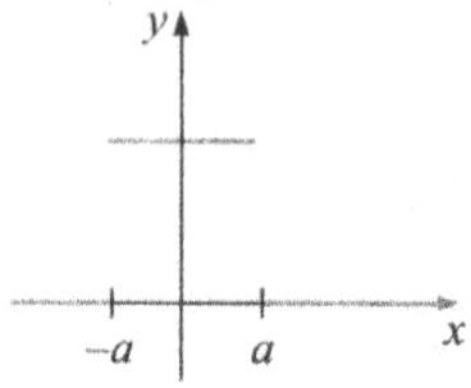

Figura 14.5

Solução Pela Figura 14.5, é claro que f é uma função par. Assim, vamos representar f pela integral cosseno de Fourier (8). Por (9), obtemos

$$\begin{aligned} A(\alpha) &= \int_0^\infty f(x)\cos\alpha x\,dx \\ &= \int_0^a f(x)\cos\alpha x\,dx + \int_a^\infty f(x)\cos\alpha x\,dx \\ &= \int_0^a \cos\alpha x\,dx = \frac{\operatorname{sen} a\alpha}{\alpha} \end{aligned}$$

e assim

$$f(x) = \frac{2}{\pi}\int_0^\infty \frac{\operatorname{sen} a\alpha \cos\alpha x}{\alpha}\,d\alpha.$$

■

As integrais (8) e (10) podem ser usadas quando f não é par nem ímpar, e está definida somente na semi-reta $(0, \infty)$. Nesse caso, (8) representa f no intervalo $(0, \infty)$ e seu prolongamento par (mas não periódico) para $(-\infty, 0)$, enquanto (10) representa f em $(0, \infty)$ e seu prolongamento ímpar para o intervalo $(-\infty, 0)$. Esse conceito é ilustrado no próximo exemplo.

EXEMPLO 3

Represente $f(x) = e^{-x}$, $x > 0$,
(a) por uma integral cosseno e **(b)** por uma integral seno.

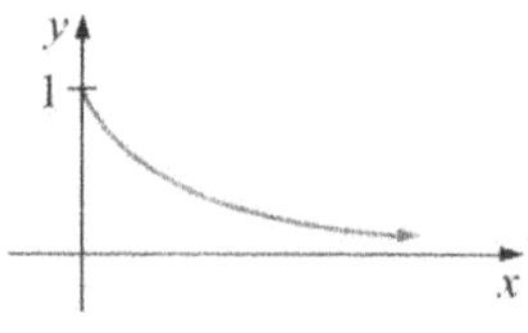

Figura 14.6

Solução A Figura 14.6 mostra o gráfico da função.

(a) Aplicando a integração por partes, obtemos

$$A(\alpha) = \int_0^{\infty} e^{-x} \cos \alpha x \, dx = \frac{1}{1+\alpha^2}.$$

Portanto, a integral cosseno de f é

$$f(x) = \frac{2}{\pi} \int_0^{\infty} \frac{\cos \alpha x}{1+\alpha^2} \, d\alpha.$$

(b) Analogamente, temos

$$B(\alpha) = \int_0^{\infty} e^{-x} \operatorname{sen} \alpha x \, dx = \frac{\alpha}{1+\alpha^2}.$$

A integral seno de f é então

$$f(x) = \frac{2}{\pi} \int_0^{\infty} \frac{\alpha \operatorname{sen} \alpha x}{1+\alpha^2} \, d\alpha.$$

A Figura 14.7 mostra os gráficos das funções e seus prolongamentos representados pelas duas integrais.

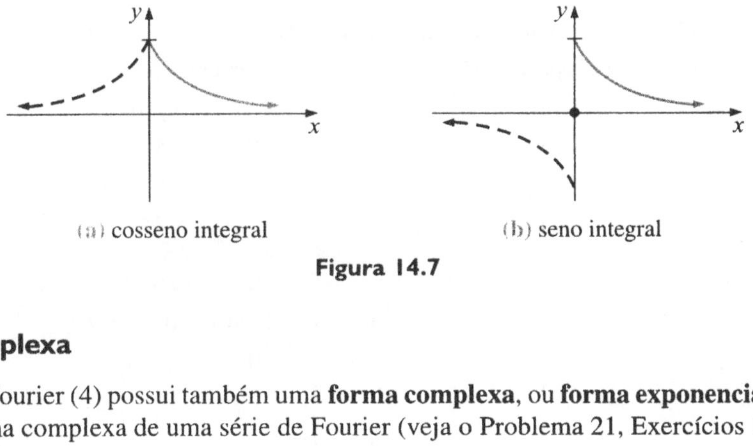

(a) cosseno integral (b) seno integral

Figura 14.7 ■

Forma Complexa

A integral de Fourier (4) possui também uma **forma complexa**, ou **forma exponencial**, equivalente, análoga à forma complexa de uma série de Fourier (veja o Problema 21, Exercícios 11.2). Levando (5) e (6) em (4), vem

$$f(x) = \frac{1}{\pi} \int_0^{\infty} \int_{-\infty}^{\infty} f(t)[\cos \alpha t \cos \alpha x + \operatorname{sen} \alpha t \operatorname{sen} \alpha x] \, dt \, d\alpha$$

$$= \frac{1}{\pi} \int_0^{\infty} \int_{-\infty}^{\infty} f(t) \cos \alpha(t-x) \, dt \, d\alpha$$

$$= \frac{1}{2\pi} \int_{-\infty}^{\infty} \int_{-\infty}^{\infty} f(t) \cos \alpha(t-x) \, dt \, d\alpha \qquad \textbf{(12)}$$

$$= \frac{1}{2\pi}\int_{-\infty}^{\infty}\int_{-\infty}^{\infty} f(t)\left[\cos\alpha(t-x) + i\,\mathrm{sen}\,\alpha(t-x)\right]dt\,d\alpha \quad \textbf{(13)}$$

$$= \frac{1}{2\pi}\int_{-\infty}^{\infty}\int_{-\infty}^{\infty} f(t)e^{i\alpha(t-x)}\,dt\,d\alpha$$

$$= \frac{1}{2\pi}\int_{-\infty}^{\infty}\left(\int_{-\infty}^{\infty} f(t)e^{i\alpha t}\,dt\right)e^{-i\alpha t}\,d\alpha. \quad \textbf{(14)}$$

Vemos que (12) decorre do fato de que o integrando é uma função par de α. Em (13), nada mais fizemos senão adicionar zero ao integrando:

$$i\int_{-\infty}^{\infty}\int_{-\infty}^{\infty} f(t)\,\mathrm{sen}\,\alpha(t-x)\,dt\,d\alpha = 0$$

porque o integrando é uma função ímpar de α. A integral em (14) pode expressar-se como

$$f(x) = \frac{1}{2\pi}\int_{-\infty}^{\infty} C(\alpha)e^{-i\alpha x}\,d\alpha, \quad \textbf{(15)}$$

onde

$$C(\alpha) = \int_{-\infty}^{\infty} f(x)e^{i\alpha x}\,dx. \quad \textbf{(16)}$$

Essa última forma da integral de Fourier será utilizada na próxima seção, quando voltarmos à resolução de problemas de contorno.

14.3 EXERCÍCIOS

As respostas dos exercícios selecionados estão na página 416.

Nos Problemas 1 - 6, determine a representação da função por uma integral de Fourier.

1. $f(x)\begin{cases} 0, & x < -1 \\ -1, & -1 < x < 0 \\ 2, & 0 < x < 1 \\ 0, & x > 1 \end{cases}$

2. $f(x)\begin{cases} 0, & x < \pi \\ 4, & \pi < x < 2\pi \\ 0, & x > 2\pi \end{cases}$

3. $f(x)\begin{cases} 0, & x < 0 \\ x, & 0 < x < 3 \\ 0, & x > 3 \end{cases}$

4. $f(x)\begin{cases} 0, & x < 0 \\ \mathrm{sen}\,x, & 0 \le x \le \pi \\ 0, & x > \pi \end{cases}$

5. $f(x)\begin{cases} 0, & x < 0 \\ e^{-x}, & x > 0 \end{cases}$

6. $f(x)\begin{cases} e^{x}, & |x| < 1 \\ 0, & |x| > 1 \end{cases}$

Nos Problemas 7-12, represente a função por uma integral cosseno ou uma integral seno adequada.

7. $f(x)\begin{cases} 0, & x < -1 \\ -5, & -1 < x < 0 \\ 5, & 0 < x < 1 \\ 0, & x > 1 \end{cases}$

8. $f(x)\begin{cases} 0, & |x| < 1 \\ \pi, & 1 < |x| < 2 \\ 0, & |x| > 2 \end{cases}$

9. $f(x)\begin{cases}|x|, & |x|<\pi\\ 0, & |x|>\pi\end{cases}$

10. $f(x)\begin{cases}x, & |x|<\pi\\ 0, & |x|>\pi\end{cases}$

11. $f(x)=e^{-|x|}\operatorname{sen} x$ *

12. $f(x)=xe^{-|x|}$

Nos Problemas 13-16, determine as representações da função por uma integral cosseno e uma integral seno.

13. $f(x)=e^{-kx},\ k>0,\ x>0$

14. $f(x)=e^{-x}-e^{-3x},\ x>0$

15. $f(x)=xe^{-2x},\ x>0$

16. $f(x)=e^{-x}\cos x,\ x>0$

Nos Problemas 17 e 18, resolva a equação integral dada em relação à função *f*.

17. $\int_0^\infty f(x)\cos\alpha x\,dx=e^{-\alpha}$

18. $\int_0^\infty f(x)\operatorname{sen}\alpha x\,dx=\begin{cases}1, & 0<\alpha<1\\ 0, & \alpha>1\end{cases}$

19. **(a)** Aplique (7) para mostrar que

$$\int_0^\infty \frac{\operatorname{sen} 2x}{x}\,dx=\frac{\pi}{2}.$$

[*Sug.:* α é uma variável muda de integração.]

(b) Mostre que, de modo geral, para $k>0$,

$$\int_0^\infty \frac{\operatorname{sen} kx}{x}\,dx=\frac{\pi}{2}.$$

20. Utilize a forma complexa (15) para achar a representação de $f(x)=e^{-|x|}$. Mostre que o resultado é o mesmo que o obtido com (8).

14.4 TRANSFORMADAS DE FOURIER

Pares de Transformadas

Até agora vimos utilizando uma representação simbólica para a inversa de uma transformada de Laplace $\mathscr{L}^{-1}\{F(s)\}=f(t)$. Na verdade, a inversa da transformada de Laplace é ela própria uma integral. Se

$$\mathscr{L}\{f(t)\}=\int_0^\infty e^{-st}f(t)\,dt=F(s), \tag{1}$$

então pode-se provar que

$$\mathscr{L}^{-1}\{F(s)\}=\frac{1}{2\pi i}\int_{\gamma-i\infty}^{\gamma+i\infty} e^{st}F(s)\,ds=f(t). \tag{2}$$

* As integrais dos Problemas 11-16 não são difíceis, desde que recordemos alguns resultados da transformada de Laplace.

A integral precedente é chamada uma **integral de contorno**; seu cálculo exige a utilização de variáveis complexas e ultrapassa o âmbito deste texto. A questão é a seguinte: as transformadas integrais ocorrem em **pares de transformadas**; isto é, se

$$F(\alpha) = \int_a^b f(x)K(\alpha, x)\, dx \tag{3}$$

é uma integral que transforma $f(x)$ em $F(\alpha)$, então a função f é recuperada por meio de outra transformada integral

$$f(x) = \int_c^d F(\alpha)H(\alpha, x)\, d\alpha, \tag{4}$$

chamada **integral de inversão** ou **transformada inversa**. As funções K e H são chamadas **núcleos** das transformadas (3) e (4), respectivamente. Por exemplo, em (1) identificamos o núcleo da transformada como $K(s, t) = e^{-st}$, enquanto em (2) podemos tomar o núcleo da transformada inversa como $H(s, t) = e^{st}/2\pi i$.

Transformadas de Fourier

A integral de Fourier é a fonte de três novas transformadas integrais. De (16)–(15), (11)–(10) e (9)–(8) da seção precedente, somos levados a definir os seguintes pares de transformadas:

DEFINIÇÃO 14.4 Pares de Transformadas de Fourier

(i) Transformada de Fourier:

$$\mathcal{F}\{f(x)\} = \int_{-\infty}^{\infty} f(x)e^{i\alpha x}\, dx = F(\alpha) \tag{5}$$

Transformada inversa de Fourier:

$$\mathcal{F}^{-1}\{F(\alpha)\} = \frac{1}{2\pi}\int_{-\infty}^{\infty} F(\alpha)e^{-i\alpha x}\, d\alpha = f(x) \tag{6}$$

(ii) Transformada seno de Fourier:

$$\mathcal{F}_s\{f(x)\} = \int_0^{\infty} f(x)\,\text{sen}\,\alpha x\, dx = F(\alpha) \tag{7}$$

Transformada seno de Fourier inversa:

$$\mathcal{F}_s^{-1}\{F(\alpha)\} = \frac{2}{\pi}\int_0^{\infty} f(\alpha)\,\text{sen}\,\alpha x\, d\alpha = f(x) \tag{8}$$

(iii) Transformada cosseno de Fourier:

$$\mathcal{F}_c\{f(x)\} = \int_0^{\infty} f(x)\cos\alpha x\, dx = F(\alpha) \tag{9}$$

Transformada cosseno de Fourier inversa:

$$\mathcal{F}_c^{-1}\{F(\alpha)\} = \frac{2}{\pi}\int_0^{\infty} F(\alpha)\cos\alpha x\, d\alpha = f(x) \tag{10}$$

Existência

As condições sob as quais (5), (7) e (9) existem são mais restritivas do que as condições para a transformada de Laplace. Assim é que devemos verificar que $\mathcal{F}\{1\}$, $\mathcal{F}_s\{1\}$ e $\mathcal{F}_c\{1\}$ não existem. As condições suficientes para a existência são que f seja absolutamente integrável no intervalo apropriado e que f e f' sejam parcialmente contínuas em qualquer intervalo finito.

Propriedades Operacionais

Como nosso objetivo imediato é aplicar essas novas transformadas a problemas de contorno, é necessário examinarmos as transformadas de derivadas.

Transformada de Fourier Sejam f contínua e absolutamente integrável em $(-\infty, \infty)$ e f' parcialmente contínua em qualquer intervalo finito. Se $f(x) \to 0$ quando $x \to \pm\infty$, então a integração por partes dá

$$\begin{aligned}\mathscr{F}\{f'(x)\} &= \int_{-\infty}^{\infty} f'(x)e^{i\alpha x}dx \\ &= f(x)e^{i\alpha x}\Big|_{-\infty}^{\infty} - i\alpha\int_{-\infty}^{\infty} f(x)e^{i\alpha x}dx \\ &= -i\alpha\int_{-\infty}^{\infty} f(x)e^{i\alpha x}dx;\end{aligned}$$

isto é,
$$\mathscr{F}\{f'(x)\} = -i\alpha F(\alpha). \tag{11}$$

Analogamente, sob as condições adicionais de que f' seja contínua em $(-\infty, \infty)$, $f''(x)$ seja parcialmente contínua em qualquer intervalo finito e $f'(x) \to 0$ quando $x \to \pm\infty$, temos

$$\mathscr{F}\{f''(x)\} = (-i\alpha)^2\mathscr{F}\{f(x)\} = -\alpha^2F(\alpha). \tag{12}$$

É importante termos em mente que as transformadas seno e cosseno não são adequadas para transformar a derivada primeira (ou, na verdade, qualquer derivada de ordem *ímpar*). Deixamos como exercício mostrar que

$$\mathscr{F}_s\{f'(x)\} = -\alpha\mathscr{F}_c\{f(x)\} \tag{13}$$

e
$$\mathscr{F}_c\{f'(x)\} = \alpha\mathscr{F}_s\{f(x)\} - f(0). \tag{14}$$

A dificuldade é visível: a transformada de $f'(x)$ não é expressa em termos da transformada integral original.

Transformada Seno de Fourier Sejam f e f' contínuas, f absolutamente integrável em $[0, \infty)$ e f'' parcialmente contínua em qualquer intervalo finito. Se $f \to 0$ e $f' \to 0$ quando $x \to \infty$, então

$$\begin{aligned}\mathscr{F}_s\{f''(x)\} &= \int_0^{\infty} f''(x)\,\text{sen}\,\alpha x\,dx \\ &= f'(x)\,\text{sen}\,\alpha x\Big|_0^{\infty} - \alpha\int_0^{\infty} f'(x)\cos\alpha x\,dx \\ &= -\alpha\left[f(x)\cos\alpha x\Big|_0^{\infty} + \alpha\int_0^{\infty} f(x)\,\text{sen}\,\alpha x\,dx\right] \\ &= \alpha f(0) - \alpha^2\mathscr{F}_s\{f(x)\};\end{aligned}$$

isto é,
$$\mathscr{F}_s\{f''(x)\} = -\alpha^2F(\alpha) + \alpha f(0). \tag{15}$$

Transformada cosseno de Fourier Com as mesmas hipóteses que nos levaram a (15), verificamos que a transformada cosseno de Fourier de $f''(x)$ é

$$\mathscr{F}_c\{f''(x)\} = -\alpha^2 F(\alpha) - f'(0). \qquad \textbf{(16)}$$

Uma pergunta natural é: Como podemos saber qual transformada utilizar em um dado problema de contorno? Obviamente, para utilizar uma transformada de Fourier, o domínio da variável a ser eliminada deve ser $(-\infty, \infty)$. Para aplicarmos uma transformada seno ou cosseno, o domínio de ao menos uma das variáveis no problema deve ser $[0, \infty)$. Mas o fator determinante na escolha entre a transformada seno e a transformada cosseno é o tipo de condição de contorno especificada em zero.

Nos exemplos que seguem, admitiremos, sem mais indicação, que tanto u como $\partial u/\partial x$ (ou $\partial u/\partial y$) tendem para zero quando $x \to \pm\infty$. Não se trata de uma restrição muito importante, já que essas condições se verificam na maioria das aplicações.

EXEMPLO 1

Resolva a equação do calor

$$k\frac{\partial^2 u}{\partial x^2} = \frac{\partial u}{\partial t}, \qquad -\infty < x < \infty, \quad t > 0,$$

sujeita a

$$u(x, 0) = f(x) \quad \text{onde} \quad f(x) = \begin{cases} 1, & |x| \le 1 \\ 0, & |x| > 1. \end{cases}$$

Solução O problema pode ser interpretado como a determinação da temperatura em uma haste infinita. Como o domínio de x é o intervalo infinito $(-\infty, \infty)$, aplicamos a transformada de Fourier (5) e definimos

$$\mathscr{F}\{u(x,t)\} = \int_{-\infty}^{\infty} u(x,t)e^{i\alpha x}\,dx = U(\alpha, t).$$

Transformando a equação de derivadas parciais e aplicando (12), vem

$$\mathscr{F}\left\{k\frac{\partial^2 u}{\partial x^2}\right\} = \mathscr{F}\left\{\frac{\partial u}{\partial t}\right\}$$

$$-k\alpha^2 U(\alpha, t) = \frac{dU}{dt} \quad \text{ou} \quad \frac{dU}{dt} + k\alpha^2 U = 0.$$

Assim

$$U(\alpha, t) = ce^{-k\alpha^2 t}. \qquad \textbf{(17)}$$

Mas a transformada da condição inicial é

$$\mathscr{F}\{u(x,0)\} = \int_{-\infty}^{\infty} f(x)e^{i\alpha x}\,dx = \int_{-1}^{1} e^{i\alpha x}\,dx$$

$$= \frac{e^{i\alpha} - e^{-i\alpha}}{i\alpha}$$

ou $$U(\alpha,0)=2\frac{\operatorname{sen}\alpha}{\alpha}.$$

Levando essa última condição em (17) obtemos $U(\alpha, 0) = c = (2 \operatorname{sen} \alpha)/\alpha$, e assim

$$U(\alpha,t)=2\frac{\operatorname{sen}\alpha}{\alpha}e^{-k\alpha^2 t}.$$

Decorre então da integral da inversão (6) que

$$u(x,t)=\frac{1}{\pi}\int_{-\infty}^{\infty}\frac{\operatorname{sen}\alpha}{\alpha}e^{-k\alpha^2 t}e^{-i\alpha x}d\alpha.$$

A última expressão pode ser algo simplificada escrevendo-se $e^{-i\alpha x} = \cos \alpha x - i \operatorname{sen} \alpha x$ e notando que $\int_{-\infty}^{\infty}\frac{\operatorname{sen}\alpha}{\alpha}e^{-k\alpha^2 t}\operatorname{sen}\alpha x\,d\alpha=0$ pois o integrando é uma função ímpar de α. Temos, finalmente,

$$u(x,t)=\frac{1}{\pi}\int_{-\infty}^{\infty}\frac{\operatorname{sen}\alpha\cos\alpha x}{\alpha}e^{-k\alpha^2 t}d\alpha. \tag{18}$$

■

EXEMPLO 2

A temperatura de estado estacionário em uma chapa semi-infinita é determinada por

$$\frac{\partial^2 u}{\partial x^2}+\frac{\partial^2 u}{\partial y^2}=0, \quad 0<x<\pi, \quad y>0$$

$$u(0,y)=0, \quad u(\pi,y)=e^{-y}, \quad y>0$$

$$\left.\frac{\partial u}{\partial y}\right|_{y=0}=0, \quad 0<x<\pi.$$

Determine $u(x, y)$.

Solução O domínio da variável y e a condição estabelecida em $y = 0$ indicam que a transformada cosseno de Fourier é adequada para o problema. Definimos

$$\mathscr{F}_c\{u(x,y)\}=\int_0^{\infty}u(x,y)\cos\alpha y\,dy=U(x,\alpha).$$

Em vista de (16), $$\mathscr{F}_c\left\{\frac{\partial^2 u}{\partial x^2}\right\}+\mathscr{F}_c\left\{\frac{\partial^2 u}{\partial y^2}\right\}=\mathscr{F}_c\{0\}$$

se torna

$$\frac{d^2U}{dx^2}-\alpha^2U(x,\alpha)-u_y(x,0)=0 \quad \text{ou} \quad \frac{d^2U}{dx^2}-\alpha^2U=0.$$

Como o domínio de x é um intervalo finito, escrevemos a solução da equação diferencial ordinária como

$$U(x, \alpha) = c_1 \cosh \alpha x + c_2 \operatorname{senh} \alpha x. \tag{19}$$

Mas $\mathscr{F}_c\{u(0, y)\} = \mathscr{F}_c\{0\}$ e $\mathscr{F}_c\{u(\pi, y)\} = \mathscr{F}_c\{e^{-y}\}$ são, por seu turno, equivalentes a

$$U(0, \alpha) = 0 \text{ e } U(\pi, \alpha) = \frac{1}{1+\alpha^2}.$$

Aplicando estas últimas condições, a solução (19) dá $c_1 = 0$ e $c_2 = 1/[(1 + \alpha^2) \operatorname{senh} \alpha\pi]$. Portanto,

$$U(x, \alpha) = \frac{\operatorname{senh} \alpha x}{(1+\alpha^2) \operatorname{senh} \alpha\pi},$$

e assim, de (10), chegamos a

$$u(x, y) = \frac{2}{\pi} \int_0^\infty \frac{\operatorname{senh} \alpha x}{(1+\alpha^2) \operatorname{senh} \alpha\pi} \cos \alpha y \, d\alpha. \tag{20}$$

■

Se, no Exemplo 2, tivéssemos dado $u(x, 0)$ em lugar de $u_y(x, 0)$, a transformada seno não seria apropriada.

Observação Cabe perguntar se as integrais em (18) e (20) podem realmente ser calculadas. Na maioria dos casos, a resposta é *não* (veja Problema 22 para uma exceção). Uma forma de achar um valor específico, digamos, da temperatura $u(1, 1)$ em (20) é recorrer à integração numérica.

14.4 EXERCÍCIOS

As respostas dos exercícios selecionados estão na página 416.

Nos Problemas 1-21, aplique as transformadas integrais de Fourier desta seção para resolver o problema de contorno proposto. Faça hipóteses sobre a limitação quando necessário.

1. $k\dfrac{\partial^2 u}{\partial x^2} = \dfrac{\partial u}{\partial t}, \quad -\infty < x < \infty, \ t > 0$

$u(x, 0) = e^{-|x|}, \quad -\infty < x < \infty$

2. $k\dfrac{\partial^2 u}{\partial x^2} = \dfrac{\partial u}{\partial t}, \quad -\infty < x < \infty, \ t > 0$

$$u(x, 0) = \begin{cases} 0, & x < -1 \\ -100, & -1 < x < 0 \\ 100, & 0 < x < 1 \\ 0, & x > 1 \end{cases}$$

3. Utilize o resultado $\mathscr{F}\{e^{-x^2/4p^2}\} = 2\sqrt{\pi}pe^{-p^2\alpha^2}$ para resolver o problema de contorno

$$k\frac{\partial^2 u}{\partial x^2} = \frac{\partial u}{\partial t}, \quad -\infty < x < \infty, \quad t > 0$$

$$u(x,0) = e^{-x^2}, \quad -\infty < x < \infty.$$

4. **(a)** Se $\mathscr{F}\{f(x)\} = F(\alpha)$ e $\mathscr{F}\{g(x)\} = G(\alpha)$, então o **teorema da convolução** para a transformada de Fourier é dado por

$$\int_{-\infty}^{\infty} f(\tau)g(x-\tau)\,d\tau = \mathscr{F}^{-1}\{F(\alpha)G(\alpha)\}.$$

Use este resultado e $\mathscr{F}\{e^{-x^2/4p^2}\} = 2\sqrt{\pi}pe^{-p^2\alpha^2}$ para mostrar que

$$u(x,t) = \frac{1}{2\sqrt{k\pi t}}\int_{-\infty}^{\infty} f(\tau)e^{-(x-\tau)^2/4kt}\,d\tau$$

é uma solução do problema de contorno

$$k\frac{\partial^2 u}{\partial x^2} = \frac{\partial u}{\partial t}, \quad -\infty < x < \infty, t > 0$$

$$u(x,0) = f(x), \quad -\infty < x < \infty.$$

(b) Com a mudança de variáveis $u = (x - \tau)/2\sqrt{kt}$ e o Problema 9 dos Exercícios 14.1, mostre que a solução da parte (a), quando

$$f(x) = \begin{cases} u_0, & |x| < 1 \\ 0, & |x| > 1. \end{cases}$$

é

$$u(x,t) = \frac{u_0}{2}\left[\text{erf}\left(\frac{x+1}{2\sqrt{kt}}\right) - \text{erf}\left(\frac{x-1}{2\sqrt{kt}}\right)\right].$$

5. Determine a temperatura $u(x, t)$ em uma haste semi-infinita se $u(0, t) = u_0$, $t > 0$ e $u(x, 0) = 0$, $x > 0$.

6. Com o resultado $\displaystyle\int_0^{\infty} \frac{\text{sen}\,\alpha x}{\alpha}\,d\alpha = \frac{\pi}{2}$, $x > 0$, mostre que a solução do Problema 5 pode ser escrita como

$$u(x,t) = u_0 - \frac{2u_0}{\pi}\int_0^{\infty} \frac{\text{sen}\,\alpha x}{\alpha} e^{-k\alpha^2 t}\,d\alpha.$$

7. Determine a temperatura $u(x, t)$ em uma haste semi-infinita se $u(0, t) = 0$, $t > 0$ e $u(x,0) = \begin{cases} 1, & 0 < x < 1 \\ 0, & x > 1. \end{cases}$

8. Resolva o Problema 5 se a condição na extremidade esquerda é

$$\left.\frac{\partial u}{\partial x}\right|_{x=0} = -A, \quad t > 0.$$

9. Resolva o Problema 7 se a extremidade $x = 0$ é isolada.

10. Determine a temperatura $u(x, t)$ em uma haste semi-infinita se $u(0, t) = 1$, $t > 0$ e $u(x, 0) = e^{-x}$, $x > 0$.

11. **(a)** $a^2 \dfrac{\partial^2 u}{\partial x^2} = \dfrac{\partial^2 u}{\partial t^2}, \quad -\infty < x < \infty, t > 0$

$$u(x,0) = f(x), \quad \frac{\partial u}{\partial t}\Big|_{t=0} = g(x), \quad -\infty < x < \infty$$

(b) Se $g(x) = 0$, mostre que a solução da parte (a) pode ser escrita como $u(x, t) = \frac{1}{2}\,[f(x + at) + f(x - at)]$.

12. Determine o deslocamento $u(x, t)$ de uma corda semi-infinita se

$$u(0, t) = 0, \; t > 0 \quad u(x, 0) = xe^{-x}, \; \frac{\partial u}{\partial t}\Big|_{t=0} = 0, \; x > 0.$$

13. Resolva o problema do Exemplo 2 se as condições de contorno em $x = 0$ e $x = \pi$ são invertidas: $u(0, y) = e^{-y}$, $u(\pi, y) = 0$, $y > 0$.

14. Resolva o problema do Exemplo 2 se a condição de contorno em $y = 0$ é $u(x, 0) = 1$, $0 < x < \pi$.

15. Determine a temperatura de estado estacionário $u(x, y)$ em uma chapa definida por $x \geq 0$, $y \geq 0$, se a fronteira $x = 0$ é isolada e, em $y = 0$,

$$u(x,0) = \begin{cases} 50, & 0 < x < 1 \\ 0, & x > 1. \end{cases}$$

16. Resolva o Problema 15 se a condição de contorno em $x = 0$ é $u(0, y) = 0$, $y > 0$.

17. $\dfrac{\partial^2 u}{\partial x^2} + \dfrac{\partial^2 u}{\partial y^2} = 0, \quad x > 0, \; 0 < y < 2$

$$u(0, y) = 0, \quad 0 < y < 2$$

$$u(x, 0) = f(x), \quad u(x, 2) = 0, \; x > 0$$

18. $\dfrac{\partial^2 u}{\partial x^2} + \dfrac{\partial^2 u}{\partial y^2} = 0, \quad 0 < x < \pi, \; y > 0$

$$u(0, y) = f(y), \quad \frac{\partial u}{\partial x}\Big|_{x=\pi} = 0, \; y > 0$$

$$\frac{\partial u}{\partial y}\Big|_{y=0} = 0, \quad 0 < x < \pi$$

Nos Problemas 19 e 20, ache a temperatura de estado estacionário na chapa dada na figura. [*Sug.:* Uma forma de proceder consiste em expressar os Problemas 19 e 20 como problemas de contorno com dois e três valores, respectivamente. Aplique o princípio da superposição (veja Seção 12.5).]

19.

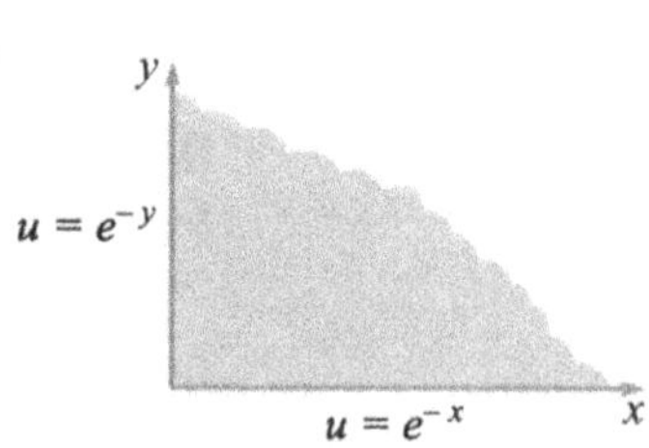

Figura 14.8

20.

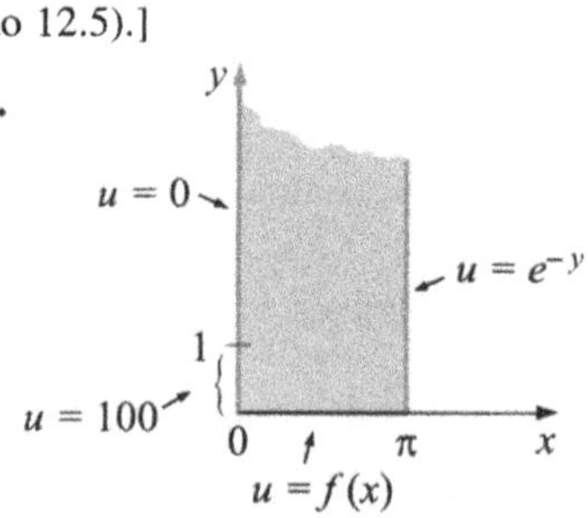

Figura 14.9

21. Aplique a transformada $\mathscr{F}\{e^{-x^2/4p^2}\}$ dada no Problema 3 para achar a temperatura de estado estacionário na faixa infinita da Figura 14.10.

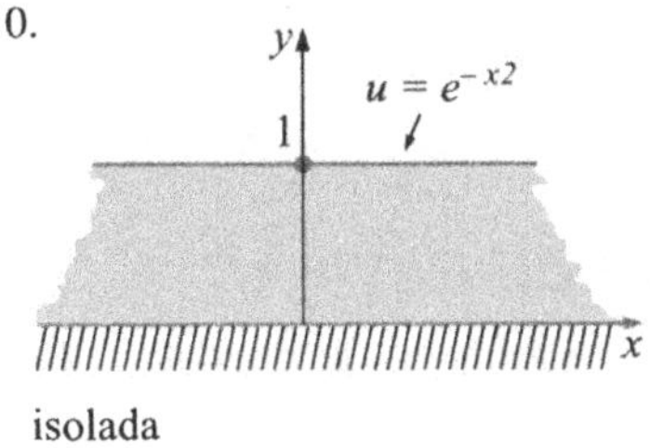

Figura 14.10

22. A solução do Problema 16 pode ser integrada. Utilize os valores 42 e 43 da tabela do Apêndice II para mostrar que

$$u(x, y) = \frac{100}{\pi}\left[\operatorname{arctg}\frac{x}{y} - \frac{1}{2}\operatorname{arctg}\frac{x+1}{y} - \frac{1}{2}\operatorname{arctg}\frac{x-1}{y}\right].$$

23. Deduza (13).

24. Deduza (14).

Capítulo 14 *REVISÃO*

A **função erro** e a **função erro complementar**

$$\operatorname{erf}(x) = \frac{2}{\sqrt{\pi}}\int_0^x e^{-u^2}\,du, \quad \operatorname{erfc}(x) = 1 - \operatorname{erf}(x) = \frac{2}{\sqrt{\pi}}\int_x^\infty e^{-u^2}\,du$$

ocorrem com freqüência na determinação de transformadas inversas de Laplace e na solução de problemas de contorno.

A **integral de Fourier**

$$f(x) = \frac{1}{\pi}\int_0^\infty [A(\alpha)\cos\alpha x + B(\alpha)\operatorname{sen}\alpha x]\,d\alpha, \tag{1}$$

onde

$$A(\alpha) = \int_{-\infty}^\infty f(x)\cos\alpha x\,dx,$$

$$B(\alpha) = \int_{-\infty}^\infty f(x)\operatorname{sen}\alpha x\,dx,$$

é uma forma de representar uma função não-periódica definida no intervalo $(-\infty, \infty)$. Quando f é uma função par, (1) se reduz a uma função **integral cosseno**; quando f é ímpar, (1) se reduz a uma função **integral seno**.

As transformadas integrais ocorrem em pares de transformadas: a própria transformada e a integral de inversão. Para resolver um problema de contorno por uma transformada integral,

(i) transformamos a equação de derivadas parciais em uma equação diferencial ordinária;

(ii) transformamos todas as condições de contorno ou iniciais que dependem da variável transformada;

(iii) resolvemos a equação diferencial ordinária sujeita às condições obtidas no passo (ii);

(iv) determinamos a transformada inversa da função achada no passo (iii). Esta é a solução do problema de contorno original.

Capítulo 14 *EXERCÍCIOS DE REVISÃO*

As respostas dos exercícios selecionados estão nas páginas 416 e 417.

Nos Problemas 1-13, resolva o problema de contorno com auxílio de uma transformada integral adequada. Faça hipóteses sobre a condição de limitação, quando necessário.

1. $\dfrac{\partial^2 u}{\partial x^2} + \dfrac{\partial^2 u}{\partial y^2} = 0, \quad x > 0,\ 0 < y < \pi$

$\left.\dfrac{\partial u}{\partial x}\right|_{x=0} = 0, \quad 0 < y < \pi$

$u(x,0) = 0, \quad \left.\dfrac{\partial u}{\partial y}\right|_{y=\pi} = e^{-x}, \quad x > 0$

2. $\dfrac{\partial^2 u}{\partial x^2} + \dfrac{\partial u}{\partial t} \qquad 0 < x < 1,\ t > 0$

$u(0,t) = 0, \quad u(1,t) = 0,\ t > 0$

$u(x,0) = 50 \operatorname{sen} 2\pi x, \quad 0 < x < 1$

3. $\dfrac{\partial^2 u}{\partial x^2} - hu = \dfrac{\partial u}{\partial t}, \quad h > 0, x > 0,\ t > 0$

$u(0,t) = 0, \quad \lim\limits_{x\to\infty} \dfrac{\partial u}{\partial x} = 0, \quad t > 0$

$u(x,0) = u_0, \quad x > 0$

4. $\dfrac{\partial u}{\partial t} - \dfrac{\partial^2 u}{\partial x^2} = e^{-|x|}, \quad -\infty < x < \infty,\ t > 0$

$u(x,0) = 0, \quad -\infty < x < \infty$

5. $\dfrac{\partial^2 u}{\partial x^2} = \dfrac{\partial u}{\partial t}, \quad x > 0,\ t > 0$

$u(0,t) = t, \quad \lim\limits_{x\to\infty} u(x,t) = 0$

$u(x,0) = 0, \quad x > 0$ [*Sug.*: Use o Teorema 7.9.]

6. $\dfrac{\partial^2 u}{\partial x^2} = \dfrac{\partial^2 u}{\partial t^2}, \quad 0 < x < 1, \ t > 0$

$u(0,t) = 0, \quad u(1,t) = 0, \quad t > 0$

$u(x,0) = \operatorname{sen} \pi x, \quad \dfrac{\partial u}{\partial t}\Big|_{t=0} = -\operatorname{sen} \pi x, \quad 0 < x < 1$

7. $k\dfrac{\partial^2 u}{\partial x^2} = \dfrac{\partial u}{\partial t}, \quad -\infty < x < \infty, \ t > 0$

$$u(x,0) = \begin{cases} 0, & x < 0 \\ u_0 & 0 < x < \pi \\ 0, & x > \pi \end{cases}$$

8. $\dfrac{\partial^2 u}{\partial x^2} + \dfrac{\partial^2 u}{\partial y^2} = 0 \quad 0 < x < \pi, y > 0$

$$u(0,y) = 0, \ u(\pi, y) = \begin{cases} 0, & 0 < y < 1 \\ 1, & 1 < y < 2 \\ 0, & y > 2 \end{cases}$$

$\dfrac{\partial u}{\partial y}\Big|_{y=0} = 0, \quad 0 < x < \pi$

9. $\dfrac{\partial^2 u}{\partial x^2} + \dfrac{\partial^2 u}{\partial y^2} = 0, \quad x > 0, \ y > 0$

$$u(0,y) = \begin{cases} 50, & 0 < y < 1 \\ 0, & y > 1 \end{cases}$$

$$u(x,0) = \begin{cases} 100, & 0 < x < 1 \\ 0, & x > 1 \end{cases}$$

10. $\dfrac{\partial^2 u}{\partial x^2} + r = \dfrac{\partial u}{\partial t}, \quad 0 < x < 1, \ t > 0$

$\dfrac{\partial u}{\partial x}\Big|_{x=0} = 0, \quad u(1,t) = 0, \quad t > 0$

$u(x,0) = 0, \quad 0 < x < 1$

11. $\dfrac{\partial^2 u}{\partial x^2} + \dfrac{\partial^2 u}{\partial y^2} = 0, \quad x > 0, \ 0 < y < \pi$

$u(0,y) = A, \quad 0 < y < \pi$

$\dfrac{\partial u}{\partial y}\Big|_{y=0} = 0, \quad \dfrac{\partial u}{\partial y}\Big|_{y=\pi} = Be^{-x}, \quad x > 0$

12. $\dfrac{\partial^2 u}{\partial x^2} = \dfrac{\partial u}{\partial t}, \quad 0 < x < 1, \ t > 0$

$u(0, t) = u_0, \quad u(1, t) = u_0, \quad t > 0$

$u(x, 0) = 0, \quad 0 < x < 1$

[*Sug.*: Use a identidade senh $(x - y)$ = senh x cosh y – cosh x senh y e, em seguida, o Problema 6, Exercícios 14.1.]

13. $k\dfrac{\partial^2 u}{\partial x^2} + \dfrac{\partial u}{\partial t}, \quad -\infty < x < \infty, \ t > 0$

$$u(x, 0) = \begin{cases} 0, & x < 0 \\ e^{-x}, & x > 0 \end{cases}$$

Capítulo 15

MÉTODOS NUMÉRICOS PARA EQUAÇÕES DE DERIVADAS PARCIAIS

Conceitos Importantes

Equações de diferenças
Tamanho da malha
Pontos da malha
O problema de Dirichlet
Iteração de Gauss-Seidel
Método explícito das diferenças finitas
Método implícito das diferenças finitas
Método de Crank-Nicholson

Nos Capítulos 12, 13 e 14 pode ter ocorrido uma pergunta básica: Como obter um valor numérico, digamos, do deslocamento $u(x, t)$ de uma corda vibrante em um ponto x da corda no instante t ou da temperatura $u(x, y)$ em determinado ponto $P(x, y)$? Naturalmente, poderíamos levar os valores de x e t em uma solução como (5) da Seção 12.4 e (5) da Seção 12.5 e efetuar a soma de uma série infinita. Mas, a exemplo do que vimos no Capítulo 9, há processos numéricos também para equações de derivadas parciais. Para certos fins, é perfeitamente justificável aceitar uma aproximação da solução da equação do

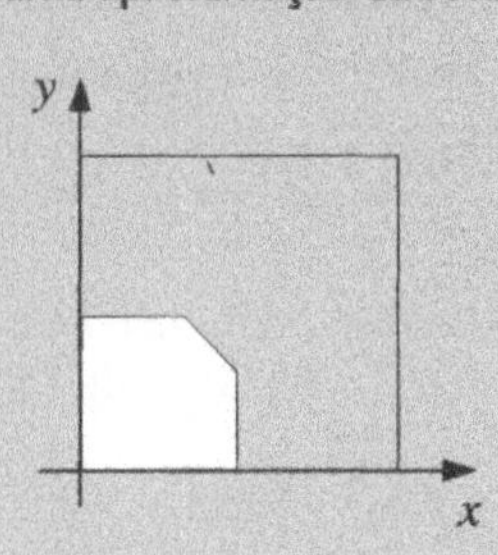

calor, da equação da onda ou da equação de Laplace. Além disso, na prática, pode ser necessário resolver, digamos, a equação de Laplace em uma região do plano xy como a ilustrada na figura precedente. Para regiões complicadas como essa, o método de separação de variáveis ou das transformadas integrais

Continua

Continuação

pode não ser conveniente, ou sequer aplicável. Na verdade, um processo numérico pode ser *a única* maneira de abordar um problema de contorno.

Neste capítulo, o conceito-chave é a noção de equação de diferenças finitas (veja Seção 9.8). Obtemos a aproximação da solução de uma equação de derivadas parciais substituindo-a por uma equação de diferenças finitas.

15.1 EQUAÇÕES ELÍPTICAS

Com o auxílio dos quocientes de diferenças deduzidos na Seção 9.8, podemos facilmente substituir uma equação de derivadas parciais de segunda ordem, linear, por uma equação de diferenças. No que segue, confinaremos nossa atenção às equações de derivadas parciais elípticas, como a equação de Laplace.

Uma Equação de Diferenças Substituindo a Equação de Laplace

Se u é uma função de duas variáveis x e y, podemos formar duas diferenças centrais

$$u(x + h, y) - 2u(x, y) + u(x - h, y) \quad \text{e} \quad u(x, y + h) - 2u(x, y) + u(x, y - h).$$

Decorre então de (6) da Seção 9.8 que as aproximações por diferenças finitas para as derivadas parciais segundas u_{xx} e u_{yy} são dadas por

$$\frac{\partial^2 u}{\partial x^2} \approx \frac{1}{h^2}\left[u(x+h, y) - 2u(x, y) + u(x-h, y)\right] \tag{1}$$

$$\frac{\partial^2 u}{\partial y^2} \approx \frac{1}{h^2}\left[u(x, y+h) - 2u(x, y) + u(x, y-h)\right]. \tag{2}$$

Somando (1) e (2), obtemos a **aproximação de cinco pontos** do laplaciano:

$$\frac{\partial^2 u}{\partial x^2} + \frac{\partial^2 u}{\partial y^2} \approx \frac{1}{h^2}\left[u(x+h, y) + u(x, y+h) + u(x-h, y) + u(x, y-h) - 4u(x, y)\right].$$

Logo, podemos substituir a equação de Laplace $\dfrac{\partial^2 u}{\partial x^2} + \dfrac{\partial^2 u}{\partial y^2} = 0$ pela equação de diferenças

$$u(x + h, y) + u(x, y + h) + u(x - h, y) + u(x, y - h) - 4u(x, y) = 0 \tag{3}$$

Adotando a notação $u(x, y) = u_{ij}$ e

$$\begin{aligned} u(x + h, y) &= u_{i+1,j} \\ u(x, y + h) &= u_{i,j+1} \\ u(x - h, y) &= u_{i-1,j} \\ u(x, y - h) &= u_{i,j-1} \end{aligned}$$

(3) se escreve

$$u_{i+1,j} + u_{i,j+1} + u_{i-1,j} + u_{i,j-1} - 4u_{ij} = 0. \quad \textbf{(4)}$$

Para melhor compreender a equação (4), suponhamos uma malha consistindo de retas horizontais espaçadas de h unidades e retas verticais também espaçadas de h unidades, colocada sobre uma região R delimitada por uma curva C, em que estamos procurando uma solução da equação de Laplace. O número h é o **tamanho da malha**. Veja a Figura 15.1(a). Os pontos de intersecção das retas, $P_{ij} = P(ih, jh)$, com i e j inteiros, são chamados **pontos da malha** ou **pontos reticulados**. Um ponto da malha é **ponto interior** se seus quatro vizinhos mais próximos são pontos de R. Os pontos de R ou de C que não são pontos interiores são chamados **pontos fronteira** ou **pontos de contorno**. Por exemplo, na Figura 15.1(a) temos

$$P_{20} = P(2h, 0), \quad P_{11} = P(h, h), \quad P_{21} = P(2h, h), \quad P_{22}(P(2h, 2h),$$

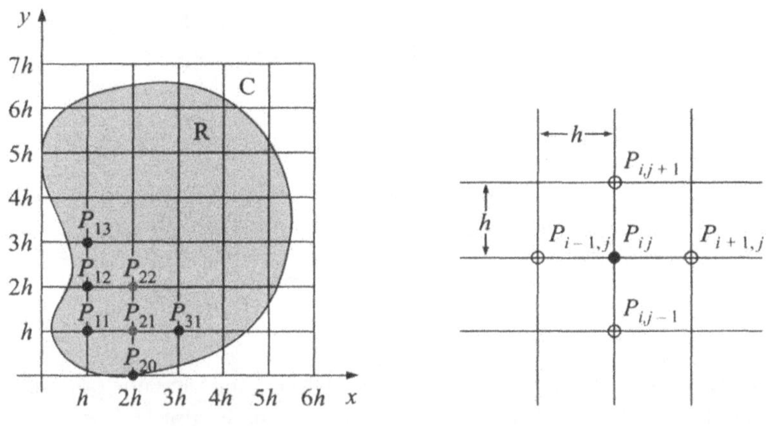

Figura 15.1

e assim por diante. Dos pontos relacionados, P_{21} e P_{22} são pontos interiores, P_{20} e P_{11} são pontos fronteira. Na Figura 15.1(a) os pontos interiores são os claros e os pontos fronteira aparecem em negro. De (4), vemos que

$$u_{ij} = \frac{1}{4}\left[u_{i+1,j} + u_{i,j+1} + u_{i-1,j} + u_{i,j-1}\right] \quad \textbf{(5)}$$

etc. conforme Figura 15.1(b); o valor de u_{ij} em um ponto interior de R é a média dos valores de u nos quatro pontos vizinhos. Os pontos vizinhos $P_{i+1,j}$, $P_{i,j+1}$, $P_{i-1,j}$ e $P_{i,j-1}$ correspondem, respectivamente, aos quatro pontos E, N, W e S de uma bússola.

O Problema de Dirichlet

Recorde que, no **problema de Dirichlet** para a equação de Laplace $\nabla^2 u = 0$, os valores de $u(x, y)$ são dados no contorno C de uma região R. A idéia básica é achar uma solução aproximada da equação de Laplace em pontos interiores da malha, substituindo a equação de derivadas parciais pela equação de diferenças (4). Logo, os valores aproximados de u nos pontos da malha, a saber, os u_{ij}, estão relacionados uns com os outros e, possivelmente, com valores conhecidos de u no caso de um ponto da malha estar no contorno C. Obtemos então um sistema de equações algébricas lineares, que resolvemos em relação às incógnitas u_{ij}. O exemplo a seguir ilustra o método para uma região quadrada.

EXEMPLO 1

No Problema 14 do Exercício 12.5, solicitou-se a resolução do problema de contorno

$$\frac{\partial^2 u}{\partial x^2} + \frac{\partial^2 u}{\partial y^2} = 0, \quad 0 < x < 2, \quad 0 < y < 2$$

$$u(0, y) = 0, \quad u(2, y) = y(2 - y), \quad 0 < y < 2$$

$$u(x, 0) = 0, \quad u(x, 2) = \begin{cases} x, & 0 < x < 1 \\ 2 - x, & 1 \le x < 2 \end{cases}$$

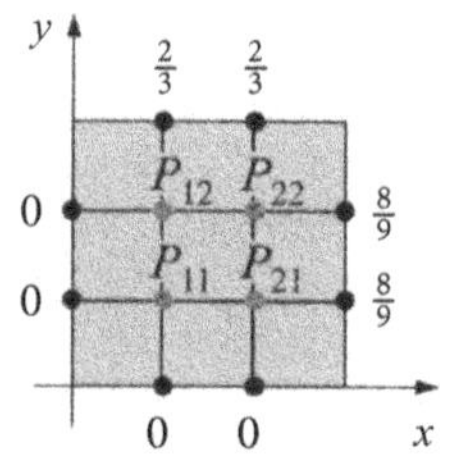

Figura 15.2

utilizando o princípio da superposição. Para aplicar o método numérico que ora estamos estudando, comecemos com um tamanho de malha $h = 2/3$. Como se vê na Figura 15.2, essa escolha dá quatro pontos interiores e oito pontos fronteira. Os números próximos dos pontos fronteira são os valores exatos de u obtidos das condições especificadas ao longo daquele contorno. Por exemplo, em $P_{31} = P(3h, h) = P(2, \frac{2}{3})$, temos $x = 2$ e $y = \frac{2}{3}$ e assim a condição $u(2, y)$ dá $u(2, \frac{2}{3}) = \frac{2}{3}(2 - \frac{2}{3}) = \frac{8}{9}$. Analogamente, em $P_{13} = P(\frac{2}{3}, 2)$ a condição $u(x, 2)$ dá $u(\frac{2}{3}, 2) = \frac{2}{3}$. Aplicamos agora (4) a cada ponto interior. Por exemplo, em P_{11} temos $i = 1$ e $j = 1$, de forma que (4) se escreve

$$u_{21} + u_{12} + u_{01} + u_{10} - 4u_{11} = 0.$$

Como $u_{01} = u(0, \frac{2}{3}) = 0$ e $u_{10} = u(\frac{2}{3}, 0) = 0$, a equação precedente se torna $-4u_{11} + u_{21} + u_{12} = 0$. Repetindo o processo em P_{21}, P_{12} e P_{22}, obtemos as equações adicionais

$$\begin{aligned} -4u_{11} + u_{21} + u_{12} \quad &= 0 \\ u_{11} - 4u_{21} + \quad u_{22} &= -\frac{8}{9} \\ u_{11} \quad - 4u_{12} + u_{22} &= -\frac{2}{3} \\ u_{21} + u_{12} - 4u_{22} &= -\frac{14}{9} \end{aligned} \tag{6}$$

Resolvendo o sistema com o programa de computação algébrica Mathematica, obtemos as temperaturas aproximadas nos quatro pontos interiores:

$$u_{11} = \frac{7}{36} = 0{,}1944, \quad u_{21} = \frac{5}{12} = 0{,}4167,$$

$$u_{12} = \frac{13}{36} = 0{,}3611, \quad u_{22} = \frac{7}{12} = 0{,}5833. \qquad \blacksquare$$

Tal como no caso das equações diferenciais ordinárias, é de se esperar que um valor menor de h aumente a precisão da aproximação. Mas um tamanho menor de malha significa, naturalmente, que há mais pontos interiores na malha e, conseqüentemente, um sistema muito maior de equações a serem resolvidas. Para uma região *quadrada* cujo lado tem comprimento L, um tamanho de malha $h = L/n$ dará um total de $(n-1)^2$ pontos interiores da malha. No Exemplo 1, para $n = 8$, o tamanho da malha é razoável, $h = 2/8 = 1/4$, mas o número de pontos interiores é $(8-1)^2 = 49$. Temos, assim, 49 equações em 49 incógnitas. No próximo exemplo tomaremos $h = 1/2$ como tamanho da malha.

EXEMPLO 2

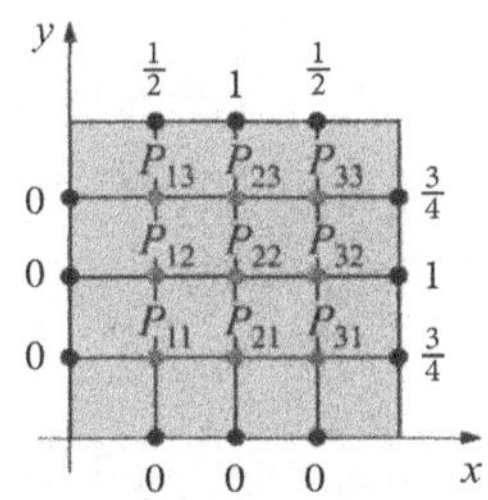

Figura 15.3

Como vemos na Figura 15.3, com $n = 4$, um tamanho de malha $h = 2/4 = 1/2$ para o quadrado do Exemplo 1 dá $3^2 = 9$ pontos interiores. Aplicando (4) a esses pontos e levando em consideração as condições de contorno indicadas, obtemos nove equações em nove incógnitas. Para que você possa verificar os resultados, damos o sistema em forma não simplificada:

$$\begin{aligned}
u_{21} + u_{12} + 0 + 0 - 4u_{11} &= 0 \\
u_{31} + u_{22} + u_{11} + 0 - 4u_{21} &= 0 \\
\frac{3}{4} + u_{32} + u_{21} + 0 - 4u_{31} &= 0 \\
u_{22} + u_{13} + u_{11} + 0 - 4u_{12} &= 0 \\
u_{32} + u_{23} + u_{12} + u_{21} - 4u_{22} &= 0 \\
1 + u_{33} + u_{22} + u_{31} - 4u_{32} &= 0 \\
u_{23} + \frac{1}{2} + 0 + u_{12} - 4u_{13} &= 0 \\
u_{33} + 1 + u_{13} + u_{22} - 4u_{23} &= 0 \\
\frac{3}{4} + \frac{1}{2} + u_{23} + u_{32} - 4u_{33} &= 0.
\end{aligned} \tag{7}$$

Nesse caso, Mathematica dá

$$u_{11} = \frac{7}{64} = 0{,}1094,\quad u_{21} = \frac{51}{224} = 0{,}2277,\quad u_{31} = \frac{177}{448} = 0{,}3951$$

$$u_{12} = \frac{47}{224} = 0{,}2098,\quad u_{22} = \frac{13}{32} = 0{,}4063,\quad u_{32} = \frac{135}{224} = 0{,}6027$$

$$u_{13} = \frac{145}{448} = 0{,}3237,\quad u_{23} = \frac{131}{224} = 0{,}5848,\quad u_{33} = \frac{39}{64} = 0{,}6094.$$

■

Após simplificar (7), é interessante notar que a matriz 9×9 de coeficientes é

$$\begin{pmatrix} -4 & 1 & 0 & 1 & 0 & 0 & 0 & 0 & 0 \\ 1 & -4 & 1 & 0 & 1 & 0 & 0 & 0 & 0 \\ 0 & 1 & -4 & 0 & 0 & 1 & 0 & 0 & 0 \\ 1 & 0 & 0 & -4 & 1 & 0 & 1 & 0 & 0 \\ 0 & 1 & 0 & 1 & -4 & 1 & 0 & 1 & 0 \\ 0 & 0 & 1 & 0 & 1 & -4 & 0 & 0 & 1 \\ 0 & 0 & 0 & 1 & 0 & 0 & -4 & 1 & 0 \\ 0 & 0 & 0 & 0 & 1 & 0 & 1 & -4 & 1 \\ 0 & 0 & 0 & 0 & 0 & 1 & 0 & 1 & -4 \end{pmatrix} \tag{8}$$

Este é um exemplo de **matriz esparsa**, em que uma grande porcentagem dos elementos é constituída de zeros. A matriz (8) é também um exemplo de **matriz em faixa**. Esses tipos de matriz são caracterizados pelas propriedades de que os elementos na diagonal principal e nas diagonais (ou faixas) paralelas a ela são todos diferentes de zero.

Iteração de Gauss-Seidel

Problemas que envolvem soluções aproximadas de equações de derivadas parciais invariavelmente conduzem a grandes sistemas de equações algébricas lineares. Não é raro termos de resolver sistemas que envolvem centenas de equações. Embora um método direto de resolução, como a eliminação gaussiana, não altere os elementos nulos fora das faixas em uma matriz como (8), tal método preenche com elementos não-zero os lugares entre as faixas. E como o armazenamento de matrizes muito grandes utiliza grande parte da memória do computador, costuma-se resolver um sistema grande de maneira indireta. Um método comum é a chamada **iteração de Gauss-Seidel**.

Ilustraremos esse método para o sistema (6).* Por uma questão de simplicidade, vamos substituir as variáveis de índice duplo u_{11}, u_{21}, u_{12} e u_{22} por x_1, x_2, x_3 e x_4, respectivamente.

---

* No contexto da aproximação das soluções da equação de Laplace, essa técnica de iteração costuma ser chamada **método de Liebman**.

EXEMPLO 3

Passo 1: *Resolva cada equação em relação às variáveis da diagonal principal do sistema.* Isto é, em (6) resolva a primeira equação em relação a x_1, a segunda equação em relação a x_2 e assim por diante:

$$\begin{aligned} x_1 &= \qquad\qquad 0{,}25x_2 + 0{,}25x_3 \\ x_2 &= 0{,}25x_1 + \qquad\qquad\qquad 0{,}25x_4 + 0{,}2222 \\ x_3 &= 0{,}25x_1 + \qquad\qquad\qquad 0{,}25x_4 + 0{,}1667 \\ x_4 &= \qquad\qquad 0{,}25x_2 + 0{,}25x_3 \qquad\qquad + 0{,}3889. \end{aligned} \tag{9}$$

Podemos obter diretamente essas equações utilizando (5) de preferência a (4) nos pontos interiores.

Passo 2: *Iterações.* Começamos formulando uma suposição inicial para os valores de x_1, x_2, x_3 e x_4. Se fosse tratado simplesmente de um sistema de equações lineares e se nada soubéssemos sobre a solução, poderíamos começar com $x_1 = 0$, $x_2 = 0$, $x_3 = 0$ e $x_4 = 0$. Mas como a solução de (9) representa aproximações de uma solução de um problema de contorno, parece natural tomar como hipótese inicial para os valores de $x_1 = u_{11}$, $x_2 = u_{21}$, $x_3 = u_{12}$ e $x_4 = u_{22}$ a média de todas as condições de contorno. Nesse caso, a média dos números nos oito pontos fronteira da Figura 15.2 é aproximadamente 0,4. Assim, nossa suposição inicial é $x_1 = x_2 = x_3 = x_4 = 0{,}4$. As iterações do método de Gauss-Seidel utilizam os valores de x tão logo eles sejam calculados. Note que a primeira equação em (9) depende somente de x_2 e x_3; assim, fazendo x_2 e $x_3 = 0{,}4$, obtemos $x_1 = 0{,}2$. Como a segunda e a terceira equações dependem de x_1 e x_4, utilizamos os valores recém-calculados $x_1 = 0{,}2$ e $x_4 = 0{,}4$, para obter $x_2 = 0{,}3722$ e $x_3 = 0{,}3167$. A quarta equação depende de x_2 e x_3; utilizamos, pois, os novos valores $x_2 = 0{,}3722$ e $x_3 = 0{,}3167$ para obter $x_4 = 0{,}5611$. Em resumo, a primeira iteração deu os valores

$$x_1 = 0{,}2, \quad x_2 = 0{,}3722, \quad x_3 = 0{,}3167, \quad x_4 = 0{,}5611.$$

Note quão próximos esses números já estão dos valores efetivos dados no final do Exemplo 1.

A segunda iteração começa levando-se os valores $x_2 = 0{,}3722$ e $x_3 = 0{,}3167$ na primeira equação, o que dá $x_1 = 0{,}1722$. De $x_1 = 0{,}1722$ e do último valor calculado de x_4, a saber, $x_4 = 0{,}5611$, a segunda e a terceira equações dão, por seu turno, $x_2 = 0{,}4055$ e $x_3 = 0{,}3500$. Com esses dois valores, obtemos, da quarta equação, $x_4 = 0{,}5678$. Ao final da segunda iteração temos

$$x_1 = 0{,}1722, \quad x_2 = 0{,}4055, \quad x_3 = 0{,}3500, \quad x_4 = 0{,}5678.$$

A tabela a seguir resume as iterações, da terceira à sétima.

Iteração	3ª	4ª	5ª	6ª	7ª
x_1	0,1889	0,1931	0,1941	0,1944	0,1944
x_2	0,4139	0,4160	0,4165	0,4166	0,4166
x_3	0,3584	0,3605	0,3610	0,3611	0,3611
x_4	0,5820	0,5830	0,5833	0,5833	0,5833

■

Nota Para aplicar a iteração de Gauss-Seidel a um sistema geral de n equações lineares com n incógnitas, a variável x_i deve, de fato, aparecer na i^{ma} equação do sistema. Além disso, após resolver cada equação em relação a x_i, $i = 1, 2, ..., n$, o sistema resultante tem a forma $\mathbf{X} = \mathbf{AX} + \mathbf{B}$, onde todos os elementos da diagonal principal de $\mathbf{A}$ são zero.

Observações **(i)** Nos exemplos desta seção, os valores de u_{ij} foram determinados com base em valores conhecidos de u em pontos do contorno. Mas que devemos fazer se a região é tal que os pontos do contorno não coincidem com o contorno efetivo C da região R? Nesse caso, podemos obter por interpolação os valores desejados.

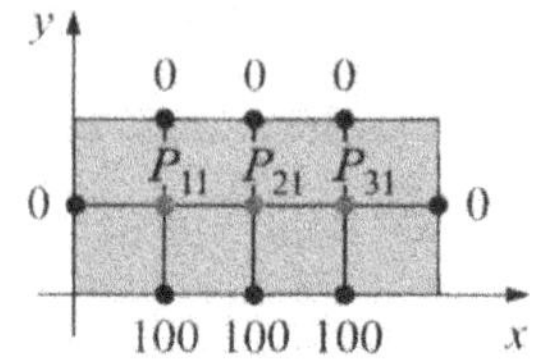

Figura 15.4

(ii) Às vezes é possível, recorrendo à simetria, reduzir o número de equações a serem resolvidas. Consideremos a região retangular da Figura 15.4. As condições de contorno são $u = 0$ ao longo de $x = 0$, $x = 2$, $y = 1$, e $u = 100$ ao longo de $y = 0$. A região é simétrica em relação às retas $x = 1$ e $y = 1/2$, e os pontos interiores P_{11} e P_{31} são eqüidistantes dos pontos do contorno vizinhos, nos quais os valores especificados de u são os mesmos. Conseqüentemente, admitimos $u_{11} = u_{31}$ e, assim, o sistema de três equações em três incógnitas se reduz a duas equações com duas incógnitas. Veja o Problema 2.

(iii) Embora em um computador isto possa não ser perceptível, a convergência da iteração de Gauss-Seidel pode não ser particularmente rápida. E, em um contexto mais geral, a iteração de Gauss-Seidel pode nem sequer convergir. Se um sistema de n equações lineares em n incógnitas é dado na forma padrão $\mathbf{AX} = \mathbf{B}$, então uma condição suficiente para convergência é que a matriz de coeficientes $\mathbf{A}$ seja **diagonalmente dominante**. Isto significa que o valor absoluto de cada elemento na diagonal principal de $\mathbf{A}$ é maior do que a soma do valores absolutos dos restantes elementos na mesma linha. Assim, a matriz de coeficientes (8) do sistema (7) é, sem dúvida, diagonalmente dominante, pois, em cada linha, $|-4|$ é maior do que a soma dos valores absolutos dos outros elementos. O leitor deve verificar que a matriz de coeficientes do sistema (6) tem a mesma propriedade. A dominância diagonal garante que a iteração de Gauss-Seidel converge, quaisquer que sejam os valores iniciais.

15.1 EXERCÍCIOS

As respostas dos exercícios selecionados estão na página 417.

Nos Problemas 1 - 4, utilize (4) para aproximar a solução da equação de Laplace nos pontos interiores das região dada. Use a simetria sempre que possível.

1. $u(0,y) = 0,\ u(3,y) = y(2-y),\ 0 < y < 2$

$u(x,0) = 0,\ u(x,2) = x(3-x),\ 0 < x < 3$

tamanho da malha: $h = 1$

2. $u(0,y) = 0,\ u(2,y) = 0,\ 0 < y < 1$

   $u(x,0) = 100,\ u(x,1) = 0,\ 0 < x < 2$

   tamanho da malha: $h = 1/2$

3. $u(0,y) = 0,\ u(1,y) = 0,\ 0 < y < 1$

   $u(x,0) = 0,\ u(x,1) = \operatorname{sen} \pi x,\ 0 < x < 1$

   tamanho da malha: $h = 1/3$

4. $u(0,y) = 108y^2(1-y),\ u(1,y) = 0,\ 0 < y < 1$

   $u(x,0) = 0,\ u(x,1) = 0,\ 0 < x < 1$

   tamanho da malha: $h = 1/3$

Nos Problemas 5 e 6, utilize (5) e a iteração de Gauss-Seidel para aproximar a solução da equação de Laplace nos pontos interiores de um quadrado unitário. Tome o tamanho da malha $h = 1/4$. No Problema 5, as condições de contorno são dadas; no Problema 6, os valores de u em pontos do contorno são dados na Figura 15.5.

5. $u(0,y) = 0,\ u(1,y) = 100y,\ 0 < y < 1$

   $u(x,0) = 0,\ u(x,1) = 100x,\ 0 < x < 1$

6.

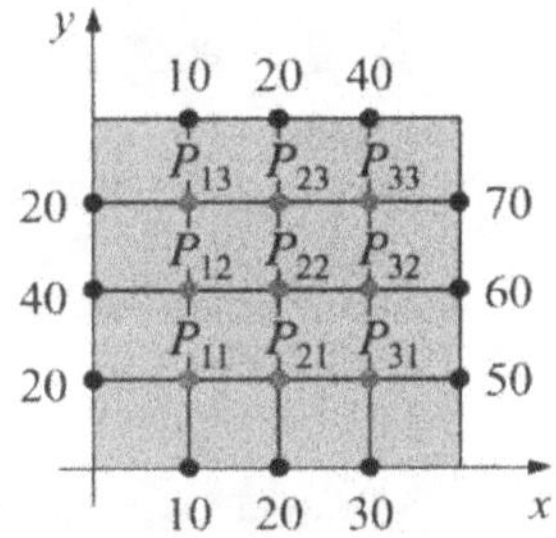

Figura 15.5

7. **(a)** No Problema 12 dos Exercícios 12.6, resolvemos um problema de potencial recorrendo a uma forma especial da equação de Poisson $\dfrac{\partial^2 u}{\partial x^2} + \dfrac{\partial^2 u}{\partial y^2} = f(x,y)$. Mostre que a substituição da equação de Poisson por uma equação de diferenças é

$$u_{i+1,j} + u_{i,j+1} + u_{i-1,j} + u_{i,j-1} - 4u_{ij} = h^2 f(x,y).$$

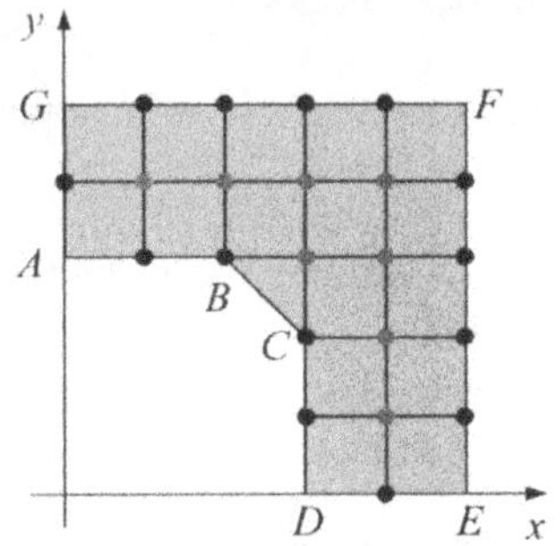

Figura 15.6

(b) Com o resultado da parte (a), aproxime a solução da equação de Poisson $\frac{\partial^2 u}{\partial x^2} + \frac{\partial^2 u}{\partial y^2} = -2$ nos pontos interiores da região da Figura 15.6. O tamanho da malha é $h = 1/2$, $u = 1$ em todos os pontos ao longo de $ABCD$ e $u = 0$ em todos os pontos ao longo de $DEFGA$. Recorra à simetria e, se necessário, à iteração de Gauss-Seidel.

8. Com o resultado da parte (a) do Problema 7, aproxime a solução da equação de Poisson $\frac{\partial^2 u}{\partial x^2} + \frac{\partial^2 u}{\partial y^2} = -64$ nos pontos interiores da região da Figura 15.7. A malha é $h = 1/8$ e $u = 0$ em todo ponto do contorno da região. Se necessário, use a iteração de Gauss-Seidel.

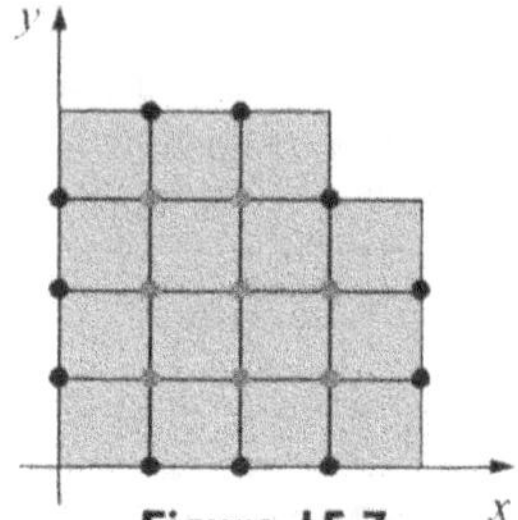

Figura 15.7

9. Utilize a aproximação

$$\frac{\partial u}{\partial t} \approx \frac{u(x, t+k) - u(x, t)}{k}$$

para achar uma equação de diferenças que substitua a equação do calor $\frac{\partial^2 u}{\partial x^2} = \frac{\partial u}{\partial t}$. Note que, como x e t representam, respectivamente, variáveis espacial e temporal, não supomos que o tamanho da malha h na direção x seja necessariamente igual ao tamanho da malha k na direção t.

10. Ache uma equação de diferenças que substitua a equação da onda

$$\frac{\partial^2 u}{\partial x^2} = \frac{\partial^2 u}{\partial t^2}.$$

15.2 EQUAÇÕES PARABÓLICAS

Vamos estudar nesta seção dois métodos para aproximar a solução de um problema de contorno do tipo

$$\begin{aligned} &c\frac{\partial^2 u}{\partial x^2} = \frac{\partial u}{\partial t}, \quad 0 < x < a, \ t > 0 \\ &u(0,t) = T_1, \qquad u(a,t) = T_2, \ t > 0 \qquad\qquad (1) \\ &u(x,0) = f(x), \quad 0 < x < a. \end{aligned}$$

A equação neste problema é a equação unidimensional do calor e é, como sabemos pela Seção 12.1, uma equação de derivadas parciais parabólica. As constantes T_1 e T_2 representam temperaturas nas extremidades da haste. Recorde que a função f pode ser interpretada como a distribuição inicial de temperatura em uma haste homogênea que se prolonga de $x = 0$ a $x = a$. Embora não o demonstremos, o problema de contorno tem solução única quando f é contínua no intervalo fechado $[0, a]$. Podemos supor que verificada essa última condição, substituiremos a condição inicial em (1) por $u(x, 0) = f(x)$, $0 \le x \le a$.

Substituição da Equação do Calor por uma Equação de Diferenças

Para obter uma aproximação de (1), primeiro substituímos a equação do calor por uma equação de diferenças. Utilizando a aproximação por diferenças centrais (1) da Seção 15.1:

$$\frac{\partial^2 u}{\partial x^2} \approx \frac{1}{h^2}[u(x+h,t) - 2u(x,t) + u(x-h,t)]$$

e a aproximação por diferenças avançadas (3) da Seção 9.8:

$$\frac{\partial u}{\partial t} \approx \frac{1}{k}[u(x,t+k) - u(x,t)],$$

podemos substituir a equação do calor $c\dfrac{\partial^2 u}{\partial x^2} = \dfrac{\partial u}{\partial t}$ pela seguinte equação de diferenças:

$$\frac{c}{h^2}[u(x+h,t) - 2u(x,t) + u(x-h,t)] = \frac{1}{k}[u(x,t+k) - u(x,t)] \tag{2}$$

Fazendo $\lambda = ck/h^2$ e

$$u(x,t) = u_{ij}$$
$$u(x+h,t) = u_{i+1,j}$$
$$u(x-h,t) = u_{i-1,j}$$
$$u(x,t+k) = u_{i,j+1},$$

(2) se escreve, após simplificação,

$$u_{i,j+1} = \lambda u_{i+1,j} + (1 - 2\lambda)u_{ij} + \lambda u_{i-1,j}. \tag{3}$$

Desejamos aproximar uma solução de um problema como (1) em uma região retangular no plano xt definida pelas desigualdades $0 \le x \le a$, $0 \le t \le T$, para um instante arbitrário T. Sobre essa região aplicamos uma rede retangular consistindo de retas verticais distantes h unidades umas das outras e retas horizontais distantes k unidades umas das outras. Escolhendo dois inteiros positivos n e m e definindo

$$h = \frac{a}{n} \quad \text{e} \quad k = \frac{T}{m},$$

então as retas verticais e horizontais da rede são dadas por

$$x_i = ih, \qquad i = 0, 1, 2, \ldots, n$$
$$t_j = jk, \qquad j = 0, 1, 2, \ldots, m.$$

Veja a Figura 15.8.

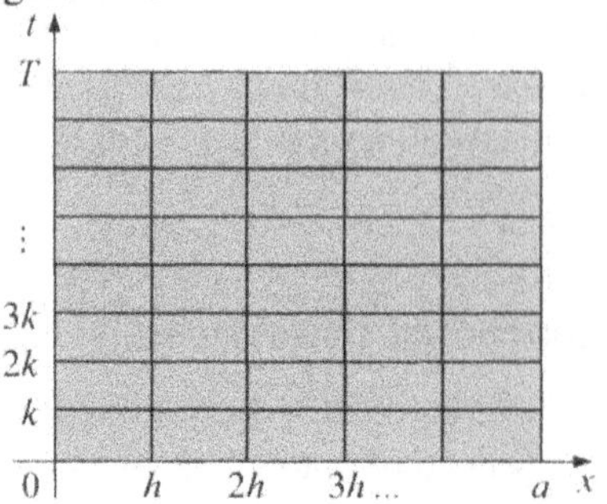

Figura 15.8

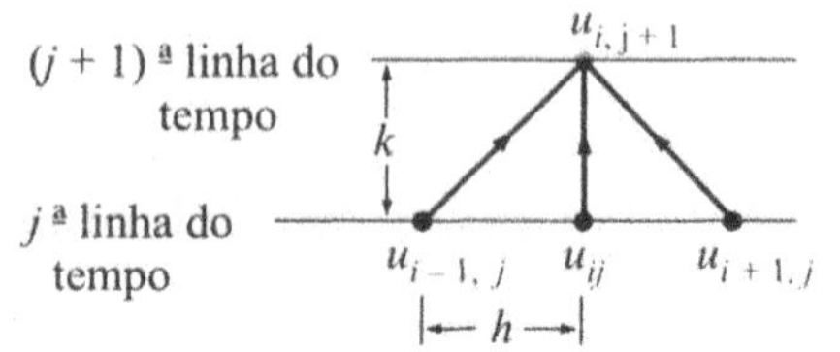

Figura 15.9

Conforme ilustrado na Figura 15.9, a idéia aqui é aplicar a fórmula (3) para estimar os valores da solução $u(x, t)$ nos pontos da $(j + 1)^{a}$ linha do tempo, utilizando apenas valores da j^{ma} linha. Por exemplo, os valores da primeira linha do tempo ($j = 1$) dependem da condição inicial $u_{i,0} = u(x_i, 0) = f(x_i)$ dada na linha do tempo de ordem zero ($j = 0$). Esse tipo de processo numérico é chamado **método explícito de diferenças finitas**.

EXEMPLO 1

Considere o problema de contorno

$$\frac{\partial^2 u}{\partial x^2} = \frac{\partial u}{\partial t}, \quad 0 < x < 1, \quad 0 < t < 0{,}5$$

$$u(0,t) = 0, \qquad u(1,t) = 0, \qquad 0 \le t \le 0{,}5$$

$$u(x,0) = \operatorname{sen} \pi x, \quad 0 \le x \le 1.$$

Primeiro identificamos $c = 1$, $a = 1$ e $T = 0{,}5$. Escolhendo, digamos, $n = 5$ e $m = 50$, então $h = 1/5 = 0{,}2$, $k = 0{,}5/50 = 0{,}01$, $\lambda = 0{,}25$ e

$$x_i = i\frac{1}{5}, \quad i = 0, 1, 2, 3, 4, 5$$

$$t_j = j\frac{1}{100}, \quad j = 0, 1, 2, ..., 50.$$

Assim, (3) se escreve

$$u_{i,j+1} = 0{,}25(u_{i+1,j} + 2u_{ij} + u_{i-1,j}).$$

Fazendo $j = 0$ nessa fórmula, obtemos uma fórmula para as aproximações da temperatura u na primeira linha do tempo:

$$u_{i,1} = 0{,}25(u_{i+1,0} + 2u_{i,0} + u_{i-1}, 0).$$

Fazendo então $i = 1, ..., 4$ na última equação, obtemos

$$u_{11} = 0{,}25(u_{20} + 2u_{10} + u_{00})$$
$$u_{21} = 0{,}25(u_{30} + 2u_{20} + u_{10})$$
$$u_{31} = 0{,}25(u_{40} + 2u_{30} + u_{20})$$
$$u_{41} = 0{,}25(u_{50} + 2u_{40} + u_{40}).$$

A primeira equação dessa lista é interpretada como

$$u_{11} = 0{,}25(u(x_2, 0) + 2u(x_1, 0) + u(0, 0))$$
$$= 0{,}25(u(0{,}4, 0) + 2u(0{,}2, 0) + u(0, 0))$$

Em virtude da condição inicial $u(x, 0) = \text{sen}\ \pi x$, a última linha se torna

$$u_{11} = 0{,}25(0{,}951056516 + 2(0{,}587785252) + 0) = 0{,}531656755.$$

Esse número representa uma aproximação da temperatura $u(0{,}2, 0{,}01)$.

A Tabela 15.1 resume os cálculos restantes.

TABELA 15.1 Aproximação por uma equação explícita de diferenças com $h = 0{,}2$, $k = 0{,}01$, $\lambda = 0{,}25$

Tempo	$x = 0{,}20$	$x = 0{,}40$	$x = 0{,}60$	$x = 0{,}80$
0,00	0,5878	0,9511	0,9511	0,5878
0,01	0,5317	0,8602	0,8602	0,5317
0,02	0,4809	0,7781	0,7781	0,4809
0,03	0,4350	0,7038	0,7038	0,4350
0,04	0,3934	0,6366	0,6366	0,3934
0,05	0,3559	0,5758	0,5758	0,3559
0,06	0,3219	0,5208	0,5208	0,3219
0,07	0,2911	0,4711	0,4711	0,2911
0,08	0,2633	0,4261	0,4261	0,2633
0,09	0,2382	0,3854	0,3854	0,2382
0,10	0,2154	0,3486	0,3486	0,2154
0,11	0,1949	0,3153	0,3153	0,1949
0,12	0,1763	0,2852	0,2852	0,1763
0,13	0,1594	0,2580	0,2580	0,1594
0,14	0,1442	0,2333	0,2333	0,1442
0,15	0,1304	0,2111	0,2111	0,1304
0,16	0,1180	0,1909	0,1909	0,1180
0,17	0,1067	0,1727	0,1727	0,1067
0,18	0,0965	0,1562	0,1562	0,0965
0,19	0,0873	0,1413	0,1413	0,0873
0,20	0,0790	0,1278	0,1278	0,0790
0,21	0,0714	0,1156	0,1156	0,0714
0,22	0,0646	0,1045	0,1045	0,0646
0,23	0,0584	0,0946	0,0946	0,0584
0,24	0,0529	0,0855	0,0855	0,0529

TABELA 15.1 *Continuação*

Tempo	x = 0,20	x = 0,40	x = 0,60	x = 0,80
0,25	0,0478	0,0774	0,0774	0,0478
0,26	0,0432	0,0700	0,0700	0,0432
0,27	0,0391	0,0633	0,0633	0,0391
0,28	0,0354	0,0572	0,0572	0,0354
0,29	0,0320	0,0518	0,0518	0,0320
0,30	0,0289	0,0468	0,0468	0,0289
0,31	0,0262	0,0424	0,0424	0,0262
0,32	0,0237	0,0383	0,0383	0,0237
0,33	0,0214	0,0347	0,0347	0,0214
0,34	0,0194	0,0313	0,0313	0,0194
0,35	0,0175	0,0284	0,0284	0,0175
0,36	0,0159	0,0256	0,0256	0,0159
0,37	0,0143	0,0232	0,0232	0,0143
0,38	0,0130	0,0210	0,0210	0,0130
0,39	0,0117	0,0190	0,0190	0,0117
0,40	0,0106	0,0172	0,0172	0,0106
0,41	0,0096	0,0155	0,0155	0,0096
0,42	0,0087	0,0140	0,0140	0,0087
0,43	0,0079	0,0127	0,0127	0,0079
0,44	0,0071	0,0115	0,0115	0,0071
0,45	0,0064	0,0104	0,0104	0,0064
0,46	0,0058	0,0094	0,0094	0,0058
0,47	0,0053	0,0085	0,0085	0,0053
0,48	0,0048	0,0077	0,0077	0,0048
0,49	0,0043	0,0070	0,0070	0,0043
0,50	0,0039	0,0063	0,0063	0,0039

■

Você deve verificar, com auxílio dos métodos do Capítulo 12, que a solução exata do problema de contorno do Exemplo 1 é dada por $u(x, t) = e^{-\pi^2 t} \operatorname{sen} \pi x$. Dão-se abaixo alguns valores amostrais:

Exato	Aproximação
$u(0,4; 0,05) = 0,5806$	$u_{25} = 0,5758$
$u(0,6; 0,06) = 0,5261$	$u_{36} = 0,5208$
$u(0,2; 0,10) = 0,2191$	$u_{1,10} = 0,2154$
$u(0,8; 0,14) = 0,1476$	$u_{4,14} = 0,1442$

Essas aproximações estão próximas dos valores exatos e são suficientemente precisas para alguns propósitos. Mas há uma dificuldade com o método precedente. Recorde que um método numérico é **instável** se os erros de arredondamento ou quaisquer outros erros crescem muito rapidamente na medida em que os cálculos prosseguem. O processo numérico ilustrado no Exemplo

1 pode exibir esse tipo de comportamento. Pode-se provar que o processo é estável se λ é inferior ou, no máximos igual a 0,5; em caso contrário, é instável. Note que, no Exemplo 1, escolhemos os valores de h e k de modo que $\lambda = 0{,}25$.

O próximo exemplo ilustra o que acontece quando se escolhe um tamanho maior de passo k, de modo que λ seja superior a 0,5.

EXEMPLO 2

Obtenha uma aproximação da solução do problema de contorno

$$\frac{\partial^2 u}{\partial x^2} = \frac{\partial u}{\partial t}, \quad 0 < x < 1, \quad 0 < t < 1$$
$$u(0,t) = 0, \quad u(1,t) = 0, \quad 0 \le t \le 1$$
$$u(x,0) = \operatorname{sen} \pi x, \quad 0 \le x \le 1,$$

utilizando (3) com $n = 5$ e $m = 25$.

Solução Nesse caso, $c = 1$, $a = 1$, $T = 1$, $h = 1/5 = 0{,}2$, $k = 1/25 = 0{,}04$ e $\lambda = 1$. Com auxílio de um computador, obtemos os resultados da Tabela 15.2.

TABELA 15.2 Aproximação por equação explícita de diferenças com $h = 0{,}2$, $k = 0{,}04$, $\lambda = 1$

Tempo	$x = 0{,}20$	$x = 0{,}40$	$x = 0{,}60$	$x = 0{,}80$
0,00	0,5878	0,9511	0,9511	0,5878
0,04	0,3633	0,5878	0,5878	0,3633
0,08	0,2245	0,3633	0,3633	0,2245
0,12	0,1388	0,2245	0,2245	0,1388
0,16	0,0858	0,1388	0,1388	0,0858
0,20	0,0530	0,0857	0,0858	0,0530
0,24	0,0327	0,0530	0,0530	0,0328
0,28	0,0203	0,0327	0,0328	0,0202
0,32	0,0124	0,0204	0,0201	0,0126
0,36	0,0080	0,0121	0,0129	0,0075
0,40	0,0041	0,0088	0,0067	0,0054
0,44	0,0047	0,0020	0,0075	0,0012
0,48	−0,0026	0,0102	−0,0043	0,0063
0,52	0,0128	−0,0171	0,0208	−0,0106
0,56	−0,0299	0,0507	−0,0485	0,0314
0,60	0,0806	−0,1291	0,1306	−0,0799
0,64	−0,2097	0,3403	−0,3396	0,2105
0,68	0,5500	−0,8895	0,8903	−0,5500
0,72	−1,4395	2,3298	−2,3299	1,4403
0,76	3,7693	−6,0992	6,1000	−3,7702

TABELA 15.2 *Continuação*

Tempo	$x = 0,20$	$x = 0,40$	$x = 0,60$	$x = 0,80$
0,80	-9,8685	15,9685	-15,9693	9,8702
0,84	25,8370	-41,8063	41,8080	-25,8395
0,88	-67,6432	109,4512	-109,4538	67,6475
0,92	177,0945	-286,5482	286,5525	-177,1013
0,96	-463,6426	750,1950	-750,2019	463,6537
1,00	1213,8374	-1964,0393	1964,0503	-1213,8555

Para valores de t de 0 a 0,4, os resultados apresentados na Tabela 15.2 são confiáveis, embora um exame mais detido revele que a precisão é fraca. Os resultados para valores de t superiores a 0,5 não são confiáveis. Como os valores de $u(x, 0) = \text{sen}\ \pi x$ no intervalo $0 \leq x \leq 1$ nunca são negativos, a solução $u(x, t)$ também nunca deve ser negativa nesse exemplo. Além disso, os grandes valores próximos à extremidade da tabela revelam os grandes erros gerados pela instabilidade do processo para essa escolha de h e k. Naturalmente, como $\lambda = 1$ excede 0,5, a instabilidade era previsível. Para $\lambda = 0,5$, os resultados numéricos são satisfatórios, mas qualquer aumento na precisão decorre da utilização de valores menores de k e, conseqüentemente, menores valores de λ. A necessidade de utilizar tamanhos muito pequenos de passos na direção do tempo é a principal falha desse método.

O Método de Crank-Nicholson

Há **métodos implícitos de diferenças finitas** para resolver equações de derivadas parciais do tipo parabólico. Tais métodos exigem que resolvamos um sistema de equações para determinar os valores aproximados de u na $(j + 1)^a$ linha de tempo. Mas os métodos implícitos não apresentam problemas de instabilidade.

O algoritmo introduzido por J. Crank e P. Nicholson em 1947 é utilizado na maior parte das vezes para resolver a equação do calor e consiste em substituir a segunda derivada parcial em $c\dfrac{\partial^2 u}{\partial x^2} = \dfrac{\partial u}{\partial t}$ por uma média de dois quocientes de diferenças centrais, um calculado em t e o outro em $t + k$:

$$\frac{c}{2}\left[\frac{u(x+h,t)-2u(x,t)+u(x-h,t)}{h^2}+\frac{u(x+h,t+k)-2u(x,t+k)+u(x-h,t+k)}{h^2}\right]$$
$$= \frac{1}{k}\left[u(x,t,+k)-u(x,t)\right] \tag{4}$$

Novamente definindo $\lambda = ck/h^2$, após reagrupar termos, podemos escrever (4) como

$$-u_{i-1,j+1} + \alpha u_{i,j+1} - u_{i+1,j+1} = u_{i+1,j} - \beta u_{ij} + u_{i-1,j}, \tag{5}$$

onde $\alpha = 2(1 + 1/\lambda)$ e $\beta = 2(1 - 1/\lambda)$, $j = 0, 1, ..., m^{-1}$ e $i = 1, 2, ..., n - 1$.

Para cada escolha de j, a equação de diferenças (5) para $i = 1, 2, ..., n - 1$, dá $n - 1$ equações com $n - 1$ incógnitas $u_{i,j+1}$. À vista das condições de contorno dadas, os valores de $u_{i,j+1}$ são conhecidos para $i = 0$ e $i = n$. Por exemplo, no caso $n = 4$, o sistema de equações para determinar os valores aproximados de u na $(j + 1)^a$ linha do tempo é

$$\begin{aligned}
-u_{0,j+1} + \alpha u_{1,j+1} - u_{2,j+1} &= u_{2,j} - \beta u_{1,j} + u_{0,j}\\
-u_{1,j+1} + \alpha u_{2,j+1} - u_{3,j+1} &= u_{3,j} - \beta u_{2,j} + u_{1,j}\\
-u_{2,j+1} + \alpha u_{3,j+1} - u_{4,j+1} &= u_{4,j} - \beta u_{3,j} + u_{2,j}
\end{aligned}$$

ou

$$\begin{aligned}
\alpha u_{1,j+1} - u_{2,j+1} \qquad\qquad &= b_1\\
-u_{1,j+1} + \alpha u_{2,j+1} - u_{3,j+1} &= b_2\\
-u_{2,j+1} + \alpha u_{3,j+1} &= b_3,
\end{aligned} \qquad \textbf{(6)}$$

com

$$\begin{aligned}
b_1 &= u_{2,j} - \beta u_{1,j} + u_{0,j} + u_{0,j+1}\\
b_2 &= u_{3,j} - \beta u_{2,j} + u_{1,j}\\
b_3 &= u_{4,j} - \beta u_{3,j} + u_{2,j} + u_{4,j+1}.
\end{aligned}$$

De modo geral, se utilizamos a equação de diferenças (5) para determinar valores de u na $(j + 1)^a$ linha do tempo, devemos resolver um sistema linear $\mathbf{AX} = \mathbf{B}$, onde a matriz de coeficientes é uma **matriz tridiagonal**:

$$\mathbf{A} = \begin{pmatrix}
\alpha & -1 & 0 & 0 & 0 & \cdots & & 0\\
-1 & \alpha & -1 & 0 & 0 & & & 0\\
0 & -1 & \alpha & -1 & 0 & & & 0\\
0 & 0 & -1 & \alpha & -1 & & & 0\\
\vdots & & & & & \ddots & & \vdots\\
0 & 0 & 0 & 0 & 0 & & \alpha & -1\\
0 & 0 & 0 & 0 & 0 & \cdots & -1 & \alpha
\end{pmatrix}$$

e os elementos da matriz coluna $\mathbf{B}$ são

$$\begin{aligned}
b_1 &= u_{2,j} - \beta u_{1,j} + u_{0,j} + u_{0,j+1}\\
b_2 &= u_{3,j} - \beta u_{2,j} + u_{1,j}\\
b_3 &= u_{4,j} - \beta u_{3,j} + u_{2,j}\\
&\vdots\\
b_{n-1} &= u_{n,j} - \beta u_{n-1,j} + u_{n-2,j} + u_{n,j+1}.
\end{aligned}$$

EXEMPLO 3

Aplique o método de Crank-Nicholson para obter uma aproximação da solução do problema de contorno

$$0{,}25\frac{\partial^2 u}{\partial x^2} = \frac{\partial u}{\partial t}, \quad 0 < x < 2, \quad 0 < t < 0{,}3$$

$$u(0, t) = 0, \quad u(2, t) = 0, \quad 0 \leq t \leq 0{,}3$$

$$u(x, 0) = \text{sen}\, \pi x, \; 0 \leq x \leq 2,$$

tomando $n = 8$ e $m = 30$.

Solução Identificando $a = 2$, $T = 0{,}3$, $h = 1/4 = 0{,}25$, $k = 1/100 = 0{,}01$ e $c = 0{,}25$, obtemos $\lambda = 0{,}04$. Com auxílio de um computador obtemos os resultados da Tabela 15.3.

TABELA 15.3 Método de Crank-Nicholson com $h = 0{,}25$, $k = 0{,}01$, $\lambda = 0{,}25$

Tempo	$x = 0{,}25$	$x = 0{,}50$	$x = 0{,}75$	$x = 1{,}00$	$x = 1{,}25$	$x = 1{,}50$	$x = 1{,}75$
0,00	0,7071	1,0000	0,7071	0,0000	−0,7071	−1,0000	−0,7071
0,01	0,6907	0,9768	0,6907	0,0000	−0,6907	−0,9768	−0,6907
0,02	0,6747	0,9542	0,6747	0,0000	−0,6747	−0,9542	−0,6747
0,03	0,6591	0,9321	0,6591	0,0000	−0,6591	−0,9321	−0,6591
0,04	0,6438	0,9105	0,6438	0,0000	−0,6438	−0,9105	−0,6438
0,05	0,6289	0,8894	0,6289	0,0000	−0,6289	−0,8894	−0,6289
0,06	0,6144	0,8688	0,6144	0,0000	−0,6144	−0,8688	−0,6144
0,07	0,6001	0,8487	0,6001	0,0000	−0,6001	−0,8487	−0,6001
0,08	0,5862	0,8291	0,5862	0,0000	−0,5862	−0,8291	−0,5862
0,09	0,5727	0,8099	0,5727	0,0000	−0,5727	−0,8099	−0,5727
0,10	0,5594	0,7911	0,5594	0,0000	−0,5594	−0,7911	−0,5594
0,11	0,5464	0,7728	0,5464	0,0000	−0,5464	−0,7728	−0,5464
0,12	0,5338	0,7549	0,5338	0,0000	−0,5338	−0,7549	−0,5338
0,13	0,5214	0,7374	0,5214	0,0000	−0,5214	−0,7374	−0,5214
0,14	0,5093	0,7203	0,5093	0,0000	−0,5093	−0,7203	−0,5093
0,15	0,4975	0,7036	0,4975	0,0000	−0,4975	−0,7036	−0,4975
0,16	0,4860	0,6873	0,4860	0,0000	−0,4860	−0,6873	−0,4860
0,17	0,4748	0,6714	0,4748	0,0000	−0,4748	−0,6714	−0,4748
0,18	0,4638	0,6559	0,4638	0,0000	−0,4638	−0,6559	−0,4638
0,19	0,4530	0,6407	0,4530	0,0000	−0,4530	−0,6407	−0,4530
0,20	0,4425	0,6258	0,4425	0,0000	−0,4425	−0,6258	−0,4425
0,21	0,4323	0,6114	0,4323	0,0000	−0,4323	−0,6114	−0,4323
0,22	0,4223	0,5972	0,4223	0,0000	−0,4223	−0,5972	−0,4223
0,23	0,4125	0,5834	0,4125	0,0000	−0,4125	−0,5834	−0,4125
0,24	0,4029	0,5699	0,4029	0,0000	−0,4029	−0,5699	−0,4029
0,25	0,3936	0,5567	0,3936	0,0000	−0,3936	−0,5567	−0,3936
0,26	0,3845	0,5438	0,3845	0,0000	−0,3845	−0,5438	−0,3845
0,27	0,3756	0,5312	0,3756	0,0000	−0,3756	−0,5312	−0,3756
0,28	0,3669	0,5189	0,3669	0,0000	−0,3669	−0,5189	−0,3669
0,29	0,3584	0,5068	0,3584	0,0000	−0,3584	−0,5068	−0,3584
0,30	0,3501	0,4951	0,3501	0,0000	−0,3501	−0,4951	−0,3501

■

Você deve verificar que a função que satisfaz todas as condições no Exemplo 3 é $u(x, t) = e^{-\pi^2 t/4} \operatorname{sen} \pi x$. A amostra comparativa abaixo indica que os erros absolutos são da ordem de 10^{-2} e 10^{-3}. Diminuindo h ou k, obtemos erros menores.

Exato	Aproximação
$u(0{,}75; 0{,}05) = 0{,}6250$	$u_{35} = 0{,}6289$
$u(0{,}50; 0{,}20) = 0{,}6105$	$u_{2,20} = 0{,}6259$
$u(0{,}25; 0{,}10) = 0{,}5525$	$u_{35} = 0{,}5594$

15.2 EXERCÍCIOS

As respostas dos exercícios selecionados estão nas páginas 418 a 423.

1. Com auxílio da equação de diferenças (3), aproxime a solução do problema de contorno

$$\frac{\partial^2 u}{\partial x^2} = \frac{\partial u}{\partial t}, \quad 0 < x < 2, \quad 0 < t < 1$$

$$u(0,t) = 0, \quad u(2,t) = 0, \quad 0 \le t \le 1$$

$$u(x,0) = \begin{cases} 1, & 0 \le x \le 1 \\ 0, & 1 < x \le 2 \end{cases}$$

Tome $n = 8$ e $m = 40$.

2. Utilizando a solução em série de Fourier obtida no Problema 1, Exercícios 12.3, com $L = 2$, podemos somar os 20 primeiros termos para estimar os valores de $u(0{,}25, 0{,}1)$, $u(1, 0{,}5)$ e $u(1{,}5, 0{,}8)$ da solução de $u(x, t)$ do Problema 1 acima. Um estudante fez um programa de computador com esse objetivo e obteve os resultados $u(0{,}25, 0{,}1) = 0{,}3794$, $u(1, 0{,}5) = 0{,}1854$ e $u(1{,}5, 0{,}8) = 0{,}0623$. Suponha que esses resultados tenham a precisão dos quatro algarismos dados. Compare esses valores com as aproximações obtidas no Problema 1 acima. Determine os erros absolutos em cada caso.

3. Resolva o Problema 1 pelo método de Crank-Nicholson com $n = 8$ e $m = 40$. Utilize os valores de $u(0{,}25, 0{,}1)$, $u(1, 0{,}5)$ e $u(1{,}5, 0{,}8)$ dados no Problema 2 para calcular os erros absolutos.

4. Refaça o Problema 1 com $n = 8$ e $m = 20$. Utilize os valores de $u(0{,}25, 0{,}1)$, $u(1, 0{,}5)$ e $u(1{,}5, 0{,}8)$ dados no Problema 2 para calcular os erros absolutos. Por que motivo as aproximações são tão imprecisas nesse caso?

5. Resolva o Problema 1 pelo método de Crank-Nicholson com $n = 8$ e $m = 20$. Utilize os valores de $u(0{,}25, 0{,}1)$, $u(1, 0{,}5)$ e $u(1{,}5, 0{,}8)$ dados no Problema 2 para calcular os erros absolutos. Compare os erros absolutos com os obtidos no Problema 4.

6. Na Seção 12.2 mostramos que, se uma haste de comprimento L é feita de um material de condutividade térmica K, calor específico γ e densidade ρ, a temperatura $u(x, t)$ satisfaz a equação de derivadas parciais

$$\frac{K}{\gamma\rho}\frac{\partial^2 u}{\partial x^2} = \frac{\partial u}{\partial t}, \quad 0 < x < L.$$

Considere o problema de contorno que consiste da equação precedente e das condições

$$u(0, t) = 0 \qquad u(L, t) = 0 \qquad 0 \le t \le 10$$
$$u(x, 0) = f(x), \quad 0 \le x \le L.$$

Aplique a equação de diferenças (3) desta seção com $n = 10$ e $m = 10$ para aproximar a solução do problema de contorno quando:

(a) $L = 20,\ K = 0{,}15,\ \rho = 8{,}0,\ \gamma = 0{,}11,\ f(x) = 30$

(b) $L = 50,\ K = 0{,}15,\ \rho = 8{,}0,\ \gamma = 0{,}11,\ f(x) = 30$

(c) $L = 20,\ K = 0{,}10,\ \rho = 2{,}7,\ \gamma = 0{,}22,\ f(x) = 0{,}5x(20 - x)$

(d) $L = 100,\ K = 1{,}04,\ \rho = 10{,}6,\ \gamma = 0{,}06,$

$$f(x) = \begin{cases} 0{,}8x, & \\ 40 - 0{,}8(x - 50), & 50 < x \le 100 \end{cases}$$

7. Resolva o Problema 6 pelo método de Crank-Nicholson com $n = 10$ e $m = 10$.

8. Refaça o Problema 6 se as temperaturas nas extremidades são $u(0, t) = 0$, $u(L, t) = 20$, $0 \le t \le 10$.

9. Resolva o Problema 8 pelo método de Crank-Nicholson.

10. Considere o problema de contorno do Exemplo 3. Suponha $n = 4$.

(a) Determine o novo valor de λ.

(b) Utilize a equação de diferenças de Crank-Nicholson (5) para achar o sistema de equações para u_{11}, u_{21} e u_{31}, isto é, obtenha aproximações de valores de u na primeira linha do tempo. [*Sug.:* Faça $j = 0$ em (5) e atribua a i os valores 1, 2, 3.]

(c) Resolva o sistema de três equações sem recorrer a programa de computador. Compare seus resultados com os valores correspondentes na Tabela 15.3.

11. Considere uma haste de comprimento $L = 20$, para a qual $K = 1{,}05$, $\rho = 10{,}6$ e $\gamma = 0{,}056$. Suponha

$$u(0, t) = 20, \qquad u(20, t) = 30$$
$$u(x, 0) = 50.$$

(a) Aplique o método delineado na Seção 12.6 para achar a temperatura de estado estacionário $\psi(x)$.

(b) Utilize o método de Crank-Nicholson para aproximar as temperaturas $u(x, t)$ para $0 \le t \le T_{max}$. Escolha T_{max} suficientemente grande para permitir que a temperatura tenda para valores de estado estacionário. Compare as aproximações de $t = T_{max}$ com os valores de $\psi(x)$ encontrados na parte (a).

15.3 EQUAÇÕES HIPERBÓLICAS

Abordaremos a seguir um método numérico para aproximar uma solução de um problema de contorno que envolve a equação unidimensional da onda.

$$\begin{aligned} & c^2 \frac{\partial^2 u}{\partial x^2} = \frac{\partial^2 u}{\partial t^2}, \quad 0 < x < a, \quad t > 0 \\ & u(0,t) = 0, \quad u(a,t) = 0, \quad t > 0 \\ & u(x,0) = f(x), \quad \frac{\partial u}{\partial t}\Big|_{t=0} = g(x), \quad 0 \le x \le a. \end{aligned} \tag{1}$$

A equação da onda é um exemplo de equação de derivadas parciais do tipo hiperbólico. Esse problema admite solução única se as funções f e g têm derivadas segundas contínuas no intervalo $(0, a)$ e se $f(a) = f(0) = 0$.

Substituição da Equação da Onda por uma Equação de Diferenças

Como nas duas seções precedentes, nosso objetivo aqui é substituir a equação de derivadas parciais (1) por uma equação de diferenças. Nesse caso, substituímos as duas derivadas parciais de segunda ordem pelas aproximações por diferenças centrais

$$\frac{\partial^2 u}{\partial x^2} \approx \frac{1}{h^2}\left[u(x+h,t) - 2u(x,t) + u(x-h,t)\right]$$

e

$$\frac{\partial^2 u}{\partial t^2} \approx \frac{1}{k^2}\left[u(x,t+k) - 2u(x,t) + u(x,t-k)\right].$$

Assim, substituímos $c^2 \dfrac{\partial^2 u}{\partial x^2} = \dfrac{\partial^2 u}{\partial t^2}$ por

$$\frac{c^2}{h^2}\left[u(x+h,t) - 2u(x,t) + u(x-h,t)\right] = \frac{1}{k^2}\left[u(x,t+k) - 2u(x,t) + u(x,t-k)\right]. \quad \textbf{(2)}$$

Fazendo $\lambda = ck/h$, (2) pode ser expressa como

$$u_{i,j+1} = \lambda^2 u_{i+1,j} + 2(1-\lambda^2)u_{ij} + \lambda^2 u_{i-1,j} - u_{i,j-1} \quad \textbf{(3)}$$

para $i = 1, 2, ..., n - 1$ e $j = 1, 2, ..., m - 1$.

O método numérico baseado na equação (3), tal como o primeiro método considerado na Seção 15.2, é um método explícito de diferenças finitas. Como anteriormente, utilizamos a equação de diferenças para aproximar a solução $u(x, t)$ de (1) sobre uma região retangular no plano xt, definida por $0 \le x \le a$, $0 \le t \le T$. Se n e m são inteiros positivos e

$$h = \frac{a}{n} \quad \text{e} \quad k = \frac{T}{m},$$

as retas verticais e horizontais da malha nessa região são definidas por

$$x_i = ih, \qquad i = 0, 1, 2, ..., n$$

$$t_j = jk, \qquad j = 0, 1, 2, ..., m.$$

Conforme mostra a Figura 15.10, (3) permite obtermos a aproximação $u_{i,j+1}$ na $(j + 1)^a$ linha de tempo a partir dos valores indicados nas j^a e $(j - 1)^a$ linhas do tempo. Além disso, aplicamos

$$u_{0,j} = u(0, jk) = 0, \quad u_{n,j} = u(a, jk) = 0$$ ⇦ condições de contorno

e

$$u_{i,0} = u(x_i, 0) = f(x_i).$$ ⇦ condição inicial

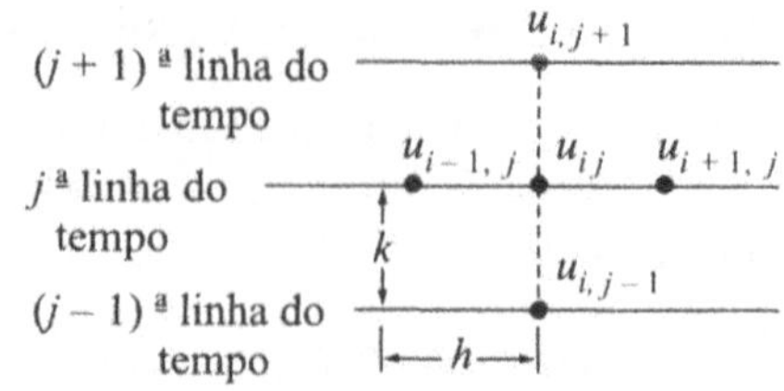

Figura 15.10

Há um pequeno problema para começar. Pode-se ver, de (3), que, para $j = 1$, precisamos conhecer os valores de $u_{i,1}$, isto é, as estimativas de u na primeira linha do tempo, a fim de acharmos $u_{i,2}$. Mas, pela Figura 15.10, com $j = 0$, vemos que os valores de $u_{i,1}$ na primeira linha dependem dos valores de $u_{i,0}$ na linha zero do tempo e dos valores de $u_{i,-1}$. Para calcular esses últimos valores, utilizamos a condição de velocidade inicial $u_t(x, 0) = g(x)$. Em $t = 0$, decorre de (5) da Seção 9.8, que

$$g(x_i) = u_t(x_i, 0) \approx \frac{u(x_i, k) - u(x_i, -k)}{2k}. \tag{4}$$

Para que o termo $u(x_i, -k) = u_{i,-1}$ tenha sentido, em (4) devemos imaginar $u(x, t)$ prolongada para trás no tempo. Decorrre de (4) que

$$u(x_i, -k) \approx u(x_i, k) - 2kg(x_i).$$

Esse último resultado sugere definirmos

$$u_{i,-1} = u_{i,1} - 2kg(x_i) \tag{5}$$

na iteração de (3). Levando (5) em (3) quando $j = 0$, obtemos o caso especial

$$u_{i,1} = \frac{\lambda^2}{2}(u_{i+1,0} + u_{i-1,0}) + (1 - \lambda^2)u_{i,0} + kg(x_i). \tag{6}$$

EXEMPLO 1

Aproxime a solução do problema de contorno

$$4\frac{\partial^2 u}{\partial x^2} = \frac{\partial^2 u}{\partial t^2}, \quad 0 < x < 1, \quad 0 < t < 1$$

$$u(0, t) = 0, \qquad u(1, t) = 0 \quad 0 \le t \le 1$$

$$u(x, 0) = \operatorname{sen} \pi x, \quad \frac{\partial u}{\partial t}\Big|_{t=0} = 0, \quad 0 \le x \le 1,$$

utilizando (3) com $n = 5$ e $m = 20$.

Solução Identificamos $c = 2$, $a = 1$ e $T = 1$. Com $n = 5$ e $m = 20$, obtemos $h = 1/5 = 0{,}2$, $k = 1/20 = 0{,}05$ e $\lambda = 0{,}5$. Assim, com $g(x) = 0$, as equações (6) e (3) se escrevem, respectivamente,

$$u_{i,1} = 0{,}125(u_{i+1,0} + u_{i-1,0}) + 0{,}75u_{i,0} \tag{7}$$

$$u_{i,\,j+1} = 0{,}25u_{i+1,\,j} + 1{,}5u_{ij} + 0{,}25u_{i-1,\,j} - u_{i,\,j-1}. \tag{8}$$

Para $i = 1, 2, 3, 4$, a equação (7) dá os seguintes valores para os $u_{i,\,1}$ na primeira linha do tempo:

$$\begin{aligned} u_{11} &= 0{,}125(u_{20} + u_{00}) + 0{,}75u_{10} = 0{,}55972100 \\ u_{21} &= 0{,}125(u_{30} + u_{10}) + 0{,}75u_{20} = 0{,}90564761 \\ u_{31} &= 0{,}125(u_{40} + u_{20}) + 0{,}75u_{30} = 0{,}90564761 \\ u_{41} &= 0{,}125(u_{50} + u_{30}) + 0{,}75u_{40} = 0{,}55972100. \end{aligned} \tag{9}$$

Note que os resultados dados em (9) foram obtidos a partir da condição inicial $u(x, 0) = \text{sen}\ \pi x$. Por exemplo, $u_{20} = \text{sen}(0{,}2\pi)$ etc. Mas $j = 1$ em (8) dá

$$u_{i,\,2} = 0{,}25u_{i+1,\,1} + 1{,}5u_{i,\,1} + 0{,}25u_{i-1,\,1} - u_{i,\,0}$$

e assim, para $i = 1, 2, 3, 4$, temos

$$\begin{aligned} u_{12} &= 0{,}25u_{21} + 1{,}5u_{11} + 0{,}25u_{01} - u_{10} \\ u_{22} &= 0{,}25u_{31} + 1{,}5u_{21} + 0{,}25u_{11} - u_{20} \\ u_{32} &= 0{,}25u_{41} + 1{,}5u_{31} + 0{,}25u_{21} - u_{30} \\ u_{42} &= 0{,}25u_{51} + 1{,}5u_{41} + 0{,}25u_{31} - u_{40}. \end{aligned}$$

Com as condições de contorno, as condições iniciais e os dados obtidos em (9), decorrem dessas equações as aproximações para u na segunda linha do tempo. A Tabela 15.4 resume esses resultados e os cálculos restantes.

TABELA 15.4 Aproximação explícita por uma equação de diferenças com $h = 0{,}2$, $k = 0{,}05$, $\lambda = 0{,}5$

Tempo	$x = 0{,}20$	$x = 0{,}40$	$x = 0{,}60$	$x = 0{,}80$
0,00	0,5878	0,9511	0,9511	0,5878
0,05	0,5597	0,9056	0,9056	0,5597
0,10	0,4782	0,7738	0,7738	0,4782
0,15	0,3510	0,5680	0,5680	0,3510
0,20	0,1903	0,3080	0,3080	0,1903
0,25	0,0115	0,0185	0,0185	0,0115
0,30	−0,1685	−0,2727	−0,2727	−0,1685
0,35	−0,3324	−0,5378	−0,5378	−0,3324
0,40	−0,4645	−0,7516	−0,7516	−0,4645
0,45	−0,5523	−0,8936	−0,8936	−0,5523
0,50	−0,5873	−0,9503	−0,9503	−0,5873
0,55	−0,5663	−0,9163	−0,9163	−0,5663
0,60	−0,4912	−0,7947	−0,7947	−0,4912
0,65	−0,3691	−0,5973	−0,5973	−0,3691
0,70	−0,2119	−0,3428	−0,3428	−0,2119
0,75	−0,0344	−0,0556	−0,0556	−0,0344
0,80	0,1464	0,2369	0,2369	0,1464

TABELA 15.4 *Continuação*

Tempo	$x = 0,20$	$x = 0,40$	$x = 0,60$	$x = 0,80$
0,85	0,3132	0,5068	0,5068	0,3132
0,90	0,4501	0,7283	0,7283	0,4501
0,95	0,5440	0,8803	0,8803	0,5440
1,00	0,5860	0,9482	0,9482	0,5860

■

Vê-se logo que a solução exata do Problema no Exemplo 1 é $u(x, t) = \text{sen}\, \pi x \cos 2\pi t$. Com essa função, podemos comparar os resultados exatos com as aproximações dadas na Tabela 15.4. Dão-se a seguir alguns valores a título de exemplo:

Exato	Aproximação
$u(0{,}4,\ 0{,}25) = 0$	$u_{25} = 0{,}0185$
$u(0{,}6,\ 0{,}3) = -0{,}2939$	$u_{36} = -0{,}2727$
$u(0{,}2,\ 0{,}5) = -0{,}5878$	$u_{1,10} = -0{,}5873$
$u(0{,}8,\ 0{,}7) = -0{,}1816$	$u_{4,14} = -0{,}2119$

Vê-se que as aproximações estão próximas dos valores exatos, mas a precisão não é tão impressionante. Não obstante, podemos obter resultados mais exatos. A precisão desse algoritmo varia com a escolha de λ. Naturalmente, λ fica determinado pela escolha dos inteiros n e m, que, por seu turno, determinam os tamanhos dos passos h e k. Pode-se provar que se obtém a melhor precisão com esse método quando a razão $\lambda = kc/h$ é igual a um ou, em outras palavras, quando o passo na direção do tempo é $k = h/c$. Por exemplo, a escolha $n = 8$ e $m = 16$ dá $h = 1/8$, $k = 1/16$ e $\lambda = 1$. Os valores relacionados aqui mostram claramente a melhoria da precisão.

Exato	Aproximação
$u(0{,}25,\ 0{,}3125) = -0{,}2706$	$u_{25} = -0{,}2706$
$u(0{,}375,\ 0{,}375) = -0{,}6533$	$u_{36} = -0{,}6533$
$u(0{,}125,\ 0{,}625) = -0{,}2706$	$u_{1,10} = -0{,}2706$

Concluindo, notemos que esse método explícito de diferenças finitas para a equação da onda é estável quando $\lambda \leq 1$ e instável quando $\lambda > 1$.

Observação Vale a pena considerar, por alguns momentos, as fontes de erro nos métodos de diferenças finitas abordados nas últimas seções. O erro na solução numérica (isto é, nas aproximações) provém de duas fontes:

(i) substituição da equação de derivadas parciais por uma equação de diferenças; e

(ii) erro de arredondamento na aritmética do computador.

O erro nos valores da solução u decorrente da aproximação da equação de derivadas parciais por uma equação de diferenças é um exemplo de **erro de discretização.** Se $u(x_i, t_j)$ denota o valor exato da solução no ij^{mo} ponto da malha, e u_{ij} é a estimativa numérica decorrente de um método de diferenças finitas, então o erro total no ij^{mo} ponto é

$$u(x_i, t_j) - u_{ij} = \textit{erro de discretização + erro de arredondamento.}$$

Poderíamos esperar que as estimativas numéricas melhorassem à medida que h e k diminuem. Acontece, entretanto, que o benefício decorrente de uma redução do tamanho do passo é anulado pelo aumento no erro de arredondamento resultante do aumento da aritmética computacional exigida. É possível estabelecer limites teóricos do erro de discretização para alguns métodos de diferenças. Tais limites podem eventualmente ser usados para provar que o erro de discretização não diminui quando h e k são reduzidos. Infelizmente, na prática, tais limites em geral não são úteis para estimar efetivamente o erro total na solução numérica. Essa análise do método de diferenças apresentado nesta seção revela que, se $\lambda = 1$, então os únicos erros envolvidos são erros de arredondamento na aritmética do computador. Isto explica por que a precisão no Exemplo 1 pode ser aumentada tomando-se $\lambda = 1$.

O erro de arredondamento é difícil de analisar e não se pode, na prática, tentar estimar efetivamente a magnitude de tal erro. Conseqüentemente, *devemos nos precupar* com a taxa de crescimento do erro de arredondamento à medida que os cálculos prosseguem.

15.3 EXERCÍCIOS

As respostas dos exercícios selecionados estão nas páginas 423 a 426.

1. Aplique a equação de diferenças (3) para aproximar a solução do problema de contorno

$$c^2 \frac{\partial^2 u}{\partial x^2} = \frac{\partial^2 u}{\partial t^2}, \quad 0 < x < a, \quad 0 < t < T$$

$$u(0,t) = 0, \quad u(a,t) = 0, \quad 0 \le t \le T$$

$$u(x,0) = f(x), \quad \frac{\partial u}{\partial t}\Big|_{t=0} = 0, \quad 0 \le x \le a,$$

quando:

(a) $c = 1, a = 1, T = 1, f(x) = x(1-x)$; $n = 4$ e $m = 10$

(b) $c = 1, a = 2, T = 1, f(x) = e^{-16(x-1)^2}$; $n = 5$ e $m = 10$

(c) $c = \sqrt{2}, a = 1, T = 1, f(x) = \begin{cases} 0, & 0 \le x \le 0{,}5 \\ 0{,}5 & 0{,}5 < x \le 1 \end{cases}$; $n = 10$ e $m = 25$

2. Dado o problema de contorno

$$\frac{\partial^2 u}{\partial x^2} = \frac{\partial^2 u}{\partial t^2}, \quad 0 < x < 1, \quad 0 < t < 0{,}5$$

$$u(0,t) = 0, \quad u(1,t) = 0, \quad 0 \le t \le 0{,}5$$

$$u(x,0) = \operatorname{sen} \pi x, \quad \frac{\partial u}{\partial t}\Big|_{t=0} = 0, \quad 0 \le x \le 1.$$

(**a**) Aplique os métodos do Capítulo 12 para verificar que a solução do problema é $u(x, t) = \text{sen}\, \pi x \cos \pi t$.

(**b**) Aplique o método desta seção para aproximar a solução do problema sem recorrer a um programa de computador. Tome $n = 4$ e $m = 5$.

(**c**) Calcule o erro absoluto em cada ponto interior da malha.

3. Obtenha uma aproximação da solução do problema de contorno (Problema 2) utilizando um programa de computador com (**a**) $n = 5$, $m = 10$ e (**b**) $n = 5$, $m = 20$.

4. Dado o problema de contorno

$$\frac{\partial^2 u}{\partial x^2} = \frac{\partial^2 u}{\partial t^2}, \quad 0 < x < 1, \; 0 < t < 1$$

$$u(0,t) = 0, \quad u(1,t) = 0, \quad 0 \le t \le 1$$

$$u(x,0) = x(1-x), \quad \frac{\partial u}{\partial t}\Big|_{t=0} = 0, \quad 0 \le x \le 1.$$

Tome $h = k = 1/5$ na equação (6) para calcular manualmente os valores de $u_{i,1}$.

5. Na Seção 12.2 mostramos que a equação de uma corda vibrante é

$$\frac{T}{\rho}\frac{\partial^2 u}{\partial x^2} = \frac{\partial^2 u}{\partial t^2},$$

onde T é o módulo constante da tensão na corda e ρ é sua massa por unidade de comprimento. Suponha uma corda de 60 cm de comprimento fixa ao eixo x e liberada, a partir do repouso, da posição de deslocamento inicial

$$f(x) = \begin{cases} 0{,}01x, & 0 \le x \le 30 \\ 0{,}30 - \dfrac{x-30}{100}, & 30 < x \le 60. \end{cases}$$

Aplique a equação de diferenças (3) desta seção para aproximar a solução do problema de contorno quando $h = 10$, $k = 5\sqrt{\rho/T}$ e $\rho = 0{,}0225$ g/cm, $T = 1{,}4 \times 10^7$ dinas. Faça $m = 50$.

6. Refaça o problema 5 com

$$f(x) = \begin{cases} 0{,}2x, & 0 \le x \le 15 \\ 0{,}30 - \dfrac{x-15}{150}, & 15 < x \le 60, \end{cases}$$

e $h = 10$, $k = 2{,}5\sqrt{\rho/T}$. Faça $m = 50$.

Capítulo 15 *REVISÃO*

A equação de diferenças

$$u_{i+1,j} + u_{i,j+1} + u_{i-1,j} + u_{i,j-1} - 4u_{ij} = 0 \tag{1}$$

nos dá um método de aproximação da equação de Laplace em uma região do plano xy. Quando sobrepomos uma malha retangular à região, (1) dá um sistema de equações lineares para os u_{ij} nos pontos da malha. Se o sistema de equações não é demasiadamente grande, podemos resolvê-lo, seja por um método direto como a eliminação gaussiana ou seja por um método indireto como a iteração de Gauss-Seidel.

As soluções da equação do calor em uma malha retangular no plano xt podem ser aproximadas por

$$u_{i,j+1} = \lambda u_{i+1,j} + (1 - 2\lambda)u_{ij} + \lambda u_{i-1,j} \tag{2}$$

com $\lambda = ck/h^2$. Esse método é estável para $\lambda \leq 0{,}5$ e instável para $\lambda > 0{,}5$. Não há problema quanto à estabilidade no método de Crank-Nicholson, que utiliza a equação de diferenças

$$-u_{i-1,j+1} + \alpha u_{i,j+1} - u_{i+1,j+1} = u_{i+1,j} - \beta u_{ij} + u_{i-1,j}, \tag{3}$$

onde $\alpha = 2(1 + 1/\lambda)$ e $\beta = 2(1 - 1/\lambda)$. Essa equação de diferenças também dá um sistema de equações.

As soluções da equação da onda sobre uma malha retangular também podem ser aproximadas por

$$u_{i,j+1} = \lambda^2 u_{i+1,j} + 2(1-\lambda^2)u_{ij} + \lambda^2 u_{i-1,j} - u_{i,j-1}, \tag{4}$$

com $\lambda = ck/h$. Esse método de diferenças finitas é estável para $\lambda \leq 1$ e instável para $\lambda > 1$.

Capítulo 15 *EXERCÍCIOS DE REVISÃO*

As respostas dos exercícios selecionados estão página 427.

1. Considere o problema de contorno

$$\frac{\partial^2 u}{\partial x^2} + \frac{\partial^2 u}{\partial y^2} = 0, \quad 0 < x < 2, \quad 0 < y < 1$$

$$u(0, y) = 0, \quad u(2, y) = 50, \quad 0 < y < 1$$

$$u(x, 0) = 0, \quad u(x, 1) = 0, \quad 0 < x < 2.$$

Aproxime a solução da equação diferencial nos pontos interiores da região com tamanho de malha $h = 1/2$. Aplique a eliminação gaussiana ou a iteração de Gauss-Seidel.

2. Resolva o Problema 1 utilizando um tamanho de malha $h = 1/4$. Aplique a iteração de Gauss-Seidel.

APÊNDICES

Conceitos Importantes

Função gama
Fatorial generalizado
Menores
Co-fator
Regra de Cramer
Número complexo
Parte real
Parte imaginária
Conjugado
Módulo
Fórmula polar
Argumento

I FUNÇÃO GAMA

A definição de Euler para **função gama*** é

$$\Gamma(x)\int_0^\infty t^{x-1}e^{-t}\,dt. \tag{1}$$

A convergência da integral requer $x-1>-1$ ou $x>0$. A relação de recorrência

$$\Gamma(x+1)=x\Gamma(x), \tag{2}$$

que vimos na Seção 6.5, pode ser obtida a partir de (1) através da integração por partes. Temos, quando $x=1$,

$$\Gamma(1)=\int_0^\infty e^{-t}\,dt=1$$

e então por (2), temos

$$\Gamma(2)=1\Gamma(1)=1$$
$$\Gamma(3)=2\Gamma(2)=2\times 1$$
$$\Gamma(4)=3\Gamma(3)=3\times 2\times 1,$$

e assim por diante. Dessa maneira, vemos que, quando n é um inteiro positivo,

$$\Gamma(n+1)=n\,!$$

Por essa razão, a função gama é freqüentemente chamada de **fatorial generalizado**.

Embora a forma integral (1) não convirja para $x<0$, pode ser mostrado através de definições alternativas que a função gama é definida para todos os valores reais e complexos, *exceto* $x=-n$, $n=0, 1, 2, \ldots$. Como conseqüência, (2) é na verdade válido para $x\neq -n$. Considerada como uma função de variável real x, o gráfico de $\Gamma(x)$ é como mostrado na Figura A.1. Observe que os inteiros não-positivos correspondem às assíntotas verticais do gráfico.

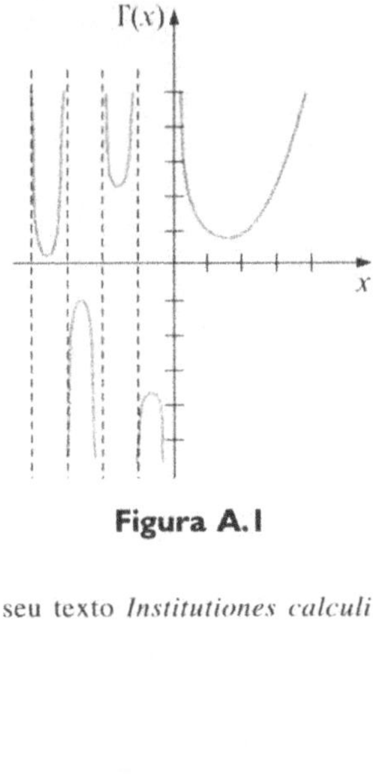

Figura A.1

* Essa função foi definida por Euler em seu texto *Institutiones calculi integralis*, publicado em 1768.

Nos Problemas 27 – 33 dos Exercícios 6.5, utilizamos o fato de que $\Gamma\left(\frac{1}{2}\right) = \sqrt{\pi}$. Esse resultado pode ser deduzido de (1) fazendo-se $x = 1/2$:

$$\Gamma\left(\tfrac{1}{2}\right) = \int_0^\infty t^{-1/2} e^{-t}\, dt. \tag{3}$$

Quando substituímos $t = u^2$, (3) pode ser escrita como

$$\Gamma\left(\tfrac{1}{2}\right) = 2\int_0^\infty e^{-u^2}\, du.$$

Mas
$$\int_0^\infty e^{-u^2}\, du = \int_0^\infty e^{-v^2}\, dv,$$

e daí
$$\left[\Gamma\left(\tfrac{1}{2}\right)\right]^2 = \left(2\int_0^\infty e^{-u^2}\, du\right)\left(2\int_0^\infty e^{-v^2}\, dv\right)$$
$$= 4\int_0^\infty \int_0^\infty e^{-(u^2+v^2)}\, du\, dv.$$

Usando coordenadas polares $u = r\cos\theta$, $v = r \operatorname{sen}\theta$, podemos calcular a integral dupla:

$$4\int_0^\infty \int_0^\infty e^{-(u^2+v^2)}\, du\, dv = 4\int_0^{\pi/2} \int_0^\infty e^{-r^2} r\, dr\, d\theta = \pi.$$

Logo
$$\left[\Gamma\left(\tfrac{1}{2}\right)\right]^2 = \pi \quad \text{ou} \quad \Gamma\left(\tfrac{1}{2}\right) = \sqrt{\pi}.$$

EXEMPLO 1

Calcule $\Gamma(-1/2)$

Solução Segue-se de (2) que, com $x = -1/2$,

$$\Gamma\left(\frac{1}{2}\right) = -\frac{1}{2}\Gamma\left(-\frac{1}{2}\right).$$

Portanto
$$\Gamma\left(-\frac{1}{2}\right) = -2\Gamma\left(\frac{1}{2}\right) = -2\sqrt{\pi}$$ ■

Apêndice I EXERCÍCIOS

As respostas dos exercícios selecionados estão na página 427.

1. Calcule **(a)** $\Gamma(5)$ **(b)** $\Gamma(7)$ **(c)** $\Gamma(-3/2)$ **(d)** $\Gamma(-5/2)$
2. Use (1) e o fato de que $\Gamma(6/5) = 0{,}92$ para calcular $\int_0^{\infty} x^5 e^{-x^5}\,dx$. [Sugestão: Faça $t = x^5$.]
3. Use (1) e o fato de que $\Gamma(5/3) = 0{,}89$ para calcular $\int_0^{\infty} x^4 e^{-x^3}\,dx$.
4. Calcule $\int_0^1 x^3 \left(\ln \frac{1}{x}\right)^3 dx$. [Sugestão: Faça $t = -\ln x$.]
5. Use o fato de que $\Gamma(x) > \int_0^1 t^{x-1} e^{-t}\,dt$ para mostrar que $\Gamma(x)$ é ilimitada quando $x \to 0^+$.
6. Use (1) para deduzir (2) $x > 0$.

II TRANSFORMADAS DE LAPLACE

	$f(t)$	$\mathscr{L}\{f(t)\} = F(s)$
1.	1	$\frac{1}{s}$
2.	t	$\frac{1}{s^2}$
3.	t^n	$\frac{n!}{s^{n+1}}$, n um inteiro positivo
4.	$t^{-1/2}$	$\sqrt{\frac{\pi}{s}}$
5.	$t^{1/2}$	$\frac{\sqrt{\pi}}{2s^{3/2}}$
6.	t^{α}	$\frac{\Gamma(\alpha+1)}{s^{\alpha+1}}$, $\alpha > -1$
7.	$\operatorname{sen} kt$	$\frac{k}{s^2+k^2}$
8.	$\cos kt$	$\frac{s}{s^2+k^2}$
9.	$\operatorname{sen}^2 kt$	$\frac{2k^2}{s(s^2+4k^2)}$
10.	$\cos^2 kt$	$\frac{s^2+2k^2}{s(s^2+4k^2)}$
11.	e^{at}	$\frac{1}{s-a}$
12.	$\operatorname{senh} kt$	$\frac{k}{s^2-k^2}$

$f(t)$	$\mathscr{L}\{f(t)\} = F(s)$
13. $\cosh kt$	$\dfrac{s}{s^2 - k^2}$
14. $\operatorname{senh}^2 kt$	$\dfrac{2k^2}{s(s^2 - 4k^2)}$
15. $\cosh^2 kt$	$\dfrac{s^2 - 2k^2}{s(s^2 - 4k^2)}$
16. te^{at}	$\dfrac{1}{(s-a)^2}$
17. $t^n e^{at}$	$\dfrac{n!}{(s-a)^{n+1}}$, n um inteiro positivo
18. $e^{at} \operatorname{sen} kt$	$\dfrac{k}{(s-a)^2 + k^2}$
19. $e^{at} \cos kt$	$\dfrac{s-a}{(s-a)^2 + k^2}$
20. $e^{at} \operatorname{sen} kt$	$\dfrac{k}{(s-a)^2 - k^2}$
21. $e^{at} \cosh kt$	$\dfrac{s-a}{(s-a)^2 - k^2}$
22. $t \operatorname{sen} kt$	$\dfrac{2ks}{(s^2 + k^2)^2}$
23. $t \cos kt$	$\dfrac{s^2 - k^2}{(s^2 + k^2)^2}$
24. $\operatorname{sen} kt + kt \cos kt$	$\dfrac{2ks^2}{(s^2 + k^2)^2}$
25. $\operatorname{sen} kt - kt \cos kt$	$\dfrac{2k^3}{(s^2 + k^2)^2}$
26. $t \operatorname{senh} kt$	$\dfrac{2ks}{(s^2 - k^2)^2}$
27. $t \cosh kt$	$\dfrac{s^2 + k^2}{(s^2 - k^2)^2}$
28. $\dfrac{e^{at} - e^{bt}}{a - b}$	$\dfrac{1}{(s-a)(s-b)}$
29. $\dfrac{ae^{at} - be^{bt}}{a - b}$	$\dfrac{s}{(s-a)(s-b)}$

$f(t)$		$\mathscr{L}\{f(t)\} = F(s)$
30.	$1 - \cos kt$	$\dfrac{k^2}{s(s^2+k^2)}$
31.	$kt - \operatorname{sen} kt$	$\dfrac{k^3}{s^2(s^2+k^2)}$
32.	$\dfrac{a \operatorname{sen} bt - b \operatorname{sen} at}{ab(a^2-b^2)}$	$\dfrac{1}{(s^2+a^2)(s^2+b^2)}$
33.	$\dfrac{\cos bt - \cos at}{a^2-b^2}$	$\dfrac{s}{(s^2+a^2)(s^2+b^2)}$
34.	$\operatorname{sen} kt \operatorname{senh} kt$	$\dfrac{2k^2s}{s^4+4k^4}$
35.	$\operatorname{sen} kt \cosh kt$	$\dfrac{k(s^2+2k^2)}{s^4+4k^4}$
36.	$\cos kt \operatorname{senh} kt$	$\dfrac{k(s^2-2k^2)}{s^4+4k^4}$
37.	$\cos kt \cosh kt$	$\dfrac{s^3}{s^4+4k^4}$
38.	$J_0(kt)$	$\dfrac{1}{\sqrt{s^2+k^2}}$
39.	$\dfrac{e^{bt}-e^{at}}{t}$	$\ln\dfrac{s-a}{s-b}$
40.	$\dfrac{2(1-\cos kt)}{t}$	$\ln\dfrac{s^2+k^2}{s^2}$
41.	$\dfrac{2(1-\cosh kt)}{t}$	$\ln\dfrac{s^2-k^2}{s^2}$
42.	$\dfrac{\operatorname{sen} at}{t}$	$\operatorname{arctg}\left(\dfrac{a}{s}\right)$
43.	$\dfrac{\operatorname{sen} at \cos bt}{t}$	$\dfrac{1}{2}\operatorname{arctg}\dfrac{a+b}{s}+\dfrac{1}{2}\operatorname{arctg}\dfrac{a-b}{s}$
44.	$\dfrac{1}{\sqrt{\pi t}}e^{-a^2/4t}$	$\dfrac{e^{-a\sqrt{s}}}{\sqrt{s}}$
45.	$\dfrac{a}{2\sqrt{\pi t^3}}e^{-a^2/4t}$	$e^{-a\sqrt{s}}$

	$f(t)$	$\mathscr{L}\{f(t)\} = F(s)$
46.	$\operatorname{erfc}\left(\dfrac{a}{2\sqrt{t}}\right)$	$\dfrac{e^{-a\sqrt{s}}}{s}$
47.	$2\sqrt{\dfrac{t}{\pi}}e^{-a^2/4t} - a\operatorname{erfc}\left(\dfrac{a}{2\sqrt{t}}\right)$	$\dfrac{e^{-a\sqrt{s}}}{s\sqrt{s}}$
48.	$e^{ab}e^{b^2t}\operatorname{erfc}\left(b\sqrt{t} + \dfrac{a}{2\sqrt{t}}\right)$	$\dfrac{e^{-a\sqrt{s}}}{\sqrt{s}(\sqrt{s}+b)}$
49.	$-e^{ab}e^{b^2t}\operatorname{erfc}\left(b\sqrt{t} + \dfrac{a}{2\sqrt{t}}\right) + \operatorname{erfc}\left(\dfrac{a}{2\sqrt{t}}\right)$	$\dfrac{be^{-a\sqrt{s}}}{s(\sqrt{s}+b)}$
50.	$\delta(t)$	1
51.	$\delta(t-t_0)$	e^{-st_0}
52.	$e^{at}f(t)$	$F(s-a)$
53.	$f(t-a)\,\mathscr{U}(t-a)$	$e^{-as}F(s)$
54.	$\mathscr{U}(t-a)$	$\dfrac{e^{-as}}{s}$
55.	$f^{(n)}(t)$	$s^nF(s) - s^{(n-1)}f(0) - \cdots - f^{(n-1)}(0)$
56.	$t^nf(t)$	$(-1)^n \dfrac{d^n}{ds^n}F(s)$
57.	$\displaystyle\int_0^t f(\tau)g(t-\tau)d\tau$	$F(s)G(s)$

III REVISÃO DE DETERMINANTES

O determinante de uma matriz **A** 2 × 2 é definido por

$$\begin{vmatrix} a_{11} & a_{12} \\ a_{21} & a_{22} \end{vmatrix} = a_{11}a_{22} - a_{12}a_{21}.$$

Menores e Co-fatores

Para uma matriz **A** $n \times n$, seja aij a entrada na i-ésima linha e j-ésima coluna. O **menor** Mij associado a aij é o determinante da matriz $(n-1) \times (n-1)$ obtida eliminando-se a i-ésima linha e a j-ésima coluna da matriz. O **cofator** Cij associado a aij é um *assinalado*, especificamente.

$$C_{ij} = (-1)^{i+j}M_{ij}.$$

EXEMPLO 1

Os co-fatores da matriz 3 × 3

$$\begin{pmatrix} 2 & 4 & 7 \\ 1 & 2 & 3 \\ 1 & 5 & 3 \end{pmatrix} \qquad (1)$$

são

$$C_{11} = (-1)^{1+1} M_{11} = \begin{vmatrix} 2 & 3 \\ 5 & 3 \end{vmatrix} = -9 \qquad C_{12} = (-1)^{1+2} M_{12} = \begin{vmatrix} 1 & 3 \\ 1 & 3 \end{vmatrix} = 0 \qquad C_{13} = (-1)^{1+3} M_{13} = \begin{vmatrix} 1 & 2 \\ 1 & 5 \end{vmatrix} = 3$$

$$C_{21} = (-1)^{2+1} M_{21} = (-1)\begin{vmatrix} 4 & 7 \\ 5 & 3 \end{vmatrix} = 23 \qquad C_{22} = (-1)^{2+2} M_{22} = \begin{vmatrix} 2 & 7 \\ 1 & 3 \end{vmatrix} = -1 \qquad C_{23} = (-1)^{2+3} M_{23} = (-1)\begin{vmatrix} 2 & 4 \\ 1 & 5 \end{vmatrix} = -6$$

$$C_{31} = (-1)^{3+1} M_{31} = \begin{vmatrix} 4 & 7 \\ 2 & 3 \end{vmatrix} = -2 \qquad C_{32} = (-1)^{3+2} M_{32} = (-1)\begin{vmatrix} 2 & 7 \\ 1 & 3 \end{vmatrix} = 1 \qquad C_{33} = (-1)^{3+3} M_{33} = \begin{vmatrix} 2 & 4 \\ 1 & 2 \end{vmatrix} = 0.$$

■

Cálculo do Determinante por Co-fatores

Pode ser provado que um *determinante* pode ser calculado em termos de co-fatores:

> *Multiplique as entradas a_{ij} em qualquer linha (ou coluna) pelo seu respectivo co-fator C_{ij} e some as n parcelas.*

Com isso, um determinante* 3 × 3 pode ser calculado através de três determinantes 2 × 2, um determinante 4 × 4 através de quatro determinantes 3 × 3, e assim por diante.

EXEMPLO 2

Calcule o determinante da matriz em (1).

Solução Desenvolvendo pela primeira linha, temos

$$\begin{vmatrix} 2 & 4 & 7 \\ 1 & 2 & 3 \\ 1 & 5 & 3 \end{vmatrix} = 2\begin{vmatrix} 2 & 3 \\ 5 & 3 \end{vmatrix} + 4(-1)\begin{vmatrix} 1 & 3 \\ 1 & 3 \end{vmatrix} + 7\begin{vmatrix} 1 & 2 \\ 1 & 5 \end{vmatrix} = 3.$$

* Embora um determinante de uma matriz numérica seja um número, algumas vezes é conveniente nos referirmos a ele como se fosse uma formação em quadro.

Alternativamente, podemos calcular o determinante, digamos, desenvolvendo pela segunda coluna:

$$\begin{vmatrix} 2 & 4 & 7 \\ 1 & 2 & 3 \\ 1 & 5 & 3 \end{vmatrix} = 4(-1)\begin{vmatrix} 1 & 3 \\ 1 & 3 \end{vmatrix} + 2\begin{vmatrix} 2 & 7 \\ 1 & 3 \end{vmatrix} + 5(-1)\begin{vmatrix} 2 & 7 \\ 1 & 3 \end{vmatrix} = 3. \qquad \blacksquare$$

Observamos que, se um determinante possui uma linha (ou coluna) contendo vários zeros como entrada, então a sabedoria nos diz que devemos calculá-lo desenvolvendo por essa linha (ou coluna).

Regra de Cramer

Determinantes são algumas vezes úteis na resolução de sistemas algébricos de n equações lineares com n incógnitas:

$$\begin{aligned} a_{11}x_1 + a_{12}x_2 + \cdots + a_{1n}x_n &= b_1 \\ a_{21}x_1 + a_{22}x_2 + \cdots + a_{2n}x_n &= b_2 \\ \vdots \qquad\qquad & \quad \vdots \\ a_{n1}x_1 + a_{n2}x_2 + \cdots + a_{nn}x_n &= bn. \end{aligned} \tag{2}$$

Seja **A** a matriz dos coeficientes de (2) e seja

$$\det \mathbf{A} = \begin{vmatrix} a_{11} & a_{12} & \cdots & a_{1n} \\ a_{21} & a_{22} & \cdots & a_{2n} \\ \vdots & & & \vdots \\ a_{n1} & a_{n2} & \cdots & a_{nn} \end{vmatrix}.$$

Se

$$\det \mathbf{A}_k = \begin{vmatrix} a_{11} & a_{12} & \cdots & a_{1,k-1} & \overset{k\text{-ésima coluna}}{\overset{\downarrow}{b_1}} & a_{1,k-1} & \cdots & a_{1n} \\ a_{21} & a_{22} & \cdots & a_{2,k-1} & b_2 & a_{2,k-1} & \cdots & a_{2n} \\ \vdots & & & \vdots & \vdots & \vdots & & \vdots \\ a_{n1} & a_{n2} & \cdots & a_{n,k-1} & b_n & a_{n,k-1} & \cdots & a_{nn} \end{vmatrix}$$

em que A_k é a matriz **A** com sua k-ésima coluna substituída por

$$\begin{matrix} b_1 \\ b_2 \\ \vdots \\ b_n \end{matrix}$$

então (2) possui a única solução

$$x_1 = \frac{\det \mathbf{A}_1}{\det \mathbf{A}}, x_2 = \frac{\det \mathbf{A}_2}{\det \mathbf{A}}, \ldots x_n = \frac{\det \mathbf{A}_n}{\det \mathbf{A}} \qquad (3)$$

desde que $\det \mathbf{A} \neq 0$. Esse método de resolução é conhecido como **regra de Cramer.***

EXEMPLO 3

Resolva o sistema

$$\begin{aligned} 3x + 2y + z &= 7 \\ x - y + 3z &= 3 \\ 5x + 4y - 2z &= 1 \end{aligned}$$

pela regra de Cramer.

Solução A solução requer o cálculo de quatro determinantes:

$$\det \mathbf{A} = \begin{vmatrix} 3 & 2 & 1 \\ 1 & -1 & 3 \\ 5 & 4 & -2 \end{vmatrix} = 13 \qquad \det \mathbf{A}_1 = \begin{vmatrix} 7 & 2 & 1 \\ 3 & -1 & 3 \\ 1 & 4 & -2 \end{vmatrix} = -39$$

$$\det \mathbf{A}_2 = \begin{vmatrix} 3 & 7 & 1 \\ 1 & 3 & 3 \\ 5 & 1 & -2 \end{vmatrix} = 78 \qquad \det \mathbf{A}_3 = \begin{vmatrix} 3 & 2 & 7 \\ 1 & -1 & 3 \\ 5 & 4 & 1 \end{vmatrix} = 52.$$

Logo, por (3) temos

$$x = \frac{\det \mathbf{A}_1}{\det \mathbf{A}} = -3, \quad y = \frac{\det \mathbf{A}_2}{\det \mathbf{A}} = 6, \quad z = \frac{\det \mathbf{A}_3}{\det \mathbf{A}} = 4.$$

■

Sistemas Homogêneos

Se $b_i = 0$, $i = 1, 2 \ldots, n$, dizemos que o sistema (2) é **homogêneo**. Se pelo menos um dos b_i for diferente de zero, o sistema é **não-homogêneo**. Agora, se $\det \mathbf{A} \neq 0$, (3) implica que a única solução para um sistema homogêneo é $x_1 = 0, x_2 = 0, \ldots, x_n = 0$. Se $\det \mathbf{A} = 0$, então um sistema homogêneo com n equações lineares e n incógnitas possui infinitas soluções. Essas soluções podem ser encontradas resolvendo o sistema por eliminação. Se $\det \mathbf{A} = 0$, então um sistema não-homogêneo pode ter ou infinitas soluções ou nenhuma solução.

* Essa regra foi assim chamada em homenagem a **Gabriel Cramer** (1704–1752), um matemático suíço quem primeiro publicou esse resultado em 1750.

Apêndice III EXERCÍCIOS

As respostas dos exercícios selecionados estão na página 427.

Nos Problemas 1 - 8, calcule o determinante.

1. $\begin{vmatrix} 2 & 4 & 6 \\ -1 & 5 & 1 \\ 0 & 2 & -3 \end{vmatrix}$

2. $\begin{vmatrix} 1 & 4 & 2 \\ -2 & 6 & 3 \\ 9 & 8 & 4 \end{vmatrix}$

3. $\begin{vmatrix} 2 & 0 & 5 \\ 0 & 7 & 9 \\ -6 & 1 & 4 \end{vmatrix}$

4. $\begin{vmatrix} 79 & 81 & 40 \\ 22 & 16 & 59 \\ 0 & 0 & 0 \end{vmatrix}$

5. $\begin{vmatrix} 1 & 2 & 3 & 4 \\ 1 & 1 & 0 & 0 \\ 8 & 7 & 0 & 0 \\ 9 & 5 & 3 & 0 \end{vmatrix}$

6. $\begin{vmatrix} 1 & 0 & 9 & 0 & 3 \\ 2 & 1 & 7 & 0 & 0 \\ 0 & 0 & 2 & 0 & 0 \\ -1 & 1 & 5 & 2 & 2 \\ 2 & 2 & 8 & 1 & 1 \end{vmatrix}$

7. $\begin{vmatrix} e^t & e^{3t} & e^{-t} \\ e^t & 3e^{3t} & -e^{-t} \\ e^t & 9e^{3t} & e^{-t} \end{vmatrix}$

8. $\begin{vmatrix} e^{2t} & \operatorname{sen} t & \cos t \\ 2e^{2t} & \cos t & -\operatorname{sen} t \\ 4e^{2t} & -\operatorname{sen} t & -\cos t \end{vmatrix}$

Nos Problemas 9 - 12, use a regra de Cramer para resolver o sistema de equações dado.

9. $2x + y = 1$
$3x + 2y = -2$

10. $5x + 4y = -1$
$10x - 6y = 5$

11. $x + 2y + z = 8$
$2x - 2y + 2z = 7$
$x - 4y + 3z = 1$

12. $4x + 3y + 2z = 8$
$-x + 2z = 12$
$3x + 2y + z = 3$

13. Dado o sistema
$x - y + 2z = 0$
$2x + y - z = 0$
$4x - y + 3z = 0.$

(a) Se **A** denota a matriz dos coeficientes, mostre que det **A** = 0.
(b) Mostre que o sistema possui infinitas soluções.
(c) Explique o significado geométrico do sistema.

14. Dado o sistema
$a_1x + b_1y = c_1$
$a_2x + b_2y = c_2.$

Seja **A** a matriz dos coeficientes.

(a) Explique o significado geométrico de det **A** ≠ 0.
(b) Explique o significado geométrico de det **A** = 0.

IV NÚMEROS COMPLEXOS

Um **número complexo** é uma expressão da forma

$$z = a + bi, \text{ em que } i^2 = -1.$$

Os números reais a e b são chamados de **parte real** e **parte imaginária** de z, respectivamente. Na prática, o símbolo i é escrito $i = \sqrt{-1}$. O número $\bar{z} = a - bi$ é chamado de **conjugado** de z.

EXEMPLO 1

Pelas propriedades dos radicais, temos

$$\sqrt{-25} = \sqrt{25}\sqrt{-1} = 5i.$$ ■

EXEMPLO 2

Os conjugados dos números complexos $z_1 = 4 + 5i$ e $z_2 = 3 - 2i$ são $\bar{z}_1 = 4 - 5i$ e $\bar{z}_2 = 3 + 2i$, respectivamente. ■

Soma, Diferença e Produto

A **soma, diferença** e **produto** de dois números complexos $z_1 = a_1 + b_1 i$ e $z_2 = a_2 + b_2 i$ são definidos como:

(i) $z_1 + z_2 = (a_1 + a_2) + (b_1 + b_2)i$

(ii) $z_1 - z_2 = (a_1 - a_2) + (b_1 - b_2)i$

(iii) $z_1 z_2 = (a_1 a_2 - b_1 b_2) + (a_1 b_2 + b_1 a_2)i$

Em outras palavras, para somar ou subtrair dois números complexos, nós simplesmente somamos ou subtraímos as correspondentes partes reais e imaginárias. Para multiplicar dois números complexos, usamos a lei distributiva e o fato de que $i^2 = -1$

EXEMPLO 3

Se $z_1 = 4 + 5i$ e $z_2 = 3 - 2i$, então

$$\begin{aligned}
z_1 + z_2 &= (4 + 3) + (5 + (-2))i = 7 + 3i \\
z_1 - z_2 &= (4 - 3) + (5 - (-2))i = 1 + 7i \\
z_1 z_2 &= (4 + 5i)(3 - 2i) \\
&= (4 + 5i)3 + (4 + 5i)(-2i) \\
&= 12 + 15i - 8i - 10i^2 \\
&= (12 + 10) + (15 - 8)i = 22 + 7i.
\end{aligned}$$ ■

O produto de um número complexo $z = a + bi$ pelo seu conjugado $\bar{z} = a - bi$ é o número real

$$z\bar{z} = a^2 + b^2. \quad \textbf{(1)}$$

Quociente

O quociente de dois números complexos z_1 e z_2 é obtido multiplicando-se o numerador e o denominador de z_1/z_2 pelo conjugado de denominador z_2 e usando (1). O próximo exemplo ilustra esse procedimento.

EXEMPLO 4

$$\begin{aligned}\frac{z_1}{z_2} &= \frac{4+5i}{3-2i}\\ &= \frac{4+5i}{3-2i}\,\frac{3+2i}{3+2i}\\ &= \frac{12+15i+8i+10i^2}{9+4} = \frac{2}{13}+\frac{23}{13}i\end{aligned}$$

■

Interpretação Geométrica

Olhando a e b como coordenadas de um ponto (a, b) no plano, podemos interpretar um número complexo $z = a + bi$ como um **vetor** começando na origem e terminando em (a, b) (veja a Figura A.2). O comprimento do vetor é chamado de **módulo** de z e é escrito como r ou $|z|$. Pelo teorema de Pitágoras, temos que

$$r = |z| = \sqrt{a^2+b^2}.$$

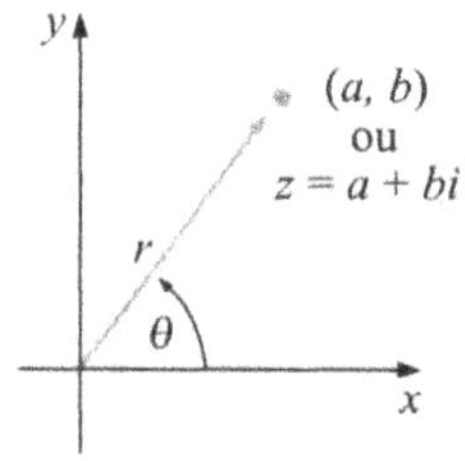

Figura A.2

Pela Figura A.2, vemos que o ângulo θ que o vetor faz com o eixo x positivo satisfaz

$$a = r\cos\theta \quad \text{e} \quad b = r\,\text{sen}\,\theta$$

Logo,

$$z = r\cos\theta + ir\,\text{sen}\,\theta \quad \text{ou} \quad z = r(\cos\theta + i\,\text{sen}\,\theta) \tag{2}$$

A última forma é chamada de **forma polar** do número complexo z. O ângulo θ é chamado de um **argumento** de z.

Fórmula de Euler

A série de potências

$$e^x = \sum_{n=0}^{\infty} \frac{X^n}{n!}$$

converge para todo número real ou complexo. Se fizermos $X = i\theta$, θ um número real, então

$$e^{i\theta} = \sum_{n=0}^{\infty} \frac{(i\theta)^n}{n!} = 1 + i\theta + \frac{i^2\theta^2}{2!} + \frac{i^3\theta^3}{3!} + \frac{i^4\theta^4}{4!} + \frac{i^5\theta^5}{5!} + \frac{i^6\theta^6}{6!} + \frac{i^7\theta^7}{7!} + \cdots \tag{3}$$

Agora, $i^2 = -1$, $i^3 = -i$, $i^4 = 1$, $i^5 = i$ e assim por diante. Logo, (3) pode ser separada em parte real e parte imaginária:

$$e^{i\theta} = \left(1 - \frac{\theta^2}{2!} + \frac{\theta^4}{4!} + \frac{\theta^6}{6!} + \cdots\right) + i\left(\theta - \frac{\theta^3}{3!} + \frac{\theta^5}{5!} + \frac{\theta^7}{7!} + \cdots\right). \tag{4}$$

Mas, lembramos que

$$\cos\theta = \sum_{n=0}^{\infty} \frac{(-1)^n}{(2n)!}\theta^{2n} \quad \text{e} \quad \operatorname{sen}\theta = \sum_{n=0}^{\infty} \frac{(-1)^n}{(2n+1)!}\theta^{2n+1},$$

em que cada série converge para todo número real θ. Portanto, (4) pode ser escrita como

$$e^{i\theta} = \cos\theta + i \operatorname{sen}\theta \tag{5}$$

Esse último resultado é conhecido como **fórmula de Euler**. Note que, em vista de (5), a forma polar (2) de um número complexo pode ser expressa de maneira compacta:

$$z = re^{i\theta}. \tag{6}$$

EXEMPLO 5

Encontre a forma polar (6) de $z = 1 - i$.

Solução O gráfico do número complexo está representado na Figura A.3. Como $a = 1$ e $b = -1$, o módulo de z é

$$r = \sqrt{1^2 + (-1)^2} = \sqrt{2}.$$

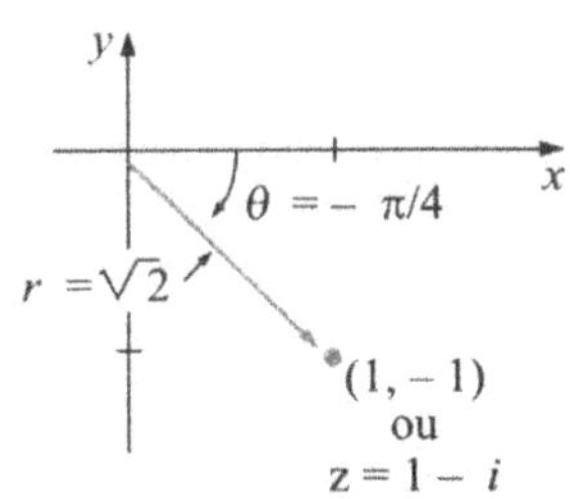

Figura A.3

Como mostra a Figura A.3, tg $\theta = -1$ e daí podemos tomar como argumento de z o ângulo $\theta = -\pi/4$. Logo, a forma polar do número é

$$z = \sqrt{2}e^{-i\pi/4}.$$ ■

Apêndice IV EXERCÍCIOS

As respostas dos exercícios selecionados estão na página 427.

Nos Problemas 1 - 10, sejamos $z_1 = 2 - i$ e $z_2 = 5 + 3i$. Faça a operação indicada.

1. $z_1 + \bar{z}_2$
2. $4zi + z_2$
3. $2z_1 - 3z_2$
4. $z_1 z_2$
5. $(z_1)^2$
6. $\bar{z}_1 (i + z_2)$
7. z_1 / z_2
8. z_2 / z_1
9. $1 / z_2$
10. z_1 / i

Nos Problemas 11 - 20, escreva o número complexo dado na forma polar (6).

11. $z = 1$
12. $z = -4i$
13. $z = i^2$
14. $z = 6i^5$
15. $z = 2 + 2i$
16. $z = -\sqrt{5} - \sqrt{5}i$
17. $z = 6 + 6\sqrt{3}i$
18. $z = -10\sqrt{3} + 10i$
19. $z = i(1 - \sqrt{3}i)$
20. $z = -7 + 7i$

Nos Problemas 21 - 22, expresse o número complexo dado na forma $z = a + bi$.

21. $z = 8e^{-i\pi}$
22. $z = 2e^{-i7\pi/4}$

23. Prove o **teorema de DeMoivre:*** Para qualquer inteiro positivo n,

$$[r(\cos\theta + i \operatorname{sen}\theta)]^n = r^n [\cos n\theta + i \operatorname{sen} n\theta].$$

24. Use o teorema de DeMoivre do Problema 23 para calcular $(1 + i)^{10}$.

25. Use a fórmula de Euler para mostrar que

$$\cos\theta = \frac{e^{i\theta} + e^{-i\theta}}{2} \quad \text{e} \quad \operatorname{sen}\theta = \frac{e^{i\theta} - e^{-i\theta}}{2i}.$$

* Esse teorema foi assim chamado em homenagem ao matemático francês **Abraham DeMoivre** (1667-1754).

RESPOSTAS DOS EXERCÍCIOS SELECIONADOS

EXERCÍCIOS 8.1, p. 9-10

1. $x = c_1e^t + c_2te^t$
$y = (c_1 - c_2)e^t + c_2te^t$

3. $x = c_1 \cos t + c_2 \operatorname{sen} t + t + 1$
$y = c_1 \operatorname{sen} t - c_2 \cos t + t - 1$

5. $x = \frac{1}{2}c_1 \operatorname{sen} t + \frac{1}{2}c_2 \cos t - 2c_3 \operatorname{sen}\sqrt{6}t$
$- 2c_4 \cos\sqrt{6}t$
$y = c_1 \operatorname{sen} t + c_2 \cos t + c_3 \operatorname{sen}\sqrt{6}t + c_4 \cos\sqrt{6}t$

7. $x = c_1e^{2t} + c_2e^{-2t} + c_3 \operatorname{sen} 2t + c_4 \cos 2t + \frac{1}{5}e^t$
$y = c_1e^{2t} + c_2e^{-2t} - c_3 \operatorname{sen} 2t - c_4 \cos 2t - \frac{1}{5}e^t$

9. $x = c_1 - c_2 \cos t + c_3 \operatorname{sen} t + \frac{17}{15}e^{3t}$
$y = c_1 + c_2 \operatorname{sen} t + c_3 \cos t + \frac{4}{15}e^{3t}$

11. $x = c_1e^t + c_2e^{-t/2} \cos\frac{\sqrt{3}}{2}t + c_3e^{-t/2} \operatorname{sen}\frac{\sqrt{3}}{2}t$
$y = \left(-\frac{3}{2}c_2 - \frac{\sqrt{3}}{2}c_3\right)e^{-t/2} \cos\frac{\sqrt{3}}{2}t$
$+\left(\frac{\sqrt{3}}{2}c_2 - \frac{3}{2}c_3\right)e^{-t/2} \operatorname{sen}\frac{\sqrt{3}}{2}t$

13. $x = c_1e^{4t} + \frac{4}{3}e^t$
$y = -\frac{3}{4}c_1e^{4t} + c_2 + 5e^t$

15. $x = c_1 + c_2t + c_3e^t + c_4e^{-t} - \frac{1}{2}t^2$
$y = (c_1 - c_2 + 2) + (c_2 + 1)t + c_4e^{-t} - \frac{1}{2}t^2$

17. $x = c_1e^t + c_2e^{-t/2} \operatorname{sen}\frac{\sqrt{3}}{2}t + c_3e^{-t/2} \cos\frac{\sqrt{3}}{2}t$
$y = c_1e^t + \left(-\frac{1}{2}c_2 - \frac{\sqrt{3}}{2}c_3\right)e^{-t/2} \operatorname{sen}\frac{\sqrt{3}}{2}t$
$+\left(\frac{\sqrt{3}}{2}c_2 - \frac{1}{2}c_3\right)e^{-t/2} \cos\frac{\sqrt{3}}{2}t$
$z = c_1e^t + \left(-\frac{1}{2}c_2 + \frac{\sqrt{3}}{2}c_3\right)e^{-t/2} \operatorname{sen}\frac{\sqrt{3}}{2}t$
$+\left(-\frac{\sqrt{3}}{2}c_2 - \frac{1}{2}c_3\right)e^{-t/2} \cos\frac{\sqrt{3}}{2}t$

19. $x = -6c_1e^{-t} - 3c_2e^{-2t} + 2c_3e^{3t}$
$y = c_1e^{-t} + c_2e^{-2t} + c_3e^{3t}$
$z = 5c_1e^{-t} + c_2e^{-2t} + c_3e^{3t}$

21. $x = c_1e^{-t} + c_2 + \frac{1}{3}t^3 - 2t^2 + 5t$
$y = c_1e^{-t} + 2t^2 - 5t + 5$

23. $x = e^{-3t+3} - te^{-3t+3}$
$y = -e^{-3t+3} + 2te^{-3t+3}$

25. $Dx - Dy = 0$
$(D - 1)x - y = 0$

EXERCÍCIOS 8.2, p. 17-20

1. $x = -\frac{1}{3}e^{-2t} + \frac{1}{3}e^t$
$y = \frac{1}{3}e^{-2t} + \frac{2}{3}e^t$

3. $x = -\cos 3t - \frac{5}{3}\operatorname{sen} 3t$
$y = 2\cos 3t - \frac{7}{3}\operatorname{sen} 3t$

5. $x = -2e^{3t} + \frac{5}{2}e^{2t} - \frac{1}{2}$
$y = \frac{8}{3}e^{3t} - \frac{5}{2}e^{2t} - \frac{1}{6}$

7. $x = -\frac{1}{2}t - \frac{3}{4}\sqrt{2}\,\text{sen}\,\sqrt{2}t$
$y = -\frac{1}{2}t + \frac{3}{4}\sqrt{2}\,\text{sen}\,\sqrt{2}t$

9. $x = 8 + \frac{2}{3!}t^3 + \frac{1}{4!}t^4$
$y = -\frac{2}{3!}t^3 + \frac{1}{4!}t^4$

11. $x = \frac{1}{2}t^2 + t + 1 - e^{-t}$
$y = -\frac{1}{3} + \frac{1}{3}e^{-t} + \frac{1}{3}te^{-t}$

13. $x_1 = \frac{1}{5}\,\text{sen}\,t + \frac{2\sqrt{6}}{15}\,\text{sen}\,\sqrt{6}t + \frac{2}{5}\cos t - \frac{2}{5}\cos\sqrt{6}t$
$x_2 = \frac{2}{5}\,\text{sen}\,t - \frac{\sqrt{6}}{15}\,\text{sen}\,\sqrt{6}t + \frac{4}{5}\cos t + \frac{1}{5}\cos\sqrt{6}t$

15. **(b)** $i_2 = \frac{100}{9} - \frac{100}{9}e^{-900t}$
$i_3 = \frac{80}{9} - \frac{80}{9}e^{-900t}$
(c) $i_1 = 20 - 20e^{-900t}$

17. $i_2 = -\frac{20}{13}e^{-2t} + \frac{375}{1469}e^{-15t} + \frac{145}{113}\cos t + \frac{85}{113}\,\text{sen}\,t$
$i_3 = \frac{30}{13}e^{-2t} + \frac{250}{1469}e^{-15t} - \frac{280}{113}\cos t + \frac{810}{113}\,\text{sen}\,t$

19. $i_1 = \frac{6}{5} - \frac{6}{5}e^{-100t}\cos 100t$
$i_2 = \frac{6}{5} - \frac{6}{5}e^{-100t}\cos 100t - \frac{6}{5}e^{-100t}\,\text{sen}\,100t$

21. **(b)** $q = 50e^{-t}\,\text{sen}(t-1)\mathscr{U}(t-1)$

EXERCÍCIOS 8.3, p. 25-26

1. $x_1' = x_2$
$x_2' = -4x_1 + 3x_2 + \text{sen}\,3t$

3. $x_1' = x_2$
$x_2' = x_3$
$x_3' = 10x_1 - 6x_2 + 3x_3 + t^2 + 1$

5. $x_1' = x_2$
$x_2' = x_3$
$x_3' = x_4$
$x_4' = -x_1 - 4x_2 + 2x_3 + t$

7. $x_1' = x_2$
$x_2' = \frac{t}{t+1}x_1$

9. $x' = -2x + y + 5t$
$y' = 2x + y - 2t$

11. $Dx = t^2 + 5t - 2$
$Dy = -x + 5t - 2$

13. O sistema é degenerado.

15. $Dx = u$
$Dy = v$
$Du = w$
$Dv = 10t^2 - 4u + 3v$
$Dw = 4x + 4v - 3w$

17. $x_1 = \frac{25}{2}e^{-t/25} + \frac{25}{2}e^{-3t/25}$
$x_2 = \frac{25}{2}e^{-t/25} - \frac{25}{2}e^{-3t/25}$

19. $x_1' = \frac{1}{50}x_2 - \frac{3}{50}x_1$
$x_2' = \frac{3}{50}x_1 - \frac{7}{100}x_2 + \frac{1}{100}x_3$
$x_3' = \frac{1}{20}x_2 - \frac{1}{20}x_3$

EXERCÍCIOS 8.4, p. 45-48

1. **(a)** $\begin{pmatrix} 2 & 11 \\ 2 & -1 \end{pmatrix}$ **(b)** $\begin{pmatrix} -6 & 1 \\ 14 & -19 \end{pmatrix}$
(c) $\begin{pmatrix} 2 & 28 \\ 12 & -12 \end{pmatrix}$

3. **(a)** $\begin{pmatrix} -11 & 6 \\ 17 & -22 \end{pmatrix}$ **(b)** $\begin{pmatrix} -32 & 27 \\ -4 & -1 \end{pmatrix}$
(c) $\begin{pmatrix} 19 & -18 \\ -30 & 31 \end{pmatrix}$ **(d)** $\begin{pmatrix} 19 & 6 \\ 3 & 22 \end{pmatrix}$

5. **(a)** $\begin{pmatrix} 9 & 24 \\ 3 & 8 \end{pmatrix}$ **(b)** $\begin{pmatrix} 3 & 8 \\ -6 & -16 \end{pmatrix}$
(c) $\begin{pmatrix} 0 & 0 \\ 0 & 0 \end{pmatrix}$ **(d)** $\begin{pmatrix} -4 & -5 \\ 8 & 10 \end{pmatrix}$

7. **(a)** 180 **(b)** $\begin{pmatrix} 4 & 8 & 10 \\ 8 & 16 & 20 \\ 10 & 20 & 25 \end{pmatrix}$ **(c)** $\begin{pmatrix} 6 \\ 12 \\ -5 \end{pmatrix}$

9. **(a)** $\begin{pmatrix} 7 & 38 \\ 10 & 75 \end{pmatrix}$ **(b)** $\begin{pmatrix} 7 & 38 \\ 10 & 75 \end{pmatrix}$

11. $\begin{pmatrix} -14 \\ 1 \end{pmatrix}$ **13.** $\begin{pmatrix} -38 \\ -2 \end{pmatrix}$ **15.** singular

17. Não-singular; $\mathbf{A}^{-1} = \frac{1}{4}\begin{pmatrix} -5 & -8 \\ 3 & 4 \end{pmatrix}$

19. Não-singular; $\mathbf{A}^{-1} = \frac{1}{2}\begin{pmatrix} 0 & -1 & -1 \\ 2 & 2 & -2 \\ -4 & -3 & 5 \end{pmatrix}$

21. Não-singular; $\mathbf{A}^{-1} = -\frac{1}{9}\begin{pmatrix} -2 & -2 & -1 \\ -13 & 5 & 7 \\ 8 & -1 & -5 \end{pmatrix}$

23. det $\mathbf{A}(t) = 2e^{3t} \neq 0$ para todo valor de t;

$$\mathbf{A}^{-1}(t) = \frac{1}{2e^{3t}}\begin{pmatrix} 3e^{4t} & -e^{4t} \\ -4e^{-t} & 2e^{-t} \end{pmatrix}$$

25. $\frac{d\mathbf{X}}{dt} = \begin{pmatrix} -5e^{-t} \\ -2e^{-t} \\ 7e^{-t} \end{pmatrix}$

27. $\frac{d\mathbf{X}}{dt} = 4\begin{pmatrix} 1 \\ -1 \end{pmatrix}e^{2t} - 12\begin{pmatrix} 2 \\ 1 \end{pmatrix}e^{-3t}$

29. **(a)** $\begin{pmatrix} 4e^{4t} & -\pi \operatorname{sen} \pi t \\ 2 & 6t \end{pmatrix}$ **(b)** $\begin{pmatrix} \frac{1}{4}e^{8} - \frac{1}{4} & 0 \\ 4 & 6 \end{pmatrix}$

(c) $\begin{pmatrix} \frac{1}{4}e^{4t} - \frac{1}{4} & (1/\pi)\operatorname{sen} \pi t \\ t^2 & t^3 - t \end{pmatrix}$

31. $x = 3$, $y = 1$, $z = -5$

33. $x = 2 + 4t$, $y = -5 - t$, $z = t$

35. $x = -\frac{1}{2}$, $y = \frac{3}{2}$, $z = \frac{7}{2}$

37. $x_1 = 1$, $x_2 = 0$, $x_3 = 2$, $x_4 = 0$

41. $\lambda_1 = 6$, $\lambda_2 = 1$, $\mathbf{K}_1 = \begin{pmatrix} 2 \\ 7 \end{pmatrix}$, $\mathbf{K}_2 = \begin{pmatrix} 1 \\ 1 \end{pmatrix}$

43. $\lambda_1 = \lambda_2 = -4, \mathbf{K}_1 = \begin{pmatrix} 1 \\ -4 \end{pmatrix}$

45. $\lambda_1 = 0, \lambda_2 = 4, \lambda_3 = -4,$

$$\mathbf{K}_1 = \begin{pmatrix} 9 \\ 45 \\ 25 \end{pmatrix}, \mathbf{K}_2 = \begin{pmatrix} 1 \\ 1 \\ 1 \end{pmatrix}, \mathbf{K}_3 = \begin{pmatrix} 1 \\ 9 \\ 1 \end{pmatrix}$$

47. $\lambda_1 = \lambda_2 = \lambda_3 = -2,$

$$\mathbf{K}_1 = \begin{pmatrix} 2 \\ -1 \\ 0 \end{pmatrix}, \ \mathbf{K}_2 = \begin{pmatrix} 0 \\ 0 \\ 1 \end{pmatrix}$$

$\lambda_1 = 0, \lambda_2 = 4, \lambda_3 = -4,$

$$\mathbf{K}_1 = \begin{pmatrix} 9 \\ 45 \\ 25 \end{pmatrix}, \mathbf{K}_2 = \begin{pmatrix} 1 \\ 1 \\ 1 \end{pmatrix}, \mathbf{K}_3 = \begin{pmatrix} 1 \\ 9 \\ 1 \end{pmatrix}$$

49. $\lambda_1 = 3i, \lambda_2 = -3i,$

$$\mathbf{K}_1 = \begin{pmatrix} 1 - 3i \\ 5 \end{pmatrix}, \mathbf{K}_2 = \begin{pmatrix} 1 + 3i \\ 5 \end{pmatrix}$$

51. $\frac{d}{dt}\begin{pmatrix} a_{11}(t) & a_{12}(t) \\ a_{21}(t) & a_{22}(t) \end{pmatrix}\begin{pmatrix} x_1(t) \\ x_2(t) \end{pmatrix}$

$$= \frac{d}{dt}\begin{pmatrix} a_{11}(t)x_1(t) + a_{12}(t)x_2(t) \\ a_{21}(t)x_1(t) + a_{22}(t)x_2(t) \end{pmatrix}$$

$$= \begin{pmatrix} a_{11}(t)x_1'(t) + a_{11}'(t)x_1(t) + a_{12}(t)x_2'(t) + a_{12}'(t)x_2(t) \\ a_{21}(t)x_1'(t) + a_{21}'(t)x_1(t) + a_{22}(t)x_2'(t) + a_{22}'(t)x_2(t) \end{pmatrix}$$

$$= \begin{pmatrix} a_{11}(t)x_1'(t) + a_{12}(t)x_2'(t) + a_{11}'(t)x_1(t) + a_{12}'(t)x_2(t) \\ a_{21}(t)x_1'(t) + a_{22}(t)x_2'(t) + a_{21}'(t)x_1(t) + a_{22}'(t)x_2(t) \end{pmatrix}$$

$$= \begin{pmatrix} a_{11}(t) & a_{12}(t) \\ a_{21}(t) & a_{22}(t) \end{pmatrix}\begin{pmatrix} x_1'(t) \\ x_2'(t) \end{pmatrix} + \begin{pmatrix} a_{11}'(t) & a_{12}'(t) \\ a_{21}'(t) & a_{22}'(t) \end{pmatrix}\begin{pmatrix} x_1'(t) \\ x_2'(t) \end{pmatrix}$$

$$= \mathbf{A}(t)\mathbf{X}'(t) + \mathbf{A}'(t)\mathbf{X}(t)$$

53. Desde que $\mathbf{A}^{-1}$ exista, **AB** = **AC** implica $\mathbf{A}^{-1}(\mathbf{AB}) = \mathbf{A}^{-1}(\mathbf{AC})$, $(\mathbf{A}^{-1}\mathbf{A})\mathbf{B} = (\mathbf{A}^{-1}\mathbf{A})\mathbf{C}$, **IB** = **IC** ou **B** = **C**.

55. Não, de modo geral **AB** ≠ **BA**.

EXERCÍCIOS 8.5, P. 62-65

1. $\mathbf{X}' = \begin{pmatrix} 3 & -5 \\ 4 & 8 \end{pmatrix}\mathbf{X}$, onde $\mathbf{X} = \begin{pmatrix} x \\ y \end{pmatrix}$

3. $\mathbf{X}' = \begin{pmatrix} -3 & 4 & -9 \\ 6 & -1 & 0 \\ 10 & 4 & 3 \end{pmatrix}\mathbf{X}$, onde $\mathbf{X} = \begin{pmatrix} x \\ y \\ z \end{pmatrix}$

5. $\mathbf{X}' = \begin{pmatrix} 1 & -1 & 1 \\ 2 & 1 & -1 \\ 1 & 1 & 1 \end{pmatrix}\mathbf{X} + \begin{pmatrix} 0 \\ -3t^2 \\ t^2 \end{pmatrix} + \begin{pmatrix} t \\ 0 \\ -t \end{pmatrix}$

$+ \begin{pmatrix} -1 \\ 0 \\ 2 \end{pmatrix}$, onde $\mathbf{X} = \begin{pmatrix} x \\ y \\ z \end{pmatrix}$

7. $\dfrac{dx}{dt} = 4x + 2y + e^t$

$\dfrac{dy}{dt} = -x + 3y - e^t$

9. $\dfrac{dx}{dt} = x - y + 2z + e^{-t} - 3t$

$\dfrac{dy}{dt} = 3x - 4y + z + 2e^{-t} + t$

$\dfrac{dz}{dt} = -2x + 5y + 6z + 2e^{-t} - t$

11. $\mathbf{X}' = \begin{pmatrix} -5e^{-5t} \\ -10e^{-5t} \end{pmatrix}$

$\begin{pmatrix} 3 & -4 \\ 4 & -7 \end{pmatrix}\mathbf{X} = \begin{pmatrix} 3-8 \\ 4-14 \end{pmatrix}e^{-5t} = \begin{pmatrix} -5 \\ -10 \end{pmatrix}e^{-5t} = \mathbf{X}'$

13. $\mathbf{X}' = \begin{pmatrix} \frac{3}{2} \\ -3 \end{pmatrix}$

$\begin{pmatrix} -1 & \frac{1}{4} \\ 1 & -1 \end{pmatrix}\mathbf{X} = \begin{pmatrix} 1+\frac{1}{2} \\ -1-2 \end{pmatrix}e^{-3t/2} = \begin{pmatrix} \frac{3}{2} \\ -3 \end{pmatrix}e^{-3t/2} = \mathbf{X}'$

15. $\dfrac{d\mathbf{X}}{dt} = \begin{pmatrix} 0 \\ 0 \\ 0 \end{pmatrix}$

$\begin{pmatrix} 1 & 2 & 1 \\ 6 & -1 & 0 \\ -1 & -2 & -1 \end{pmatrix}\mathbf{X} = \begin{pmatrix} 1+12-13 \\ 6-6 \\ -1-12+13 \end{pmatrix} = \begin{pmatrix} 0 \\ 0 \\ 0 \end{pmatrix} = \dfrac{d\mathbf{X}}{dt}$

17. Sim; $W(\mathbf{X}_1, \mathbf{X}_2) = -2e^{-8t} \neq 0$ implica que $\mathbf{X}_1$ e $\mathbf{X}_2$ são linearmente independentes em $(-\infty, \infty)$.

19. Não; $W(\mathbf{X}_1, \mathbf{X}_2, \mathbf{X}_3) =$

$\begin{vmatrix} 1+t & 1 & 3+2t \\ -2+2t & -2 & -6+4t \\ 4+2t & 4 & 12+4t \end{vmatrix} = 0$ para todos t.

Os Vetores solução são linearmente dependentes em $(-\infty, \infty)$. Note que $\mathbf{X}_3 = 2\mathbf{X}_1 + \mathbf{X}_2$.

21. $\dfrac{d\mathbf{X}_p}{dt} = \begin{pmatrix} 2 \\ -1 \end{pmatrix}$

$\begin{pmatrix} 1 & 4 \\ 3 & 2 \end{pmatrix}\mathbf{X}_p + \begin{pmatrix} 2 \\ -4 \end{pmatrix}t - \begin{pmatrix} 7 \\ 18 \end{pmatrix}$

$= \begin{pmatrix} (2-4)t + 9 + 2t - 7 \\ (6-2)t + 17 - 4t - 18 \end{pmatrix} = \begin{pmatrix} 2 \\ -1 \end{pmatrix} = \dfrac{d\mathbf{X}_p}{dt}$

23. **Seja** $\mathbf{X}'_p = \begin{pmatrix} 2e^t + te^t \\ -te^t \end{pmatrix}$

$\begin{pmatrix} 2 & 1 \\ 3 & 4 \end{pmatrix}\mathbf{X}_p - \begin{pmatrix} 1 \\ 7 \end{pmatrix}e^t = \begin{pmatrix} 3e^t + te^t - e^t \\ 7e^t - te^t - 7e^t \end{pmatrix}$

$= \begin{pmatrix} 2e^t + te^t \\ -te^t \end{pmatrix} = \mathbf{X}'_p$

25. **Seja** $\mathbf{X}_1 = \begin{pmatrix} 6 \\ -1 \\ -5 \end{pmatrix}e^{-t}$, $\mathbf{X}_2 = \begin{pmatrix} -3 \\ 1 \\ 1 \end{pmatrix}e^{-2t}$,

$\mathbf{X}_3 = \begin{pmatrix} 2 \\ 1 \\ 1 \end{pmatrix}e^{3t}$ e $\mathbf{A} = \begin{pmatrix} 0 & 6 & 0 \\ 1 & 0 & 1 \\ 1 & 1 & 0 \end{pmatrix}$. Então

$\mathbf{AX}_1 = \begin{pmatrix} -6 \\ 1 \\ 5 \end{pmatrix}e^{-t} = \mathbf{X}'_1$,

$\mathbf{AX}_2 = \begin{pmatrix} 6 \\ -2 \\ -2 \end{pmatrix}e^{-2t} = \mathbf{X}'_2$,

$\mathbf{AX}_3 = \begin{pmatrix} 6 \\ 3 \\ 3 \end{pmatrix}e^{3t} = \mathbf{X}'_3$, e

$W(\mathbf{X}_1, \mathbf{X}_2, \mathbf{X}_3) = \begin{vmatrix} 6e^{-t} & -3e^{-2t} & 2e^{3t} \\ -e^{-t} & e^{-2t} & e^{3t} \\ -5e^{-t} & e^{-2t} & e^{3t} \end{vmatrix}$

$= 20 \neq 0.$

Portanto, $\mathbf{X}_1$, $\mathbf{X}_2$, $\mathbf{X}_3$ formam um conjunto fundamental de soluções de $\mathbf{X}' = \mathbf{AX}$ em $(-\infty, \infty)$. Por definição

$$\mathbf{X} = c_1\mathbf{X}_1 + c_2\mathbf{X}_2 + c_3\mathbf{X}_3$$

na solução geral.

27. $\Phi(t)=\begin{pmatrix} e^{2t} & e^{7t} \\ -2e^{2t} & 3e^{7t} \end{pmatrix}$

$\Phi^{-1}(t)=\dfrac{1}{5e^{9t}}\begin{pmatrix} 3e^{7t} & -e^{7t} \\ 2e^{2t} & e^{2t} \end{pmatrix}$

29. $\Phi(t)=\begin{pmatrix} -e^{t} & -te^{t} \\ 3e^{t} & 3e^{t}-e^{t} \end{pmatrix}$

$\Phi^{-1}(t)=\dfrac{1}{e^{2t}}\begin{pmatrix} 3te^{t}-e^{t} & te^{t} \\ -3e^{t} & -e^{t} \end{pmatrix}$

31. $\Psi(t)=\begin{pmatrix} \frac{3}{5}e^{2t}+\frac{2}{5}e^{7t} & -\frac{1}{5}e^{2t}+\frac{1}{5}e^{7t} \\ -\frac{6}{5}e^{2t}+\frac{6}{5}e^{7t} & \frac{2}{5}e^{2t}+\frac{3}{5}e^{7t} \end{pmatrix}$

33. $\Psi(t)=\begin{pmatrix} 3te^{t}+e^{t} & te^{t} \\ -9te^{t} & -3te^{t}+e^{t} \end{pmatrix}$

35. $\mathbf{X}(t_0)=\Phi(t_0)\mathbf{C}$ implica $\mathbf{C}=\Phi^{-1}(t_0)\mathbf{X}(t_0)$. Substituindo em $\mathbf{X}=\Phi(t)\mathbf{C}$ temos $\mathbf{X}=\Phi(t)\,\Phi^{-1}(t_0)\mathbf{X}_0$.

37. Comparando $\mathbf{X}=\Phi(t)\,\Phi^{-1}(t_0)\mathbf{X}_0$ e $\mathbf{X}=\Psi(t)\mathbf{X}_0$ temos $[\Psi(t)-\Phi(t)\,\Phi^{-1}(t_0)]\mathbf{X}_0=\mathbf{0}$. Como esta última equação tem de ser válida para qualquer $\mathbf{X}_0$, concluimos que $\Psi(t)=\Phi(t)\,\Phi^{-1}(t_0)$.

EXERCÍCIOS 8.6, p. 79

1. $\mathbf{X}=c_1\begin{pmatrix}1\\2\end{pmatrix}e^{5t}+c_2\begin{pmatrix}1\\-1\end{pmatrix}e^{-t}$

3. $\mathbf{X}=c_1\begin{pmatrix}2\\1\end{pmatrix}e^{-3t}+c_2\begin{pmatrix}2\\5\end{pmatrix}e^{t}$

5. $\mathbf{X}=c_1\begin{pmatrix}5\\2\end{pmatrix}e^{8t}+c_2\begin{pmatrix}1\\4\end{pmatrix}e^{-10t}$

7. $\mathbf{X}=c_1\begin{pmatrix}1\\0\\0\end{pmatrix}e^{t}+c_2\begin{pmatrix}2\\3\\1\end{pmatrix}e^{2t}+c_3\begin{pmatrix}1\\0\\2\end{pmatrix}e^{-t}$

9. $\mathbf{X}=c_1\begin{pmatrix}-1\\0\\1\end{pmatrix}e^{-t}+c_2\begin{pmatrix}1\\4\\3\end{pmatrix}e^{3t}+c_3\begin{pmatrix}1\\-1\\3\end{pmatrix}e^{-2t}$

11. $\mathbf{X}=c_1\begin{pmatrix}4\\0\\-1\end{pmatrix}e^{-t}+c_2\begin{pmatrix}-12\\6\\5\end{pmatrix}e^{-t/2}+c_3\begin{pmatrix}4\\2\\-1\end{pmatrix}e^{-3t/2}$

13. $\mathbf{X}=3\begin{pmatrix}1\\1\end{pmatrix}e^{t/2}+2\begin{pmatrix}0\\1\end{pmatrix}e^{-t/2}$

15. $\mathbf{X}=c_1\begin{pmatrix}\cos t\\ 2\cos t+\operatorname{sen} t\end{pmatrix}e^{4t}+c_2\begin{pmatrix}\operatorname{sen} t\\ 2\operatorname{sen} t-\cos t\end{pmatrix}e^{4t}$

17. $\mathbf{X}=c_1\begin{pmatrix}\cos t\\ -\cos t-\operatorname{sen} t\end{pmatrix}e^{4t}+c_2\begin{pmatrix}\operatorname{sen} t\\ -\operatorname{sen} t+\cos t\end{pmatrix}e^{4t}$

19. $\mathbf{X}=c_1\begin{pmatrix}5\cos 3t\\ 4\cos 3t+3\operatorname{sen} 3t\end{pmatrix}+c_2\begin{pmatrix}5\operatorname{sen} 3t\\ 4\operatorname{sen} 3t-3\cos 3t\end{pmatrix}$

21. $\mathbf{X}=c_1\begin{pmatrix}1\\0\\0\end{pmatrix}+c_2\begin{pmatrix}-\cos t\\ \cos t\\ \operatorname{sen} t\end{pmatrix}+c_3\begin{pmatrix}\operatorname{sen} t\\ -\operatorname{sen} t\\ \cos t\end{pmatrix}$

23. $\mathbf{X}=c_1\begin{pmatrix}0\\2\\1\end{pmatrix}e^{t}+c_2\begin{pmatrix}\operatorname{sen} t\\ \cos t\\ \cos t\end{pmatrix}e^{t}+c_3\begin{pmatrix}\cos t\\ -\operatorname{sen} t\\ -\operatorname{sen} t\end{pmatrix}e^{t}$

25. $\mathbf{X}=\begin{pmatrix}28\\-5\\25\end{pmatrix}e^{2t}+c_2\begin{pmatrix}5\cos 3t\\ -4\cos 3t-3\operatorname{sen} 3t\\ 0\end{pmatrix}e^{-2t}$

$+c_3\begin{pmatrix}5\operatorname{sen} 3t\\ -4\operatorname{sen} 3t+3\cos 3t\\ 0\end{pmatrix}e^{-2t}$

27. $\mathbf{X}=-\begin{pmatrix}25\\-7\\6\end{pmatrix}e^{t}-\begin{pmatrix}\cos 5t-5\operatorname{sen} 5t\\ \cos 5t\\ \cos 5t\end{pmatrix}$

$+6\begin{pmatrix}5\cos 5t+\operatorname{sen} 5t\\ \operatorname{sen} 5t\\ \operatorname{sen} 5t\end{pmatrix}$

29. $\mathbf{X}=c_1\begin{pmatrix}1\\3\end{pmatrix}+c_2\left\{\begin{pmatrix}1\\3\end{pmatrix}t+\begin{pmatrix}\frac{1}{4}\\ -\frac{1}{4}\end{pmatrix}\right\}$

31. $\mathbf{X}=c_1\begin{pmatrix}1\\1\end{pmatrix}e^{2t}+c_2\left\{\begin{pmatrix}1\\1\end{pmatrix}te^{2t}+\begin{pmatrix}-\frac{1}{3}\\ 0\end{pmatrix}e^{2t}\right\}$

33. $\mathbf{X}=c_1\begin{pmatrix}1\\1\\1\end{pmatrix}e^{t}+c_2\begin{pmatrix}1\\1\\0\end{pmatrix}e^{2t}+c_3\begin{pmatrix}1\\0\\1\end{pmatrix}e^{2t}$

35. $\mathbf{X}=c_1\begin{pmatrix}-4\\-5\\2\end{pmatrix}+c_2\begin{pmatrix}2\\0\\-1\end{pmatrix}e^{5t}$

$+c_3\left\{\begin{pmatrix}2\\0\\-1\end{pmatrix}te^{5t}+\begin{pmatrix}-\frac{1}{2}\\-\frac{1}{2}\\-1\end{pmatrix}e^{5t}\right\}$

37. $\mathbf{X}=c_1\begin{pmatrix}0\\1\\1\end{pmatrix}e^t+c_2\left\{\begin{pmatrix}0\\1\\1\end{pmatrix}te^t+\begin{pmatrix}0\\1\\0\end{pmatrix}e^t\right\}$

$+c_3\left\{\begin{pmatrix}0\\1\\1\end{pmatrix}\frac{t^2}{2}e^t+\begin{pmatrix}0\\1\\0\end{pmatrix}te^t+\begin{pmatrix}\frac{1}{2}\\0\\0\end{pmatrix}e^t\right\}$

39. $\mathbf{X}=-7\begin{pmatrix}2\\1\end{pmatrix}e^{4t}+13\begin{pmatrix}2t+1\\t+1\end{pmatrix}e^{4t}$

41. $\mathbf{X}=\begin{pmatrix}\frac{6}{5}e^{5t}-\frac{1}{5}e^{-5t}\\\frac{2}{5}e^{5t}+\frac{3}{5}e^{-5t}\end{pmatrix}$

43. $\mathbf{X}=c_1t^2\begin{pmatrix}3\\1\end{pmatrix}+c_2t^4\begin{pmatrix}1\\1\end{pmatrix}$

EXERCÍCIOS 8.7, p. 85

1. $\mathbf{X}=c_1\begin{pmatrix}-1\\1\end{pmatrix}e^{-t}+c_2\begin{pmatrix}-3\\1\end{pmatrix}e^t+\begin{pmatrix}-1\\3\end{pmatrix}$

3. $\mathbf{X}=c_1\begin{pmatrix}1\\-1\end{pmatrix}e^{-2t}+c_2\begin{pmatrix}1\\1\end{pmatrix}e^{4t}+\begin{pmatrix}-\frac{1}{4}\\\frac{3}{4}\end{pmatrix}t^2$

$+\begin{pmatrix}\frac{1}{4}\\-\frac{1}{4}\end{pmatrix}t+\begin{pmatrix}-2\\\frac{3}{4}\end{pmatrix}$

5. $\mathbf{X}=c_1\begin{pmatrix}1\\-3\end{pmatrix}e^{3t}+c_2\begin{pmatrix}1\\9\end{pmatrix}e^{7t}+\begin{pmatrix}\frac{55}{36}\\-\frac{19}{4}\end{pmatrix}e^t$

7. $\mathbf{X}=c_1\begin{pmatrix}1\\0\\0\end{pmatrix}e^t+c_2\begin{pmatrix}1\\1\\0\end{pmatrix}e^{2t}+c_3\begin{pmatrix}1\\2\\2\end{pmatrix}e^{5t}-\begin{pmatrix}\frac{3}{2}\\\frac{7}{2}\\2\end{pmatrix}e^{4t}$

9. $\mathbf{X}=13\begin{pmatrix}1\\-1\end{pmatrix}e^t+2\begin{pmatrix}-4\\6\end{pmatrix}e^{2t}+\begin{pmatrix}-9\\6\end{pmatrix}$

11. $\mathbf{X}=c_1\begin{pmatrix}1\\1\end{pmatrix}+c_2\begin{pmatrix}1\\-1\end{pmatrix}e^{2t}+\begin{pmatrix}-\frac{3}{2}\\-\frac{3}{2}\end{pmatrix}t+\begin{pmatrix}-\frac{5}{2}\\1\end{pmatrix}$

EXERCÍCIOS 8.8, p. 88-90

1. $\mathbf{X}=c_1\begin{pmatrix}1\\1\end{pmatrix}+c_2\begin{pmatrix}3\\2\end{pmatrix}e^t-\begin{pmatrix}11\\11\end{pmatrix}t-\begin{pmatrix}15\\10\end{pmatrix}$

3. $\mathbf{X}=c_1\begin{pmatrix}2\\1\end{pmatrix}e^{t/2}+c_2\begin{pmatrix}10\\3\end{pmatrix}e^{3t/2}$

$-\begin{pmatrix}\frac{13}{2}\\\frac{13}{4}\end{pmatrix}te^{t/2}-\begin{pmatrix}\frac{15}{2}\\\frac{9}{4}\end{pmatrix}e^{t/2}$

5. $\mathbf{X}=c_1\begin{pmatrix}2\\1\end{pmatrix}e^t+c_2\begin{pmatrix}1\\1\end{pmatrix}e^{2t}+\begin{pmatrix}3\\3\end{pmatrix}e^t+\begin{pmatrix}4\\2\end{pmatrix}te^t$

7. $\mathbf{X}=c_1\begin{pmatrix}4\\1\end{pmatrix}e^{3t}+c_2\begin{pmatrix}-2\\1\end{pmatrix}e^{-3t}+\begin{pmatrix}-12\\0\end{pmatrix}t-\begin{pmatrix}\frac{4}{3}\\\frac{4}{3}\end{pmatrix}$

9. $\mathbf{X}=c_1\begin{pmatrix}1\\-1\end{pmatrix}e^t+c_2\begin{pmatrix}-t\\\frac{1}{2}-t\end{pmatrix}e^t+\begin{pmatrix}\frac{1}{2}\\-2\end{pmatrix}e^{-t}$

11. $\mathbf{X}=c_1\begin{pmatrix}\cos t\\\operatorname{sen} t\end{pmatrix}+c_2\begin{pmatrix}\operatorname{sen} t\\-\cos t\end{pmatrix}$

$+\begin{pmatrix}\cos t\\\operatorname{sen} t\end{pmatrix}t+\begin{pmatrix}-\operatorname{sen} t\\\cos t\end{pmatrix}\ln|\cos t|$

13. $\mathbf{X}=c_1\begin{pmatrix}\cos t\\\operatorname{sen} t\end{pmatrix}e^t+c_2\begin{pmatrix}\operatorname{sen} t\\-\cos t\end{pmatrix}e^t+\begin{pmatrix}\cos t\\\operatorname{sen} t\end{pmatrix}te^t$

15. $\mathbf{X}=c_1\begin{pmatrix}\cos t\\-\operatorname{sen} t\end{pmatrix}+c_2\begin{pmatrix}\operatorname{sen} t\\\cos t\end{pmatrix}+\begin{pmatrix}\cos t\\-\operatorname{sen} t\end{pmatrix}t$

$+\begin{pmatrix}-\operatorname{sen} t\\\operatorname{sen} t\operatorname{tg} t\end{pmatrix}-\begin{pmatrix}\operatorname{sen} t\\\cos t\end{pmatrix}\ln|\cos t|$

17. $\mathbf{X}=c_1\begin{pmatrix}2\operatorname{sen} t\\\cos t\end{pmatrix}e^t+c_2\begin{pmatrix}2\cos t\\-\operatorname{sen} t\end{pmatrix}e^t+\begin{pmatrix}3\operatorname{sen} t\\\frac{3}{2}\cos t\end{pmatrix}te^t$

$+\begin{pmatrix}\cos t\\-\frac{1}{2}\operatorname{sen} t\end{pmatrix}e^t\ln|\operatorname{sen} t|+\begin{pmatrix}2\cos t\\-\operatorname{sen} t\end{pmatrix}e^t\ln|\cos t|$

19. $\mathbf{X} = c_1\begin{pmatrix} 1 \\ -1 \\ 0 \end{pmatrix} + c_2\begin{pmatrix} 1 \\ 1 \\ 0 \end{pmatrix}e^{2t} + c_3\begin{pmatrix} 0 \\ 0 \\ 1 \end{pmatrix}e^{3t}$

$+\begin{pmatrix} -\frac{1}{4}e^{2t} + \frac{1}{2}te^{2t} \\ -e^{t} + \frac{1}{4}e^{2t} + \frac{1}{2}te^{2t} \\ \frac{1}{2}t^2e^{3t} \end{pmatrix}$

21. $\mathbf{X} = \begin{pmatrix} 2 \\ 2 \end{pmatrix}te^{2t} + \begin{pmatrix} -1 \\ 1 \end{pmatrix}e^{2t} + \begin{pmatrix} -2 \\ 2 \end{pmatrix}te^{4t} + \begin{pmatrix} 2 \\ 0 \end{pmatrix}e^{4t}$

23. $\mathbf{X} = \begin{pmatrix} -2 \\ 4 \end{pmatrix}e^{2t} + \begin{pmatrix} 7 \\ -9 \end{pmatrix}e^{7t} + \begin{pmatrix} 20 \\ 60 \end{pmatrix}te^{7t}$

25. (b) $\begin{pmatrix} i_1 \\ i_2 \end{pmatrix} = 2\begin{pmatrix} 1 \\ 3 \end{pmatrix}e^{-2t} + \frac{6}{29}\begin{pmatrix} 3 \\ -1 \end{pmatrix}e^{-12t}$

$+\begin{pmatrix} \frac{332}{29} \\ \frac{276}{29} \end{pmatrix}\operatorname{sen} t - \begin{pmatrix} \frac{76}{29} \\ \frac{168}{29} \end{pmatrix}\cos t$

EXERCÍCIOS 8.9, p. 92-93

1. $\begin{pmatrix} \cosh t & \operatorname{senh} t \\ \operatorname{senh} t & \cosh t \end{pmatrix}\begin{pmatrix} \cosh t - \operatorname{senh} t \\ \operatorname{senh} t - \cosh t \end{pmatrix}$

3. $\mathbf{X} = \begin{pmatrix} \cosh t & \operatorname{senh} t \\ \operatorname{senh} t & \cosh t \end{pmatrix}\begin{pmatrix} c_1 \\ c_2 \end{pmatrix} = c_1\begin{pmatrix} \cosh t \\ \operatorname{senh} t \end{pmatrix} + c_2\begin{pmatrix} \operatorname{senh} t \\ \cosh t \end{pmatrix}$

5. $\mathbf{X} = c_1\begin{pmatrix} \cosh t \\ \operatorname{senh} t \end{pmatrix} + c_2\begin{pmatrix} \operatorname{senh} t \\ \cosh t \end{pmatrix} - \begin{pmatrix} 1 \\ 1 \end{pmatrix}$

7. $\mathbf{X} = c_1\begin{pmatrix} 1 \\ 0 \end{pmatrix}e^{t} + c_2\begin{pmatrix} 0 \\ 1 \end{pmatrix}e^{2t} + \begin{pmatrix} -t-1 \\ \frac{1}{2}e^{4t} \end{pmatrix}$

9. $\mathbf{P} = \begin{pmatrix} 1 & 1 \\ 1 & 3 \end{pmatrix}, \mathbf{P}^{-1} = \begin{pmatrix} \frac{3}{2} & -\frac{1}{2} \\ -\frac{1}{2} & \frac{1}{2} \end{pmatrix},$

$\mathbf{D} = \begin{pmatrix} 3 & 0 \\ 0 & 5 \end{pmatrix}, \mathbf{PDP}^{-1} = \begin{pmatrix} 2 & 1 \\ -3 & 6 \end{pmatrix}$

11. $e^{t\mathbf{A}} = e^{\mathbf{PDP}^{-1}}$

$= \mathbf{I} + t\mathbf{PDP}^{-1} + \frac{t^2}{2!}(\mathbf{PDP}^{-1})^2 + \cdots$

$= \mathbf{PP}^{-1} + t\mathbf{PDP}^{-1} + \frac{t^2}{2!}\mathbf{PD}^2\mathbf{P}^{-1} + \cdots$

$= \mathbf{P}\left[\mathbf{I} + t\mathbf{D} + \frac{t^2}{2!}\mathbf{D}^2 + \cdots\right]\mathbf{P}^{-1}$

$= \mathbf{P}e^{t\mathbf{D}}\mathbf{P}^{-1}$

13. $\mathbf{X} = \begin{pmatrix} \frac{3}{2}e^{3t} - \frac{1}{2}e^{5t} & -\frac{1}{2}e^{3t} + \frac{1}{2}e^{5t} \\ \frac{3}{2}e^{3t} - \frac{3}{2}e^{5t} & -\frac{1}{2}e^{3t} + \frac{3}{2}e^{5t} \end{pmatrix}\begin{pmatrix} c_1 \\ c_2 \end{pmatrix}$

CAPÍTULO 8 EXERCÍCIOS DE REVISÃO, p. 94-96

1. verdadeiro **3.** $\begin{pmatrix} -2 & 1 \\ \frac{3}{2} & -\frac{1}{2} \end{pmatrix}$ **5.** verdadeiro

7. falso **9.** verdadeiro **11.** falso

13. $x = -c_1e^{t} - \frac{3}{2}c_2e^{2t} + \frac{5}{2}$

$y = c_1e^{t} + c_2e^{2t} - 3$

15. $x = c_1e^{t} + c_2e^{5t} + te^{t}$

$y = -c_1e^{t} + 3c_2e^{5t} - te^{t} + 2e^{t}$

17. $x = -\frac{1}{4} + \frac{9}{8}e^{-2t} + \frac{1}{8}e^{2t}$

$y = t + \frac{9}{4}e^{-2t} - \frac{1}{4}e^{2t}$

19. **(a)** $\begin{pmatrix} t^3 + 3t^2 + 5t - 2 \\ -t^3 - t + 2 \\ 4t^3 + 12t^2 + 8t + 1 \end{pmatrix}$; **(b)** $\begin{pmatrix} 3t^2 + 6t + 5 \\ -3t^2 - 1 \\ 12t^2 + 24t + 8 \end{pmatrix}$

21. $Dx = u$

$Dy = v$

$Du = -2u + v - 2x - \ln t + 10t - 4$

$Dv = -u - x + 5t - 2$

23. $\mathbf{X} = c_1\begin{pmatrix} 1 \\ -1 \end{pmatrix}e^{t} + c_2\left\{\begin{pmatrix} 1 \\ -1 \end{pmatrix}te^{t} + \begin{pmatrix} 0 \\ 1 \end{pmatrix}e^{t}\right\}$

25. $\mathbf{X} = c_1\begin{pmatrix} \cos 2t \\ -\operatorname{sen} 2t \end{pmatrix}e^{t} + c_2\begin{pmatrix} \operatorname{sen} 2t \\ \cos 2t \end{pmatrix}e^{t}$

27. $\mathbf{X} = c_1\begin{pmatrix} -1 \\ 1 \\ 0 \end{pmatrix} + c_2\begin{pmatrix} -1 \\ 0 \\ 1 \end{pmatrix} + c_3\begin{pmatrix} 1 \\ 1 \\ 1 \end{pmatrix}e^{3t}$

29. $\mathbf{X} = c_1\begin{pmatrix} 1 \\ 0 \end{pmatrix}e^{2t} + c_2\begin{pmatrix} 4 \\ 1 \end{pmatrix}e^{4t} + \begin{pmatrix} 16 \\ -4 \end{pmatrix}t + \begin{pmatrix} 11 \\ -1 \end{pmatrix}$

31. $\mathbf{X} = c_1\begin{pmatrix} \cos t \\ \cos t - \operatorname{sen} t \end{pmatrix} + c_2\begin{pmatrix} \operatorname{sen} t \\ \operatorname{sen} t + \cos t \end{pmatrix} - \begin{pmatrix} 1 \\ 1 \end{pmatrix}$

$+\begin{pmatrix} \operatorname{sen} t \\ \operatorname{sen} t + \cos t \end{pmatrix}\ln\left|\csc t - \cot t\right|$

EXERCÍCIOS 9.1, p. 102-103

1.

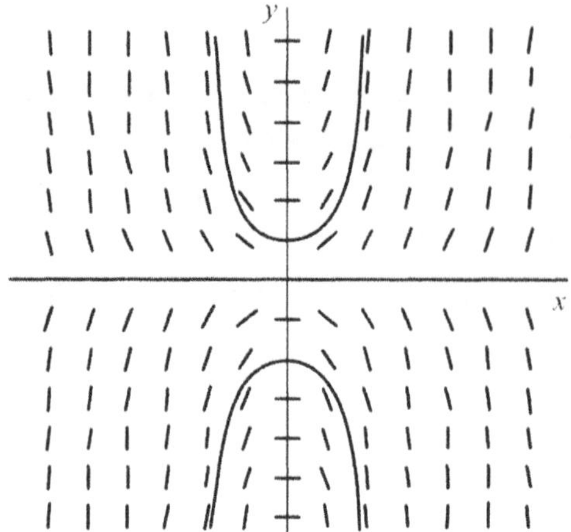

3.

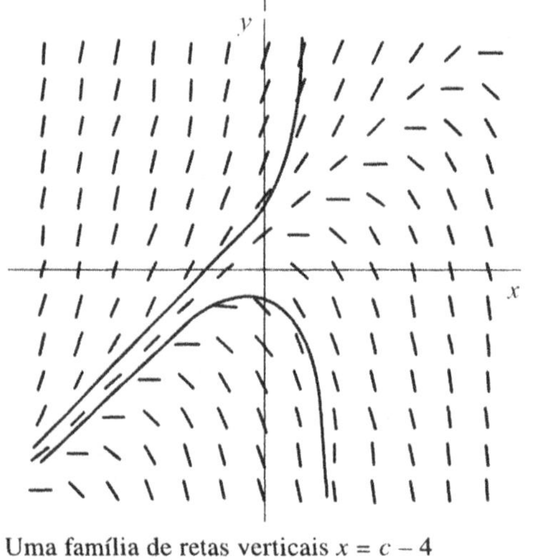

5. Uma família de retas verticais $x = c - 4$

7. Uma família de hipérboles $x^2 - y^2 = c$

9. Uma família de círculos $x^2 + (y + 1)^2 = c^2$, com centro $(0, -1)$

11. Uma família de hipérboles $xy + y^2 = c$

13. Uma família de retas $y = c(x - 2) + 1$ passando por $(2, 1)$

15.

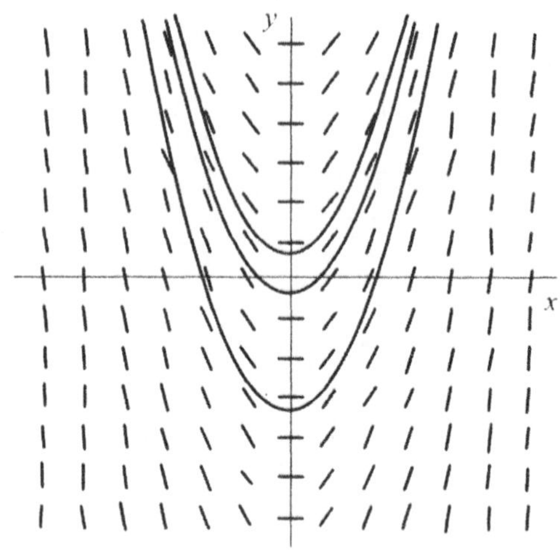

17.

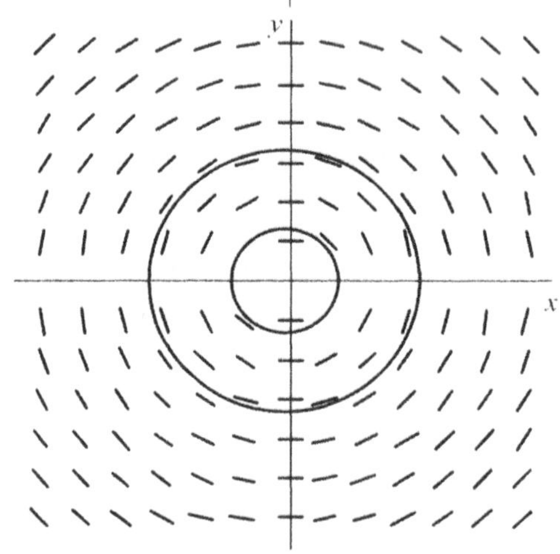

19.

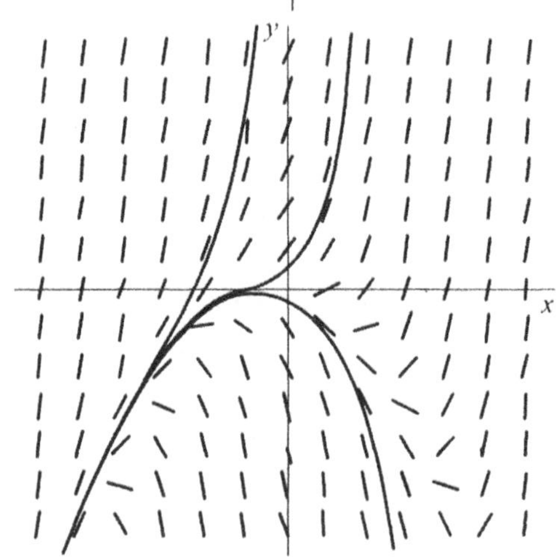

21.

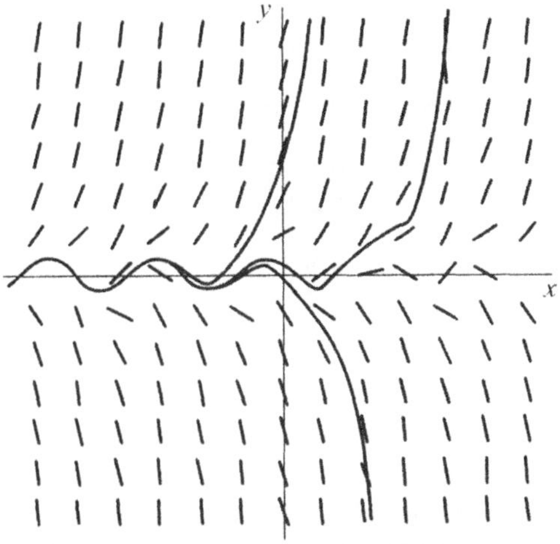

23. $y = \dfrac{\alpha - c\gamma}{c\delta - \beta} x$

25. $3x + 2y = -\dfrac{3}{2}$

27. $y = \pm\sqrt{2}x$

29. $y = 4x; y = -x$

EXERCÍCIOS 9.2, p. 112-113

1. $y = 1 - x + \text{tg}(x + \pi/4)$

3. (a)

x_n	y_n
1,00	5,0000
1,10	3,8000
1,20	2,9800
1,30	2,4260
1,40	2,0582
1,50	1,8207

(b)

x_n	y_n
1,00	5,0000
1,05	4,4000
1,10	3,8950
1,15	3,4707
1,20	3,1151
1,25	2,8179
1,30	2,5702
1,35	2,3647
1,40	2,1950
1,45	2,0557
1,50	1,9424

5. (a)

x_n	y_n
0,00	0,0000
0,10	0,1000
0,20	0,2010
0,30	0,3050
0,40	0,4143
0,50	0,5315

(b)

x_n	y_n
0,00	0,0000
0,05	0,0500
0,10	0,1001
0,15	0,1506
0,20	0,2018
0,25	0,2538
0,30	0,3070
0,35	0,3617
0,40	0,4183
0,45	0,4770
0,50	0,5384

7. (a)

x_n	y_n
0,00	0,0000
0,10	0,1000
0,20	0,1905
0,30	0,2731
0,40	0,3492
0,50	0,4198

(b)

x_n	y_n
0,00	0,0000
0,05	0,0500
0,10	0,0976
0,15	0,1429
0,20	0,1863
0,25	0,2278
0,30	0,2676
0,35	0,3058
0,40	0,3427
0,45	0,3782
0,50	0,4124

9. (a)

x_n	y_n
0,00	0,5000
0,10	0,5250
0,20	0,5431
0,30	0,5548
0,40	0,5613
0,50	0,5639

(b)

x_n	y_n
0,00	0,5000
0,05	0,5125
0,10	0,5232
0,15	0,5322
0,20	0,5395
0,25	0,5452
0,30	0,5496
0,35	0,5527
0,40	0,5547
0,45	0,5559
0,50	0,5565

11. **(a)**

x_n	y_n
1,00	1,0000
1,10	1,0000
1,20	1,0191
1,30	1,0588
1,40	1,1231
1,50	1,2194

(b)

x_n	y_n
1,00	1,0000
1,05	1,0000
1,10	1,0049
1,15	1,0147
1,20	1,0298
1,25	1,0506
1,30	1,0775
1,35	1,1115
1,40	1,1538
1,45	1,2057
1,50	1,2696

(c) $h = 0{,}1$

x_n	y_n
0,00	0,0000
0,10	0,0952
0,20	0,1822
0,30	0,2622
0,40	0,3363
0,50	0,4053

$h = 0{,}05$

x_n	y_n
0,00	0,0000
0,05	0,0488
0,10	0,0953
0,15	0,1397
0,20	0,1823
0,25	0,2231
0,30	0,2623
0,35	0,3001
0,40	0,3364
0,45	0,3715
0,50	0,4054

13. **(a)** $h = 0{,}1$

x_n	y_n
1,00	5,0000
1,10	3,9900
1,20	3,2545
1,30	2,7236
1,40	2,3451
1,50	2,0801

$h = 0{,}05$

x_n	y_n
1,00	5,0000
1,05	4,4475
1,10	3,9763
1,15	3,5751
1,20	3,2342
1,25	2,9452
1,30	2,7009
1,35	2,4952
1,40	2,3226
1,45	2,1786
1,50	2,0592

(b) $h = 0{,}1$

x_n	y_n
0,00	0,0000
0,10	0,1005
0,20	0,2030
0,30	0,3098
0,40	0,4234
0,50	0,5470

$h = 0{,}05$

x_n	y_n
0,00	0,0000
0,05	0,0501
0,10	0,1004
0,15	0,1512
0,20	0,2028
0,25	0,2554
0,30	0,3095
0,35	0,3652
0,40	0,4230
0,45	0,4832
0,50	0,5465

(d) $h = 0{,}1$

x_n	y_n
0,00	0,5000
0,10	0,5215
0,20	0,5362
0,30	0,5449
0,40	0,5490
0,50	0,5503

$h = 0{,}05$

x_n	y_n
0,00	0,5000
0,05	0,5116
0,10	0,5214
0,15	0,5294
0,20	0,5359
0,25	0,5408
0,30	0,5444
0,35	0,5469
0,40	0,5484
0,45	0,5492
0,50	0,5495

(e) $h = 0{,}1$

x_n	y_n
1,00	1,0000
1,10	1,0095
1,20	1,0404
1,30	1,0967
1,40	1,1866
1,50	1,3260

$h = 0{,}05$

x_n	y_n
1,00	1,0000
1,05	1,0024
1,10	1,0100
1,15	1,0228
1,20	1,0414
1,25	1,0663
1,30	1,0984
1,35	1,1389
1,40	1,1895
1,45	1,2526
1,50	1,3315

15.

x_n	Euler	Euler melhorado
1,0	1,0000	1,0000
1,1	1,2000	1,2469
1,2	1,4938	1,6668
1,3	1,9711	2,6427
1,4	2,9060	8,7989

17. Com $y' = f(x,y)$, vem

$$\int_{x_n}^{x_{n+1}} y'dx = \int_{x_n}^{x_{n+1}} f(x,y)dx$$

$$y(x_{n+1}) - y(x_n) \approx f(x_n, y_n)(x_{n+1} - x_n)$$

$$= hf(x_n, y_n)$$

$$y(x_{n+1}) \approx y(x_n) + hf(x_n, y_n).$$

Que se escreve

$$y_{n+1} = y_n + hf(x_n, y_n).$$

EXERCÍCIOS 9.3, p. 116-117

1. (a)

x_n	y_n
1,00	5,0000
1,10	3,9900
1,20	3,2545
1,30	2,7236
1,40	2,3451
1,50	2,0801

(b)

x_n	y_n
1,00	5,0000
1,05	4,4475
1,10	3,9763
1,15	3,5751
1,20	3,2342
1,25	2,9452
1,30	2,7009
1,35	2,4952
1,40	2,3226
1,45	2,1786
1,50	2,0592

3. (a)

x_n	y_n
0,00	0,0000
0,10	0,1000
0,20	0,2020
0,30	0,3082
0,40	0,4211
0,50	0,5438

(b)

x_n	y_n
0,00	0,0000
0,05	0,0500
0,10	0,1003
0,15	0,1510
0,20	0,2025
0,25	0,2551
0,30	0,3090
0,35	0,3647
0,40	0,4223
0,45	0,4825
0,50	0,5456

5. (a)

x_n	y_n
0,00	0,0000
0,10	0,0950
0,20	0,1818
0,30	0,2617
0,40	0,3357
0,50	0,4046

(b)

x_n	y_n
0,00	0,0000
0,05	0,0488
0,10	0,0952
0,15	0,1397
0,20	0,1822
0,25	0,2230
0,30	0,2622
0,35	0,2999
0,40	0,3363
0,45	0,3714
0,50	0,4053

7. (a)

x_n	y_n
0,00	0,5000
0,10	0,5213
0,20	0,5355
0,30	0,5438
0,40	0,5475
0,50	0,5482

(b)

x_n	y_n
0,00	0,5000
0,05	0,5116
0,10	0,5213
0,15	0,5293
0,20	0,5357
0,25	0,5406
0,30	0,5441
0,35	0,5466
0,40	0,5480
0,45	0,5487
0,50	0,5490

9. (a)

x_n	y_n
1,00	1,0000
1,10	1,0100
1,20	1,0410
1,30	1,0969
1,40	1,1857
1,50	1,3226

(b)

x_n	y_n
1,00	1,0000
1,05	1,0025
1,10	1,0101
1,15	1,0229
1,20	1,0415
1,25	1,0663
1,30	1,0983
1,35	1,1387
1,40	1,1891
1,45	1,2518
1,50	1,3301

11.

x_n	Euler	Euler melhorado	Taylor três termos
1,0	1,0000	1,0000	1,0000
1,1	1,2000	1,2469	1,2400
1,2	1,4938	1,6668	1,6345
1,3	1,9711	2,6427	2,4600
1,4	2,9060	8,7988	5,6353

13.

x_n	Euler melhorado	Taylor três termos	Valor verdadeiro
1,00	5,0000	5,0000	5,0000
1,10	5,5300	5,5300	5,5310
1,20	6,1262	6,1262	6,1284
1,30	6,7954	6,7954	6,7992
1,40	7,5454	7,5454	7,5510
1,50	8,3847	8,3847	8,3923

EXERCÍCIOS 9.4, p. 121-122

1.

x_n	y_n
1,00	5,0000
1,10	3,9724
1,20	3,2284
1,30	2,6945
1,40	2,3163
1,50	2,0533

3.

x_n	y_n
0,00	0,0000
0,10	0,1003
0,20	0,2027
0,30	0,3093
0,40	0,4228
0,50	0,5463

5.

x_n	y_n
0,00	0,0000
0,10	0,0953
0,20	0,1823
0,30	0,2624
0,40	0,3365
0,50	0,4055

7.

x_n	y_n
0,00	0,5000
0,10	0,5213
0,20	0,5358
0,30	0,5443
0,40	0,5482
0,50	0,5493

9.

x_n	y_n
1,00	1,0000
1,10	1,0101
1,20	1,0417
1,30	1,0989
1,40	1,1905
1,50	1,3333

11. $v(5) \approx 35{,}7678$

13.

1,93	12,50	36,46	47,23	49,00

15.

x_n	y_n
1,00	1,0000
1,10	1,2511
1,20	1,6934
1,30	2,9425
1,40	903,0283

EXERCÍCIOS 9.5, p. 125

1. $y(x) = -x + e^x; y(0,2) = 1{,}0214,\ y(0,4) = 1{,}0918,$
$y(0,6) = 1{,}2221,\ y(0,8) = 1{,}4255$

3.

x_n	y_n
0,00	1,0000
0,20	0,7328
0,40	0,6461
0,60	0,6585
0,80	0,7232

5.

x_n	y_n
0,00	0,0000
0,20	0,2027
0,40	0,4228
0,60	0,6841
0,80	1,0297
1,00	1,5569

x_n	y_n
0,00	0,0000
0,10	0,1003
0,20	0,2027
0,30	0,3093
0,40	0,4228
0,50	0,5463
0,60	0,6842
0,70	0,8423
0,80	1,0297
0,90	1,2603
1,00	1,5576

7.

x_n	y_n
0,00	0,0000
0,20	0,0026
0,40	0,0201
0,60	0,0630
0,80	0,1360
1,00	0,2385

x_n	y_n
0,00	0,0000
0,10	0,0003
0,20	0,0026
0,30	0,0087
0,40	0,0200
0,50	0,0379
0,60	0,0629
0,70	0,0956
0,80	0,1360
0,90	0,1837
1,00	0,2384

9.

x_n	y_n
0,00	1,0000
0,10	1,0052
0,20	1,0214
0,30	1.0499
0,40	1,0918

EXERCÍCIOS 9.6, p. 130-131

1. O método de Euler melhorado é um método de Runge-Kutta de segunda ordem; fazendo, pois, $k = 3$, $a = x_n$, $x = x_{n+1} = x_n + h$, vem

$$y(x_{n+1}) = y(x_n) + y'(x_n)h + y''(x_n)\frac{h^2}{2} + y^{(3)}(c)\frac{h^3}{3!}.$$

A dedução do método de Runge-Kutta exige que a fórmula concorde com a série de Taylor até o termo h^2, e assim o erro de truncamento local é $y^{(3)}(c)(h^3/3!)$.

3. Para o método de Runge-Kutta de quarta ordem, fazemos $k = 4$, $a = x_n$, $x = x_{n+1} = x_n + h$ e obtemos

$$y(x_{n+1}) = y(x_n) + y'(x_n)h + \cdots + y^{(4)}(x_n)\frac{h^4}{4!} + y^{(5)}(c)\frac{h^5}{5!}.$$

A dedução deste método de Runge-Kutta exige que a fórmula concorde com a série de Taylor até o termo h^4, e assim o erro de truncamento local é $y^{(5)}(c)(h^5/5!)$.

5. **(a)** $y_1 = 1{,}2200$

(b) $y^{(3)}(c)\frac{h^3}{3!} = 8e^{2c}\frac{h^3}{3!} \le 8e^{2(0,1)}\frac{(0,1)^3}{3!}$
$= 0{,}001629$

(c) O valor efetivo é $y(0,1) = e^{2(0,1)} = 1{,}221403$.
O erro é $1{,}221403 - 1{,}22 = 0{,}001403 \le 0{,}001629$.

(d) Se $h = 0{,}05$, $y_2 = 1{,}221025$.

(e) O erro com $h = 0{,}1$ é 0,001403.
O erro com $h = 0{,}05$ é $1{,}221403 - 1{,}221025 = 0{,}000378$.

7. **(a)** $y_1 = 1{,}221400$.

(b) $y^{(5)}(c)\frac{h^5}{5!} = 32e^{2c}\frac{h^5}{5!} \le 32e^{2(0,1)}\frac{(0,1)^5}{5!}$

$= 3{,}257\times10^{-6}$

(c) O valor efetivo é

$y(0,1) = e^{2(0,1)} = 1{,}221402758$.
O erro é $1{,}221402758 - 1{,}2214 = 2{,}758 \times 10^{-6} \le 3{,}257 \times 10^{-6}$.

(d) Se $h = 0{,}05$, $y_2 = 1{,}22140257$.

(e) O erro com $h = 0$ é $2{,}758 \times 10^{-6}$.
O erro com $h = 0{,}05$ é $1{,}873 \times 10^{-7}$.

9. **(a)** $y_1 = 0{,}8250$

(b) $y^{(3)}(c)\frac{h^3}{3!} = 10e^{-2c}\frac{h^3}{3!} \le 10e^{-2(0)}\frac{(0,1)^3}{3!}$
$= 0{,}001667$

(c) O valor efetivo é $y(0,1) = 0{,}8234$.
O erro é $0{,}8250 - 0{,}8234 = 0{,}001600 \le 0{,}001667$.

(d) Se $h = 0{,}05$, $y_2 = 0{,}8238$.

(e) O erro com $h = 0{,}1$ é 0,001600.
O erro com $h = 0{,}05$ é $0{,}008238 - 0{,}008234 = 0{,}0004$.

11. **(a)** $y_1 = 0{,}82341667$

(b) $y^{(5)}(c)\frac{h^5}{5!} = 40e^{-2c}\frac{h^5}{5!} \le 40e^{2(0)}\frac{(0,1)^5}{5!}$
$= 3{,}333\times10^{-6}$

(c) O valor efetivo é $y(0,1) = 0{,}8234134413$.
O erro é $3{,}225 \times10^{-6} \le 3{,}333 \times 10^{-6}$.

(d) Se $h = 0{,}05$, $y_2 = 0{,}82341363$.

(e) O erro com $h = 0{,}1$ é $3{,}225 \times 10^{-6}$.
O erro com $h = 0{,}05$ é $1{,}854 \times 10^{-7}$.

13. **(a)** $\left|y^{(3)}(c)\frac{h^3}{3!}\right| = 114e^{-3(c-1)}\frac{h^3}{3!}$

(b) $114e^{-3(c-1)}\frac{h^3}{3!} \le 114e^{-3(1-1)}\frac{(0,1)^3}{3!} = 0{,}019$

(c) Pelo Problema 3 nos Exercícios 9.2 com $h = 0{,}1$, $y_5 = 2{,}0801$.
Pelo Problema 3 nos Exercícios 9.2 com $h = 0{,}05$, $y_{10} = 2{,}0592$.

(d) O erro com $h = 0{,}1$ é 0,0269.
O erro com $h = 0{,}05$ é 0,0060.

15. **(a)** $\left|y^{(5)}(c)\frac{h^5}{5!}\right| = 1026e^{-3(c-1)}\frac{h^5}{5!}$

(b) $1026e^{-3(c-1)}\frac{h^5}{5!} \le 1026e^{-3(1-1)}\frac{(0,1)^5}{5!} = 8{,}55\times10^{-5}$

(c) Pelo cálculo com $h = 0{,}1$, $y_5 = 2{,}05333883$.
Pelo cálculo com $h = 0{,}05$, $y_{10} = 2{,}05322299$.

(d) O erro com $h = 0{,}1$ é 0,00012259.
O erro com $h = 0{,}05$ é 0,00006757.

17. **(a)** $y^{(3)}(c)\dfrac{h^3}{3!} = \dfrac{2}{(c+1)^3}\dfrac{h^3}{3!}$

(b) $\dfrac{2}{(c+1)^3}\dfrac{h^3}{3!} \le 2\dfrac{(0,1)^3}{3!} = 0,0003333$

(c) Pelo Problema 13(c) nos Exercícios 9.2 com $h = 0,1$, $y_5 = 0,40528104$.
Pelo Problema 13(c) nos Exercícios 9.2 com $h = 0,05$, $y_{10} = 0,40541888$.

(d) O erro com $h = 0,1$ é 0,0001840683428.
O erro com $h = 0,05$ é 0,00004622850912.

19. **(a)** $y^{(5)}(c)\dfrac{h^5}{5!} = \dfrac{24}{(c+1)^5}\dfrac{h^5}{5!}$

(b) $\dfrac{24}{(c+1)^5}\dfrac{h^3}{5!} \le 24\dfrac{(0,1)^3}{5!} = 2,0000\times 10^{-6}$

(c) Pelo cálculo com $h = 0,1$, $y_5 = 0,40546517$.
Pelo cálculo com $h = 0,05$, $y_{10} = 0,40546511$.

(d) O erro com $h = 0,1$ é $5,978114648 \times 10^{-8}$.
O erro com $h = 0,05$ é $3,38836742 \times 10^{-9}$.

EXERCÍCIOS 9.7, p. 134-135

1. $y(x) = -2e^{2x} + 5xe^{2x}$; $y(0,2) = -1,4918$, $y_2 = -1,6800$

3. $y_1 = -1,4928$, $y_2 = -1,4919$

5. $y_1 = 1,4640$, $y_2 = 1,4640$

7. $x_1 = 8,3055$, $y_1 = 3,4199$;
$x_2 = 8,3055$, $y_2 = 3,4199$

9. $x_1 = -3,9123$, $y_1 = 4,2857$;
$x_2 = -3,9123$, $y_2 = 4,2857$

EXERCÍCIOS 9.8, p. 139-140

1. $y_1 = -5,6774$
$y_2 = -2,5807$
$y_3 = 6,3226$

3. $y_1 = -0,2259$
$y_2 = -0,3356$
$y_3 = -0,3308$
$y_4 = -0,2167$

5. $y_1 = 3,3751$
$y_2 = 3,6306$
$y_3 = 3,6448$
$y_4 = 3,2355$
$y_5 = 2,1411$

7. $y_1 = 3,8842$
$y_2 = 2,9640$
$y_3 = 2,2064$
$y_4 = 1,5826$
$y_5 = 1,0681$
$y_6 = 0,6430$
$y_7 = 0,2913$

9. $y_1 = 0,2660$
$y_2 = 0,5097$
$y_3 = 0,7357$
$y_4 = 0,9471$
$y_5 = 1,1465$
$y_6 = 1,3353$
$y_7 = 1,5149$
$y_8 = 1,6855$
$y_9 = 1,8474$

11. $y_1 = 0,3492$
$y_2 = 0,7202$
$y_3 = 1,1363$
$y_4 = 1,6233$
$y_5 = 2,2118$
$y_6 = 2,9386$
$y_7 = 3,8490$

13. **(c)** $y_0 = -2,2755$
$y_1 = -2,0755$
$y_2 = -1,8589$
$y_3 = -1,6126$
$y_4 = -1,3275$

CAPÍTULO 9 EXERCÍCIOS DE REVISÃO, p. 141-142

1. Todas as isóclinas $y = cx$ são soluções da equação diferencial.

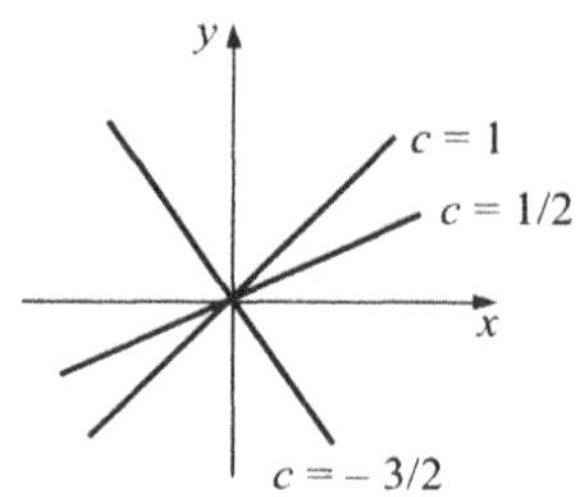

3. Comparação de métodos numéricos com h = 0,1

x_n	Euler	Euler melhorado	Taylor com três termos	Runge-Kutta
1,00	2,0000	2,0000	2,0000	2,0000
1,10	2,1386	2,1549	2,1556	2,1556
1,20	2,3097	2,3439	2,3453	2,3454
1,30	2,5136	2,5672	2,5694	2,5695
1,40	2,7504	2,8246	2,8277	2,8278
1,50	3,0201	3,1157	3,1198	3,1197

Comparação de métodos numéricos com h = 0,05

x_n	Euler	Euler melhorado	Taylor com três termos	Runge-Kutta
1,00	2,0000	2,0000	2,0000	2,0000
1,05	2,0693	2,0735	2,0735	2,0736
1,10	2,1469	2,1554	2,1556	2,1556
1,15	2,2329	2,2459	2,2462	2,2462
1,20	2,3272	2,3450	2,3454	2,3454
1,25	2,4299	2,4527	2,4532	2,4532
1,30	2,5410	2,5689	2,5695	2,5695
1,35	2,6604	2,6937	2,6944	2,6944
1,40	2,7883	2,8269	2,8278	2,8278
1,45	2,9245	2,9686	2,9696	2,9696
1,50	3,0690	3,1187	3,1198	3,1197

5. Comparação de métodos numéricos com h = 0,1

x_n	Euler	Euler melhorado	Taylor com três termos	Runge-Kutta
0,50	0,5000	0,5000	0,5000	0,5000
0,60	0,6000	0,6048	0,6050	0,6049
0,70	0,7095	0,7191	0,7195	0,7194
0,80	0,8283	0,8427	0,8433	0,8431
0,90	0,9559	0,9752	0,9759	0,9757
1,00	1,0921	1,1163	1,1172	1,1169

Comparação de métodos numéricos com h = 0,05

x_n	Euler	Euler melhorado	Taylor com três termos	Runge-Kutta
0,50	0,5000	0,5000	0,5000	0,5000
0,55	0,5500	0,5512	0,5512	0,5512
0,60	0,6024	0,6049	0,6049	0,6049
0,65	0,6573	0,6609	0,6610	0,6610
0,70	0,7144	0,7193	0,7194	0,7194
0,75	0,7739	0,7800	0,7802	0,7801
0,80	0,8356	0,8430	0,8431	0,8431
0,85	0,8996	0,9082	0,9083	0,9083
0,90	0,9657	0,9755	0,9757	0,9757
0,95	1,0340	1,0451	1,0453	1,0452
1,00	1,1044	1,1168	1,1170	1,1169

7. $h = 0{,}2;\ y(0{,}2) \approx 3{,}2$
$h = 0{,}1;\ y(0{,}2) \approx 3{,}23$

9. $x(0{,}2) \approx 1{,}62,\ y(0{,}2) \approx 1{,}84$

EXERCÍCIOS 10.1, p. 157-159

1. $x' = y$
$y' = -9 \operatorname{sen} x$; pontos críticos em $(\pm n\pi, 0)$

3. $x' = y$
$y' = x^2 + y(x^3 - 1)$; ponto crítico em $(0, 0)$

5. $x' = y$
$y' = \varepsilon x^3 - x'$

pontos críticos em $(0,0), \left(\frac{1}{\sqrt{\varepsilon}}, 0\right), \left(-\frac{1}{\sqrt{\varepsilon}}, 0\right)$

7. $(0, 0)$ e $(-1, -1)$

9. $(0, 0)$ e $\left(\frac{4}{3}, \frac{4}{3}\right)$

11. $(0, 0)$, $(10, 0)$, $(0, 16)$ e $(4, 12)$

13. $(0, y)$, y arbitrário

15. $(0, 0)$, $(0, 1)$, $(0, -1)$, $(1, 0)$, $(-1, 0)$

17. **(a)** $x = c_1 e^{5t} - c_2 e^{-t}$
$y = 2c_1 e^{5t} + c_2 e^{-t}$
(b) $x = -2e^{-t}$
$y = 2e^{-t}$
(c)

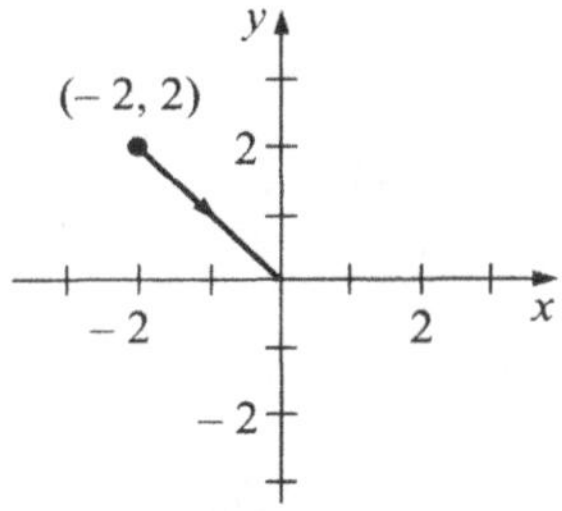

19. **(a)** $x = c_1(4\cos 3t - 3\operatorname{sen} 3t) + c_2(4\operatorname{sen} 3t + 3\cos 3t)$
$y = c_1(5\cos 3t) + c_2(5\operatorname{sen} 3t)$
(b) $x = 4\cos 3t - 3\operatorname{sen} 3t$
$y = 5\cos 3t$
(c)

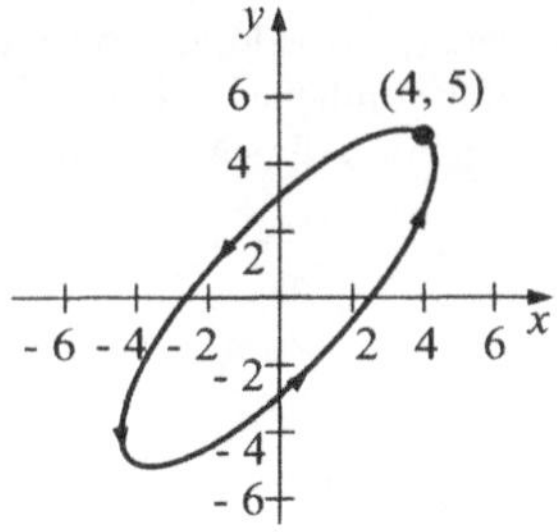

21. **(a)** $x = c_1(\operatorname{sen} t - \cos t)e^{4t} + c_2(-\operatorname{sen} t - \cos t)e^{4t}$
$y = 2c_1(\cos t)e^{4t} + 2c_2(\operatorname{sen} t)e^{4t}$
(b) $x = (\operatorname{sen} t - \cos t)e^{4t}$
$y = 2(\cos t)e^{4t}$

(c)

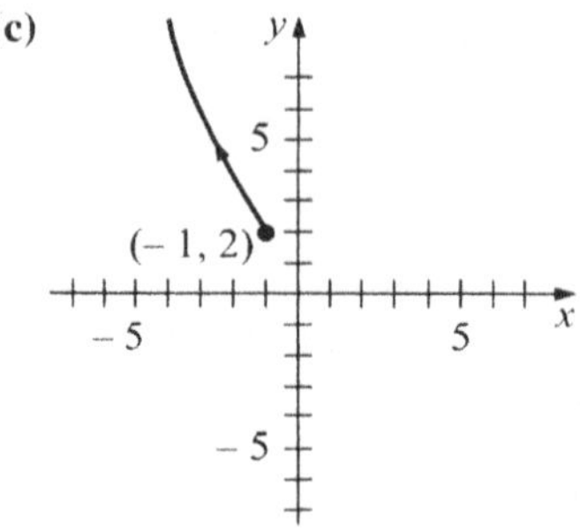

23. $r = \frac{1}{\sqrt[4]{4t + c_1}}$, $\theta = t + c_2$; $r = 4\frac{1}{\sqrt[4]{1024t + 1}}$, $\theta = t$; a solução espirala em direção à origem quando t cresce.

25. $r = \frac{1}{\sqrt{1 + c_1 e^{-2t}}}$, $\theta = t + c_2$; $r = 1$, $\theta = t$ (ou $x = \cos t$ e $y = \text{sen } t$) é a solução que satisfaz $\mathbf{X}(0) = (1, 0)$; $r = \frac{1}{\sqrt{1 - \frac{3}{4}e^{-2t}}}$, $\theta = t$ é a solução que satisfaz $\mathbf{X}(0) = (2, 0)$. Essa solução espirala para o círculo $r = 1$ quando t cresce.

27. Se $\mathbf{X}(t) = (x(t), y(t))$ é a solução, $(d/dt)\, f\,(x(t), y(t)) = (\partial f/dx)x'(t) + (\partial f/\partial y)y'(t) = QP - P = 0$. Portanto, $f(x(t), y(t)) = c$ para alguma constante c.

EXERCÍCIOS 10.2, p. 168-170

1. **(a)** Se $\mathbf{X}(0) = \mathbf{X}_0$ pertence à reta $y = 2x$, então $\mathbf{X}(t)$ tende para (0, 0) ao longo dessa reta. Para todas as outras condições iniciais, $\mathbf{X}(t)$ tende para (0, 0) segundo a direção determinada pela reta $y = -x/2$.

(b)

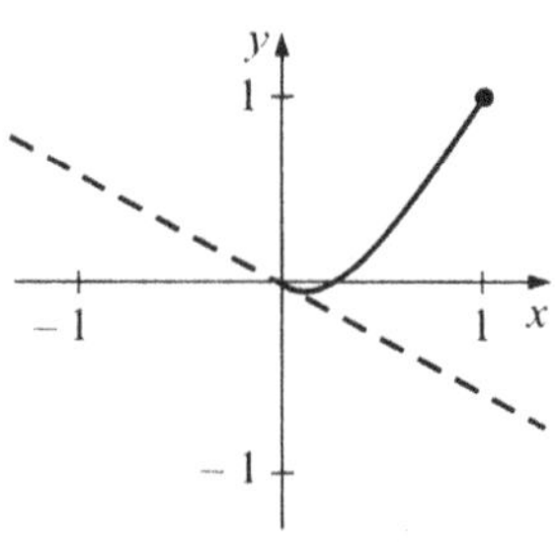

3. **(a)** Todas as soluções são espirais instáveis que ficam ilimitadas quando t cresce.

(b)

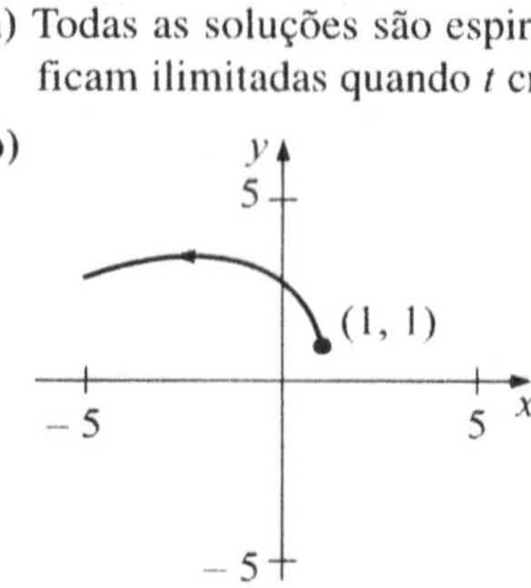

5. **(a)** Todas as soluções tendem para (0,0) segundo a direção determinada pela reta $y = x$.

(b)

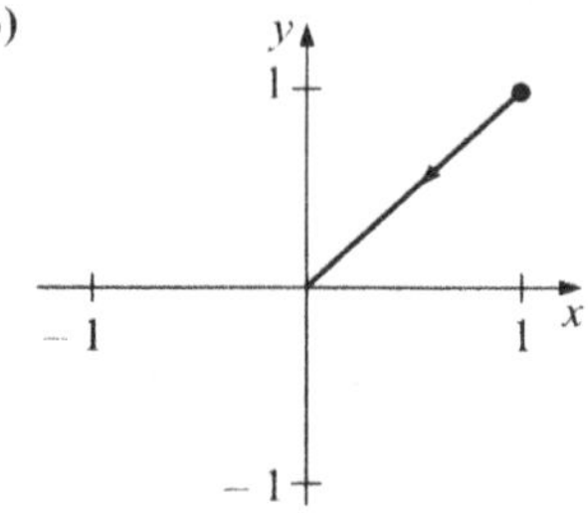

7. **(a)** Se $\mathbf{X}(0) = \mathbf{X}_0$ pertence à reta $y = 3x$, então $\mathbf{X}(t)$ tende para (0,0) ao longo desta reta. Para todas as outras condições iniciais, $\mathbf{X}(t)$ fica ilimitado e $y = x$ é assíntota.

(b)

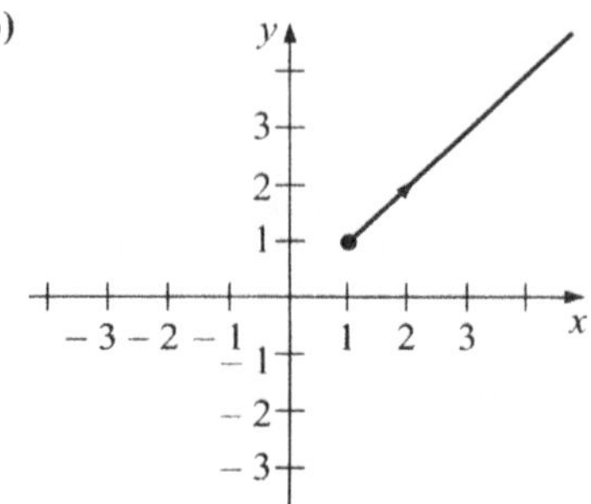

9. ponto de sela **11.** ponto de sela

13. nó estável degenerado **15.** espiral estável

17. $|\mu| < 1$

19. $\mu < -1$ para um ponto de sela; $-1 < \mu < 3$ para um ponto espiral instável

21. $\mathbf{X}(t) = \mathbf{X}_c(t) - \mathbf{A}^{-1}\mathbf{F}$ e $\mathbf{X}_c(t)$ tende para (0, 0) quando t cresce.

EXERCÍCIOS 10.3, p. 179

1. $r = r_0 e^{\alpha t}$

3. $x = 0$ é instável; $x = n + 1$ é assintoticamente estável.

5. $T = T_0$ é instável.

7. $x = \alpha$ é instável; $x = \beta$ é assintoticamente estável.

9. $P = a/b$ é assintoticamente estável; $P = c$ é instável.

11. $(\frac{1}{2}, 1)$ é um ponto espiral estável.

13. $(\sqrt{2}, 0)$ e $(-\sqrt{2}, 0)$ são pontos de sela; $(\frac{1}{2}, -\frac{7}{4})$ é um ponto espiral estável.

15. (1, 1) é um nó estável; (1, –1) é um ponto de sela; (2, 2) é um ponto de sela; (2, –2) é um ponto espiral instável.

17. (0, –1) é um ponto de sela; (0, 0) não está classificado; (0, 1) é estável, mas nada mais podemos dizer.

19. (0, 0) é um nó instável; (10, 0) é um ponto de sela; (0, 16) é um ponto de sela; (4, 12) é um nó estável.

21. $\theta = 0$ é um ponto de sela. Não é possível classificar $\theta = \pi/3$ nem $\theta = -\pi/3$.

23. Não é possível classificar $x = 0$.

25. Não é possível classificar $x = 0$, mas $x = 1/\sqrt{\varepsilon}$ e $x = -1/\sqrt{\varepsilon}$ são ambos pontos de sela.

27. $\tau = 0$ e $\Delta = \beta$. Portanto, (0, 0) é um ponto de sela se $\beta < 0$.

29. **(a)** (0, 0) é um ponto espiral estável.
(b) Para $\mathbf{X}_1$, $\Delta = -6{,}07298$.

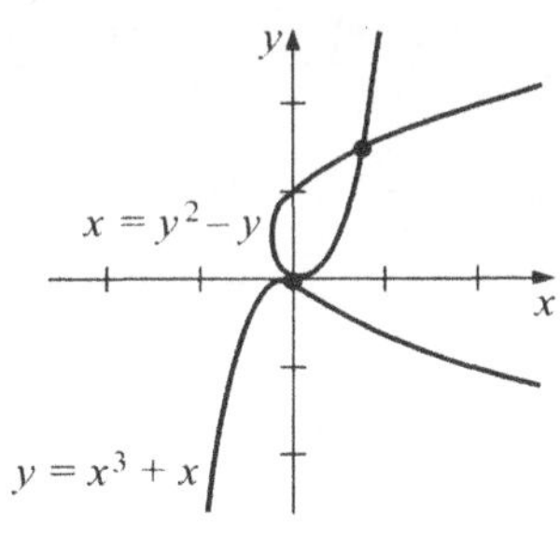

31. A solução que verifica $\mathbf{X}(0) = (x_0, 0)$ com $x_0 > 0$ é $y^2 = x_0^4 - x^4$, e se $-x_0 < x < x_0$, há dois valores correspondentes de y.

33. **(a)** Tanto em (1, 0) como em (–1, 0), $\tau = 0$ e $\Delta = 4$ e assim não podemos tirar qualquer conclusão.
(b) A figura exibe a família de círculos $(x - c)^2 + y^2 = c^2 - 1$.

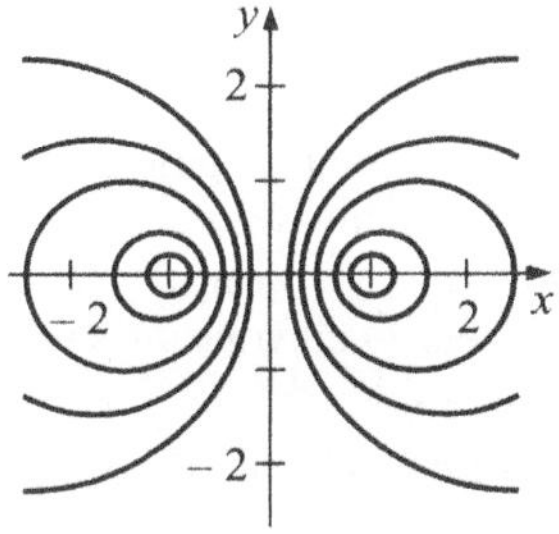

35. $|v_0| < \frac{1}{2}\sqrt{2}$

37. Se $\beta > 0$, (0, 0) é o único ponto crítico e é estável. Se $\beta < 0$, (0, 0), $(\hat{x}, 0)$ e $(-\hat{x}, 0)$, com $\hat{x}^2 = -\alpha/\beta$, são pontos críticos. (0, 0) é estável, enquanto que $(\hat{x}, 0)$ e $(-\hat{x}, 0)$ são ambos pontos de sela.

EXERCÍCIOS 10.4, p. 192-193

1. $|\omega_0| < \sqrt{\dfrac{3g}{L}}$

5. **(a)** Mostre primeiro que $y^2 = v_0^2 + g \ln\left(\dfrac{1 + x^2}{1 + x_0^2}\right)$.

7. Se $x_m < x_1 - x_M$, então $F(x_1) > F(x_m) = F(x_M)$. Fazendo $x = x_1$, obtemos
$$G(y) = \frac{c_0}{F(x_1)} = \frac{F(x_m)G(a/b)}{F(x_1)} < G(a/b)$$
e, pela Figura 10.28(b), há duas soluções, y_1 e y_2, de $G(y) = c_0/F(x_1)$ que satisfazem $y_1 < a/b < y_2$.

9. **(a)** O novo ponto crítico é $(d/c - \varepsilon_2/c,\ a/b + \varepsilon_1/b)$. Note que a nova equação diferencial é também uma equação diferencial do tipo predador-presa de Lotka-Volterra, e assim o novo ponto crítico é um centro.
(b) Sim

11. Fazendo $c = 1 - (K_1/K_2)\alpha_{21}$, mostre que $\tau = -r_1 + r_2c$, $\Delta = -r_1r_2c$, e $\tau^2 - 4\Delta = (cr_2 + r_1)^2$.

13. Mostre que $\alpha_{12}\alpha_{21} > 1$ e conclua que $\Delta < 0$.

15. **(a)** (0, 0) é o único ponto crítico.

(b) $\tau = 0$, $\Delta = k/m$, e assim (0, 0) é um centro, um ponto espiral estável ou um ponto espiral instável. Como (0, 0) deve ser assintoticamente estável (por considerações de ordem física), (0, 0) deve ser um ponto espiral estável.

17. Se (0, 0) fosse um ponto espiral estável, haveria um x com mais de dois valores correspondentes de y. Mas isto é impossível, porque $y^2 + 2F(x) = c$ tem no máximo duas soluções para um determinado valor de x.

19. Os pontos críticos são $(0, \beta)$ e $(\hat{x}, \hat{y})$, onde $\hat{y} = 1/(\alpha - 1)$ e $\hat{x} = \alpha(\beta - \hat{y})$. O ponto crítico $(\hat{x}, \hat{y})$ estará no primeiro quadrante desde que $\alpha > 1$ e $\beta - \hat{y} > 0$; isto é, $\beta > 1/(\alpha - 1)$. Mostre que $\Delta = ((\alpha - 1)^2/\alpha^2)\hat{x}$, $\tau = -(\Delta + 1)$ e $\tau^2 - 4\Delta = (\Delta - 1)^2$ para concluir que $(\hat{x}, \hat{y})$ é um nó estável.

CAPÍTULO 10 EXERCÍCIOS DE REVISÃO, p. 196-198

1. verdadeiro **3.** centro ou ponto de sela.

5. falso **7.** falso

9. $r = 1/\sqrt[3]{3t+1}, \theta = t$. A curva solução espirala em direção à origem.

11. **(a)** centro; **(b)** nó estável degenerado

13. nó estável para $\mu < -2$; ponto espiral estável para $-2 < \mu < 0$; ponto espiral instável para $0 < \mu < 2$; nó instável para $\mu > 2$.

15. Mostre que $y^2 = (1 + x_0^2 - x^2)^2 - 1$.

17. **(a)** (0,0) é ponto espiral estável caso

$$\beta < 2ml\sqrt{g/l - \omega^2}.$$

(b) $(\hat{x}, 0)$ e $(-\hat{x}, 0)$ são pontos espirais estáveis caso

$$\beta < 2ml\sqrt{\omega^2 - g^2/(\omega^2 l^2)}.$$

EXERCÍCIOS 11.1, p. 205-206

1. $$\int_{-2}^{2} x \cdot x^2 dx = \left.\frac{x^4}{4}\right|_{-2}^{2} = 4 - 4 = 0$$

3. $$\int_0^2 e^x(xe^{-x} - e^{-x})dx = \int_0^2 (x-1)dx = \left.\frac{x^2}{2} - x\right|_0^2 = 0$$

5. $$\int_{-\pi/2}^{\pi/2} x\cos 2x\, dx = \left[\tfrac{1}{2}x\,\text{sen}\,2x + \tfrac{1}{4}\cos 2x\right]_{-\pi/2}^{\pi/2} = -\tfrac{1}{4} + \tfrac{1}{4} = 0$$

7. $$\int_0^{\pi/2} \text{sen}(2m+1)x\,\text{sen}(2n+1)x\,dx$$
$$= \frac{1}{2}\int_0^{\pi/2}[\cos 2(m-n)x - \cos 2(m+n+1)x]\,dx$$
$$= \frac{1}{4}\left[\frac{\text{sen}\,2(m-n)x}{m-n} - \frac{\text{sen}\,2(m+n+1)x}{m+n+1}\right]_0^{\pi/2}$$
$$= 0,\ m \neq n;\ \sqrt{\pi/2}$$

9. $$\int_0^{\pi} \text{sen}\,mx\,\text{sen}\,nx\,dx$$
$$= \frac{1}{2}\int_0^{\pi}[\cos(m-n)x - \cos(m+n)x]\,dx$$
$$= \frac{1}{2}\left[\frac{\text{sen}(m-n)x}{m-n} - \frac{\text{sen}(m+n)x}{m+n}\right]_0^{\pi}$$
$$= 0,\ m \neq n;\ \sqrt{\pi/2}$$

11. $$\int_0^p \cos\frac{n\pi}{p}x\,dx = \left.\frac{p}{n\pi}\text{sen}\frac{n\pi}{p}x\right|_0^p = 0,\ n \neq 0;$$
$$\int_0^p \cos\frac{m\pi}{p}x\cos\frac{n\pi}{p}x\,dx$$
$$= \frac{1}{2}\int_0^p\left[\cos\frac{(m-n)\pi}{p}x + \cos\frac{(m+n)\pi}{p}x\right]dx$$
$$= \frac{p}{2\pi}\left[\frac{\text{sen}\frac{(m-n)\pi}{p}x}{m-n} + \frac{\text{sen}\frac{(m+n)\pi}{p}x}{m+n}\right]_0^p$$
$$= 0,\ m \neq n;\ \|1\| = \sqrt{p},\ \left\|\cos\frac{n\pi}{p}x\right\| = \sqrt{p/2}$$

13. Por exemplo,

$$\int_{-\infty}^{\infty} e^{-x^2} H_0(x)H_1(x)\,dx = \int_{-\infty}^{\infty} e^{-x^2}(2x)\,dx$$

$$= -\int_{-\infty}^{0} e^{-x^2}(-2x\,dx) - \int_{0}^{\infty} e^{-x^2}(-2x\,dx)$$

$$= -e^{-x^2}\Big|_{-\infty}^{0} - e^{-x^2}\Big|_{0}^{\infty} = -1-(-1) = 0.$$

Os resultados $\int_{-\infty}^{\infty} e^{-x^2} H_0(x)H_2(x)\,dx = 0$

e $\int_{-\infty}^{\infty} e^{-x^2} H_1(x)H_2(x)\,dx = 0$

se obtêm mediante integração por partes.

15. $\int_a^b \phi_n(x)\,dx = \int_a^b \phi_0(x)\phi_n(x)\,dx$

$= 0$ para $n = 1, 2, 3, \ldots$

17.

$$\| \phi_m(x)+\phi_n(x)\|^2$$

$$= \int_b^a [\phi_m(x)+\phi_n(x)]^2\,dx$$

$$= \int_b^a \phi_m^2(x)\,dx + 2\underbrace{\int_b^a \phi_m(x)\,\phi_n(x)\,dx}_{\text{por ortogonalidade}} + \int_b^a \phi_n^2(x)\,dx$$

$$= \int_b^a \phi_m^2(x)\,dx + \int_b^a \phi_n^2(x)\,dx$$

$$= \| \phi_m(x)\|^2 + \| \phi_n(x)\|^2$$

19. A função não-trivial $f(x) = x^2$ é ortogonal a cada função no conjunto ortogonal.

EXERCÍCIOS 11.2, p. 210-212

1. $f(x) = \frac{1}{2} + \frac{1}{\pi}\sum_{n=1}^{\infty} \frac{1-(-1)^n}{n} \operatorname{sen} nx$

3. $f(x) = \frac{3}{4} + \sum_{n=1}^{\infty}\left\{\frac{(-1)^n-1}{n^2\pi^2}\cos n\pi x - \frac{1}{n\pi}\operatorname{sen} n\pi x\right\}$

5. $f(x) = \frac{\pi^2}{6} + \sum_{n=1}^{\infty}\left\{\frac{2(-1)^n}{n^2}\cos nx + \left(\frac{(-1)^{n+1}\pi}{n} + \frac{2}{\pi n^3}[(-1)^n - 1]\right)\operatorname{sen} nx\right\}$

7. $f(x) = \pi + 2\sum_{n=1}^{\infty}\frac{(-1)^{n+1}}{n}\operatorname{sen} nx$

9. $f(x) = \frac{1}{\pi} + \frac{1}{2}\operatorname{sen} x + \frac{1}{\pi}\sum_{n=2}^{\infty}\frac{(-1)^n+1}{1-n^2}\cos nx$

11. $f(x) = -\frac{1}{4} + \frac{1}{\pi}\sum_{n=1}^{\infty}\left\{-\frac{1}{n}\operatorname{sen}\frac{n\pi}{2}\cos\frac{n\pi}{2}x + \frac{3}{n}\left(1-\cos\frac{n\pi}{2}\right)\operatorname{sen}\frac{n\pi}{2}x\right\}$

13. $f(x) = \frac{9}{4} + 5\sum_{n=1}^{\infty}\left\{\frac{(-1)^n-1}{n^2\pi^2}\cos\frac{n\pi}{5}x + \frac{(-1)^{n+1}}{n\pi}\operatorname{sen}\frac{n\pi}{5}x\right\}$

15. $f(x) = \frac{2\operatorname{senh}\pi}{\pi}\left[\frac{1}{2} + \sum_{n=1}^{\infty}\frac{(-1)^n}{1+n^2}(\cos nx - n\operatorname{sen} nx)\right]$

17. No extremo $x = \pi$, a série convergirá para

$$\frac{f(\pi-)+f(-\pi+)}{2} = \frac{\pi^2}{2}.$$

Fazendo $x = \pi$ na série, vem

$$\frac{\pi^2}{6} + 2\sum_{n=1}^{\infty}\frac{1}{n^2}.$$

Igualando os dois resultados,

$$\frac{\pi^2}{6} = \sum_{n=1}^{\infty}\frac{1}{n^2} = 1 + \frac{1}{2^2} + \frac{1}{3^2} + \frac{1}{4^2} + \cdots.$$

Mas em $x = 0$ a série converge para

$$f(0) = 0 = \frac{\pi^2}{6} + \sum_{n=1}^{\infty}\frac{2(-1)^n}{n^2}.$$

Isto implica

$$\frac{\pi^2}{12} = \sum_{n=1}^{\infty}\frac{(-1)^{n+1}}{n^2} = 1 - \frac{1}{2^2} + \frac{1}{3^2} - \frac{1}{4^2} + \cdots.$$

19. Faça $x = \pi/2$.

EXERCÍCIOS 11.3, p. 221-223

1. ímpar **3.** nem par nem ímpar **5.** par

7. ímpar **9.** nem par nem ímpar

11. $f(x) = \frac{2}{\pi}\sum_{n=1}^{\infty}\frac{1-(-1)^n}{n}\operatorname{sen} nx$

13. $f(x) = \frac{\pi}{2} + \frac{2}{\pi}\sum_{n=1}^{\infty}\frac{(-1)^n-1}{n^2}\cos nx$

15. $f(x)=\frac{1}{3}+\frac{4}{\pi^2}\sum_{n=1}^{\infty}\frac{(-1)^n}{n^2}\cos n\pi x$

17. $f(x)=\frac{2\pi^2}{3}+4\sum_{n=1}^{\infty}\frac{(-1)^{n+1}}{n^2}\cos nx$

19. $f(x)=\frac{2}{\pi}\sum_{n=1}^{\infty}\frac{1-(-1)^n(1+\pi)}{n}\operatorname{sen} nx$

21. $f(x)=\frac{3}{4}+\frac{4}{\pi^2}\sum_{n=1}^{\infty}\frac{\cos\frac{n\pi}{2}-1}{n^2}\cos\frac{n\pi}{2}x$

23. $f(x)=\frac{2}{\pi}+\frac{2}{\pi}\sum_{n=2}^{\infty}\frac{1+(-1)^n}{1-n^2}\cos nx$

25. $f(x)=\frac{1}{2}+\frac{2}{\pi}\sum_{n=1}^{\infty}\frac{\operatorname{sen}\frac{n\pi}{2}}{n}\cos n\pi x$

$f(x)=\frac{2}{\pi}\sum_{n=1}^{\infty}\frac{1-\cos\frac{n\pi}{2}}{n}\operatorname{sen} n\pi x$

27. $f(x)=\frac{2}{\pi}+\frac{4}{\pi}\sum_{n=1}^{\infty}\frac{(-1)^n}{1-4n^2}\cos 2nx$

$f(x)=\frac{8}{\pi}\sum_{n=1}^{\infty}\frac{n}{4n^2-1}\operatorname{sen} 2nx$

29. $f(x)=\frac{\pi}{4}+\frac{2}{\pi}\sum_{n=1}^{\infty}\frac{2\cos\frac{n\pi}{2}-(-1)^n-1}{n^2}\cos nx$

$f(x)=\frac{4}{\pi}\sum_{n=1}^{\infty}\frac{\operatorname{sen}\frac{n\pi}{2}}{n^2}\operatorname{sen} nx$

31. $f(x)=\frac{3}{4}+\frac{4}{\pi^2}\sum_{n=1}^{\infty}\frac{\cos\frac{n\pi}{2}}{n^2}\cos\frac{n\pi}{2}x$

$f(x)=\sum_{n=1}^{\infty}\left\{\frac{4}{n^2\pi^2}\operatorname{sen}\frac{n\pi}{2}-\frac{2}{n\pi}(-1)^n\right\}\operatorname{sen}\frac{n\pi}{2}x$

33. $f(x)=\frac{5}{6}+\frac{2}{\pi^2}\sum_{n=1}^{\infty}\frac{3(-1)^n-1}{n^2}\cos n\pi x$

$f(x)=4\sum_{n=1}^{\infty}\left\{\frac{(-1)^{n+1}}{n\pi}+\frac{(-1)^n-1}{n^3\pi^3}\right\}\operatorname{sen} n\pi x$

35. $f(x)=\frac{4\pi^2}{3}+4\sum_{n=1}^{\infty}\left\{\frac{1}{n^2}\cos nx-\frac{\pi}{n}\operatorname{sen} nx\right\}$

37. $f(x)=\frac{3}{2}-\frac{1}{\pi}\sum_{n=1}^{\infty}\frac{1}{n}\operatorname{sen} 2n\pi x$

39. $x_p(t)=\frac{10}{\pi}\sum_{n=1}^{\infty}\frac{1-(-1)^n}{n(10-n^2)}\operatorname{sen} nt$

41. $x_p(t)=\frac{\pi^2}{18}+16\sum_{n=1}^{\infty}\frac{1}{n^2(n^2-48)}\cos nt$

43. **(b)** $y(x)=\frac{2w_0L^4}{EI\pi^5}\sum_{n=1}^{\infty}\frac{(-1)^{n+1}}{n^5}\operatorname{sen}\frac{n\pi}{L}x$

45. Sejam f e g funções pares. Definindo $F(x)=f(x)g(x)$. Então
$F(-x)=f(-x)g(-x)=f(x)g(x)=F(x)$.

47. Sejam f e g funções pares. Definindo $F(x)=f(x)+g(x)$. Então
$F(-x)=f(-x)+g(-x)=f(x)+g(x)=F(x)$.

49. Seja f uma função ímpar. Então,

$$\int_b^a f(x)\,dx=\int_{-a}^0 f(x)\,dx+\int_0^a f(x)\,dx=I_1+I_2.$$

Em I_1 façamos $-x=t$ e $-dx=dt$; assim

$$I_1=\int_a^0 f(-t)(-dt)=\int_0^a f(-t)\,dt$$

$$=-\int_0^a f(t)\,dt=-I_2.$$

Portanto, $I_1+I_2=0$.

51. Somando os resultados dos Problemas 13 e 14 e dividindo por 2 vem

$$\frac{\pi}{4}+\sum_{n=1}^{\infty}\left\{\frac{(-1)^n-1}{\pi n^2}\cos nx+\frac{(-1)^{n+1}}{n}\operatorname{sen} nx\right\}.$$

53. $f(x,y)=\frac{1}{4}+\frac{1}{\pi^2}\sum_{m=1}^{\infty}\frac{(-1)^m-1}{m^2}\cos m\pi x$

$+\frac{1}{\pi^2}\sum_{n=1}^{\infty}\frac{(-1)^n-1}{n^2}\cos n\pi y$

$+\frac{4}{\pi^4}\sum_{m=1}^{\infty}\sum_{n=1}^{\infty}\frac{[(-1)^m-1][(-1)^n-1]}{m^2n^2}$

$\times\cos m\pi x\cos n\pi y$

EXERCÍCIOS 11.4, p. 231-232

1. $\lambda = n^2, n = 1, 2, 3, \ldots;$
$y = \text{sen}\, nx$

3. $\lambda = (2n-1)^2\pi^2/4L^2, n = 1, 2, 3, \ldots;$
$y = \cos((2n-1)\pi x/2L)$

5. $\lambda = n^2, n = 0, 1, 2, \ldots;$
$y = \cos nx$

7. $\lambda_n = x_n^2$, onde os x_n, $n = 1, 2, 3, \ldots$, são as raízes positivas consecutivas de $\cot\sqrt{\lambda} = \sqrt{\lambda}$; $y = \cos\sqrt{\lambda_n x}$

9. $\lambda = n^2\pi^2/25, n = 1, 2, 3, \ldots;$
$y = e^{-x}\,\text{sen}(n\pi x/5)$

11. $\lambda = n\pi/L, n = 1, 2, 3, \ldots;$
$y = \text{sen}(n\pi x/L)$

15. $\lambda = n^2, n = 1, 2, 3, \ldots;$
$y = \text{sen}(n \ln x);$
$\frac{d}{dx}[xy'] + \lambda \frac{1}{x} y = 0;$
$\int_1^{e^\pi} \frac{1}{x}\,\text{sen}(m \ln x)\,\text{sen}(n \ln x)\,dx = 0,\ m \neq n$

17. $\frac{1}{2}\left[1 + \text{sen}^2\sqrt{\lambda_n}\right]$

19. $\frac{d}{dx}[xe^{-x}y'] + ne^{-x}y = 0;$
$\int_0^\infty e^{-x} L_m(x)\, L_n\, dx = 0,\ m \neq n$

21. $\lambda_1 = 4{,}1159,\ \lambda_2 = 24{,}1393,$
$\lambda_3 = 63{,}6592,\ \lambda_4 = 122{,}8883$

23. Como $r(a) = r(b)$ e
$y_n(a) = y_n(b),\quad y_m(a) = y_m(b)$
$y_n'(a) = y_n'(b),\quad y_m'(a) = y_m'(b)$
o membro direito de (8) se escreve
$r(a)[y_m(a)y_n'(a) - y_n(a)y_m'(a)$
$\quad - y_m(a)y_n'(a) + y_n(a)y_m'(a)] = 0.$

EXERCÍCIOS 11.5, p. 238-239

1. 1,277; 2,339; 3,391; 4,441

3. $f(x) = \sum_{i=1}^{\infty} \frac{1}{\lambda_i J_1(2\lambda_i)} J_0(\lambda_i x)$

5. $f(x) = 4\sum_{i=1}^{\infty} \frac{\lambda_i J_1(2\lambda_i)}{(4\lambda_i^2+1)J_0^2(2\lambda_i)} J_0(\lambda_i x)$

7. $f(x) = 20\sum_{i=1}^{\infty} \frac{\lambda_i J_2(4\lambda_i)}{(2\lambda_i^2+1)J_1^2(4\lambda_i)} J_1(\lambda_i x)$

9. $f(x) = \frac{9}{2} - 4\sum_{i=1}^{\infty} \frac{J_2(3\lambda_i)}{\lambda_i^2 J_0^2(3\lambda_i)} J_0(\lambda_i x)$

11. $f(x) = \frac{1}{3}P_0(x) + \frac{2}{3}P_2(x)$

13. $f(x) = \frac{1}{4}P_0(x) + \frac{1}{2}P_1(x) + \frac{5}{16}P_2(x) - \frac{3}{32}P_4(x) + \cdots.$

15. Use $\cos 2\theta = 2\cos^2\theta - 1$.

19. $f(x) = \frac{1}{2}P_0(x) + \frac{5}{8}P_2(x) - \frac{3}{16}P_4(x) + \cdots;$
$f(x) = |x|$ em $(-1, 1)$

CAPÍTULO 11 EXERCÍCIOS DE REVISÃO, p. 240-241

1. verdadeiro **3.** cosseno **5.** $\frac{3}{2}$ **7.** falso

9. $\frac{1}{\sqrt{1-x^2}}, -1 \le x \le 1$

11.
$$\int_0^L \text{sen}\frac{(2m+1)\pi}{2L}x\,\text{sen}\frac{(2n+1)\pi}{2L}x\,dx$$
$$= \frac{1}{2}\int_0^L \left[\cos\frac{(m-n)\pi}{L}x - \cos\frac{(m+n+1)\pi}{L}x\right]dx$$
$$= \frac{L}{2\pi}\left[\frac{\text{sen}\frac{(m-n)\pi}{L}x}{m-n} - \frac{\text{sen}\frac{(m+n+1)\pi}{L}x}{m+n+1}\right]_0^L$$
$$= 0,\quad m \neq n$$

13. $$f(x) = \frac{1}{2} + \frac{2}{\pi}\sum_{n=1}^{\infty}\left\{\frac{1}{n^2\pi}[(-1)^n - 1]\cos n\pi x + \frac{2}{n}(-1)^n\,\text{sen}\, n\pi x\right\}$$

15. $f(x) = 1 - e^{-1} + 2\sum_{n=1}^{\infty} \frac{1-(-1)^n e^{-1}}{1+n^2\pi^2}\cos n\pi x$

17. $\lambda = (2n-1)^2\pi^2/36,\ n = 1, 2, 3, \ldots;$
$y = \cos\left(\frac{2n-1}{2}\pi \ln x\right)$

19. $f(x)=\frac{1}{4}\sum_{i=1}^{\infty}\frac{J_1(2\lambda_i)}{\lambda_i J_1^2(4\lambda_i)}J_0(\lambda_i x)$

EXERCÍCIOS 12.1, p. 247-248

1. Os casos possíveis podem resumir-se em uma única forma $u=c_1e^{c_2(x+y)}$ onde c_1 e c_2 são constantes.

3. $u=c_1e^{y+c_2(x-y)}$ **5.** $u=c_1(xy)^{c_2}$

7. não-separável

9. $u=e^{-t}(A_1e^{k\lambda^2t}\cosh\lambda x+B_1e^{k\lambda^2t}\operatorname{senh}\lambda x)$
$u=e^{-t}(A_2e^{-k\lambda^2t}\cos\lambda x+B_2e^{-k\lambda^2t}\operatorname{sen}\lambda x)$
$u=(c_7x+c_8)c_9e^{-t}$

11. $u=(c_1\cosh\lambda x+c_2\operatorname{senh}\lambda x)(c_3\cosh\lambda at+c_4\operatorname{senh}\lambda at)$
$u=(c_5\cos\lambda x+c_6\operatorname{sen}\lambda x)(c_7\cos\lambda at+c_8\operatorname{sen}\lambda at)$
$u=(c_9x+c_{10})(c_{11}t+c_{12})$

13. $u=(c_1\cosh\lambda x+c_2\operatorname{senh}\lambda x)(c_3\cos\lambda y+c_4\operatorname{sen}\lambda y)$
$u=(c_5\cos\lambda x+c_6\operatorname{sen}\lambda x)(c_7\cosh\lambda y+c_8\operatorname{senh}\lambda y)$
$u=(c_9x+c_{10})(c_{11}y+c_{12})$

15. Para $\lambda^2>0$, há três possibilidades:
$u=(c_1\cosh\lambda x+c_2\operatorname{senh}\lambda x)(c_3\cosh\sqrt{1-\lambda^2}\,y+c_4\operatorname{senh}\sqrt{1-\lambda^2}\,y),\ \lambda^2<1$
$u=(c_1\cosh\lambda x+c_2\operatorname{senh}\lambda x)(c_3\cos\sqrt{\lambda^2-1}\,y+c_4\operatorname{sen}\sqrt{\lambda^2-1}\,y),\ \lambda^2>1$
$u=(c_1\cosh x+c_2\operatorname{senh}x)\times(c_3y+c_4),\ \lambda^2=1$
Os resultados para o caso $-\lambda^2<0$ são análogos. Para $\lambda^2=0$ temos
$u=(c_1x+c_2)(c_3\cosh y+c_4\operatorname{senh}y)$.

17. elíptico **19.** parabólico **21.** hiperbólico

23. parabólico **25.** hiperbólico

27. Com $-\lambda^2$ como constante de separação, obtemos
$$T'+k\lambda^2T=0$$
$$rR''+R'+\lambda^2rR=0,$$
Essa última equação pode ser escrita como
$$r^2R''+rR'+\lambda^2r^2R=0$$
que reconhecemos como uma equação de Bessel com $v=0$. As soluções das equações respectivas são as indicadas no problema.

29. $u=e^{n(-3x+y)},\ u=e^{m(2x+y)}$

31. A equação $x^2+4y^2=4$ define uma elipse. A equação diferencial parcial é hiperbólica fora da elipse, parabólica na elipse e elíptica no interior da elipse.

EXERCÍCIOS 12.2, p. 255-256

1. $k\frac{\partial^2u}{\partial x^2}=\frac{\partial u}{\partial t},\ 0<x<L,\ t>0$
$u(0,t)=0,\ \left.\frac{\partial u}{\partial x}\right|_{x=L}=0,\ t>0$
$u(x,0)=f(x),\ 0<x<L$

3. $k\frac{\partial^2u}{\partial x^2}=\frac{\partial u}{\partial t},\ 0<x<L,\ t>0$
$u(0,t)=100,\ \left.\frac{\partial u}{\partial x}\right|_{x=L}=hu(L,t),\ t>0$
$u(x,0)=f(x),\ 0<x<L$

5. $a^2\frac{\partial^2u}{\partial x^2}=\frac{\partial^2u}{\partial t^2},\ 0<x<L,\ t>0$
$u(0,t)=0,\ u(L,t)=0,\ t>0$
$u(x,0)=x(L-x),\ \left.\frac{\partial u}{\partial t}\right|_{t=0}=0,\ 0<x<L$

7. $a^2\frac{\partial^2u}{\partial x^2}-2\beta\frac{\partial u}{\partial t}=\frac{\partial^2u}{\partial t^2},\ 0<x<L,\ t>0$
$u(0,t)=0,\ u(L,t)=\operatorname{sen}\pi t,\ t>0$
$u(x,0)=f(x),\ \left.\frac{\partial u}{\partial t}\right|_{t=0}=0,\ 0<x<L$

9. $\dfrac{\partial^2 u}{\partial x^2}+\dfrac{\partial^2 u}{\partial y^2}=0,\ 0<x<4,\ 0<y<2$

$\left.\dfrac{\partial u}{\partial x}\right|_{x=0}=0,\ u(4,y)=f(y),\ 0<y<2$

$\left.\dfrac{\partial u}{\partial y}\right|_{y=0}=0,\ u(x,2)=0,\ 0<x<4$

EXERCÍCIOS 12.3, p.258-259

1. $u(x,\ t)=\frac{2}{\pi}\sum_{n=1}^{\infty}\left(\frac{-\cos\frac{n\pi}{2}+1}{n}\right)e^{-k(n^2\pi^2/L^2)t}\ \text{sen}\,\frac{n\pi}{L}x$

3. $u(x,\ t)=\dfrac{1}{L}\displaystyle\int_0^L f(x)\,dx$

$+\dfrac{2}{L}\displaystyle\sum_{n=1}^{\infty}\left(\int_0^L f(x)\cos\frac{n\pi}{L}x\,dx\right)$

$\times e^{-k(n^2\pi^2/L^2)t}\cos\dfrac{n\pi}{L}x$

5. $u(x,t)=e^{-ht}\left[\dfrac{1}{L}\displaystyle\int_0^L f(x)\,dx\right.$

$+\dfrac{2}{L}\displaystyle\sum_{n=1}^{\infty}\left(\int_0^L f(x)\cos\frac{n\pi}{L}x\,dx\right)$

$\left.\times e^{-k(n^2\pi^2/L^2)t}\cos\dfrac{n\pi}{L}x\right]$

EXERCÍCIOS 12.4, p. 262-265

1. $u(x,t)=\dfrac{L^2}{\pi^3}\displaystyle\sum_{n=1}^{\infty}\frac{1-(-1)^n}{n^3}\cos\frac{n\pi a}{L}t\ \text{sen}\,\frac{n\pi}{L}x$

3. $u(x,t)=\dfrac{6\sqrt{3}}{\pi^2}\left(\cos\dfrac{\pi a}{L}t\ \text{sen}\,\dfrac{\pi}{L}x\right.$

$-\dfrac{1}{5^2}\cos\dfrac{5\pi a}{L}t\ \text{sen}\,\dfrac{5\pi}{L}x$

$\left.+\dfrac{1}{7^2}\cos\dfrac{7\pi a}{L}t\ \text{sen}\,\dfrac{7\pi}{L}x-\cdots\right)$

5. $u(x,t)=\dfrac{1}{a}\,\text{sen}\,at\ \text{sen}\,x$

7. $u(x,t)=\dfrac{8h}{\pi^2}\displaystyle\sum_{n=1}^{\infty}\frac{\text{sen}\,\frac{n\pi}{2}}{n^2}\cos\frac{n\pi a}{L}t\ \text{sen}\,\frac{n\pi}{L}x$

9. $u(x,t)=e^{-\beta t}\displaystyle\sum_{n=1}^{\infty}A_n\{\cos q_n t+\frac{\beta}{q_n}\text{sen}\,q_n t\}\,\text{sen}\,nx,$

onde $A_n=\dfrac{2}{\pi}\displaystyle\int_0^{\pi}f(x)\,\text{sen}\,nx\,dx$ e $q_n=\sqrt{n^2-\beta^2}$

11. $u(x,t)=\displaystyle\sum_{n=1}^{\infty}\left(A_n\cos\frac{n^2\pi^2}{L^2}at+B_n\,\text{sen}\,\frac{n^2\pi^2}{L^2}at\right)$

$\times\,\text{sen}\,\dfrac{n\pi}{L}x,$

onde $A_n=\dfrac{2}{L}\displaystyle\int_0^L f(x)\,\text{sen}\,\frac{n\pi}{L}x\,dx$

$B_n=\dfrac{2L}{n^2\pi^2 a}\displaystyle\int_0^L g(x)\,\text{sen}\,\frac{n\pi}{L}x\,dx$

15. $u(x,t)=t+\text{sen}\,x\cos at$

17. $u(x,t)=\dfrac{1}{2a}\,\text{sen}\,2x\ \text{sen}\,2at$

EXERCÍCIOS 12.5, p. 269-270

1. $u(x,y)=\dfrac{2}{a}\displaystyle\sum_{n=1}^{\infty}\left(\frac{1}{\text{senh}\,\frac{n\pi}{a}b}\int_0^a f(x)\,\text{sen}\,\frac{n\pi}{a}x\,dx\right)$

$\times\,\text{sen}\,\dfrac{n\pi}{a}y\ \text{sen}\,\dfrac{n\pi}{a}x$

3. $u(x,y)=\dfrac{2}{a}\displaystyle\sum_{n=1}^{\infty}\left(\frac{1}{\text{senh}\,\frac{n\pi}{a}b}\int_0^a f(x)\,\text{sen}\,\frac{n\pi}{a}x\,dx\right)$

$\times\,\text{senh}\,\dfrac{n\pi}{a}(b-y)\ \text{sen}\,\dfrac{n\pi}{a}x$

5. $u(x,y)=\dfrac{1}{2}x+\dfrac{2}{\pi^2}\displaystyle\sum_{n=1}^{\infty}\frac{1-(-1)^n}{n^2\,\text{senh}\,n\pi}\,\text{senh}\,n\pi x\cos n\pi y$

7. $u(x,y)=\dfrac{2}{\pi}\displaystyle\sum_{n=1}^{\infty}\frac{[1-(-1)^n]}{n}$

$\times\dfrac{n\cosh nx+\text{senh}\,nx}{n\cosh n\pi+\text{senh}\,n\pi}\,\text{sen}\,ny$

9. $u(x,y)=\frac{2}{\pi}\sum_{n=1}^{\infty}\left(\int_0^{\pi} f(x)\,\text{sen}\,nx\,dx\right)e^{-ny}\,\text{sen}\,nx$

11. $u(x,y)=\sum_{n=1}^{\infty}\left(A_n\cosh\frac{n\pi}{a}y+B_n\,\text{senh}\frac{n\pi}{a}y\right)\text{sen}\frac{n\pi}{a}x,$

onde $A_n=\frac{2}{a}\int_0^a f(x)\,\text{sen}\frac{n\pi}{a}x\,dx$

$$B_n=\frac{1}{\text{senh}\frac{n\pi}{a}b}\left(\frac{2}{a}\int_0^a g(x)\,\text{sen}\frac{n\pi}{a}x\,dx-A_n\cosh\frac{n\pi}{a}b\right)$$

13. $u=u_1+u_2$, onde

$$u_1(x,y)=\frac{2}{\pi}\sum_{n=1}^{\infty}\frac{1-(-1)^n}{n\,\text{senh}\,n\pi}\,\text{senh}\,ny\,\text{sen}\,nx$$

$$u_2(x,y)=\frac{2}{\pi}\sum_{n=1}^{\infty}\frac{[1-(-1)^n]}{n}\times\frac{\text{senh}\,nx+\text{senh}\,n(\pi-x)}{\text{senh}\,n\pi}\,\text{sen}\,ny$$

EXERCÍCIOS 12.6, p. 272-273

1. $u(x,t)=100+\frac{200}{\pi}\sum_{n=1}^{\infty}\frac{(-1)^n-1}{n}e^{-kn^2\pi^2t}\,\text{sen}\,n\pi x$

3. $u(x,t)=u_0-\frac{r}{2k}x(x-1)+2\sum_{n=1}^{\infty}\left[\frac{u_0}{n\pi}+\frac{r}{kn^3\pi^3}\right]\times[(-1)^n-1]e^{-kn^2\pi^2t}\,\text{sen}\,n\pi x$

5. $u(x,t)=\psi(x)+\sum_{n=1}^{\infty}A_ne^{-kn^2\pi^2t}\,\text{sen}\,n\pi x,$

onde $\psi(x)=\frac{A}{k\beta^2}[-e^{-\beta x}+(e^{-\beta}-1)x+1]$

$$A_n=2\int_0^1[f(x)-\psi(x)]\,\text{sen}\,n\pi x\,dx$$

7. $\psi(x)=u_0\left[1-\frac{\text{senh}\sqrt{h/k}x}{\text{senh}\,h/k}\right]$

9. $u(x,t)=\frac{A}{6a^2}(x-x^3)+\frac{2A}{a^2\pi^3}\sum_{n=1}^{\infty}\frac{(-1)^n}{n^3}\cos n\pi at\,\text{sen}\,n\pi x$

11. $u(x,y)=(u_0-u_1)y+u_1+\frac{2}{\pi}\sum_{n=1}^{\infty}\frac{u_0(-1)^n-u_1}{n}e^{-n\pi x}\,\text{sen}\,n\pi y$

EXERCÍCIOS 12.7, p. 277-279

1. $u(x,t)=2h\sum_{n=1}^{\infty}\frac{\text{sen}\,\lambda_n}{\lambda_n[h+\text{sen}^2\lambda_n]}e^{-k\lambda_n^2t}\cos\lambda_nx,$
onde λ_n são as raízes positivas consecutivas de $\cot\lambda=\lambda/h$

3. $u(x,y)=\sum_{n=1}^{\infty}A_n\,\text{senh}\,\lambda_ny\,\text{sen}\,\lambda_nx,$
onde

$$A_n=\frac{2h}{\text{senh}\,\lambda_nb[ah+\cos^2\lambda_na]}\int_0^a f(x)\,\text{sen}\,\lambda_nx\,dx$$

e os λ_n são as raízes positivas consecutivas de $\lambda a=-\lambda/h$

5. $u(x,t)=\sum_{n=1}^{\infty}A_ne^{-k(2n-1)^2\pi^2t/4L^2}\,\text{sen}\left(\frac{2n-1}{2L}\right)\pi x,$

onde $A_n=\frac{2}{L}\int_0^L f(x)\,\text{sen}\left(\frac{2n-1}{2L}\right)\pi x\,dx$

7. $u(x,y)=\frac{4u_0}{\pi}\sum_{n=1}^{\infty}\frac{1}{(2n-1)\cosh\left(\frac{2n-1}{2}\right)\pi}\times\cosh\left(\frac{2n-1}{2}\right)\pi x\,\text{sen}\left(\frac{2n-1}{2}\right)\pi y$

9. **(b)** 1,8751; 4,6941

EXERCÍCIOS 12.8, p. 282

1. $u(x,y,t)=\sum_{m=1}^{\infty}\sum_{n=1}^{\infty}A_{mn}e^{-k(m^2+n^2)t}\,\text{sen}\,mx\,\text{sen}\,ny,$

onde $A_{mn}=\frac{4u_0}{mn\pi^2}[1-(-1)^m][1-(-1)^n]$

3. $u(x,y,t)=\sum_{m=1}^{\infty}\sum_{n=1}^{\infty}A_{mn}\,\text{sen}\,mx\,\text{sen}\,ny\cos a\sqrt{m^2+n^2}\,t,$

onde $A_{mn}=\frac{16}{m^3n^3\pi^2}[(-1)^m-1][(-1)^n-1]$

5. $u(x, y, z) =$

$$\sum_{m=1}^{\infty}\sum_{n=1}^{\infty} A_{mn} \operatorname{senh} \omega_{mn} z \operatorname{sen} \frac{m\pi}{a} x \operatorname{sen} \frac{n\pi}{b} y,$$

onde $\omega_{mn} = \sqrt{(m\pi/a)^2 + (n\pi/b)^2}$ |e|

$$A_{mn} = \frac{4}{ab \operatorname{senh}(c\omega_{mn})} \int_0^b\int_0^a f(x,y)$$

$$\times \operatorname{sen} \frac{m\pi}{a} x \operatorname{sen} \frac{n\pi}{b} y \, dx\, dy$$

CAPÍTULO 12 EXERCÍCIOS DE REVISÃO, p. 283-285

1. $u = c_1 e^{(c_2 x + y/c_2)}$

3. $\psi(x) = u_0 + \dfrac{(u_1 - u_0)}{1+\pi} x$

5. $u(x,t) = \dfrac{2h}{\pi^2 a} \displaystyle\sum_{n=1}^{\infty} \frac{\cos \frac{n\pi}{4} - \cos \frac{3n\pi}{4}}{n^2}$
$\times \operatorname{sen} n\pi a t \operatorname{sen} n\pi x$

7. $u(x,y) = \dfrac{100}{\pi} \displaystyle\sum_{n=1}^{\infty} \frac{1-(-1)^n}{n \operatorname{senh} n\pi} \operatorname{senh} nx \operatorname{sen} ny$

9. $u(x,y) = \dfrac{100}{\pi} \displaystyle\sum_{n=1}^{\infty} \frac{1-(-1)^n}{n} e^{-nx} \operatorname{sen} ny$

11. $u(x,y) = e^{-t} \operatorname{sen} x$

13. $u(x,y) = e^{-(x+t)} \displaystyle\sum_{n=1}^{\infty} A_n [\sqrt{n^2+1} \cos \sqrt{n^2+1}t$
$+ \operatorname{sen} \sqrt{n^2+1}t] \operatorname{sen} nx$

EXERCÍCIOS 13.1, p. 297

1. $u(r,\theta) = \dfrac{u_0}{2} + \dfrac{u_0}{\pi} \displaystyle\sum_{n=1}^{\infty} \frac{1-(-1)^n}{n} r^n \operatorname{sen} n\theta$

3. $u(r,\theta) = \dfrac{2\pi^2}{3} - 4 \displaystyle\sum_{n=1}^{\infty} \frac{r^n}{n^2} \cos n\theta$

5. $u(r,\theta) = A_0 + \displaystyle\sum_{n=1}^{\infty} r^{-n}(A_n \cos n\theta + B_n \operatorname{sen} n\theta)$, onde

$$A_0 = \frac{1}{2\pi}\int_0^{2\pi} f(\theta)\, d\theta$$

$$A_n = \frac{c^n}{\pi}\int_0^{2\pi} f(\theta) \cos n\theta \, d\theta$$

$$B_n = \frac{c^n}{\pi}\int_0^{2\pi} f(\theta) \operatorname{sen} n\theta \, d\theta$$

7. $u(r,\theta) = \dfrac{1}{2} + \dfrac{2}{\pi} \displaystyle\sum_{n=1}^{\infty} \frac{\operatorname{sen}\frac{n\pi}{2}}{n} \left(\frac{r}{c}\right)^{2n} \cos 2n\theta$

9. $u(r,\theta) = A_0 \ln\left(\dfrac{r}{b}\right) + \displaystyle\sum_{n=1}^{\infty}\left[\left(\frac{b}{r}\right)^n - \left(\frac{r}{b}\right)^n\right]$
$\times [A_n \cos n\theta + B_n \operatorname{sen} n\theta]$, onde

$$A_0 \ln\left(\frac{a}{b}\right) = \frac{1}{2\pi}\int_0^{2\pi} f(\theta)\, d\theta,$$

$$\left[\left(\frac{b}{a}\right)^n - \left(\frac{a}{b}\right)^n\right] A_n = \frac{1}{\pi}\int_0^{2\pi} f(\theta)\cos n\theta\, d\theta,$$

$$\left[\left(\frac{b}{a}\right)^n - \left(\frac{a}{b}\right)^n\right] B_n = \frac{1}{\pi}\int_0^{2\pi} f(\theta)\operatorname{sen} n\theta\, d\theta$$

11. $u(r,\theta) = \dfrac{4}{\pi} \displaystyle\sum_{n=1}^{\infty} \frac{1-(-1)^n}{n^3} \frac{r^{2n} - b^{2n}}{a^{2n} - b^{2n}} \left(\frac{a}{r}\right)^n \operatorname{sen} n\theta$

13. $u(r,\theta) = \dfrac{u_0}{2} + \dfrac{2u_0}{\pi} \displaystyle\sum_{n=1}^{\infty} \frac{\operatorname{sen}\frac{n\pi}{2}}{n} \left(\frac{r}{2}\right)^n \cos n\theta$

EXERCÍCIOS 13.2, p. 305-307

1. $u(r,t) = \dfrac{2}{ac} \displaystyle\sum_{n=1}^{\infty} \frac{\operatorname{sen} \lambda_n a t \, J_0(\lambda_n r)}{\lambda_n^2 J_1(\lambda_n c)}$

3. $u(r,z) = u_0 \displaystyle\sum_{n=1}^{\infty} \frac{\operatorname{senh} \lambda_n (4-z) J_0(\lambda_n r)}{\lambda_n \operatorname{senh} 4\lambda_n J_1(2\lambda_n)}$

5. $u(r,t) = \displaystyle\sum_{n=1}^{\infty} A_n J_0(\lambda_n r) e^{-k\lambda_n^2 t}$, onde

$$A_n = \frac{2}{c_2 J_1^2(\lambda_n c)} \int_0^c r J_0(\lambda_n r) f(r)\, dr$$

7. $u(r,t) = \sum_{n=1}^{\infty} A_n J_0(\lambda_n r) e^{-k\lambda_n^2 t}$, onde

$$A_n = \frac{2\lambda_n^2}{(\lambda_n^2 + h^2) J_0^2(\lambda_n)} \int_0^c r J_0(\lambda_n r) f(r)\, dr$$

9. $u(r,t) = 100 + 50 \sum_{n=1}^{\infty} \frac{J_1(\lambda_n) J_0(\lambda_n r)}{\lambda_n J_1^2(2\lambda_n)} e^{-\lambda_n^2 t}$

11. **(b)** $u(x,t) = \sum_{n=1}^{\infty} A_n \cos(\lambda_n \sqrt{g}\, t)\, J_0(2\lambda_n \sqrt{x})$, onde

$$A_n = \frac{2}{L J_1^2(2\lambda_n \sqrt{L})} \int_0^{\sqrt{L}} v J_0(2\lambda_n v) f(v^2)\, dv$$

13. **(a)** $\lambda_1 = 0{,}2405,\ \lambda_2 = 0{,}5520,\ \lambda_3 = 0{,}8654;$
$A_1 = 0{,}7966,\ A_2 = 0{,}0687,\ A_3 = 0{,}0535;$
$S_3 = 0{,}7966\cos(0{,}2405t)\, J_0(0{,}2405r)$
$+ 0{,}0687\cos(0{,}5520t)\, J_0(0{,}5520r)$
$+ 0{,}0535\cos(0{,}8654t)\, J_0(0{,}8654r)$

(b)

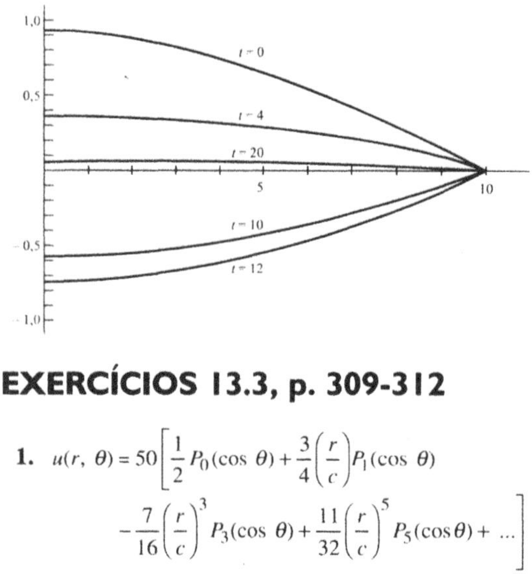

EXERCÍCIOS 13.3, p. 309-312

1. $u(r,\ \theta) = 50\left[\frac{1}{2} P_0(\cos\ \theta) + \frac{3}{4}\left(\frac{r}{c}\right) P_1(\cos\ \theta) - \frac{7}{16}\left(\frac{r}{c}\right)^3 P_3(\cos\ \theta) + \frac{11}{32}\left(\frac{r}{c}\right)^5 P_5(\cos\theta) + \ \ldots\right]$

3. $u(r,\theta) = \frac{r}{c}\cos\theta$

5. $u(r,\ \theta) = \sum_{n=1}^{\infty} A_n \frac{b^{2n+1} - r^{2n+1}}{b^{2n+} r^{n+}} P_n(\cos\theta)$, onde

$$\frac{b^{2n+} - a^{2n+}}{b^{2n+} a^{n+}} A_n = \frac{2n+1}{2} \int_0^{\pi} f(\theta) P_n(\cos\theta) \operatorname{sen}\theta\, d\theta$$

7. $u(r,\theta) = \sum_{n=0}^{\infty} A_n r^{2n} P_{2n}(\cos\theta)$, onde

$$A_n = \frac{(4n+1)}{c^{2n}} \int_0^{\pi/2} f(\theta) P_{2n}(\cos\theta) \operatorname{sen}\theta\, d\theta$$

9. $u(r,t) = 100 + \frac{200}{\pi r} \sum_{n=1}^{\infty} \frac{(-1)^n}{n} e^{-n^2\pi^2 t} \operatorname{sen} n\pi r$

11. $u(r,t) = \sum_{n=1}^{\infty}\left(A_n \cos\frac{n\pi a}{c} t + B_n \operatorname{sen}\frac{n\pi a}{c} t\right) \operatorname{sen}\frac{n\pi}{c} r,$

onde $A_n = \frac{2}{c}\int_0^c r f(r) \operatorname{sen}\frac{n\pi}{c} r\, dr;$

$$B_n = \frac{2}{n\pi a}\int_0^c r g(r) \operatorname{sen}\frac{n\pi}{c} r\, dr$$

CAPÍTULO 13 EXERCÍCIOS DE REVISÃO, p. 312-314

1. $u(r,\theta) = \frac{2u_0}{\pi} \sum_{n=1}^{\infty} \frac{1-(-1)^n}{n} \left(\frac{r}{c}\right)^n \operatorname{sen} n\theta$

3. $u(r,\theta) = \frac{4u_0}{\pi} \sum_{n=1}^{\infty} \frac{1-(-1)^n}{n^3} \operatorname{sen} n\theta$

5. $u(r,\theta) = \frac{2u_0}{\pi} \sum_{n=1}^{\infty} \frac{r^{4n} + r^{-4n}}{2^{4n} + 2^{-4n}} \frac{1-(-1)^n}{n} \operatorname{sen} 4n\theta$

7. $u(r,t) = 2e^{-ht} \sum_{n=1}^{\infty} \frac{J_0(\lambda_n r)}{\lambda_n J_1(\lambda_n)} e^{-\lambda_n^2 t}$

9. $u(r,z) = 50 \sum_{n=1}^{\infty} \frac{\cosh \lambda_n z\, J_0(\lambda_n r)}{\lambda_n \cosh 4\lambda_n J_1(2\lambda_n)}$

11. $u(r,\theta) = 100\left[\frac{3}{2} r P_1(\cos\theta) - \frac{7}{8} r^3 P_3(\cos\theta) + \frac{11}{6} r^5 P_5(\cos\theta) + \ldots\right]$

EXERCÍCIOS 14.1, p. 317-318

1. **(a)** Faça $\tau = u^2$ na integral $\operatorname{erf}(\sqrt{t})$.

(b) $\mathscr{L}\{\operatorname{erf}(\sqrt{t})\} = \dfrac{1}{\sqrt{\pi}}\mathscr{L}\{1\}\mathscr{L}\{t^{-1/2}e^{-t}\}$

$$= \frac{1}{\sqrt{\pi}}\frac{1}{s}\left(\frac{\sqrt{\pi}}{s^{1/2}}\right)\Bigg|_{s\to s+1}$$

$$= \frac{1}{s\sqrt{s+1}}$$

3. $\mathscr{L}\{e^t \operatorname{erf}(\sqrt{t})\} = \mathscr{L}\{\operatorname{erf}(\sqrt{t})\}\Big|_{s\to s-1}$

$$= \frac{1}{s\sqrt{s+1}}\Bigg|_{s\to s-1}$$

$$= \frac{1}{(s-1)\sqrt{s}}$$

5. $\mathscr{L}\left\{e^{-Gt/C}\operatorname{erf}\left(\dfrac{x}{2}\sqrt{\dfrac{RC}{t}}\right)\right\}$

$$= \mathscr{L}\left\{e^{-Gt/C}\left[1-\operatorname{erf}\left(\frac{x}{2}\sqrt{\frac{RC}{t}}\right)\right]\right\}$$

$$= \frac{1}{s+G/C} - \frac{e^{-x\sqrt{RC}\sqrt{s}}}{s}\Bigg|_{s\to s+G/C}$$

$$= \frac{1}{s+G/C} - \frac{e^{-x\sqrt{RC}\sqrt{s+G/C}}}{s+G/C}$$

$$= \frac{C}{Cs+G}\left\{1-e^{-x\sqrt{RCs+RG}}\right\}$$

7. $y(t) = e^{\pi t}\operatorname{erfc}(\sqrt{\pi t})$

9. Use a propriedade $\int_0^b - \int_0^a = \int_0^b + \int_a^0$

EXERCÍCIOS 14.2, p. 323-328

1. $u(x,t) = A\cos\dfrac{a\pi}{L}t\,\operatorname{sen}\dfrac{\pi}{L}x$

3. $u(x,t) = f\left(t-\dfrac{x}{a}\right)\mathscr{U}\left(t-\dfrac{x}{a}\right)$

5. $u(x,t) = \left[\dfrac{1}{2}g\left(t-\dfrac{x}{a}\right)^2 + A\operatorname{sen}\omega\left(t-\dfrac{x}{a}\right)\right]$

$$\times\mathscr{U}\left(t-\frac{x}{a}\right) - \frac{1}{2}gt^2$$

7. $u(x,t) = a\dfrac{F_0}{E}\displaystyle\sum_{n=0}^{\infty}(-1)^n\left\{\left(t-\dfrac{2nL+L-x}{a}\right)\right.$

$$\times\mathscr{U}\left(t-\frac{2nL+L-x}{a}\right)$$

$$\left.-\left(t-\frac{2nL+L+x}{a}\right)\mathscr{U}\left(t-\frac{2nL+L+x}{a}\right)\right\}$$

9. $u(x,t) = (t-x)\operatorname{senh}(t-x)\mathscr{U}(t-x)$

$$+ xe^{-x}\cosh t - e^{-x}t\operatorname{senh} t$$

11. $u(x,t) = u_0\operatorname{erfc}\left(\dfrac{x}{2\sqrt{kt}}\right)$

13. $u(x,t) = u_1 + (u_0-u_1)\operatorname{erfc}\left(\dfrac{x}{2\sqrt{t}}\right)$

15. $u(x,t) = u_0\left[1-\left\{\operatorname{erfc}\left(\dfrac{x}{2\sqrt{t}}\right)\right.\right.$

$$\left.\left.- e^{x+1}\operatorname{erfc}\left(\sqrt{t}+\frac{x}{2\sqrt{t}}\right)\right\}\right]$$

17. $u(x,t) = \dfrac{x}{2\sqrt{\pi}}\displaystyle\int_0^t \dfrac{f(t-\tau)}{\tau^{3/2}}e^{-x^2/4\tau}\,d\tau$

19. $u(x,t) = 60 + 40\operatorname{erfc}\left(\dfrac{x}{2\sqrt{t-2}}\right)\mathscr{U}(t-2)$

21. $u(x,t) = 100\left[-e^{1-x+t}\operatorname{erfc}\left(\sqrt{t}+\dfrac{1-x}{2\sqrt{t}}\right)\right.$

$$\left.+\operatorname{erfc}\left(\sqrt{t}+\frac{1-x}{2\sqrt{t}}\right)\right]$$

23. $u(x,t) = u_0 + u_0 e^{-(\pi^2/L^2)t}\operatorname{sen}\left(\dfrac{\pi}{L}x\right)$

25. $u(x,t) = u_0 - u_0\displaystyle\sum_{n=0}^{\infty}(-1)^n\left[\operatorname{erfc}\left(\dfrac{2n+1-x}{2\sqrt{kt}}\right)\right.$

$$\left.+\operatorname{erfc}\left(\frac{2n+1+x}{2\sqrt{kt}}\right)\right]$$

27. $u(x,t) = u_0 e^{-Gt/C}\operatorname{erf}\left(\dfrac{x}{2}\sqrt{\dfrac{RC}{t}}\right)$

29. $u(x,t) = A\sqrt{\dfrac{k}{\pi t}}e^{-x^2/4kt}$; um impulso de calor ou queima rápida ocorre em $x = 0$

EXERCÍCIO 14.3, p. 334-335

1. $f(x)=\frac{1}{\pi}\int_0^\infty \frac{\operatorname{sen}\alpha\cos\alpha x+3(1-\cos\alpha)\operatorname{sen}\alpha x}{\alpha}\,d\alpha$

3. $f(x)=\frac{1}{\pi}\int_0^\infty \left[A(\alpha)\cos\alpha x+B(\alpha)\operatorname{sen}\alpha x\right]d\alpha$,
   onde $A(\alpha)=(3\alpha\operatorname{sen}3\alpha+\cos 3\alpha-1)/\alpha^2$
   $B(\alpha)=(\operatorname{sen}3\alpha-3\alpha\cos 3\alpha)/\alpha^2$

5. $f(x)=\frac{1}{\pi}\int_0^\infty \frac{\cos\alpha x+\alpha\operatorname{sen}\alpha x}{1+\alpha^2}\,d\alpha$

7. $f(x)=\frac{10}{\pi}\int_0^\infty \frac{(1-\cos\alpha)\operatorname{sen}\alpha x}{\alpha}\,d\alpha$

9. $f(x)=\frac{2}{\pi}\int_0^\infty \frac{(\pi\alpha\operatorname{sen}\pi\alpha+\cos\pi\alpha-1)\cos\alpha x}{\alpha^2}\,d\alpha$

11. $f(x)=\frac{4}{\pi}\int_0^\infty \frac{\alpha\operatorname{sen}\alpha x}{4+\alpha^4}\,d\alpha$

13. $f(x)=\frac{2k}{\pi}\int_0^\infty \frac{\cos\alpha x}{k^2+\alpha^2}\,d\alpha$
    $f(x)=\frac{2}{\pi}\int_0^\infty \frac{\alpha\operatorname{sen}\alpha x}{k^2+\alpha^2}\,d\alpha$

15. $f(x)=\frac{2}{\pi}\int_0^\infty \frac{(4-\alpha^2)\cos\alpha x}{(4+\alpha^2)^2}\,d\alpha$
    $f(x)=\frac{8}{\pi}\int_0^\infty \frac{\alpha\operatorname{sen}\alpha x}{(4+\alpha^2)^2}\,d\alpha$

17. $f(x)=\frac{2}{\pi}\frac{1}{1+x^2},\ x>0$

19. Seja $x = 2$ em (7). identidade trigonométrica e substitua α by x. Na parte (b) faça uma mudança na variável $2x = kt$.

EXERCÍCIOS 14.4, p. 340-343

1. $u(x,t)=\frac{1}{\pi}\int_{-\infty}^\infty \frac{e^{-k\alpha^2 t}}{1+\alpha^2}e^{-i\alpha x}\,d\alpha$
   $=\frac{1}{\pi}\int_{-\infty}^\infty \frac{\cos\alpha x}{1+\alpha^2}e^{-k\alpha^2 t}\,d\alpha$

3. $u(x,t)=\frac{1}{\sqrt{1+4kt}}e^{-x^2/(1+4kt)}$

5. $u(x,t)=\frac{2u_0}{\pi}\int_0^\infty \frac{1-e^{-k\alpha^2 t}}{\alpha}\operatorname{sen}\alpha x\,d\alpha$

7. $u(x,t)=\frac{2}{\pi}\int_0^\infty \frac{1-\cos\alpha}{\alpha}e^{-k\alpha^2 t}\operatorname{sen}\alpha x\,d\alpha$

9. $u(x,t)=\frac{2}{\pi}\int_0^\infty \frac{\operatorname{sen}\alpha}{\alpha}e^{-k\alpha^2 t}\cos\alpha x\,d\alpha$

11. **(a)** $u(x,t)=\frac{1}{2\pi}\int_{-\infty}^\infty \Big(F(\alpha)\cos\alpha at$
    $+G(\alpha)\frac{\operatorname{sen}\alpha at}{\alpha a}\Big)e^{-i\alpha x}\,d\alpha$

13. $u(x,y)=\frac{2}{\pi}\int_0^\infty \frac{\operatorname{senh}\alpha(\pi-x)}{(1+\alpha^2)\operatorname{senh}\alpha\pi}\cos\alpha y\,d\alpha$

15. $u(x,y)=\frac{100}{\pi}\int_0^\infty \frac{\operatorname{sen}\alpha}{\alpha}e^{-\alpha y}\cos\alpha x\,d\alpha$

17. $u(x,y)=\frac{2}{\pi}\int_0^\infty F(\alpha)\frac{\operatorname{senh}\alpha(2-y)}{\operatorname{senh}2\alpha}\operatorname{sen}\alpha x\,d\alpha$

19. $u(x,y)=\frac{2}{\pi}\int_0^\infty \frac{\alpha}{1+\alpha^2}\left[e^{-\alpha x}\operatorname{sen}\alpha y+e^{-\alpha y}\operatorname{sen}\alpha x\right]d\alpha$

21. $u(x,y)=\frac{1}{2\sqrt{\pi}}\int_{-\infty}^\infty \frac{e^{-\alpha^2/4}\cosh\alpha y}{\cosh\alpha}e^{-i\alpha x}\,d\alpha$
    $=\frac{1}{2\sqrt{\pi}}\int_{-\infty}^\infty \frac{e^{-\alpha^2/4}\cosh\alpha y}{\cosh\alpha}\cos\alpha x\,d\alpha$

CAPÍTULO 14 EXERCÍCIOS DE REVISÃO, p. 344-346

1. $u(x,y)=\frac{2}{\pi}\int_0^\infty \frac{\operatorname{senh}\alpha y}{\alpha(1+\alpha^2)\cosh\alpha\pi}\cos\alpha x\,d\alpha$

3. $u(x,t)=u_0e^{-ht}\operatorname{erf}\left(\frac{x}{2\sqrt{t}}\right)$

5. $u(x,t)=\int_0^t \operatorname{erfc}\left(\frac{x}{2\sqrt{t}}\right)d\tau$

7. $u(x,t) = \dfrac{u_0}{2\pi}\displaystyle\int_{-\infty}^{\infty} \dfrac{\operatorname{sen}\alpha(\pi - x) + \operatorname{sen}\alpha x}{\alpha} e^{-k\alpha^2 y}\, d\alpha$

9. $u(x,y) = \dfrac{100}{\pi}\displaystyle\int_0^{\infty}\left(\dfrac{1-\cos\alpha}{\alpha}\right)\Big[e^{-\alpha x}\operatorname{sen}\alpha y$
$+ 2e^{-\alpha y}\operatorname{sen}\alpha x\Big]d\alpha$

11. $u(x,y) = \dfrac{2}{\pi}\displaystyle\int_0^{\infty}\left(\dfrac{B\cosh\alpha y}{(1+\alpha^2)\operatorname{senh}\alpha\pi} + \dfrac{4}{\alpha}\right)\operatorname{sen}\alpha x\, d\alpha$

13. $u(x,y) = \dfrac{1}{2\pi}\displaystyle\int_{-\infty}^{\infty}\dfrac{\cos\alpha x + \alpha\operatorname{sen}\alpha x}{1+\alpha^2}e^{-k\alpha^2 t}d\alpha$

EXERCÍCIOS 15.1, p. 354-356

1. $u_{11} = 11/15,\ u_{21} = 14/15$

3. $u_{11} = u_{21} = \sqrt{3}/16,\ u_{22} = u_{12} = 3\sqrt{3}/16$

5. $u_{21} = u_{12} = 12{,}50,\ u_{31} = u_{13} = 18{,}75,$
$u_{32} = u_{23} = 37{,}50$
$u_{11} = 6{,}25,\ u_{22} = 25{,}00,\ u_{33} = 56{,}25$

7. **(b)** $u_{14} = u_{41} = 0{,}5427,\ u_{24} = u_{42} = 0{,}6707,$
$u_{34} = u_{43} = 0{,}6402$
$u_{33} = 0{,}9451,\ u_{44} = 0{,}4451$

9. $u_{i,j+1} = (1-2\lambda)u_{ij} + \lambda(u_{i+1,j} + u_{i-1,j})$, onde
$\lambda = k/h^2$

EXERCÍCIOS 15.2, p. 365-366

1.

Tempo	$x = 0,25$	$x = 0,50$	$x = 0,75$	$x = 1,00$	$x = 1,25$	$x = 1,50$	$x = 1,75$
0,000	1,0000	1,0000	1,0000	1,0000	0,0000	0,0000	0,0000
0,025	0,6000	1,0000	1,0000	0,6000	0,4000	0,0000	0,0000
0,050	0,5200	0,8400	0,8400	0,6800	0,3200	0,1600	0,0000
0,075	0,4400	0,7120	0,7760	0,6000	0,4000	0,1600	0,0640
0,100	0,3728	0,6288	0,6800	0,5904	0,3840	0,2176	0,0768
0,125	0,3261	0,5469	0,6237	0,5437	0,4000	0,2278	0,1024
0,150	0,2840	0,4893	0,5610	0,5182	0,3886	0,2465	0,1116
0,175	0,2525	0,4358	0,5152	0,4835	0,3836	0,2494	0,1209
0,200	0,2248	0,3942	0,4708	0,4562	0,3699	0,2517	0,1239
0,225	0,2027	0,3571	0,4343	0,4275	0,3571	0,2479	0,1255
0,250	0,1834	0,3262	0,4007	0,4021	0,3416	0,2426	0,1242
0,275	0,1672	0,2989	0,3715	0,3773	0,3262	0,2348	0,1219
0,300	0,1530	0,2752	0,3448	0,3545	0,3101	0,2262	0,1183
0,325	0,1407	0,2541	0,3209	0,3329	0,2943	0,2166	0,1141
0,350	0,1298	0,2354	0,2990	0,3126	0,2787	0,2067	0,1095
0,375	0,1201	0,2186	0,2790	0,2936	0,2635	0,1966	0,1046
0,400	0,1115	0,2034	0,2607	0,2757	0,2488	0,1865	0,0996
0,425	0,1036	0,1895	0,2438	0,2589	0,2347	0,1766	0,0945
0,450	0,0965	0,1769	0,2281	0,2432	0,2211	0,1670	0,0896
0,475	0,0901	0,1652	0,2136	0,2283	0,2083	0,1577	0,0847
0,500	0,0841	0,1545	0,2002	0,2144	0,1961	0,1487	0,0800
0,525	0,0786	0,1446	0,1876	0,2014	0,1845	0,1402	0,0755
0,550	0,0736	0,1354	0,1759	0,1891	0,1735	0,1320	0,0712
0,575	0,0689	0,1269	0,1650	0,1776	0,1632	0,1243	0,0670
0,600	0,0645	0,1189	0,1548	0,1668	0,1534	0,1169	0,0631
0,625	0,0605	0,1115	0,1452	0,1566	0,1442	0,1100	0,0594
0,650	0,0567	0,1046	0,1363	0,1471	0,1355	0,1034	0,0559
0,675	0,0532	0,0981	0,1279	0,1381	0,1273	0,0972	0,0525
0,700	0,0499	0,0921	0,1201	0,1297	0,1196	0,0914	0,0494
0,725	0,0468	0,0864	0,1127	0,1218	0,1124	0,0859	0,0464
0,750	0,0439	0,0811	0,1058	0,1144	0,1056	0,0807	0,0436
0,775	0,0412	0,0761	0,0994	0,1074	0,0992	0,0758	0,0410
0,800	0,0387	0,0715	0,0933	0,1009	0,0931	0,0712	0,0385
0,825	0,0363	0,0671	0,0876	0,0948	0,0875	0,0669	0,0362
0,850	0,0341	0,0630	0,0823	0,0890	0,0822	0,0628	0,0340
0,875	0,0320	0,0591	0,0772	0,0836	0,0772	0,0590	0,0319
0,900	0,0301	0,0555	0,0725	0,0785	0,0725	0,0554	0,0300
0,925	0,0282	0,0521	0,0681	0,0737	0,0681	0,0521	0,0282
0,950	0,0265	0,0490	0,0640	0,0692	0,0639	0,0489	0,0265
0,975	0,0249	0,0460	0,0601	0,0650	0,0600	0,0459	0,0249
1,000	0,0234	0,0432	0,0564	0,0610	0,0564	0,0431	0,0233

3.

Tempo	$x = 0,25$	$x = 0,50$	$x = 0,75$	$x = 1,00$	$x = 1,25$	$x = 1,50$	$x = 1,75$
0,000	1,0000	1,0000	1,0000	1,0000	0,0000	0,0000	0,0000
0,025	0,7074	0,9520	0,9566	0,7444	0,2545	0,0371	0,0053
0,050	0,5606	0,8499	0,8685	0,6633	0,3303	0,1034	0,0223
0,075	0,4684	0,7473	0,7836	0,6191	0,3614	0,1529	0,0462
0,100	0,4015	0,6577	0,7084	0,5837	0,3753	0,1871	0,0684
0,125	0,3492	0,5821	0,6428	0,5510	0,3797	0,2101	0,0861
0,150	0,3069	0,5187	0,5857	0,5199	0,3778	0,2247	0,0990
0,175	0,2721	0,4652	0,5359	0,4901	0,3716	0,2329	0,1078
0,200	0,2430	0,4198	0,4921	0,4617	0,3622	0,2362	0,1132
0,225	0,2186	0,3809	0,4533	0,4348	0,3507	0,2358	0,1160
0,250	0,1977	0,3473	0,4189	0,4093	0,3378	0,2327	0,1166
0,275	0,1798	0,3181	0,3881	0,3853	0,3240	0,2275	0,1157
0,300	0,1643	0,2924	0,3604	0,3626	0,3097	0,2208	0,1136
0,325	0,1507	0,2697	0,3353	0,3412	0,2953	0,2131	0,1107
0,350	0,1387	0,2495	0,3125	0,3211	0,2808	0,2047	0,1071
0,375	0,1281	0,2313	0,2916	0,3021	0,2666	0,1960	0,1032
0,400	0,1187	0,2150	0,2725	0,2843	0,2528	0,1871	0,0989
0,425	0,1102	0,2002	0,2549	0,2675	0,2393	0,1781	0,0946
0,450	0,1025	0,1867	0,2387	0,2517	0,2263	0,1692	0,0902
0,475	0,0955	0,1743	0,2236	0,2368	0,2139	0,1606	0,0858
0,500	0,0891	0,1630	0,2097	0,2228	0,2020	0,1521	0,0814
0,525	0,0833	0,1525	0,1967	0,2096	0,1906	0,1439	0,0772
0,550	0,0779	0,1429	0,1846	0,1973	0,1798	0,1361	0,0731
0,575	0,0729	0,1339	0,1734	0,1856	0,1696	0,1285	0,0691
0,600	0,0683	0,1256	0,1628	0,1746	0,1598	0,1214	0,0653
0,625	0,0641	0,1179	0,1530	0,1643	0,1506	0,1145	0,0617
0,650	0,0601	0,1106	0,1438	0,1546	0,1419	0,1080	0,0582
0,675	0,0564	0,1039	0,1351	0,1455	0,1336	0,1018	0,0549
0,700	0,0530	0,0976	0,1270	0,1369	0,1259	0,0959	0,0518
0,725	0,0497	0,0917	0,1194	0,1288	0,1185	0,0904	0,0488
0,750	0,0467	0,0862	0,1123	0,1212	0,1116	0,0852	0,0460
0,775	0,0439	0,0810	0,1056	0,1140	0,1050	0,0802	0,0433
0,800	0,0413	0,0762	0,0993	0,1073	0,0989	0,0755	0,0408
0,825	0,0388	0,0716	0,0934	0,1009	0,0931	0,0711	0,0384
0,850	0,0365	0,0674	0,0879	0,0950	0,0876	0,0669	0,0362
0,875	0,0343	0,0633	0,0827	0,0894	0,0824	0,0630	0,0341
0,900	0,0323	0,0596	0,0778	0,0841	0,0776	0,0593	0,0321
0,925	0,0303	0,0560	0,0732	0,0791	0,0730	0,0558	0,0302
0,950	0,0285	0,0527	0,0688	0,0744	0,0687	0,0526	0,0284
0,975	0,0268	0,0496	0,0647	0,0700	0,0647	0,0495	0,0268
1,000	0,0253	0,0466	0,0609	0,0659	0,0608	0,0465	0,0252

Erros absolutos são aproximadamente $2,2 \times 10^{-2}$, $3,7 \times 10^{-2}$, $1,3 \times 10^{-2}$.

5.

Tempo	$x = 0{,}25$	$x = 0{,}50$	$x = 0{,}75$	$x = 1{,}00$	$x = 1{,}25$	$x = 1{,}50$	$x = 1{,}75$
0,00	1,0000	1,0000	1,0000	1,0000	0,0000	0,0000	0,0000
0,05	0,5265	0,8693	0,8852	0,6141	0,3783	0,0884	0,0197
0,10	0,3972	0,6551	0,7043	0,5883	0,3723	0,1955	0,0653
0,15	0,3042	0,5150	0,5844	0,5192	0,3812	0,2261	0,1010
0,20	0,2409	0,4171	0,4901	0,4620	0,3636	0,2385	0,1145
0,25	0,1962	0,3452	0,4174	0,4092	0,3391	0,2343	0,1178
0,30	0,1631	0,2908	0,3592	0,3624	0,3105	0,2220	0,1145
0,35	0,1379	0,2482	0,3115	0,3208	0,2813	0,2056	0,1077
0,40	0,1181	0,2141	0,2718	0,2840	0,2530	0,1876	0,0993
0,45	0,1020	0,1860	0,2381	0,2514	0,2265	0,1696	0,0904
0,50	0,0888	0,1625	0,2092	0,2226	0,2020	0,1523	0,0816
0,55	0,0776	0,1425	0,1842	0,1970	0,1798	0,1361	0,0732
0,60	0,0681	0,1253	0,1625	0,1744	0,1597	0,1214	0,0654
0,65	0,0599	0,1104	0,1435	0,1544	0,1418	0,1079	0,0582
0,70	0,0528	0,0974	0,1268	0,1366	0,1257	0,0959	0,0518
0,75	0,0466	0,0860	0,1121	0,1210	0,1114	0,0851	0,0460
0,80	0,0412	0,0760	0,0991	0,1071	0,0987	0,0754	0,0408
0,85	0,0364	0,0672	0,0877	0,0948	0,0874	0,0668	0,0361
0,90	0,0322	0,0594	0,0776	0,0839	0,0774	0,0592	0,0320
0,95	0,0285	0,0526	0,0687	0,0743	0,0686	0,0524	0,0284
1,00	0,0252	0,0465	0,0608	0,0657	0,0607	0,0464	0,0251

Erros absolutos são aproximadamente $1{,}8 \times 10^{-2}$, $3{,}7 \times 10^{-2}$,$1{,}3 \times 10^{-2}$.

7. (a)

Tempo	$x = 2{,}00$	$x = 4{,}00$	$x = 6{,}00$	$x = 8{,}00$	$x = 10{,}00$	$x = 12{,}00$	$x = 14{,}00$	$x = 16{,}00$	$x = 18{,}00$
0,00	30,0000	30,0000	30,0000	30,0000	30,0000	30,0000	30,0000	30,0000	30,0000
1,00	28,7733	29,9749	29,9995	30,0000	30,0000	30,0000	29,9995	29,9749	28,7733
2,00	27,6450	29,9037	29,9970	29,9999	30,0000	29,9999	29,9970	29,9037	27,6450
3,00	26,6051	29,7938	29,9911	29,9997	30,0000	29,9997	29,9911	29,7938	26,6051
4,00	25,6452	29,6517	29,9805	29,9991	29,9999	29,9991	29,9805	29,6517	25,6452
5,00	24,7573	29,4829	29,9643	29,9981	29,9998	29,9981	29,9643	29,4829	24,7573
6,00	23,9347	29,2922	29,9421	29,9963	29,9996	29,9963	29,9421	29,2922	23,9347
7,00	23,1711	29,0836	29,9134	29,9936	29,9992	29,9936	29,9134	29,0836	23,1711
8,00	22,4612	28,8606	29,8782	29,9898	29,9986	29,9898	29,8782	28,8606	22,4612
9,00	21,7999	28,6263	29,8362	29,9848	29,9977	29,9848	29,8362	28,6263	21,7999
1,000	21,1829	28,3831	29,7878	29,9782	29,9964	29,9782	29,7878	28,3831	21,1829

(b)

Tempo	$x = 5{,}00$	$x = 10{,}00$	$x = 15{,}00$	$x = 20{,}00$	$x = 25{,}00$	$x = 30{,}00$	$x = 35{,}00$	$x = 40{,}00$	$x = 45{,}00$
0,00	30,0000	30,0000	30,0000	30,0000	30,0000	30,0000	30,0000	30,0000	30,0000
1,00	29,7968	29,9993	30,0000	30,0000	30,0000	30,0000	30,0000	29,9993	29,7968
2,00	29,5964	29,9973	30,0000	30,0000	30,0000	30,0000	30,0000	29,9973	29,5964
3,00	29,3987	29,9939	30,0000	30,0000	30,0000	30,0000	30,0000	29,9939	29,3987
4,00	29,2036	29,9893	29,9999	30,0000	30,0000	30,0000	29,9999	29,9893	29,2036
5,00	29,0112	29,9834	29,9998	30,0000	30,0000	30,0000	29,9998	29,9834	29,0112
6,00	28,8212	29,9762	29,9997	30,0000	30,0000	30,0000	29,9997	29,9762	28,8213
7,00	28,6339	29,9676	29,9995	30,0000	30,0000	30,0000	29,9995	29,9679	28,6339
8,00	28,4490	29,9585	29,9992	30,0000	30,0000	30,0000	29,9993	29,9585	28,4490
9,00	28,2665	29,9479	29,9989	30,0000	30,0000	30,0000	29,9989	29,9479	28,2665
10,00	28,0864	29,9363	29,9986	30,0000	30,0000	30,0000	29,9986	29,9363	28,0864

(c)

Tempo	$x = 2{,}00$	$x = 4{,}00$	$x = 6{,}00$	$x = 8{,}00$	$x = 10{,}00$	$x = 12{,}00$	$x = 14{,}00$	$x = 16{,}00$	$x = 18{,}00$
0,00	18,0000	32,0000	42,0000	48,0000	50,0000	48,0000	42,0000	32,0000	18,0000
1,00	16,4489	30,1970	40,1561	46,1495	48,1486	46,1495	40,1561	30,1970	16,4489
2,00	15,3312	28,5348	38,3465	44,3067	46,3001	44,3067	38,3465	28,5348	15,3312
3,00	14,4216	27,0416	36,6031	42,4847	44,4619	42,4847	36,6031	27,0416	14,4216
4,00	13,6371	25,6867	34,9416	40,6988	42,6453	40,6988	34,9416	25,6867	13,6371
5,00	12,9378	24,4419	33,3628	38,9611	40,8634	38,9611	33,3628	24,4419	12,9378
6,00	12,3012	23,2863	31,8624	37,2794	39,1273	37,2794	31,8624	23,2863	12,3012
7,00	11,7137	22,2051	30,4350	35,6578	37,4446	35,6578	30,4350	22,2051	11,7137
8,00	11,1659	21,1877	29,0757	34,0984	35,8202	34,0984	29,0757	21,1877	11,1659
9,00	10,6517	20,2261	27,7799	32,6014	34,2567	32,6014	27,7799	20,2261	10,6517
10,00	10,1665	19,3143	26,5439	31,1662	32,7549	31,1662	26,5439	19,3143	10,1665

(d)

Tempo	$x = 10{,}00$	$x = 20{,}00$	$x = 30{,}00$	$x = 40{,}00$	$x = 50{,}00$	$x = 60{,}00$	$x = 70{,}00$	$x = 80{,}00$	$x = 90{,}00$
0,00	8,0000	16,0000	24,0000	32,0000	40,0000	32,0000	24,0000	16,0000	8,0000
1,00	8,0000	16,0000	24,0000	31,9979	39,7425	31,9979	24,0000	16,0000	8,0000
2,00	8,0000	16,0000	23,9999	31,9918	39,4932	31,9918	23,9999	16,0000	8,0000
3,00	8,0000	16,0000	23,9997	31,9820	39,2517	31,9820	23,9997	16,0000	8,0000
4,00	8,0000	16,0000	23,9993	31,9686	39,0175	31,9686	23,9993	16,0000	8,0000
5,00	8,0000	16,0000	23,9987	31,9520	38,7905	31,9520	23,9987	16,0000	8,0000
6,00	8,0000	15,9999	23,9978	31,9323	38,5701	31,9323	23,9978	15,9999	8,0000
7,00	8,0000	15,9999	23,9966	31,9097	38,3561	31,9097	23,9966	15,9999	8,0000
8,00	8,0000	15,9998	23,9950	31,8844	38,1483	31,8844	23,9950	15,9998	8,0000
9,00	8,0000	15,9997	23,9931	31,8566	37,9463	31,8566	23,9931	15,9997	8,0000
10,00	8,0000	15,9996	23,9908	31,8265	37,7498	31,8265	23,9908	15,9996	8,0000

9. (a)

Tempo	x = 2,00	x = 4,00	x = 6,00	x = 8,00	x = 10,00	x = 12,00	x = 14,00	x = 16,00	x = 18,00
0,00	30,0000	30,0000	30,0000	30,0000	30,0000	30,0000	30,0000	30,0000	30,0000
1,00	28,7733	29,9749	29,9995	30,0000	30,0000	30,0000	29,9998	29,9916	29,5911
2,00	27,6450	29,9037	29,9970	29,9999	30,0000	30,0000	29,9990	29,9679	29,2150
3,00	26,6051	29,7938	29,9911	29,9997	30,0000	29,9999	29,9970	29,9313	28,8684
4,00	25,6452	29,6517	29,9805	29,9991	30,0000	29,9997	29,9935	29,8839	28,5484
5,00	24,7573	29,4829	29,9643	29,9981	29,9999	29,9994	29,9881	29,8276	28,2524
6,00	23,9347	29,2922	29,9421	29,9963	29,9997	29,9988	29,9807	29,7641	27,9782
7,00	23,1711	29,0836	29,9134	29,9936	29,9995	29,9979	29,9711	29,6945	27,7237
8,00	22,4612	28,8606	29,8782	29,9899	29,9991	29,9966	29,9594	29,6202	27,4870
9,00	21,7999	28,6263	29,8362	29,9848	29,9985	29,9946	29,9454	29,5421	27,2666
10,00	21,1829	28,3831	29,7878	29,9783	29,9976	29,9927	29,9293	29,4610	27,0610

(b)

Tempo	x = 5,00	x = 10,00	x = 15,00	x = 20,00	x = 25,00	x = 30,00	x = 35,00	x = 40,00	x = 45,00
0,00	30,0000	30,0000	30,0000	30,0000	30,0000	30,0000	30,0000	30,0000	30,0000
1,00	29,7968	29,9993	30,0000	30,0000	30,0000	30,0000	30,0000	29,9998	29,9323
2,00	29,5964	29,9973	30,0000	30,0000	30,0000	30,0000	30,0000	29,9991	29,8655
3,00	29,3987	29,9939	30,0000	30,0000	30,0000	30,0000	30,0000	29,9980	29,7996
4,00	29,2036	29,9893	29,9999	30,0000	30,0000	30,0000	30,0000	29,9964	29,7345
5,00	29,0112	29,9834	29,9998	30,0000	30,0000	30,0000	29,9999	29,9945	29,6704
6,00	28,8212	29,9762	29,9997	30,0000	30,0000	30,0000	29,9999	29,9921	29,6071
7,00	28,6339	29,9679	29,9995	30,0000	30,0000	30,0000	29,9998	29,9893	29,5446
8,00	28,4490	29,9585	29,9992	30,0000	30,0000	30,0000	29,9997	29,9862	29,4830
9,00	28,2665	29,9479	29,9989	30,0000	30,0000	30,0000	29,9996	29,9827	29,4222
10,00	28,0864	29,9363	29,9986	30,0000	30,0000	30,0000	29,9995	29,9788	29,3621

(c)

Tempo	x = 2,00	x = 4,00	x = 6,00	x = 8,00	x = 10,00	x = 12,00	x = 14,00	x = 16,00	x = 18,00
0,00	18,0000	32,0000	42,0000	48,0000	50,0000	48,0000	42,0000	32,0000	18,0000
1,00	16,4489	30,1970	40,1562	46,1502	48,1531	46,1773	40,3274	31,2520	22,9449
2,00	15,3312	28,5350	38,3477	44,3130	46,3327	44,4671	39,0872	31,5755	24,6930
3,00	14,4219	27,0429	36,6090	42,5113	44,5759	42,9362	38,1976	31,7478	25,4131
4,00	13,6381	25,6913	34,9606	40,7728	42,9127	41,5716	37,4340	31,7086	25,6986
5,00	12,9409	24,4545	33,4091	39,1182	41,3519	40,3240	36,7033	31,5136	25,7663
6,00	12,3088	23,3146	31,9546	37,5566	39,8880	39,1565	35,9745	31,2134	25,7128
7,00	11,7294	22,2589	30,5939	36,0884	38,5109	38,0470	35,2407	30,8434	25,5871
8,00	11,1946	21,2785	29,3217	34,7092	37,2109	36,9834	34,5032	30,4279	25,4167
9,00	10,6987	20,3660	28,1318	33,4130	35,9801	35,9591	33,7660	29,9836	25,2181
10,00	10,2377	19,5150	27,0178	32,1929	34,8117	37,9710	33,0338	29,5224	25,0019

(d)

Tempo	x = 10,00	x = 20,00	x = 30,00	x = 40,00	x = 50,00	x = 60,00	x = 70,00	x = 80,00	x = 90,00
0,00	8,0000	16,0000	24,0000	32,0000	40,0000	32,0000	24,0000	16,0000	8,0000
1,00	8,0000	16,0000	24,0000	31,9979	39,7425	31,9979	24,0000	16,0026	8,3218
2,00	8,0000	16,0000	23,9999	31,9918	39,4932	31,9918	24,0000	16,0102	8,6333
3,00	8,0000	16,0000	23,9997	31,9820	39,2517	31,9820	24,0001	06,0225	8,9350
4,00	8,0000	16,0000	23,9993	31,9686	39,0175	31,9687	24,0002	16,0391	9,2272
5,00	8,0000	16,0000	23,9987	31,9520	38,7905	31,9520	24,0003	16,0599	9,5103
6,00	8,0000	15,9999	23,9978	31,9323	38,5701	31,9324	24,0005	16,0845	9,7846
7,00	8,0000	15,9999	23,9966	31,9097	38,3561	31,9098	24,0008	16,1126	10,0506
8,00	8,0000	15,9998	23,9950	31,8844	38,1483	31,8846	24,0012	16,1441	10,3084
9,00	8,0000	15,9997	23,9931	31,8566	37,9463	31,8569	24,0017	16,1786	10,5585
10,00	8,0000	15,9996	23,9908	31,8265	37,7499	31,8269	24,0023	16,2160	10,8012

11. **(a)** $\psi(x) = \frac{1}{2}x + 20$

(b)

Tempo	x = 4,00	x = 8,00	x = 12,00	x = 16,00
0,00	50,0000	50,0000	50,0000	50,0000
10,00	32,7433	44,2679	45,4228	38,2971
20,00	29,9946	36,2354	38,3148	35,8160
30,00	26,9487	32,1409	34,0874	32,9644
40,00	25,2691	29,2562	31,2704	31,2580
50,00	24,1178	27,4348	29,4296	30,1207
60,00	23,3821	26,2339	28,2356	29,3810
70,00	22,8995	25,4560	27,4554	28,8998
80,00	22,5821	24,9481	26,9482	28,5859
90,00	22,3817	24,6176	26,6175	28,3817
100,00	22,2486	24,4022	26,4023	28,2486
110,00	22,1619	24,2620	26,2620	28,1619
120,00	22,1055	24,1707	26,1707	28,1055
130,00	22,0687	24,1112	26,1112	28,0687
140,00	22,0447	24,0724	26,0724	28,0447
150,00	22,0291	24,0472	26,0472	28,0291
160,00	22,0190	24,0307	26,0307	28,0190
170,00	22,0124	24,0200	26,0200	28,0124
180,00	22,0081	24,0130	26,0130	28,0081
190,00	22,0052	24,0085	26,0085	28,0052
200,00	22,0034	24,0055	26,0055	28,0034
210,00	22,0022	24,0036	26,0036	28,0022
220,00	22,0015	24,0023	26,0023	28,0015
230,00	22,0009	24,0015	26,0015	28,0009
240,00	22,0006	24,0010	26,0010	28,0006
250,00	22,0004	24,0007	26,0007	28,0004
260,00	22,0003	24,0004	26,0004	28,0003
270,00	22,0002	24,0003	26,0003	28,0002
280,00	22,0001	24,0002	26,0002	28,0001
290,00	22,0001	24,0001	26,0001	28,0001
300,00	22,0000	24,0001	26,0001	28,0000
310,00	22,0000	24,0001	26,0001	28,0000
320,00	22,0000	24,0000	26,0000	28,0000
330,00	22,0000	24,0000	26,0000	28,0000
340,00	22,0000	24,0000	26,0000	28,0000
350,00	22,0000	24,0000	26,0000	28,0000

EXERCÍCIOS 15.3, p. 371

1. **(a)**

Tempo	x = 0,25	x = 0,50	x = 0,75
0,00	0,1875	0,2500	0,1875
0,10	0,1775	0,2400	0,1775
0,20	0,1491	0,2100	0,1491
0,30	0,1066	0,1605	0,1066
0,40	0,0556	0,0938	0,0556
0,50	0,0019	0,0148	0,0019
0,60	–0,0501	–0,0682	–0,0501
0,70	–0,0970	–0,1455	–0,0970
0,80	–0,1361	–0,2072	–0,1361
0,90	–0,1648	–0,2462	–0,1648
1,00	–0,1802	–0,2591	–0,1802

(b)

Tempo	x = 0,4	x = 0,8	x = 1,2	x = 1,6
0,00	0,0032	0,5273	0,5273	0,0032
0,10	0,0194	0,5109	0,5109	0,0194
0,20	0,0652	0,4638	0,4638	0,0652
0,30	0,1318	0,3918	0,3918	0,1318
0,40	0,2065	0,3035	0,3035	0,2065
0,50	0,2743	0,2092	0,2092	0,2743
0,60	0,3208	0,1190	0,1190	0,3208
0,70	0,3348	0,0413	0,0413	0,3348
0,80	0,3094	–0,0180	–0,0180	0,3094
0,90	0,2443	–0,0568	–0,0568	0,2443
1,00	0,1450	–0,0768	–0,0768	0,1450

(c)

Tempo	$x = 0{,}1$	$x = 0{,}2$	$x = 0{,}3$	$x = 0{,}4$	$x = 0{,}5$	$x = 0{,}6$	$x = 0{,}7$	$x = 0{,}8$	$x = 0{,}9$
0,00	0,0000	0,0000	0,0000	0,0000	0,0000	0,5000	0,5000	0,5000	0,5000
0,04	0,0000	0,0000	0,0000	0,0000	0,0800	0,4200	0,5000	0,5000	0,4200
0,08	0,0000	0,0000	0,0000	0,0256	0,2432	0,2568	0,4744	0,4744	0,2312
0,12	0,0000	0,0000	0,0082	0,1126	0,3411	0,1589	0,3792	0,3710	0,0462
0,16	0,0000	0,0026	0,0472	0,2394	0,3076	0,1898	0,2108	0,1663	−0,0496
0,20	0,0008	0,0187	0,1334	0,3264	0,2146	0,2651	0,0215	−0,0933	−0,0605
0,24	0,0071	0,0657	0,2447	0,3159	0,1735	0,2463	−0,1266	−0,3056	−0,0625
0,28	0,0299	0,1513	0,3215	0,2371	0,2013	0,0849	−0,2127	−0,3829	−0,1223
0,32	0,0819	0,2525	0,3168	0,1737	0,2033	−0,1345	−0,2580	−0,3223	−0,2264
0,36	0,1623	0,3197	0,2458	0,1657	0,0877	−0,2853	−0,2843	−0,2104	−0,2887
0,40	0,2412	0,3129	0,1727	0,1583	−0,1223	−0,3164	−0,2874	−0,1473	−0,2336
0,44	0,2657	0,2383	0,1399	0,0658	−0,3046	−0,2761	−0,2549	−0,1565	−0,0761
0,48	0,1965	0,1410	0,1149	−0,1216	−0,3593	−0,2381	−0,1977	−0,1715	0,0800
0,52	0,0466	0,0531	0,0225	−0,3093	−0,2992	−0,2260	−0,1451	−0,1144	0,1300
0,56	−0,1161	−0,0466	−0,1662	−0,3876	−0,2188	−0,2114	−0,1085	0,0111	0,0602
0,60	−0,2194	−0,2069	−0,3875	−0,3411	−0,1901	−0,1662	−0,0666	0,1140	−0,0446
0,64	−0,2485	−0,4290	−0,5362	−0,2611	−0,2021	−0,0969	0,0012	0,1084	−0,0843
0,68	−0,2559	−0,6276	−0,5625	−0,2503	−0,1993	−0,0298	0,0720	0,0068	−0,0354
0,72	−0,3003	−0,6865	−0,5097	−0,3230	−0,1585	−0,0156	0,0893	−0,0874	0,0384
0,76	−0,3722	−0,5652	−0,4538	−0,4029	−0,1147	−0,0289	0,0265	−0,0849	0,0596
0,80	−0,3867	−0,3464	−0,4172	−0,4068	−0,1172	−0,0046	−0,0712	−0,0005	0,0155
0,84	−0,2647	−0,1633	−0,3546	−0,3214	−0,1763	−0,0954	−0,1249	0,0665	−0,0386
0,88	−0,0254	−0,0738	−0,2202	−0,2002	−0,2559	−0,2215	−0,1079	0,0385	−0,0468
0,92	0,2064	−0,0157	−0,0325	−0,1032	−0,3067	−0,3223	−0,0804	−0,0636	−0,0127
0,96	0,3012	0,1081	0,1380	−0,0487	−0,2974	−0,3407	−0,1250	−0,1548	0,0092
1,00	0,2378	0,3032	0,2392	−0,0141	−0,2223	−0,2762	−0,2481	−0,1840	−0,0244

3. (a)

Tempo	$x = 0{,}2$	$x = 0{,}4$	$x = 0{,}6$	$x = 0{,}8$
0,00	0,5878	0,9511	0,9511	0,5878
0,05	0,5808	0,9397	0,9397	0,5808
0,10	0,5599	0,9059	0,9059	0,5599
0,15	0,5256	0,8505	0,8505	0,5256
0,20	0,4788	0,7748	0,7748	0,4788
0,25	0,4206	0,6806	0,6806	0,4206
0,30	0,3524	0,5701	0,5701	0,3524
0,35	0,2757	0,4460	0,4460	0,2757
0,40	0,1924	0,3113	0,3113	0,1924
0,45	0,1046	0,1692	0,1692	0,1046
0,50	0,0142	0,0230	0,0230	0,0142

(b)

Tempo	$x = 0,2$	$x = 0,4$	$x = 0,6$	$x = 0,8$
0,00	0,5878	0,9511	0,9511	0,5878
0,03	0,5860	0,9482	0,9482	0,5860
0,05	0,5808	0,9397	0,9397	0,5808
0,08	0,5721	0,9256	0,9256	0,5721
0,10	0,5599	0,9060	0,9060	0,5599
0,13	0,5445	0,8809	0,8809	0,5445
0,15	0,5257	0,8507	0,8507	0,5257
0,18	0,5039	0,8153	0,8153	0,5039
0,20	0,4790	0,7750	0,7750	0,4790
0,23	0,4513	0,7302	0,7302	0,4513
0,25	0,4209	0,6810	0,6810	0,4209
0,28	0,3879	0,6277	0,6277	0,3879
0,30	0,3527	0,5706	0,5706	0,3527
0,33	0,3153	0,5102	0,5102	0,3153
0,35	0,2761	0,4467	0,4467	0,2761
0,38	0,2352	0,3806	0,3806	0,2352
0,40	0,1929	0,3122	0,3122	0,1929
0,43	0,1495	0,2419	0,2419	0,1495
0,45	0,1052	0,1701	0,1701	0,1052
0,48	0,0602	0,0974	0,0974	0,0602
0,50	0,0149	0,0241	0,0241	0,0149

5.

Tempo	$x = 10$	$x = 20$	$x = 30$	$x = 40$	$x = 50$
0,00000	0,1000	0,2000	0,3000	0,2000	0,1000
0,20045	0,1000	0,2000	0,2750	0,2000	0,1000
0,40089	0,1000	0,1938	0,2125	0,1938	0,1000
0,60134	0,0984	0,1688	0,1406	0,1688	0,0984
0,80178	0,0898	0,1191	0,0828	0,1191	0,0898
1,00223	0,0661	0,0531	0,0432	0,0531	0,0661
1,20268	0,0226	–0,0121	0,0085	–0,0121	0,0226
1,40312	–0,0352	–0,0635	–0,0365	–0,0635	–0,0352
1,60357	–0,0913	–0,1011	–0,0950	–0,1011	–0,0913
1,80401	–0,1271	–0,1347	–0,1566	–0,1347	–0,1271
2,00446	–0,1329	–0,1719	–0,2072	–0,1719	–0,1329
2,20491	–0,1153	–0,2081	–0,2402	–0,2081	–0,1153
2,40535	–0,0920	–0,2292	–0,2571	–0,2292	–0,0920
2,60580	–0,0801	–0,2230	–0,2601	–0,2230	–0,0801
2,80624	–0,0838	–0,1903	–0,2445	–0,1903	–0,0838
3,00669	–0,0932	–0,1445	–0,2018	–0,1445	–0,0932
3,20713	–0,0921	–0,1003	–0,1305	–0,1003	–0,0921
3,40758	–0,0701	–0,0615	–0,0440	–0,0615	–0,0701
3,60803	–0,0284	–0,0205	0,0366	–0,0205	–0,0284

Tempo	$x = 10$	$x = 20$	$x = 30$	$x = 40$	$x = 50$
3,80847	0,0224	0,0321	0,0842	0,0321	0,0224
4,00892	0,0700	0,0953	0,1087	0,0953	0,0700
4,20936	0,1064	0,1555	0,1265	0,1555	0,1064
4,40981	0,1285	0,1962	0,1588	0,1962	0,1285
4,16026	0,1354	0,2106	0,2098	0,2106	0,1354
4,81070	0,1273	0,2060	0,2612	0,2060	0,1273
5,01115	0,1070	0,1955	0,2851	0,1955	0,1070
5,21159	0,0821	0,1853	0,2641	0,1853	0,0821
5,41204	0,0625	0,1689	0,2038	0,1689	0,0625
5,61249	0,0539	0,1347	0,1260	0,1347	0,0539
5,81293	0,0520	0,0781	0,0526	0,0781	0,0520
6,01338	0,0436	0,0086	–0,0080	0,0086	0,0436
6,21382	0,0156	–0,0564	–0,0604	–0,0564	0,0156
6,41427	–0,0343	–0,1043	–0,1107	–0,1043	–0,0343
6,61472	–0,0931	–0,1364	–0,1578	–0,1364	–0,0931
6,81516	–0,1395	–0,1630	–0,1942	–0,1630	–0,1395
7,01561	–0,1568	–0,1915	–0,2150	–0,1915	–0,1568
7,21605	–0,1436	–0,2173	–0,2240	–0,2173	–0,1436
7,41650	–0,1129	–0,2263	–0,2297	–0,2263	–0,1129
7,61695	–0,0824	–0,2078	–0,2336	–0,2078	–0,0824
7,81739	–0,0625	–0,1644	–0,2247	–0,1644	–0,0625
8,01984	–0,0526	–0,1106	–0,1856	–0,1106	–0,0526
8,21828	–0,0440	–0,0611	–0,1091	–0,0611	–0,0440
8,41873	–0,0287	–0,0192	–0,0085	–0,0192	–0,0287
8,61918	–0,0038	0,0229	0,0867	0,0229	–0,0038
8,81962	0,0287	0,0743	0,1500	0,0743	0,0287
9,02007	0,0654	0,1332	0,1755	0,1332	0,0654
9,22051	0,1027	0,1858	0,1799	0,1858	0,1027
9,42096	0,1352	0,2160	0,1872	0,2160	0,1352
9,62140	0,1540	0,2189	0,2089	0,2189	0,1540
9,82185	0,1506	0,2030	0,2356	0,2030	0,1506
10,02230	0,1226	0,1822	0,2461	0,1822	0,1226

Nota: O tempo é expresso em milissegundos.

CAPÍTULO 15 EXERCÍCIOS DE REVISÃO, Pág. 373

1. $u_{11} = 0{,}8929,\ u_{21} = 3{,}5714,\ u_{31} = 13{,}3929$

EXERCÍCIOS, APÊNDICE I p. 377

1. **(a)** 24 **(b)** 720 **(c)** $4\sqrt{\pi}/3$ **(d)** $-8\sqrt{\pi}/15$

3. 0,297

5. $\Gamma(x) > \int_0^1 t^{x-1}dt > e^{-1}\int_0^1 t^{x-1}dt = \dfrac{1}{xe}$

for $x > 0$. Quando $x \to 0^+$, $1/x \to +\infty$

EXERCÍCIOS, APÊNDICE III p. 384

1. –58 **3.** 248 **5.** 12 **7.** $16e^{3t}$

9. $x = 4,\ y = -7$ **11.** $x = 4,\ y = 3/2,\ z = 1$

13. Seja $z = t$, t real arbitrário. A solução é o sistema representa a intersecção de dois planos.

EXERCÍCIOS, APÊNDICE IV, p. 338

1. $7 - 4i$ **3.** $-11 - 11i$ **5.** $3 - 4i$

7. $\frac{7}{34} - \frac{11}{34}i$ **9.** $\frac{5}{34} - \frac{3}{34}i$ **11.** $z = e^{i\pi/2}$

13. $z = e^{i\pi}$ **15.** $z = 2\sqrt{2}e^{i\pi/4}$ **17.** $z = 12e^{i\pi/3}$

19. $z = 2e^{i\pi/6}$ **21.** $z = -8$

ÍNDICE ANALÍTICO